JN237586

合格奪取！
中国語検定 準1級・1級 トレーニングブック
一次筆記問題編

戴 暁旬＝著

ask PUBLISHING

まえがき

　本書は中国語検定準 1 級、1 級の受験者、および中国語の語彙力、作文力、読解力をいっそう高めようとする中上級学習者のために作ったものです。近年 2 級までの参考書が多く出版されていますが、準 1 級、1 級の参考書が出版されていない状態は続いています。参考書がないため受験をやめた学習者も身近にいます。この度多くの学習者のご要望に応じて 3 年の月日を掛け念入りにこの 1 冊を作成しました。
　本書はこれまでの検定試験の形式に沿った練習問題を盛りたくさん取り込んでいます。大きく分けて空欄補充問題、意味の近い語の選択問題、作文問題、長文問題、模擬試験問題、付録によって構成されています。

　外国語の力を向上するにはやはり語彙力は一番重要です。中国語の中上級の学習者は、さらに四字成語や熟語を増やすことが必要です。なぜなら四字成語や熟語は、文章だけではなく普段の会話でもよく使われているからです。例文を通じて言葉の意味を理解した上で覚えることがレベルアップの 1 つの有効な手段だと思われます。このため本書は大量の練習問題を取り上げました。さらに中検の受験者はもちろん、独学者およびこの参考書を手に取った中国語の中上級学習者の使いやすさを考慮し、できる限り練習問題に詳細な解説文をつけました。読者が各自の状況に応じて本書を活用し努力すれば必ずいっそうレベルアップできると考えております。
　中国語検定準 1 級、1 級試験の難易度は言うまでもなく最上級です。諦めず努力に努力を重ねて中国語の頂点に達しましょう。

　本書の刊行にあたって、編集から校正にいたるまで、アスク出版の由利真美奈様、校正の岸多恵様をはじめ関係者の皆様に多大なご尽力をいただき、ここで、厚くお礼を申し上げたいと思います。また応援、協力していただいた友人、家族にも、とても感謝しています。
　最後にみなさんが本書を存分に活用され、試験に合格されることを、心から願っております。

2014 年 1 月　戴暁旬

中国語検定試験について

中国語検定試験

　日本中国語検定協会が実施している、中国語の学習成果を客観的に測るための検定試験です。

　準4級・4級・3級・2級・準1級・1級の6段階に分かれ、それぞれの級について合否判定により認定を受けます。

　準1級試験は、3月、6月、11月の年3回実施され、一次試験ではリスニング試験と筆記試験が行われます。一次試験に合格すると、口頭試問による二次試験を受験し、二次試験合格により準1級の資格が認定されます。

> **準1級の認定基準**（日本中国語検定協会の試験概要より）
> - 実務に即従事しうる能力の保証（全般的事項のマスター）：
>   社会生活に必要な中国語を基本的に習得し、通常の文章の中国語訳・日本語訳、簡単な通訳ができること。
> - 出題内容：
>   （一次）新聞・雑誌・文学作品・実用文など、やや難度の高い文章の日本語訳・中国語訳。
>   （二次）簡単な日常会話と口頭での日文中訳および中文日訳など。

　1級試験は年1回、11月に実施されます。準1級と同様に、リスニング試験と筆記試験による一次試験に合格のうえ、口頭試問による二次試験に合格することにより、1級の資格が認定されます。

> **1級の認定基準**（日本中国語検定協会の試験概要より）
> - 高いレベルで中国語を駆使しうる能力の保証：
>   高度な読解力・表現力を有し、複雑な中国語及び日本語（例えば挨拶・講演・会議・会談など）の翻訳・通訳ができること。
> - 出題内容：
>   （一次）時事用語も含む難度の高い文章の日本語訳・中国語訳。熟語・慣用句などを含む総合問題。
>   （二次）日本語と中国語の逐次通訳。

　本書は準1級および1級の一次試験筆記問題を対象としています。

一次試験筆記問題　出題方式

　準1級・1級ともに、①長文読解問題、②空欄補充問題、③意味の近い語句・説明の選択問題、④中文日訳問題、⑤日文中訳問題があり、①〜③はマーク式、④・⑤は記述式で出題されます。合格基準点は100点満点中、準1級が75点、1級が85点です。試験時間は、リスニングと合わせて120分間です。

　出題内容は語彙知識が中心となります。熟語や慣用句、故事成語、さらには新語等についての幅広い知識が求められるとともに、類義語を正しく使い分け、正しく訳出するために必要な総合文法力、さらには中国の歴史・文化・社会・科学等についての知識・理解も必要です。多くの練習問題を通じて語彙の理解を深めるとともに、中国の時事等に日ごろから接するようにしましょう。

●申し込み方法等の詳細、試験日等の最新情報は、下記にご確認ください。

一般財団法人 日本中国語検定協会®
〒103-8468　東京都中央区東日本橋2-28-5 協和ビル
電話：03-5846-9751　FAX：03-5846-9752
URL：http://www.chuken.gr.jp/　Mail：info@chuken.gr.jp

本書の特色・使い方

　分野別に過去問題を徹底分析し、出題形式に沿って、豊富に問題を用意しました。これにより、弱点を克服し、本番の試験での対応力がつくでしょう。
　文法事項については、2級までで身に付いているものとして特別な解説ページは設けていません。たくさんの練習問題を解きながら総合的な文法力を高めていってください。
　本書は準1級、1級のそれぞれについて、STEP 1からSTEP 5まで、5つの章で構成しています。各章の詳細は以下のとおりです。
　各練習問題には、チェックボックスを用意しています。学習成果の確認にご利用ください。また、解答は白抜き数字となっています。
　より多くの語彙を理解できるよう、受験級だけでなく、準1級と1級の両方の問題にぜひ挑戦してみてください。

本書の使い方

STEP 1　空欄補充問題

　空欄補充問題については、2文字の語彙や3文字の語彙と熟語、さらに四字成語や4文字以上の熟語が出題されます。準1級は190問、1級は125問を設けました。準1級は2文字の語彙や3文字の熟語の練習問題を多く設定し、1級は四字成語の練習問題を多く設定しました。

STEP 2　意味の近い語や説明の選択問題

　意味の近い語や説明を選択する問題については、これまで2文字の語彙、四字成語、熟語が出題されました。準1級は195問、1級は140問を設けました。

STEP 3　作文問題

　日本語の文章から中国語に翻訳する作文問題は文法力、語彙力を問われます。多くの練習問題を通じて、努力を積み重ねて力をつけましょう。できる限り詳細に説明しましたので、ぜひ繰り返し練習してください。準1級は85問、1級は80問を用意しました。

STEP 4　長文読解・中文日訳問題

　これまで毎回長文読解問題が2題出題され、合わせて40点程度です。1番目の長文には設問が10問あり、2番目の長文は中国語から日本語に翻訳する問題です。ここでは準1級は6篇、1級は4篇用意しました。さらにより多く練習できるよう、1篇の長文につき設問を10問、中文日訳問題を3問設定しました。

STEP 5　模擬試験

　準1級・1級それぞれについて、模擬試験を1回分用意しています。

付録1　熟語・四字成語索引

　本書の設問で取り上げ、語釈を付加した四字成語および4文字以上の熟語の索引です。(約1700語)

付録2　熟語・四字成語小辞典

　本書の設問で取り上げた熟語以外で、よく使われており試験で出題される可能性のある熟語、および本書の問題文等で使ったが説明しなかった熟語を約200語集めました。

もくじ

まえがき …………………………………………………………………… 3
中国語検定試験について ………………………………………………… 4
本書の特色・使い方 ……………………………………………………… 5

準1級

STEP 1　空欄補充問題 190 問
問題 ……………………………………………………………………… 12
解答と解説 ……………………………………………………………… 27

STEP 2　意味の近い語や説明の選択問題 195 問
問題 ……………………………………………………………………… 76
解答と解説 ……………………………………………………………… 92

STEP 3　作文（日文中訳）問題 85 問
問題 ……………………………………………………………………… 148
解答と解説 ……………………………………………………………… 155

STEP 4　長文読解・中文日訳問題 6 問
長文（1）／長文（2）／長文（3）／
　長文（4）／長文（5）／長文（6） ………………………………… 184
解答と解説 ……………………………………………………………… 198

STEP 5　模擬試験
問題 ……………………………………………………………………… 220
解答と解説 ……………………………………………………………… 226

1級

STEP 1　空欄補充問題 125 問

　問題 …………………………………………………………… 240
　解答と解説 …………………………………………………… 251

STEP 2　意味の近い語や説明の選択問題 140 問

　問題 …………………………………………………………… 288
　解答と解説 …………………………………………………… 300

STEP 3　作文（日文中訳）問題 80 問

　問題 …………………………………………………………… 344
　解答と解説 …………………………………………………… 358

STEP 4　長文読解・中文日訳問題 4 問

　長文（1）／長文（2）／長文（3）／長文（4） …………… 412
　解答と解説 …………………………………………………… 422

STEP 5　模擬試験

　問題 …………………………………………………………… 440
　解答と解説 …………………………………………………… 446

付録 1　熟語・四字成語索引 ………………………………… 458
付録 2　熟語・四字成語小辞典 ……………………………… 480

● 本書をご購入の皆様へ

　学習補助ツール、および準 1 級 STEP4「長文読解・中文日訳問題」の課題文朗読音声を、「アスクの中国語」サポートサイトよりダウンロードできます。ぜひご活用ください。

> **アスク出版サポートサイト**
> https://www.ask-books.com/support/

準1級

STEP 1
空欄補充問題
190問

　練習問題を解くにあたっては、解説や辞書などを参照しながら、問題文の語句および各選択肢の意味をよく理解し、応用できるようにしましょう。空欄の前後にある語句との組み合わせ、および文章全体を吟味しなければ正解を選べないものもありますから、問題を1つ1つ丁寧に解きましょう。　　　　　　　　　　　　　　　　　　　　　　　　(解答 P.27)

次の中国語の空欄を埋めるのに最も適当なものを、それぞれ①〜④の中から1つ選びなさい。

(1) 她在这部电影中，同时（　　）了女主角和一个配角。
　　①演示　　　　②演出　　　　③扮演　　　　④装扮

(2) 咱们各干各的谁也（　　）谁，这有什么不好呢？
　　①碍不着　　　②够不着　　　③靠不住　　　④管不住

(3) 她（　　）就这样输给对方，即使在前半场失利的情况下，也没有垂头丧气，而是奋起直追，力图挽回败局。
　　①不顺心　　　②不成器　　　③不忍心　　　④不甘心

(4) 这里即使到了夏天，也是一片片（　　）的积雪。
　　①白净净　　　②白嫩嫩　　　③白胖胖　　　④白茫茫

(5) 人不仅需要（　　），还要学会忘记。
　　①记忆　　　　②记性　　　　③记帐　　　　④记挂

(6) 这么做从道理上讲倒是说（　　）。
　　①过得硬　　　②过得去　　　③过得来　　　④得过去

(7) 我和他是相互依存的关系，我（　　）他，就等于（　　）我自己。
　　①求助　　　　②齐全　　　　③成全　　　　④成见

(8) 请在座的各位坦率地对我们的新产品提出（　　）的意见。
　　①贵重　　　　②昂贵　　　　③高贵　　　　④宝贵

(9) 首次在网银注册的客户，请点击此处并下载（　　）本程序。
　　①装配　　　　②安置　　　　③安装　　　　④安排

(10) 上周已经说好了一手交钱一手交货，可是昨天买方突然（　　）了。
　　①变卦　　　　②变天　　　　③算卦　　　　④失口

(11) "文山会海"的意思就是会议就像望不到尽头的大海一样（　　），资料就像铲不平的高山一样无限多的意思。
　　①无穷大　　　②无休止　　　③无底洞　　　④无着落

(12) 一位开发商说，尽管我们给了购房者很多优惠，可是他们不但（　　），反而觉得这是理所当然的。
　　①不领情　　　②不认帐　　　③不让步　　　④不耐烦

(13) 他们怎么会准备得这么周到，（　）事先走漏了风声。
①是非　　　②否则　　　③哪怕　　　④莫非

(14) 每当想起那场车祸，心里就（　）的，有一种说不出的痛苦。
①沉甸甸　　②软绵绵　　③飘飘然　　④静悄悄

(15) 我们如果只满足于（　），不做出新的成绩的话，那么注定会被淘汰的。
①擦边球　　②烧高香　　③吃老本　　④吃闲饭

(16) 她是我最理想的伴侣，因为她识（　），顾大局。
①大略　　　②大体　　　③大致　　　④大概

(17) 他拾金不昧反被当成了小偷，在大家的帮助下，才（　）了这场误会。
①开除　　　②取消　　　③消灭　　　④消除

(18) 他用自己的房子（　）了因投资失败所欠的债务。
①花销　　　②打消　　　③撤消　　　④抵消

(19) 洁面，也就是用洁面泡沫等彻底清洁皮肤，是化妆的第一个（　）。
①起点　　　②地步　　　③步骤　　　④步调

(20) 除了他的电邮（　），其他的一概不清楚，他不回信的话，我毫无办法。
①地板　　　②地址　　　③住址　　　④地点

(21) 我画了只鸡，却被误认为画了只鸭，看来我的功夫还（　）啊。
①不到家　　②不得法　　③不在理　　④不地道

(22) 听说苹果（　）提前五十八小时就排队等候 iPad 新产品的销售。
①粉条　　　②粉丝　　　③粉底　　　④粉笔

(23) 要想把每天做的梦都完整地（　）出来，就需要开发能够记梦的装置。
①论述　　　②复述　　　③重复　　　④反复

(24) 知心朋友死于非命，这对她的刺激太大了，打那儿以后，她就变得（　）寡言了。
①沉默　　　②默默　　　③沉着　　　④肃静

(25) 有些人擅长跟周围的人（　），而有些人却为此感到苦恼。
①搞对象　　②搞关系　　③搞不通　　④搞学问

(26) 听了列车员的说明后,喧嚷的车厢里一下子静了下来,大家都不(　　)了。
①做伴　　　②做秀　　　③作息　　　④做声

(27) 他这样的老外能在中国的大公司工作,当然得益于深厚的汉语(　　)了。
①根底　　　②底细　　　③地基　　　④基本

(28) 一切都在她(　　)的拒绝中结束了。
①委婉　　　②委屈　　　③柔软　　　④柔和

(29) 如果他们就这样分手了的话,只能说这是命运的(　　)。
①空欢喜　　②恶作剧　　③乱弹琴　　④活见鬼

(30) 男人秃头的(　　)是遗传基因造成的吗?
①压根儿　　②根源　　　③根据　　　④根基

(31) 这本来不是件值得(　　)的事,没想到你却会这么伤心落泪。
①动不动　　②动脑筋　　③动感情　　④送人情

(32) 馒头冻得像石头一样硬,根本(　　)。
①打不开　　②挪不开　　③破不开　　④掰不开

(33) 我看你一肚子怨言,不(　　)的话,就去跟他理论理论吧。
①服气　　　②推让　　　③服老　　　④佩服

(34) 许多股民叫苦连天,说炒股很难摸到(　　)。
①纪律　　　②规章　　　③规律　　　④规整

(35) 公司的这笔(　　)终于弄清楚了。
①糊涂虫　　②装糊涂　　③一团糟　　④糊涂账

(36) 不(　　)小事,宽宏大量的女人,往往更能得到丈夫的爱,而且是用美貌换不来的。
①较量　　　②计较　　　③计算　　　④估计

(37) 一座大楼平地而起,(　　)了我们的视线。
①阻拦　　　②遮住　　　③遮亮　　　④遮丑

(38) 我从猫眼看见来了个膀大腰圆的人,吓得我只好(　　)不在家。
①装傻　　　②假冒　　　③假装　　　④假象

(39) 我们虽然（　）不了过去和他人，可是却可以（　）自己和未来。你不是这样说的吗？
①改变　　　　②变化　　　　③更改　　　　④变成

(40) 这部电影的（　）完全出乎观众所料。
①结业　　　　②结局　　　　③骗局　　　　④残局

(41) 近些年来，铁路（　）突飞猛进。
①建立　　　　②创建　　　　③修盖　　　　④建设

(42) 这次会议主要是（　）房地产开发商的税收问题，进行了讨论。
①针对　　　　②对准　　　　③面向　　　　④面临

(43) 月光族是指每个月把挣来的钱都用个（　）的一个群体，他们的口号是吃光花光玩光，身体健康。
①光滑　　　　②光蛋　　　　③亮光　　　　④精光

(44) 有些人好像惟恐天下不乱，到处（　）紧张空气。
①打造　　　　②造就　　　　③制造　　　　④仿造

(45) 他的（　）虽然只有几句，立刻就进入了主题。可是那短短的几句话却耐人寻味。
①开场白　　　②唱主角　　　③压台戏　　　④拉锯战

(46) 他执法犯法，这是（　）卑鄙。
①何况　　　　②何等　　　　③何许　　　　④何尝

(47) 这位百岁（　）说，生活有规律是长寿的关键。
①老好人　　　②老寿星　　　③老字号　　　④老皇历

(48) 最近乱七八糟的事太多了，有点儿顾不（　）了。
①过来　　　　②起来　　　　③出来　　　　④过去

(49) 因为他爱向上司打（　），所以大家都很戒备他。
①哑谜　　　　②小鼓　　　　③照面儿　　　④小报告

(50) 我连做梦都没想到，居然被清华大学（　）了。
①考取　　　　②录取　　　　③及格　　　　④报考

(51) 他的成功与他有个（　）是分不开的，真是内助之功不可小看啊！
①贤内助　　　②母夜叉　　　③乐天派　　　④老板娘

(52) 他好像只是（　　）于股票分红所带来的喜悦，根本不考虑投资效益。
①满意　　　　②足够　　　　③满足　　　　④充足

(53) 听说你是个无所不知的（　　），能不能给我介绍一下有关电脑方面的新词汇。
①百事通　　　②省油灯　　　③倒计时　　　④有眼光

(54) 这个公司因（　　）而被罚款了。
①偷懒　　　　②偷税　　　　③节税　　　　④上税

(55) 这样的行为，与其说让人生气，还不如说让人（　　）。
①困惑　　　　②昏迷　　　　③模糊　　　　④困乏

(56) 她厌恶自己的长相，（　　）地整容，结果把本来很清秀的脸蛋儿整成了不堪入目的丑八怪。
①色盲　　　　②盲动　　　　③盲从　　　　④盲目

(57) 如何（　　）各种关系，这也是一种领导艺术。
①公平　　　　②摆平　　　　③平息　　　　④摆设

(58) 海峡大桥的建成，促进了舟山与内陆（　　）的经济交往。
①当中　　　　②中间　　　　③之中　　　　④之间

(59) 这家伙净跟不认识的女孩儿（　　），企图用这种手段来诈取钱财。
①套近乎　　　②回头客　　　③客套话　　　④热心肠

(60) 为了能让这部电影的译制片在下个月与观众见面，近日来制作人员忙得白日黑夜（　　）。
①绕不开　　　②绕圈子　　　③连轴转　　　④连锅端

(61) 这个包捆得真（　　），里面装的是什么？
①结实　　　　②硬实　　　　③耐用　　　　④坚定

(62) 他发誓不搞出点儿（　　）来，就不结婚。
①小动作　　　②鬼名堂　　　③醒目　　　　④名堂

(63) 大学毕业以后，风风雨雨已经十年了。经历了现实与梦想的种种（　　），使我变得现实了。
①考验　　　　②考核　　　　③化验　　　　④验证

(64) 众人对他的行为评价不一，有的说他很有骨气，有的则说他在冒（　　）。
①土气　　　　②傻气　　　　③娇气　　　　④白痴

(65) 这孩子得了过敏性皮炎，痒得（　　）一个劲儿地挠。
①难受　　　　②难过　　　　③难堪　　　　④患难

(66) 他向我（　　）保证，下不为例。
①拍巴掌　　　②拍胸脯　　　③拍桌子　　　④拍脑门儿

(67) 我的肚子已经被你气得（　　）的了，哪吃得下什么饭啊！
①扁扁　　　　②鼓鼓　　　　③紧紧　　　　④满满

(68) 你真不愧是汪老师的得意（　　），考试成绩总是名列前茅。
①生手　　　　②拔尖　　　　③门生　　　　④门路

(69) 请大家不要（　　）了，快回到我们的中心议题上来。
①跑肚　　　　②跑题　　　　③越轨　　　　④越级

(70) 屋子里（　　）的，连站脚的地方都没有，快收拾一下吧。
①乱糟糟　　　②乱哄哄　　　③乱阵脚　　　④绊脚石

(71) 他简直就像只无头苍蝇似的，到处（　　），使他感到心灰意懒。
①碰壁　　　　②碰杯　　　　③碰头　　　　④碰巧

(72) 因为变电所（　　）了雷击，现在这里一片漆黑，伸手不见五指。
①遭到　　　　②碰见　　　　③撞上　　　　④下落

(73) 为了满足顾客的（　　）要求，我们不得不改变原来的生产计划。
①强迫　　　　②痛切　　　　③迫切　　　　④迫使

(74) 在网上可以买到很不错的（　　）商品，既便宜又很适用。
①拍卖　　　　②拍板　　　　③偷拍　　　　④节拍

(75) 为了稳妥（　　），还是不要怕麻烦再检查一遍为好。
①起劲　　　　②起见　　　　③起哄　　　　④起头

(76) 家家都有一本（　　）的经。
①难缠　　　　②难念　　　　③难言　　　　④难说

(77) 警察不是不怀疑他，只是因为没有（　　）的证据，所以逮捕不了他。
①确诊　　　　②确保　　　　③确凿　　　　④确认

17

(78) 在阳光（　　）的春天，空气中总是散发着花草的芳香。
①明亮　　　　②开朗　　　　③晴朗　　　　④明媚

(79) 他是个老油条到了关键的时候就（　　），可恶极了。
①耍钱　　　　②耍滑　　　　③杂耍　　　　④玩弄

(80) 词汇的产生往往和地理环境有着密切的关系，比如，中国人常说，太阳落山，却不说，太阳落海。（　　）这一定是因为中国的绝大部分地区看不到海面上夕阳西下的原因吧？
①势必　　　　②想必　　　　③何必　　　　④除非

(81) 我们不搞一言堂，提倡（　　），希望大家直抒己见。
①清一色　　　②窝里斗　　　③群言堂　　　④夸海口

(82) 消费者在忍无可忍的情况下，向消费者协会（　　），要求厂家赔偿。
①投诉　　　　②申报　　　　③倾诉　　　　④招呼

(83) 昨天我只是（　　）说说，你千万不要在意啊。
①糊口　　　　②随口　　　　③插嘴　　　　④美言

(84) 无论如何今晚也得干完，咱们还是喝杯咖啡提（　　）接着干吧。
①提醒　　　　②提神　　　　③提问　　　　④提款

(85) 他肯定有求于你，要不然绝不会这么（　　），登门拜访的。
①屈尊　　　　②屈居　　　　③屈才　　　　④屈指

(86) 姐姐的心事被妹妹（　　）了，弄得姐姐一时间害羞得无地自容。
①说理　　　　②说法　　　　③说穿　　　　④说妥

(87) 他好像已经吃了秤砣（　　），你就甭劝他了。
①豆腐心　　　②铁了心　　　③死了心　　　④铁公鸡

(88) 为了加强食品安全监督，有关部门定期对食品进行（　　）检验。
①取经　　　　②取样　　　　③取齐　　　　④取证

(89) 我们要（　　）时间，切莫蹉跎岁月，虚度年华。
①消磨　　　　②珍惜　　　　③遵守　　　　④耽搁

(90) 他学习成绩优秀，学校允许他（　　）了。
①跳级　　　　②跳栏　　　　③跳绳　　　　④跳伞

(91) 他每个月都要在香港（　　）两三天。
　　①停止　　　②停滞　　　③留步　　　④停留

(92) 老板说，为了（　　）公司的声誉，要不惜任何代价把次品率降为零。
　　①庇护　　　②保准　　　③维护　　　④拥护

(93) 我不指望你来（　　），只希望你不要来拆台就行了。
　　①捧场　　　②冷场　　　③高见　　　④用场

(94) 大家都以为她这次（　　）冠军了，没想到发挥得这么异常。
　　①安稳　　　②胜算　　　③稳拿　　　④稳坐

(95) 她出于（　　）才这样做的，你就原谅她吧。
　　①无奈　　　②奈何　　　③无端　　　④无从

(96) （　　）失足青少年是整个社会的责任。
　　①抢救　　　②挽回　　　③催命　　　④挽救

(97) 把家里的座机撤掉吧，因为打来的不是推销商品的电话，就是（　　）电话。
　　①骚扰　　　②打乱　　　③捣鬼　　　④骚动

(98) 这是两件八竿子（　　）的事儿，你就别在这上面费脑筋了。
　　①打不过　　②打不着　　③管不着　　④不着调

(99) 我不是（　　）你，只是觉得你是在花钱找罪受。
　　①无辜　　　②怪罪　　　③过错　　　④错觉

(100) 当人突然听到巨大的声响时，都会不由自主地去（　　）。
　　①竖耳朵　　②掏耳朵　　③捂耳朵　　④顺风耳

(101) 过去整天忙于工作，根本（　　）参加娱乐活动。
　　①无聊　　　②无暇　　　③无理　　　④无妨

(102) 你不要（　　）我嘛，我发明的削苹果皮用的刀具卖得可好了。
　　①小瞧　　　②小丑　　　③小抄　　　④认错

(103) 妊娠糖尿病对孕妇及胎儿的健康是一大（　　）。
　　①威胁　　　②恐吓　　　③恫吓　　　④惊吓

(104) 在这个地区黄金十月正是婚姻（　　）的高峰期。
　　①嫁妆　　　②嫁娶　　　③转嫁　　　④嫁接

(105) 他都快被精神压力（　　）了。这样下去，别说夺冠，恐怕连比赛都参加不了了。
①压抑　　　②压堂　　　③倒塌　　　④压垮

(106) 这篇课文都是短句，念起来琅琅（　　），孩子们非常喜爱。
①爽口　　　②上口　　　③张口　　　④调子

(107) 妈妈退休以后，一看到和自己差不多年龄的人和孙子一起玩儿，就（　　）。
①嘴馋　　　②眼光　　　③眼熟　　　④眼馋

(108) 她从小就（　　），从不示弱。
①要强　　　②强要　　　③要得　　　④要好

(109) 她毅然决然地退出了舞台，说是想过不被人打扰的（　　）生活。
①平稳　　　②平局　　　③平反　　　④平静

(110) 他（　　）去中国的一所音乐大学当教授了。
①应聘　　　②招聘　　　③应募　　　④回聘

(111) 据报道，北京多家外资银行（　　）免收跨行取款手续费了。
①宣传　　　②宣称　　　③宣布　　　④转告

(112) 因为这件事儿还没（　　），所以弄得我彻夜难眠。
①触霉头　　②惹麻烦　　③闹情绪　　④有头绪

(113) 因发动机熄火的原因，公司将（　　）20万辆汽车。
①撤回　　　②取回　　　③调回　　　④召回

(114) 她说话（　　）都很有分寸，从来不伤人，可是今天却像吃了枪药似的。
①一向　　　②一再　　　③一味　　　④一律

(115) 前几天发生的那起撞车逃逸案件，经过警方的连日追查，终于将（　　）捉拿归案了。
①盗窃犯　　②肇事者　　③受贿者　　④闹事者

(116) 我刚一出门就被人猛地撞了一下，突然身体失去了（　　），险些摔倒。
①平衡　　　②衡量　　　③平淡　　　④平平

(117) 酒香不怕巷子深，这句流传了几百年以上的俗语，在当今这个信息时代，也出现了（　　），有人说，酒香也怕巷子深。
①辩论　　　②建议　　　③争吵　　　④争议

(118) 他为人（　　），受到了大家的尊敬。
①正派　　　②纯正　　　③正宗　　　④气派

(119) 师傅决没有（　　），而是把自己几十年来摸索出来的经验全部教给了徒弟。
①留面子　　②留后路　　③留一手　　④留尾巴

(120) 你怎么这么不（　　）呢，再不走我就要下逐客令了。
①知足　　　②乐趣　　　③知趣　　　④趣闻

(121) 许多女孩儿都觉得寒毛（　　），总是毫不客气地把它们拔掉。
①不外乎　　②不争气　　③不自在　　④不雅观

(122) 连日以来的高温天气，造成了许多人（　　）入院，其中包括不少户外劳动者。
①中毒　　　②中风　　　③中标　　　④中暑

(123) 他浑身有的是力气就是（　　）的，什么都不想干。
①美滋滋　　②懒洋洋　　③羞答答　　④暖洋洋

(124) 消费者在线注册后，可以享受（　　）服务。
①一头沉　　②一头热　　③一条龙　　④一股风

(125) 这孩子的两只小手长得（　　）的，一摁一个坑。
①胖乎乎　　②粘乎乎　　③湿漉漉　　④热乎乎

(126) 这件事难免会有些（　　），哪能那么一帆风顺呢？
①折磨　　　②转折　　　③周折　　　④周旋

(127) 他说退休以后，要（　　）全国各地。
①走形　　　②走遍　　　③走出　　　④走动

(128) 他们俩的关系已经紧张到了水火（　　）的地步。
①不相容　　②不相干　　③不平衡　　④不相符

(129) 你要是不给我们（　　）的话，我们心里就没有底了。
①做人　　　②作罢　　　③做主　　　④作废

(130) 人各有所好，她（　　）爱收集古董，家里已经快变成古董店了。
①专业　　　②专心　　　③专长　　　④专门

(131) 遇到问题要（　　），不能只是头痛医头，脚痛医脚。
①有的放矢　　②针锋相对　　③有根有据　　④对症下药

(132) 他从一个一无所有的留学生，（　　）开了一家医院。
①白手起家　　②赤手空拳　　③两袖清风　　④手脚并用

(133) 这是座被沙漠淹没了的城市，已经看不出（　　）了。
①改头换面　　②无影无踪　　③面目全非　　④本来面目

(134) 他不仅有（　　），而且注意扬长避短。
①先见之明　　②知己知彼　　③自知之明　　④知情达理

(135) 今年体坛的（　　）已经揭晓，我最关注的新星也在其中。
①等闲之辈　　②凤毛麟角　　③风云人物　　④一表人才

(136) 不要求过高，能找到一份工作就该知足了，（　　）嘛。
①上天无路，入地无门　　　　②比上不足，比下有余
③上梁不正，下梁歪　　　　　④上不着天，下不着地

(137) 我也从一个不懂事的孩子变成了他人之父，真是（　　）。
①百思不解　　②百发百中　　③百感交集　　④百依百顺

(138) 在而立之年他创下了新记录，他下决心再过十年，也就是在（　　）要再次创新。
①不惑之年　　②古稀之年　　③花甲之年　　④白头偕老

(139) 现在网络上经常出现一些像黑客和病毒之类的"（　　）"。
①不速之客　　②下里巴人　　③花花公子　　④纨绔子弟

(140) 这座（　　）的小城市，顷刻间闻名于世。
①默默无言　　②默默无闻　　③不声不响　　④声嘶力竭

(141) 凭他的医术做这样的手术，根本（　　）。
①不在话下　　②左右开弓　　③万事大吉　　④人言可畏

(142) 他不（　　），从不在客户面前夸海口，也不给客户过多的承诺。
①好逸恶劳　　②歌功颂德　　③好大喜功　　④喧宾夺主

(143) 这孩子（　　）、活泼可爱，谁见谁爱。
①抛头露面　　②大智若愚　　③聪明伶俐　　④沾沾自喜

(144) 我在这个行业已经干了三十年有余了，可以说是从（　　）到胸有成竹。
①一窍不通　②前所未闻　③一蹴而就　④一隅三反

(145) （　　）非一日之寒，他们的关系发展到如今，没有什么奇怪的。
①天寒地冻　②冰冻三尺　③冰天雪地　④十年寒窗

(146) 实行户籍改革已（　　），人心所向，任何人都阻挡不了。
①大势已去　②大势所趋　③大失所望　④大张旗鼓

(147) 邻居之间（　　）这句话，现在对住在公寓里的人们来说，恐怕已经不适用了吧？
①低头不见抬头见　　②每逢佳节倍思亲
③解铃还须系铃人　　④清官难断家务事

(148) 大家一味追究无关紧要的问题，而一接触到根本问题却（　　），立刻话锋一转，避开了事。
①避而不谈　②面面俱到　③忿忿不平　④品头论足

(149) 俗话说，（　　），始于足下，无论是创业也好，创作也好，做什么事都得迈出第一步。
①百年大计　②千里迢迢　③千里之行　④万事开头难

(150) 这次博览会让我（　　），也长了不少见识。
①大开眼界　②耳濡目染　③来之不易　④大庭广众

(151) 她们俩的作品可以说是（　　），如果把各自的长处融合起来的话，就更完美无缺了。
①各得其所　②各有千秋　③有利有弊　④一分为二

(152) 我时而独自一人（　　），那浩瀚的宇宙，一望无际的大海，便跃然于我的脑海。
①发人深省　②三思而行　③闭目遐想　④闭关自守

(153) 既想照顾好孩子，又想做好工作，总感到心有余而力不足，（　　）。
①顾此失彼　②顾全大局　③后顾之忧　④瞻前顾后

(154) 他为了讨女孩子们的欢心，总是把读过的书，（　　）地讲给她们听。
①枯燥无味　②绘声绘色　③千言万语　④风度翩翩

(155) 虽然她已能把台词（　　），可是一上舞台就磕磕巴巴地说不出来了。
①倒背如流　　②半生不熟　　③半半拉拉　　④滚瓜烂熟

(156) （　　），确实是这样，我觉得周围的每一个人都有值得我学习的地方。
①三个臭皮匠，顶个诸葛亮　　②三人行，必有我师
③少壮不努力，老大徒伤悲　　④三百六十行，行行出状元

(157) 这个公司过去就像一盘散沙，现在已成了（　　）。
①铁板钉钉　　②铁板一块　　③一板一眼　　④悬崖峭壁

(158) 她从小（　　），在妈妈跟前的时候，一点儿苦也吃不得，可走上社会锻炼了几年以后，好像已经变成了另外一个人。
①小巧玲珑　　②小打小闹　　③寄人篱下　　④娇生惯养

(159) 做事过于（　　）反倒会束缚住自己的手脚。
①谨小慎微　　②诚惶诚恐　　③千真万确　　④轻重缓急

(160) 请恕我（　　），现在协会多如牛毛，我真的不知道这个服装协会。
①孤陋寡闻　　②孤家寡人　　③不自量力　　④碌碌无为

(161) 你怎么像个毛孩子，干什么都（　　）的，一点儿也不稳重。
①小手小脚　　②大手大脚　　③毛手毛脚　　④蹑手蹑脚

(162) 他们（　　）的爱情故事，被传为佳话。
①海誓山盟　　②大海捞针　　③心血来潮　　④水落石出

(163) 闹了半天你们早就知道了啊，只有我一个人被（　　）了。
①蒙混过关　　②弥天大谎　　③蒙在鼓里　　④骑驴找驴

(164) 俗话说，（　　），我之所以能考出好成绩来，不是我比别人聪明，而是因为我早就开始复习了。
①笨鸟先飞　　②飞禽走兽　　③鸟语花香　　④笼中之鸟

(165) 竞争力如逆水行舟，（　　），我们可不能松劲。
①精卫填海　　②不进则退　　③能屈能伸　　④知难而进

(166) 连这么精明强干的人也会犯个不大不小的错误，真所谓（　　）。
①只知其一，不知其二　　②人无远虑，必有近忧
③多一事不如少一事　　④智者千虑，必有一失

(167) 这件事的（　）他最清楚，你不妨去问问他。
①前仰后合　　②前因后果　　③不辞而别　　④事出有因

(168) 这个房间家具和墙壁纸的色调，似乎有点儿（　），看着别扭。
①格格不入　　②落落大方　　③斤斤计较　　④津津有味

(169) 这条狗既聪明又（　），不仅会看主人的眼色行事还会安慰主人。
①通情达理　　②假仁假义　　③善解人意　　④低三下四

(170) 听说在指纹电子技术出现以前，利用指纹破获的案件简直是（　）。
①微乎其微　　②略知一二　　③唯唯诺诺　　④没有着落

(171) 他的讲解（　），通俗易懂。
①博学多才　　②抛砖引玉　　③出类拔萃　　④深入浅出

(172) 一个建筑工地由于管道破裂引发了一起爆炸事故，附近的许多房屋都被震得（　），摇摇欲坠。
①颠沛流离　　②倾家荡产　　③支离破碎　　④惨无人道

(173) 他只是个（　）的纸老虎，没什么可怕的。
①一意孤行　　②外强中干　　③铁面无私　　④面不改色

(174) 突如其来的台风把丰收在望的苹果横扫一空，让果农（　）一场空。
①鸡飞蛋打　　②竹篮打水　　③人财两空　　④翻天覆地

(175) 科长要我做出展计划，部长要我先放一放，弄得我（　）。
①无所作为　　②听天由命　　③听之任之　　④无所适从

(176) 让一个不学无术的人来当老师培养孩子，岂不是（　）吗？
①毁于一旦　　②有名无实　　③误人子弟　　④误入歧途

(177) 这里优美的风景让远道而来的游客（　）。
①难舍难分　　②流连忘返　　③水土不服　　④忘乎所以

(178) 可以看出他是抱着（　）的态度，在处理这个问题。他想把大事化小，小事化了吧？
①左思右想　　②息息相关　　③消愁解闷　　④息事宁人

(179) 常言道，（　）。他带着疑问亲自走进了桃花村，进行了实地考查。
①眼观六路，耳听八方　　②眼见为实，耳听为虚
③视而不见，听而不闻　　④眼不见心不烦

(180) 这家公司的产品并非（　　），虽然外观不够精致，可还挺好用的。
①有气无力　　②一无是处　　③一贫如洗　　④唯利是图

(181) 这孩子自幼天资聪颖，什么事（　　）。
①灵机一动　　②脱口而出　　③一点就透　　④一人独吞

(182) 近年来文坛新星辈出，使得整个文坛出现了百花齐放，（　　）的新局面。
①出水芙蓉　　②万紫千红　　③千山万水　　④添枝加叶

(183) 今年我省快递业务量陡然增加，让快递公司（　　）。
①纷纷扬扬　　②应接不暇　　③纷至沓来　　④脱不开身

(184) 他们夫妻俩在那漫长艰苦的岁月里，（　　）闯过了一道道难关，可刚刚过上好日子就分道扬镳了，未免让人感到他们只能共苦不能同甘。
①同病相怜　　②同流合污　　③同心协力　　④同归于尽

(185) 女儿是他的（　　），抱在怀里怕掉了，含在嘴里怕化了。
①称心如意　　②天伦之乐　　③了如指掌　　④掌上明珠

(186) 他不是个（　　）的人，到处惹是生非。
①按部就班　　②安于现状　　③不务正业　　④安分守己

(187) 最忌讳的就是（　　），大事做不来，小事又不做。
①碍手碍脚　　②手疾眼快　　③眼高手低　　④一手遮天

(188) 没想到这位德高望重的学者，这么（　　），一点儿架子都没有。
①平心静气　　②平易近人　　③旁若无人　　④一尘不染

(189) 有的购房者希望开发商提供整齐划一的装修，有的想自己装修，可谓（　　）啊！
①众口难调　　②众说纷纭　　③众目睽睽　　④众口一词

(190) 在中国人人都会用筷子，别说成年人了，就连小孩儿都能（　　）。
①运筹帷幄　　②为所欲为　　③运用自如　　④不得要领

解答と解説

(1) **正解は❸** "扮演 bànyǎn"は「(芝居などで役を) 演じる」。"演示 yǎnshì"は「実演して見せる」。"演出 yǎnchū"は「(劇などを) 公演する、上演する」。"装扮 zhuāngbàn"は「装う、変装する」。

她在这部电影中，同时**扮演**了女主角和一个配角。
(彼女はこの映画でヒロインと脇役を同時に演じていた。)

(2) **正解は❶** "碍不着 àibuzháo"は「妨げとならない」。"够不着 gòubuzháo"は「届かない」。"靠不住 kàobuzhù"は「信用できない、頼りにならない」。"管不住 guǎnbuzhù"は「制御しきれない」。

咱们各干各的谁也**碍不着**谁，这有什么不好呢？
(私たちはそれぞれ自分のことをやって互いに邪魔をしていない。それの何が悪いの。)

(3) **正解は❹** "不甘心 bù gānxīn"は「甘んじない、あきらめない」。"不顺心 bú shùnxīn"は「思うとおりにならない」。"不成器 bùchéngqì"は「ものにならない、一人前にならない」。"不忍心 bù rěnxīn"は「忍びない」。

她**不甘心**就这样输给对方，即使在前半场失利的情况下，也没有垂头丧气，而是奋起直追，力图挽回败局。
(彼女はこんなふうに負けに甘んじるつもりはない。前半負けていても、がっかり気を落とすことなく、逆に奮い立って後を追い、可能な限り劣勢を挽回しようとしている。)

(4) **正解は❹** "白茫茫 báimángmáng"は「(雪や雲などが) 見渡す限り真っ白である」。"白净净 báijìngjìng"は「(肌が) 白くて綺麗である」。"白嫩嫩 báinènnèn"は「(肌が) 白くて柔らかい」。"白胖胖 báipàngpàng"は「色白で太っている」。

这里即使到了夏天，也是一片片**白茫茫**的积雪。
(ここは夏になっても一面真っ白な雪景色だ。)

(5) **正解は❶** "记忆 jìyì"は「(1) 覚える (2) 記憶」、名詞と動詞の用法を持っており、ここでは動詞として使う。"记性 jìxing"は「記憶力、物覚え」とい

う意味の名詞である。"记帐 jì//zhàng"は「帳簿をつける、記帳する」。"记挂 jìguà"は「心配する、心にかける」。

人不仅需要**记忆**，还要学会忘记。
(人には覚えることだけが必要なのではなく、忘れることも必要だ。)

(6) **正解は❹**　"说得过去 shuōdeguòqù"は「(1) 筋が通っている　(2) まあまあいける」。"过得去 guòdequ"は「(1)（道などを）通ることができる　(2)（生活などが）やっていける　(3) まあまあよい」。"说得过去"とは言うが"说过得去"とは言わない。"过得硬 guòdeyìng"は「（技術や思想が）しっかりしている」。"过得来 guòdelái"は「通って来ることができる」。

这么做从道理上讲倒是说**得过去**。
(このようなやり方は道理から言えば、まあまあ筋が通っている。)

(7) **正解は❸**　"成全 chéngquán"は「（目的を達成できるよう）助ける、尽力する」。"求助 qiúzhù"は「助けを求める」。"齐全 qíquán"は「（多く品物、品種、設備などが）完備している、そろっている」。"成见 chéngjiàn"は「先入観」。

我和他是相互依存的关系，我**成全**他，就等于**成全**我自己。
(私と彼は持ちつ持たれつの関係なので、彼を助けることは自分を助けることと同じだ。)

(8) **正解は❹**　"宝贵 bǎoguì"、"贵重 guìzhòng"とも「貴重である」の意味であるが、"宝贵的意见"とは言うが、"贵重的意见"とは言わない。"昂贵 ángguì"は「（値段が）とても高い」。"高贵 gāoguì"は「身分が高い、崇高である」。

请在座的各位坦率地对我们的新产品提出**宝贵**的意见。
(ご出席の皆様、率直に弊社の新しい製品に貴重なご意見をくださいますようお願いします。)

(9) **正解は❸**　"安装 ānzhuāng"は「インストールする、取り付ける」。"装配 zhuāngpèi"は「組み立てる」。"安置 ānzhì"は「（物を適当な場所に）置く、配置する、（人を適当な職場などに）配属する」。"安排 ānpái"は「（日程、スケジュールを）組む、調整する、（仕事などを）割り振る、手配する、（宿泊を）用意する、手配する」。

首次在网银注册的客户，请点击此处并下载**安装**本程序。
(初めてネットバンクに登録するお客様は、ここをクリックし、ファイルをダウンロードしてからインストールしてください。)

⑽ **正解は❶** "变卦 biàn//guà"は「気が変わる、変化が起きる」。"变天 biàn//tiān"は「天気が変わる」。"算卦 suàn//guà"は「八卦を占う」。"失口 shī//kǒu"は「失言をする、口が滑る」。

上周已经说好了一手交钱一手交货，可是昨天买方突然**变卦**了。
(先週既に代金と商品とを引き換えることを約束したのに、昨日バイヤーの気が突然変わった。)

⑾ **正解は❷** "无休止 wúxiūzhǐ"は「終わりがない」。"无穷大 wúqióngdà"は「無限大」。"无底洞 wúdǐdòng"は「底なしの穴、際限のない欲張り」。"无着落 wúzhuóluò"は「決着がつかない」。
"文山会海"は P.231 参照。

"文山会海"的意思就是会议就像望不到尽头的大海一样**无休止**，资料就像铲不平的高山一样无限多的意思。
(「文山会海」の意味は、会議は果てまで見通しがきかない海のように終わりがなく、資料は削っても平らにすることのできない高い山のように無限に多い、という意味である。)

⑿ **正解は❶** "不领情 bù lǐngqíng"は「(相手に感謝すべきなのに)ありがたく思っていない」。"不认帐 bú rènzhàng"は「自分の非を認めない」。"不让步 bú ràngbù"は「譲歩しない、譲らない」。"不耐烦 bú nàifán"は「うるさがる、我慢ならない、面倒でたまらない」。

一位开发商说，尽管我们给了购房者很多优惠，可是他们不但**不领情**，反而觉得这是理所当然的。
(ある不動産の開業者は、我々が部屋の購入者にたくさんのサービスをしても、彼らはありがたがらないだけではなく、逆に当り前なことだと思っている、と言った。)

⒀ **正解は❹** "莫非 mòfēi"は「恐らく～ではないだろうか、まさか～ではあるまい」。"是非 shìfēi"は「(1) 是非、善し悪し (2) もんちゃく」。"否则

fǒuzé"は「さもなければ」。"哪怕 nǎpà"は「たとえ～でも」。

他们怎么会准备得这么周到，**莫非**事先走漏了风声。
(彼らはどうしてこんなに準備が整っているのか、まさか事前に秘密が漏れたのではないだろうか。)

(14) **正解は❶**　"沉甸甸 chéndiāndiān"は「(1)（心が）重苦しい　(2)（荷物などが）ずっしりと重い」。"软绵绵 ruǎnmiánmián"は「(1)（体が）ぐったりしている、無力である　(2) ふわりと柔らかい」。"飘飘然 piāopiāorán"は「浮き浮きした気持ちになる、うぬぼれて有頂天になる」。"静悄悄 jìngqiāoqiāo"は「ひっそりと静かである」。

每当想起那场车祸，心里就**沉甸甸**的，有一种说不出的痛苦。
(あの交通事故を思い出すたびに、心が重苦しくなって口では表せない苦しさがある。)

(15) **正解は❸**　"吃老本 chī lǎoběn"は「今までの実績に満足しこれ以上努力しない」。"擦边球 cābiānqiú"は「(1)（卓球の）エッジボール　(2) 法律や規定の許容範囲すれすれの行為」。"烧高香 shāo gāoxiāng"は「(1) 神仏に線香を供えて加護を祈る　(2) 願いがかなって感謝の意を表すこと　(3) 願ってもないことだ」。"吃闲饭 chī xiánfàn"は「仕事もせずにご飯だけ食べる、無駄飯を食う」。

我们如果只满足于**吃老本**，不做出新的成绩的话，那么注定会被淘汰的。
(私たちがただ過去の実績に満足し新しい成果を挙げなかったら、必ず淘汰されるだろう。)

(16) **正解は❷**　"大体 dàtǐ"は「(1) 重要な道理　(2) だいたい、ほぼ」、"识大体"はよく"顾大局 gù dàjú"（大局から考える）とセットで使われる。"大略 dàlüè"は「(1) 大略、概略　(2) おおざっぱに」。"大致 dàzhì"は「(1) だいたいの、おおよその　(2) だいたい」。"大概 dàgài"は「(1) 概要　(2) だいたいの、おおよその　(3) たぶん、おそらく」。

她是我最理想的伴侣，因为她识**大体**，顾大局。
(彼女は私の最も理想的な伴侶だ。なぜなら彼女は重要な道理をわきまえてるし、大局を念頭に置いているからだ。)

⑴ **正解は❹** "消除 xiāochú"は「(多くは不利な事物、例えば障害物、不信感、誤解、心配事、隠れた危険、戦争の脅威などを) 取り除く、解消する、解く」。"开除 kāichú"は「除名する、解雇する」。"取消 qǔxiāo"は「(計画、資格、契約、会議、イベント、試合、手当などを) 取り消す、廃止する」。"消灭 xiāomiè"は「滅びる、滅ぼす」。

"拾金不昧 shí jīn bú mèi"は「お金を拾っても着服しない」、優れた道徳心を指す。

他拾金不昧反被当成了小偷，在大家的帮助下，才**消除**了这场误会。
(彼は拾ったお金を届けたのに、かえって泥棒扱いされた。みんなの助けで、ようやくその誤解が解けた。)

⑴ **正解は❹** "抵消 dǐxiāo"は「相殺する、帳消しにする」。"花销 huāxiao"は「出費、費用」、"花消"とも書く。"打消 dǎxiāo"は「なくす、打ち消す」。"撤消 chèxiāo"は「取り消す、撤回する」。

他用自己的房子**抵消**了因投资失败所欠的债务。
(彼は自分の家で投資の失敗による債務を相殺した。)

⑴ **正解は❸** "步骤 bùzhòu"は「(事物を進行する) 手順、段取り、ステップ」。"起点 qǐdiǎn"は「起点、スタートライン」。"地步 dìbù"は「(多くは悪い) 状況、事態、程度」。"步调 bùdiào"は「足並み、歩調」。

洁面，也就是用洁面泡沫等彻底清洁皮肤，是化妆的第一个**步骤**。
(洗顔というのは、つまり洗顔フォームなどでしっかりと皮膚を清潔にすることで、お化粧の最初のステップである。)

⑳ **正解は❷** "地址 dìzhǐ"は「個人や会社などの住所、Eメールやウェブ上のアドレス」。"地板 dìbǎn"は「床、床板」。"住址 zhùzhǐ"は「個人の住所」、住んでいる場所を指し、パソコンのメールアドレスには用いない。"地点 dìdiǎn"は「場所、位置、地点」、主に集合場所や事件事故の発生場所、イベントの開催場所など特定の場所を指す。

除了他的电邮**地址**，其他的一概不清楚，他不回信的话，我毫无办法。
(彼のメールアドレスの他は一切分からないので、彼から返事が来ないと、私にはまったくどうしようもない。)

⑵1 **正解は❶** "不到家 bú dàojiā" は「(腕前、技術力などが) まだまだ完全とはいかない、(招待、サービスなどが) 行き届いていない」。"不得法 bù défǎ" は「要領が悪い」。"不在理 bú zàilǐ" は「筋が通らない」。"不地道 bú dìdao" は「不真面目である、不誠実である、生粋でない」。

我画了只鸡，却被误认为画了只鸭，看来我的功夫还**不到家**啊。
(私は鶏を描いたつもりだったが、アヒルだと勘違いされた。どうも私の腕前はまだまだのようだ。)

⑵2 **正解は❷** "粉丝 fěnsī" は「(1) 春雨 (2) ファン」。"粉条 fěntiáo" は「(緑豆などから作った) 平たいひも状の春雨」。"粉底 fěndǐ" は「ファンデーション」。"粉笔 fěnbǐ" は「チョーク」。

听说苹果**粉丝**提前五十八小时就排队等候 iPad 新产品的销售。
(アップルのファンが開店の 58 時間前からもう並んで、iPad 新製品の販売を待っていたと聞いた。)

⑵3 **正解は❷** "复述 fùshù" は「(1) 復唱する (2) 教科書や読み物の内容を自分の言葉でまとめて述べる」。"论述 lùnshù" は「論述する」。"重复 chóngfù" は「(同じものが) 重複する、(同じことを) 繰り返し行う」。"反复 fǎnfù" は「繰り返す」。"重复" は同じことを繰り返すことであり、"反复" は必ずしも同じことの繰り返しとは限らない。例えば、"她在反复推敲 tuīqiāo 这个问题。"(彼女はこの問題を繰り返し推敲している)。

要想把每天做的梦都完整地**复述**出来，就需要开发能够记梦的装置。
(もし毎日見る夢を完全に再現して話したかったら、夢を記録できる機械を開発することが必要になる。)

⑵4 **正解は❶** "沉默 chénmò" は「(1) 口数が少ない (2) 黙る」。"默默 mòmò" は「黙っている、黙々として」。"沉着 chénzhuó" は「落ち着いている」。"肃静 sùjìng" は「静粛である」。"沉默寡言 guǎyán"(口数が少ない)、あるいは "默默无言 wúyán"(黙々として何も言わない)と言う。

知心朋友死于非命，这对她的刺激太大了，打那儿以后，她就变得**沉默**寡言了。
(気心の知れた友人の横死は、彼女にあまりにも大きなショックを与えたので、それ以来彼女は無口になった。)

⑸ **正解は❷** "搞关系 gǎo guānxi"は「コネをつける」。"搞对象 gǎo duìxiàng"は「恋愛をする」。"搞不通 gǎobutōng"は「理解できない」。"搞学问 gǎo xuéwen"は「学問をする」。

有些人擅长跟周围的人**搞关系**，而有些人却为此感到苦恼。
(周りの人と付き合うことが得意な人もいれば、逆にそれで悩む人もいる。)

⒇ **正解は❹** "做声 zuò//shēng"は「声を立てる、声を出す」。"做伴 zuò//bàn"は「連れになる、相手をする、付き添う」。"做秀 zuò//xiù"は「格好をつける、パフォーマンスを見せる」、"作秀"とも書く。"作息 zuòxī"は「仕事と休み」。

听了列车员的说明后，喧嚷的车厢里一下子静了下来，大家都**不做声**了。
(列車の乗務員の説明を聞いた後は、騒がしかった車両内があっという間に静かになっていき、みな声を出さなくなった。)

㉗ **正解は❶** "根底 gēndǐ"は「(1) 基礎 (2) いきさつ、人の素性」。"底细 dǐxì"は「詳しいこと、人の素性」。"地基 dìjī"は「(建築の) 土台、基礎」。"基本 jīběn"は「(1) 基本 (2) 基本の (3) だいたい」。

他这样的老外能在中国的大公司工作，当然得益于深厚的汉语**根底**了。
(彼のような外国人が中国の大手会社に就職できるのは、もちろん中国語の基礎がしっかりしているおかげだ。)

㉘ **正解は❶** "委婉 wěiwǎn"は「(言葉遣いが) 婉曲である」。"委屈 wěiqu"は「不満である、つらい思いをさせる、嫌な思いをさせる」。"柔软 róuruǎn"は「(物や身体などが) 柔らかい」。"柔和 róuhé"は「(1) (声、性格、光線、色などが) やさしい、穏やかである (2) (手ざわりが) 柔らかい」。

一切都在她**委婉**的拒绝中结束了。
(すべては彼女の婉曲な拒絶の中で終わった。)

㉙ **正解は❷** "恶作剧 èzuòjù"は「いたずら、悪ふざけ」。"空欢喜 kōnghuānxǐ"は「ぬか喜びする」。"乱弹琴 luàntánqín"は「でたらめなことをする、筋の通らないことを言う」。"活见鬼 huójiànguǐ"は「奇怪千万だ、不思議なことだ」。

如果他们就这样分手了的话，只能说这是命运的**恶作剧**。
(もし彼らがこんな形で別れたなら、運命のいたずらとしか言いようがない。)

(30) **正解は❷**　"根源 gēnyuán"は「根本的原因、根源」。"压根儿 yàgēnr"は「初めから」。"根据 gēnjù"は「根拠、～に基づいて」。"根基 gēnjī"は「基礎」。

男人秃头的**根源**是遗传基因造成的吗？
(男性の禿げる原因は遺伝によるものですか。)

(31) **正解は❸**　"动感情"は「感情的になる」。"动不动 dòngbudòng"は「～しがちである」。"动脑筋 dòng nǎojīn"は「考える、頭を働かせる」。"送人情 sòng rénqíng"は「(人に便宜を図って) 恩を売る、歓心を買う」。

这本来不是件值得**动感情**的事，没想到你却会这么伤心落泪。
(これはもともと感情的になるほどのことじゃないのに、君がこんなに悲しんで涙を流すとは思わなかった。)

(32) **正解は❹**　"掰不开 bāibukāi"は「手で割れない」。"打不开"は「開けられない」。"挪不开 nuóbukāi"は「移動できない」。"破不开 pòbukāi"は「お金がくずれない」。

馒头冻得像石头一样硬，根本**掰不开**。
(饅頭は石のように硬く凍っているので、まったく手で割れない。)

(33) **正解は❶**　"服气 fú//qì"は「納得する、心服する」。"推让 tuīràng"は「(遠慮、謙虚で利益や地位などを) 譲ったり辞退したりする」。"服老 fúlǎo"は「年に逆らわない、老人であることを認める」。"佩服 pèifu"は「感服する」。

我看你一肚子怨言，不**服气**的话，就去跟他理论理论吧。
(君は不平不満がたまっているようだ。納得できないのなら、彼と議論してみなさい。)

(34) **正解は❸**　"规律 guīlǜ"は「(1)(事物の間の内在的な)法則。経済、発展、歴史、自然などに用いることができる　(2)(人の生活の)規則」。"纪律 jìlǜ"は「(集団生活の中で定めたみんなが守るべき)決まり、規律」。"规章 guīzhāng"は「(成文化された)規律、規則、定款」。"规整 guīzhěng"は「(1)きちんと整っている　(2)整理する」。

许多股民叫苦连天，说炒股很难摸到**规律**。
(多くの個人投資家はしきりに悲鳴を上げ、株取引の法則をなかなかつかめな

いと言う。)

(35) **正解は❹** "糊涂账 hútuzhàng"は「でたらめな帳簿、どんぶり勘定」。"糊涂虫 hútuchóng"は「間抜け」。"装糊涂 zhuāng hútu"は「知らん顔をする」。"一团糟 yìtuánzāo"は「めちゃくちゃである」。

公司的这笔**糊涂账**终于弄清楚了。
(会社のこのわけのわからない会計がやっとはっきりした。)

(36) **正解は❷** "计较 jìjiào"は「(1)(利害得失を)計算する (2)言い争う」。"较量 jiàoliàng"は「力比べをする、勝負する」。"计算 jìsuàn"は「(1)(物の数量などを)計算する (2)思案する」。"估计 gūjì"は「見積もる、推量する」。

不**计较**小事，宽宏大量的女人，往往更能得到丈夫的爱，而且是用美貌换不来的。
(小さいことを気にしない、心の広い女性は、より旦那さんから愛されるし、しかも美貌では換えられないものなのだ。)

(37) **正解は❷** "遮住 zhē//zhù"は「(視線を)遮る、(光を)覆う」。"阻拦 zǔlán"は「(多く人の行動を)阻止する、阻む、遮る、防げる」。"遮亮 zhē//liàng"は「光を遮る」、離合詞なので目的語を取れない。"遮丑 zhē//chǒu"は「恥を隠す、醜いものを隠す」。

一座大楼平地而起，**遮住**了我们的视线。
(大きなビルがあっという間に建てられ、私たちの視界を遮った。)

(38) **正解は❸** "假装 jiǎzhuāng"は「装う、ふりをする」。"装傻 zhuāng//shǎ"は「馬鹿を装う」。"假冒 jiǎmào"は「偽る、詐称する」。"假象 jiǎxiàng"は「うわべの現象」。
"猫眼 māoyǎn"は「(ドアの)防犯用のぞき穴、ドアスコープ(ドアアイ)」、"门镜 ménjìng"、"窥视镜 kuīshìjìng"とも言う。

我从猫眼看见来了个膀大腰圆的人，吓得我只好**假装**不在家。
(ドアスコープから見たらがっちりした人が来たのが分かったので、怖くて留守を装うしかなかった。)

(39) **正解は❶** "改变 gǎibiàn"は「(1)変わる (2)変える」、考え方、立場、計画、

態度、話題、生活方式、環境、位置、容貌などに多く用いる。"变化 biànhuà" は「(状況、気温、環境などが) 変化する、変わる」。"更改 gēnggǎi" は「(以前から決まっていた時間、期日、計画、決定、名称などを) 変更する、改正する」。"变成 biàn//chéng" は「～に変わる、～に変える」。

我们虽然**改变**不了过去和他人，可是却可以**改变**自己和未来。你不是这样说的吗？
(私たちは過去と他人は変えられないけど、自分と未来は変えられる、あなたはそう言ったんじゃないんですか。)

(40) **正解は❷** "结局 jiéjú" は「結果、結末、最終の局面」、よい結果にも悪い結果にも用いられる。"结业 jié//yè" は「(講習、補習などを) 修了する」。"骗局 piànjú" は「人を騙す手段、ペテン」。"残局 cánjú" は「(1) (将棋、囲碁の) 寄せ、詰め (2) (社会の騒乱や事柄の失敗後の) 局面、事態、結末」。

这部电影的**结局**完全出乎观众所料。
(この映画の結末はまったく観客の予想外だった。)

(41) **正解は❹** "建设 jiànshè" は「(施設、経済、および国家や社会のような大きな事業などを) 建設する」。"建立 jiànlì" は「打ち立てる、設立する、樹立する」、国家、機構、制度、工業基地などを設立、建設することに用いたり、感情や関係などのような抽象的なことにも用いられる。"创建 chuàngjiàn" は「創立する」。"修盖 xiūgài" は「(家を) 建造する、建て直す」。

近些年来，铁路**建设**突飞猛进。
(この数年、鉄道の建設がめざましい勢いで発展している。)

(42) **正解は❶** "针对 zhēnduì" は「(方針、政策、計画、問題、動作の対象などに) ぴたりと的を絞る、正面から立ち向かう」。"对准 duìzhǔn" は「(1) (目標などに) 焦点を合わせる (2) (時計などを) 正確に合わせる」。"面向 miànxiàng" は「(1) (～の方に) 顔を向ける (2) (～の方に) 目を向ける、(要求などを) 満たす、～のために配慮する」。"面临 miànlín" は「(1) (ある場所に) 面している、臨む (2) (問題、および危機、困難などの差し迫った状況に) 直面する」。

这次会议主要是**针对**房地产开发商的税收问题，进行了讨论。
(今回の会議は主に不動産開発業者に対する徴税問題に的を絞って討論した。)

⑷ **正解は❹** "精光 jīngguāng"は「少しも残らないさま、すっかりなくなったさま」。"光滑 guānghuá"は「つるつるしている、滑らかである」。"光蛋 guāngdàn"は「一文無し」。"亮光 liàngguāng"は「明かり、光線」。

月光族是指每个月把挣来的钱都用个**精光**的一个群体，他们的口号是吃光花光玩光，身体健康。
(「月光族」は、毎月稼いだお金を全部きれいに使いきる人々を指し、彼らのスローガンはお金をすべて食に消費に遊びに使いきり元気でいることだ。)

⑷ **正解は❸** "制造 zhìzào"は「(1)（車、船、飛行機、機械などを）造る、製造する　(2)（望ましくないこと、緊張した雰囲気、トラブル、デマなどを）作り出す、でっちあげる」。"打造 dǎzào"は「(1)（金属製品を）製造する　(2)（芸術品を丹精込めて）制作する　(3)（人材を）育成する　(4) 建設する」。"造就 zàojiù"は「(1)（人材を）育成する　(2) 造詣」。"仿造 fǎngzào"は「模造する」。

有些人好像惟恐天下不乱，到处**制造**紧张空气。
(一部の人は世の中が混乱しないことを恐れるかのように、あちこちで緊張した空気を作り出す。)

⑷ **正解は❶** "开场白 kāichǎngbái"は「前置き、幕開きのせりふ」。"唱主角 chàng zhǔjué"は「主役を演じる、重要な仕事の中心的役割をすることのたとえ」。"压台戏 yātáixì"は「最後の演目」。"拉锯战 lājùzhàn"は「一進一退の接戦」。

他的**开场白**虽然只有几句，立刻就进入了主题。可是那短短的几句话却耐人寻味。
(彼の前置きの言葉はほんの一言二言で、すぐに主題に入ったが、そのわずかな言葉は味わえば味わうほど味が出るものだった。)

⑷ **正解は❷** "何等 héděng"は「いかに、どのような、なんと」。"何况 hékuàng"は「まして～はなおさらだ」。"何许 héxǔ"は「どんな」。"何尝 hécháng"は「どうして～だろうか」。

他执法犯法，这是**何等**卑鄙。
(彼は法の番人なのに法を犯すなんて、なんと卑劣だろう。)

⑷ **正解は❷** "老寿星 lǎoshòuxing"は高齢者の尊称。"老好人 lǎohǎorén"は「お人よし」。"老字号 lǎozìhao"は「老舗」。"老皇历 lǎohuángli"は「時代遅れのもの」で、"老黄历"とも書く。

这位百岁**老寿星**说，生活有规律是长寿的关键。
(この100歳の高齢者は、生活が規則正しいことが長生きの秘訣だと言った。)

⑻ **正解は❶** "顾不过来 gùbuguòlái"は「手が回らない、構っていられない」。"顾不起来"、"顾不出来"、"顾不过去"という言い方はない。

最近乱七八糟的事太多了，有点儿顾**不过来**了。
(最近雑用が多すぎたので、ちょっと手が回らなくなった。)

⑼ **正解は❹** "打小报告 dǎ xiǎobàogào"は「(上司に)密告をする」。"打哑谜 dǎ yǎmí"は「相手に推測させる、謎を掛ける」。"打小鼓 dǎ xiǎogǔ"は「胸がドキドキする、びくびくする」。"打照面儿 dǎ zhàomiànr"は「顔を出す、ばったり出会う」。

因为他爱向上司打**小报告**，所以大家都很戒备他。
(彼はよく上司に告げ口をしたがるので、みんな彼のことを警戒している。)

⑽ **正解は❷** "录取 lùqǔ"は「(試験によって合格者を)採用する」。"考取 kǎo//qǔ"は「(合格して)採用される、(合格して)入学を許される、(試験に)合格する」。"录取"は学校や会社などのような人を受け入れる側が使う言葉であり、"考取"は試験や選考を受ける側が使う言葉である。例えば"清华大学录取我了。""我被清华大学录取了。"は"我考取了清华大学。"と入れ替えできる。"及格 jí//gé"は「合格する」。"报考 bàokǎo"は「受験を申し込む、(試験に)出願する」。

我连做梦都没想到，居然被清华大学**录取**了。
(夢にも思わなかったが、なんと清華大学に合格した。)

⑾ **正解は❶** "贤内助 xiánnèizhù"は「賢妻、賢夫人」。"母夜叉 mǔyèchā"は「恐ろしい女、性格のきつい女」。"乐天派 lètiānpài"は「楽天主義者」。"老板娘 lǎobǎnniáng"は「(1)(店の経営者の)奥さん (2) おかみさん」。

他的成功与他有个**贤内助**是分不开的，真是内助之功不可小看啊！

（彼の成功は奥さんのおかげだ。本当に内助の功とは大きいものだ。）

(52) **正解は❸** "满足 mǎnzú"は「(1)（思いどおりになっているので）満足する (2)（需要、要求などを）満たす、満足させる」。"满意 mǎnyì"は「（望みにかなっているので）満足する」。"满足"、"满意"とも「満足する」の意味を持っているが、"满足"はこれ以上望んでいない、十分だと思うことで、よく"满足于…"の形で使われる。また、他人の要求を満足させる意味もある。"满意"は自分の希望がかなってうれしく思うことで、よく"对…满意"の形で使われる。"足够 zúgòu"は「足りる」。"充足 chōngzú"は「（経費、資金、物資、雨量、空気、経験、論拠、理由、時間などが）十分である、たっぷりある」。

他好像只是**满足**于股票分红所带来的喜悦，根本不考虑投资效益。
（彼はただ株の配当に満足しているだけで、まったく投資の効果と利益を考えていないようだ。）

(53) **正解は❶** "百事通 bǎishìtōng"は「物知り、何でも知っている」。"省油灯 shěngyóudēng"は「手間のかからない人」。"倒计时 dǎojìshí"は「カウントダウン」。"有眼光 yǒu yǎnguāng"は「眼識がある、見る目がある」。

听说你是个无所不知的**百事通**，能不能给我介绍一下有关电脑方面的新词汇。
（あなたは知らないことのない物知りだと聞きましたので、パソコンに関連する新しい用語を紹介してもらえませんか。）

(54) **正解は❷** "偷税 tōu//shuì"は「脱税する」。"偷懒 tōu//lǎn"は「怠ける」。"节税 jié//shuì"は「節税する、税法に違反しない前提で減税方法を利用することによって納税金額を減らす」。"上税 shàng//shuì"は「納税する」。

这个公司因**偷税**而被罚款了。
（この会社は脱税により、罰金を課された。）

(55) **正解は❶** "困惑 kùnhuò"は「戸惑う、困惑する」。"昏迷 hūnmí"は「意識不明になる」。"模糊 móhu"は「はっきりしない、ぼんやりしている」、"困乏 kùnfá"は「疲れる」。

这样的行为，与其说让人生气，还不如说（更）让人**困惑**。
（このような行為は、人を怒らせるというよりも、むしろ困惑させるというほうがよい。）

(56) **正解は❹** "盲目 mángmù"は「盲目的である」。"色盲 sèmáng"は「色覚異常」。"盲动"は「盲目的に行動する」。"盲从"は「盲従する」。"盲目"は形容詞、"盲动"は動詞である。

她厌恶自己的长相，**盲目**地整容，结果把本来很清秀的脸蛋儿整成了不堪入目的丑八怪。
(彼女は自分の顔立ちを嫌って、盲目的に整形し、結局もともとの綺麗な容貌を見苦しい不細工な顔にしてしまった。)

(57) **正解は❷** "摆平 bǎi//píng"は「平らに置く、公平に扱う」。"公平 gōngpíng"は「公平である」。"平息 píngxī"は「おさまる、鎮める」。"摆设 bǎishè"は「飾り物、(室内の) 飾り付けをする」。なお"摆设 bǎishe"は軽声で発音すると「見かけだけ立派だが役に立たないもの」という意味になる。

如何**摆平**各种关系，这也是一种领导艺术。
(如何にさまざまな関係を公平に扱うかも指導技術だ。)

(58) **正解は❹** "之间 zhījiān"は「〜の間」。"当中 dāngzhōng"は「(1) 真ん中　(2) 〜の中」。"中间 zhōngjiān"は「真ん中、中心」。"之中 zhīzhōng"は「〜の中」。

海峡大桥的建成，促进了舟山与内陆**之间**的经济交往。
(海峡大橋の完成は、舟山と内陸部との経済交流を促進させた。)

(59) **正解は❶** "套近乎 tào jìnhu"は「あまり知らない人に親しそうに話しかける」。"回头客 huítóukè"は「常連客」。"客套话 kètàohuà"は「外交辞令、型どおりの挨拶」。"热心肠 rèxīncháng"は「心が温かい人、親切である」。

这家伙净跟不认识的女孩儿**套近乎**，企图用这种手段来诈取钱财。
(こいつはいつも知らない女の子になれなれしく近づき、そうやってお金を騙し取ろうとしている。)

(60) **正解は❸** "连轴转 liánzhóuzhuàn"は「昼も夜も休まず働く」。"绕不开 ràobukāi"は「(1) 回避できない　(2) (頭が鈍くて) 分からない」。"绕圈子 rào quānzi"は「回り道をする、遠回しに言う」。"连锅端 liánguōduān"は「全部取り除く、一掃する」。

为了能让这部电影的译制片在下个月与观众见面，近日来制作人员忙得白日黑

夜**连轴转**。
(この映画の吹き替え版を観客に来月披露するため、最近製作者は昼も夜も休まないほど忙しかった。)

⑹ **正解は❶**　"结实 jiēshi"は「(物、または身体が) 丈夫である、しっかりしている」。"硬实 yìngshi"は「(体が) 丈夫である」。"耐用 nàiyòng"は「(物が)長く使える、長持ちする」。"坚定 jiāndìng"は「(1)（意志、立場、主張などが) 確固としている、しっかりしている、動揺しない　(2)（信念、自信などを) 固くする」。

这个包捆得真**结实**，里面装的是什么？
(この荷物はしっかり梱包されているけど、中に何が入っているの。)

⑹ **正解は❹**　"名堂 míngtang"は「(1) 成果、結果　(2) わけ　(3) さまざまな名目」。"小动作 xiǎodòngzuò"は「インチキ、小細工」。"鬼名堂 guǐmíngtáng"は「たくらみ」。"醒目 xǐngmù"は「人目を引く、目立つ」。

他发誓不搞出点儿**名堂**来，就不结婚。
(彼は成果を挙げないうちは絶対結婚しないと誓った。)

⑹ **正解は❶**　"考验 kǎoyàn"は「(1) 試練　(2)（意志や忠誠心の堅さなどを) 試す」。"考核 kǎohé"は「(人や企業の業績、技術レベルなどがある規準や要求に合っているかどうかを) 審査する、考査する」。"化验 huàyàn"は「化学検査（をする）」。"验证 yànzhèng"は「(データ、理論などを) 検証する」。

大学毕业以后，风风雨雨已经十年了。经历了现实与梦想的种种**考验**，使我变得现实了。
(大学卒業後、困難や苦労の中でもう10年たった。現実と夢のさまざまな試練を経て、私は現実的になってきた。)

⑹ **正解は❷**　"傻气 shǎqi"は「間が抜けているさま」、"冒傻气 mào shǎqi"で「ばかなことをする」。"土气 tǔqi"は「田舎くさい、泥臭い」。"娇气 jiāoqi"は「弱弱しい、我慢や苦労ができない」。"白痴 báichī"は「ばか、白痴」。"冒土气"、"冒娇气"、"冒白痴"という言い方はない。

众人对他的行为评价不一，有的说他很有骨气，有的则说他在冒**傻气**。
(みんなの彼の行為に対する評価はそれぞれ違っていて、気骨のある人だと言

う人もいれば、ばかなことをしていると言う人もいる。)

(65) **正解は❶** "难受 nánshòu"は「(1)(肉体的に)つらい、苦しい (2)(精神的に)つらい、苦しい」、"痒得难受"で「痒くてたまらない」の意味。"难过 nánguò"は「(1)(生活が)苦しい (2)(精神的に)つらい、苦しい、悲しい」。"难堪 nánkān"は「(1)恥ずかしくてたまらない (2)耐えられない、つらい」。"患难 huànnàn"は「苦難」。

这孩子得了过敏性皮炎，痒得**难受**一个劲儿地挠。
(この子はアレルギー性皮膚炎にかかり、痒くてたまらずずっと掻きむしっている。)

(66) **正解は❷** "拍胸脯 pāi xiōngpú"は「胸を叩く、保証することのたとえ」、責任をもって保証することを表す。"拍巴掌 pāi bāzhang"は「手をたたく、拍手をする」。"拍桌子 pāi zhuōzi"は「テーブルをたたく、かんしゃくを起こすことのたとえ」。"拍脑门儿 pāi nǎoménr"は「おでこをたたく、自分の想像だけに頼りよく考えずに直感で即決するたとえ」、"这可不是一拍脑门儿就能定的事。"(これはとても頭をたたいて即決できることじゃない)のように使う。

他向我**拍胸脯**保证，下不为例。
(彼は胸を叩き今回限りだと保証してくれた。)

(67) **正解は❷** "鼓鼓 gǔgu"は「(ポケット、袋などに物がいっぱい入って)膨らんでいるさま」。"满满 mǎnmǎn"は「あふれるほどいっぱいであるさま」。"肚子气得鼓鼓的"とは言うが、"肚子气得满满的"とは言わない。"扁扁 biǎnbiǎn"は「ぺちゃんこ、つぶされたさま」。"紧紧 jǐnjǐn"は「ぴったりと、きつく」。

我的肚子已经被你气得**鼓鼓**的了，哪吃得下什么饭啊！
(あなたに腹が立って、もうお腹がパンパンよ。食欲なんてあるはずがないでしょう。)

(68) **正解は❸** "门生 ménshēng"は「弟子」。"生手 shēngshǒu"は「新米、未経験者」。"拔尖 bá//jiān"は「抜群である」。"门路 ménlu"は「人脈、コネ、こつ、方法」。

你真不愧是汪老师的得意**门生**，考试成绩总是名列前茅。

（さすが汪先生の自慢の学生だけあって、試験の成績はいつも上位だ。）

⒆ **正解は❷** "跑题 pǎo//tí" は「話が的外れになる、本題から外れる」。"跑肚 pǎo//dù" は「下痢をする」。"越轨 yuè//guǐ" は「常軌を逸する」。"越级 yuè//jí" は「等級を飛び越す」。

请大家不要**跑题**了，快回到我们的中心议题上来。
（みなさん、もう脱線しないで、早く中心議題に戻ってください。）

⒇ **正解は❶** "乱糟糟 luànzāozāo" は「（物事が）混乱してめちゃくちゃである、混乱して無秩序であるさま、（気持ちが）落ち着かずむしゃくしゃしているさま」。"乱哄哄 luànhōnghōng" は「（人の集まるところが）がやがや騒がしいさま」。"乱阵脚 luàn zhènjiǎo" は「足並みが乱れる」。"绊脚石 bànjiǎoshí" は「邪魔者」。

屋子里**乱糟糟**的，连站脚的地方都没有，快收拾一下吧。
（部屋中散らかっていて足の踏み場もないので、早く片付けなさい。）

(71) **正解は❶** "碰壁 pèng//bì" は「壁に突き当たる、行き詰まる」。"碰杯 pèng//bēi" は「（乾杯する時）グラスを合わせる」。"碰头 pèng//tóu" は「顔を合わせる、出会う」。"碰巧 pèngqiǎo" は「(1) たまたま、折よく (2) あいにく」。
"无头苍蝇 wútóu cāngying" は「頭のない蝿」、行き当たりばったりに動き回る人を形容する。"心灰意懒 xīn huī yì lǎn" は「意気消沈する、がっかりして何をする気もない」、"心灰意冷 xīn huī yì lěng" とも言う。

他简直就像只无头苍蝇似的，到处**碰壁**，使他感到心灰意懒。
（彼はまったく闇雲にあちこち逃げ回るだけで、八方ふさがりに陥り、何をする気もなくなってしまった）

(72) **正解は❶** "遭到 zāodào" は「（不幸や望ましくないことに）出会う、遭う」。"碰见 pèngjiàn" は「偶然に出会う、ばったり会う」。"撞上 zhuàngshàng" は「ぶつかる、衝突する、ばったり出会う」。"下落 xiàluò" は「(1)（探している人や物の）行方 (2) 落下する」。
"伸手不见五指 shēn shǒu bú jiàn wǔ zhǐ" は「手を伸ばしても 5 本の指が見えない」、非常に暗くて周囲の物が見えない状態をたとえる。

因为变电所**遭到**了雷击，现在这里一片漆黑，伸手不见五指。
(変電所が雷の直撃を受けたので、いまこのあたりは一面真っ暗で、手を伸ばすと指が見えない。)

(73) **正解は❸** "迫切 pòqiè"は「(要求、願い、任務、問題などが)差し迫っている、切実である」。"强迫 qiǎngpò"は「無理強いる、無理に従わさせる」。"痛切 tòngqiè"は「痛切に」。"迫使 pòshǐ"は「〜せざるを得ない」。

为了满足顾客的**迫切**要求，我们不得不改变原来的生产计划。
(顧客の切実な要求を満たすため、私たちはやむなく最初の生産計画を変更することになった。)

(74) **正解は❶** "拍卖 pāimài"は「競売する」。"拍板 pāi//bǎn"は「(責任者が)最終的な決定や判断を下す」。"偷拍 tōupāi"は「盗撮する」。"节拍 jiépāi"は「リズム」。

在网上可以买到很不错的**拍卖**商品，既便宜又很适用。
(ネットから結構良いオークション商品を入手できる、安いし使える。)

(75) **正解は❷** "为(了)…起见 wèi…qǐjiàn"は「〜の見地から、〜のために」。"起劲 qǐjìn"は「熱中する、身を入れる、力がこもる」。"起哄 qǐ//hòng"は「(1)(大勢が一緒になって)騒ぐ (2)(大勢で少数の人を)からかう」。"起头 qǐ//tóu"は「(1) 始める、音頭をとる (2) 最初」。

为了稳妥**起见**，还是不要怕麻烦再检查一遍为好。
(安全のために、やはり面倒がらずもう一度検査するほうがよい。)

(76) **正解は❷** "难念的经 nánniàn de jīng"は「難しいお経」、"家家都有一本难念的经"という熟語である。"难缠 nánchán"は「手ごわい、扱いにくい」。"难言"は「言いにくい」、"难言之隐 nán yán zhī yǐn"(人には言えない隠し事) という四字成語がある。"难说 nánshuō"は「(1) 言いづらい (2) 何とも言えない、分からない」。

家家都有一本**难念**的经。
(どの家にも頭を悩ませることがあるものだ。)

(77) **正解は❸** "确凿 quèzáo"は「確実である」。"确诊 quèzhěn"は「最終的な診

断を下す」。"确保 quèbǎo"は「確保する、確実に保証する」。"确认 quèrèn"は「確認する」。

警察不是不怀疑他，只是因为没有**确凿**的证据，所以逮捕不了他。
（警察は彼を疑っていないわけではなく、ただ確実な証拠を掴んでいないため、彼を逮捕することができないのだ。）

⒄ **正解は❹** "明媚 míngmèi"は「明媚である、美しい」。"阳光明媚"（陽光うららか）、"春光明媚"（春うららか）などと言う。"明亮 míngliàng"は「(1)（光が）明るい　(2) 輝いている」。"开朗 kāilǎng"は「(1)（性格が）明るい　(2)（空間や場所が）広々として明るい」。"晴朗 qínglǎng"は「晴れ渡っている」。

在阳光**明媚**的春天，空气中总是散发着花草的芳香。
（陽光うららかな春、空気中には常に草花の良い香りが漂っている。）

⒆ **正解は❷** "耍滑 shuǎhuá"は「（責任を逃れたり楽をしたりするために）ずるい手段を使う、ずるいことをする」。"耍钱 shuǎ//qián"は「賭博をする」。"杂耍 záshuǎ"は「雑技、手品、漫才などの民間芸能の総称」。"玩弄 wánnòng"は「いじる、弄ぶ」の意味で、目的語が必要である。
"老油条 lǎoyóutiáo"は「したたか者、世故にたけた人、ずるい奴」。

他是个老油条到了关键的时候就**耍滑**，可恶极了。
（彼はずるい奴で、大事な時になるとすぐずるいことをする。嫌な奴だ。）

⒇ **正解は❷** "想必 xiǎngbì"は「きっと〜だろう」。"势必 shìbì"は「必然的に」。"何必 hébì"は「〜する必要があろうか」。"除非 chúfēi"は「〜しない限り〜しない」。

词汇的产生往往和地理环境有着密切的关系，比如，中国人常说，太阳落山，却不说，太阳落海。**想必**这一定是因为中国的绝大部分地区看不到海面上夕阳西下的原因吧？
（語彙の誕生は往々にして地理や環境に密接な関係がある。例えば、中国人は太陽が山に沈むとはよく言うが、太陽が海に沈むとは言わない。それはきっと中国の大部分の地域では夕日が海に沈んでいくのを観測できないせいではないか。）

(81) **正解は❸** "群言堂 qúnyántáng"は「大衆の意見を聞いて決定を下すやり方」、

これに対して"一言堂"は独断専行のやり方をいう。"清一色 qīngyísè"は「すべて同じである」。"窝里斗 wōlǐdòu"は「内輪もめ」。"夸海口 kuā hǎikǒu"は「大言壮語する」。

我们不搞一言堂，提倡**群言堂**，希望大家直抒己见。
(我々は独断的なやり方ではなく、みんなが自由に意見を発表することを提唱します。みなさん言いたいことを遠慮せず話してください。)

(82) **正解は❶** "投诉 tóusù"は「（裁判所、行政機関などに苦情を）訴える、申し出る」。"申报 shēnbào"は「（税関、役所などに）申告する、届け出る」。"倾诉 qīngsù"は「心の内を打ち明ける、腹を割って話す」。"招呼 zhāohu"は「(1) 呼ぶ、声をかける (2) 挨拶、挨拶する」。

消费者在忍无可忍的情况下，向消费者协会**投诉**，要求厂家赔偿。
(消費者はこれ以上我慢できない状況で、消費者協会に訴え出てメーカーによる賠償を求めた。)

(83) **正解は❷** "随口 suíkǒu"は「口から出まかせに」。"糊口 húkǒu"は「どうにか生計を立てる」。"插嘴 chā//zuǐ"は「口を出す、口を挟む」。"美言 měiyán"は「いいように言う、うまく取り持つ、引き立ての言葉を言う」。

昨天我只是**随口**说说，你千万不要在意啊。
(昨日はよく考えずに口から出まかせに言ってしまっただけなので、絶対に気にしないでください。)

(84) **正解は❷** "提神 tí//shén"は「眠気を覚ます、元気をつける」、"提提神"は離合詞の重ね型で「ちょっと元気をつけて」という意味。"提醒 tí//xǐng"は「ヒントを与える、（忘れないように）注意を与える」。"提问 tíwèn"は「（よく先生から学生に）質問をする」。"提款 tí//kuǎn"は「（預金を）引き出す」。

无论如何今晚也得干完，咱们还是喝杯咖啡提**提神**接着干吧。
(どうしても今晩中にやり終わらなければならないので、やはり珈琲を1杯飲んで元気をつけて引き続き頑張ろう。)

(85) **正解は❶** "屈尊 qūzūn"は「身分を落として（～する）、まげて（～する）、我慢して（～する）」。"屈居 qūjū"は「（比較的低い順位や地位に）就く、我慢する」。"屈才 qū//cái"は「才能が十分に発揮できない」。"屈指 qūzhǐ"は「指

を折って数える」。

他肯定有求于你，要不然绝不会这么**屈尊**，登门拜访的。
（彼はきっとあなたに頼みたいことがあるんだ、さもなければこんなに我慢して（無理に自分を抑え込んで）自らやって来るはずがない。）

(86) **正解は❸** "说穿 shuōchuān"は「暴露する、はっきり言う」、"说理 shuō//lǐ"は「是非を論じる、道理をわきまえる」、"说法 shuōfa"は「見解、意見、言い方」、"说妥 shuōtuǒ"は「話がまとまる、約束する」。

姐姐的心事被妹妹**说穿**了，弄得姐姐一时间害羞得无地自容。
（心の内を妹に言い当てられてしまい、姉はしばらくの間、穴があったら入りたいくらい恥ずかしかった。）

(87) **正解は❷** "铁了心 tiěle xīn"は「決心を固める」、"吃了秤砣 chèngtuó，铁了心"で「分銅を食べたように心が鉄になった、固く決心したことのたとえ」。"豆腐心 dòufu xīn"は「心がやさしい」。"死了心 sǐle xīn"は「あきらめる」。"铁公鸡 tiěgōngjī"は「けちな人」。

他好像已经吃了秤砣**铁了心**，你就甭劝他了。
（彼はもう決心が固まったようなので、もう彼を説得しなくてもいいよ。）

(88) **正解は❷** "取样 qǔ//yàng"は「サンプリングする」、"抽样 chōu//yàng"、"采样 cǎi//yàng"とも言う。"取经 qǔ//jīng"は「先進的な経験を吸収する」。"取齐 qǔqí"は「（数や大きさを）揃える、同じくする」。"取证 qǔzhèng"は「証拠を取る」。

为了加强食品安全监督，有关部门定期对食品进行**取样**检验。
（食品安全管理を強化するため、関係部署は定期的に食品に対してサンプリング検査を行う。）

(89) **正解は❷** "珍惜 zhēnxī"は「（時間、金銭、生命、身体、青春、人材、物資、成果、機会、感情などを）大切にする」、"珍惜时间"で「時間を大切にする」。"消磨 xiāomó"は「（時間を）つぶす、（精力、意志などを）消耗する」、"消磨时间"で「時間をつぶす」。"遵守 zūnshǒu"は「（規律、規則、法律、時間などを）守る」、"遵守时间"で「時間を守る」。"耽搁 dāngē"は「遅れる、引き延ばす」、"耽搁时间"で「時間を無駄にする、時間に遅れる」。

"蹉跎岁月 cuō tuó suì yuè"は「むなしく時を過ごす」。"虚度年华 xūdù niánhuá"は「何をするでもなく歳月を無為に過ごす」。

我们要**珍惜**时间，切莫蹉跎岁月，虚度年华。
(我々は時間を大切にしなければならない、決して年月をむなしく過ごしてはいけない。)

(90) **正解は❶** "跳级 tiào//jí"は「飛び級する」。"跳栏 tiàolán"は「ハードル競走」。"跳绳 tiào//shéng"は「縄跳びをする」。"跳伞 tiào//sǎn"は「パラシュートで降下する」。

他学习成绩优秀，学校允许他**跳级**了。
(彼は成績が優秀なので、学校は彼に飛び級を許可した。)

(91) **正解は❹** "停留 tíngliú"は「(短時間ある場所に)滞在する、(一時的にあるレベル、段階に)とどまる」。"停止 tíngzhǐ"は「(動作や事業などを)停止する、やめる」。"停滞 tíngzhì"は「停滞する、滞る、順調に発展しない」。"留步 liúbù"は「その場に留まる」(客が主人の見送りを謝絶する言葉)。

他每个月都要在香港**停留**两三天。
(彼は毎月必ず香港に２～３日滞在する。)

(92) **正解は❸** "维护 wéihù"は「(利益、権力、名誉、尊厳、平和などが破壊されないように)守る」。"庇护 bìhù"は「かばう」。"保准 bǎozhǔn"は「(1)信頼できる (2)～に間違いない」。"拥护 yōnghù"は「支持する、擁護する」。

老板说，为了**维护**公司的声誉，要不惜任何代价把次品率降为零。
(会社の栄誉を守るため、いかなる代価も惜しまず払って不良品率をゼロにする、と社長は言った。)

(93) **正解は❶** "捧场 pěng//chǎng"は「(劇場や会場などに行って人に)喝采を送る、声援する、他人を持ちあげる、助勢する」。"冷场 lěng//chǎng"は「(1)(会議などで)発言する人がいなく沈黙する場面 (2)(芝居などで役者がせりふを忘れたり舞台に出遅れたりして)舞台が白けること」。"高见 gāojiàn"は「ご高見」。"用场 yòngchǎng"は「用途、使い道」。

我不指望你来**捧场**，只希望你不要来拆台就行了。

（君に応援してもらおうと期待してはいない。ただ君が邪魔しに来るのでなければ、それでいいのだ。）

(94) **正解は❸** "稳拿 wěnná" は「必ず成功する、確実に物にする」。"安稳 ānwěn" は「(1) 安定している　(2) 穏やかである」。"胜算 shèngsuàn" は「勝算」、"稳坐 wěnzuò" は「(1)（政権などの座に）しっかり座っている　(2)（複雑な事態に直面しても）泰然としている」。

大家都以为她这次**稳拿**冠军了，没想到发挥得这么异常。
（みんなは彼女が今回確実に首位の座を勝ち取ると思っていて、こんなに異常なほど力が出せないとは思いもしなかった。）

(95) **正解は❶** "无奈 wúnài" は「しかたがない」、"出于无奈"で「やむを得ない」。"奈何 nài/hé" は「どうしたものか、いかんせん」。"无端 wúduān" は「理由なく」。"无从 wúcóng" は「～する方法がない」。"出于无奈"とは言うが"出于无从"とは言わない。

她出于**无奈**才这样做的，你就原谅她吧。
（彼女はやむなくそうしたのです。許してあげてください。）

(96) **正解は❹** "挽救 wǎnjiù" は「（人や国家などを危険な状態から）助ける、救い出す」。"抢救 qiǎngjiù" は「応急手当をする、緊急救助する」。"挽回 wǎnhuí" は「（不利な局面、損失などを）挽回する、取り戻す、打開する」。"催命 cuī//mìng" は「せきたてる」。

挽救失足青少年是整个社会的责任。
（非行少年を救うことは社会全体の責任だ。）

(97) **正解は❶** "骚扰 sāorǎo" は「(1) 騒がす　(2) 邪魔をする」、"骚扰电话"で「いたずら電話」。"打乱 dǎluàn" は「乱す、混乱させる」。"捣鬼 dǎo//guǐ" は「陰でこそこそ悪事をする」。"骚动 sāodòng" は「(1) 騒動を起こす　(2) 不安に陥る」。
携帯電話を"手机"というのに対して、固定電話を"座机"という。

把家里的座机撤掉吧，因为打来的不是推销商品的电话，就是**骚扰**电话。
（家の固定電話を撤去しよう、掛かってくるのはセールスの電話か、でなければ、いたずら電話だけだから。）

(98) **正解は❷** "打不着 dǎbuzháo" は「打ち当らない」、"八竿子打不着 bā gānzi dǎbuzháo" で「まったく無関係である」。"打不过 dǎbuguò" は「かなわない」。"管不着 guǎnbuzháo" は「大きなお世話だ、かまう資格がない」。"不着调 bùzháodiào" は「まともでない、(言動が)常識を外れている」。

这是两件八竿子**打不着**的事儿，你就别在这上面费脑筋了。
(これらはまったく関係のないことです。もうこんなことに頭を悩ませないでください。)

(99) **正解は❷** "怪罪 guàizuì" は「(責任などを) とがめる、責める」。"无辜 wúgū" は「無罪」。"过错 guòcuò" は「過ち」。"错觉 cuòjué" は「錯覚」。

我不是**怪罪**你，只是觉得你是在花钱找罪受。
(あなたを責めているのではない、ただあなたはお金を使って苦しみを買ってるように思う。)

(100) **正解は❸** "捂耳朵 wǔ ěrduo" は「耳をふさぐ」。"竖耳朵 shù ěrduo" は「耳をそばだてる」。"掏耳朵 tāo ěrduo" は「耳掃除をする」。"顺风耳 shùnfēng'ěr" は「地獄耳、はや耳」。

当人突然听到巨大的声响时，都会不由自主地去**捂耳朵**。
(突然大きな音が聞こえた時、人はみな思わず耳をふさぐだろう。)

(101) **正解は❷** "无暇 wúxiá" は「暇がない」。"无聊 wúliáo" は「つまらない」。"无理 wúlǐ" は「理不尽である」。"无妨 wúfáng" は「差し支えない」。

过去整天忙于工作，根本**无暇**参加娱乐活动。
(以前はいつも仕事で忙しかったので、娯楽活動に参加する暇がまったくなかった。)

(102) **正解は❶** "小瞧 xiǎoqiáo" は「ばかにする、見くびる」。"小丑 xiǎochǒu" は「(1) 小人、悪者 (2) 道化役者」。"小抄 xiǎochāo" は「カンニングペーパー」。"打小抄" は「カンニングペーパーを作る、カンニングをする」。"认错 rèn//cuò" は「(1) 見間違える (2) 謝る」。

你不要**小瞧**我嘛，我发明的削苹果皮用的刀具卖得可好了。
(見くびらないでよ、私が発明したリンゴの皮を剥く道具はよく売れてるよ。)

(103) **正解は❶** "威胁 wēixié"は「(言葉や行動で)脅す、脅威」。"恐吓 kǒnghè"は「脅迫する、脅かす」。"恫吓 dònghè"は「脅かす」。"惊吓 jīngxià"は「(意外な刺激に)怖がってびくびくすること、驚き、ショック」。

妊娠糖尿病对孕妇及胎儿的健康是一大**威胁**。
(妊娠糖尿病は妊婦および胎児の健康にとって大きな脅威だ。)

(104) **正解は❷** "嫁娶 jiàqǔ"は「嫁入りと嫁とり」。"嫁妆 jiàzhuang"は「嫁入り道具」。"转嫁 zhuǎnjià"は「(1)(女性が)再婚する (2)(責任や罪名などを)人になすりつける、転嫁する」。"嫁接 jiàjiē"は「接ぎ木をする」。

在这个地区黄金十月正是婚姻**嫁娶**的高峰期。
(この地域では、黄金の10月はまさに結婚のピーク期だ。)

(105) **正解は❹** "压垮 yā//kuǎ"は「押しつぶす」。"压抑 yāyì"は「重苦しい、(気持ちなどを)抑える、抑圧する」。"压堂 yā//táng"は「授業が延びる、授業時間を延長する」。"倒塌 dǎotā"は「(建物が)倒れる」。

他都快被精神压力**压垮**了。这样下去，别说夺冠，恐怕连比赛都参加不了了。
(彼はもうプレッシャーに押しつぶされそうだ。このようなことが続けば、優勝を勝ち取るどころか、おそらく試合にも参加できなくなるだろう。)

(106) **正解は❷** "上口 shàngkǒu"は「すらすらと読める」、"琅琅上口"は「(詩文などを)すらすらと読み上げる」。"爽口 shuǎngkǒu"は「口当たりがよい、口の中がさっぱりする」。"张口 zhāng//kǒu"は「口を開ける、意見を言う、話す」。"调子 diàozi"は「メロディー、口調」。

这篇课文都是短句，念起来琅琅**上口**，孩子们非常喜爱。
(このテキストの本文はみな短い文であり、読めばすらすらと読めるので、子どもたちはとても気に入っている。)

(107) **正解は❹** "眼馋 yǎnchán"は「羨ましがる」。"嘴馋 zuǐchán"は「食いしんぼうである、口が卑しい」。"眼光 yǎnguāng"は「視線、眼力、観点」。"眼熟 yǎnshú"は「見覚えがある」。

妈妈退休以后，一看到和自己差不多年龄的人和孙子一起玩儿，就**眼馋**。
(母は定年退職した後、自分と同じくらいの年の人が孫と一緒に遊ぶところを

見ると、羨ましくなる。)

(108) **正解は❶** "要强 yàoqiáng"は「(人の性格について) 負けず嫌いである、頑張り屋である」。"强要 qiǎngyào"は「無理に〜しようとする」。"要得 yàode"は「(相手に同意することを表す) よい、結構だ」。"要好 yàohǎo"は「仲が良い」。

她从小就**要强**,从不示弱。
(彼女は小さいころから負けず嫌いで、決して弱みを見せない。)

(109) **正解は❹** "平静 píngjìng"は「(環境などが) 静かである、静まっている、(人の気持ち、態度、音声などが) 落ち着いている、冷静である」。"平稳 píngwěn"は「(1) (情勢、マーケットなどに変動や危険性がなく) 平穏である、安定している (2) (車、船などに揺れが少なく) 平穏である」。"平局 píngjú"は「(試合や囲碁などの競技の) 引き分け」。"平反 píngfǎn"は「名誉を回復する、無実の罪をすすぐ」。

她毅然决然地退出了舞台,说是想过不被人打扰的**平静**生活。
(彼女は少しもためらわず舞台から離れた。人に邪魔されず静かな生活を送りたいのだそうだ。)

(110) **正解は❶** "应聘 yìngpìn"は「招聘に応じる」。"招聘 zhāopìn"は「招聘する、募集する」。"应募 yìngmù"は「募集に応じる、応募する」。"回聘 huípìn"は「(定年退職した人を) 再雇用する」。

他**应聘**去中国的一所音乐大学当教授了。
(彼は招聘に応じて中国のある音楽大学の教授になった。)

(111) **正解は❸** "宣布 xuānbù"は「宣言する、発表する」。"宣传 xuānchuán"は「宣伝する」。"宣称 xuānchēng"は「公言する」。"转告 zhuǎngào"は「伝言する」。

据报道,北京多家外资银行**宣布**免收跨行取款手续费了。
(報道によれば、北京の多くの外資系銀行が、銀行間の引き出し手数料の無料化を発表したそうだ。)

(112) **正解は❹** "有头绪 yǒu tóuxù"は「目鼻がつく、見当がつく、糸口を見出す」。"触霉头 chù méitóu"は「酷い目に遭う」。"惹麻烦 rě máfan"は「面倒なこと

になる、面倒を引き起こす」。"闹情绪 nào qíngxù" は「不機嫌になる」。

因为这件事儿还没**有头绪**，所以弄得我彻夜难眠。
(この件はまだ解決の糸口が見えず、そのせいで夜通し眠れない。)

(113) **正解は❹**　"召回 zhàohuí" は「(1) リコールする　(2) 呼び戻す」。"撤回 chèhuí" は「(1) 撤退する　(2) 撤回する、取り消す」。"取回 qǔ//huí" は「持って帰る、取り戻す」。"调回 diào//huí" は「(派遣先から) 呼び戻す」。

因发动机熄火的原因，公司将**召回** 20 万辆汽车。
(エンジン停止トラブルにより、会社は 20 万台の車をリコールすることになるだろう。)

(114) **正解は❶**　"一向" は「いままでずっと」。"一再" は「何度も」。"一味" は「ひたすら」。"一律" は「一律に」。
"吃枪药 chī qiāngyào" は「火薬を食べる、荒々しい言い方をするたとえ」。

她说话**一向**都很有分寸，从来不伤人，可是今天却像吃了枪药似的。
(彼女はいつも言いすぎるということがないので、いままで人を傷つけたことはないが、しかし今日はまるで火薬を食べたようにいきり立っていて荒々しい言い方をする。)

(115) **正解は❷**　"肇事者 zhàoshìzhě" は「事件や事故を引き起こした張本人」。"盗窃犯 dàoqièfàn" は「窃盗犯」。"受贿者 shòuhuìzhě" は「収賄側、賄賂を受け取った者」。"闹事者 nàoshìzhě" は「騒動を起こした者」。
"捉拿归案 zhuōná guī'àn" は「逮捕して裁判にかける」。

前几天发生的那起撞车逃逸案件，经过警方的连日追查，终于将**肇事者**捉拿归案了。
(先日起きたあのひき逃げ事件は、警察の連日の捜査によって、ついに犯人が逮捕され裁判にかけられた。)

(116) **正解は❶**　"平衡 pínghéng" は「バランスが取れている」。"衡量 héngliáng" は「(1) (一定の基準に基づいて) 評価する　(2) (事柄の妥当性を) よく考える、思案する」。"平淡 píngdàn" は「(文章などが) 変化に乏しい、(暮らしが) 単調である」。"平平 píngpíng" は「普通である、よくも悪くもない、並である」。

我刚一出门就被人猛地撞了一下，突然身体失去了**平衡**，险些摔倒。
(門を出た途端に人に強くぶつけられて、突然身体のバランスが崩れて、危うく転ぶところだった。)

(117) **正解は❹**　"争议 zhēngyì"は「(1) 異論、反対意見　(2) 論争する」。"辩论 biànlùn"は「(1) 弁論する　(2) 弁論、論争」。"出现了争议"とは言うが、"出现了辩论"とは言わない。また"展开了辩论"とは言うが、"展开了争议"とは言わない。"建议 jiànyì"は「(1) 提案する　(2) 提案」。"争吵 zhēngchǎo"は「言い争う、口げんかする」。
"酒香不怕巷子深"は「香りのよいお酒は路地の奥に置かれても心配がない」、商品がよければ宣伝しなくても消費者は求めに来ることのたとえ。

酒香不怕巷子深，这句流传了几百年以上的俗语，在当今这个信息时代，也出现了**争议**，有人说，酒香也怕巷子深。
(「香りのよいお酒は路地の奥に置かれても心配がない」という何百年も語り伝えられてきた俗語が、今の情報化時代で異論が唱えられている。香りのよいお酒であっても路地の奥に置かれると心配だと言う人もいる。)

(118) **正解は❶**　"正派 zhèngpài"は「(品行などが) 正しい、まじめである」。"纯正 chúnzhèng"は「純粋である、純粋で正しい」。"正宗 zhèngzōng"は「宗家、本家」。"气派 qìpài"は「風格、気概、気前、立派である」。"为人纯正"、"为人气派"とは言わない。

他为人**正派**，受到了大家的尊敬。
(彼は人柄が立派なので、誰からも尊敬されている。)

(119) **正解は❸**　"留一手 liú yì shǒu"は「奥の手を隠して他人に教えない」。"留面子 liú miànzi"は「体面を保つ、(人の) 顔をつぶさないようにする」。"留后路 liú hòulù"は「(万が一のことを考えて) 逃げ道を残す」。"留尾巴 liú wěiba"は「(事物の処理が徹底せず) 問題を後に残す」。

师傅决没有**留一手**，而是把自己几十年来摸索出来的经验全部教给了徒弟。
(師匠は決して奥の手を隠したりせずに、自分の数十年来模索しながら積み重ねてきた経験を全部弟子に伝えたのだ。)

(120) **正解は❸**　"知趣 zhīqù"は「気が利く、物分かりがよい」。"知足 zhīzú"は「満

足する」。"乐趣 lèqù"は「楽しみ」。"趣闻 qùwén"は「おもしろい話」。"逐客令 zhúkèlìng"は「客を追い払う言葉」。

你怎么这么不**知趣**呢，再不走我就要下逐客令了。
(君はどうしてこんなに気が利かないの、これ以上出て行かなかったらもう追い出すよ。)

(121) **正解は❹** "不雅观 bù yǎguān"は「見苦しい、みっともない、体裁がよくない」。"不外乎 búwàihu"は「～の範囲を出ない、ほかでもない」。"不争气 bù zhēngqì"は「ふがいない、しっかりしない、情けない」。"不自在 bú zìzài"は「窮屈である」。
"寒毛 hánmao"（うぶ毛）は"汗毛 hànmáo"とも言う。

许多女孩儿都觉得寒毛**不雅观**，总是毫不客气地把它们拔掉。
(多くの女の子はうぶ毛がみっともないと思って、思い切って抜いてしまいがちだ。)

(122) **正解は❹** "中暑 zhòng//shǔ"は「熱中症、日射病、熱中症（日射病）にかかる」。"中毒 zhòng//dú"は「中毒する、毒に当たる」。"中风 zhòng//fēng"は「卒中になる」。"中标 zhòng//biāo"は「落札する」。

连日以来的高温天气，造成了许多人**中暑**入院，其中包括不少户外劳动者。
(この数日気温の高い天候が続いているので、多くの人が熱中症で入院した。その中に多くの屋外労働者が含まれている。)

(123) **正解は❷** "懒洋洋 lǎnyángyáng"は「けだるいさま、元気のないさま、怠けている」。"美滋滋 měizīzī"は「浮き浮きしているさま、嬉しさがこみあげるさま」。"羞答答 xiūdādā"は「恥ずかしがるさま」。"暖洋洋 nuǎnyángyáng"は「ぽかぽかと暖かいさま」。

他浑身有的是力气就是**懒洋洋**的，什么都不想干。
(彼は大変な力持ちだが、ただ気だるそうにしていて、何にもしたがらない。)

(124) **正解は❸** "一条龙 yìtiáolóng"は「（作業の順序や仕事の各部分の）一本化」、"一条龙服务"で「一括サービス、連携サービス」。"一头（儿）沉 yìtóu(r)chén"は「えこひいきする、一方に片寄る」。"一头热 yìtóurè"は「片思い」。"一股风 yìgǔfēng"は「一過性のさま」。

消费者在线注册后，可以享受**一条龙**服务。
(消費者はオンラインで登録した後、一括サービスを受けることができる。)

(125) **正解は❶**　"胖乎乎 pànghūhū"は「まるまる太っている」。"粘乎乎 niánhūhū"は「ねばねばする」。"湿漉漉 shīlūlū"は「じとじとしている」。"热乎乎 rèhūhū"は「ほかほかとしている」、"热呼呼"とも書く。

这孩子的两只小手长得**胖乎乎**的，一摁一个坑。
(この子の両手はまるまる太っていて、押すとくぼみができる。)

(126) **正解は❸**　"周折 zhōuzhé"は「紆余曲折、手間」。"折磨 zhémó"は「(精神や肉体を) 苦しめる、いじめる」。"转折 zhuǎnzhé"は「(1)(発展方向や情勢などが) 転換する (2)(文章の内容が) 変わる」。"周旋 zhōuxuán"は「(1) 旋回する (2) 付き合う (3) 渡り合う」。

这件事难免会有些**周折**，哪能那么一帆风顺呢？
(この件については、手間がかかるのは避けられないだろう、そんな順調に進むなんてとても無理だよ (そんな順調に進むことなんてできるものか)。)

(127) **正解は❷**　"走遍 zǒu//biàn"は「あまねく歩く、くまなく回る」。"走形 zǒu//xíng"は「形が崩れる」。"走出"は「～を出る」。"走动 zǒudòng"は「(1) 身体を動かす (2) 付き合う」。

他说退休以后，要**走遍**全国各地。
(彼は定年退職後、全国各地をくまなく回る、と言った。)

(128) **正解は❶**　"不相容 bù xiāngróng"は「相容れない」、"水火不相容"で「水と火のようにまったく相容れない」。"不相干 bù xiānggān"は「関係がない」。"不平衡 bù pínghéng"は「アンバランス、バランスが取れていない」。"不相符 bù xiāngfú"は「一致しない」。

他们俩的关系已经紧张到了水火**不相容**的地步。
(彼ら2人の関係はもう犬猿の仲と言えるほど険悪になっている。)

(129) **正解は❸**　"做主 zuò//zhǔ"は「支持する、後ろ盾になる、決定する、責任をもって処理する」。"作罢 zuòbà"は「やめる、中止する」。"做人 zuò//rén"は「(1) 身を処する (2) ちゃんとした人間になる」。"作废 zuò//fèi"は「無

効になる、無効にする」。

你要是不给我们**做主**的话，我们心里就没有底了。
（あなたが後ろ盾になってくれなかったら、私たちはよりどころを失ってしまう。）

(130) **正解は❹** "专门 zhuānmén"は「(1) もっぱら、専門に、しばしば、しきりに～する、そればかりする　(2) 専門の」。"专业 zhuānyè"は「(1)（大学などの）専攻　(2) プロの、専門の」。"专心 zhuānxīn"は「(学習、読書、研究、仕事などに) 専念している、一心不乱である」。"专长 zhuāncháng"は「特長、特技、専門知識」。

人各有所好，她**专门**爱收集古董，家里已经快变成古董店了。
（人にはそれぞれ好みがある、彼女はもっぱら骨董品を集めることを好むので、家はもうそろそろ骨董品屋になりそうだ。）

(131) **正解は❹** "对症下药 duì zhèng xià yào"は「病状に応じて投薬する、事情に応じて問題解決の方法を決定するたとえ」。"有的放矢 yǒu dì fàng shǐ"は「的があって矢を放つ、明確な目標を持って行動し発言するたとえ」、反対の意味の言葉は"无的放矢"。"针锋相对 zhēn fēng xiāng duì"は「真っ向から対立する」。"有根有据 yǒu gēn yǒu jù"は「確かな根拠がある」。
"头痛医头，脚痛医脚 tóu tòng yī tóu, jiǎo tòng yī jiǎo"は「頭が痛いと頭を治療し足が痛いと足を治療する」、問題を根本的に解決しないで、一時しのぎの措置を講じるたとえ。

遇到问题要**对症下药**，不能只是头痛医头，脚痛医脚。
（問題に遭遇したら病状に応じて投薬すべきだが、頭が痛いと頭だけを治し、足が痛いと足だけを治すというやり方ではいけない。）

(132) **正解は❶** "白手起家 bái shǒu qǐ jiā"は「無一文から財を築く、悪い条件のもとで事業を興すたとえ」。"赤手空拳 chì shǒu kōng quán"は「徒手空拳」、意味の近い言葉に"手无寸铁 shǒu wú cùn tiě"（手に武器を持っていない）がある。"两袖清风 liǎng xiù qīng fēng"は「役人が清廉潔白であることのたとえ」。"手脚并用 shǒujiǎo bìngyòng"は「手足を同時に使う」。
"一无所有 yì wú suǒ yǒu"は「何もない」。

他从一个一无所有的留学生，**白手起家**开了一家医院。

（彼は何も持たない一留学生から、無一文の状態で事業を興し病院を開いた。）

(133) **正解は❹** "本来面目 běn lái miàn mù"は「本来の姿」。"改头换面 gǎi tóu huàn miàn"は「中身はそのままで、形式だけを変える」。"无影无踪 wú yǐng wú zōng"は「影も形もない、行方が分からない」。"面目全非 miàn mù quán fēi"は「様相がすっかり変わる」。

这是座被沙漠淹没了的城市，已经看不出**本来面目**了。
（これは砂漠に埋もれた都市で、元の面影は見られない。）

(134) **正解は❸** "自知之明 zì zhī zhī míng"は「自分を正しく知る能力」。"先见之明 xiān jiàn zhī míng"は「先見の明」。"知己知彼 zhī jǐ zhī bǐ"は「自分のことも相手のことも知っている」。"知情达理 zhī qíng dá lǐ"は「物の道理をわきまえている」、"通情达理"とも言う。なお"他知情达理"とは言うが、"他有知情达理"とは言わない。
"扬长避短 yáng cháng bì duǎn"は「短所を避け長所を生かす、得意とする方面を生かし不得手な方面からの影響を少なくする」。

他不仅有**自知之明**，而且注意扬长避短。
（彼は自分を正しく知る力があるだけではなく、しかも得意なところを生かし弱いところを避けるように気をつけている。）

(135) **正解は❸** "风云人物 fēng yún rén wù"は「風雲児、今を時めく人」。"等闲之辈 děng xián zhī bèi"は「普通の人、ありきたりな人」。"凤毛麟角 fèng máo lín jiǎo"は「極めて珍しいことや人物のたとえ」。"一表人才 yì biǎo rén cái"は「風貌が立派な人、ひとかどの人物」。

今年体坛的**风云人物**已经揭晓，我最关注的新星也在其中。
（今年のスポーツ界の時の人は既に発表されたが、私が最も関心を持っている新しいスターもその中に入っている。）

(136) **正解は❷** "比上不足，比下有余 bǐ shàng bùzú, bǐ xià yǒuyú"は「上と比べれば劣るが下と比べればましである、ほどほどである」。"上天无路，入地无门 shàng tiān wú lù, rù dì wú mén"は「天に昇る道がなく地に潜る門がない、追い詰められて途方に暮れるたとえ」。"上梁不正，下梁歪 shàngliáng bú zhèng, xiàliáng wāi"は「上の梁が曲がっていると下の梁も歪んでしまう、上に立つ

ものが正しくなければ下のものも悪くなるたとえ」。"**上不着天，下不着地** shàng bù zháo tiān, xià bù zháo dì"は「上は天に届かず下は地に着かない、宙ぶらりんである」。

不要要求过高，能找到一份工作就该知足了，**比上不足，比下有余**嘛。
(要求が高すぎてはいけない、就職ができただけでも満足すべきだ、上と比べれば及ばないが、下と比べれば悪くないじゃないか。)

(137) **正解は❸**　"**百感交集** bǎi gǎn jiāo jí"は「万感こもごも至る、感無量である」。"**百思不解** bǎi sī bù jiě"は「いくら考えても分からない」。"**百发百中** bǎi fā bǎi zhòng"は「百発百中」。"**百依百顺** bǎi yī bǎi shùn"は「何でも聞き入れる、何でも相手の言うとおりにする」。

我也从一个不懂事的孩子变成了他人之父，真是**百感交集**。
(私も分別もついていない子どもから人の父親になった。本当に感無量だ。)

(138) **正解は❶**　"**不惑之年** búhuò zhī nián"は「不惑の年、40歳の年」。"**古稀之年** gǔxī zhī nián"は「古稀の年、70歳の年」。"**花甲之年** huājiǎ zhī nián"は「還暦の年、60歳の年」。"**白头偕老** bái tóu xié lǎo"は「共に白髪になるまで添い遂げる」。

在而立之年他创下了新记录，他下决心再过十年，也就是在**不惑之年**要再次创新。
(30歳の年に彼は新記録を作り、10年後つまり40歳の年にも再度新記録を作らなければならない、と彼は決心した。)

(139) **正解は❶**　"**不速之客** bú sù zhī kè"は「招かれざる客」。"**下里巴人** xià lǐ bā rén**"は「通俗的文学芸術」。"下里"は田舎、"巴人"は巴蜀（現在の四川省）の人を指す。よく"**阳春白雪** yáng chūn bái xuě"（高尚な文化）と対照的に用いられる。"**花花公子** huāhuā gōngzǐ"は「放蕩息子」。"**纨绔子弟** wánkù zǐdì"は「金持ちのどら息子」。

现在网络上经常出现一些像黑客和病毒之类的"**不速之客**"。
(現在ネット上によくハッカーやウィルスなどのような招かれざる客が現れる。)

(140) **正解は❷**　"**默默无闻** mò mò wú wén"は「世間に知られない、無名である」。

"默默无言 mò mò wú yán"は「黙って何も言わない」。"不声不响 bù shēng bù xiǎng"は「ひっそりとしている、黙々として、声を立てない」。"声嘶力竭 shēng sī lì jié"は「声をからし力を使い果たす」。

这座**默默无闻**的小城市，顷刻间闻名于世。
(世間に知られていなかったこの小さい都市は、たちまちのうちに世界に名前を知られた。)

(141) **正解は❶**　"不在话下 bú zài huà xià"は「言うまでもない、問題にならない」。"左右开弓 zuǒ yòu kāi gōng"は「両手を交互に使う、同時にいくつかの仕事を進める」。"万事大吉 wàn shì dà jí"は「万事好都合、すべてうまくいく」。"人言可畏 rén yán kě wèi"は「人の噂は恐ろしい」。

凭他的医术做这样的手术，根本**不在话下**。
(彼の医療技術でこのような手術をするのは、まったく問題ありません。)

(142) **正解は❸**　"好大喜功 hào dà xǐ gōng"は「(客観的な条件のいかんを問わず)ひたすら大きな仕事をしたがり功績を挙げようとする」。"好逸恶劳 hào yì wù láo"は「楽なことを好み働くのを嫌う」。"歌功颂德 gē gōng sòng dé"は「功績や人徳をほめたたえる」。"喧宾夺主 xuān bīn duó zhǔ"は「客の声が主人の声を圧倒する、主客転倒のたとえ」。

他不**好大喜功**，从不在客户面前夸海口，也不给客户过多的承诺。
(彼はむやみに手柄を挙げようとせず、お客さんの前で大言壮語をしたことがないし、多すぎる保証もしない。)

(143) **正解は❸**　"聪明伶俐 cōngmíng línglì"は「聡明で利口である」。"抛头露面 pāo tóu lù miàn"は「人前に出しゃばる、人前に顔を出す」。"大智若愚 dà zhì ruò yú"は「大智は愚のごとし、本当の賢者は一見愚者のように見える」。"沾沾自喜 zhān zhān zì xǐ"は「うぬぼれる、得意になる」。

这孩子**聪明伶俐**、活泼可爱，谁见谁爱。
(この子は賢く利口であり、元気がよく可愛いくて誰もが会うと好きになる。)

(144) **正解は❶**　"一窍不通 yí qiào bù tōng"は「ずぶの素人である、さっぱり分からない、全然通じない」。"前所未闻 qián suǒ wèi wén"は「前代未聞」。"一蹴而就 yí cù ér jiù"は「一度で成功する、簡単に成功を収める」。"一隅三反

yì yú sān fǎn"は「一つの事から推して他の多くの事を知る」、"举一反三"とも言う。

"胸有成竹 xiōng yǒu chéng zhú"は「胸に成竹あり、成算がある」。

我在这个行业已经干了三十年有余了，可以说是从**一窍不通**到胸有成竹。
（私はこの業界で 30 年以上仕事をしたので、ずぶの素人から成算が立つまでになったと言える。）

(145) **正解は❷** "冰冻三尺非一日之寒 bīng dòng sānchǐ fēi yírì zhī hán"は「3 尺もの厚い氷は 1 日の寒さでできたものではない、双方の不和には長い由来があるたとえ」。"天寒地冻 tiān hán dì dòng"は「天気が寒くて地面が凍る、寒さが厳しいさま」。"冰天雪地 bīng tiān xuě dì"は「氷や雪の世界である、非常に寒いさま」。"十年寒窗 shí nián hán chuāng"は「長年勉学にいそしむこと」。

冰冻三尺非一日之寒，他们的关系发展到如今，没有什么奇怪的。
（3 尺もの厚い氷は 1 日の寒さでできたものではなく、彼らの関係がいまのようになったのは、別に何も不思議ではない。）

(146) **正解は❷** "大势所趋 dàshì suǒ qū"は「大勢の赴くところ」。"大势已去 dàshì yǐ qù"は「大勢が既に去った、形勢がもはや挽回できない」。"大失所望 dà shī suǒ wàng"は「大変失望する、がっかりする」。"大张旗鼓 dà zhāng qí gǔ"は「大いに気勢をあげる、鳴り物入りで行う」。

实行户籍改革已**大势所趋**，人心所向，任何人都阻挡不了。
（戸籍改革を実施するのは既に大勢の赴くところ、民心の向かうところとなっており、いかなる人でも阻止できない。）

(147) **正解は❶** "低头不见抬头见 dī tóu bú jiàn tái tóu jiàn"は「よく顔を合わせる、人々は互いにうまく付き合っていくべきであるということ」、"抬头不见低头见"とも言う。"每逢佳节倍思亲 měiféng jiājié bèi sīqīn"は「節句のたびに離れている家族のことをよりいっそう懐かしむ」。"解铃还须系铃人 jiě líng hái xū jì/xì líng rén"は「虎の首に鈴をつけた人がその鈴を取り外す必要がある、問題を解決するのは問題を引き起こした本人でなければならない」。"清官难断家务事 qīngguān nán duàn jiāwùshì"は「公正な裁判官でさえも家庭内のいざこざの仲裁には手を焼く」。

邻居之间**低头不见抬头见**这句话，现在对住在公寓里的人们来说，恐怕已经不

適用了吧？
(隣人との間での「頭を下げた時に会わなくても頭を上げた時にきっと会う」という言葉は、現在マンションに住んでいる人たちにとっては、おそらくもう当てはまらなくなっているだろう。)

(148) **正解は❶** "避而不谈 bì ér bù tán"は「避けて言わない」。"面面俱到 miàn miàn jù dào"は「すべての面で周到である」。"忿忿不平 fènfèn bùpíng"は「ぷりぷりと腹を立てる、憤懣やるかたない」。"品头论足 pǐn tóu lùn zú"は「あれこれと批評する」、"评头论足 píng tóu lùn zú"、"评头品足 píng tóu pǐn zú"とも言う。
"话锋一转 huà fēng yì zhuǎn"は「話の矛先をがらりと変える」。

大家一味追究无关紧要的问题，而一接触到根本问题却**避而不谈**，立刻话锋一转，避开了事。
(みんなどうでもいいことをひたすら追究するが、根本的な問題に触れるとかえってそれを避けて、すぐ話題を変えて済ませてしまう。)

(149) **正解は❸** "千里之行，始于足下 qiānlǐ zhī xíng, shǐyú zúxià"は「千里の道も一歩から」。"百年大计 bǎi nián dà jì"は「百年の大計」。"千里迢迢 qiān lǐ tiáo tiáo"は「千里はるばる、道がはるかに遠いこと」。"万事开头难 wànshì kāitóu nán"は「何事も最初が難しい」。

俗话说，**千里之行**，始于足下，无论是创业也好，创作也好，做什么事都得迈出第一步。
(俗語では「千里の道も一歩から」と言う、事業を興すことといい、新しい作品を作ることといい、何をするにしても第一歩を踏み出さなければならない。)

(150) **正解は❶** "大开眼界 dàkāi yǎnjiè"は「大いに視野を広げる」。"耳濡目染 ěr rú mù rǎn"は「見たり聞いたりするうちに自然にその影響を受ける」。"来之不易 lái zhī bú yì"は「得ることは容易なことではない」。"大庭广众 dà tíng guǎng zhòng"は「大勢の前」。

这次博览会让我**大开眼界**，也长了不少见识。
(今回の博覧会で私は大変視野を広くし、見聞もずいぶん広くなった。)

(151) **正解は❷** "各有千秋 gè yǒu qiān qiū"は「それぞれ長所がある」。"各得其所

gè dé qí suǒ"は「適材適所である、それぞれが適所を得る」。"有利有弊 yǒu lì yǒu bì"は「一利一害である」。"一分为二 yì fēn wéi èr"は「1つのものが2つに分かれる、いかなる事物にも両面性がある」。

她们俩的作品可以说是**各有千秋**，如果把各自的长处融合起来的话，就更完美无缺了。
（彼女ら2人の作品はそれぞれに長所があると言え、もしそれぞれのよいところを融合すれば、もっと完璧になる。）

(152) **正解は❸** "闭目遐想 bì mù xiá xiǎng"は「目を閉じて思いを馳せる、瞑想する」。"发人深省 fā rén shēn xǐng"は「大いに啓発される、深く考えさせる」。"三思而行 sān sī ér xíng"は「よく考えてから実行に移す」。"闭关自守 bì guān zì shǒu"は「門を閉ざして外界との往来を断つ」。

我时而独自一人**闭目遐想**，那浩瀚的宇宙，一望无际的大海，便跃然我的脑海。
（時々、1人で瞑想すると、あの広々とした宇宙、見渡す限り果てしない海がありありと私の頭に浮かぶ。）

(153) **正解は❶** "顾此失彼 gù cǐ shī bǐ"は「あちら立てればこちらが立たず、忙しくててんてこ舞いになる」。"顾全大局 gùquán dàjú"は「大局に配慮する、全体のために考える」。"后顾之忧 hòu gù zhī yōu"は「後顧の憂い」。"瞻前顾后 zhān qián gù hòu"は「(1) 前後をよく見て慎重に行動する　(2) 優柔不断である」。

既想照顾好孩子，又想做好工作，总感到心有余而力不足，**顾此失彼**。
（子どもの面倒をちゃんと見たいし、仕事もしっかりやりたいが、やる気は十分あるが力が足りない、こちら立てればあちらが立たないと感じている。）

(154) **正解は❷** "绘声绘色 huì shēng huì sè"は「描写や叙述が生き生きとして真に迫っているさま」。"枯燥无味 kūzào wúwèi"は「単調でつまらない、無味乾燥である」。"千言万语 qiān yán wàn yǔ"は「非常に多くの言葉、胸に積もるさまざまな話」。"风度翩翩 fēngdù piānpiān"は「身のこなしが上品である」。

他为了讨女孩子们的欢心，总是把读过的书，**绘声绘色**地讲给她们听。
（彼は女の子の歓心を買うため、いつも読み終わった本の内容を生き生きと語って彼女たちに聞かせる。）

(155) **正解は❶** "倒背如流 dào bèi rú liú"は「文の終わりから逆さに暗誦し、その流暢さは水の流れのようである、すらすらと暗誦する」。"半生不熟 bàn shēng bù shú"は「半熟である、生かじりである、生半可である」。"半半拉拉 bànbanlālā"は「不完全である」。"滚瓜烂熟 gǔn guā làn shú"は「（暗記や朗読が）流暢であるさま」。"能把台词背得滚瓜烂熟"（セリフをすらすらと暗誦できる）とは言うが、"能把台词滚瓜烂熟"とは言わない。

虽然她已能把台词**倒背如流**，可是一上舞台就磕磕巴巴地说不出来了。
（彼女は既にセリフをすらすら暗誦できたが、舞台に上がると流暢に話せなくなった。）

(156) **正解は❷** "三人行，必有我师 sānrén xíng, bì yǒu wǒ shī"は「三人行えば必ず我が師有り、手本となる人は必ずいる」。"三个臭皮匠，顶个诸葛亮 sān ge chòu píjiang, dǐng ge Zhūgě Liàng"は「三人寄れば文殊の知恵」。"少壮不努力，老大徒伤悲 shàozhuàng bù nǔlì, lǎodà tú shāngbēi"は「若い時に努力しないと年をとってから後悔することになる」。"三百六十行，行行出状元 sānbǎi liùshí háng, hángháng chū zhuàngyuan"は「どんな職業でも優れた人がいるものだ」。

三人行，必有我师，确实是这样，我觉得周围的每一个人都有值得我学习的地方。
（「三人行えば必ず我が師有り」、確かにそうだ。周りの誰もが何か私の学ぶに値するものを持っていると思う。）

(157) **正解は❷** "铁板一块 tiěbǎn yí kuài"は「一枚の鉄板のように結ばれている、一枚岩」。"铁板钉钉 tiěbǎn dìng dīng"は「鉄板にくぎを打ちつける、事が既に決まっていて変更できないたとえ」。"一板一眼 yì bǎn yì yǎn"は「言動がきちんとしている」。"悬崖峭壁 xuányá qiàobì"は「断崖絶壁」。

这个公司过去就像一盘散沙，现在已成了**铁板一块**。
（この会社は、昔はばらばらの砂のようにまとまらなかったが、今はもう一枚岩のような結束力だ。）

(158) **正解は❹** "娇生惯养 jiāo shēng guàn yǎng"は「甘やかされて育つ、甘やかして育てる」。"小巧玲珑 xiǎo qiǎo líng lóng"は「小さくて精巧である」。"小打小闹 xiǎo dǎ xiǎo nào"は「小規模に仕事をやる」。"寄人篱下 jì rén lí xià"は「他人に身を寄せる、他人に頼って生活する」。

她从小**娇生惯养**，在妈妈跟前的时候，一点儿苦也吃不得，可走上社会锻炼了几年以后，好像已经变成了另外一个人。
(彼女は小さい時から甘やかされて育ったので、母親の側にいた時には、少しの苦労にも耐えられなかったが、社会に出て何年か鍛えられた後、もう別人のようになった。)

(159) **正解は❶** "谨小慎微 jǐn xiǎo shèn wēi"は「小心翼々である、過度に慎重である」。"诚惶诚恐 chéng huáng chéng kǒng"は「非常に恐れ入ってびくびくするさま」。"千真万确 qiān zhēn wàn què"は「絶対に間違いがない、確実である」。"轻重缓急 qīng zhòng huǎn jí"は「重要性や緊急性、事の軽重や緩急」。

做事过于**谨小慎微**反倒会束缚住自己的手脚。
(事を成すにあたっては慎重すぎるとかえって自分の手足を縛ることになる。)

(160) **正解は❶** "孤陋寡闻 gū lòu guǎ wén"は「学識が浅く見聞が狭い」。"孤家寡人 gū jiā guǎ rén"は「大衆から浮き上がって孤立している人、独りぼっちの人のたとえ」、"孤家"、"寡人"は昔の帝王の自称。"不自量力 bú zì liàng lì"は「身のほど知らず」。"碌碌无为 lùlù wúwéi"は「平々凡々として何もすることがない」。
"多如牛毛 duō rú niú máo"は「牛の毛ほど多いさま」。

请恕我**孤陋寡闻**，现在协会多如牛毛，我真的不知道这个服装协会。
(私の学識が浅く見聞が狭いことを赦してください。今は協会が数えきれないほど多いので、私は本当にこの服装協会を知りませんでした。)

(161) **正解は❸** "毛手毛脚 máo shǒu máo jiǎo"は「そそっかしい、不注意である、せかせかして落ち着かない」。"小手小脚 xiǎo shǒu xiǎo jiǎo"は「こせこせして大胆になれない」。"大手大脚 dà shǒu dà jiǎo"は「金遣いが荒い」。"蹑手蹑脚 niè shǒu niè jiǎo"は「抜き足差し足で歩くさま」。

你怎么像个毛孩子，干什么都**毛手毛脚**的，一点儿也不稳重。
(君はどうしてそう青二才みたいに、何をやっても地に足がつかず、全然落ち着かないのだ。)

(162) **正解は❶** "海誓山盟 hǎi shì shān méng"は「いつまでも変わらぬ愛の誓い」、"山盟海誓"とも言う。"大海捞针 dà hǎi lāo zhēn"は「海に落とした針を掬

いあげる、極めて困難なことのたとえ」、"海底捞针"とも言う。"心血来潮 xīn xuè lái cháo"は「突然ある事をしようと思い立つ」。"水落石出 shuǐ luò shí chū"は「水が引いて石が現れる、真相が明らかになるたとえ」。

他们**海誓山盟**的爱情故事，被传为佳话。
(彼らの永遠に変わらない愛の誓いのラブストーリーは、美しい物語として伝えられている。)

(163) **正解は❸** "蒙在鼓里 méngzài gǔlǐ"は「蚊帳の外に置かれる」。"蒙混过关 ménghùn guòguān"は「ごまかしてその場を逃れる」。"弥天大谎 mí tiān dà huǎng"は「真っ赤なウソ」。"骑驴找驴 qí lǘ zhǎo lǘ"は「ロバに乗りながらロバを探す、目の前にあるのに気付かずいたずらに探す」、"骑马找马"とも言う。

闹了半天你们早就知道了啊，只有我一个人被**蒙在鼓里**了。
(結局君たちはとっくに分かっていたのか、私だけ蚊帳の外だったんだ。)

(164) **正解は❶** "笨鸟先飞 bèn niǎo xiān fēi"は「のろまな鳥は先に飛び立つ」、力のないものは早くから準備を始めるたとえで、多くは謙遜の意味で用いる。"飞禽走兽 fēi qín zǒu shòu"は「鳥獣類」。"鸟语花香 niǎo yǔ huā xiāng"は「鳥がさえずり花が香る、春景色の形容」。"笼中之鸟 lóng zhōng zhī niǎo"は「かごの鳥、閉じ込められて自由を奪われている人のたとえ」。

俗话说，**笨鸟先飞**，我之所以能考出好成绩来，不是我比别人聪明，而是因为我早就开始复习了。
(よく言われるように、のろまな鳥は先に飛び立つ。私が試験でよい成績を取ることができたのは、私が他の人より賢いのではなく、早く復習を始めていたからだ。)

(165) **正解は❷** "逆水行舟，不进则退 nì shuǐ xíng zhōu, bú jìn zé tuì"は「流れに逆らって舟をやる、進歩しなければ退歩する」。"精卫填海 jīng wèi tián hǎi"は「精衛海をうずむ」、東海で溺死した炎帝の娘が精衛という小鳥に生まれ変わって、毎日木や石をくわえてきて海を埋めようとしたという伝説から、大きな困難にめげずに努力するたとえ。"能屈能伸 néng qū néng shēn"は「どんな環境にも適応する、失意の時には自重し得意の時には腕前をふるう」。"知难而进 zhī nán ér jìn"は「困難を知りながら進んでやる」。

竞争力如逆水行舟，**不进则退**，我们可不能松劲。
(競争力は流れに逆らって舟をこぐようなもので、進まなければ押し流されるから、我々はとてもじゃないが気を抜けない。)

(166) **正解は❹** "智者千虑，必有一失 zhì zhě qiān lǜ, bì yǒu yī shī"は「知者にも千慮の一失、どんなに頭のよい人でも時には誤りがある」、"千虑一失 qiān lǜ yī shī"とも言う。"只知其一，不知其二 zhǐ zhī qí yī, bù zhī qí èr"は「その一を知りその二を知らない、一面しか知らず全体を知らない」。"人无远虑，必有近忧 rén wú yuǎn lǜ, bì yǒu jìn yōu"は「遠い将来のことを考えないと目の前に必ず心配事が生じる」。"多一事不如少一事 duō yí shì bùrú shǎo yí shì"は「余計なことをするより控えめにするほうがよい」。

连这么精明强干的人也会犯个不大不小的错误，真所谓**智者千虑，必有一失**。
(こんなに頭も良く仕事ができる人でさえも誤りを犯してしまうとは、本当に知者にも千慮の一失と言える。)

(167) **正解は❷** "前因后果 qián yīn hòu guǒ"は「原因と結果」。"前仰后合 qián yǎng hòu hé"は「体が前後に大きく揺れるさま」。"不辞而别 bù cí ér bié"は「挨拶もせず立ち去る」。"事出有因 shì chū yǒu yīn"は「出来事にはそれなりの原因がある」、述語に用いることが多く、"这件事的事出有因"とは言わないが"这件事事出有因"（この事には起こった原因がある）とは言う。

这件事的**前因后果**他最清楚，你不妨去问问他。
(この事の経緯は彼が最もはっきり知っているので、彼に聞いてみたらどうだ。)

(168) **正解は❶** "格格不入 gé gé bú rù"は「まったく相容れない、かみ合わない」。"落落大方 luò luò dà fāng"は「鷹揚である、品がある」。"斤斤计较 jīn jīn jì jiào"は「細かいことでけちけちする」。"津津有味 jīn jīn yǒu wèi"は「興味津々である」。

这个房间家具和墙壁纸的色调，似乎有点儿**格格不入**，看着别扭。
(この部屋は家具と壁紙の色合いがちょっと合わないみたいで、見た感じが不自然だ。)

(169) **正解は❸** "善解人意 shàn jiě rén yì"は「人の考えや気持ちをよく理解できる、人に対して思いやりがある」。"通情达理 tōng qíng dá lǐ"は「人情や道理

をわきまえる」。"假仁假义 jiǎ rén jiǎ yì"は「見せかけの善意、偽善」。"低三下四 dī sān xià sì"は「卑屈なさま、ぺこぺこするさま」。

这条狗既聪明又**善解人意**，不仅会看主人的眼色行事还会安慰主人。
(この犬は賢くて人の気持ちも理解できる。主人の顔色をうかがって行動し、さらに主人を慰めることもできる。)

(170) **正解は❶** "微乎其微 wēi hū qí wēi"は「極めてわずかである」。"略知一二 lüè zhī yī èr"は「少し知っている」。"唯唯诺诺 wěi wěi nuò nuò"は「おとなしく人の言いなりになるさま」。"没有着落 zhuóluò"は「行方が分からない、当てがつかない」。

听说在指纹电子技术出现以前，利用指纹破获的案件简直是**微乎其微**。
(指紋電子照合技術が現れる前、指紋により事件を解決できた例は極めてわずかだったと聞いた。)

(171) **正解は❹** "深入浅出 shēn rù qiǎn chū"は「内容は深いが表現は分かりやすいこと」。"博学多才 bó xué duō cái"は「博学多才」。"抛砖引玉 pāo zhuān yǐn yù"は「れんがを投げて玉を引き出す」、よく先に自分の浅薄な意見を述べて他人の価値のある意見を引き出すという意味に用いる。"出类拔萃 chū lèi bá cuì"は「(能力や品性が) 抜群である」。

他的讲解**深入浅出**，通俗易懂。
(彼の説明は、内容は奥深いが表現はやさしく、一般向けで分かりやすい。)

(172) **正解は❸** "支离破碎 zhī lí pò suì"は「ばらばらに壊れる、支離滅裂」。"颠沛流离 diānpèi liúlí"は「落ちぶれて流浪の身となる」。"倾家荡产 qīng jiā dàng chǎn"は「財産を使い果たす、破産する」。"惨无人道 cǎn wú rén dào"は「残忍悲道、残虐極まりない」。

一个建筑工地由于管道破裂引发了一起爆炸事故，附近的许多房屋都被震得**支离破碎**，摇摇欲坠。
(ある建築現場でパイプの破裂により爆発事故が引き起こされ、近くの多くの建物がばらばらに壊れて倒れそうなほど震動した。)

(173) **正解は❷** "外强中干 wài qiáng zhōng gān"は「外見は強そうだが実は弱い」。"一意孤行 yí yì gū xíng"は「他人の意見を聞かず独断的に行う」。"铁面无私

tiě miàn wú sī"は「公正無私である」。"面不改色 miàn bù gǎi sè"は「顔色一つ変えない、慌てず落ち着いているさま」。

他只是个**外强中干**的纸老虎，没什么可怕的。
(彼はただの見た目が強そうなだけで実力のない張り子の虎だから、何も怖がることはない。)

(174) **正解は❷** "竹篮打水一场空 zhúlán dǎ shuǐ yì cháng kōng"は「竹ざるで水を汲む、せっかくの苦労がむだになるたとえ」、"竹篮打水"とも言う。"鸡飞蛋打 jī fēi dàn dǎ"は「鶏は逃げ卵は割れる、あれこれ欲張って結局すべてがふいになるたとえ」。"人财两空 rén cái liǎng kōng"は「人も財産もすべてなくしてしまう」。"翻天覆地 fān tiān fù dì"は「(1) 天地がひっくり返る、変化が激しいこと　(2) 騒ぎ立てること」、"天翻地覆 tiān fān dì fù"とも言う。

突如其来的台风把丰收在望的苹果横扫一空，让果农**竹篮打水**一场空。
(豊作が期待されていたリンゴが突然やってきた台風に残らず一掃されて、リンゴ農家の苦労が水の泡になってしまった。)

(175) **正解は❹** "无所适从 wú suǒ shì cóng"は「誰に従えばいいのか分からない」。"无所作为 wú suǒ zuò wéi"は「無為に日を送る」。"听天由命 tīng tiān yóu mìng"は「成り行きに任せる」。"听之任之 tīng zhī rèn zhī"は「放任する」。

科长要我做出展计划，部长要我先放一放，弄得我**无所适从**。
(課長に出展の企画を立てろと言われたが、部長にはひとまず放っておくよう言われた、誰の言う通りにすれば良いか分からない。)

(176) **正解は❸** "误人子弟 wù rén zǐ dì"は「人の子弟を悪くしてしまう」。"毁于一旦 huǐ yú yí dàn"は「(やっと得られたものが) 一朝にして破壊される」。"有名无实 yǒu míng wú shí"は「有名無実である」。"误入歧途 wù rù qí tú"は「誤って岐路に入る、誤って邪道に陥る」。

让一个不学无术的人来当老师培养孩子，岂不是**误人子弟**吗？
(学問も技能もない人に先生をやってもらい子どもを教育するなんて、人の子弟を誤らせてしまうではないか。)

(177) **正解は❷** "流连忘返 liú lián wàng fǎn"は「名残惜しくて帰るのを忘れる」、"留连忘返"とも言う。"难舍难分 nán shě nán fēn"は「(男女が) 別れがたい、

仲が良くて別れ難い」。"水土不服 shuǐtǔ bùfú"は「気候風土に合わない」。"忘乎所以 wàng hū suǒ yǐ"は「有頂天になる」。

这里优美的风景让远道而来的游客**流连忘返**。
(ここの美しい景色は、はるばるやってくる観光客に帰ることを忘れさせる。)

(178) **正解は❹** "息事宁人 xī shì níng rén"は「(1) 双方の仲裁をし争いを鎮めて円満に事を解決する (2) 自ら譲って穏便に事をすます」。"左思右想 zuǒ sī yòu xiǎng"は「繰り返し考える」。"息息相关 xī xī xiāng guān"は「切っても切れない密接な関係にある」。"消愁解闷 xiāochóu jiěmèn"は「憂さを晴らす」。"大事化小，小事化了 dàshì huà xiǎo, xiǎoshì huà liǎo"は「重大事を小さく見せかけ、些細なことをなかったことのようにする」、問題をごまかそうとするたとえ。

可以看出他是抱着**息事宁人**的态度，在处理这个问题。他想把大事化小，小事化了吧？
(彼が自ら譲歩し問題を解決しようという態度でこの問題を処理しているのが分かる。彼はごまかそうとしているのではないか。)

(179) **正解は❷** "眼见为实，耳听为虚 yǎn jiàn wéi shí, ěr tīng wéi xū"は「目で見たものは真実であるが、耳で聞いたものは当てにならない」。"眼观六路，耳听八方 yǎn guān liù lù, ěr tīng bā fāng"は「目で六方（上下前後左右）を見、耳で八方（東西南北、南東、南西、北東、北西）を聞く、目ざとく耳ざとく各方面の状況に精通しているたとえ」。"视而不见，听而不闻 shì ér bú jiàn, tīng ér bù wén"は「目にしていながら気付かない、耳にしていながら聞き流す」。"眼不见心不烦 yǎn bú jiàn xīn bù fán"は「見なければ心を煩わすこともない」。

常言道，**眼见为实，耳听为虚**。他带着疑问亲自走进了桃花村，进行了实地考查。
(ことわざによれば、目で見たものは確実だが、耳で聞いたものは当てにならないそうだ。彼は疑問を持ち自ら桃花村に入り、現場で調査を行った。)

(180) **正解は❷** "一无是处 yì wú shì chù"は「いいところが1つもない、何の取柄もない」。"有气无力 yǒu qì wú lì"は「元気のないさま」。"一贫如洗 yì pín rú xǐ"は「赤貧洗うがごとし、ひどく貧しいさま」。"唯利是图 wéi lì shì tú"は「利益のみを追い求める」、"惟利是图"とも書く。

这家公司的产品并非**一无是处**，虽然外观不够精致，可还挺好用的。
（この会社の製品は何の取柄もないというわけではない。外観は精巧ではないが、結構使いやすい。）

(181) **正解は❸**　"一点就透 yì diǎn jiù tòu"は「一を聞いて十を知る、ちょっとヒントを与えるとすぐ理解する」。"灵机一动 língjī yí dòng"は「はっとひらめいていい考えが浮かぶ」。"脱口而出 tuō kǒu ér chū"は「思わず口から出る、出任せを言う」。"一人独吞 yì rén dútūn"は「独り占めにする」。

这孩子自幼天资聪颖，什么事**一点就透**。
（この子は幼い頃から生まれつき賢く、どんなことでもちょっとヒントを与えればすぐ理解する。）

(182) **正解は❷**　"百花齐放，万紫千红 bǎi huā qí fàng, wàn zǐ qiān hóng"は「百花が一斉に咲き、色とりどりである」、事物が豊富多彩、多種多様であるたとえ。"出水芙蓉 chū shuǐ fú róng"は「水面に咲いたハスの花」、女性の美しさや詩文の美しさをたとえる。"千山万水 qiān shān wàn shuǐ"は「多くの山や川、道のりが遠くて険しいさま」。"添枝加叶 tiān zhī jiā yè"は「誇張して話すこと、大げさに言うこと」。

近年来文坛新星辈出，使得整个文坛出现了百花齐放，**万紫千红**的新局面。
（近年文壇には新鋭が輩出して、百花が一斉に色とりどりに咲くように、文壇全体にさまざまな発展が見られる新しい局面が現れた。）

(183) **正解は❷**　"应接不暇 yìng jiē bù xiá"は「応接にいとまがない、応対するいとまがない」。"纷纷扬扬 fēnfēnyángyáng"は「（雪や木の葉などが）ひらひら舞い落ちるさま」。"纷至沓来 fēn zhì tà lái"は「（人や問題などが）次々にやって来る」。"脱不开身 tuōbukāi shēn"は「抜け出せない」。

今年我省快递业务量陡然增加，让快递公司**应接不暇**。
（今年わが省では宅配便の業務量が急に増加したので、宅配便会社が業務処理に手が回らない。）

(184) **正解は❸**　"同心协力 tóng xīn xié lì"は「心を合わせて協力する」。"同病相怜 tóng bìng xiāng lián"は「同病相哀れむ」。"同流合污 tóng liú hé wū"は「悪い人とぐるになって悪いことをすること」。"同归于尽 tóng guī yú jìn"は「共

に滅びる」。

"分道扬镳 fēn dào yáng biāo"は「目標や志が違うため別々の道を行く、おのおの自分の道を歩む」。

他们夫妻俩在那漫长艰苦的岁月里，**同心协力**闯过了一道道难关，可刚刚过上好日子就分道扬镳了，未免让人感到他们只能共苦不能同甘。
(彼ら夫婦2人はあの長い困難な歳月、心を合わせて協力し一つ一つ難関を乗り越えたが、よい生活ができるようになってすぐ、それぞれ別の道を歩むことになってしまった。どうも彼らは苦しみを共にすることはできても幸福を分かち合うことができなかったように思える。)

(185) **正解は❹** "掌上明珠 zhǎng shàng míng zhū"は「掌中の玉、非常に大切にしているもののたとえ」、多くは大切な娘を指す。"称心如意 chèn xīn rú yì"は「思いどおりになって満足する」。"天伦之乐 tiānlún zhī lè"は「一家団欒の喜びと楽しみ」。"了如指掌 liǎo rú zhǐ zhǎng"は「掌を指すように事情をよく分かっている」。

女儿是他的**掌上明珠**，抱在怀里怕掉了，含在嘴里怕化了。
(娘は彼の掌中の珠であって、胸に抱くと落ちないかと心配し、口に入れると溶けないかと心配する。)

(186) **正解は❹** "安分守己 ān fèn shǒu jǐ"は「真面目に自分の本分を守る」。"按部就班 àn bù jiù bān"は「順序に従って物事を進める、段取りを踏んで事を運ぶ」。"安于现状 ānyú xiànzhuàng"は「現状に満足する」。"不务正业 bú wù zhèng yè"は「まともな仕事に就かない」。

他不是个**安分守己**的人，到处惹是生非。
(彼はまともな人じゃない、どこへ行ってもいざこざを引き起こす。)

(187) **正解は❸** "眼高手低 yǎn gāo shǒu dī"は「望みは高いが実力が伴わない」。"碍手碍脚 ài shǒu ài jiǎo"は「邪魔になる」。"手疾眼快 shǒu jí yǎn kuài"は「動作がすばしこいこと」。"一手遮天 yì shǒu zhē tiān"は「片手で天を覆う、権力を頼み手段を弄し大衆を騙すたとえ」。

最忌讳的就是**眼高手低**，大事做不来，小事又不做。
(最もいけないのは、高望みをしても実力が伴わないことで、大きな仕事は出来ないくせに、簡単な小さい仕事はやりたがらないことだ。)

(188) **正解は❷** "平易近人 píng yì jìn rén"は「(地位の高い人なのに)穏やかで親しみやすい」。"平心静气 píng xīn jìng qì"は「冷静で落ち着いた態度をとる」。"旁若无人 páng ruò wú rén"は「傍若無人、傲慢であること」。"一尘不染 yì chén bù rǎn"は「悪い習慣に少しも染まらない」。

没想到这位德高望重的学者，这么**平易近人**，一点儿架子都没有。
(徳が高く人望のあるこの学者には少しも尊大ぶったところがない。こんなに温厚で近づきやすいと思わなかった。)

(189) **正解は❶** "众口难调 zhòng kǒu nán tiáo"は「誰の口にも合う料理は作れない、皆を満足させるのは難しい」。"众说纷纭 zhòng shuō fēn yún"は「皆の意見がまちまちである、諸説紛々」。"众目睽睽 zhòng mù kuí kuí"は「大勢の人が注目する、衆人環視」。"众口一词 zhòng kǒu yì cí"は「多くの人が口を揃えて同じことを言う」。

有的购房者希望开发商提供整齐划一的装修，有的想自己装修，可谓**众口难调**啊！
(一部の住宅購入者は不動産開発業者に内装が一様に揃っている物件を提供するよう(内装まで一貫した全面的なサービスを)希望するが、一部の購入者は自分で内装をしたがる。本当にすべての人を満足させるのは難しいものだ。)

(190) **正解は❸** "运用自如 yùnyòng zìrú"は「自由自在に操る、思いのまま運用する」。"运筹帷幄 yùn chóu wéi wò"は「後方で作戦を練る」。"为所欲为 wéi suǒ yù wéi"は「(多く悪いことを)したい放題なことをする、やりたいことは何でもやる」。"不得要领 bù dé yào lǐng"は「要領を得ない」。

在中国人人都会用筷子，别说成年人了，就连小孩儿都能**运用自如**。
(中国では誰もが箸を使うことができ、大人はもちろんのこと、子どもさえも自由に使える。)

STEP 2
意味の近い語や説明の選択問題195問

　意味の近い語彙を選択する時、特にそれぞれの選択肢の意味やニュアンスをよく考えてください。日本語の熟語の中には中国の故事から生まれたものもありますが、意味やニュアンスが中国語とは異なることがあります。日本語の意味に近い言葉のニュアンスに気をつけましょう。

(解答 P.92)

次の中国語の下線を付した語句の意味に最も近いものを、それぞれ①〜④の中から1つ選びなさい。

(1) 我真拿你没办法，你不帮忙也罢，干吗帮倒忙啊？
①添麻烦　　②干瞪眼　　③嫌麻烦　　④开倒车

(2) 丑闻在杂志上被曝光之后，在社会上引起了强烈的反响。
①亮相　　②亮牌　　③揭露　　④亮点

(3) 你老是抱怨这不好那不好的，简直是身在福中不知福啊！
①怨气　　②抱歉　　③埋怨　　④念叨

(4) 与其拿高薪水，还比不上会理财，这话很有道理。
①追不上　　②谈不上　　③瞧不上　　④赶不上

(5) 要想矫正孩子的坏习惯，首先父母要先做个榜样。
①率领　　②表率　　③样品　　④上榜

(6) 我一看见他扮鬼脸，就憋不住想笑。
①挡不住　　②忍不住　　③顶不住　　④对不住

(7) 他秉性温厚，女孩子们都很喜欢他。
①习惯　　②任性　　③气质　　④天性

(8) 虽然公司给下岗员工发了一些补贴，可是还很难维持生活。
①补品　　②补助　　③请帖　　④倒贴

(9) 在柬埔寨送水节欢庆活动的最后一天，不料却发生了举世震惊的悲剧。
①猜不到　　②没准儿　　③没料到　　④没留意

(10) 他在学习的时候，经常不时地抬头看看周围，竖耳听听动静，精神一点也不集中。
①一时　　②不断　　③时下　　④片刻

(11) 她干的好事儿可不止这些。
①不停　　②不限于　　③不亚于　　④不至于

(12) 这个饭店由于经营不善，终于撑不住要彻底关门了。
①维持不下去　　②保持不下去　　③看不下去　　④挂不住

(13) 等他长大以后迟早会理解妈妈的苦心的。
　　①早晚　　　②迟缓　　　③迟迟　　　④迟钝

(14) 再过些年，等你翅膀硬了，就自立门户吧。
　　①有本事了　②有靠山了　③有后台了　④超负荷了

(15) 憧憬已久的梦想竟然变成了现实。
　　①仰慕　　　②追求　　　③盼望　　　④向往

(16) 你以为让爸爸高兴高兴，爸爸就会同意了吗？　别臭美了。
　　①自我感觉良好
　　②在镜子面前拼命地打扮自己
　　③竭力掩饰自己的缺点，美化自己
　　④本想把自己打扮得漂亮一些，但结果却适得其反

(17) 公司招你进来，是指望着你出菜呢，你怎么干了两天半就要走呢？
　　①出成果　　②见高低　　③见分晓　　④分手做

(18) 虽然关于扩大亚洲市场的政策早已出台，但却迟迟没有执行。
　　①推广　　　②推出　　　③出轨　　　④出手

(19) 她一有机会，就出风头，上上下下没有不认识她的人。
　　①拿一把　　②拿架子　　③自我表白　④显示自己

(20) 真没想到，这个足球队这么快就出局了。
　　①进入决赛　②被亮黄牌　③被罚点球　④被淘汰

(21) 最近他情绪不稳，怕他开车出乱子。
　　①出气筒　　②出毛病　　③出花样　　④出点子

(22) 在他们哥仨中，要数老二最有出息了。
　　①出世　　　②经验　　　③出线　　　④作为

(23) 因为他的脖子又细又长，所以有人送给了他一个绰号叫长颈鹿。
　　①小名　　　②冒名　　　③属相　　　④外号

(24) 这台打印机爱卡纸，你凑合着用吧。
　　①凑齐　　　②将就　　　③即将　　　④凑整儿

(25) 他做事太粗心了，因此所犯的错误多得令人吃惊。
　　①仔细　　　②精心　　　③马虎　　　④粗糙

(26) 她们俩闷闷不乐地低着头只顾吃饭,谁也不<u>搭理</u>谁,好像闹别扭了。
　　①理睬　　　　②白搭　　　　③搭桥　　　　④打理

(27) 我一说话,他就故意跟我<u>打岔</u>,好像生怕我提起那件事。
　　①打叉　　　　②打断　　　　③绕嘴　　　　④捣乱

(28) 这件事能私了就私了吧,<u>打官司</u>的话,大家都劳民伤财。
　　①上法庭　　　②打圆场　　　③打官腔　　　④要挟人

(29) 现在正是<u>打基础</u>的时期,要好好儿学习才行。
　　①打平手　　　②打下手　　　③打底子　　　④打比方

(30) 买不到就买不到呗,<u>大不了</u>不用就算了。
　　①亏不了　　　②白不了　　　③少不了　　　④充其量

(31) 在那<u>大锅饭</u>的年代,多干少干一回事,所以大家都没有积极性。
　　①一锅粥　　　②铁饭碗　　　③吃小灶　　　④待遇平等

(32) 现在有些年轻人以"<u>代沟</u>"为借口,逃避甚至拒绝长辈的批评。
　　①年龄差距　　②世代隔阂　　③关系疏远　　④意见分歧

(33) 没想到连人气并不高的轮滑比赛的门票都被<u>倒爷</u>抢了个空。
　　①二道贩子　　②二手货　　　③二把手　　　④皮包公司

(34) 这个报告语言精练,措词<u>得当</u>。既总结了成绩,也找出了差距,并提出了改进方法。
　　①得体　　　　②恰巧　　　　③得空　　　　④得力

(35) 因为比赛前准备得充分,所以才<u>得以</u>取胜。
　　①得意　　　　②得手　　　　③能够　　　　④用以

(36) 昨晚聚会,他只是来<u>点个卯</u>,就走了。
　　①露个面　　　②露马脚　　　③短平快　　　④见世面

(37) 别出<u>动静</u>,孩子好不容易才睡着。
　　①动作　　　　②回响　　　　③声张　　　　④声音

(38) 现在婚庆业人才<u>短缺</u>,你听说了吗?
　　①紧张　　　　②出缺　　　　③缺陷　　　　④紧缺

(39) 这突如其来的消息，弄得我措手不及，只好先用这个办法对付一下了。
①应付　　　　　②收付　　　　　③支付　　　　　④对准

(40) 别看她平时少言寡语的，但是一遇到对撇子的人，也会侃侃而谈。
①合口味　　　　②说得来　　　　③说不过　　　　④信不过

(41) 听说考古学家在海南岛发现了许多文物。
①找到　　　　　②发觉　　　　　③窥见　　　　　④察觉

(42) 听了我的回答，他的表情反倒不自然了。
①反正　　　　　②反而　　　　　③而且　　　　　④相反

(43) 老板是绝不会轻易放弃这单生意的。
①扔掉　　　　　②抛弃　　　　　③断念　　　　　④乱扔

(44) 这批零件质量不合格，只好全部废弃了。
①作废　　　　　②失灵　　　　　③报废　　　　　④废止

(45) 科长吩咐我们做什么，我们就得做什么。
①命令　　　　　②嘱咐　　　　　③委托　　　　　④责怪

(46) 他经常伏案读书到凌晨。
①坐在沙发上　　②坐冷板凳　　　③爬格子　　　　④趴在桌子上

(47) 这种药的研制成功不知给多少癌症患者带来了福音。
①福气　　　　　②运气　　　　　③好幸运　　　　④好消息

(48) 他办事很干脆，就是有点儿急躁。
①果然　　　　　②果真　　　　　③果断　　　　　④因果

(49) 他以前是个说话风趣，兴趣广泛的人，可现在好像对什么都不感冒了。
①当回事　　　　②耽误事　　　　③讨人嫌　　　　④感兴趣

(50) 暑假一来，她反倒格外地忙起来了。
①额外　　　　　②奇才　　　　　③见外　　　　　④出奇

(51) 小的时候，姑姑和姨都很喜欢我，常常给我买娃娃什么的。
①妈妈的妹妹　　②妈妈的妈妈　　③爸爸的妹妹　　④哥哥的妻子

(52) 饲养宠物是摆脱孤独的好办法。
①空巢　　　　　②空虚　　　　　③空闲　　　　　④寂寞

(53) 网上购物作为一种新兴的商品零售方式，近年来倍受人们关注。
　　①注目　　　②注视　　　③惦记　　　④注重

(54) 你怎么能这样失礼呢？好歹她还是你的师傅呢。
　　①幸好　　　②终究　　　③好在　　　④总之

(55) 全家人坐在一起合计起买房子的事来了。
　　①商量　　　②合伙　　　③联袂　　　④切磋

(56) 观众们在影片中，看到地震后的惨状，泪水哗哗地流了下来。
　　①唰唰　　　②呼呼　　　③呱呱　　　④呜呜

(57) 她觉得一个人租一套房住很划不来，所以和朋友合租了一套。
　　①不识货　　②犯不着　　③不符合　　④不合算

(58) 谎言毕竟不会成为现实。
　　①说谎　　　②假话　　　③假如　　　④虚假

(59) 客户要求给一些回报，这是件很挠头的事。
　　①回味　　　②回执　　　③回扣　　　④回应

(60) 一会儿客户来访时，你在场的话不太方便，还是回避一下为好。
　　①躲开　　　②避免　　　③避嫌　　　④逃避

(61) 连修自行车这样的活儿都可以挣钱，只要肯吃苦就行。
　　①任务　　　②工作　　　③公差　　　④手工

(62) 她临终之前把全部积蓄都捐给了灾区的小学校。
　　①财产　　　②存款　　　③股票　　　④首饰

(63) 这个学校用各种方式来激发孩子们的学习热情。
　　①刺激　　　②打发　　　③启发　　　④启示

(64) 他每次检讨得都很诚恳，就是到时候就犯同样的错误。
　　①讨论　　　②反省　　　③汇报　　　④保证

(65) 我们经理从来都不讲排场。
　　①摆谱儿　　②没谱儿　　③离谱儿　　④排大队

(66) 她过去对吃的从来都不讲究，有什么就吃什么，可今天却一反常态。
　　①挑刺　　　②挑剔　　　③挑明　　　④挑拨

(67) 这两个人互不服输，都在暗自较劲，要比个高低。
①鼓劲　　　　②鼓动　　　　③鼓掌　　　　④鼓励

(68) 这位导演新导的电影非常叫座，连日来一直满座。
①买好儿　　　②卖劲儿　　　③讨好儿　　　④受欢迎

(69) 人类是在借鉴前人的经验的基础上，发展起来的。
①参考　　　　②鉴定　　　　③借光　　　　④借用

(70) 听了这话，他惊讶地张开了大嘴，愣了半天没说话。
①虚惊　　　　②惊动　　　　③唯恐　　　　④惊奇

(71) 这部分正是这本书的精髓。
①精干　　　　②精简　　　　③精华　　　　④精练

(72) 那段艰苦的生活经历，将给我留下难忘的回忆。
①经验　　　　②阅历　　　　③来历　　　　④历经

(73) 他为加班的事居然当面跟上司顶起牛来了。
①毕竟　　　　②到底　　　　③竟然　　　　④宁愿

(74) 这种装置之所以还没得到普及，是因为在使用上有一些局限性。
①使用方法麻烦　　　　　　　②生产的数量有限
③使用范围狭窄　　　　　　　④使用效果不佳

(75) 你什么时候才能觉醒过来呢？这样下去就会断送自己的前程。
①觉悟　　　　②睡醒　　　　③直觉　　　　④直观

(76) 我看她好像有点儿想不开，你去开导开导她吧。
①辅导辅导　　②劝导劝导　　③请教请教　　④示范示范

(77) 好几天都没弄明白的数学题，听你这么一讲，我立刻就开窍了。
①领悟　　　　②诀窍　　　　③看穿　　　　④开通

(78) 公司对职员的晋升条件规定得非常苛刻，弄得大家怨声载道。
①严重　　　　②严格　　　　③刻苦　　　　④深刻

(79) 星星点点地来了一些观众，剧场里空荡荡的。
①冷清清　　　②冷飕飕　　　③过家家　　　④慢腾腾

(80) 今天晚上我懒得做饭，咱们去外边吃点儿吧。
　　①不愿意　　②不善于　　③不买账　　④不检点

(81) 面对这些老大难问题，大家都束手无策。
　　①就是难不住的意思　　②就是吃不准的意思
　　③就是啃老族的意思　　④就是难以解决的意思

(82) 别看他年纪轻轻的，说话、办事却非常老练。
　　①低调　　②狡猾　　③稳住　　④圆滑

(83) 她左手拎着行李，右手抱着孩子飞快地跑进了车站。
　　①提着　　②领着　　③牵着　　④握着

(84) 她临走对我说，请把这封信亲手交给小雪。
　　①刚走　　②走前　　③来临　　④临场

(85) 第一次见面怎么就贸然地提出了这样的问题呢？
　　①坦率　　②轻松　　③轻率　　④直率

(86) 父母去世后，兄弟姐妹们不管大小事都愿意跟长兄商量。因为他很拿事，是全家的主心骨。
　　①有主见　　②拿人　　③拿不准　　④当家

(87) 她整天废话连篇，真令人腻烦。
　　①倒牌子　　②没咒念　　③倒栽葱　　④倒胃口

(88) 只有增强球队的凝聚力，才有可能取胜。
　　①反冲力　　②求心力　　③挖潜力　　④爆发力

(89) 他刻苦专研，并排除了种种障碍，终于取得了震惊世界的成就。
　　①排挤　　②扫除　　③取代　　④排斥

(90) 他们本来是合作伙伴，可是在跑买卖的过程中，产生了债务纠纷。
　　①跑龙套　　②下厨房　　③发洋财　　④做生意

(91) 本来打算暑假出国旅行，可是由于当地的一场洪水灾害，我的计划就全泡汤了。
　　①砸锅　　②落空　　③空城计　　④泡病号

(92) 他很有魄力，该决断就决断。
　　①魅力　　②耐力　　③判断力　　④决断力

(93) 由于社会的偏见，乙肝带菌者在就业等方面都受到了<u>歧视</u>。
①白眼　　　②蔑视　　　③差别　　　④区别

(94) 虽然遭受了裁判的误判，可是教练和运动员都显得很有<u>气度</u>。
①牛气　　　②气量　　　③撒气　　　④气馁

(95) 妈妈为了给儿子讨个<u>清白</u>，四处奔波终于找到了目击者。
①就是没有污点，没有罪过的意思　②就是没有缺点的意思
③就是没有被惩罚的意思　　　　　④就是没有偏向的意思

(96) 从这张照片可以<u>清楚</u>地看出，肺结核已经钙化了。
①明显　　　②明明　　　③照样　　　④分清

(97) 你别在旁边<u>敲边鼓</u>了，这不是火上浇油吗？
①帮腔　　　②使坏　　　③加塞儿　　　④拉家常

(98) 你的手可真<u>巧</u>，能做出这么精致的模型来。
①轻巧　　　②精明　　　③灵巧　　　④窍门儿

(99) 铁路的安全运行是第一重要的，容不得半点<u>闪失</u>。
①过载　　　②丢失　　　③失脚　　　④失误

(100) 她<u>擅长</u>做菜，特别是清蒸鱼，品尝过的人都赞不绝口。
①得意　　　②擅自　　　③善于　　　④拿手

(101) 她的<u>神情</u>不对，慌慌张张的。
①表情　　　②精彩　　　③心情　　　④精神

(102) 那时我紧紧地抓住母亲的手，<u>生怕</u>自己走丢了。
①可怕　　　②担心　　　③怕生　　　④怕羞

(103) 你这么蛮干，不<u>失败</u>才怪呢。
①栽跟头　　②落埋怨　　③靠边站　　④受冷落

(104) 妈妈曾经<u>手</u>把<u>手</u>教过我用钩针钩围巾。
①亲手　　　②主动　　　③脱手　　　④脱身

(105) 我今天上课迟到了，结果被妈妈<u>数落</u>了一顿。
①查询　　　②咨询　　　③责备　　　④发火

- (106) 他说话<u>水分</u>大，你用不着当真。
  - ①开张　　②玄乎　　③夸奖　　④水货

- (107) 随<u>便</u>什么歌儿，她一听都就会。
  - ①顺便　　②随意　　③尽管　　④不管

- (108) 经理非常看重他的才能，所以很快就把他越级<u>提升</u>为部长了。
  - ①奖励　　②选出　　③选拔　　④提拔

- (109) <u>天晓得</u>哪儿是哪儿了。
  - ①破天荒　②莫过于　③谁知道　④馊主意

- (110) 她为了参加民歌比赛，每天练习的时候，都十分<u>投入</u>。
  - ①陷入　　②入魔　　③专注　　④投标

- (111) 他在困难面前没有<u>退缩</u>，而是知难而进。
  - ①怯场　　②退场　　③谢幕　　④退却

- (112) 下个星期期末考试，我得<u>突击</u>一下英语了。
  - ①集中复习　②临阵磨枪　③突出重点　④击中要害

- (113) 很多考生坐进考场以后，还在抓紧时间<u>温习</u>功课。
  - ①温顺　　②复习　　③预习　　④啃书

- (114) 穿上这件衣服，显得很<u>文雅</u>。
  - ①有雅座　②有资格　③有品味　④有雅兴

- (115) 比起<u>文凭</u>，技术更重要，在我的说服下，父母终于同意了我的意见。
  - ①驾照　　②毕业证　③凭借　　④凭空

- (116) 这里空气<u>稀薄</u>，初来乍到的人很容易病倒。
  - ①重量轻　②湿度大　③密度小　④灰尘少

- (117) 这套房子所有的家具都是<u>现成</u>的，可以省很多事。
  - ①现做　　②已有　　③时髦　　④过时

- (118) 这个倡议得到了许多人的<u>响应</u>。
  - ①应手　　②应承　　③反响　　④支持

(119) 近年来,袖珍电器产品不断地涌入市场,人们的生活也随之变得越来越丰富多彩了。
①珍奇的　　②高档的　　③小巧的　　④优惠的

(120) 她向老师叙述了事情发生的经过。
①描写　　②描述　　③扫描　　④阐述

(121) 你放反了吧,要不把这两个东西左右反过来试试看,可能就装进去了。
①想当然,掉头　　②要不然,调个儿
③果不然,调度　　④要不得,底朝天

(122) 名演员在街上一旦被粉丝发现了,就会被围个水泄不通。
①一晃　　②如同　　③如果　　④如今

(123) 在见到他的那一刻,所有的怨言都飞到九霄云外去了。
①一瞬间　　②顿时　　③及时　　④暂时

(124) 依赖药物来维持健康真是大错特错。
①依靠　　②可靠　　③依次　　④依偎

(125) 营养学家指出,饮食过度会影响孩子的智力发育。
①阻止　　②妨碍　　③碍事　　④障碍

(126) 因为国家对菜农实施了优惠政策,所以菜农觉得在家乡种菜也有奔头了。
①有门路　　②有出路　　③有来头　　④有派头

(127) 许多女孩儿为了保持皮肤细嫩,经常花冤枉钱去买五花八门的化妆品。
①私房钱　　②倒找钱　　③大头钱　　④压岁钱

(128) 由于高温天气持续的时间太长,所以造成了扇贝减产。
①以致　　②引导　　③招灾　　④导致

(129) 你能拿到这枚金牌,真给我们浙江人增了光。
①长了脸　　②丢了脸　　③变了脸　　④翻了脸

(130) 中国60岁以上的人口已增加到1亿4千3百万人,已经步入了老龄化社会。
①增值　　②增长　　③增至　　④增添

(131) 哥白尼提出的日心说占上风以后,天文学的发展进入了全新阶段。
①站柜台　　②立足点　　③站住脚　　④占优势

85

(132) 真是无巧不成书啊，在飞机上正巧遇到了昨夜梦见的老同学。
①巧合　　　　②刚巧　　　　③乖巧　　　　④巧遇

(133) 这样的民意调查毫无意义，只是走过场罢了。
①走马看花　　②走形式　　　③走神儿　　　④煞风景

(134) 现在不用坐班的公司越来越多了，所以不一定非得追求离家近。
①坐车上下班　　　　　　　②工作的时候一直坐着
③按规定时间上下班　　　　④白领阶层的工薪族

(135) 学校方面正在调查在考场上作弊的考生。
①做手脚　　　②做文章　　　③作梗　　　　④作孽

(136) 我们虽然已经取得了一定的成绩，但还要百尺竿头，更进一步。
①高不成，低不就　　　　　②扬长避短
③继往开来　　　　　　　　④再接再厉

(137) 她以百折不挠的精神刻苦训练，终于实现了太空遨游之梦。
①百战百胜　　②不屈不挠　　③百炼成钢　　④因噎废食

(138) 她说，因为自己喜欢这一行，所以决定半路出家。
①半途而废　　②论资排辈　　③科班出身　　④中途改行

(139) 他在朋友的诱惑下，半推半就地玩儿起了毒品的游戏，结果不能自拔。
①不得已才接受　　　　　　②迫不及待地接受
③找借口拒绝　　　　　　　④一面假意推辞一面接受

(140) 听说有一种仙人掌能长到五、六层楼那么高，可我总是半信半疑的。
①将信将疑　　②言而无信　　③将计就计　　④似懂非懂

(141) 这个网上书店要什么书有什么书，真是包罗万象。
①天罗地网　　②包办代替　　③五彩缤纷　　④无所不包

(142) 他拿着祖上留下的遗产，过着饱食终日，与世无争的生活。
①无所事事　　②粗茶淡饭　　③百无聊赖　　④无可奈何

(143) 这种做法岂不与改革的目标背道而驰吗？
①做法和目标基本上一致　　②现在的做法很难达到制定的目标
③做法和目标完全相反　　　④要达到制定的目标，必须改变做法

(144) 他是一位表里如一值得信赖的好领导。
　　①有口皆碑　　②言行一致　　③言不由衷　　④一诺千金

(145) 这个公司设计的别出心裁的广告备受瞩目。
　　①巧立名目　　②别有用心　　③与众不同　　④妙趣横生

(146) 我以为"食草男"，是指温文尔雅，彬彬有礼的男孩子呢，可朋友说，那可不一定啊。
　　①体贴入微　　②文质彬彬　　③以理服人　　④鞠躬尽瘁

(147) 丈夫看到妻子花高价买来的首饰后勃然大怒，命令妻子立刻退货。
　　①歇斯底里　　②大发雷霆　　③暴殄天物　　④大声疾呼

(148) 多年来他蒙受了不白之冤，今天终于真相大白了。
　　①预感的事情成为事实　　　　②核实事情的真假
　　③事情的真实情况彻底弄清楚了　④这件事的结果出人意料

(149) 不经一事，不长一智，要记住这次的教训，以后不要再冒这个险了。
　　①成事不足，败事有余　　　　②不怕一万，就怕万一
　　③吃一堑，长一智　　　　　　④想一出，是一出

(150) 我们俩真是不谋而合地想到一块儿去了。
　　①不由分说　　②不言而喻　　③异口同声　　④不约而同

(151) 多少年来，类似这样的例子不胜枚举。
　　①举不胜举　　②举世无双　　③纲举目张　　④绰绰有余

(152) 她对你完全是一片好心，你不但不领情，反倒让她下不来台，真是不识抬举。
　　①没脸没皮　　②不知好歹　　③不知深浅　　④不识时务

(153) 被蝙蝠咬了以后，必须马上打狂犬病疫苗，不要不以为然。
　　①满不在乎　　②不了了之　　③不厌其烦　　④粗枝大叶

(154) 这个店一开始廉价出售电脑，周围的店就沉不住气了，价格一直居高不下的几家连锁店也纷纷开始抛售电脑。
　　①四平八稳　　②十拿九稳　　③稳不住神　　④平起平坐

(155) 一到夏天，年轻人就成群结队地来到这里玩儿耍。
　　①车水马龙　　②屡次三番　　③九牛一毛　　④三五成群

(156) 他们到底是年轻人,说干就干,真是初生牛犊不怕虎啊!
①比喻年轻人不知人上有人,过于骄傲
②比喻力大无比,什么都不怕
③比喻年轻人不知道对方的厉害,什么都不怕
④比喻年轻人不懂礼貌,做事不知深浅

(157) 在竞争社会里,像这样的大鱼吃小鱼,小鱼吃虾米的事例屡见不鲜。
①弱肉强食　　②两败俱伤　　③自相残杀　　④渔翁得利

(158) 最忌讳的就是戴着有色眼镜看人,不能客观地评价人。
①先发制人　　②有言在先　　③先入为主　　④先天不足

(159) 当事后诸葛亮有什么用,你现在才说那天应该买股票,已经来不及了。
①放马后炮　　②先斩后奏　　③先来后到　　④三顾茅庐

(160) 我和他只是点头之交,并不了解他。
①一面之交　　②一面之词　　③面面相觑　　④莫逆之交

(161) 你不要因小失大,做那些丢了西瓜捡芝麻的蠢事。
①藕断丝连　　②得不偿失　　③得过且过　　④丢三落四

(162) 虽然这次失败了,但是我们可以东山再起,迎头赶上。
①重整旗鼓　　②穿山越岭　　③乘虚而入　　④日薄西山

(163) 他在检票口东张西望的,好像在找什么人似的。
①东拉西扯　　②左顾右盼　　③东倒西歪　　④左右逢源

(164) 听了老师这一番话,我顿开茅塞。
①大惑不解　　②执迷不悟　　③一清二白　　④恍然大悟

(165) 从打结婚那天起,两个人就不断发生口角,现在已经发展到了不可收拾的地步。
①拌嘴　　②口误　　③口舌　　④亲嘴

(166) 浪子回头金不换嘛,只要他改邪归正,就应该给他重新做人的机会。
①痛心疾首　　②洗手不干　　③自惭形秽　　④名正言顺

(167) 他总是计划做得不错,就是干打雷,不下雨。
①听风就是雨　　　　　　②山雨欲来风满楼
③无风不起浪　　　　　　④雷声大,雨点小

☐ (168) 不要灰心，我们要坚信功夫不负有心人。
　　①天时地利人和　　　　　②功到自然成
　　③五十步笑百步　　　　　④报喜不报忧

☐ (169) 人造美女，顾名思义，就是经过美容整形的美女。
　　①从名称联想到它的意义　　②从文章中了解它的真正含义
　　③从名称可以知道它的作用　　④从字里行间可以发现它的错误

☐ (170) 这简直是虚无缥缈的幻想，犹如海市蜃楼。
　　①空空如也　　②空空洞洞　　③空中楼阁　　④浮光掠影

☐ (171) 大家都很喜欢这个向来和颜悦色的科长，与他共事令人感到愉快。
　　①面红耳赤　　②和蔼可亲　　③横眉立目　　④喜形于色

☐ (172) 尽管有人对智能手机横挑鼻子竖挑眼，但它还是受到了广大消费者的青睐。
　　①求全责备　　②没事找事　　③眉开眼笑　　④目瞪口呆

☐ (173) 既然来帮忙，就帮到底吧，不要虎头蛇尾。
　　①虎视眈眈　　②有头无尾　　③有头有脑　　④彻头彻尾

☐ (174) 对这种换汤不换药的做法，我们早已司空见惯了。
　　①万变不离其宗　　　　　②挂羊头卖狗肉
　　③拉大旗作虎皮　　　　　④穿新鞋走老路

☐ (175) 这是件唐朝的出土文物，无疑是价值连城的珍宝。
　　①货真价实　　②无价之宝　　③一钱不值　　④如获至宝

☐ (176) 这个夕阳产业公司见机行事，转向生产智能手机零件，仅用了一年的时间，就使得公司扭亏为盈了。
　　①当机立断　　②随机应变　　③坐失良机　　④优柔寡断

☐ (177) 在这节骨眼上，他却打起了退堂鼓。
　　①就是关键时刻的意思　　②就是正式场合的意思
　　③就是抓紧时间的意思　　④就是千钧一发的意思

☐ (178) 她可能从出生的那天起，就和芭蕾舞结下了不解之缘。
　　①建立了密切的关系　　　②建立了不可分割的关系
　　③培养了深厚的感情　　　④有缘千里来相会

(179) 本来只是一个元件的问题，竞争对手却借题发挥，弄得公司狼狈不堪。
①小题大做　　②离题万里　　③岂有此理　　④好借好还

(180) 对公司来说，目前已陷入进退两难的窘境，必须尽快摆脱这种局面。
①骑虎难下　　②自相矛盾　　③回头是岸　　④内外交困

(181) 诸如此类举手之劳的小事，还是不要由别人来代办为好。
①易如反掌　　②轻举妄动　　③轻手轻脚　　④寥寥无几

(182) 虽然我懂得良药苦口的道理，但是听了这样的话还是感到很不舒服。
①苦口婆心　　②忠言逆耳　　③灵丹妙药　　④良师益友

(183) 你酒后驾车被罚了款，这不是理所当然的吗？有什么可委屈的呢？
①理直气壮　　②天经地义　　③责无旁贷　　④恰如其分

(184) 她不那么能言善辩，所以不愿意出头露面。
①集思广益　　②有口难言　　③能说会道　　④笨口拙舌

(185) 他们哥仨为了办公司，千方百计弄钱筹款。
①千丝万缕　　②假公济私　　③想方设法　　④无穷无尽

(186) 各种迹象无不表明，中国目前正在兴起一个前所未有的购房热潮。
①世界上只有一个，不可能再有第二个
②过去没有过，将来也不会有
③以前有过，现在没有了
④历史上从来没有发生过

(187) 听着听着她情不自禁地哑然失笑，说了句，"荒唐"。
①不由自主　　②喜出望外　　③无缘无故　　④心甘情愿

(188) 平常她总是谈笑风生，可今天好像情绪低落，几乎没听到她的声音。
①闲情逸致　　②情绪消沉　　③情绪波动　　④心神不定

(189) 她急得像热锅上的蚂蚁一样，快帮帮她吧。
①火烧眉毛　　②燃眉之急　　③趁火打劫　　④迫在眉睫

(190) 你要是再把汉语学好的话，那可真是如虎添翼。
①如愿以偿　　②如意算盘　　③如鱼得水　　④虎背熊腰

(191) 大家好说好商量吧，千万不要为这么点小事伤了和气。
①伤了感情　　②伤了自尊心　　③失去了理智　　④破坏了气氛

(192) 你是搞销售的，怎么能坐在公司里守株待兔，等着客户找上门来呢？
①就是兔死狐悲的意思
②就是不努力，坐吃山空的意思
③就是顺手牵羊的意思
④就是不努力，想侥幸得到意外的收获的意思

(193) 人们常用"铁石心肠"来形容心狠的人，用"菩萨心肠"来形容心地善良的人。
①意志坚强的人　　　　　　　②冷血动物
③没心没肺的人　　　　　　　④头脑顽固的人

(194) 过去我们虽然是竞争对手，可是为了应对当前的金融危机，我们只能同舟共济，共渡难关。
①刻舟求剑　　②吴越同舟　　③逢场作戏　　④全力以赴

(195) 犯人竟敢在警察的眼皮底下干坏事儿，真是胆大包天。
①转弯　　②转身　　③转眼　　④眼前

解答と解説

(1) **正解は❶**　"帮倒忙 bāng dàománg"は「ありがた迷惑なことをする」。"添麻烦 tiān máfan"は「面倒をかける、手数をかける」。"干瞪眼 gān dèngyǎn"は「気をもむばかりでどうにもならない」。"嫌麻烦 xián máfan"は「面倒を嫌がる、面倒がる」。"开倒车 kāi dàochē"は「車をバックさせる、（時代の流れに）逆行するたとえ」。

我真拿你没办法，你不帮忙也罢，干吗帮倒忙啊？
（本当にあなたにはお手上げだ。手伝ってくれないのはいいけど、何で逆に迷惑をかけてくれるの。）

(2) **正解は❸**　"曝光 bào//guāng"は「（秘密やスキャンダルなどを）暴露する」。"揭露 jiēlù"は「（秘密、真相、スキャンダルなどを）暴露する」。"亮相 liàng//xiàng"は「デビューする、公開する」。"亮牌 liàng//pái"は「手の内を見せる」。"亮点 liàngdiǎn"は「ハイライト、優れた点」。

丑闻在杂志上被曝光之后，在社会上引起了强烈的反响。
（スキャンダルが雑誌に暴露された後、社会に強い反響を引き起こした。）

(3) **正解は❸**　"抱怨 bàoyuàn"は「不平不満を言う、愚痴をこぼす」。"埋怨 mányuàn"は「愚痴をこぼす」。"怨气 yuànqì"は「不満の気持ち」。"抱歉 bàoqiàn"は「すまないと思う」。"念叨 niàndao"は「よく話題にする、いつも口にする」。

你老是抱怨这不好那不好的，简直是身在福中不知福啊！
（君はいつもこれも良くないあれも良くないと文句を言うが、幸せな環境にいるのに、まったくそれを分かっていないよ。）

(4) **正解は❹**　"比不上 bǐbushàng"は「及ばない」。"赶不上 gǎnbushàng"は「(1)間に合わない　(2)及ばない　(3)恵まれない」、ここでは(2)の意味で合致。"追不上 zhuībushàng"は「追いつけない」。"谈不上 tánbushàng"は「言うまでもない、〜とは言えない」。"瞧不上 qiáobushàng"は「(1)気に入らない　(2)見下げる」。

与其拿高薪水，还比不上会理财，这话很有道理。
（高給を取るよりも財産管理を上手にするほうがよい、というこの話は理にか

なっている。)

(5) **正解は❷** "榜样 bǎngyàng"は「手本、模範」、学ぶに値する人、集団を指す。"表率 biǎoshuài"は「手本、模範」、学ぶに値する人を指す。"率领 shuàilǐng"は「率いる」。"样品 yàngpǐn"は「サンプル」。"上榜 shàngbǎng"は「ランキング入り、ランキングに名を載せる」。

要想矫正孩子的坏习惯,首先父母要先做个榜样。
(子どもの悪い癖を改めたいなら、まず両親が手本になってみせなければならない。)

(6) **正解は❷** "憋不住 biēbuzhù"は「(1)(感情が抑えきれず)我慢できない (2)(大小便が漏れそうになって)我慢できない」。"忍不住 rěnbuzhù"は「(1)(感情が抑えきれず)我慢できない (2)(体が辛くて痛くて)我慢できない」、ここでは(1)の意味で合致。"挡不住 dǎngbuzhù"は「止められない、遮れない」。"顶不住 dǐngbuzhù"は「(圧力に)耐えきれない、抗しきれない」。"对不住"は「すまないと思う」で、"对不起"と同義。

我一看见他扮鬼脸,就憋不住想笑。
(彼のおどけた顔を見ると、こらえきれず笑いたくなった。)

(7) **正解は❹** "秉性 bǐngxìng"は「性格、気性、天性」。"天性 tiānxìng"は「天性、性格」。"习惯 xíguàn"は「習慣、慣れる」。"任性 rènxìng"は「わがままである」。"气质 qìzhì"は「気質、素質」。

他秉性温厚,女孩子们都很喜欢他。
(彼は性格が温厚なので、女の子たちに好かれる。)

(8) **正解は❷** "补贴 bǔtiē"は「手当、補助金、補助する」。"补助 bǔzhù"は「手当、補助金、補助する、援助する」。"补品 bǔpǐn"は「栄養補給食品」。"请帖 qǐngtiě"は「招待状」。"倒贴 dàotiē"は「(相手からお金などを受け取るべきだが)逆に相手に出してやる」。

虽然公司给下岗员工发了一些补贴,可是还很难维持生活。
(会社はリストラされた社員に手当を少し支給したが、生活を維持するのはまだ容易ではない。)

(9) **正解は❸** "不料 búliào"は「意外にも、思いもよらず」。"没料到 méi liàodào"は「思いもよらなかった」。"猜不到 cāibudào"は「当てられない、当たらない」。"没准儿 méi//zhǔnr"は「確実ではない、決まっていない」。"没留意 méi liúyì"は「注意しなかった、うっかりした」。
2010年11月22日、カンボジア・プノンペンにおいて、観客の将棋倒し事故が発生し、347人が死亡する悲劇となった。

在柬埔寨送水节欢庆活动的最后一天，<u>不料</u>却发生了举世震惊的悲剧。
(カンボジアの水祭りの最終日に、思いもよらず世界を驚かせる悲劇が起こった。)

(10) **正解は❷** "不时 bùshí"は「(1) 度々、絶えず (2) 予期しない時」、ここでは(1)の意味で、"不断 búduàn""しきりに、絶えず"と置き換えできる。"一时 yìshí"は「しばらくの間、ある時期、一瞬、時には」。"时下 shíxià"は「いま、目下」。"片刻 piànkè"は「ちょっとの間、わずかな時間」。

他在学习的时候，经常<u>不时</u>地抬头看看周围，竖耳听听动静，精神一点也不集中。
(彼は学習の時間に、しょっちゅう頭を上げて周りの様子を見たり、耳をそばだてて物音を聞いたりするなどして、全然集中しない。)

(11) **正解は❷** "不止 bùzhǐ"は「(1) ～ばかりではない、～にとどまらない (2) やまない、止まらない」、ここでは(1)の意味で、"不限于 bú xiànyú""～に限らない、～にとどまらない"と置き換えできる。"不停 bùtíng"は「止まらない、絶えず」で、"不止"の(2)の意味を持っている。"不亚于 búyàyú"は「～に劣らない」。"不至于 búzhìyú"は「～するほどのことはない、～までのことはない」。

她干的好事儿可<u>不止</u>这些。
(彼女がした良い行いはこれだけではない。)

(12) **正解は❶** "撑不住 chēngbuzhù"は「支えきれない、耐えられない、維持できない」。"维持不下去 wéichíbuxiàqù"は「維持できない」。"保持不下去 bǎochíbuxiàqù"は「保ち続けることができない」。"看不下去 kànbuxiàqù"は「見ていられない、読み続けられない」。"挂不住 guàbuzhù"は「(1) (物が重くて) 掛けられない (2) 恥ずかしくてたまらない」。

"维持"、"保持"ともに「現状を維持する」という意味を持っているが、"维持"は「生活、経営、生命、治安などを悪化させないように維持する」、"保持"は「伝統、関係、連絡、記録、冷静さ、沈黙、警戒心、環境、状態、レベル、成績などを良い状態のままで低下させないように保持する、維持する、保つ」という違いがある。

这个饭店由于经营不善，终于撑不住要彻底关门了。
(この店は経営不振のため、ついに維持できなくなって完全につぶれそうだ。)

⒀ **正解は❶** "迟早 chízǎo"は「遅かれ早かれ」。"早晚 zǎowǎn"は「(1) 朝晩 (2) 遅かれ早かれ」、ここでは (2) の意味で合致。"迟缓 chíhuǎn"は「のろい、遅い、ぐずぐずしている」。"迟迟 chíchí"は「ぐずぐずしている」。"迟钝 chídùn"は「(反応が) 鈍い」。

等他长大以后迟早会理解妈妈的苦心的。
(大きくなったら、いつかはお母さんの苦心（心づかい）を理解できるようになるだろう。)

⒁ **正解は❶** "翅膀硬了 chìbǎng yìng le"は「鳥は成長して翼が堅くなる、独立生活の能力を持つようになることや一人前になることのたとえ」。"有本事 yǒu běnshi"は「腕がある、能力がある」。"有靠山 yǒu kàoshān"は「後ろ盾がある、頼りになる人がいる」。"有后台 yǒu hòutái"は「後ろ盾がある、黒幕がいる」。"超负荷 chāofùhè"は「(1) 超負荷 (2) 過重労働」。

再过些年，等你翅膀硬了，就自立门户吧。
(あと数年して、自立できるようになったら、家を出て独立しなさい。)

⒂ **正解は❹** "憧憬 chōngjǐng"は「(未来の事物や現在すでにある事物に) あこがれる」。"向往 xiàngwǎng"は「(過去、現在、未来の事物、人々の敬慕する場所などに) あこがれる」。"仰慕 yǎngmù"は「敬慕する」。"追求 zhuīqiú"は「(1) 追求する、探究する (2) (異性を) 追いかける」、"盼望 pànwàng"は「待ち望む」。

憧憬已久的梦想竟然变成了现实。
(前々からあこがれていた夢がなんと現実になった。)

⒃ **正解は❶** "臭美 chòuměi"は「(1) 着飾る (2) 思い上がる、いい気になる」、

ここでは（2）の意味。"自我感觉良好"は「うまくいけると思い込む、気分がよい、勝手にいいと思う」。"在镜子面前拼命地打扮自己"は「鏡の前で一生懸命おめかしする」。"竭力 jiélì 掩饰 yǎnshì 自己的缺点，美化自己"は「極力自分の欠点を隠して自分を美しく装う」。"本想把自己打扮得漂亮一些，但结果却适得其反"は「本当は自分を綺麗に装いたいのに、結果はかえって逆効果になる」。
"适得其反"は P.452 参照。

你以为让爸爸高兴高兴，爸爸就会同意了吗？　别臭美了。
（機嫌をとったらお父さんに同意してもらえると思ったのか。考えが甘すぎるよ。）

(17)　**正解は❶**　"出菜 chū cài"、"出成果 chū chéngguǒ"とも「成果を挙げる」。"见高低 jiàn gāodī"は「優劣を決める、勝負を決める」。"见分晓 jiànfēnxiǎo"は「結果が分かる、事情がはっきりする」。"分手做 fēnshǒu zuò"は「みんなで手分けしてやる」。

公司招你进来，是指望（着）你出菜呢，你怎么干了两天半就要走呢？
（会社があなたを採用したのは成果を出してくれることを期待しているからなのだ。まだ来たばかりなのに、どうしてもう出ていこうとするの。）

(18)　**正解は❷**　"出台 chū//tái"は「(1) 役者が舞台に出る　(2)（政策や法律などが）打ち出され公布される」、ここでは (2) の意。"推出 tuī//chū"は「（新しい製品、作品、政策などを）世に出す、発表する、リリースする」。"推广 tuīguǎng"は「普及させる、広める」、"出轨 chū//guǐ"は「(1)（列車が）脱線する　(2)（言動が）常軌を逸する」。"出手 chū//shǒu"は「（品物を）売り払う」。

虽然关于扩大亚洲市场的政策早已出台，但却迟迟没有执行。
（アジア市場の拡大に関する政策が早くから打ち出されているが、遅々として実行されていない。）

(19)　**正解は❹**　"出风头 chū fēngtou"は「出しゃばる、人前に出て自己顕示する」。"显示自己 xiǎnshì zìjǐ"は「自分をひけらかす、自分を誇示する」。"拿一把 ná yì bǎ"は「偉そうな態度をとって人を困らせる」。"拿架子 ná jiàzi"は「威張る、尊大ぶる」。"自我表白 zìwǒ biǎobái"は「自分から説明する、（誤解を

解くため）自分から弁解する」。

她一有机会，就出风头，上上下下没有不认识她的人。
（彼女はチャンスがあれば、すぐ目立とうとする。上の人も下の人も彼女を知らない人はいない。）

(20) **正解は❹** "出局 chū//jú"は「（野球などで）アウトになる、敗退する」。"淘汰 táotài"は「淘汰する」。"**进入决赛** jìnrù juésài"は「決勝戦に進出する」。"亮黄牌 liàng huángpái"は「イエローカードを出す、警告する」。"罚点球 fá diǎnqiú"は「（サッカーで）ペナルティーキック（を課す）」。

真没想到，这个足球队这么快就出局了。
（本当に思いもよらなかった。このサッカーチームがこんなにも早く負けてしまうとは。）

(21) **正解は❷** "出乱子 chū luànzi"は「事故が起きる、面倒が生じる」。"出毛病 chū máobing"は「事故が起きる、故障が出る」。"出气筒 chūqìtǒng"は「八つ当たりの対象」。"出花样 chū huāyàng"は「(1) いろいろな手段を使う (2) 新しいアイデアを出す」。"出点子 chū diǎnzi"は「知恵を出す、考えを出す」。

最近他情绪不稳，怕他开车出乱子。
（最近彼は情緒不安定なので、運転している時に事故が起きないか心配だ。）

(22) **正解は❹** "出息 chūxi"は「見込み、前途、有望である、出世する」で、"有出息"は「見込みがある」。"作为 zuòwéi"は「(1) 行為 (2) 成果 (3) ～とする」、"有作为"で「見込みがある」。"出世 chūshì"は「生まれる、出現する」。"经验 jīngyàn"は「経験、経験する」。"出线 chū//xiàn"は「選手やチームが予選を勝ち抜き次の段階の試合に出場する」。

在他们哥仨中，要数老二最有出息了。
（彼ら三兄弟の中では二男が最もしっかりしている。）

(23) **正解は❹** "绰号 chuòhào"、"外号 wàihào"とも「あだ名、ニックネーム」。"小名 xiǎomíng"は「幼名」。"冒名 mào//míng"は「偽名を使う、名前をかたる」。"属相 shǔxiang"は「人の生まれた年の干支」。

因为他的脖子又细又长，所以有人送给了他一个绰号叫长颈鹿。

(彼の首は細長いので、誰かが彼にキリンというあだ名をつけた。)

(24) **正解は❷** "凑合 còuhe"は「(1) 集まる、集める (2) 間に合わせる、適当にやる (3)(良くもないし)悪くもない、まずまずだ」、ここでは(2)の意味で、"将就 jiāngjiu"「間に合わせる、我慢する」と合致。"凑齐 còuqí"は「集め揃える」。"即将 jíjiāng"は「もうすぐ、すぐにも」。"凑整儿 còu//zhěngr"は「きりのいい数にする」。

这台打印机爱卡纸，你凑合着用吧。
(このプリンターはよく紙詰まりするが、何とか間に合わせて使ってください。)

(25) **正解は❸** "粗心 cūxīn"は「そそっかしい、大ざっぱである、不注意である」。"马虎 mǎhu"は「そそっかしい、大ざっぱである」。"仔细 zǐxì"は「注意深い、細心である、注意する、つましい」。"精心 jīngxīn"は「念入りである」。"粗糙 cūcāo"は「きめが粗い、粗末である」。

他做事太粗心了，因此所犯的错误多得令人吃惊。
(彼は何をしてもそそっかしく、そのせいでケアレスミスが多くてびっくりさせられる。)

(26) **正解は❶** "搭理 dāli"は「相手にする、構う」、"答理"とも書く。"理睬 lǐcǎi"は「相手にする、構う、関わる」。ただし、"不予理睬"、"不加理睬"（(知らないふりをして)無視する）とは言うが、"不予答理"、"不加答理"とは言わない。"白搭 báidā"は「無駄である、役に立たない」。"搭桥 dā//qiáo"は「(1) 橋を架ける (2) 橋渡しをする、仲介する」。"打理 dǎlǐ"は「処理する、管理する、経営する」。

她们俩闷闷不乐地低着头只顾吃饭，谁也不搭理谁，好像闹别扭了。
(彼女たち2人は鬱々と下を向いてご飯を食べているだけで、どちらからも話しかけないし、仲がこじれているみたいだ。)

(27) **正解は❹** "打岔 dǎ//chà"は「(人の話や仕事の途中で)邪魔をする、茶々を入れる」。"捣乱 dǎo//luàn"は「(1) わざと邪魔する、嫌がらせをする (2) 騒ぎを起こす」。"打叉 dǎ//chā"は「×印をつける」。"打断 dǎ//duàn"は「(1)(人の話や思考を)遮る、中断させる (2)(棒などで物体を)折る」。"跟我

打岔"、"跟我捣乱"とは言うが、"跟我打断"とは言わず、"打断我的话"と言う。"绕嘴 ràozuǐ"は「すらすら言えない、口がもつれる」。

我一说话，他就故意跟我打岔，好像生怕我提起那件事。
(私が話をし始めると、彼はすぐわざと邪魔をする。あのことに触れられるのをすごく恐れているみたいだ。)

(28) **正解は❶**　"打官司 dǎ guānsi"は「訴訟をする、告訴する」。"上法庭 shàng fǎtíng"は「法廷に出る」。"打圆场 dǎ yuánchǎng"は「(対立などを) 仲裁して丸く収める」。"打官腔 dǎ guānqiāng"は「役人口調の物の言い方をする、杓子定規なことを言う」。"要挟人 yāoxié rén"は「(人の弱みをおさえて) 人に強要する」。

这件事能私了就私了吧，打官司的话，大家都劳民伤财。
(この件については、できれば示談にしましょう。裁判で争えば、みんな労力や財力を無駄にしてしまうから。)

(29) **正解は❸**　"打基础 dǎ jīchǔ"は「基礎を固める、土台を作る」。"打底子 dǎ dǐzi"は「基礎を築く」。"打平手 dǎ píngshǒu"は「(試合を) 引き分ける」。"打下手 dǎ xiàshǒu"は「手伝いをする」。"打比方 dǎ bǐfang"は「例にとる、たとえる」。

现在正是打基础的时期，要好好儿学习才行。
(今はまさに基礎を築く時期なので、しっかりと勉強しないといけない。)

(30) **正解は❹**　"大不了 dàbuliǎo"は「(1) せいぜい　(2) 大ごとである、大したことである」、ここでは (1) の意味。"充其量 chōngqíliàng"は「せいぜい」。"亏不了 kuībuliǎo"は「損をすることはない、損をさせることはしない」。"白不了 báibuliǎo"は「ただということはない」。"少不了 shǎobuliǎo"は「欠かせない、なくてはならない」。

买不到就买不到呗，大不了不用就算了。
(入手できないならできないでいいよ。せいぜい使わなければすむ話だ。)

(31) **正解は❹**　"大锅饭 dàguōfàn"は「悪平等、能力や業績などに関係なくみんな同じ待遇を受けること」。"待遇平等 dàiyù píngděng"は「待遇が同じである」。"一锅粥 yìguōzhōu"は「めちゃくちゃである、無秩序な状態、混乱したさま」。

"铁饭碗 tiěfànwǎn" は「親方日の丸的な職、非常に安定した仕事」。"吃小灶 chī xiǎozào" は「特別な待遇や援助を受ける」。

在那大锅饭的年代，多干少干一回事，所以大家都没有积极性。
(あの悪平等の時代は、仕事を多くやっても少なくやっても待遇がみんな同じなので、みんなやる気がなかった。)

(32) **正解は❷**　"代沟 dàigōu" は "世代隔阂 shìdài géhé" で「世代間のギャップ」。"年龄差距 niánlíng chājù" は「年齢の差」。"关系疏远 guānxi shūyuǎn" は「仲が疎遠である」。"意见分歧 yìjiàn fēnqí" は「意見が食い違う、合わない」。

现在有些年轻人以"代沟"为借口，逃避甚至拒绝长辈的批评。
(今、一部の若者はジェネレーションギャップを口実にして、年長者の批判から逃げ、さらにはそれを拒絶する。)

(33) **正解は❶**　"倒爷 dǎoyé"、"二道贩子 èrdào fànzi" とも「闇ブローカー」。"二手货 èrshǒuhuò" は「中古品」。"二把手 èrbǎshǒu" は「ナンバー2」。"皮包公司 píbāo gōngsī" は「ペーパーカンパニー」。

没想到连人气并不高的轮滑比赛的门票都被倒爷抢了个空。
(まさかそんなに人気の高くないローラースケート競技のチケットすら、ダフ屋に全部買い占められたとは。)

(34) **正解は❶**　"得当 dédàng" は「(言葉や行動が) 適切である、当を得ている」。"得体 détǐ" は「(言葉や行動が) 適切である」。"恰巧 qiàqiǎo" は「ちょうどよい具合に」。"得空 dé//kòng" は「暇になる、暇を得る」。"得力 dé//lì" は「(1) 役に立つ、力になる　(2) 腕利きである、頼りになる」。

这个报告语言精练，措词得当。既总结了成绩，也找出了差距，并提出了改进方法。
(このレポートは文章が簡潔で、言い回しが適切である。成果をまとめている一方、足りないところも見つけていて、さらに改善方法も示している。)

(35) **正解は❸**　"得以 déyǐ" は「(～によって) ～ができる」。"能够 nénggòu" は「～ができる」。"得意 dé//yì" は「得意になる」。"得手 dé//shǒu" は「(1) うまくいく、順調に運ぶ　(2) やりやすい」。"用以 yòngyǐ" は「～によって～する」。

因为比赛前准备得充分，所以才得以取胜。
(試合の前にしっかり準備したので、勝つことができたのだ。)

(36) **正解は❶** "点个卯 diǎn ge mǎo"は「ちょっと顔を出す」。"点卯"は昔、官庁で卯の刻（午前6時）に役人の出勤を確認することを言った。"露个面 lòu ge miàn"は「ちょっと顔を出す」。"露马脚 lòu mǎjiǎo"は「ぼろが出る」。"短平快 duǎn píng kuài"は「(1) バレーボールでのクイックスパイク　(2) 短期間で投資の利益や技術の成果を得ること」。"见世面 jiàn shìmiàn"は「世間を知る、経験を積む」。

昨晚聚会，他只是来点个卯，就走了。
(昨夜の集まりに彼は顔を出しただけですぐ帰ってしまった。)

(37) **正解は❹** "动静 dòngjing"は「(1) 物音　(2) 様子、兆候」、ここでは (1) の意味。"声音 shēngyīn"は「物音」。"动作 dòngzuò"は「(1) 動作、動き　(2) 行動する」。"回响 huíxiǎng"は「(1) こだま　(2) 反響」。"声张 shēngzhāng"は「言い広める、言い触らす」。

别出动静，孩子好不容易才睡着。
(物音を立てないで。子どもがようやく眠ったばかりなの。)

(38) **正解は❹** "短缺 duǎnquē"、"紧缺 jǐnquē"とも「(人や物が) 不足する」の意味を持っているが、"紧缺"は"短缺"より程度が高い。"紧张 jǐnzhāng"は「緊張する、忙しい、(物質が) 不足している、供給不足だ」。"出缺 chūquē"は「欠員ができる」、"缺陷 quēxiàn"は「欠陥、きず」。

现在婚庆业人才短缺，你听说了吗？
(現在ウェディング業界の人材が不足していますが、聞いていますか。)

(39) **正解は❶** "对付 duìfu"は「(1) 何とか間に合わせる　(2) 対処する　(3) 気が合う」、ここでは (1) の意味。"应付 yìngfu"は「(1) 間に合わせる　(2) 対処する　(3) いいかげんにやる」。"收付 shōufù"は「収入と支出」。"支付 zhīfù"は「支払う」。"对准 duìzhǔn"は「(1) ぴたりと合わせる　(2) ねらいを定める」。

这突如其来的消息，弄得我措手不及，只好先用这个办法对付一下了。
(この突然の知らせに、どう対処すればいいか考える暇もないので、とりあえ

ずこの方法で間に合わせておこう。）

(40) **正解は❷**　"对撇子 duì piězi"は「気が合う」。"说得来 shuōdelái"は「(1) 気が合う　(2) 話せる」。"合口味 hé kǒuwèi"は「口に合う」。"说不过 shuōbuguò"は「(弁舌で) 勝てない、言い負かせない」。"信不过 xìnbuguò"は「信頼できない」。
"少言寡语 shǎo yán guǎ yǔ"は「口数が少ない」。"侃侃而谈 kǎn kǎn ér tán"は「臆せず堂々と語る」。

别看她平时少言寡语的，但是一遇到对撇子的人，也会侃侃而谈。
（彼女は普段口数が少ないけれども、気が合う人に会うと、堂々とおしゃべりをするよ。）

(41) **正解は❶**　"发现"は「(1)（研究、調査、考察を通じて事物や法則などを）発見する　(2) 発見　(3)（これまで気付かなかったことに）気付く」、ここでは (1) の意味。"找到"は「探し当てる」。"发觉 fājué"は「(隠れていたことやこれまで気付かなかったことを) 察知する、見つける、たまたま気付く」。"窥见 kuījiàn"は「垣間見る、のぞき見る」。"察觉 chájué"は「気付く」。

听说考古学家在海南岛发现了许多文物。
（考古学者が海南島で多くの文化財を発見したらしい。）

(42) **正解は❷**　"反倒 fǎndào"、"反而 fǎn'ér"とも「かえって、逆に」。"反正 fǎnzhèng"は「どうせ、いずれにせよ」。"而且 érqiě"は「しかも、そのうえ」。"相反 xiāngfǎn"は「(1) 相反する、反対である　(2)（接続詞に用いて）それとは逆である」。
"反倒／反而"と"相反"では文中の位置が異なり、例えば、"小王的表情很自然，相反小李的表情不自然。""小王的表情很自然，小李的表情［反倒／反而］不自然。"という使い方をする。

听了我的回答，他的表情反倒不自然了。
（私の答えを聞くと、彼の表情はかえって不自然になった。）

(43) **正解は❶**　"放弃 fàngqì"は「(チャンス、意見、主張、権利などを) 放棄する、あきらめる、捨てる」。"扔掉 rēngdiào"は「捨てる、投げ捨てる」。"抛弃 pāoqì"は「(旧観念、身寄り、故郷などを) 捨てる、見捨てる」。"断

念 duànniàn"は「断念する、あきらめる」で、目的語を取れない。"乱扔 luànrēng"は「所構わず投げ捨てる、やたらに捨てる、散らかす」。

老板是绝不会轻易放弃这单生意的。
(社長がこの取引をあっさりあきらめることなどありえない。)

(44) **正解は❸** "废弃 fèiqì"は「廃棄する、捨てる」。"报废 bào//fèi"は「(もう使えない、または欠陥のある物品や設備などを)廃棄に処分する」。"作废 zuò//fèi"は「(多く契約、証明書類、チケット、カードの期限が切れて)無効になる、無効にする」。"失灵 shī//líng"は「(機械、人体の器官などが)機能しなくなる、故障する」。"废止 fèizhǐ"は「(法令、制度などを)廃止する」。

这批零件质量不合格，只好全部废弃了。
(これらの部品は品質が規格に合わないので、全部廃棄するしかない。)

(45) **正解は❶** "吩咐 fēnfu"は「(少し強制的な口調で目下の者に)言いつける、命じる、指図する」で、"分付"とも書く。"命令 mìnglìng"は「命令する」。"嘱咐 zhǔfu"は「(命令や強制的な口調がなく相手に)言い聞かせる、言い含める」。"委托 wěituō"は「依頼する、頼む」。"责怪 zéguài"は「責める、咎める」。

科长吩咐我们做什么，我们就得做什么。
(私たちは課長の命令どおりに仕事をやらなければならない。)

(46) **正解は❹** "伏案 fú'àn"は「机に向かう」。"趴在桌子上 pāzài zhuōzishang"は「机にうつぶせている」。"坐在沙发上 zuòzài shāfāshang"は「ソファーに座っている」。"坐冷板凳 zuò lěngbǎndèng"は「冷遇される」。"爬格子 pá gézi"は「原稿を書く」、"格子"は「原稿用紙の升目」。

他经常伏案读书到凌晨。
(彼はよく机にかじりついて夜明けまで本を読む。)

(47) **正解は❹** "福音 fúyīn"は「(キリスト教の)福音、良い知らせ」。"好消息"は「良い知らせ」。"福气 fúqi"は「幸運」。"运气 yùnqi"は「運、めぐりあわせ」。"好幸运 xìngyùn"は「とても運が良い、とてもついている」。

这种药的研制成功不知给多少癌症患者带来了福音。
(この薬の研究開発に成功したことがどれほど多くのガン患者に良い知らせを

もたらしたか分からない。)

(48) **正解は❸** "干脆 gāncuì" は「(1)（言葉、行動、仕事のやり方などが）きっぱりしている、てきぱきしている　(2) 思い切って、いっそのこと　(3)（否定文に用い）まったく」、ここでは (1) の意味。"果断 guǒduàn" は「きっぱりしている、果断である」。"果然 guǒrán"、"果真 guǒzhēn" とも「案の定、やはり」。"因果 yīnguǒ" は「原因と結果」。

他办事很干脆，就是有点儿急躁。
(彼は仕事のやり方がとてもてきぱきしているが、ただちょっとせっかちだ。)

(49) **正解は❹** "不感冒"は、ここでは"不感兴趣"（興味がない、重視しない）の意味。"不当回事 bú dàng huí shì" は「気にしない、どうでもよい、（人を）見くびる」。"耽误事 dānwu shì" は「仕事に差し支えができる、仕事の邪魔になる、仕事をためる」。"讨人嫌 tǎo rénxián" は「人に嫌われる」。

他以前是个说话风趣，兴趣广泛的人，可现在好像对什么都不感冒了。
(彼は以前話がおもしろく趣味の多い人だったのに、今はどんなことにも興味を持たなくなったようだ。)

(50) **正解は❹** "格外 géwài" は「ことのほか、特に、格別に」。"出奇 chūqí" は「(1) 格別である、特別である、珍しい　(2)（連用修飾語として使うとき）格別に、特別に、珍しく」。"额外 éwài" は「枠外の、規定数量外の」。"奇才 qícái" は「珍しい人材」。"见外 jiànwài" は「よそよそしくする」。

暑假一来，她反倒格外地忙起来了。
(夏休みになると、彼女はかえっていっそう忙しくなった。)

(51) **正解は❸** "姑姑 gūgu" は「父の姉妹、おば」、つまり "爸爸的妹妹"。"妈妈的妹妹" は "姨 yí"、"妈妈的妈妈" は "姥姥 lǎolao"、"哥哥的妻子" は "嫂子 sǎozi"。

小的时候，姑姑和姨都很喜欢我，常常给我买娃娃什么的。
(小さい時、父方のおばと母方のおばはよく私を可愛がってくれて、しょっちゅう人形などを買ってくれた。)

(52) **正解は❹** "孤独 gūdú" は「孤独である」。"寂寞 jìmò" は「寂しい」。"空

巢家庭 kōngcháo jiātíng"は「子どもが巣立った夫婦だけの家庭」。"空虚 kōngxū"は「中身がない、むなしい」。"空闲 kòngxián"は「空いている、暇になる」。

饲养宠物是摆脱孤独的好办法。
(ペットを飼うことは孤独から抜け出すいい方法だ。)

(53) **正解は❶** "关注 guānzhù"は「関心を持つ、注目する、見守る」。"注目 zhùmù"は「注目する」。"注视 zhùshì"は「じっと見つめる、注視する」。"惦记 diànjì"は「(多く家族、親戚、友人など親しい関係の人の仕事、生活、健康状況を常に忘れずに) 気にかける、心配する」。"注重 zhùzhòng"は「重視する、重んずる」。

网上购物作为一种新兴的商品零售方式，近年来倍受人们关注。
(ネットショッピングは、商品の新しい小売方式として、近年人々に大いに注目されている。)

(54) **正解は❷** "好歹 hǎodǎi"は「(1) 善し悪し (2) 危急のこと (3) 何と言っても、ともかく (4) いいかげんに」、ここでは (3) の意味。"终究 zhōngjiū"は「何と言っても、結局のところ」。"幸好 xìnghǎo"、"好在 hǎozài"は「運よく、幸いにも」。"总之 zǒngzhī"は「いずれにせよ、要するに、とにかく」。

你怎么能这样失礼呢？ 好歹她还是你的师傅呢。
(君はどうしてこんなに失礼なことができるのか。何と言っても彼女はやはり君の師匠なんだよ。)

(55) **正解は❶** "合计 héjì"は「思案する、相談する、検討する」。"商量 shāngliang"は「相談する」。"合伙 hé//huǒ"は「共同でする」。"联袂 liánmèi"は「手を携えて、一緒に」、"连袂"とも書く。"切磋 qiēcuō"は「互いに磨き合って (学問、技術などの向上に) 励む、切磋琢磨」。

全家人坐在一起合计起买房子的事来了。
(家族全員が一緒に座って家を購入する件を相談し始めた。)

(56) **正解は❶** "哗哗 huāhuā"は「(涙が) はらはら (落ちる)」。"唰唰 shuāshuā"は「(涙が) ぽろぽろ (落ちる)」。"呼呼 hūhū"は「(1) (風の音) ひゅうひゅ

う、ぴゅうぴゅう、ぴゅうぴゅう　(2)（いびきなどの音）ぐうぐう」。"呱呱 guāguā" は「(1)（カエルやアヒルなどの鳴き声）ゲロゲロ、ケロケロ、ガァーガァー、グワッグワッ」。"鸣鸣 wūwū" は「（泣き声）おんおん」。

观众们在影片中，看到地震后的惨状，泪水哗哗地流了下来。
(観客は映画で地震後の惨状を見て、はらはらと涙を流した。)

(57) **正解は❹**　"划不来 huábulái" は「割に合わない、する価値がない、もったいない」。"不合算 bù hésuàn" は「割に合わない、採算が合わない」。"不识货 bù shíhuò" は「物を見る目がない、目が利かない」。"犯不着 fànbuzháo" は「～するに値しない、～するほどのことはない」。"不符合 bù fúhé" は「一致しない」。

她觉得一个人租一套房住很划不来，所以和朋友合租了一套。
(彼女は１人で部屋を借りて住むのはもったいないと思っていたので、友達と一緒に部屋を借りた。)

(58) **正解は❷**　"谎言 huǎngyán"、"假话 jiǎhuà" とも「嘘」の意味であるが、"说假话" とは言っても、"说谎言" とは言わない。"说谎 shuō//huǎng" は「嘘をつく」。"假如 jiǎrú" は「もしも〜なら」。"虚假 xūjiǎ" は「嘘である、偽である」。

谎言毕竟不会成为现实。
(嘘は結局現実になるはずがない。)

(59) **正解は❸**　"回报 huíbào" は「(1) 見返り、割戻し、リターンコミッション、リベート　(2) 報告する　(3)（相手の厚意に）報いる」、ここでは (1) の意味。"回扣 huíkòu" は「見返り、リベート」。"回味 huíwèi" は「後味、後味を味わう、回想する」。"回执 huízhí" は「(1)（郵便物などを受け取った時に配達者に渡す）受取　(2) 郵便物受領書、配達証明」。"回应 huíyìng" は「返事、返事をする」。

客户要求给一些回报，这是件很挠头的事。
(お客さんは何らかの見返りを要求するが、それはとても頭の痛いことだ。)

(60) **正解は❶**　"回避 huíbì" は「(1)（問題、責任、困難などを）回避する、避けて通る　(2)（邪魔になる時その場所を）外す」。"躲开 duǒkāi" は「(1)

(車、人などを）よける、避ける　(2)"回避"」ここでは（2）の意味。"避免 bìmiǎn"は「（ある事柄や事態の発生を）防止する、防ぐ、免れる」。"避嫌 bì//xián"は「疑われないようにする」。"避嫌"は離合詞なので、"避嫌一下"とは言わず"避一下嫌"、"避避嫌"と言う。"逃避 táobì"は「（困難、責任、嫌なこと、かかわりたくないことなどから）逃げる、逃避する」。

一会儿客户来访时，你在场的话不太方便，还是<u>回避</u>一下为好。
（後でお客さんが訪ねて来た時、あなたが居合わせると不都合なので、やはり外してくれたほうがよい。）

(61) **正解は❷**　"活儿 huór"は「（主に力、または家事などの）仕事」。"工作"は「仕事、仕事をする」。"任务 rènwu"は「任務、使命」。"公差 gōngchāi"は「公務出張」。"手工"は「手による加工、手作り、細工」。

连修自行车这样的<u>活儿</u>都可以挣钱，只要肯吃苦就行。
（自転車修理の仕事ですらお金を稼ぐことができるのであるから、苦労を承知で辛抱強く耐えさえすれば大丈夫だ。）

(62) **正解は❷**　"积蓄 jīxù"は「貯金、蓄える」。"存款 cún//kuǎn"は「預金、金を預ける、預金する」。"财产 cáichǎn"は「財産」。"股票 gǔpiào"は「株券」。"首饰 shǒushi"は「アクセサリー」。

她临终之前把全部<u>积蓄</u>都捐给了灾区的小学校。
（彼女は死に臨む前にすべての貯えを被災地の小学校に寄付した。）

(63) **正解は❶**　"激发 jīfā"は「（刺激的な言葉などで熱情ややる気などを）出させる、奮い立たせる」。"刺激 cìjī"は「（体の器官、感覚、神経、食欲、生産、経済、消費、精神的な面などを）刺激する」。"打发 dǎfa"は「(1)（人を）派遣する、使いにやる　(2) 追い払う　(3)（時間、月日を）過ごす、費やす」。"启发 qǐfā"は「（結論を直接提示せず、ただヒントを与えて）教え導く、悟らせる、啓発する」。"启示 qǐshì"は「（物事の道理を明示することによって人を）啓発する、教え導く」。

这个学校用各种方式来<u>激发</u>孩子们的学习热情。
（この学校はいろいろな方法で子どもたちの勉強意欲を引き出す。）

(64) **正解は❷**　"检讨 jiǎntǎo"は「（自分の過ちや欠点などを）反省する、自己批

判する」。"反省 fǎnxǐng"は「反省する」。"讨论 tǎolùn"は「討論する、検討する」。"汇报 huìbào"は「（資料をまとめて上級機関や大衆に）状況を報告する」。"保证 bǎozhèng"は「保証する」。

他每次检讨得都很诚恳，就是到时候就犯同样的错误。
（彼は毎回誠心誠意反省するが、ただその時になったらまた同じ誤りを犯す。）

(65) **正解は❶** "讲排场 jiǎng páichǎng"は「見栄を張る、派手にやる」。"摆谱儿 bǎi//pǔr"は「見栄を張る、格好をつける、威張る」。"没谱儿 méi//pǔr"は「成算がない、はっきりした計画がない」。"离谱儿 lí//pǔr"は「（話や行動が）脱線する、常軌を逸する」。"排大队 pái dà duì"は「長い列を作る」。

我们经理从来都不讲排场。
（うちの会社の社長はこれまで見栄を張ったことがない。）

(66) **正解は❷** "讲究 jiǎngjiu"は「(1) わけ、理由、しきたり、決まり、隠れた意味、こつ、技術、由来 (2) 凝る、こだわる、気を配る、気にする (3) 重んずる、重視する (4) とやかく言う、あれこれ言う (5) 凝っている、精美である、精巧である (6)（食べ物や味に）やかましい、うるさい」、ここでは(6)の意味。"挑剔 tiāoti"は「(1) あら捜しをする、けちをつける (2) 好き嫌いが激しい」。"挑刺 tiāo//cì"は「あら捜しをする、けちをつける」。"挑明 tiǎomíng"は「真相を明らかにする、隠れていることを暴き出す」。"挑拨 tiǎobō"は「（仲違いするように）けしかける、そそのかす」。"一反常态 yì fǎn cháng tài"は「普段とはがらりと態度が変わる、態度をがらりと変える」。

她过去对吃的从来都不讲究，有什么就吃什么，可今天却一反常态。
（彼女はこれまで食べ物にうるさかったことがなく、あればどんなものでも構わず食べたが、ところが今日は普段と様子ががらりと違う。）

(67) **正解は❶** "较劲 jiào//jìn"は「力比べをする、力を入れる、張り合う」。"鼓劲 gǔ//jìn"は「気合が入る、はっぱをかける」。"鼓动 gǔdòng"は「扇動する、あおる」。"鼓掌 gǔ//zhǎng"は「拍手する」。"鼓励 gǔlì"は「激励する」。

这两个人互不服输，都在暗自较劲，要比个高低。
（この2人は互いに負けを認めず、ともにひそかに張り合って優劣をはっきりさせようとしている。）

(68) **正解は❹** "叫座 jiàozuò"は「(劇や映画などで) 人気を呼ぶ、評判を呼ぶ、客が多い」。"受欢迎 shòu huānyíng"は「歓迎される、人気がある」。"买好儿 mǎi//hǎor"は「歓心を買う、機嫌を取る」。"卖劲儿 mài//jìnr"は「一生懸命にやる」。"讨好儿 tǎo//hǎor"は「(1) 歓心を買う、機嫌を取る (2) (多く否定に用い) よい結果を得る」。

这位导演新导的电影非常叫座，连日来一直满座。
(この監督が新しく監督した映画は大変人気を呼んで、連日大入り満員だった。)

(69) **正解は❶** "借鉴 jièjiàn"は「参考にする、手本とする」。"参考 cānkǎo"は「参考にする」。"鉴定 jiàndìng"は「(1) (物の真偽、優劣などを) 鑑定する (2) (人の長所や短所を) 評定する、評価する」。"借光 jiè//guāng"は「(1) ちょっと通してください、すみませんが〜、人にちょっととした配慮を求めるときに使う (2) 恩恵を受ける」。"借用 jièyòng"は「(1) 借用する (2) 他の用途に転用する」。

人类是在借鉴前人的经验的基础上，发展起来的。
(人類は先人の経験をお手本に発展してきたのだ。)

(70) **正解は❹** "惊讶 jīngyà"、"惊奇 jīngqí"は「(意外さに) 不思議に思う、驚く」。"虚惊 xūjīng"は「(結果として何でもないことに) びっくりする、驚く」。"惊动 jīngdòng"は「驚かす、邪魔をする」。"唯恐 wéikǒng"は「ただ〜だけを心配する」、"惟恐"とも書く。

听了这话，他惊讶地张开了大嘴，愣了半天没说话。
(この話を聞くと、彼は驚いてぱっくりと口をあけ、しばらくぼんやりして何も言わなかった。)

(71) **正解は❸** "精髓 jīngsuǐ"、"精华 jīnghuá"は「精髄、真髄」。"精干 jīnggàn"は「腕利きである、有能である」。"精简 jīngjiǎn"は「(内容を) 簡潔にする、(機構を) 簡素化する、(人を) 減らす」。"精练 jīngliàn"は「(文章、話、演説などが) 無駄がなく簡潔である」。

这部分正是这本书的精髓。
(この部分はまさにこの本の精髄です。)

(72) **正解は❷**　"经历 jīnglì"は「(1)（自ら出会った）過去の経歴、体験、人生の履歴　(2) 体験する、経験する」。"阅历 yuèlì"は「(1)（自ら出合った）体験、経験、見聞　(2) 体験する、見聞する」。"经验 jīngyàn"は「(実践を通して体得した) 知識、技能、教訓、経験」。"来历 láilì"は「由来、出所」。"历经 lìjīng"は「何度も経験する」。

那段艰苦的生活经历，将给我留下难忘的回忆。
（あの時の苦しい生活の体験が、私に忘れられない思い出を残すことになる。）

(73) **正解は❸**　"居然 jūrán"は「(1) 意外にも、なんと　(2) はっきりと、明らかに」、ここでは(1)の意味。"竟然 jìngrán"は「意外にも、なんと」。"毕竟 bìjìng"は「さすがに、結局」。"到底 dàodǐ"は「(1) ついに、結局　(2) いったい　(3) さすがに、やはり」。"宁愿 nìngyuàn"は「むしろ～したい、いっそ～したい」。

他为加班的事居然当面跟上司顶起牛来了。
（彼は残業のことで、なんと上司と正面衝突した。）

(74) **正解は❸**　"局限性 júxiànxìng"は「限界性、限定性」、"在使用上有局限性"で「使い道が限られている」。つまり"使用范围狭窄 shǐyòng fànwéi xiázhǎi"「使う範囲が狭い」である。"使用方法麻烦"は「使い方が面倒である」。"生产的数量有限"は「生産量が限られている」。"使用效果不佳 xiàoguǒ bùjiā"は「使用効果が良くない」。

这种装置之所以还没得到普及，是因为在使用上有一些局限性。
（このタイプの装置が普及しなかったのは使い道が限られていたからだ。）

(75) **正解は❶**　"觉醒 juéxǐng"は「(民族、国家などの重大な問題や個人について) 目を覚ます、覚醒する」で、名詞としての用法はない。"觉悟 juéwù"は「(1)（事物の道理などを）悟る、自覚する、覚悟する　(2)（思想、理論などに対する）意識、自覚」で、日本語のような「(悪い結果を予測して) 心を決める、覚悟する」という用法はなく、日本語の「覚悟を決める」は例えば"做好精神准备"と訳す。"睡醒 shuìxǐng"は「(睡眠から) 目覚める」。"直觉 zhíjué"は名詞で「直感」。"直观 zhíguān"は形容詞で「直感的な、直接知覚する」。

你什么时候才能觉醒过来呢？　这样下去就会断送自己的前程。
（君はいつになったら目を覚ますの？　このままでは自分の将来をダメにして

しまうよ。)

(76) **正解は❷** "开导 kāidǎo"は「啓発する、説得する、言い聞かせる、指導する」。"劝导 quàndǎo"は「忠告する、励まし導く、言い聞かせる」。"辅导 fǔdǎo"は「(1)(学習などの)補習 (2)(学習などで)指導する、補習する」で、日本語の「補導する」という意味はない。"请教 qǐngjiào"は「教えてもらう」。"示范 shìfàn"は「模範を示す、手本を見せる」。

我看她好像有点儿想不开，你去开导开导她吧。
(彼女は少しくよくよと思い悩んでいるようだから、ちょっとアドバイスしてあげてください。)

(77) **正解は❶** "开窍 kāi//qiào"は「悟る、納得がいく、話が分かる」。"领悟 lǐngwù"は「悟る、分かる」。"诀窍 juéqiào"は「秘訣、奥の手、こつ」。"看穿 kànchuān"は「(相手の意図、陰謀、本質、下心などを)見破る」。"开通 kāitōng"は「(交通路、通信路を)開通する」だが、"kāitong"と軽声で発音すると「(考えが)進歩的である、開いている、(古い考えに)こだわらない」となる。

好几天都没弄明白的数学题，听你这么一讲，我立刻就开窍了。
(何日も分からなかった数学問題が、あなたの説明を聞いたらすぐ分かった。)

(78) **正解は❷** "苛刻 kēkè"は「(条件や要求などが)過酷である、あまりに厳しい」。"严格 yángé"は「(規則や基準などが)厳格である、厳しい、厳しくする」。"严重 yánzhòng"は「(病状、情勢、過ち、事態、災害、被害などが)厳しい、重大である、深刻である」。"刻苦 kèkǔ"は「苦しみに耐える、ひたむきに努力する」。"深刻 shēnkè"は「(意味、内容、分析、認識、意見、教訓、反省などが)深い、物事の本質に触れている、(印象などが)深い、強い」。なお、日本語の「深刻」は「(事態や状況が)重大である、(態度や雰囲気が)非常に厳しい」の意味を持っているが、これは中国語で"严重"、"严峻"、"严肃"と訳すことができる。例えば「深刻な顔」は"表情严肃"、「事態が深刻である」は"事态严重"。
"怨声载道 yuàn shēng zài dào"は「怨嗟の声が世に満ちている、至るところに不平の声を聞く」。

公司对职员的晋升条件规定得非常苛刻，弄得大家怨声载道。

(会社が職員の昇進条件を厳しく定めたので、みんなの不満の声が大きくなっている。)

(79) **正解は❶** "空荡荡 kōngdàngdàng"は「がらがらにすいている、がらんとしているさま」。"冷清清 lěngqīngqīng"は「ひっそりとして物寂しいさま」。"冷飕飕 lěngsōusōu"は「(寒風が) 冷たいさま」。"过家家 guò jiājia"は「ままごと遊びをする」。"慢腾腾 mànténgtēng"は「のろのろと、のろのろしている」。"星星点点"は「少しばかり、ちらほら」。

星星点点地来了一些观众，剧场里空荡荡的。
(お客さんはちらほらしか来ておらず、劇場はがらがらに空いている。)

(80) **正解は❶** "懒得 lǎnde"は「～する気がしない」。"不愿意 bú yuànyi"は「～したいと思わない、～する気がない」。"不善于 bú shànyú"は「～するのが下手である」。"不买账 bù mǎizhàng"は「相手の権威などを認めない、相手の好意を受け入れない」。"不检点 bù jiǎndiǎn"は「慎重さに欠ける、立ち居ふるまいに気をつけない」。

今天晚上我懒得做饭，咱们去外边吃点儿吧。
(今晩食事を作る気がしないので、外で食べましょう。)

(81) **正解は❹** "老大难 lǎodànán"は「(1) 懸案になっている問題、長い間解決できない問題 (2) 複雑で解決しにくい」、ここでは形容詞で (2) の意味。"难以解决 nányǐ jiějué"は「複雑で解決しにくい」。"难不住 nánbuzhù"は「困らせることができない」。"吃不准 chībuzhǔn"は「はっきりわからない、はっきり把握できない、自信がない」。"啃老族 kěnlǎozú"は「親のすねかじり」。"就是…的意思"は「つまり～という意味である」。
"束手无策"は P.335 参照。

面对这些老大难问题，大家都束手无策。
(これらの解決の難しい問題に直面して、誰もなすすべがない。)

(82) **正解は❹** "老练 lǎoliàn"は「老練である、円熟している、手慣れている」。"圆滑 yuánhuá"は「(人柄や仕事ぶりが) 角立たない、人当りがよい、如才がない」。"低调 dīdiào"は「低姿勢である、控えめである、地味である」。"狡猾 jiǎohuá"は「ずるい、悪賢い」。"稳住 wěn//zhù"は「落ち着く、落ち着かせる」。

别看他年纪轻轻的，说话、办事却非常老练。
(彼は年は若いけど、話し方や仕事のやり方はとても冷静で手慣れている。)

(83) **正解は❶**　"拎着 līnzhe"、"提着 tízhe" とも「(手で物を) 提げる」。"领着 lǐngzhe" は「(人を) 連れている、率いている」。"牵着 qiānzhe" は「(動物などを) 引っ張っている」。"握着 wòzhe" は「(物などを) 握っている、つかんでいる」。

她左手拎着行李，右手抱着孩子飞快地跑进了车站。
(彼女は左手で荷物を持ち、右手に子どもを抱いて飛ぶような速さで駅に駆け込んだ。)

(84) **正解は❷**　"临走 línzǒu"、"走前 zǒuqián" とも「出かけるときに、出発の時に、出かける前に、出発の前に」。"刚走 gāngzǒu" は「出たばかり、行ったばかり、帰ったばかり」。"来临 láilín" は「やって来る、到来する」。"临场 línchǎng" は「(1)（受験生が）本番に臨む、（受験のために）試験場に入る　(2) 自ら現場に臨む」。

她临走对我说，请把这封信亲手交给小雪。
(彼女は出発する際に、この手紙を小雪さんに手渡してくださいと言った。)

(85) **正解は❸**　"贸然 màorán" は「軽率に」。"轻率 qīngshuài" は「軽率である、軽々しい」。"坦率 tǎnshuài" は「率直である」。"轻松 qīngsōng" は「気楽である、気軽である」。"直率 zhíshuài" は「率直である」。

第一次见面怎么就贸然地提出了这样的问题呢？
(初めて会ったのに、どうして軽率にもそんな質問をしたの？)

(86) **正解は❶**　"拿事 ná//shì" は「(1)（事を処理する）実権や責任を持っている　(2)（事を処理する）能力や知恵がある」、ここでは (2) の意味。"有主见" は「自分の考えを持っている、考えがしっかりしている」。"拿人 ná//rén" は「人を困らせる、強要する、人の弱みにつけ込む」。"拿不准 nábuzhǔn" は「(1)（考えが）はっきりと決められない　(2) 正確に予想できない」。"当家 dāng//jiā" は「家事を切り盛りする」。
"主心骨" は「(1) 頼りになる人または事物、後ろ盾、大黒柱　(2) 定見、考え、対策」。

父母去世后，兄弟姐妹们不管大小事都愿意跟长兄商量。因为他很<u>拿事</u>，是全家（人）的主心骨。
(両親が世を去った後、兄弟たちはどんなことも一番上の兄さんに相談したがった。というのは彼は何事もうまくさばくことができ、みんなの大黒柱だからだ。)

(87) **正解は❹** "腻烦 nìfan"は「うんざりする、嫌になる」。"倒胃口 dǎo wèikou"は「食欲がなくなる、うんざりする、嫌になる」。"倒牌子 dǎo páizi"は「ブランドイメージを悪くする、商品の信用を落とす」。"没咒念 méizhòuniàn"は「お手上げである、思案が浮かばない」。"倒栽葱 dàozāicōng"は「頭から落ちる、逆さに倒れる」。
"废话连篇 fèihuà liánpiān"は「（話や文章の中に）無駄な話が多い、くだらないことばかり言う」。

她整天废话连篇，真令人<u>腻烦</u>。
(彼女はいつもくだらないことばかり言って本当にうんざりする。)

(88) **正解は❷** "凝聚力 níngjùlì"は「結束力、凝集力」、"凝聚"は「(1)（気体が）濃化する、液化する (2)（知恵、感情などが）凝集する」。"求心力 qiúxīnlì"は「求心力」。"反冲力 fǎnchōnglì"は「反動力」。"挖潜力 wā qiánlì"は「潜在力を掘り起こす」。"爆发力 bàofālì"は「瞬発力」。

只有增强球队的<u>凝聚力</u>，才有可能取胜。
(チームの結束力を強化してこそ、勝利を得ることが出来る。)

(89) **正解は❷** "排除 páichú"は「(1)（障害、故障、雑念、困難、圧力、可能性、劣等感などを）取り除く、排除する (2)排泄する」、ここでは(1)の意味。"扫除 sǎochú"は「(1)（ゴミ、汚れを）掃除する (2)（障害を）取り除く」。"排挤 páijǐ"は「（力や手段を弄して自分に不利な人間、組織、勢力などを）排斥する、押しのける」。"取代 qǔdài"は「取って代わる」。"排斥 páichì"は「（異分子、意見の合わない人を）排斥する」。

他刻苦专研，并<u>排除</u>了种种障碍，终于取得了震惊世界的成就。
(彼は一生懸命に研究に取り組み、さまざまな障害を取り除いて、ついに世界を驚かせる快挙を成し遂げた。)

⑼⓪ **正解は❹** "跑买卖 pǎo mǎimai"は「商売で各地を走り回る」。"做生意 zuò shēngyi"は「商売をする」。"跑龙套 pǎo lóngtào"は「端役を演じる、使い走りになる、他人の下で雑用の仕事をやる」。"下厨房 xià chúfáng"は「台所に立つ、炊事をする」。"发洋财 fā yángcái"は「ぼろ儲けをする」。

他们本来是合作伙伴，可是在跑买卖的过程中，产生了债务纠纷。
（彼らはもともとパートナーだったが、商売をしているうちに債務上のもめごとが起こった。）

⑼① **正解は❷** "泡汤 pào//tāng"は「ふいになる、水の泡となる」。"落空 luò//kōng"は「ふいになる、当てがはずれる」。"砸锅 zá//guō"は「事を台無しにする、失敗する」。"空城计 kōngchéngjì"は「空城の計、力のないことを隠し相手を騙すこと」。"泡病号 pào bìnghào"は「仮病で仕事を休む、大した病気ではないのに長期欠勤する」。

本来打算暑假出国旅行，可是由于当地的一场洪水灾害，我的计划就全泡汤了。
（もともと夏休みは海外旅行に行くつもりだったが、旅行先の洪水災害で私の計画は全部中止になった。）

⑼② **正解は❹** "魄力 pòlì"は「迫力、決断力」。"决断力 juéduànlì"は「決断力」。"魅力 mèilì"は「魅力」。"耐力 nàilì"は「忍耐力」。"判断力 pànduànlì"は「判断力」。

他很有魄力，该决断就决断。
（彼はとても決断力があり、決断すべき時はきっぱり決断を下す。）

⑼③ **正解は❶** "歧视 qíshì"は「差別、差別する」。"白眼 báiyǎn"は「白い眼、冷たい目付き」。"蔑视 mièshì"は「蔑視する」。"差别 chābié"は「違い、区別、差、隔たり」。"区别 qūbié"は「区別、相違、区別する、識別する、見分ける」。日本語の「差別する」は、中国語では"歧视"。"乙肝带菌者"は"乙肝病毒携带者"とも言う。

由于社会的偏见，乙肝带菌者在就业等方面都受到了歧视。
（社会の偏見によりB型肝炎キャリアは就職などの面において差別されている。）

⑼④ **正解は❷** "气度 qìdù"は「気概と度量、人間の大きさ」。"气量 qìliàng"は「度

量、包容力」。"牛气 niúqi"は「生意気である、傲慢である」。"撒气 sā//qì"は「八つ当たりする」。"气馁 qìněi"は「しょげる、めげる、弱気になる」。

虽然遭受了裁判的误判，可是教练和运动员都显得很有气度。
(審判のミスジャッジを受けたが、コーチや選手たちはみんな寛大な態度で対応しているように見える。)

(95) **正解は❶** "清白 qīngbái"は「潔白、潔白である、汚れがない」。"没有污点 wūdiǎn，没有罪过 zuìguò"は「汚点や罪がない」。"没有缺点 quēdiǎn"は「欠点がない」。"没有被惩罚 chéngfá"は「懲罰されなかった」。"没有偏向 piānxiàng"は「えこひいきしなかった」。

妈妈为了给儿子讨个清白，四处奔波终于找到了目击者。
(お母さんは息子の潔白を証明するため、あちこち奔走してついに目撃者を見つけた。)

(96) **正解は❶** "清楚"は「(1)(形状、輪郭、映像、筆跡、発音、考え、言葉、状況などが)はっきりしている、明らかである (2)(理解や頭脳が)明晰である (3) よく分かっている、よく知っている」、ここでは(1)の意味。"明显 míngxiǎn"は「はっきりしている」。"明明 míngmíng"は「明らかに」、複文の前半と後半が逆接になる構文や反語文に用いることが多い。"照样 zhào//yàng"は「(1) 見本どおりにする (2) 相変わらず、いつものように」。"分清 fēn//qīng"は「はっきりと見分ける、はっきりと区別する」。

从这张照片可以清楚地看出，肺结核已经钙化了。
(この写真からはっきり分かりますが、肺結核はすでに石灰化しています。)

(97) **正解は❶** "敲边鼓 qiāo biāngǔ"、"帮腔 bāng//qiāng"とも「脇から口で加勢する、脇から口添えをする」の意味を持っている。"使坏 shǐ//huài"は「そそのかす、意地悪をする」。"加塞儿 jiā//sāir"は「(順番を守らず列に)割り込む」。"拉家常 lā jiācháng"は「世間話をする」。
"火上浇油 huǒ shàng jiāo yóu"は「火に油を注ぐ、いっそう激しくする、事態をいっそう悪くする」、"火上加油"とも言う。

你别在旁边敲边鼓了，这不是火上浇油吗?
(君はもう脇から口出ししないでよ。それじゃあ火に油を注ぐことになるじゃないか。)

⑻　**正解は❸**　"巧 qiǎo" は「(1) (手先が) 器用である、(口が) うまい　(2) 偶然一致した」、ここでは (1) の意味。"灵巧 língqiǎo" は「(手、口、動作などが) 器用である、すばしこい」。"轻巧 qīngqiǎo" は「(1) (物や人の体などが) 軽くて精巧である　(2) (動きが) 敏捷である　(3) (考え方が) 甘い」。"精明 jīngmíng" は「頭の回転が速い」。"窍门儿 qiàoménr" は「こつ、秘訣」。

你的手可真巧，能做出这么精致的模型来。
(君は手先が本当に器用だね、こんなに精巧な模型も作れるんだ。)

⑼　**正解は❹**　"闪失 shǎnshī" は「(意外な) 事故、間違い、(思わぬ) 損失」。"失误 shīwù" は「(能力が低い、またはうっかりして) ミスをする、失策をする、ミス」。"过载 guòzài" は「(1) 超負荷　(2) (人や物を) 積み過ぎる」。"丢失 diūshī" は「紛失する、なくす」。"失脚 shī//jiǎo" は「足を踏みはずす、足を滑らす」。なお、"失脚" に日本語の「失脚」の意味はない。

铁路的安全运行是第一重要的，容不得半点闪失。
(鉄道の安全運行は最も重要なことで、少しのミスも許されない。)

⑽　**正解は❸**　"擅长 shàncháng" は「(体育、美術、芸術、技術、技能などに) 堪能である、たける、優れている」で、動詞句を目的語にとることもできる。"善于 shànyú" は「(事物の処理や人との対応、技能などに) 堪能である」。"得意 dé//yì" は「得意になる」。"擅自 shànzì" は「勝手に」。"拿手" も「得意である、たけている」だが、形容詞であるので、目的語を取れない。"赞不绝口 zàn bù jué kǒu" は「しきりにほめる」。

她擅长做菜，特别是清蒸鱼，品尝过的人都赞不绝口。
(彼女は料理を作ることにたけており、特に蒸籠で蒸す魚料理が得意で、食べたことのある人はみんなしきりにほめる。)

⑾　**正解は❶**　"神情 shénqíng" は「(多くの場合自然な) 表情、顔つき」。"表情" は「(自然な、または作った) 表情、顔つき」。"精彩 jīngcǎi" は「(試合、演技、芝居、文章、講演、発言などが) 素晴らしい」。"心情 xīnqíng" は「気持ち」。"精神 jīngshen" は「元気である、活気」だが、"jīngshén" と声調付きで発音すると「精神、主旨」。

她的神情不对，慌慌张张的。
(彼女の表情は不自然で、そわそわした様子だ。)

(102) **正解は❷** "生怕 shēngpà"は「とても心配する、大変恐れる」。"担心 dān//xīn"は「心配する」。"可怕 kěpà"は「恐ろしい」、形容詞なので、目的語を取れない。"怕生 pàshēng"は「人見知りをする」。"怕羞 pà//xiū"は「恥ずかしがる」。

那时我紧紧地抓住母亲的手，<u>生怕</u>自己走丢了。
(あの時私は母の手をしっかり掴んで、はぐれてしまわないかとびくびくしていた。)

(103) **正解は❶** "失败 shībài"は「失敗する、失敗」。"栽跟头 zāi gēntou"は「(1)転ぶ、つまづく (2)しくじる、失敗する」。"落埋怨 luò mányuàn"は「文句を言われる」、"落"は"lào"と読んでもよい。"靠边站 kàobiānzhàn"は「(1)端に寄って立つ (2)ポストからはずされる、停職を命じられるたとえ」。"受冷落 shòu lěngluò"は「冷遇される」。
"蛮干 mángàn"は「(実際の状況を無視し仕事を)しゃにむにやる、無理やりする」。

你这么蛮干，不<u>失败</u>才怪呢。
(君はこんなに無鉄砲じゃあ、失敗しない方がおかしいよ。)

(104) **正解は❶** "手把手 shǒu bǎ shǒu"は「(人に技術や芸術などを)手を取って(教える)」。"亲手 qīnshǒu"は「自分の手で」。"主动 zhǔdòng"は「積極的である、自発的である」。"脱手 tuō//shǒu"は「(1)手から離れる (2)手放す、売払う」。"脱身 tuō//shēn"は「抜け出す、逃げ出す」。

妈妈曾经<u>手把手</u>教过我用钩针钩围巾。
(お母さんは手を取って私にかぎ針でマフラーを編むことを教えてくれたことがある。)

(105) **正解は❸** "数落 shǔluo"は「(落ち度、過ち、欠点などを)1つ1つ指摘して責める、説教する、並べ立てる」。"责备 zébèi"は「責める、しかる、咎める」。"查询 cháxún"は「(調査するために)問い合わせる、尋ねる」。"咨询 zīxún"は「(1)(情報を)提供する、案内する (2)(機関、顧問、専門家に)問い合わせる、相談する、諮問する」。"发火 fā//huǒ"は「(1)発火する (2)怒り出す」。

我今天上课迟到了，结果被妈妈<u>数落</u>了一顿。

(今日は授業に遅刻したので、母にしかられた。)

(106) **正解は❷** "说话水分大 shuǐfèn dà"は「話がおおげさである」。"玄乎 xuánhu"は「（話が）おおげさである、うさんくさい」。"开张 kāi//zhāng"は「（多く商店、レストランが）開業する」。"夸奖 kuājiǎng"は「（人を）ほめる」。"水货 shuǐhuò"は「密輸品、密輸入品」。

他说话<u>水分大</u>，你用不着当真。
(彼の話は大げさだから、あなたは真に受ける必要はない。)

(107) **正解は❹** "随便"は「(1) 好きなようにする、勝手にする (2) 気軽である、適当である、軽率である (3) ～を問わず」、ここでは(3)の意味。"不管"は「～にかかわらず、～を問わず」。"顺便"は「ついでに」。"随意"は「随意に、思うとおりに」。"尽管 jǐnguǎn"は「～だけれども」。
なお、"不管""～にもかかわらず"は、後ろに不確定の条件文を伴い、いかなる条件でも結論や結果は変わらないことを表す。"尽管""～だけれども」は、後ろに確定した事実を伴い、事実を認めた上で、結論は変わらず確定したことを表す。

<u>随便</u>什么歌儿，她一听都就会。
(どんな歌でも、彼女は聞けばすぐ歌える。)

(108) **正解は❹** "提升 tíshēng"、"提拔 tíbá"とも「職位などを上げる、昇進させる、抜擢する」の意味を持っている。"奖励 jiǎnglì"は「奨励する」。"选出 xuǎnchū"は「選出する」。"选拔 xuǎnbá"は「（ある基準に基づいて人材を）選抜する、選び出す」。

经理非常看重他的才能，所以很快就把他越级<u>提升</u>为部长了。
(社長はとても彼の才能を重視しているので、等級を飛び越えて部長に昇格させた。)

(109) **正解は❸** "天晓得 tiān xiǎode"は「神のみぞ知る」。"谁知道"は「誰にも分からない、誰が知るものか」、"谁知道哪儿是哪儿了"（どこがどこだか、誰が知るものか）は反語文である。"破天荒 pòtiānhuāng"は「破天荒である、未曾有である、前代未聞である」。"莫过于 mòguòyú"は「～より大きいものはない、～以上のことはない」。"馊主意 sōuzhǔyi"は「くだらない知恵、下手

な方法」。

天晓得哪儿是哪儿了。
(どこがどこだか、神のみぞ知るだ。)

(110) **正解は❸** "投入 tóurù"は「(1)（労働力や資金などを）投入する　(2)（仕事や演技などに）集中している　(3)（手紙などをポストに）入れる　(4)（活動などに）参加する」、ここでは (2) の意味。"专注 zhuānzhù"は「集中している」。"陷入 xiànrù"は「(1)（不利な状況に）陥る　(2)（物思いに）沈む、落ち込む、ふける」。"入魔 rù//mó"は「やみつきになる、夢中になる」。"投标 tóu//biāo"は「入札する」。
"投入"は自分の意識で精神を集中してやること、"入魔"はあることに魅入られたかのように夢中になることを表し、"她练习的时候十分入魔"とは言わず"她练习的时候十分投入"と言う。また、"她练习得投入了"とは言わず"她练习得入魔了"と言う。

她为了参加民歌比赛，每天练习的时候，都十分投入。
(彼女は民謡のコンクールに参加するため、毎日の練習時に、いつもとても集中している。)

(111) **正解は❹** "退缩 tuìsuō"は「尻込みする」。"退却 tuìquè"は「尻込みする、退却する」。"怯场 qiè//chǎng"は「(本番に) 弱い、(大勢の前で) 上がる」。"退场 tuì//chǎng"は「退場する」。"谢幕 xiè//mù"は「カーテンコール（アンコール）に応える」。
"知难而进"は P.66 参照。

他在困难面前没有退缩，而是知难而进。
(彼は困難を前にして尻込みせず、立ち向かうのだ。)

(112) **正解は❶** "突击 tūjī"は「(1) 突撃する　(2) 突貫作業をする、力を集中して一気に仕事、作業、学習などを仕上げる」。"集中复习"は「集中して復習する」。"临阵磨枪 lín zhèn mó qiāng"は「戦う直前に槍を磨く」、いざという時になってから準備するたとえで、目的語を取れない。"突出重点 tūchū zhòngdiǎn"は「重点を強調する」。"击中要害 jīzhòng yàohài"は「要害に的中させる、急所をつく」。

下个星期期末考试，我得突击一下英语了。

（来週は期末試験だから、英語を集中的に復習しなければならない。）

(113) **正解は❷** "温习 wēnxí"、"复习"とも「復習する」の意味を持っている。"温顺 wēnshùn"は「おとなしい、従順である」。"预习 yùxí"は「予習する」。"啃书 kěn shū"は「書物にかじりつく、読書する」。

很多考生坐进考场以后，还在抓紧时间温习功课。
（多くの受験生は試験場に入った後も、まだ寸時も無駄にせず、受験科目を復習していた。）

(114) **正解は❸** "文雅 wényǎ"は「上品である、みやびやかである」。"有品味 yǒu pǐnwèi"は「品位がある、上品である」。"有雅座 yǎzuò"は「（レストランなどの）特別室がある、座敷がある」。"有资格 zīgé"は「資格がある」。"有雅兴 yǎxìng"は「高尚な趣味がある」。

穿上这件衣服，显得很文雅。
（この服を着ると、とても上品に見える。）

(115) **正解は❷** "文凭 wénpíng"は「(1) 証書 (2) 卒業証書」、現在主に卒業証書を指す。"毕业证 bìyè zhèng"は「卒業証書」。"驾照 jiàzhào"は「運転免許証」。"凭借 píngjiè"は「頼る、依存する」。"凭空 píngkōng"は「根拠もなく、わけもなく、いわれもなく」。

比起文凭，技术更重要，在我的说服下，父母终于同意了我的意见。
（卒業証書より技術のほうがもっと重要だという私の説得によって、両親はやっと私の意見に同意した。）

(116) **正解は❸** "稀薄 xībó"は「（空気などが）薄い」。"密度小"は「密度が低い」。"重量轻"は「重さが軽い」。"湿度大"は「湿度が高い」。"灰尘少 huīchén shǎo"は「埃が少ない」。
"初来乍到 chū lái zhà dào"は「来たばかりだ」。

这里空气稀薄，初来乍到的人很容易病倒。
（ここは空気が薄く、来たばかりの人は病気になりやすい。）

(117) **正解は❷** "现成 xiànchéng"は「既製の、既にある、出来上がっている」。"已有 yǐyǒu"は「既にある」。"现做 xiànzuò"は「その場で作る」。"时髦

shímáo"は「流行している」。"过时 guò//shí"は「流行に遅れている」。

这套房子所有的家具都是现成的，可以省很多事。
(この部屋はすべての家具がもう揃っているので、とても手間が省ける。)

(118) **正解は❹** "响应 xiǎngyìng"は「（呼びかけなどに）共鸣する、賛意を示す、応じる、支持する」。"支持 zhīchí"は「(1) 支える、維持する　(2)（他人の意見、提案、言動などに賛成して）支持する、支援する　(3) サポートする、応援する」。"应手 yìngshǒu"は「使いよい、使いやすい」。"应承 yìngchéng"は「（～することを）承諾する、引き受ける」。"反响 fǎnxiǎng"は「反響、反応」。

这个倡议得到了许多人的响应。
(この提案は多くの人の賛同を得た。)

(119) **正解は❸** "袖珍 xiùzhēn"は「小型の、ポケット型の」。"小巧 xiǎoqiǎo"は「小さくて精巧である」。"珍奇 zhēnqí"は「珍しくて不思議である、貴重である」。"高档 gāodàng"は「高級な」。"优惠 yōuhuì"は「優遇、特恵」。

近年来，袖珍电器产品不断地涌入市场，人们的生活也随之变得越来越丰富多彩了。
(近年小型電器製品が次々と大量に市場に投入され、人々の生活もそれにつれてますます豊富で多彩になってきた。)

(120) **正解は❷** "叙述 xùshù"は「（事の経過、経緯などを順を追って）語る、述べる」。"描述 miáoshù"は「（言葉や文章などで事物を）叙述する、描写する、述べる」。"描写 miáoxiě"は「描写する、描く」。"扫描 sǎomiáo"は「スキャンする」。"阐述 chǎnshù"は「（奥深い道理や理論などを）論述する」。

她向老师叙述了事情发生的经过。
(彼女は先生にトラブルの発生したいきさつを語った。)

(121) **正解は❷** "要不"、"要不然"とも「(1) でなければ　(2) あるいは」。"反过来 fǎnguòlai"は「(1) 反対にする、逆にする　(2) 逆に」。"调个儿 diàogèr"は「物の向きを180度変える」。"想当然 xiǎngdāngrán"は「当然であろうと思い込む」、"掉头 diào//tóu"は「(1) 振り向く、振り返る　(2)（乗り物が）反対方向に向きを変える、Uターンする」。"果不然 guǒburán"は「果たして、案の定」、"调度 diàodù"は「(1)（仕事、物資、車両などを）配置する、割り

振る　(2)（鉄道やバスの）操車係」。"要不得 yàobude"は「（人や事物があまりにもひどくて）受け入れられない、話にならない、いけない、許せない」、"底朝天 dǐcháotiān"は「（箱などを）逆さにする、逆さになる」。

你放反了吧，<u>要不</u>把这两个东西左右<u>反过来</u>试试看，可能就装进去了。
（あなた逆さに入れたでしょう。でなければこの 2 つを試しに左右逆にしてみたら入るでしょう。）

(122) **正解は❸**　"一旦 yídàn"は「(1) わずかな時間　(2)（仮定の条件を提示する）ひとたび、いったん〜すると、もし〜すれば」、ここでは (2) の意味。"如果 rúguǒ"は「もし〜ならば」。"一晃 yíhuàng"は「いつの間にか」、"yìhuǎng"と発音すると「ちらっと（動く、見える）」。"如同 rútóng"は「〜と同じである」。"如今 rújīn"は「いまごろ」。
"水泄不通 shuǐ xiè bù tōng"は「水も漏らさない、ぎっしり詰まっているたとえ」。

名演员在街上<u>一旦</u>被粉丝发现了，就会被围个水泄不通。
（有名な俳優は街でいったんファンに見つかれば、ぎっしり取り囲まれてしまうだろう。）

(123) **正解は❶**　"一刻 yíkè"は「わずかな時間」、ここでは名詞。"一瞬间 yíshùnjiān"は「一瞬の間、瞬く間」。"顿时 dùnshí"は「直ちに」、副詞用法なので動詞の前に置く。"及时 jíshí"は「(1) 適時である　(2) すぐに、直ちに」。"暂时 zànshí"は「一時的に、しばらく」。
"九霄云外 jiǔ xiāo yún wài"は「天空の果て、はるかに遠いところのたとえ」。

在见到他的那<u>一刻</u>，所有的怨言都飞到九霄云外去了。
（彼に会ったその瞬間、すべての不満ははるか彼方へすっかり吹き飛んでしまった。）

(124) **正解は❶**　"依赖 yīlài"は「(1)（自立や自給ができないので、他の人や物に）頼る　(2)（互いに）依存し合う」。"依靠 yīkào"は「(1)（他の人や物、または自分の力に）頼る　(2) 頼り、支え」。"可靠 kěkào"は「(1)（人や言動などが）信頼できる　(2)（事柄が）確実である」。"依次 yīcì"は「順次、順序に従って」。"依偎 yīwēi"は「寄り添う、ぴったりと寄り添う、しがみつく」、例えば"孩子依偎在妈妈的怀里"は「子どもは母親の懐にしがみついている」。

"大错特错 dà cuò tè cuò"は「大きな間違い、とんだ間違い」。

依赖药物来维持健康真是大错特错。
(薬に依存して健康を維持しようなんて、本当にとんだ間違いだ。)

(125) **正解は❷** "影响 yǐngxiǎng"は「影響、影響する、差し支える」。"妨碍 fáng'ài"は「差し支える、支障が出る、妨害する、妨げる」。"阻止 zǔzhǐ"は「阻止する、食い止める」。"碍事 ài//shì"は「邪魔になる」。"障碍 zhàng'ài"は「(1)障害 (2)(視線、交通、通行などを)妨害する、遮る」。

营养学家指出，饮食过度会影响孩子的智力发育。
(栄養学者は過度の飲食は子どもの知的発達に悪い影響を及ぼすと指摘した。)

(126) **正解は❷** "有奔头 yǒu bèntou"は「望みがある、希望がある」。"有出路 yǒu chūlù"は「生きる道がある、前途がある」。"有门路 yǒu ménlu"は「コネがある」。"有来头 yǒu láitou"は「背景がある、わけがある」。"有派头 yǒu pàitóu"は「(1)偉そうに見える (2)貫禄がある (3)風格がある、風采が立派である」。

因为国家对菜农实施了优惠政策，所以菜农觉得在家乡种菜也有奔头了。
(政府が野菜農家に対して優遇政策を実施したので、野菜農家は田舎で野菜を作るのも先行きが明るくなったと思っている。)

(127) **正解は❸** "冤枉钱 yuānwangqián"は「無駄金」。"大头钱 dàtóuqián"は「たくさんの金」。"私房钱 sīfángqián"は「へそくり」。"倒找钱 dàozhǎo qián"は「金を払うべきなのにかえってもらうこと」。"压岁钱 yāsuìqián"は「お年玉」。"五花八门 wǔ huā bā mén"は「(1)(物事が)多種多様である (2)(事物の)変化が予測しにくい、測り知れない」。

许多女孩儿为了保持皮肤细嫩，经常花冤枉钱去买五花八门的化妆品。
(多くの女の子は肌をキメ細かく保つため、よく無駄金を使ってさまざまな化粧品を買う。)

(128) **正解は❹** "造成 zàochéng"は「(多く望ましくない事態を)もたらす、招く」。"导致 dǎozhì"は「(悪い結果を)もたらす、招く」。"以致 yǐzhì"は「そのために〜の結果になる」で、この文は"所以"を用いず、"由于高温天气持续的时间太长，以致扇贝减产。"のように表現できる。"引导 yǐndǎo"は「案内する、

率いる」。"招灾 zhāo//zāi" は「禍を招く」、離合詞なので、目的語を取れない。

由于高温天气持续的时间太长，所以造成了扇贝减产。
（高温気象が長く続いたので、ホタテガイの減産を招いた。）

(129) **正解は❶** "增光 zēng//guāng" は「面目を施す、栄誉を高める」。"长脸 zhǎng//liǎn" は「面目を施す」。"丢脸 diū//liǎn" は「面目を失う」。"变脸 biàn//liǎn" は「(1) 突然怒り出す、がらりと態度を変える、態度が豹変する (2)（川劇の）変面、一瞬にして顔の隈取りを変化させる技」。"翻脸 fān//liǎn" は「突然怒り出す、がらりと態度を変える、態度が豹変する」。

你能拿到这枚（块）金牌，真给我们浙江人增了光。
（君がこの金メダルを獲得できて、本当に我々浙江省の人々の栄誉を高めてくれた。）

(130) **正解は❸** "增加到 zēngjiādào"、"增至 zēngzhì" とも「～に増える、～に達する」。"增值 zēngzhí" は「値上がり、価格が上昇する」。"增长 zēngzhǎng" は「(1) 高まる、伸びる (2) 高める、伸ばす (3) 増加、増大」。"增添 zēngtiān" は「(設備、魅力、勇気、力、面倒などを）増やす、加える」。

中国 60 岁以上的人口已增加到 1 亿 4 千 3 百万人，已经步入了老龄化社会。
（中国では 60 歳以上の人口がすでに 1 億 4300 万人に達し、もう高齢化社会に入っている。）

(131) **正解は❹** "占上风 zhàn shàngfēng"、"占优势 zhàn yōushì" とも「優位に立つ、有利な立場を占める」。"站柜台 zhàn guìtái" は「カウンターに立つ、売り子になる、店員になる」。"立足点 lìzúdiǎn" は「(1)（事物を観察、判断するときの）立場、立脚点 (2)（生存、占有するための）足場、拠点、よりどころ」。"站住脚 zhànzhù jiǎo" は「(1) 立ち止まる (2)（職場などの）足場を固める (3)（理由などが）成り立つ」。

哥白尼提出的日心说占上风以后，天文学的发展进入了全新阶段。
（コペルニクスの唱えた太陽中心説が優位に立った後、天文学の発展はまったく新しい段階に入った。）

(132) **正解は❷** "正巧 zhèngqiǎo" は「(1) ちょうどよい (2) ちょうど、折よく、あいにく」、ここでは副詞で (2) の意味。"刚巧 gāngqiǎo" は「ちょうど」。"巧

合 qiǎohé"は「偶然に一致する」。"乖巧 guāiqiǎo"は「(1) 利口である、賢い (2) 人に好かれる」。"巧遇 qiǎoyù"は「偶然に出会う」。
"无巧不成书"は P.263 参照。

真是无巧不成书啊，在飞机上正巧遇到了昨夜梦见的老同学。
(物語には偶然はつきものと言うが、飛行機でなんと昨夜夢で見た昔の同級生に会ったんだ。)

(133) **正解は❷** "走过场 zǒu guòchǎng"は「うわべを繕う、お茶を濁す、その場限りのいい加減なものである」。"走形式 zǒu xíngshì"は「お茶を濁す、うわべだけ形式を整える」。"走马看花 zǒu mǎ kàn huā"は「大ざっぱに見る」。"走神儿 zǒu//shénr"は「気が散る、ぼんやりする」。"煞风景 shā fēngjǐng"は「景観を損ねる、雰囲気を壊す」、"杀风景"とも書く。

这样的民意调查毫无意义，只是走过场罢了。
(このような世論調査はまったく意味がなく、ただその場限りの形だけのものにすぎない。)

(134) **正解は❸** "坐班 zuò//bān"は「定められた時間どおりに会社に出退勤する」で、"按规定时间上下班"に合致。"坐车上下班"は「バスや電車で出退勤する」。"工作的时候一直坐着"は「仕事中ずっと座っている」。"白领阶层的工薪族 báilǐng jiēcéng de gōngxīnzú"は「ホワイトカラー層のサラリーマン」。ちなみに、"坐班制"は「定められた時間どおりに会社に出勤し勤務する制度」、"弹性 tánxìng 工作制"は「労働者が一定の時間帯の中で勤務時間を決められる勤務体制、フレックスタイム制」。

现在不用坐班的公司越来越多了，所以不一定非得追求离家近。
(いまフレックス勤務の会社がますます増えたので、必ずしも家から近いことを追求しなくても良くなった。)

(135) **正解は❶** "作弊 zuò//bì"は「(試験で) カンニングをする、インチキをする、不正行為をする」、"做手脚 zuò shǒujiǎo"は「インチキをする、不正行為をする」、"做文章 zuò wénzhāng"は「(1) 文章を作る、(2) 取り上げて問題とする、言いがかりをつける」、"作梗 zuògěng"は「邪魔する、妨害する」、"作孽 zuò//niè"は「罰当たりな事をする、罪つくりな事をする」。

学校方面正在调查在考场上作弊的考生。

（学校側は試験場でカンニングをした受験生を調査しているところだ。）

(136) **正解は❹** "百尺竿头，更进一步 bǎi chǐ gān tóu, gèng jìn yí bù"は「百尺の竿頭さらに一歩を進む、すでに高いレベルに達したがそれに満足せずにさらに高い目標に向かって進んでいくこと」。"再接再厉 zài jiē zài lì"は「努力に努力を重ねる、ある良い成績に満足せずにさらに努力する」。"高不成，低不就 gāo bù chéng, dī bú jiù"は「(職業や結婚の選択などで)望んでいるものは手が届かず得られるものは気に入らない、どっちつかずで心が決まらない状態」。"扬长避短"は P.58 参照。"继往开来 jì wǎng kāi lái"は「前人の経験や成果を受け継ぎ将来への道を開く」。

我们虽然已经取得了一定的成绩，但还要百尺竿头，更进一步。
（私たちはすでにある程度の成果を得たけれども、さらに努力して一段高いところを目指さなければならない。）

(137) **正解は❷** "百折不挠 bǎi zhé bù náo"は「どんなに挫折してもくじけない、どんな困難にもめげない」。"不屈不挠 bù qū bù náo"は「どんな困難にも負けない」。"百战百胜 bǎi zhàn bǎi shèng"は「百戦百勝、戦えば必ず勝つ」。"百炼成钢 bǎi liàn chéng gāng"は「長く鍛えて鋼になる、鍛練に鍛練を重ねて立派な人間になるたとえ」。"因噎废食 yīn yē fèi shí"は「食べ物がのどにつかえたのに懲りて食事をしない、失敗を恐れて大切なことをやめてしまうたとえ」。

她以百折不挠的精神刻苦训练，终于实现了太空遨游之梦。
（彼女は不屈の精神で骨身を惜しまず訓練し、ついに宇宙を飛ぶ夢を実現させた。）

(138) **正解は❹** "半路出家 bàn lù chū jiā"は「中年から出家する、中途から職業を変えるたとえ」。"中途改行 zhōngtú gǎiháng"は「中途から職業を変える」。"半途而废 bàn tú ér fèi"は「中途半端、途中でやめる」。"论资排辈 lùn zī pái bèi"は「年功序列」。"科班出身 kēbān chūshēn"は「正式な訓練や教育を受けた人」。

她说，因为自己喜欢这一行，所以决定半路出家。
（彼女はこの職業が好きだから中途からこの道に入ることを決めたと言った。）

(139) **正解は❹**　"半推半就 bàn tuī bàn jiù"は「その気がないようなふりをして実はその気がある、断ると見せかけながら内心では受け入れたい様子」。"一面假意推辞一面接受 yímiàn jiǎyì tuīcí yímiàn jiēshòu"は「断るふりをしながら受け入れる」。"不得已才接受 bùdéyǐ cái jiēshòu"は「やむを得ず受け入れる」。"迫不及待地接受 pò bù jí dài de jiēshòu"は「待っていられないほど急いで受け入れる」。"找借口拒绝 zhǎo jièkǒu jùjué"は「口実を作って拒否する」。

他在朋友的诱惑下，<u>半推半就</u>地玩儿起了毒品的游戏，结果不能自拔。
(彼は友達に誘惑されて、表向きは拒否しながら（渋る素振りを見せながら実は興味津々で）麻薬に手を染め、結局自力で抜け出せなくなった。)

(140) **正解は❶**　"半信半疑 bàn xìn bàn yí"、"将信将疑 jiāng xìn jiāng yí"とも「半信半疑である」。"言而无信 yán ér wú xìn"は「言うことが当てにならない、約束を守らない」。"将计就计 jiāng jì jiù jì"は「相手の計略を逆に相手に施す、相手の計略の裏をかく」。"似懂非懂 sì dǒng fēi dǒng"は「分かったようでもあり分からないようでもある、分かったような分からないような」。

听说有一种仙人掌能长到五、六层楼那么高，可我总是<u>半信半疑</u>的。
(建物の5～6階の高さまで育つサボテンがあるらしいが、私はやはり半信半疑だ。)

(141) **正解は❹**　"包罗万象 bāo luó wàn xiàng"は「（事物の内容が）豊富多彩でありあらゆるものを網羅している、何でも揃っている」。"无所不包 wú suǒ bù bāo"は「すべてを包括している」。"天罗地网 tiān luó dì wǎng"は「（犯人が逃げられないように）四方八方に張りめぐらした包囲網」。"包办代替 bāobàn dàitì"は「本来大勢で協力してすべきことを一人でやってしまい、ほかの人に参加させない」。"五彩缤纷 wǔ cǎi bīn fēn"は「（青、黄、赤、白、黒の）五色にきらめく、色とりどりで美しい」。

这个网上书店要什么书有什么书，真是<u>包罗万象</u>。
(このネット書店には欲しい本は何でも揃っていて、本当にあらゆるものが網羅されている。)

(142) **正解は❶**　"饱食终日 bǎo shí zhōng rì"は「一日中たらふく食うだけで何もしない、無為徒食の日々を過ごすたとえ」。"无所事事 wú suǒ shì shì"は「何もしない、無為に過ごす」。"粗茶淡饭 cū chá dàn fàn"は「粗末な食事、質素な

生活」。"百无聊赖 bǎi wú liáo lài"は「退屈でたまらない」。"无可奈何 wú kě nài hé"は「しかたがない、やむを得ない」。

他拿着祖上留下的遗产，过着饱食终日，与世无争的生活。
(彼は祖先の残した遺産（財産）を使って、無為徒食の日を送り、現実に背を向けた生活をしている。)

(143) **正解は❸** "背道而驰 bèi dào ér chí"は「反対の方向へ向かって進む」。"做法和目标完全相反"は「やり方が目標にまったく反している」。"做法和目标基本上一致"は「やり方と目標が基本的に一致する」。"现在的做法很难达到制定的目标"は「今のやり方ではなかなか定めた目標に到達することが難しい」。"要达到制定的目标，必须改变做法"は「定めた目標に到達するにはやり方を変える必要がある」。

这种做法岂不与改革的目标背道而驰吗？
(このやり方は改革の目標に背を向けているのではなかろうか。)

(144) **正解は❷** "表里如一 biǎo lǐ rú yī"は「言行が一致する、表裏がない」、"言行一致 yán xíng yí zhì"「言行が一致する」と置き換えできる。"有口皆碑 yǒu kǒu jiē bēi"は「すべての人にほめたたえられる」。"言不由衷 yán bù yóu zhōng"は「本心からの言葉ではない、心にもないことを言う」。"一诺千金 yí nuò qiān jīn"は「一諾千金、約束は必ず守る」。

他是一位表里如一值得信赖的好领导。
(彼は裏表のない、信頼できる素晴らしいリーダーです。)

(145) **正解は❸** "别出心裁 bié chū xīn cái"は「独自の構想を打ち出す、新機軸の考えを出す」。"与众不同 yǔ zhòng bù tóng"は「一般のものとは異なる、みんなと違う」。"巧立名目 qiǎo lì míng mù"は「巧妙に名目を立てる、うまい口実を設ける」。"别有用心 bié yǒu yòng xīn"は「他に考えるところがある、下心がある」。"妙趣横生 miào qù héng shēng"は「(言葉、文章、美術品などに)優れた趣があふれている」。

这个公司设计的别出心裁的广告备受瞩目。
(この会社がデザインした新機軸を打ち出した広告は大いに注目されている。)

(146) **正解は❷** "彬彬有礼 bīn bīn yǒu lǐ"は「雅やかで礼儀正しい、上品で礼儀正

しい」。"文质彬彬 wén zhì bīn bīn" は「上品で礼儀正しい」。"体贴入微 tǐ tiē rù wēi" は「心遣いが非常に行き届いている」。"以理服人 yǐ lǐ fú rén" は「道理で人を説得し納得させる」。"鞠躬尽瘁 jū gōng jìn cuì" は「献身的に力を尽くす、全力を挙げて任務を遂行する」。
"温文尔雅 wēn wén ěr yǎ" は「おっとりしている、立ち居振る舞いが上品である」。

我以为"食草男",是指温文尔雅,<u>彬彬有礼</u>的男孩子呢,可朋友说,那可不一定啊。
(穏やかで上品で礼儀正しい男の子が「草食男子」だと思っていたが、そうとは限らないよと、友達は言った。)

(147) **正解は❷**　"勃然大怒 bó rán dà nù" は「顔色を変えて激怒する」。"大发雷霆 dà fā léi tíng" は「激怒する」。"歇斯底里 xiēsīdǐlǐ" は「ヒステリー、ヒステリックである」。"暴殄天物 bào tiǎn tiān wù" は「自然のものを無駄にする、もったいないことをする、もの（特に穀物）を粗末にする」。"大声疾呼 dà shēng jí hū" は「（人々の注意を喚起するために）大声を出して呼びかける」。

丈夫看到妻子花高价买来的首饰后**勃然大怒**，命令妻子立刻退货。
(夫は、妻が買ってきた高額のアクセサリーを見ると激怒して、妻にすぐ返品するよう命令した。)

(148) **正解は❸**　"真相大白 zhēn xiàng dà bái" は「真相が完全に明らかになる」。"事情的真实情况彻底弄清楚了" は「事の真相が徹底的に明らかになった」。"预感的事情成为事实" は「予想したことがそのとおりになる」。"核实事情的真假" は「事の真否を確かめる」。"这件事的结果出人意料" は「この件の結果は予想外だ」。
"不白之冤 bù bái zhī yuān" は「そそぐことのできない冤罪、ぬれぎぬ」。

多年来他蒙受了**不白之冤**，今天终于**真相大白**了。
(長年にわたって彼は無実の罪を着せられたが、今日ようやく真相がすっかり明らかになった。)

(149) **正解は❸**　"不经一事，不长一智 bù jīng yí shì, bù zhǎng yí zhì" は「一つの事を経験しなければその分だけ知識が増えない、経験すればそれだけ知恵がつく」。"吃一堑，长一智 chī yí qiàn, zhǎng yí zhì" は「一度つまずけばそれだけ

賢くなる」。"成事不足，败事有余 chéng shì bù zú, bài shì yǒu yú"は「事を成功させるには力不足だが事を失敗させる能力は充分にある、うまくできない上にさらにぶち壊しにする」。"不怕一万，就怕万一 bú pà yí wàn, jiù pà wàn yī"は「備えあれば憂いなし」。"想一出，是一出 xiǎng yìchū, shì yìchū"は「何かを考え出すとすぐに行動に移す、行動する前によく考えない」。

不经一事，不长一智，要记住这次的教训，以后不要再冒这个险了。
(経験は知恵の母なので、今回の教訓をしっかり胸に刻み今後もう二度とこのような危険を冒してはいけない。)

(150) **正解は❹** "不谋而合 bù móu ér hé"は「(意見や考えが) 期せずして一致する」、"不约而同 bù yuē ér tóng"は「(行動、意見、考えなどが) 期せずして一致する」で、この文では置き換え可能。なお、"不谋而合"は必ずしも同じタイミングで (同じ時に) 考えなどが一致するとは限らないが、"不约而同"は同じタイミングで (同じ時に) 一致することである。"不由分说 bù yóu fēn shuō"は「有無を言わせない」。"不言而喻 bù yán ér yù"は「言うまでもない」。"异口同声 yì kǒu tóng shēng"は「異口同音、口を揃えてみんな同じことを言う」。

我们俩真是不谋而合地想到一块儿去了。
(私たち2人は本当に相談もせずに考えが一致したんだ。)

(151) **正解は❶** "不胜枚举 bú shèng méi jǔ"、"举不胜举 jǔ bú shèng jǔ"とも「枚挙にいとまがない、多くて1つ1つ挙げきれない、(多すぎて) 数えきれない」。"举世无双 jǔ shì wú shuāng"は「天下無双、この世に並ぶものがない」。"纲举目张 gāng jǔ mù zhāng"は「(1) 物事の要点をつかめば全体は解決される (2) 主題をしっかりつかめば文章の筋道が立つ」。"绰绰有余 chuò chuò yǒu yú"は「余裕綽綽、十分余裕がある」。

多少年来，类似这样的例子不胜枚举。
(それまでの何年かの間、これに似た例が数えきれないほどあった。)

(152) **正解は❷** "不识抬举 bù shí tái jǔ"は「人の好意を無にする、恩知らず」。"不知好歹 bù zhī hǎo dǎi"は「善悪や道理をわきまえない、人の好意が分からない」。"没脸没皮 méi liǎn méi pí"は「厚顔無恥、恥知らずである、厚かましい」、"没皮没脸"とも言う。"不知深浅 bù zhī shēnqiǎn"は「程合いを知らな

い、手加減を知らない、節度をわきまえない」。"不识时务 bù shí shíwù"は「時代の流れに疎い、客観情勢を知らない」。
"下不来台 xiàbulái tái"は「（厄介な状況に置かれて）引っ込みがつかない、メンツが立たない」。

她对你完全是一片好心，你不但不领情，反倒让她下不来台，真是<u>不识抬举</u>。
（彼女は君に対して完全に好意的だったのに、君は感謝しないばかりか、逆に彼女を困らせて、本当に人の好意が分からないな。）

(153) **正解は❶** "不以为然 bù yǐ wéi rán"は「そうとは思わない、軽視する、問題にしない」。"满不在乎 mǎn bú zàihu"は「全然気にしない、平気である」。"不了了之 bù liǎo liǎo zhī"は「問題を解決しないまま棚上げにする、終わっていないことをうやむやにしてしまう」。"不厌其烦 bú yàn qí fán"は「面倒がらない」。"粗枝大叶 cū zhī dà yè"は「そそっかしい、大ざっぱである、いいかげんである」。

被蝙蝠咬了以后，必须马上打狂犬病疫苗，不要<u>不以为然</u>。
（コウモリに嚙まれたらすぐに狂犬病ワクチンを注射しなければならない、軽く見てはいけない。）

(154) **正解は❸** "沉不住气 chénbuzhùqì"は「落ち着かない、あわてる、気持ちを抑えることができない」、"稳不住神 wěnbuzhùshén"「落ち着かない、気持ちを安定させられない、気をしずめられない」と置き換えできる。"四平八稳 sì píng bā wěn"は「(1)（物の置かれ方が）非常に安定している　(2)（言葉遣いややり方が）きわめて穏当である、しっかりしている　(3) 平凡で独創性に欠ける」。"十拿九稳 shí ná jiǔ wěn"は「自信がある、見通しが確実である」。"平起平坐 píng qǐ píng zuò"は「（地位、資格、権力が）対等である、対等にふるまう」。

这个店一开始廉价出售电脑，周围的店就<u>沉不住气</u>了，价格一直居高不下的几家连锁店也纷纷开始抛售电脑。
（この店が安値でパソコンを売り出すと、周りの店にも焦りが出て、価格をずっと高止まりさせていた何軒かのチェーン店も次々とパソコンを投げ売りし始めた。）

(155) **正解は❹** "成群结队 chéng qún jié duì"は「群れをなしグループを組む」。

"三五成群 sān wǔ chéng qún"は「三々五々群れをなす」。"车水马龙 chē shuǐ mǎ lóng"は「車は流れる水のように馬は龍のように連なる、車馬の往来が盛んなさま」。"屡次三番 lǚ cì sān fān"は「たびたび、再三再四」。"九牛一毛 jiǔ niú yì máo"は「九牛の一毛、多数のうちのごく少数のたとえ」。

一到夏天，年轻人就<u>成群结队</u>地来到这里玩儿耍。
(夏になると若者が群れをなしてここへ遊びに来るようになる。)

(156) **正解は❸** "初生牛犊不怕虎 chū shēng niúdú bú pà hǔ"は「生まれたばかりの子牛は虎を恐れない、恐れを知らない若者のたとえ」、つまり"比喻年轻人不知道对方的厉害，什么都不怕"「若者が相手の恐ろしさを知らず何物をも恐れないたとえ」。"比喻年轻人不知人上有人，过于骄傲"は「若者が上には上があるということを知らず傲慢すぎるたとえ」。"比喻力大无比，什么都不怕"は「力が強くて比べるものがなく怖いものがないたとえ」。"比喻年轻人不懂礼貌，做事不知深浅"は「若者が礼儀を知らず事に当たって節度をわきまえないたとえ」。

他们到底是年轻人，说干就干，真是<u>初生牛犊不怕虎</u>啊！
(彼らはさすが若者だね、やろうと言ったらすぐに行動するなんて、本当に世間知らずの怖いもの知らずだよな。)

(157) **正解は❶** "大鱼吃小鱼，小鱼吃虾米 dàyú chī xiǎoyú, xiǎoyú chī xiāmǐ"は「大魚は小魚を食い小魚は小エビを食う」、"弱肉强食 ruò ròu qiáng shí"「弱肉強食」と置き換えできる。"两败俱伤 liǎng bài jù shāng"は「争って双方とも倒れになる」。"自相残杀 zì xiāng cán shā"は「仲間同士が殺し合う」。"渔翁得利 yúwēng dé lì"は「漁夫の利」。
"屡见不鲜 lǚ jiàn bù xiān"は「(よくあることで) 珍しくもない」。

在竞争社会里，像这样的<u>大鱼吃小鱼，小鱼吃虾米</u>的事例屡见不鲜。
(競争社会では、このような弱肉強食の事例はよく見かけられて珍しいことではない。)

(158) **正解は❸** "戴着有色眼镜看人 dàizhe yǒusè yǎnjìng kàn rén"は「人を色眼鏡で見る、先入観を持って人を見る、人や事物に対して偏見を抱いているたとえ」。"先入为主 xiān rù wéi zhǔ"は「先入観にとらわれる」。"先发制人 xiān fā zhì rén"は「先んずれば人を制す、先手を打つ」。"有言在先 yǒu yán zài

xiān" は「あらかじめ言っておく、先に言明する」。"先天不足 xiāntiān bù zú" は「先天的に虚弱である、物事の基礎がしっかりしていない」。

最忌讳的就是戴着有色眼镜看人，不能客观地评价人。
(一番してはいけないのは色眼鏡で人を見て、客観的に人を評価できないことだ。)

(159) **正解は❶** "事后诸葛亮 shìhòu Zhūgě Liàng" は「下種の後知恵、事が終わった後にようやく名案を出すこと」。"放马后炮 fàng mǎhòupào" は「後の祭り」、このほかに意味の近い言葉には"雨后送伞 yǔ hòu sòng sǎn"（後の祭りである）がある。"先斩后奏 xiān zhǎn hòu zòu" は「犯人を先に処刑してそれから奏上する、事を処理した後で報告するたとえ」。"先来后到 xiān lái hòu dào" は「先着順」。"三顾茅庐 sān gù máo lú" は「三顧の礼をとる」、礼を尽くすことのたとえ、劉備が諸葛孔明の茅屋に三度足を運び彼を軍師に招いたことから。

当事后诸葛亮有什么用，你现在才说那天应该买股票，已经来不及了。
(過ぎた後になってから偉そうなことを言って何になる、いまさらあの日株を買うべきだったと言ってももう間に合わないよ。)

(160) **正解は❶** "点头之交 diǎn tóu zhī jiāo" は「会えば会釈し合う程度の知り合い」。"一面之交 yí miàn zhī jiāo" は「一面識、ちょっとした面識がある」。"一面之词 yí miàn zhī cí" は「一方だけの言い分」。"面面相觑 miàn miàn xiāng qù" は「(判断がつかず) 互いに顔を見合わせて黙っている、ただ顔を見合わすばかりである」。"莫逆之交 mò nì zhī jiāo" は「莫逆の友、気心のよく分かった友、きわめて親密な間柄」。

我和他只是**点头之交**，并不了解他。
(私と彼はただ顔見知りなだけで、彼のことをよく知っているわけではない。)

(161) **正解は❷** "丢了西瓜捡芝麻 diūle xīguā jiǎn zhīma" は「スイカをなくしてゴマを拾う、損得が引き合わないたとえ」。"得不偿失 dé bù cháng shī" は「得るものより失うもののほうが多い、損得が引き合わない」。"藕断丝连 ǒu duàn sī lián" は「蓮根は切っても糸はつながっている、(多く男女が) 別れたのになお未練があるたとえ」。"得过且过 dé guò qiě guò" は「いいかげんに日を送る、事なかれ主義である、その場しのぎをする」。"丢三落四 diū sān là sì" は「物忘れがひどい、忘れっぽい、そそっかしい」。
"因小失大 yīn xiǎo shī dà" は「小さな利益のために大きな損害を招く」。

你不要因小失大，做那些丢了西瓜捡芝麻的蠢事。
（小さいことのために大事をしくじってはならない。スイカをなくしゴマを拾うような馬鹿ことをしないように。）

(162) **正解は❶** "东山再起 dōng shān zài qǐ" は「再起する、巻き返す」。"重整旗鼓 chóng zhěng qí gǔ" は「（失敗や敗北の後）新たに態勢を立て直す」。"穿山越岭 chuān shān yuè lǐng" は「山をつっきり峰を越える」。"乘虚而入 chéng xū ér rù" は「虚に乗じて入り込む」。"日薄西山 rì bó xī shān" は「日が西の山に沈もうとしている、瀕死の状態のたとえ」。
"迎头赶上 yíngtóu gǎnshàng" は「懸命に頑張って先頭に追いつく」。

虽然这次失败了，但是我们可以东山再起，迎头赶上。
（今回は失敗したけれども、再起して相手に追いつくことができる。）

(163) **正解は❷** "东张西望 dōng zhāng xī wàng" は「あっちを見たりこっちをのぞいたりする、あたりをきょろきょろ見回す、落ち着かない様子でまわりを見まわすさま」。"左顾右盼 zuǒ gù yòu pàn" は「(1)（人を捜そうとして）左を見たり右を見たりする、あたりをきょろきょろ見回す、あっちを見たりこっちをのぞいたりする (2) 周囲を気にして決断できない、右顧左眄する」、ここでは (1) の意味で合致。"东拉西扯 dōng lā xī chě" は「とりとめなく話す、筋の通らない話をする、口から出任せにしゃべる、話・文章に中心がないさま」。"东倒西歪 dōng dǎo xī wāi" は「（物が）傾いたり倒れたりしているさま、ふらふらよろめくさま」。"左右逢源 zuǒ yòu féng yuán" は「どこからでも水源を得る、万事順調に運ぶたとえ」。
"检票口 jiǎnpiàokǒu" は「改札口」、「剪票口」とも書く。

他在检票口东张西望的，好像在找什么人似的。
（彼は改札口であたりを見回している、誰かを探しているようだ。）

(164) **正解は❹** "顿开茅塞 dùn kāi máo sè" は「目からうろこが落ちる、突然理解する、はっと悟る」、"茅塞顿开" とも言う。"恍然大悟 huǎng rán dà wù" は「はっと悟る」。"大惑不解 dà huò bù jiě" は「まったく理解に苦しむ」。"执迷不悟 zhí mí bú wù" は「過ちに固執して悟らない」。"一清二白 yì qīng èr bái" は「非常にはっきりしている、潔白である」。

听了老师这一番话，我顿开茅塞。

（先生の話を聞いたら、一気に疑問が解けた。）

(165) **正解は❶** "发生口角 fāshēng kǒujué"、"拌嘴 bàn//zuǐ"とも「口喧嘩をする、口論する」。"口误 kǒuwù"は「(1) 読み間違える、言い間違える (2) 読み間違い、言い間違い」。"口舌 kǒushé"は「(1) 口数、言葉 (2) 言い争い、いざこざ」。"亲嘴 qīn//zuǐ"は「キスする」。

从打结婚那天起，两个人就不断发生口角，现在已经发展到了不可收拾的地步。
（結婚したその日から２人は絶えず口論し、今ではすでに収拾のつかない事態にまで発展している。）

(166) **正解は❷** "改邪归正 gǎi xié guī zhèng"は「足を洗って正道に立ち戻る」。"洗手不干 xǐ shǒu bú gàn"は「悪事をやめる、足を洗う」。"痛心疾首 tòng xīn jí shǒu"は「ひどく憎む」。"自惭形秽 zì cán xíng huì"は「他人に及ばないのを恥じる、引け目を感じる」。"名正言顺 míng zhèng yán shùn"は「名分が正しく道理も通る」。
"浪子回头金不换"は「放蕩息子の改心は金に換え難い、放蕩息子が悔い改めて立ち直るのは極めてありがたいこと」。

浪子回头金不换嘛，只要他改邪归正，就应该给他重新做人的机会。
（「放蕩息子の改心は金にも換えられない」じゃないか。足を洗いさえすれば、彼に再出発するチャンスを与えるべきだ。）

(167) **正解は❹** "干打雷，不下雨 gān dǎléi, bú xiàyǔ"は「雷が鳴るばかりで雨が降らない、言うばかりで行動しないたとえ」。"雷声大，雨点小 léishēng dà, yǔdiǎn xiǎo"は「雷鳴は激しいが雨はわずか、掛け声ばかりで行動しないたとえ」。"听风就是雨 tīng fēng jiù shì yǔ"は「風の音が聞こえるとすぐに雨が降ると決めてかかる、ちょっと噂を聞いただけですぐ本当だと信じる」。"山雨欲来风满楼 shānyǔ yù lái fēng mǎn lóu"は「山雨来たらんと欲して風楼に満つ、大変な事が起こる前の形勢が穏やかでない状態のこと」。"无风不起浪 wú fēng bù qǐ làng"は「風なければ波立たない、火のないところに煙は立たない、事が起こるには原因があるたとえ」。

他总是计划做得不错，就是干打雷，不下雨。
（彼はいつも計画はしっかり立てるが、ただ言うばかりで実行が伴わない。）

(168) **正解は❷** "功夫不负有心人 gōngfu bú fù yǒuxīnrén"は「天は志のあるを裏切らない、努力さえすれば必ず成功する」。"有心人"は「志を持って努力する人」で、"皇天 huángtiān 不负有心人"とも言う。"功到自然成 gōng dào zìrán chéng"「なすべきことをなせば自然に成功する、努力さえすれば必ず成功する」と置き換えできる。"天时地利人和 tiānshí dìlì rénhé"は「天の時・地の利・人の和、気候条件・地理環境・人心の向背」。"五十步笑百步 wǔshí bù xiào bǎi bù"は「五十歩百歩」。"报喜不报忧 bàoxǐ bú bàoyōu"は「喜ばしいことだけを伝え不都合なことは伝えない、良い成果だけを知らせ悪い結果を知らせない」。

不要灰心，我们要坚信功夫不负有心人。
（落ち込まないで、努力しさえすれば必ず成功すると堅く信じなければならない。）

(169) **正解は❶** "顾名思义 gù míng sī yì"は「名を見ればその意味や内容が分かる、文字どおり」、つまり"从名称联想到它的意义"「名称からその意味の見当がつく」。"从文章中了解它的真正含义"は「文章からその本当の意味を理解する」。"从名称可以知道它的作用"は「名称からその役割を知ることができる」。"从字里行间可以发现它的错误"は「文章の行間からその間違いを見つけられる」。

人造美女，顾名思义，就是经过美容整形的美女。
（整形美人というのは、文字どおり整形手術をした美人です。）

(170) **正解は❸** "海市蜃楼 hǎi shì shèn lóu"は「(1) 蜃気楼 (2) 実際に存在しない幻のような事柄のたとえ」。"空中楼阁 kōng zhōng lóu gé"は「空中の楼閣、絵空事、架空の物事、根拠のない空想」。"空空如也 kōng kōng rú yě"は「空っぽで何もない」。"空空洞洞 kōng kōng dòng dòng"は「(文章や言葉に) 内容がない、中身がない」。"浮光掠影 fú guāng lüè yǐng"は「水面に映る光とかすめる影、印象が浅いたとえ」。
"虚无缥缈"は P.262 参照。

这简直是虚无缥缈的幻想，犹如海市蜃楼。
（これはまったく雲をつかむような幻想であり、まるで蜃気楼みたいだ。）

(171) **正解は❷** "和颜悦色 hé yán yuè sè"は「にこやかでやさしい顔つき」。"和

蔼可亲 hé ǎi kě qīn"は「穏やかで親しみやすい、愛想がよい」。"面红耳赤 miàn hóng ěr chì"は「(怒りや羞恥で)顔や耳が赤くなる、顔や耳を赤くする」。"横眉立目 héng méi lì mù"は「眉をつり上げ目角を立てる、恐ろしい顔つきのさま」、"横眉立眼"、"横眉怒目"とも言う。"喜形于色 xǐ xíng yú sè"は「喜びが顔に出る」。

大家都很喜欢这个向来<u>和颜悦色</u>的科长，与他共事令人感到愉快。
(みんないつもニコニコして愛想のよい課長が大好きで、彼と一緒に仕事をするのはとても楽しいことだ。)

(172) **正解は❶**　"横挑鼻子竖挑眼 héng tiāo bízi shù tiāo yǎn"は「一生懸命あら捜しをする」。"求全责备 qiú quán zé bèi"は「完璧を求める、少しの欠点も許さない」。"没事找事 méi shì zhǎo shì"は「何事もないのにもめごとを起こす、平地に波を立てる」。"眉开眼笑 méi kāi yǎn xiào"は「ニコニコうれしそうな顔をする、相好を崩す、喜びがあふれるさま」。"目瞪口呆 mù dèng kǒu dāi"は「目をむき口をぽかんと開ける、呆然とするさま」。

尽管有人对智能手机<u>横挑鼻子竖挑眼</u>，但它还是受到了广大消费者的青睐。
(スマートフォンのあら捜しをする人がいるが、それにしても相変わらず多くの消費者に歓迎されている。)

(173) **正解は❷**　"虎头蛇尾 hǔ tóu shé wěi"は「竜頭蛇尾、勢いよく開始したが尻すぼみに終ること」。"有头无尾 yǒu tóu wú wěi"は「始めがあって終わりがない、中途半端である」。"虎视眈眈 hǔ shì dān dān"は「虎視眈々、機会をねらって様子を窺っているさま」。"有头有脑 yǒu tóu yǒu nǎo"は「(1)判断力もあり、きちんと処理する能力もある　(2)地位が高く権限を持っている」。"彻头彻尾 chè tóu chè wěi"は「徹頭徹尾、初めから終わりまで、とことん、徹底的に」。

既然来帮忙，就帮到底吧，不要<u>虎头蛇尾</u>。
(手伝いに来たなら、最後までやってくださいよ。尻切れトンボで終わらせないでください。)

(174) **正解は❹**　"换汤不换药 huàn tāng bú huàn yào"は「煎薬の湯だけを換えて薬を換えない、中身は変えず形式だけを変えるたとえ」。"穿新鞋走老路 chuān xīnxié zǒu lǎolù"は「新しい靴を履いてこれまでと同じ道を歩く、中身は変

えず形式だけを変えるたとえ」。"万变不离其宗 wàn biàn bù lí qí zōng" は「形がどんなに変化しても本質は変わらない」。"挂羊头卖狗肉 guà yángtóu mài gǒuròu" は「羊頭狗肉、見かけは立派でも中身が伴わないたとえ」。"拉大旗作虎皮 lā dàqí zuò hǔpí" は「立派な看板を掲げて人を脅かしたり騙したりする」。

"司空见惯 sī kōng jiàn guàn" は「見慣れて珍しく感じない、よくあることで珍しくない」、"司空" は古代の土木建築をつかさどる官名。

对这种<u>换汤不换药</u>的做法，我们早已<u>司空见惯</u>了。
(本質はそのままで形式だけを変えるやり方に対し、私たちはとっくに慣れてしまっている。)

(175) **正解は❷**　"价值连城 jià zhí lián chéng" は「その価値がいくつもの城に値する、きわめて価値が高いこと」。"无价之宝 wú jià zhī bǎo" は「値段のつけられないほどの宝物、きわめて高価なもの」。"货真价实 huò zhēn jià shí" は「品物も信用でき値段も適切である、正真正銘である」。"一钱不值 yì qián bù zhí" は「二束三文、一文の価値もない」。"如获至宝 rú huò zhì bǎo" は「(得たものはさほど貴重ではないのに) まるで珍しい宝物を手に入れたかのようである」。

这是件唐朝的出土文物，无疑是<u>价值连城</u>的珍宝。
(これは唐の時代の出土文物で、きわめて価値の高い宝物であることは間違いない。)

(176) **正解は❷**　"见机行事 jiàn jī xíng shì" は「機を見計らって行動をとる」。"随机应变 suí jī yìng biàn" は「臨機応変、状況の変化に応じて適切な処理を施すこと」。"当机立断 dāng jī lì duàn" は「機を逃さず即断する」。"坐失良机 zuò shī liáng jī" は「みすみす良い機会を逸する」。"优柔寡断 yōu róu guǎ duàn" は「優柔不断、決断力に乏しい」。
"扭亏为盈 niǔ kuī wéi yíng" は「赤字を黒字に転換する」。

这个夕阳产业公司<u>见机行事</u>，转向生产智能手机零件，仅用了一年的时间，就使得公司扭亏为盈了。
(この斜陽産業の会社は新しい状況（情勢）に順応し、スマートフォン部品の生産へ転換したので、わずか1年で赤字を黒字に転換させた。)

(177) **正解は❶** "节骨眼 jiēguyǎn"は「肝心な時、瀬戸際」。"关键时刻 guānjiàn shíkè"は「肝心な時、正念場」。"正式场合 zhèngshì chǎnghé"は「正式の場所」。"抓紧时间 zhuājǐn shíjiān"は「時間を無駄にしない、時間を切り詰める」。"千钧一发 qiān jūn yí fà"は「危機一髪」、"一发千钧"とも言う。
"打退堂鼓 dǎ tuìtánggǔ"は「退庁の太鼓を打つ、途中でやめることのたとえ」。

在这节骨眼上，他却打起了退堂鼓。
(肝心な時に彼は逆に逃げようとした。)

(178) **正解は❷** "结下了不解之缘 jiéxiàle bù jiě zhī yuán"は「解けない縁を結んだ」。"建立了不可分割的关系 jiànlìle bùkě fēngē de guānxi"は「切り離すことのできない関係を結んだ」。"建立了密切的关系 jiànlìle mìqiè de guānxi"は「密接な関係を築き上げた」。"培养了深厚的感情 péiyǎngle shēnhòu de gǎnqíng"は「深い親しみの感情を育てる」。"有缘千里来相会 yǒuyuán qiānlǐ lái xiānghuì"は「縁があればどんなに遠く離れてもめぐり会う、縁があればどんなに遠く離れても出会うことができる」。

她可能从出生的那天起，就和芭蕾舞结下了不解之缘。
(彼女は生まれたその日からすでにバレエと切れない縁で結ばれていたのだろう。)

(179) **正解は❶** "借题发挥 jiè tí fā huī"は「(1) 他の話題や事柄を借りて自分の真意、見解を示す　(2) 事に寄せて不満や言いたい放題を言う」。"小题大做 xiǎo tí dà zuò"は「小さなことを大げさにする」。"离题万里 lí tí wàn lǐ"は「本題から遠く離れる」。"岂有此理 qǐ yǒu cǐ lǐ"は「(理不尽なことや道理に合わない話に対して怒りや不満を表す言葉である) とんでもない、そんな無茶な、けしからん、そんな馬鹿なことがあるか」。"好借好还 hǎo jiè hǎo huán"は「借りたものをちゃんと返す、用が済めば借りたものをすぐに返す」。
"狼狈不堪 láng bèi bù kān"は「ひどくうろたえる、せっぱ詰まってどうしてよいか分からないさま」。

本来只是一个元件的问题，竞争对手却借题发挥，弄得公司狼狈不堪。
(もともとただ1部品の問題だったが、ライバルはそれにつけ込み言いたい放題を言って、会社を大変困らせた。)

(180) **正解は❶** "进退两难 jìn tuì liǎng nán"は「進退きわまる、ジレンマに陥る」。

"骑虎难下 qí hǔ nán xià"は「騎虎の勢い、虎に乗ったらなかなか降りられない、乗りかかった船、中途でやめたくてもやめられないたとえ」。"自相矛盾 zì xiāng máo dùn"は「自己矛盾する、とんちんかんである、ちぐはぐである」。"回头是岸 huí tóu shì àn"は「罪人も改心しさえすれば救われる」。"内外交困 nèiwài jiāokùn"は「内政、外交ともに苦境に立つ」。

对公司来说，目前已陷入进退两难的窘境，必须尽快摆脱这种局面。
（会社について言えば、現在すでに進退きわまった苦境に陥っており、できるだけ早くこのような状態から抜け出さなければならない。）

(181) **正解は❶**　"举手之劳 jǔ shǒu zhī láo"は「手を挙げるほどのわずかな骨折り」。"易如反掌 yì rú fǎn zhǎng"は「手のひらを返すように容易である、非常にたやすくできるたとえ」。"轻举妄动 qīng jǔ wàng dòng"は「軽挙盲動する、軽率に行動する」。"轻手轻脚 qīng shǒu qīng jiǎo"は「音を立てないようにこっそりとするさま」。"寥寥无几 liáo liáo wú jǐ"は「数えるほどしかない、ほんのいくらもない」。

诸如此类举手之劳的小事，还是不要由别人来代办为好。
（このようなわずかばかりのことなら、やはり他人に代行してもらわないほうがよい。）

(182) **正解は❷**　"良药苦口 liáng yào kǔ kǒu"は「良い薬は口に苦し、忠告の言葉は耳障りであるたとえ」。"忠言逆耳 zhōng yán nì ěr"は「戒めの言葉は耳に痛く、聞き入れがたい」。"良药苦口利于病，忠言逆耳利于行"（良薬は口に苦いが病気にはよく、忠言は耳に痛いが行いのためになる）という諺がある。"苦口婆心 kǔ kǒu pó xīn"は「老婆心から口を酸っぱくする、ていねいに辛抱強く忠告する」。"灵丹妙药 líng dān miào yào"は「万能の妙薬、どんな問題も解決できる妙策のたとえ」。"良师益友 liáng shī yì yǒu"は「よき師よき友」。

虽然我懂得良药苦口的道理，但是听了这样的话还是感到很不舒服。
（良薬は口に苦しという道理を分かっているが、こんな話を聞くとやはり不愉快な感じがするよ。）

(183) **正解は❷**　"理所当然 lǐ suǒ dāng rán"は「当然である」。"天经地义 tiān jīng dì yì"は「当然の道理である」。"理直气壮 lǐ zhí qì zhuàng"は「理が通って

いるので正々堂々としているさま」。"责无旁贷 zé wú páng dài"は「自分の負うべき責任は他人に押し付けられない」。"恰如其分 qià rú qí fèn"は「ちょうど適当である、ほどよい」。

你酒后驾车被罚了款，这不是<u>理所当然</u>的吗？ 有什么可委屈的呢？
(君が飲酒運転で罰金を取られたのは、当り前のことじゃないか。何か不平不満があるのか。)

(184) **正解は❸**　"能言善辩 néng yán shàn biàn"は「弁舌が立つ、口が達者である」、"能说会道 néng shuō huì dào"「話が上手である、話がうまい、口が達者である」と置き換えできる。"能说会道"は貶す意味でも用いられる。"集思广益 jí sī guǎng yì"は「広範囲に多くの人の意見、知恵を寄せ集める」。"有口难言"は「言いたくても口に出せない、人に言えない苦しみのたとえ」。"笨口拙舌 bèn kǒu zhuō shé"は「口べた」。
"出头露面 chū tóu lòu miàn"は「人前に現れる、人前に顔を出す、表に立つ」。

她不那么<u>能言善辩</u>，所以不愿意出头露面。
(彼女はあまり弁舌が立つほうではないので、人前に出たがらない。)

(185) **正解は❸**　"千方百计 qiān fāng bǎi jì"は「あらゆる方法を尽くす」。"想方设法 xiǎng fāng shè fǎ"は「いろいろと方法を考える」。"千丝万缕 qiān sī wàn lǚ"は「数多くの糸、事柄や関係が複雑でこんがらがっているさま」。"假公济私 jiǎ gōng jì sī"は「公事の名を借りて私腹を肥やす」。"无穷无尽 wú qióng wú jìn"は「無尽蔵である」。

他们哥仨为了办公司，<u>千方百计</u>弄钱筹款。
(彼ら兄弟3人は会社を作るために八方手を尽くして資金を集めている。)

(186) **正解は❹**　"前所未有 qián suǒ wèi yǒu"は「未曾有である、空前である」。"历史上从来没有发生过"は「これまで生じたことがない」。"世界上只有一个，不可能再有第二个"は「世の中にただ1つだけがあって、2つめはない」。"过去没有过，将来也不会有"は「過去にはなく将来もないはずだ」。"以前有过，现在没有了"は「以前あったが、今はなくなった」。

各种迹象无不表明，中国目前正在兴起一个<u>前所未有</u>的购房热潮。
(いろいろな兆しの中で、中国でいま未曾有の住宅購入ブームが起こっていることを示していないものはない。)

(187) 正解は❶ "情不自禁 qíng bú zì jīn"は「思わず」。"不由自主 bù yóu zì zhǔ"は「思わず、知らず知らず」。"喜出望外 xǐ chū wàng wài"は「思いがけないことで大喜びする、望外の喜び」。"无缘无故 wú yuán wú gù"は「何の理由もなく」。"心甘情愿 xīn gān qíng yuàn"は「心から願う」。"哑然失笑 yǎrán shīxiào"は「思わず吹き出す」。

听着听着她情不自禁地哑然失笑，说了句，"荒唐"。
（聞いているうちに彼女は思わず声を立てて笑い、一言「でたらめだ」と言った。）

(188) 正解は❷ "情绪低落 qíngxù dīluò"、"情绪消沉 qíngxù xiāochén"とも「意気消沈する、落ち込んでいる」。"闲情逸致 xián qíng yì zhì"は「のんびりした気持ち」。"情绪波动 qíngxù bōdòng"は「気持ちが落ち着かない」、"情绪"は「気分」。"心神不定 xīnshén bú dìng"は「心が落ち着かない」。"谈笑风生 tán xiào fēng shēng"は「話に花が咲くさま、和やかに談笑するさま、話が大いに盛り上がるさま」。

平常她总是谈笑风生，可今天好像情绪低落，几乎没听到她的声音。
（普段彼女はいつも愉快に談笑しているが、今日は元気がなさそうで、ほとんど彼女の声が聞こえなかった。）

(189) 正解は❶ "热锅上的蚂蚁 règuōshang de mǎyǐ"は「熱い鍋の上のアリ、焦って居ても立ってもいられないさま」。"火烧眉毛 huǒ shāo méi máo"は「焦眉の急、非常に急迫するたとえ」、多く補語、目的語、述語、連体修飾語に用いる。"燃眉之急 rán méi zhī jí"は「焦眉の急、緊迫した状態のたとえ」、多く目的語、述語に用いられる。"趁火打劫 chèn huǒ dǎ jié"は「火事場泥棒」。"迫在眉睫 pò zài méi jié"は「焦眉の急になっている、目の前に迫っている」、多く述語、連体修飾語に用いられる。ここでは補語なので、"火烧眉毛"が正解。

她急得像热锅上的蚂蚁一样，快帮帮她吧。
（彼女は熱い鍋の上のアリのように焦っているので、早く助けてあげてください。）

(190) 正解は❸ "如虎添翼 rú hǔ tiān yì"は「虎に翼が付く、鬼に金棒、強いものが助けを得てより強力になるたとえ」。"如鱼得水 rú yú dé shuǐ"は「水を得た魚、自分に適した環境が得られ思う存分に活動できることのたとえ」。"如

愿以偿 rú yuàn yǐ cháng" は「願いがかなえられる、願いどおりに希望を実現する」。"如意算盘 rú yì suàn pán" は「虫のいい計画、自分勝手な計算、皮算用」。"虎背熊腰 hǔ bèi xióng yāo" は「虎の背に熊の腰、たくましいさま」。

你要是再把汉语学好的话，那可真是<u>如虎添翼</u>。
(もし君がさらに中国語をマスターしたら、それは本当に鬼に金棒だね。)

(191) **正解は❶**　"伤和气 shāng héqi" は「仲違いする、感情を損なう」。"伤感情 shāng gǎnqíng" は「仲違いする、感情を害する、心を傷つける」。"伤自尊心 shāng zìzūnxīn" は「自尊心を傷つける」。"失去理智 shīqù lǐzhì" は「理性を失う」。"破坏气氛 pòhuài qìfēn" は「雰囲気を壊す」。

大家好说好商量吧，千万不要为这么点小事伤了和气。
(皆さん、よく話し合ってよく相談してください、決してこんな些細なことで仲違いしてはいけません。)

(192) **正解は❹**　"守株待兔 shǒu zhū dài tù" は「株の番をしてウサギを待つ、努力せず幸運がやって来るのを期待するたとえ、棚からぼた餅を待つ」、つまり "不努力，想侥幸 jiǎoxìng 得到意外的收获"「努力せず運よく意外な収穫を得ようと期待する」。"兔死狐悲 tù sǐ hú bēi" は「兔が死ぬと狐が悲しむ、同類相哀れむ、明日は我が身」。"坐吃山空 zuò chī shān kōng" は「座して食らえば山も空し、消費だけで生産しなければたとえ山ほどの財産があってもなくなってしまうたとえ」。"顺手牵羊 shùn shǒu qiān yáng" は「ついでに羊を連れ去る、ついでに他人の物を持ち去るたとえ」。

你是搞销售的，怎么能坐在公司里<u>守株待兔</u>，等着客户找上门来呢？
(君は営業マンなんだぞ。会社に座ったまま自ら努力もせずお客様がいらっしゃるのを待つなんて、どうしてそんなことができるんだ。)

(193) **正解は❷**　"铁石心肠 tiě shí xīn cháng" は「鉄石のような心、きわめて冷酷な人」、つまり "冷血动物 lěng xuè dòng wù"「冷酷な人間、冷たい人間、血も涙もない人間」。"意志坚强的人" は「意志の強い人」。"没心没肺的人" は「深く考えない人」。"头脑顽固的人" は「頑固な人」。
"菩萨心肠 pú sà xīn cháng" は「菩薩の心、やさしい心」。

人们常用"<u>铁石心肠</u>"来形容心狠的人，用"菩萨心肠"来形容心地善良的人。
(人々はよく"铁石心肠"で心の冷酷な人を形容し、"菩萨心肠"で心の優し

い人を形容する。)

(194) **正解は❷** "同舟共济 tóng zhōu gòng jì"は「同じ船で川を渡る、困難を共に克服する、困難に際して同じ立場に置かれた者が力を合わせ助け合うたとえ」。"吴越同舟 wú yuè tóng zhōu"は「呉越同舟、敵味方が共通の困難や利害に対して力を合わせて難関を切り抜けるべきことのたとえ」。"刻舟求剑 kè zhōu qiú jiàn"は「剣を落として舟を刻む、旧来のやり方にこだわって状況の変化を考えないたとえ」。"逢场作戏 féng chǎng zuò xì"は「(1) 気まぐれな遊びをする　(2) その場限りの間に合わせでお茶を濁す」。"全力以赴 quán lì yǐ fù"は「全力を尽くす」。

过去我们虽然是竞争对手，可是为了应对当前的金融危机，我们只能同舟共济，共渡难关。
(過去私たちはライバルだったが、当面の金融危機に対処するため、助け合って共に難関を乗り越えるしかない。)

(195) **正解は❹** "眼皮底下 yǎnpídǐxià"は「目の前、そば」。"眼前 yǎnqián"は「(1)（空間的な）目の前、目のあたり　(2)（時間的な）当面、現在」、ここでは (1) の意味で合致。"转弯 zhuǎn//wān"は「(1) 角を曲がる　(2)（考えや気分などを）変える」。"转身 zhuǎn//shēn"は「(1) 体の向きを変える　(2)（時間の短いことのたとえとして）あっという間に」。"转眼 zhuǎnyǎn"は「あっという間に」。
"胆大包天 dǎn dà bāo tiān"は「肝っ玉は天よりも大きい、（多く悪いことをする場合に）非常に大胆である」。

犯人竟敢在警察的眼皮底下干坏事儿，真是胆大包天。
(あえて警察の目の前で悪い事をするとは、本当に大胆不敵だ。)

STEP 3
作文(日文中訳)問題
85問

　日本語の文章を中国語に翻訳する問題です。文法力、語彙力ともに問われます。正解文は当然多く存在するはずですから、解説にはできる限り多様な訳文を取り上げました。また幅広い分野の語彙に触れるために、様々な分野の話題を取り上げました。　　　　　　　　　　(解答 P.155)

解説文中の記号
■ A／B：AまたはBの語句を用いる
　① "A／B"："A"または"B"の語句を用いる。
　② "……[A／B]……"：
　　　文の中の[　]で区切られた部分内で、AまたはBの語句を用いる。
■ (　)：(　)内の文字は省略可能

次の日本語を中国語に訳しなさい。（標点符号も忘れないように。）

(1) 人の寿命は親からの遺伝や医療条件によってもちろん決まるが、それだけではなく、それぞれの生活習慣、例えば喫煙、運動、睡眠などの状況も健康や長寿に関係のある重要な要素である。

(2) 私の住んでいる団地には、全部で6棟のマンションがあり、各棟それぞれにエレベーターが2基ある。そのうちの1基は1階から20階までの各階に止まり、もう1基は21階から35階までの各階に止まる。私は20階に住んでいるので、人が多い時、しばしばまず先に21階まで一度上がり、それから階段で20階へ下りる。こうすれば早く家に着けるのだ。

(3) 彼女の話が終わった途端、誰かが「あっ」と叫び、またたく間に会場全体が静まり返った。

(4) 双方が傲慢な態度を捨てれば、私たちは合意に達することができるかもしれない。しかし互いに譲ろうとしないなら、おそらく物別れに終わるほかないだろう。

(5) 我々は既に最大の努力をした。買い手が納得しない以上、今回の取引はとりやめるしかない。

(6) 警察は事故発生時のすべての目撃者に証言を提供するように要求した。私もちょうど現場に居合わせたので、見たことをすべて警察に説明した。

(7) 長生きしたかったら、がつがつ食べる癖を直し、よく噛んでゆっくり食べる良い習慣を身に付けないとだめだ。

(8) 高層マンションで生活するのは快適だが、住民同士の付き合いはますます少なくなり、隣人はまるで見知らぬ赤の他人のようになってしまった。

(9) 彼女は合格通知書を受け取った時、跳び上がりそうなほど喜んだ。試験が終わった後、ずっとびくびくしながら知らせを待っていた彼女はやっとほっとした。

(10) ——このあいだ本屋で王さんに会ったよ。王さん、夏休みに実家に帰らないなら黄山へ一緒に旅行しようよって言ってたよ。
——私にも2、3回言ってたな。会うたびに同じこと言ってるし、ただちょっと思いついただけなんじゃなくて、本当に黄山に行きたいみたい

だね。そういえばあなたも黄山に行きたいんじゃなかったっけ。それなら王さんも誘って一緒に行くことにしよう。

☐ ⑾ 君の愛を手に入れた時は、それを大切にしなかった。だが、君の愛を失った今、私は初めて君の大切さを痛感した。どうか、もう一度チャンスをくれないか。

☐ ⑿ 「夫と一緒だった時にはたくさんの喜怒哀楽があったけれど、楽しかった事も、不愉快だった事も、私にとってはすべてが宝物よ」と彼女は言った。

☐ ⒀ ネット通販の展示会を10月10日から15日までの予定で開催いたします。出展の詳細に関するお問い合わせは、随時弊社までご連絡ください。出展のお申し込みは8月10日で締め切らせていただきます。

☐ ⒁ まさかこれが君の言っている芸術なのか。どうも私のような一般人には理解しきれないようだ。

☐ ⒂ 彼女は出産後、毎日育児に追われていて、職場に復帰し仕事をするどころか、子どものことだけでもう手が回らなくなってしまった。

☐ ⒃ 1つの簡単なプログラムを使いさえすれば、何千何万のネットユーザーを同時にウィルスに感染させることができる。これがコンピューターウィルスの恐ろしさだ。

☐ ⒄ 弊社はパートナーの皆様との協力関係を深めるために、12月20日に長城飯店において忘年会を開催いたします。そこで貴社にぜひご出席賜りたく、ここに謹んでお招き申し上げます。つきましては、ご出席の可否、およびご出席人数等、できましたら11月30日までにお知らせいただければ幸いに存じます。

☐ ⒅ 彼は駆け引きにたけた商売人であり、社長に就任してから会社の売上高がうなぎ上りに増加している。

☐ ⒆ 娘はすでに大きくなったので、親がいくら説得しても、彼女には自分なりの考えがあり、自分の選んだ道を歩むという決意を揺るがすことはできない。

☐ ⒇ 地震が発生して2日経って、ようやく家族と連絡が取れた。これでやっと安心した。

☑ ⑵₁ ちょっと声をかけてくれたら、いつでも行くよ。——出前みたいね。

☑ ⑵₂ 私にはアップルの電子機器が大好きな友達がいて、アップル社が新しい電子機器を発売するたびに買いに行く。しかし、彼女は旧式のものを中古市場へ売ってしまうわけではなく、すべてを大事に保存しているのだ。

☑ ⑵₃ どんなデザインや色を選ぶかはできるだけ自分で決めるほうがよい。みんなそれぞれ美しさの感覚が違うからね。

☑ ⑵₄ これは見た目はいいけど使い勝手が悪い。無駄な買い物をしてしまった。

☑ ⑵₅ 彼は部屋に座って命令を下すばかりで、みんなは不満に思っているが、誰も彼を恐れて反発しようとしない。

☑ ⑵₆ 明日飛行機が飛べるかどうかは天気次第だ。今は何とも言えない。

☑ ⑵₇ 試合終了後、女子バレーボールチームが今回の試合で優勝したことを祝うために、チーム全員が夕食を共にし、みんなで勝利の喜びを分かち合った。

☑ ⑵₈ 被災地域の状況はだいたいこのようです。私たちが思うほど良いわけではありません。

☑ ⑵₉ 彼女は泥棒が盗みを働いていることに気づき、慌てて手当たり次第に物を手にして殴りつけた。

☑ ⑶₀ 今回のイベントは人数制限があるので、定員になり次第申し込み受付を締め切ります。

☑ ⑶₁ すみません、いま手がふさがっているので、他の人に手伝ってもらってください。

☑ ⑶₂ みんなは、突然目の前で起こった、この受け入れようがない事実を認めざるを得なかった。

☑ ⑶₃ 会社が社員をリストラすることは、とっくに珍しいことではなくなったとはいえ、ひとたびリストラされたらそれも大変つらいものだ。

☑ ⑶₄ 彼が仕事をするといつもあれこれ忘れてばかりだ。誰が彼の尻拭いなどしたいものか。

☑ ⑶₅ 挫折を恐れるな。人は挫折によって成長するものだ。

- ☐ ⑶⑹ 患者が助かる可能性が1%でもあるのなら、私は100%の努力を尽くして、病気を治し患者を救わなければならない。

- ☐ ⑶⑺ 彼はどの方面においても私が学ぶに値するので、彼は私の人生の先輩であると言える。

- ☐ ⑶⑻ 負けは負け、あれこれ言い訳ばかり考えないで、自分の努力が十分であったかどうかをよく考えなければならない。

- ☐ ⑶⑼ まだ何ページも読んでいないうちに、目がしょぼしょぼしてきてしまった。

- ☐ ⑷⓪ 今回の空前の洪水災害で首都の交通が麻痺状態に陥っただけでなく、ハードディスクの価格が暴騰することにもなった。

- ☐ ⑷⑴ 私の携帯はバージョンアップをし終わった後、少しトラブルが起きて、今直ったばかりなので、まだ新しいメールを受信することまで手が回っていないんだ。

- ☐ ⑷⑵ 高望みをしすぎる人は永遠に幸せを感じられないが、そうでない人はいつも幸せな気持ちでいっぱいである。あなたはどういう人が幸せに生きていると思いますか。

- ☐ ⑷⑶ 彼女はきれい好きなので、彼女の家はいつも明るく清潔だ。

- ☐ ⑷⑷ 世の中の親は子どものためならすべてを捧げられるほど子どもを思いやるものなので、自分の子どもを可愛がらない親がどこにいるだろうか。

- ☐ ⑷⑸ 人類が太陽エネルギーをフルに利用できるようになれば、それは人類の夢にまで見る無尽蔵のエコエネルギーになるだろう。

- ☐ ⑷⑹ 西施は中国古代の三大美人の1人であり、中国人は「恋する人の目には西施が現れる」とよく言う。

- ☐ ⑷⑺ 今朝、ラッシュアワーの電車内は、足の置き場所もまったくないほど混んでいた。やっとのことで次の停車駅に着き、それでようやくどうにか足を完全に床に着くことができた。

- ☐ ⑷⑻ 彼女は何も顧みずにお母さんの胸に飛び込み、とうとう我慢できなくなって大声で泣き出した。お母さんは不思議に思ったが、彼女は何も言わず、ただ泣いてばかりいた。

- ☐ ⑷⁹ 人に迷惑をかけないようあまりにも遠慮してばかりいると、人と人の関係がだんだん疎遠になってしまうだろう。

- ☐ ⑸⁰ テレビ放送のプライムタイムの広告料金は極めて高いに違いない。費用は秒単位で計算すると聞いた。

- ☐ ⑸¹ 旅行客のニーズを最大限に満たすために、列車にまた新しいサービスを設けたので、旅行客から好評を得ている。

- ☐ ⑸² 我が社が心を込めて作ったこの機種は、今回の展示会の目玉の1つであり、今回の展示を通じてより多くの人にこの機種を知ってもらえることを期待している。

- ☐ ⑸³ 君は本当に救いようがないやつだ。いつもまともな仕事をせず道に外れたことばかりしていて、もう二度と君の顔なんか見たくない。今すぐ出て行ってくれ！

- ☐ ⑸⁴ 彼の病気は脳のCTスキャン検査をしてからでないと最終的な診断を下すことができない、と医者は言った。

- ☐ ⑸⁵ これっぽっちの金は、東京で使い切るのに1週間もかからないが、東南アジアなら1ヵ月でも使いきれない。

- ☐ ⑸⁶ この地球に数十億の人が暮らしており、中国のこの土地だけでも十数億の人が暮らしている。あなたは生涯で数え切れないほど多くの人と出会うだろうが、その中であなたといつも一緒にいるのはあなたの妻だけだ。これこそが縁である。

- ☐ ⑸⁷ 読書にはメリットがたくさんある。読書は我々の視野を広げ、知識を豊かにするばかりではなく、さらに我々の生活をより充実させることもできる。

- ☐ ⑸⁸ 熊が現れると、山でキノコを採集していた何人かがあたふたと逃げた。

- ☐ ⑸⁹ あなたは引き出しの中の物を何度も何度も出したり入れたりして、何を探しているの。もうやめなさい。

- ☐ ⑹⁰ 市政府は市民からの意見を重視し、市民サービスの計画を予定より2ヵ月前倒しして実施した。

- ☐ ⑹ 彼はいつも手抜かりなく仕事をするので、この件は彼に任せれば間違いがないと思う。

- ☐ ⑹ 司法機関として、何の罪もない人に濡れ衣を着せ、悪人を見逃すようなことを決してしてはいけない。

- ☐ ⑹ インターネット上には、善意から批判する文章もあれば、悪意で人を中傷する文章もある。

- ☐ ⑹ 彼は小さい時からバレエと縁を持つようになった。風が吹こうが雨が降ろうがいつもバスに乗りレッスンに行き、これまでレッスンを休んだことがない。

- ☐ ⑹ みなさん順番に１人ずつ話してください。騒がないで、誰もが発言するチャンスがありますから。

- ☐ ⑹ 子どもが授業をさぼることに対して、先生や親は正しく指導するべきだ。

- ☐ ⑹ お湯で茹でる餃子を水餃子と言う。考証によれば、餃子は既に1400年以上の歴史を有する。

- ☐ ⑹ 彼女は美術の才能に恵まれている。彼女の作品には濃厚な郷愁が満ち溢れており、色どりも上品で個性も強く、人々の耳目を一新させてくれる。

- ☐ ⑹ 皆次々とボランティア活動への参加を申し込み、ゴールデンウィークを利用し被災地の支援をしようとしている。

- ☐ ⑺ あなたがこんなにいい腕を持っているとは思わなかった。料理の腕前は本当に料理人にも劣らない。それに比べて私は恥ずかしい。私にはどうしたって作れないよ。

- ☐ ⑺ 部屋は荒れてめちゃくちゃになっていて、足の踏み場もない。まさかこれが女の子の部屋なのか。

- ☐ ⑺ 昨日イミグレーションで入国手続きをする時、機内で入国カードを書いていなかったツアーのメンバーは慌ててペンや字を書く場所を探した。一方、既に記入し終わっていた他のメンバーは、余裕をもって手続きの順番を待っていた。

- ☐ ⑺ 今年上半期の砂糖の輸出量は昨年上半期より２倍増加し、一昨年の４倍にまで増加することになるだろう。

- ⑺⁴ この件に意外にもまだ挽回の余地があるなんて、本当に不幸中の幸いだ。
- ⑺⁵ やはり多めに服を持って行ってください。天気が崩れた時に着ることができるので、風邪をひかないですみますよ。体が一番大事ですよ。
- ⑺⁶ タイマーが壊れているから、ちょっと時間を見ていてね。角煮は20分程度煮込めば出来上がります。
- ⑺⁷ フランスのある偉大な作家は言った。「真の欲求なくして真の満足はない」。
- ⑺⁸ あんなにたくさんの人の前でほめてくれるなんて、どうにも決まりが悪かった。
- ⑺⁹ ちょっとうっかりして携帯をトイレに落としてしまった。携帯は見る間に流されていった。
- ⑻⁰ 彼の話は歯切れが悪く、いつも言葉を濁しているので、同僚は「歯磨き粉をチューブから絞り出しているみたいだね」とからかう。
- ⑻¹ 既に部屋の隅から隅まで探したが、やっぱり見つからなかった。いつの間にかなくなったようだ。
- ⑻² 今のスマートフォンは手書き文字の認識どころか、音声認識や指紋認証もできる。これは一昔前にはまったく想像もできないことだった。
- ⑻³ 気に入らないとすぐふさぎこんで1人で酒を飲むなんていけないよ、お酒はやめなさい。——余計なお世話だよ。
- ⑻⁴ 苦しみは2人で分ければ半分になり、喜びは2人合わせると幸せが倍になる。この諺はスウェーデンのものだそうだ。
- ⑻⁵ 君を怒らせるようなことは何もしていないのに、なんで私に八つ当たりするんだ。恋人にふられたのか。

解答例と解説

(1) 人の寿命は親からの遺伝や医療条件によってもちろん決まるが、それだけではなく、それぞれの生活習慣、例えば喫煙、運動、睡眠などの状況も健康や長寿に関係のある重要な要素である。

人的寿命当然取决于来自父母的遗传（基因）和医疗条件，但不仅仅是这些，每个人的生活习惯，比如说，吸烟、运动、睡眠等状况也是与健康长寿有关的重要因素。

「AはBによって決まる」は"A＋取决于＋B"。「親からの」は"来自父母的"。「それだけではなく」は"不仅仅是这些／不只是这些"。「Aに関係がある」は"［与／和／跟］A＋有关"。

(2) 私の住んでいる団地には、全部で6棟のマンションがあり、各棟それぞれにエレベーターが2基ある。そのうちの1基は1階から20階までの各階に止まり、もう1基は21階から35階までの各階に止まる。私は20階に住んでいるので、人が多い時、しばしばまず先に21階まで一度上がり、それから階段で20階へ下りる。こうすれば早く家に着けるのだ。

我住的小区一共有6栋楼，每栋楼有两部电梯。其中1部电梯从1层到20层都停，另外1部从21层到35层都停。因为我住在20层，所以人多的时候，常常先坐到21层，然后从楼梯走到20层，这样可以早点儿到家。

「私の住んでいる団地には、全部で6棟のマンションがあり」は"我住的［小区（里）／住宅区（里）］一共有6栋楼"。「各棟それぞれにエレベーターが2基ある」は"每栋楼有［两部／两台／两个］电梯"。「そのうちの1基は」は"其中［1部／1台／1个］电梯"。「1階から20階までの各階に止まり」は"在1层到20层都停／在1到20层都停／从1层到20层都停／从1到20层都停"。「私は20階に住んでいるので」は"因为我住在20［层／楼］"。「人が多い時」は"人多的时候／人多时"。「しばしばまず先に21階まで一度上がり、それから階段で20階へ下りる」は"所以［常常／经常］先［坐／上］到21层，然后（再）从楼梯走到20层"。「こうすれば早く家に着ける」は"这样可以早点儿到家／这样可以快点儿到家"。

なお、「～階」は"楼"でも"层"でもよく、"楼"は名詞として使う場合「(2階以上の)建物、ビル」の意味、量詞として使う場合「建物の階、フロア」の意味である。「35階に止まる」の中国語訳は"在35层停"、「35階に止まっ

ている」の中国語訳は"停在35层"または"在35层停着（呢）"となる。また、数字は漢数字でもアラビア数字でもどちらでもよいが、1つの文章の中ではどちらかに統一されていること。

(3) 彼女の話が終わった途端、誰かが「あっ」と叫び、またたく間に会場全体が静まり返った。

她的话音刚落，不知道谁"啊"地惊叫了一声，紧接着，整个会场就变得鸦雀无声了。

「彼女の話が終わった途端」は"她的话音刚落／她的话刚说完"。「誰かが」は"不知道谁／不知道是谁"。「『あっ』と叫び」は""啊"地［惊叫了一声／叫了一声／叫了起来］"。「またたく間に会场全体が」は"紧接着，整个会场／接着，整个会场"。「静まり返った」は"（就）变得鸦雀无声了／（就）静了下来，一点儿声音都没有了／（就）静得一点儿声音都听不见了"。
"鸦雀无声 yā què wú shēng"は「カラスも雀も声なし、しんと静まりかえって音がないさま」、自然環境に用いるほか、集まっている人が音を立てず静かであることにも用いられる。

(4) 双方が傲慢な態度を捨てれば、私たちは合意に達することができるかもしれない。しかし互いに譲ろうとしないなら、おそらく物別れに終わるほかないだろう。

如果双方都能放下架子，或许我们可以达成协议。如果互相都不肯让步的话，恐怕只能以决裂告终。

「傲慢な態度を捨てる」は"放下架子"。「合意に達することができる」は"可以［达成协议／达成共识／取得一致的意见］"。「かもしれない」は"或许／也许／可能"。「お互いに譲ろうとしない」は"互相都不肯让步／双方都不肯让步"。「おそらく～だろう」は"恐怕／大概"。「物別れに終わるほかない」は"只能以决裂告终／最后只能决裂"。"以…（而）告终"は「～をもって終わりを告げる、～に終わる」、例えば「失敗をもって終わりを告げる」は"以失败告终"。

(5) 我々は既に最大の努力をした。買い手が納得しない以上、今回の取引はとりやめるしかない。

我们已经尽了最大的努力，既然买方不同意，这次交易只好作罢。

「我々は既に最大の努力をした」は"我们已经［尽了／做出了］最大的努力"。「買い手が納得しない以上、今回の取引はとりやめるしかない」は"既然买方不同意，这次［交易／买卖］［只好／只能］［作罢／算了／放弃／拉倒］"または"既然买方不同意，这次［交易／买卖］就［只好／只能］［作罢／算了／放弃／拉倒］了"。「～である以上」は"既然…"で、後続文にはよく"就／也"などを用いて呼応させる。

(6) 警察は事故発生時のすべての目撃者に証言を提供するように要求した。私もちょうど現場に居合わせたので、見たことをすべて警察に説明した。

警察要求事故发生时，所有的目击者提供证词，我正好也在现场，所以把自己看到的情况都告诉了警察。

「警察は～ように要求する」は"警察［要求／让］…"。「事故発生時」は"事故发生［时／的时候］"。「すべての目撃者に証言を提供する（ように要求する）」は"（要求）所有的目击者提供［证词／证言］"。「私もちょうど現場に居合わせた」は"我正好也在现场／我也正好在现场"。「見たことをすべて警察に説明した」は"把自己（所）看到的情况都［告诉了警察／向警察进行了说明／提供给警察了］"。

(7) 長生きしたかったら、がつがつ食べる癖を直し、よく噛んでゆっくり食べる良い習慣を身に付けないとだめだ。

要想长寿的话，你只有改掉狼吞虎咽的毛病，养成细嚼慢咽的好习惯才行。

「長生きしたかったら」は"要想长寿的话／要是想长寿的话"。「～でないとだめ」は"只有…才行"。「がつがつ食べる癖を直し」は"［改掉／去掉］狼吞虎咽的［毛病／坏习惯］"。「よく噛んでゆっくり食べるよい習慣を身に付ける」は"养成细嚼慢咽的好习惯"。
"狼吞虎咽 láng tūn hǔ yàn"は「狼や虎のように味わうこともなくがつがつと食べるさま」。"细嚼慢咽 xì jiáo màn yàn"は「よく噛みしめゆっくり食べる」。

(8) 高層マンションで生活するのは快適だが、住民同士の付き合いはますます少なくなり、隣人はまるで見知らぬ赤の他人のようになってしまった。

生活在高楼里虽然很舒适，可是互相之间的交往却越来越少了，邻居简直就像

陌生人一样。

「高層マンションで生活するのは快適だが」は"生活在高楼里虽然很舒适／住在高层楼房里虽然很舒适／在高楼里生活虽然很舒适"。「住民同士の付き合いはますます少なくなり」は"（居民）［互相／相互］之间的［交往／来往］却越来越少了"。「隣人はまるで見知らぬ赤の他人のようだ」は"［住在隔壁的人／邻居］简直就像［陌生人／不认识的人／路人］一样"。

(9) 彼女は合格通知書を受け取った時、跳び上がりそうなほど喜んだ。試験が終わった後、ずっとびくびくしながら知らせを待っていた彼女はやっとほっとした。

她接到录取通知书时，高兴得差点儿跳了起来。考完试后，一直都提心吊胆地等待着通知的她终于一块石头落了地。

「合格通知書を受け取った時」は"［接到／收到］录取通知书［时／后／以后／之后］"。「跳び上がりそうなほど喜んだ」は"高兴得［差点儿／几乎］跳了起来"。「試験が終わった後」は"考完试后／考试结束以后"。「ずっとびくびくしながら知らせを待っていた彼女」は"一直（都）［提心吊胆地／十分担心地］等待着通知的她"。「やっとほっとした」は"［终于／总算］［一块石头落了地／可以放心了／放下心来了］"。
"提心吊胆 tí xīn diào dǎn"は「非常にびくびくする」。"一块石头落了地"は「安心した、ほっとした、心配事がなくなった」という意味の熟語。

(10) ——このあいだ本屋で王さんに会ったよ。王さん、夏休みに実家に帰らないなら黄山へ一緒に旅行しようよって言ってたよ。
——私にも２、３回言ってたな。会うたびに同じこと言ってるし、ただちょっと思いついただけなんじゃなくて、本当に黄山に行きたいみたいだね。そういえばあなたも黄山に行きたいんじゃなかったっけ。それなら王さんも誘って一緒に行くことにしよう。

——前几天在书店碰见小王了。她说，你暑假不回家的话，我们一起去黄山旅行吧。
——小王跟我也说过两三次了。每次见到她的时候，她都这样说。她好像并不是随便说说而已，是真的想去黄山。正好你不是也想去黄山吗？那我们约她一起去吧。

「このあいだ本屋で王さんに会った」は"[前几天／上次／前两天]在书店[碰见／遇见／偶然碰见]小王了"。「実家」は"老家／家"。「王さん（彼女は）〜一緒に黄山へ旅行に行こうって言ってたよ」は"她说，…我们一起去黄山旅行吧"。「王さんは私にも2、3回言っていた」は"小王跟我也说过两三次了"。「（彼女に）会うたびに」は"每次[见到／碰见／遇见]她的时候"。「（彼女は）同じことを言っている」は"她都[跟我这样说／对我这样说／这样说／这样跟我说／这样对我说]"。「ただちょっと思いついただけなんじゃなくて、本当に黄山に行きたいみたいだ」は"她好像（并）不是随便说说而已，[是真的／是真]想去黄山。"。「〜じゃないか」は"不是…吗？"、「そういえばあなたも黄山に行きたいんじゃなかったっけ」は"正好你不是也想去黄山吗？"。「それなら王さんも誘って一緒に行くことにしよう」は"那我们约她[一起／一块儿]去吧。"

(11) 君の愛を手に入れた時は、それを大切にしなかった。だが、君の愛を失った今、私は初めて君の大切さを痛感した。どうか、もう一度チャンスをくれないか。

当我得到你的爱的时候，并没有珍惜这一切，可是在失去了你的爱的今天，我才真正感到了你的价值。请你再给我一次机会，好吗？

「君の愛を手に入れた時」は"[当／在]我得到你的爱的时候"。「それを大切にしなかった」は"（并）没有珍惜[这一切／这些]"。「君の愛を失った今」は"[在／当]失去了你的爱的今天"。
"当…的时候"（〜の時）の"…"に入る部分が過去の事であれば、一般に"了"をつけない、例えば"两年前，当你离开我的时候"（2年前、あなたが私の傍から離れた時）。これに対して、"…"に入る部分が状態変化であれば"了"をつけることが多い、例えば"当我有了钱的时候"（私が金持ちになった時）、"当我们长大了的时候"（私たちが大きくなった時）。
「私は初めて君の大切さを痛感した」は"我才真正感到了你的价值"または"我终于[明白了／知道了]你的价值"。「どうか、もう一度チャンスをくれないか」は"请你再给我一次机会，好吗？／你能不能再给我一次机会／请你再给我一次机会吧"。

(12) 「夫と一緒だった時にはたくさんの喜怒哀楽があったけれど、楽しかった事も、不愉快だった事も、私にとってはすべてが宝物よ」と彼女は言った。

她说，和丈夫在一起的时候，曾有过许多喜怒哀乐，可是不管是愉快的事也好，不愉快的事也好，对我来说全部是宝贵的。

「たくさんの喜怒哀楽があった」は"曾有过［许多／很多］喜怒哀乐"。「楽しかった事も、不愉快だった事も」は"不管是愉快的事（情）也好，不愉快的事（情）也好"。「私にとってはすべてが宝物だ」は"对我来说［全部／都］是［宝贵／难得］的"。

⒀ ネット通販の展示会を10月10日から15日までの予定で開催いたします。出展の詳細に関するお問い合わせは、随時弊社までご連絡ください。出展のお申し込みは8月10日で締め切らせていただきます。

网上购物展览会预定从10月10日到15日举行，如果您要了解关于参展的详细情况（的话），请随时与我们联系。出展申请将于8月10日截止。

「AからBまでの予定で開催する」は"预定从A到B举行／定于A到B举行／将于A到B举行"。「10月10日」のような日付は"10月10日／十月十日"というふうに書き、一般に文書では「〜日」に"号"は使わない。「出展の詳細に関するお問い合わせは」は直訳すれば"关于［出展／参展］的［详细情况／详细内容／具体事宜／具体规定］的咨询"だが、"如果您要［了解／咨询］关于参展的详细情况（的话）"のように翻訳してもよい。「Aで締め切る」は"（将）于A截止／（将）截止于A"。

⒁ まさかこれが君の言っている芸術なのか。どうも私のような一般人には理解しきれないようだ。

难道这就是你所说的艺术吗？ 看来，我这等庶民是享受不了了。

「まさか〜（な）のか、まさか〜ではないか、まさか〜ではないだろうか」は"难道…吗？"、「まさかこれが君の言っている芸術なのか」は"难道这就是你（所）说的艺术吗？"。「どうも〜（の）ようだ」は"看来／好像"。「どうも私のような一般人には理解しきれない（鑑賞眼がないので楽しめない、享受できない、良さを味わえない）ようだ」は"我［这等庶民／这样的庶民／这样的普通人］［看来／好像］是［享受／欣赏／接受］不了了"または"看来我这等庶民是享受不了了。"

⒂ 彼女は出産後、毎日育児に追われていて、職場に復帰し仕事をするどころか、子どものことだけでもう手が回らなくなってしまった。

她生了孩子以后，每天忙于抚养孩子，别说复职工作了，光孩子的事，就已经顾不过来了。

「毎日育児に追われている」は"每天忙于［抚养孩子／养儿育女／抚育孩子］"または"每天为了［抚养孩子／养儿育女／抚育孩子］忙得［不可开交／要命］"。「職場に復帰し仕事をするどころか」は"岂止是不能复职工作／哪里谈得上复职工作了／别说复职工作了"。「子どものことだけでもう手が回らなくなってしまった」は"光孩子的事，就已经［顾不过来了／忙不过来了／焦头烂额了］"。"焦头烂额 jiāo tóu làn é"は「処理に手を焼き困っている、慌てふためく」。

(16) 1つの簡単なプログラムを使いさえすれば、何千何万のネットユーザーを同時にウィルスに感染させることができる。これがコンピューターウィルスの恐ろしさだ。

只要用一个简单的程序就能让成千上万的网民同时感染上病毒，这就是电脑病毒的可怕之处。

「～さえすれば」は"只要…就／便"、「1つの簡単なプログラムを使いさえすれば」は"只要［用／使用］一个简单的程序"。「何千何万のネットユーザーを同時にウィルスに感染させることができる」は"［能／可以］［让／使］［成千上万／数以万计／不计其数／无数／众多］的网民同时感染上病毒"。「これがコンピューターウィルスの恐ろしさだ」は"这就是电脑病毒［的可怕之处／可怕的地方］"。
"成千上万"は「非常に多くの、幾千幾万」。"不计其数"はP.480参照。

(17) 弊社はパートナーの皆様との協力関係を深めるために、12月20日に長城飯店において忘年会を開催いたします。そこで貴社にぜひご出席賜りたく、ここに謹んでお招き申し上げます。つきましては、ご出席の可否、およびご出席人数等、できましたら11月30日までにお知らせいただければ幸いに存じます。

敝公司为了加强与合作伙伴的合作关系，定于十二月二十日在长城饭店举办辞旧迎新宴会。在此特邀请贵公司出席宴会，敬请光临。贵公司能否出席以及出席人数等，可能的话希望能在十一月三十日前给我们一个回音。

「弊社」は"本公司／敝公司"。「パートナーの皆様との協力関係を深めるために」は"为了［加强／增进／深化／密切］与合作伙伴的合作关系"。「A（時）にB（場所）で忘年会を開催する（ことになった）」は"［定于／将于］A在

B举办［辞旧迎新宴会／辞旧迎新酒会］"。「そこで貴社にぜひご出席賜りたく、ここに謹んでお招き申し上げます（そこで御社をお招きして、ご出席をお待ち申し上げます）」は"在此特邀请贵公司出席宴会，［敬请光临／务请光临／恭候光临／恭候贵公司的光临］"。「つきましては」の直訳は"因而／因此／所以／于是／那么"だが、ここでは省略してもよい。「ご出席の可否、およびご出席人数等」は"贵公司［能否出席／能不能出席／是否出席］以及出席人数等"。「できましたら（可能な限り）」は"可能的话"。「Aまでにお知らせいただければ幸いに存じます」は"［希望／期待着］［能在A前／能在A以前／能于A之前］［给我们一个回音／通知我们／与我们联系／和我们联系］"または"［能在A前／能在A以前／能于A之前］［给我们一个回音／通知我们／与我们联系／和我们联系］［我们将表示感谢／我们将衷心感谢］"。

(18) 彼は駆け引きにたけた商売人であり、社長に就任してから会社の売上高がうなぎ上りに増加している。

他是个善于做生意的实业家，当了总经理以后，公司的销售额直线增长。

「駆け引きにたけた（駆け引きの上手な）商売人」は"［善于／会］［做生意／做买卖］的［实业家／商人］"。「社長に就任してから」は"当了总经理以后／就任总经理以后／出任总经理以后"。「会社の売上高がうなぎ上りに増加している」は"公司的［销售额／营业额］直线［增加／增长／上升］"。
"直线上升"はP.216参照。

(19) 娘はすでに大きくなったので、親がいくら説得しても、彼女には自分なりの考えがあり、自分の選んだ道を歩むという決意を揺るがすことはできない。

女儿已经长大了，任凭父母怎样说服，她总有自己的一定之规，动摇不了她要走自己选择的路的决心。

「娘はすでに大きくなった」は"女儿已经长大了／女儿已经长大成人了"。「親がいくら説得しても」は"［任凭／不管／无论］父母［怎样／怎么］［相劝／劝／说服］"。「彼女には自分なりの考えがあり」は"她总有自己的［一定之规／想法／主见］"。「自分の選んだ道を歩むという決意を揺るがすことはできない」は"动摇不了他要走自己选择的路的决心"。
"任凭"は後ろに疑問代詞"怎样／怎么"を伴って使う場合、"不管／无论"と言い換えできることが多く、「どんなに～でも」の意味である。例えば"［任凭／不管／无论］你怎么说，我也不相信"（君がいくら言っても私は信じな

い)。ただし、"不管／无论"の後ろに選択疑問文や反復疑問文を伴う場合は言い換えできない。例えば"无论〔×任凭〕(是)白菜还是萝卜，他都喜欢"（白菜でも大根でも、彼はみな好きだ）。"一定之规"はP.308参照。

⑳ 地震が発生して2日経って、ようやく家族と連絡が取れた。これでやっと安心した。

地震发生两天后，才跟家里人联系上，这才安下心来。

「地震が発生して2日経って」は"地震发生两天后／地震发生已经两天了"。「ようやく家族と連絡が取れた」は"才跟家里人联系上／才跟家里人取得上联系／好不容易才跟家里人取得上联系"。「これでやっと」は"这才"。「安心した」は"松了一口气／一块石头落了地／安下心来"。

㉑ ちょっと声をかけてくれたら、いつでも行くよ。——出前みたいね。

只要你说一声，我可以随叫随到。——你真像个送外卖的似的。

「ちょっと声をかけてくれたら」は"只要你［一句话／说一声／打个招呼］"、「いつでも行く（いつでも呼ばれたらすぐに行く）」は"可以随叫随到／无论什么时候都是随叫随到"。「(本当に)出前みたい」は"真像个送外卖的（似的）"。

㉒ 私にはアップルの電子機器が大好きな友達がいて、アップル社が新しい電子機器を発売するたびに買いに行く。しかし、彼女は旧式のものを中古市場へ売ってしまうわけではなく、すべてを大事に保存しているのだ。

我有一个朋友特别喜欢苹果公司的电子产品，每当苹果公司出售新的电子产品（的时候），她就去买。可是，她并不是把旧的电子产品拿到旧货市场去卖掉，而是把所有的旧产品都收藏起来了。

「私にはアップルの電子機器が大好きな友達がいる」は"我有一个朋友特别喜欢苹果公司的电子产品"のような兼語文でも、"我有一个朋友，她特别喜欢苹果公司的电子产品"のように複文でも表現できる。「アップル社が新しい電子機器を発売するたびに」は"每当苹果公司出售［新的电子产品／新的电子产品的时候／新的电子产品时］"、「旧式のもの（古いもの）を中古市場へ売ってしまうわけではなく、すべてを大事に保存しているのだ」は"并不是［把旧的电子产品／把旧的东西］［拿到旧货市场去卖掉／卖到旧货市场去］，而是把所有的旧产品都［收藏／保存］起来了"。「中古市場」は"旧货市场／二手货

市场"。

(23) どんなデザインや色を選ぶかはできるだけ自分で決めるほうがよい。みんなそれぞれ美しさの感覚が違うからね。

选什么样的款式和颜色，最好自己拿主意，因为每个人的审美观都不同嘛。

「どんなデザインや色を選ぶ」は"选什么样的款式和颜色"。「できるだけ～するほうがよい」は"最好…"、「自分で決める」は"自己[拿主意／决定／定／考虑]"。「みんなそれぞれ美しさの感覚（服装のセンス、ファッションセンス）が違うからね」は"因为每个人[的审美观都不同嘛／都有自己的审美观嘛]"。

(24) これは見た目はいいけど使い勝手が悪い。無駄な買い物をしてしまった。

这个东西看起来挺好的，可是用起来却不称手，白买了。

「これは見た目はいい」は"这个东西[看起来挺好的／看着不错]"。「使い勝手が悪い」は"用起来[不称手／不好用]"。「無駄な買い物をしてしまった」は"白买了"。

(25) 彼は部屋に座って命令を下すばかりで、みんなは不満に思っているが、誰も彼を恐れて反発しようとしない。

他只是坐在屋里发号施令，虽然大家都很不满，可是谁都怕他不敢反抗。

「彼は部屋に座って（座ったまま）命令を下すばかりで」は"他只是[坐在／呆在][屋里／房间里][发号施令／下命令／下令]"。「みんなは不満に思っているが」は"虽然大家都很[不满／有意见]"。「誰も（が）彼を恐れて反発しようとしない（逆らう勇気がない）」は"可是谁都[怕他／对他感到恐惧]不敢[说／反抗]"。
"发号施令 fā hào shī lìng"は「命令を下す、号令をかける」。

(26) 明日飛行機が飛べるかどうかは天気次第だ。今は何とも言えない。

明天飞机是否能起飞，要根据天气情况来定。现在很不好说。

「飛べるかどうか」は"是否能起飞／能否起飞／能不能起飞"。「天気次第だ」は"就看天气了／要看天气情况／要看天气如何／要看天气怎么样／要根据天气情况来定"。「何とも言えない」は"不好说／说不准／说不清楚／很难说"。

(27) 試合終了後、女子バレーボールチームが今回の試合で優勝したことを祝うために、チーム全員が夕食を共にし、みんなで勝利の喜びを分かち合った。

比赛结束后，为了庆祝女子排球队在这次比赛中获得了冠军，全体队员共进了晚餐，大家来分享胜利的喜悦。

「女子バレーボールチーム」は"女子排球队／女排"。「女子バレーボールチームが今回の試合で優勝したことを祝うために」は"为了［庆祝／祝贺］女子排球队在这次比赛中［取得了／获得了］冠军"。「チーム全員が夕食を共にする」は"全体队员［共进晚餐／一起吃晚饭／一起吃晚餐］"。「（みんなで）勝利の喜びを分かち合う」は"大家［来／一起］分享胜利的喜悦"。

(28) 被災地域の状況はだいたいこのようです。私たちが思うほど良いわけではありません。

灾区的情况基本上就是这样，并没有我们想像得那么好。

「被災地域の状況」は"灾区的情况／受灾地区的情况"。「だいたいこのようです」は"［基本上／大概／大致］（就）是这样"。「私たちが思うほど良いわけではありません」は"并没有我们想像得那么［好／乐观］"。

(29) 彼女は泥棒が盗みを働いていることに気づき、慌てて手当たり次第に物を手にして殴りつけた。

她发现小偷在偷东西，急忙随手拿起东西就打了过去。

「彼女は泥棒が盗みを働いていることに気づき」は"她［发现／注意到／看见］小偷在［偷东西／做贼／行窃／盗窃］"。「慌てて手当たり次第に物を手にして（持って）殴りつけた」は"［急忙／慌忙］随手［拿起／抓起］东西就打了过去"。

(30) 今回のイベントは人数制限があるので、定員になり次第申し込み受付を締め切ります。

这次活动因为受名额限制，所以名额一满报名就截止。

「今回のイベント」は"这次活动"。「人数制限がある」は"［有／受］名额限制"。「定員になり次第申し込み受付を締め切ります」は"名额一满报名［就／立刻］截止"。

(31) すみません、いま手がふさがっているので、他の人に手伝ってもらってください。

对不起，我现在腾不出手来，你去找别人帮忙吧。

「手がふさがっている／手が離せない」は"腾不出手来／抽不出空来／手头正忙着"。「他の人に手伝ってもらってください」は"你去找别人帮忙吧／你叫别人来帮忙吧"。

(32) みんなは、突然目の前で起こった、この受け入れようがない事実を認めざるを得なかった。

人们不得不接受突然发生在眼前（的），这一无法让人接受的事实。

「みんな」は"人们／大家"。「～を認めざるを得ない」は"［不得不／只好］接受…"。「突然目の前で起こった（事実）」は"突然在［眼前／面前］发生（的事实）"または"突然发生在［眼前／面前］（的事实）"。「この受け入れようがない事実」は"这［一／个］［无法让人接受／让人接受不了］的事实"。

(33) 会社が社員をリストラすることは、とっくに珍しいことではなくなったとはいえ、ひとたびリストラされたらそれも大変つらいものだ。

公司裁员，虽说早已不是什么希罕事儿了，可是一旦被裁减掉了，也是非常痛苦的事。

「会社が社員をリストラすること」は"公司［裁员／裁减人员／削减人员／解雇职员］（的事）"。「～とはいえ」は"虽说…"。「とっくに珍しいこと（なんか）ではなくなった」は"［早已／早就］不是什么希罕 xīhan 事（儿）了"。「ひとたびリストラされたら」は"一旦［被裁减掉了／被解雇了／下岗 xiàgǎng 了］"。「それも大変つらいものだ」は"（这）也是非常［痛苦／受不了］的事"。

(34) 彼が仕事をするといつもあれこれ忘れてばかりだ。誰が彼の尻拭いなどしたいものか。

他这个人做事一贯丢三落四（的），谁愿意给他擦屁股？

「彼が仕事をするといつもあれこれ忘れてばかりだ」は"［他这个人／他］做事［一贯／总是／从来都是］［丢三落四（的）／忘这忘那（的）／不是忘了这个就是忘了那个］"。「誰が彼の尻拭いなどしたいものか」は反語文で"谁愿意

给他［补漏洞／擦屁股／清理乱摊子／收拾乱摊子］"と表現する、または"没人愿意给他［补漏洞／擦屁股／清理乱摊子／收拾乱摊子］"としてもよい。

(35) 挫折を恐れるな。人は挫折によって成長するものだ。

不要担心受挫折，人要在挫折中成长。

「挫折を恐れるな」は"不要［担心／怕］［受挫折／受到挫折／失败］"。「人は挫折によって成長するものだ」は"人要在［挫折／失败］中成长"、または"人是在［挫折／失败］中成长的"。

(36) 患者が助かる可能性が1％でもあるのなら、私は100％の努力を尽くして、病気を治し患者を救わなければならない。

只要患者还有百分之一的希望，我就要付出百分之百的努力，治病救人。

「～さえあれば」は"只要…就"、「患者が助かる可能性が1％でもあるのなら（まだ1％ありさえすれば）」は"只要［患者／病人］还有百分之一的［希望／可能性］"。「100％の努力を尽くして」は"付出百分之百的努力"。「病気を治し患者を救う」は"治病救人"。

(37) 彼はどの方面においても私が学ぶに値するので、彼は私の人生の先輩であると言える。

他无论在哪个方面都值得我学习，可以说他是我终身的榜样。

「どの方面においても」は"无论在哪［个／一］方面"。「私が学ぶに値する」は"值得我学习"。「～と言える」は"可以说…"。「彼は私の人生の先輩である」は"他是我终身的榜样／他永远是我的榜样"。
日本語の「先輩」は、「(1) 年齢、キャリア、地位などが自分より上の人、中国語の"前辈"、(2) 学校や勤め先で先に入った人、中国語の"高班同学／高年级同学／上几届的校友／比我早进公司的同事／师兄"」である。一方で中国語の"先辈"は、尊敬するに値する、模範となるべき故人のことである。

(38) 負けは負け、あれこれ言い訳ばかり考えないで、自分の努力が十分であったかどうかをよく考えなければならない。

输了就是输了，不要强调这个那个理由，要好好儿想想自己努力得够不够。

"負けは負け"は"输了［就是输了／就要承认输了／就要认输］"。"あれこれ言い訳ばかり考えないで（言わないで）"は"［不要／别］强调［这个那个／各种／客观］理由"。"自分の努力が十分であったかどうかをよく考えなければならない"は"［要／应该］［好好儿／多］想想自己努力得够不够"。

(39) まだ何ページも読んでいないうちに、目がしょぼしょぼしてきてしまった。

还没等看几页呢，上下眼皮就打起架来了。

"まだ～しないうちに"は"还没等…"、"まだ何ページも読んでいないうちに"は"还没等看几页呢"。"目がしょぼつく"は"上下眼皮打架"、"目がしょぼしょぼしてきてしまった"は"上下眼皮就打起架来了／眼睛就有些睁不开了／就困了"。"还没等…"は、例えば"他还没等赚多少钱就开始摆谱儿了"（彼はまだ金をいくらも儲けていないのに、もう金持ちぶっている）というふうに使える。"眼皮打架"は、眠くなったりして目を開けていられない状態。

(40) 今回の空前の洪水災害で首都３の交通が麻痺状態に陥っただけでなく、ハードディスクの価格が暴騰することにもなった。

这场罕见的洪水灾害，不仅使首都的交通陷于瘫痪状态，而且还导致了硬盘价格暴涨。

"今回の空前の洪水災害（被害）"は"［这场／这次］［罕见／少有］的洪水灾害"。"～だけでなく、しかも～"は"不仅…，而且…"。"首都の交通が麻痺状態に陥ることになった"は"［使／导致］首都的交通［陷于／陷入了］瘫痪状态"。"ハードディスクの価格が暴騰することにもなった"は"还［导致（了）／使］硬盘价格暴涨"。

(41) 私の携帯はバージョンアップをし終わった後、少しトラブルが起きて、今直ったばかりなので、まだ新しいメールを受信することまで手が回っていないんだ。

我的手机升完级以后，出了点儿毛病，现在刚修好，还没来得及接收新的电子邮件呢。

"私の携帯はバージョンアップをし終わった後"は"［我的手机／我把手机／我把手机的版本］升完级以后"。"少しトラブルが起きた"は"出了点儿［毛病／问题］"。"今直ったばかり"は"现在［刚修好／刚刚修好／刚弄好／刚恢

复正常]"。「まだ新しいメールを受信することまで手が回っていない」は"还没［来得及／抽出时间／顾得上］接收新的［电子邮件／电邮／伊妹儿］呢"。

(42) 高望みをしすぎる人は永遠に幸せを感じられないが、そうでない人はいつも幸せな気持ちでいっぱいである。あなたはどういう人が幸せに生きていると思いますか。

要求过高的人永远都不会感到幸福，要求不高的人总是充满幸福感。你说，哪种人活得幸福呢？

「高望みをしすぎる人」は"要求过高的人"。「永遠に幸せを感じられない」は"永远都不会感到幸福"。「そうでない人（高望みをしない人）」は"要求不高的人"。「いつも幸せな気持ちでいっぱいである」は"总是［充满幸福感／感到幸福］"。「あなたはどういう人が幸せに生きていると思いますか」は"你说，哪种人［活得幸福／过得幸福／生活得幸福］呢？"。

(43) 彼女はきれい好きなので、彼女の家はいつも明るく清潔だ。

她爱清爽，她家里从来都是窗明几净的。

「彼女はきれい好きだ」は"她［爱／喜欢］［清爽／干净／清洁］"。「いつも明るく清潔だ（窓が明るく机がきれいだ）」は"［从来都是／总是］［窗明几净的／干干净净的]"。
"窗明几净 chuāng míng jī jìng"は「窓は明るく机は清潔である、部屋が清潔で明るいさま」。

(44) 世の中の親は子どものためならすべてを捧げられるほど子どもを思いやるものなので、自分の子どもを可愛がらない親がどこにいるだろうか。

可怜天下父母心，哪有父母不疼爱儿女的啊？

「世の中の親は子どものためならすべてを捧げられるほど子どもを思いやる（という気持ちがある）」は"可怜天下父母心"という熟語である。「～がどこにあろうか」は"哪有…"、「自分の子どもを可愛がらない親がどこにいるだろうか」は"哪有父母不［疼爱／心疼］儿女的啊？"。

(45) 人類が太陽エネルギーをフルに利用できるようになれば、それは人類の夢にまで見る無尽蔵のエコエネルギーになるだろう。

人类能把太阳能充分利用起来的话，那么它将成为人类梦寐以求，取之不尽用之不竭的绿色能源。

「人類が太陽光をフルに利用できるようになれば」は"人类能把太阳能充分利用起来的话"または"人类［如果／若／要是］能把太阳能充分利用起来（的话）"。「～になるだろう」は"将成为…"。「夢にまで見る／寝ても覚めても追い求める」は"梦寐以求 mèng mèi yǐ qiú／连做梦都想得到"。「無尽蔵の（いくら取っても尽きずいくら使っても尽きない）エコエネルギー」は"［取之不尽用之不竭／取不尽用不完／无穷尽］的［绿色能源／清洁能源］"。
"取之不尽，用之不竭 qǔ zhī bù jìn, yòng zhī bù jié"は「無尽蔵である、いくら取っても使っても尽きることがない」。

(46) 西施は中国古代の三大美人の1人であり、中国人は「恋する人の目には西施が現れる」とよく言う。

西施是中国古代的三大美女之一，中国人常说，情人眼里出西施。

「三大美人の1人」は"三大美女之一"。「恋する人の目には西施が現れる」は"情人眼里出西施"、「惚れた目にはあばたもえくぼ」という意味の熟語である。

(47) 今朝、ラッシュアワーの電車内は、足の置き場所もまったくないほど混んでいた。やっとのことで次の停車駅に着き、それでようやくどうにか足を完全に床に着くことができた。

今天早上，在上下班高峰时间的电车里，挤得简直无处落脚。好不容易挨到了下一站，这才勉强把脚全部落到了地上。

「ラッシュアワーの電車内で」は"在［上下班／通勤］高峰时间的电车里"。「足の置き場所もまったくないほど混んでいた」は"挤得简直［无处落脚／连放脚的地方都没有了／连脚都没地方放］"。「やっとのことで次の停車駅に着いた」は"好不容易［到了／挨 ái 到了／熬 áo 到了］下一站"。「それでようやく（初めて）」は"这才"。「どうにか足を完全に床に着くことができた」は"［勉强／总算／好歹］把［脚／双脚／两只脚］［全部／完全］落到了地上"。

(48) 彼女は何も顧みずにお母さんの胸に飛び込み、とうとう我慢できなくなって大声で泣き出した。お母さんは不思議に思ったが、彼女は何も言わず、ただ泣いてばかりいた。

她不顾一切地扑向妈妈的怀抱，终于忍不住了，放声大哭起来。妈妈感到莫名其妙，可是她什么也不说，只是一个劲儿地哭。

「何も顧みない」は"不顾一切"。「彼女は何も顧みずにお母さんの胸に飛び込み」は"她不顾一切地［扑向妈妈的怀抱／扑到妈妈的怀里］"。「とうとう我慢できなくなって」は"终于［忍不住了／憋不住了］"。「大声で泣き出した」は"放声大哭起来"。「お母さんは不思議に思った」は"妈妈［感到莫名其妙／不知道为什么／不知道什么原因／不知道出了什么事］"。「何も言わず」は"什么也不说／什么都不说／（连）一句话也不说／（连）一句话都不说"。「ただ泣いてばかりいた」は"只是［一个劲儿地哭／哭个不停／哭个没完没了／一直哭］"。"没完没了 méi wán méi liǎo"は「切りがない」。

(49) 人に迷惑をかけないようあまりにも遠慮してばかりいると、人と人の関係がだんだん疎遠になってしまうだろう。

过于注意不要给人添麻烦的话，会使得人与人之间的关系渐渐疏远。

「あまりにも遠慮してばかりいる（あまりにも考えすぎると、気を使いすぎると）」は"过于注意／过于考虑"。「人に迷惑をかけないよう」は"［不要／别］给人添麻烦"。「人と人の関係がだんだん疎遠になってしまうだろう」は"会使得人与人之间的关系［渐渐（地）／慢慢（地）］［疏远／生疏起来］"または"人与人之间的关系就会［渐渐（地）／慢慢（地）］［疏远／生疏起来］"。

(50) テレビ放送のプライムタイムの広告料金は極めて高いに違いない。費用は秒単位で計算すると聞いた。

电视广播的黄金时段的广告费用无疑昂贵至极。听说费用是按秒计算的。

「テレビ放送のプライムタイムの広告料金」は"电视广播的黄金时段的广告费用"。「（きっと）〜に違いない」は"无疑／一定"。「極めて高い」は"昂贵至极／贵得不得了"。「費用は秒単位で計算する」は"费用是按秒（来）计算的／费用按秒计算"。

(51) 旅行客のニーズを最大限に満たすために、列車にまた新しいサービスを設けたので、旅行客から好評を得ている。

为了最大限度地满足旅客的需要，火车上又增设了新的服务项目，因此，受到了旅客的好评。

「旅行客のニーズを最大限に満たすために」は"为了最大限度地满足旅客的需要"。「列車にまた新しいサービスを設けた」は"[火车上／列车上] 又 [增设了／增加了] 新的服务项目"。「旅行客から好評を得ている」は"[得到了／获得了／受到了] 旅客的好评"。

(52) 我が社が心を込めて作ったこの機種は、今回の展示会の目玉の1つであり、今回の展示を通じてより多くの人にこの機種を知ってもらえることを期待している。

我们公司精心打造的这种机型是这次展览会的亮点之一，期待着通过这次展出使得更多的人能对它有个了解。

「我が社が心を込めて作ったこの機種」は"我们公司精心 [打造／制作] 的这种机型"。「今回の展示会の目玉の1つであり」は"是这次展览会的 [亮点之一／一个引人注目的项目]"。「～期待している」は"期待着…／希望…"。「今回の展示を通じて」は"通过这次 [展出／展览]"。「より多くの人にこの機種を知ってもらえる」は"[使得／让] 更多的人能 [对它有个了解／对这种机型有个了解／了解这种机型]"。

(53) 君は本当に救いようがないやつだ。いつもまともな仕事をせず道に外れたことばかりしていて、もう二度と君の顔なんか見たくない。今すぐ出て行ってくれ！

你真是个不可救药的家伙，整天不务正业，净搞歪门邪道，我再也不想见到你了，你现在立刻给我出去！

「君は本当に救いようがないやつだ」は"你真是个不可救药 bù kě jiù yào 的家伙"。「いつもまともな仕事をせず（正業につかず）道に外れたことばかりしている」は"整天 [不务正业／不干正事]，净搞歪门邪道 wāi mén xié dào"。「もう二度と君の顔なんか見たくない」は"我 [再也不想／不想再] [见到／看到] 你了"。「今すぐ出て行ってくれ」は"你现在 [立刻／马上／就] 给我 [出去／走开]"。
"不可救药 bù kě jiù yào"は「病気がもはや薬で治療できないほど重くなっている、事態が救いようがないまでに進んでいる」。"不务正业"はP.72参照。"歪门邪道 wāi mén xié dào"は「まともでない道、正業につかず道に外れたことばかりしている」。

⑷ 彼の病気は脳のCTスキャン検査をしてからでないと最終的な診断を下すことができない、と医者は言った。

大夫说：他的病只有做完脑CT断层扫描以后，才有可能确诊。

「～しなければ～できない」は"只有…才…"。「脳のCTスキャン検査をしてから」は"做完脑CT断层扫描以后"。「最終的な診断を下す」は"确诊"。

⑸ これっぽっちの金は、東京で使い切るのに1週間もかからないが、東南アジアなら1ヵ月でも使いきれない。

这点儿钱在东京根本花不了一个星期，可是要是在东南亚一个月都花不了。

「これっぽっちの金」は"这点儿钱／这么一点钱"。「東京で使い切るのに1週間もかからない（東京では1週間ももたない）」は"在东京［根本花不了一个星期／根本用不了一个星期／连一个星期都不够（用）／用的话，一个星期都不够］"。「東南アジアなら1ヵ月でも使いきれない」は"要是在东南亚一个月都［花不了／用不了］"または"如果在东南亚用的话一个月都花不完"。"花不了／用不了"は「(1) かからない　(2) 使い切れない」。

⑹ この地球に数十億の人が暮らしており、中国のこの土地だけでも十数億の人が暮らしている。あなたは生涯で数え切れないほど多くの人と出会うだろうが、その中であなたといつも一緒にいるのはあなたの妻だけだ。これこそが縁である。

在这个世界上有几十亿人，在中国这块土地上就生活着十几亿人。在你的一生中，虽然会与无数的人相遇，而这其中与你朝夕相处的，只有你的妻子。这就是缘份。

「この地球に数十億の人が暮らしており」は"在这个［世界上／地球上］［有／生活着］几十亿人"。「中国のこの土地だけでも十数億の人が暮らしている」は"在中国这块土地上就［有／生活着］十几亿人"。「あなたは生涯で」は"在你的一生中／你这一辈子"。「数え切れないほど多くの人と出会うだろうが（ことになるが）」は"虽然会与［数也数不尽的人／无数的人］［相遇／相逢］"または"虽然会［遇到／碰到／遇见／遇上］［很多人／许许多多的人］"。「(しかし) その中であなたといつも一緒にいるのはあなたの妻だけだ」は"（［而／然而／可是］）这其中［与／和／跟］你［朝夕相处／朝夕相伴］的，只有你的妻子"。「これこそが縁である」は"这就是缘份"。

"朝夕相处 zhāo xī xiāng chǔ"は「朝から晩までいつも一緒にいる」。

(57) 読書にはメリットがたくさんある。読書は我々の視野を広げ、知識を豊かにするばかりではなく、さらに我々の生活をより充実させることもできる。

读书的好处很多。读书不仅可以使我们开阔眼界、增长知识，还可以让我们的生活过得更充实。

「読書にはメリットがたくさんある」は"读书的好处很多／读书有很多好处"。「～ばかりではなく、さらに～」は"不仅…，还…"。「視野を広げ」は"开阔眼界"。「知識を豊かにする」は"增长知识"。「さらに我々の生活をより充実させることもできる」は"还［可以／能］［让／使］我们的生活过得更充实"。

(58) 熊が現れると、山でキノコを採集していた何人かがあたふたと逃げた。

熊一出现，正在山上采蘑菇的几个人就慌慌张张地跑了。

「～するとすぐ～」は"一…就…"。「熊が現れると」は"熊一出现"。「山でキノコを採集していた何人かがあたふたと逃げた」は"正在山上采蘑菇的几个人就［慌慌张张地／惊慌失措地／手忙脚乱地］［跑了／吓跑了］"。
"惊慌失措 jīng huāng shī cuò"は「驚き慌ててどうしてよいか分からない」。
"手忙脚乱 shǒu máng jiǎo luàn"は「慌てふためく、てんてこ舞いする」。

(59) あなたは引き出しの中の物を何度も何度も出したり入れたりして、何を探しているの？ もうやめなさい。

你把抽屉里的东西翻来翻去的，找什么呢？ 别翻了。

「あなたは引き出しの中の物を何度も何度も出したり入れたりして（かき回して）」は"你把抽屉里的东西［翻来翻去的／折腾来折腾去的］"、「何を探しているの」は"找什么呢？"。「もうやめなさい」は"别翻了／别折腾了／别瞎折腾了／别找了"。

(60) 市政府は市民からの意見を重視し、市民サービスの計画を予定より2ヵ月前倒しして実施した。

因为市政府很重视来自市民的意见，所以便民服务的计划比预定提前两个月就开始实施了。

「市政府は市民からの意見を重視する」は"市政府很重视来自［市民的／居民的／大家的］［意见／反映］"。「市民サービスの計画（市民にサービスを提供する計画）を予定より2ヵ月前倒しして実施した」は"便民服务的计划比预定［提前／早］两个月就开始实施了"。日本語の「～ので」と中国語の"因为…所以…"は訳文において完全に一致するとは限らない。

(61) 彼はいつも手抜かりなく仕事をするので、この件は彼に任せれば間違いがないと思う。

他一贯办事周详，我觉得这件事交给他办保证没问题。

「彼はいつも手抜かりなく仕事をする（事を処理する、事を運ぶ）」は"他［一贯／总是／从来］［办事周详／办事不疏忽／办事认真］"。「この件は彼に任せれば間違いがない」は"这件事［交给他（办）／交给他去办／让他办／让他去办］［很安妥／没有错／保证错不了／保证没问题］"。

(62) 司法機関として、何の罪もない人に濡れ衣を着せ、悪人を見逃すようなことを決してしてはいけない。

作为司法机关，决不应该冤枉好人，放过坏人。

「司法機関として」は"作为司法机关"。「決して～してはいけない」は"决不应该／决不能"。「何の罪もない人に濡れ衣を着せ」は"冤枉好人／让人蒙受不白之冤／让人蒙受冤枉罪／让人背黑锅"。「悪人を見逃す」は"放过坏人／放走坏人／让坏人逍遥法外"。
"不白之冤"はP.130参照。"逍遥法外 xiāo yáo fǎ wài"は「（犯人が）法の網を逃れ自由でいる」。

(63) インターネット上には、善意から批判する文章もあれば、悪意で人を中傷する文章もある。

因特网上，有善意批评的文章，也有恶意诽谤别人的文章。

「インターネット上に」は"因特网上／互联网上／网络上"。「善意から批判する文章もあれば、悪意で人を中傷する文章もある」は"有善意批评的文章，也有恶意［诽谤 fěibàng／中伤 zhòngshāng／诬蔑 wūmiè／攻击］别人的文章"。

(64) 彼は小さい時からバレエと縁を持つようになった。風が吹こうが雨が降ろう

がいつもバスに乗りレッスンに行き、これまでレッスンを休んだことがない。

他从小就跟芭蕾舞结下了因缘。总是风雨无阻地搭乘公交车去上课，从来没有缺过一次课。

「彼は小さい時からバレエと縁を持つようになった（縁を結んだ）」は"他从小就跟芭蕾舞结下了因缘"。「風が吹こうが雨が降ろうがいつもバスに乗りレッスンに行き」は"总是［风雨无阻地搭乘／不管刮风还是下雨都（乘）坐］公共汽车去上课"。「これまでレッスンを休んだことがない」は"从来没有［缺过一次课／缺过一次席／耽误过一次课］"。
"风雨无阻 fēng yǔ wú zǔ"は「雨天決行」。

⑹⑸ みなさん順番に1人ずつ話してください。騒がないで、誰もが発言するチャンスがありますから。

请大家按顺序一个一个地说。别吵吵，因为谁都有机会发言。

「みなさん順番に1人ずつ話してください」は"请大家按顺序一个一个地［说／讲／发言］"。「騒がないで」は"别［吵吵 chāochao／嚷嚷 rāngrāng／吵吵嚷嚷］"。「誰もが発言するチャンスがある」は"［谁／大家／所有的人］都有［机会发言／发言的机会］"。

⑹⑹ 子どもが授業をさぼることに対して、先生や親は正しく指導するべきだ。

对孩子逃学的问题，老师和家长应该给予正确的引导。

「子どもが授業をさぼることに対して」は"对孩子［逃学／逃课／旷课］的问题"。「先生や親は正しく指導する（指導を与える）べきだ」は"老师和家长［要／应该］［给予／予以／加以／做／进行］正确的［引导／指导］"。

⑹⑺ お湯で茹でる餃子を水餃子と言う。考証によれば、餃子は既に1400年以上の歴史を有する。

用水煮的饺子叫水饺。据考证，它已有一千四百多年的历史了。

「お湯で茹でる餃子を水餃子と言う」は"用水煮的饺子叫水饺"。「考証によれば」は"据考证／根据考证"。「餃子は既に1400年以上の歴史を有する」は"［它／饺子］［已／已经］有一千四百多年的历史了"。

⑱ 彼女は美術の才能に恵まれている。彼女の作品には濃厚な郷愁が満ち溢れており、色どりも上品で個性も強く、人々の耳目を一新させてくれる。

她富有美术才能。她的作品总是洋溢着浓浓的乡情，设色典雅，个性强烈，令人耳目一新。

「彼女は美術の才能に恵まれている」は"她［富有美术才能／对美术很善长／对美术很有天赋／在美术方面很有天赋］"。「彼女の作品には濃厚な郷愁が満ち溢れており」は"她的作品总是［洋溢着浓浓的乡情／洋溢着浓浓的乡村气息／充满了浓厚的乡村气息］"。「色どりも上品で個性も強く、人々の耳目を一新させてくれる（させる）」は"［设色／着色 zhuó//sè］［典雅／优美／雅致］，［个性强烈／很有个性／富有个性］，令人耳目一新"。
"耳目一新 ěr mù yì xīn"は「すっかり様相が変わって新鮮に感じる、見聞を新たにする」。

⑲ 皆次々とボランティア活動への参加を申し込み、ゴールデンウィークを利用し被災地の支援をしようとしている。

大家纷纷报名参加志愿者活动，想利用黄金周的休息时间去支援灾区。

「皆次々とボランティア活動への参加を申し込み」は"大家［纷纷（地）／陆续／不断／接二连三地／一个接一个地］报名参加志愿者活动"。「ゴールデンウィークを利用し被災地の支援をしようとしている」は"想利用［黄金周的休息时间／黄金周的时间／黄金周］去支援灾区"。

⑳ あなたがこんなにいい腕を持っているとは思わなかった。料理の腕前は本当に料理人にも劣らない。それに比べて私は恥ずかしい。私にはどうしたって作れないよ。

没想到你真有两下子，菜做得真不比厨师差。相比之下，我感到很惭愧，我无论如何也做不出来啊！

「あなたがこんなにいい腕を持っているとは思わなかった」は"没想到你真［有两下子／不简单／了不起］"。「料理の腕前は本当に料理人にも劣らない」は"菜做得（也）真不比厨师［差／逊色］"。「それに比べて」は"相比之下／和你相比／跟你相比／和你比起来／跟你比起来"。「私は恥ずかしい」は"我感到很［惭愧／不好意思／难为情］"。「私にはどうしたって作れないよ」は"我［无论如何／怎么］也做不出来啊"。

(71) 部屋は荒れてめちゃくちゃになっていて、足の踏み場もない。まさかこれが女の子の部屋なのか。

房间里乱得不像样子，连站的地方也没有，难道这是女孩儿的房间吗？

「部屋は荒れて（乱れて）めちゃくちゃになって」は"房间里乱得［不像样子／不像话／不成体统］"。「足の踏み場もない」は"连站的地方也没有／连下脚的地方也没有"。「まさかこれが女の子の部屋なのか」は"难道这是女孩儿（住）的房间吗？"。

(72) 昨日イミグレーションで入国手続きをする時、機内で入国カードを書いていなかったツアーのメンバーは慌ててペンや字を書く場所を探した。一方、既に記入し終わっていた他のメンバーは、余裕をもって手続きの順番を待っていた。

昨天在出入境管理局办理入境手续时，在机上没填入境卡的团友手忙脚乱地找笔找写字的地方，而另一些已经填好了的团友却稳稳当当地等着办手续。

「昨日イミグレーションで入国手続きをする時」は"昨天［在出入境管理局／在边检］［办／办理］入境手续［时／的时候］"。「機内で入国カードを書いていなかったツアーのメンバー」は"在机上［没填／没填写／没写］入境卡的团友"。「慌ててペンや字を書く場所を探した」は"［手忙脚乱地／慌慌张张地／急急忙忙地／匆匆忙忙地］找笔找写字的地方"。「既に記入し終わっていた他のメンバー」は"另一些已经［填好了／填完了／写好了／写完了］的团友"または"已经［填好了／填完了／写好了／写完了］的一些团友"。「余裕をもって手続きの順番を待っていた」は"［稳稳当当地／不慌不忙地］等着办手续"。

(73) 今年上半期の砂糖の輸出量は昨年上半期より2倍増加し、一昨年の4倍にまで増加することになるだろう。

今年上半年糖出口量将比去年上半年增加两倍，增加到前年的四倍。

「昨年上半期より2倍増加し、一昨年の4倍にまで増加することになるだろう」は"将比去年上半年增加两倍，增加到前年的四倍"。
"增加两倍"は元の量の2倍分増える、つまり元の3倍になる、"增加到两倍"は元の2倍にまで増える、つまり元の2倍になるという意味である。問題文に当てはめると、例えば、一昨年をA＝3とし、昨年上半期をB＝4とすれば、今年上半期は昨年上半期Bより2倍増加したのであるから、B＋（B×2）

= 4 +（4 × 2）= 12。一昨年 A の 4 倍にまで増加したのであるから、A × 4 = 3 × 4 = 12 で、いずれも 12 となる。

(74) この件に意外にもまだ挽回の余地があるなんて、本当に不幸中の幸いだ。

这件事儿竟然还有挽回的余地，真是不幸中的万幸。

「この件に意外にもまだ挽回の余地があるなんて」は"这件事儿竟然［还有挽回的余地／还可以挽回］"。「本当に不幸中の幸いだ」は"真是不幸中的万幸"。

(75) やはり多めに服を持って行ってください。天気が崩れた時に着ることができるので、風邪をひかないですみますよ。体が一番大事ですよ。

你还是多带点儿衣服去吧。变天的时候好穿，免得感冒了，身体是本钱。

「(あなたは) やはり多めに服を持って行ってください」は"你还是多带［点儿／几件／些］衣服去吧"。「天気が崩れた時に着ることができるので、風邪をひかないですむ」は"(因为) 变天的时候［好穿／可以穿］［免得／省得／以免］感冒了"。「体が一番大事です」は"身体是本钱／身体是一切／身体最重要"。

(76) タイマーが壊れているから、ちょっと時間を見ていてね。角煮は 20 分程度煮込めば出来上がります。

定时器坏了，你看着点儿时间啊。红烧肉炖二十分钟左右，就能炖熟。

「タイマーが壊れているから、ちょっと時間を見ていてね」は"［定时器／计时器］坏了，你看着点儿时间啊"。「角煮は 20 分程度煮込めば出来上がります」は"红烧肉炖二十分钟左右（的话），就能［炖熟／炖好］"。

(77) フランスのある偉大な作家は言った。「真の欲求なくして真の満足はない」。

法国的一位大文豪说过，没有真正的需要，便不会有真正的快乐。

「フランスのある偉大な作家は言った（ことがある）」は"法国的一位［大文豪／大作家／伟大的作家］说过"。「真の欲求なくして真の満足はない」は"没有真正的需要，［便／就］不会有真正的快乐"。
フランスの文豪、ヴォルテール（中国名"伏尔泰"）の名言である。

(78) あんなにたくさんの人の前でほめてくれるなんて、どうにも決まりが悪かった。

179

你在那么多人面前表扬我，怪不好意思的。

「（あなたは私を）あんなにたくさんの人の前でほめてくれる」は"你在那么多人面前表扬我／你当着那么多人的面夸奖我"。「どうにも決まりが悪い」は"怪不好意思的／怪难为情的"。

「"怪"＋形容詞や心理状態を表わす動詞＋"的"」で「かなり、なかなか、非常に」という程度が相当高いことを表す。例えば"今天怪生气的"（今日はとても腹が立った）、"他的话听着［怪别扭的／怪不舒服的］"（彼の話しぶりはたいへん気に障る）、"新镶的牙［怪别扭的／怪不舒服的］"（新しく作った入れ歯が合わない、違和感がある）、"这个柜子放在这儿，看着［怪别扭的／怪不相称的］"（この洋服箪笥はここに置いてみるとすっきりしない、しっくりこない）、"他有点儿不随和，［怪别扭的／怪不合群的］"（彼はちょっと天の邪鬼で、性格がひねくれている）。

(79) ちょっとうっかりして携帯をトイレに落としてしまった。携帯は見る間に流されていった。

我一不小心，把手机掉进了厕所里，眼瞅着它一命呜呼了。

「（私は）ちょっとうっかりして」は"我一不［小心／注意／留神］"。「携帯をトイレに落としてしまった」は"［把手机掉进了／手机就掉进了／手机就掉到了］厕所里"。「見る間に流されていった」は"［眼瞅着／眼看着／眼睁睁地看着］它［被（水）冲走了／被（水）冲没影了／一命呜呼了］"または"就在我的眼前它被（水）冲走了"。

(80) 彼の話は歯切れが悪く、いつも言葉を濁しているので、同僚は「歯磨き粉をチューブから絞り出しているみたいだね」とからかう。

因为他说话不干脆，总是吞吞吐吐的，所以同事们戏称他"挤牙膏"。

「彼の話は歯切れが悪く、いつも言葉（語尾）を濁している」は"他说话不［干脆／直率／爽快／直说］，总是［吞吞吐吐的／支支吾吾的／含糊其辞的］"。「同僚は『歯磨き粉をチューブから絞り出しているみたいだね』とからかう（揶揄する、ふざけて言う）」は"同事们［戏称／开玩笑地叫］他（为）"挤牙膏""。"吞吞吐吐 tūntūntǔtǔ"は「言葉を濁し話す」。"支支吾吾 zhīzhīwūwū"は「言葉を濁す」。"含糊其辞 hánhu qí cí"は「言葉を濁す、曖昧なことを言う」。"挤牙膏 jǐ yágāo"は「歯磨きをしぼり出す、転じて圧力をかけられてしぶしぶ

白状するたとえ」。

(81) 既に部屋の隅から隅まで探したが、やっぱり見つからなかった。いつの間にかなくなったようだ。

我已经找遍了房间里的各个角落，可还是没有找到，好像不翼而飞了。

「（私は）既に部屋の隅から隅まで探した」は"我已经［找遍了房间里的各个角落／把房间里的各个角落都找遍了］"。「やっぱり見つからなかった」は"还是没［找到／发现］"。「いつの間にかなくなったようだ」は"好像不翼而飞了／不知道什么时候没有了"。
"不翼而飞"は P.312 参照。

(82) 今のスマートフォンは手書き文字の認識どころか、音声認識や指紋認証もできる。これは一昔前にはまったく想像もできないことだった。

现在的智能手机不但能识别手写的文字，而且还能进行声音识别和指纹验证。这在过去完全是不可想象的。

「今のスマートフォンは手書き文字の認証どころか」は"现在的智能手机［不但／不仅／不光］［能识别手写的文字／能对手写的文字进行识别］"、「（しかも）音声認識や指紋認証もできる」は"而且还能［进行声音识别和指纹验证／进行声音识别和指纹认证／识别声音和验证指纹／识别声音和认证指纹］"。「これは一昔前にはまったく想像できないことだった」は"这在［过去／以前］完全是［不可想象的／无法想象的］"。

(83) 気に入らないとすぐふさぎこんで1人で酒を飲むなんていけないよ、お酒はやめなさい。——余計なお世話だよ。

不要一不高兴就喝闷酒，别喝了。——你管得着吗？

「気に入らないとすぐふさぎこんで1人で酒を飲むなんてはいけない」は"［不要／别］［一不高兴／一生气／一不顺心／一不痛快］就（一个人）喝闷 mèn 酒"。「余計なお世話だよ」は"你管得着吗？／用不着你管／用不着你多嘴／不该你的事／该你什么事儿？"。

(84) 苦しみは2人で分ければ半分になり、喜びは2人合わせると幸せが倍になる。この諺はスウェーデンのものだそうだ。

痛苦由两个人分担的话，就会减半，把两个人的喜悦加在一起的话就会感到幸福倍增。听说这句话出自瑞典的谚语。

「苦しみは2人で分ければ半分になる」は"痛苦由两个人分担的话，就［变成了一半／可以减半］"。「喜びは2人合わせると幸せが倍になる」は"把两个人的喜悦加在一起的话就会感到幸福倍增"。「この諺はスウェーデンのものだそうだ」は"听说这句话［出自／来自／源于］瑞典的谚语"。

(85) 君を怒らせるようなことは何もしていないのに、なんで私に八つ当たりするんだ。恋人にふられたのか。

我又没惹你，干吗拿我出气？ 被情人甩了吗？

「（私は）君を怒らせるようなことは何もしていないのに」は"我又没［惹你／得罪你／招惹你／惹你生气］"、ここの"又"は否定を強める働きをしている。「なんで私に八つ当たりするんだ」は"［干吗／干什么／为什么］［拿我出气／拿我撒气／跟我发脾气／迁怒于我／拿我当出气筒］"。「恋人にふられたのか」は"被情人甩了吗？／是不是被情人甩了？／被对象甩了吗？／是不是被对象甩了？"。

STEP 4
長文読解・中文日訳問題 6問

　長文問題はこれまで毎回2題出題され、合わせて40点程度を占めています。1題目は文章を読んで10問の選択問題を解く問題で、2題目は指定された3か所の中国語を日本語に翻訳し、ピンイン表記されている語句を簡体字に変換する問題です。準1級は長文を6篇用意しました。より多く練習するために、1篇の長文につき選択問題を10問、中文日訳問題を3問設定しました。
（解答 P.198）

課題文朗読音声ダウンロード

STEP 4の長文問題課題文6篇の朗読音声を、PCまたはスマートフォンでダウンロードできます。

★スマートフォンへのダウンロードは、
「audiobook.jp」アプリを利用します。
audiobook.jp ダウンロードシリアル番号：**78845**
「audiobook.jp」を初めてご利用の方は、アプリのダウンロード、および会員登録が必要です。

詳しくは、アスク出版サポートサイト
https://www.ask-books.com/support/
をご覧ください。
ダウンロード方法等のお問合せは、巻末488ページをご覧ください。

長文（1）　　　　　　　　　　　　　　　解答 P.198

次の文章を読み、(1)～(10)の問いの答えとして最も適当なものを、それぞれ①～④の中から1つ選びなさい。また、ピンインで表記されている語句(A)(B)を漢字に改め、下線部(a)(b)(c)を日本語に訳しなさい。

《补婚礼》

　　张达老人今年已八十有八，老伴儿严妍小他两岁。(a)老两口儿从相识、相爱、结婚到如今三代同堂，风雨同舟六十载，现在生活幸福美满。唯一让老太太觉得遗憾的就是当时由于条件所迫，没能举行婚礼这件事。

　　特别是每次见到年轻的新娘身着婚纱出现在婚礼殿堂的时候，她就看着(1)眼馋，心里痒痒，总盘算着无论如何也要挽回这　(2)　生涯憾事。所以她一有机会就在老伴儿面前叨叨咕咕的。一天电视剧里正好出现了婚礼的场面，她又忍不住唠唠叨叨地说："人家多幸福啊，穿着漂亮的婚纱办婚礼，唉，我就没这个命。"说着说着还掉下了几滴眼泪。老头子一听这话(A) liánmǐn 之情油然而生，就随声附和地说："这有什么难的，补个婚礼不就　(3)　了吗？"(b)当时说者无心，只是为了应付一下老伴儿，不过听者却把老头子补婚礼这句话牢牢地记在了心里。

　　时间过得好快啊，一晃老两口的外孙女家佳也到了婚嫁年龄了。因为平时姥姥比妈妈更疼爱家佳，所以家佳有什么事总是在跟妈妈说以前，先找姥姥商量。这天她兴冲冲地告诉了姥姥一个好消息，她就要跟从大学时代开始就一直伴随左右的男朋友结婚了。老人家听了以后乐得连嘴都　(4)　了。她按耐不住喜悦的心情对老头子说："趁着佳佳结婚时，把咱俩的婚礼也补上吧，喜上加喜嘛。"听了这话老头子顿时惊呆了。没想到自己　(5)　说的话，老伴儿却当真了。他连忙阻止说："(c)我活到这把子年纪，从未听说过谁跟外孙女一起办婚礼的事，这岂不成了天下奇闻，让世人笑掉大牙吗？"没想到自己的满腔热情竟然被老头子的一盆冷水给泼了个透心凉。严妍顿起一股无名火，大声喊道："你答应得好好儿的，怎么(6)说了不算呢？"老两口谁都不肯让步，越吵声越大。这时家佳在旁边　(7)　说："姥姥姥爷，如果能跟我一起举办婚礼，那可真是双喜临门，求之不得的好事啊！再说现在补办婚礼的也大有人在，姥爷您就答应姥姥的要求吧。"张达听了外孙女的话，虽然觉得也不是没有道理，只是面子上有点儿过不去，就假装生气地说："闹了半天，都是我不对，我是个死脑筋，不开化的花岗岩脑袋，跟不上形势，行了吧？"在一旁抹眼泪的严妍深知老头子的脾气，　(8)　心里同意，嘴上　(8)　不能服软，得给他个台阶下才行。于是，赶紧说："你(B) yíguàn 通情达理，根本不是什么死脑筋，我早就知道你一定会同意的。刚才我不好，话说得太急了。"这时家佳也乘胜追击地补充说："姥姥姥爷的婚礼就由我来　(9)　了，你们就放心好了。"

　　很快就迎来了大喜的日子，他们邀请了许多亲戚朋友前来参加他们的婚礼。当

两对新人出现在婚礼殿堂时，在座的人都兴奋起来，热烈的掌声经久不息，大家都从心里在向他们表示祝贺，为他们祝福。

- (1) 下線部(1)の正しいピンイン表記は、次のどれか。
  ① yǎnchán　② yǎngqián　③ yǎngchán　④ yǐncán

- (2) 空欄(2)を埋めるのに最も適当なものは、次のどれか。
  ①幢　②起　③堵　④桩

- (3) 空欄(3)を埋めるのに適当でないものは、次のどれか。
  ①结　②成　③对　④行

- (4) 空欄(4)を埋めるのに最も適当なものは、次のどれか。
  ①合不来　②磨不开　③张不开　④合不拢

- (5) 空欄(5)を埋めるのに最も適当なものは、次のどれか。
  ①顺风转舵　②顺水推舟　③半真半假　④半开玩笑

- (6) 下線部(6)の意味として適当なものは、次のどれか。
  ①已经说好的事情又变卦了
  ②没有决定权
  ③说话太简单了总是三言两语的
  ④每天说的都不一样总是出尔反尔的

- (7) 空欄(7)を埋めるのに最も適当なものは、次のどれか。
  ①打埋伏　②打圆场　③打算盘　④打小鼓

- (8) 2か所の空欄(8)を埋めるのに適当なものは、次のどれか。
  ①即便…也　②一面…一面　③与其…不如　④既然…就

- (9) 空欄(9)を埋めるのに最も適当なものは、次のどれか。
  ①罗列　②张狂　③张罗　④张扬

- (10) 本文の内容と一致するものは、次のどれか。
  ①妻子为外孙女结婚的事总在老伴儿面前叨叨咕咕的。
  ②张达老人比老伴儿严妍要小两岁。
  ③家佳的态度还是比较倾向于外祖母的。
  ④接到邀请信的亲戚朋友全都来参加他们的婚礼了。

長文（2）

次の文章を読み、(1)～(10)の問いの答えとして最も適当なものを、それぞれ①～④の中から１つ選びなさい。また、ピンインで表記されている語句(A)(B)を漢字に改め、下線部(a)(b)(c)を日本語に訳しなさい。

《坐电梯》

　　周末我和老公时常去与我家隔水相望的百货店顶层的餐厅吃饭。每当我要向正对着门口的扶梯方向走过去时，老公二话不说就会立刻(A) zhuài 着我来个90度的大转弯，快速径直地奔向直梯。因为周末直上直下的电梯前面总是站满了人，再加上一些推着童车的人，就越发拥挤了。往往是好不容易等来了电梯，一看里面　(1)　的人，无奈只好再等下一趟了，严重的时候甚至会连续错过好几次机会。斯时斯刻我就会劝老公说："还是去坐扶梯吧，别跟大家凑热闹了。"可他就像没听见我在说什么似的，像个木偶一样站在那里(2)纹丝不动。有时我也会硬拉着他去乘扶梯，他简直是勉强极了，显出一副很不情愿的样子。开始我并不理解老公的用意，还觉得他有点儿冒傻气，我想他肯定是以为任何时候都是直梯比扶梯快呢。

　　这样的事屡屡发生。有一次，又等了好半天也坐不上直梯，我忍不住地说："(a)你看，这么多童车，下一趟也照样上不去，我们何苦非得在这儿傻等着呢？坐扶梯我还可以顺便看看各层的商品，一饱眼福啊！"这回他终于开口了，说："就是因为你喜欢东看看西瞧瞧的，所以我才要坐直梯的。"原来如此，我这才恍然大悟。老公不爱逛商店，更不愿意被拉着强迫逛商店，才采取了这样的有效措施，闹了半天还是我的智商不够高啊！听了以后只觉得又好气又好笑，拿他一点办法都没有。虽然以前我也知道老公对逛商店很消极，可却没想到他会用这样的办法来阻止我逛商店，这真是个意外的发现。我问他："你为什么这么讨厌逛商店呢？"他回答说："我一看见熙熙攘攘你来我往的人群，头就大了。"

　　对于我们现代人来说，购物早已成了我们生活中不可缺少的一部分了，既然购物就需要选择。这么简单的道理从他的行动来看就像不理解一样。(b)我每次挑选商品时，他都在旁边一个劲儿地催促，害得我岂止是顾不上货比三家，就连试穿的基本程序都被简化掉了。有的时候我拿不定主意选择哪个，向他征求意见的时候，他的回答一贯是既爽快又简单明了，"好好好！不错不错很不错！就买这个就买这个！"像这样毫无参考价值的回答，似乎已经成了他对商品评价的口头禅了。也有的时候他表现得很　(3)　，会主动从一大堆里衣服里(B) dīliu 一两件来推荐给我，我　(4)　，这　(5)　为了加快我的购物速度　(5)　。不过托他的福，我现在在购物方面已练就了一手速战速决的本领了。

　　有时出门以前，在我的提议下，也会做个简单的计划。比如，今天出去的主要任务是要买几件什么东西等等。(c)可一踏进商店的门，他就习惯性地拉着我走在宽

敞而离商品架有一定距离的过道上，他的两眼只看前方，对过道两边琳琅满目的商品当然是<u>不屑一顾</u>了。要是我不由自主地偏离了路线，或者想故意走点儿弯路的话，就会被他及时 (6) 过来。我们就这样直上直下直来直去地走几个往返以后，他就会急不可待地说："我们该吃饭了。""我们的计划还没执行呢…""哎呀，改天吧"他一句话就把购物计划的执行日期给推迟了。我只好叹息，计划确实没有变化快啊！ 我们的购物计划恐怕要永远改天执行了。

　　我彻底觉悟到(7)<u>不能再指望老公陪我买东西了</u>，在我明确得出这个结论以后，就尝试了新的合作方法。比如，我们即便进了一家商店门，也常常采取分头行动的办法，让他去阅读他喜欢的杂志，我去慢慢地挑选要买的东西。也有时干脆在商店里找个僻静的 (8) 把他"暂存"一下，让他边看手机电视边等我。你还别说，这种办法他倒很 (9) 接受。

- (1) 空欄(1)を埋めるのに最も適当なものは、次のどれか。
  ①一星半点　　②密密麻麻　　③匆匆忙忙　　④密密丛丛

- (2) 下線部(2)の意味として適当なものは、次のどれか。
  ①原封不动　　②兴师动众　　③风吹草动　　④一动不动

- (3) 空欄(3)を埋めるのに最も適当なものは、次のどれか。
  ①殷勤　　②殷切　　③勤恳　　④勤快

- (4) 空欄(4)を埋めるのに最も適当なものは、次のどれか。
  ①心明眼亮　　②心如明镜　　③心照不宣　　④心口如一

- (5) 2か所の空欄(5)を埋めるのに適当でないものは、次のどれか。
  ①无非是…罢了　　　　　　②只要…而已
  ③只是…而已　　　　　　　④只不过是…罢了

- (6) 空欄(6)を埋めるのに最も適当なものは、次のどれか。
  ①变通　　②修正　　③纠正　　④纠缠

- (7) 下線部(7)で作者の言おうとしているのは、次のどれか。
  ①不能再要求老公给我买东西了。
  ②指望老公配合我买东西很不现实。
  ③委托老公替我买东西太奢侈了。
  ④不能再陪同老公去买东西了。

- (8) 空欄(8)を埋めるのに最も適当なものは、次のどれか。
  ①旮旯儿　　　②牛角尖儿　　　③拐弯抹角　　　④老地方

- (9) 空欄(9)を埋めるのに最も適当なものは、次のどれか。
  ①乐意　　　　②取乐　　　　　③喜悦　　　　　④心愿

- (10) 本文の内容に合うものは、次のどれか。
  ①我家的对面是条河，百货店就坐落其间。
  ②我要坐扶梯只是为了找个借口逛商店。
  ③老公一看见挤来挤去的人群，头就像要爆炸了似的。
  ④老公每次都急急忙忙地帮我挑选东西，是因为他想快点儿去吃饭。

長文（3）

次の文章を読み、(1)～(10)の問いの答えとして最も適当なものを、それぞれ①～④の中から1つ選びなさい。また、ピンインで表記されている語句(A)(B)を漢字に改め、下線部(a)(b)(c)を日本語に訳しなさい。

《猫》

　(a)由于计划不周，黄金周的旅行计划全部泡了汤，又懒得去逛人山人海的商店，就索性把自己反锁在家里了。闲来无事，随便 (1) 了一眼积满灰尘的书架，突然心机一转何不趁现在整理一下书籍呢？ 我随手拿起了一本字典，翻开一页刚想看看，一不小心字典从我的手中滑落到了地上。我 (2) 捡字典时，无意中视线停留在了正好被翻开的那页关于《猫》的说明上了。

　字典上明确地记载着猫是食肉动物，能(3)捉老鼠。我不由得想起小时候见到的猫抓老鼠时那敏捷、勇猛无前的情景，这种本领真是让我感到佩服至极。那时候养猫是为了借助猫的力量帮助人们消除鼠害，左邻右舍养的猫无一不是捉老鼠的英雄。"不管白猫黑猫，只要能抓住老鼠就是好猫。"这就是千百年来中国人(4)评价猫的标准。而在人们丰衣足食的今天，这句俗语(5)是否已经跟不上时代的步伐了呢？　不得不令人表示怀疑。

　猫抓老鼠本来是天经地义的事，过去猫也是这样尽了自己应尽的义务。猫见了老鼠就会 (6) 地去猎取，老鼠见了猫就会吓得浑身发抖，四肢发软腿肚子(7)转筋，只好坐以待毙。可是不知从何时起，情况已经发生了变化，不捉老鼠的猫到处可见。(b)有的猫岂止是见了老鼠视而不见听而不闻，任凭老鼠窜来窜去还照样干自己的事，甚至还出现了猫害怕老鼠的现象。猫见了老鼠还要东藏西躲掉头就跑，昔日猫抓老鼠的勇敢精神似乎(8)已经荡然无存了。

　就猫的本性而言，捕捉老鼠只不过是为了充饥为了填饱自己的肚子而已。它们一旦吃饱了肚子，剩下的只是睡懒觉和玩儿(A)shuǎ。情绪好的时候还会围在主人的身边跟主人一起坐在沙发上看看电视，享享受受人类的幸福生活，了解了解人类的文明世界。其实中国人早就给猫送了一个比较贴切的绰号叫懒猫。过去的猫要自食其力，不去抓老鼠的话，将面临着死亡，是环境造就了猫。(c)现在的猫摇身一变，成了人类的高级宠物。它们已习惯了饭来张口、不劳而获、饱食终日的生活。人类的各种美味食品，也都成了它们的口中餐。不仅如此，由于主人们的过分宠爱，造成它们营养过剩，使得它们的体形由轻巧苗条而变成肥满笨重，并由此引发了"成人病"，变得动作缓慢，(B)wěimí 不振、整天打瞌睡、机能退化等等。这样的猫别说捕捉老鼠了，连自己行动都很 (9) ，哪还有什么干劲去抓老鼠呢？

　看来，要想让猫为人类重新肩负起消除鼠害的重任，是离不开人类的帮助的。

(1) 空欄(1)を埋めるのに最も適当なものは、次のどれか。
①瞪　　　　②眨　　　　③白　　　　④扫

(2) 空欄(2)を埋めるのに適当でないものは、次のどれか。
①哈腰　　　②猫腰　　　③弯腰　　　④直腰

(3) 下線部(3)の正しいピンイン表記は、次のどれか。
① zhuā　　② zhōu　　③ zǎi　　④ zhuō

(4) 下線部(4)の意味として適当なものは、次のどれか。
①议论　　　②评分　　　③衡量　　　④评判

(5) 下線部(5)の意味として最も近いものは、次のどれか。
①是否已被历史所淘汰了呢？
②是否已被人们所唾弃了呢？
③是否已受到了人们的怀疑呢？
④是否已受到历史的惩罚了呢？

(6) 空欄(6)を埋めるのに最も適当なものは、次のどれか。
①义不容辞　②依法惩办　③专心致志　④虎头虎脑

(7) 下線部(7)の意味として適当なものは、次のどれか。
①就是抽风的意思　　　　②就是抽筋的意思
③就是伤筋动骨的意思　　④就是蒙头转向的意思

(8) 下線部(8)の意味として適当なものは、次のどれか。
①已经消失得无影无踪了。　②它们从来都形影不离。
③早已变成梦幻泡影了。　　④采取了消极的态度。

(9) 空欄(9)を埋めるのに最も適当なものは、次のどれか。
①艰苦　　　②劳神　　　③吃力　　　④吃紧

(10) 本文の内容と合わないものは、次のどれか。
①我偶然决定整理一下书籍，以免被人打扰就把自己反锁在家里了。
②过去邻居家养的猫个个都是抓老鼠的能手。
③那时候猫被人们作为驱除老鼠的工具来饲养的。
④猫抓耗子本来是理所当然的事。

長文（4）

次の文章を読み、(1)〜(10)の問いの答えとして最も適当なものを、それぞれ①〜④の中から1つ選びなさい。また、ピンインで表記されている語句(A)(B)を漢字に改め、下線部(a)(b)(c)を日本語に訳しなさい。

《生活在无声世界的人们》

我是一个聋姑娘。在我即将走进小学校门的一个月前，一场突如其来的疾病降临到了我的身上，彻底改变了我的人生。(a)到现在我还记忆犹新，那天当我从昏睡中醒来时，看见爸爸妈妈、医生护士都围在我的床前。从他们那有规律地变化着的口形中，我知道他们在不断地　(1)　着我的名字，可是我却听不见任何声音。我意识到自己的耳朵出了毛病，不由得用两只手拼命地(2)拍打自己的耳朵，妈妈泪流满面抱着我的头痛哭不止。

从此以后，我失去了听觉。这个曾经也属于过我的有声世界就被那场无情的病魔给夺走了。当我刚刚从充满欢声笑语的有声世界里突然被抛进了这　(3)　的无声世界时，我无论如何也无法接受这残酷的现实。我是多么多么希望能重返美好的有声世界啊！尽管我的眼泪流成了河，尽管我的(4)呐喊感动了周围所有的人，尽管周围的人们都用怜悯同情的目光安慰着我，尽管医生们都想帮我摆脱这一苦境，可是一切的一切都无济于事，现实　(5)　是现实，谁也改变不了。(b)一想到自己已和喜爱的音乐歌舞绝了缘，动人心弦的乐声歌声全部从自己的耳边消失了，我就会陷入深深的痛苦之中。每当看到邻居家的孩子们在一起说说笑笑地玩耍时，我就会暗自流泪，为了逃避现实，我常常一个人躲在家里，想把自己与外界隔离起来。(6)妈妈看在眼里疼在心上，她抱着一线希望到处为我求医问药，简直快要跑断了腿，结果都以失败告终。

妈妈只好把我送进了聋哑学校。在那里遇到的是许多和我同病相怜却非常快活的孩子们，得到的是老师无微不至地关怀和无私的爱。因为学校离家比较远，我不得不住校。老师们不仅像父母一样照顾我们，还用爱心帮助我们去　(7)　自卑感，激发我们的学习生活热情，培养我们的自立能力。

因为我喜欢唱歌跳舞，所以入读聋哑学校以后就报名参加了学校的舞蹈队，从此　(8)　舞蹈　(8)　下了不解之缘。大家可能要问，听不到音乐的孩子们，怎么能随着音乐(A) piānpiān 起舞呢？的确，对我们这些聋姑娘来说，听不到音乐，感受不到乐曲的旋律和节奏，是跳舞的最大难关。老师们为了培养我们的节拍分辨能力，采用了一种振动的办法指导我们练习。当乐曲的音量放到最大的时候，音箱会产生有节奏的振动并传到地板上，老师让我们用两只脚去感受它，再慢慢地悟出乐曲的旋律和节奏，然后踩着节拍起舞。为了准确地分辨和记住每一个舞曲的旋律和节奏，我常常趴在地板上用身体去感受去体会。(c)功夫不负有心人，我终于掌握了它们的

规律。大家还记得2008年在北京残奥会的开幕式上，那个令世人震撼的，由300多名身着白裙的聋姑娘们表演的舞蹈《星星，你好》吗？ 当时我也是其中的一员。那次的表演让我们这些聋姑娘脱颖而出。回想起这么多年走过的岁月，深深地感到没有老师们的辛勤培育，就不会有我们的今天。是可敬可爱的　(9)　们把我们这些聋姑娘带进了舞蹈世界的(B) diàntáng，是音乐的魅力打开了我们心灵中被紧紧关闭着的一扇扇窗户，让我们看到了生活的希望。

☐ (1) 空欄(1)を埋めるのに最も適当なものは、次のどれか。
　　①呼声　　　②呼唤　　　③传呼　　　④欢呼

☐ (2) 下線部(2)の意味として適当なものは、次のどれか。
　　①敲打　　　②鞭打　　　③吹打　　　④打气

☐ (3) 空欄(3)を埋めるのに最も適当なものは、次のどれか。
　　①死灰复燃　②掩人耳目　③无精打采　④万籁俱寂

☐ (4) 下線部(4)の正しいピンイン表記は、次のどれか。
　　① nuò hén　② nàhǎn　③ nèihǎng　④ nèihǎn

☐ (5) 空欄(5)を埋めるのに最も適当なものは、次のどれか。
　　①汇总　　　②归总　　　③总归　　　④归拢

☐ (6) 下線部(6)の意味として最も近いものは、次のどれか。
　　①妈妈看到这些眼里冒金星，心如刀绞。
　　②妈妈觉得愧对孩子，心里不是滋味儿。
　　③妈妈看到这些感到心酸。
　　④妈妈看到孩子落泪，感到对不起孩子。

☐ (7) 空欄(7)を埋めるのに適当でないものは、次のどれか。
　　①战胜　　　②斗争　　　③消除　　　④克服

☐ (8) 2か所の空欄(8)を埋めるのに適当なものは、次のどれか。
　　①与…结　　②与…有　　③在…打　　④在…扎

☐ (9) 空欄(9)を埋めるのに最も適当なものは、次のどれか。
　　①育苗　　　②禾苗　　　③园丁　　　④白丁

(10) 本文の内容に合うものは、次のどれか。
　①在我刚刚走进小学校门的第一个月，住了一次院。
　②病魔虽然夺走了我的有声世界，可我依然对音乐眷恋不舍。
　③妈妈为了给我治病，摔断了腿。
　④在北京残奥会的开幕式上我们学校的舞蹈队同学们都崭露了头角。

長文 (5)

解答 P.211

次の文章を読み、(1)〜(10)の問いの答えとして最も適当なものを、それぞれ①〜④の中から1つ選びなさい。また、ピンインで表記されている語句(A)(B)を漢字に改め、下線部(a)(b)(c)を日本語に訳しなさい。

《自然规律》

(a)在我们日常生活的世界里，有些规律能够让人一目了然，也有很多规律用肉眼却难以观察到，而是通过研究发现的，或者通过实验总结出来的，这一点早已被证实了。从 (1) 的远古时代到科学技术日新月异、突飞猛进的今天，人类为了寻求探索用肉眼看不到的自然规律在不停地思考和实验，经历着失败的(2)沮丧和成功的喜悦，走过了漫长而(3)曲折的道路，但却从未间断过。

如今连小学生都能心领神会、脱口而出的地球围绕着太阳转，月亮围绕着地球转这一自然规律，并非是哪位权威人士用肉眼 (4) 的结果，而是人类经过漫长的岁月通过观测研究，而推算出来的结论。据说400多年以前，天文学家哥白尼长年(5)披星戴月，通宵达旦地观测(6)繁星密布的夜空之下的浩瀚苍穹，由此他得到了天文学的第一手资料，并通过大量的计算， (7) 了日心说的 (7) ，为天文学研究奠定了重要的基础。天文学的众多后起之秀在此基础上最终准确地推导出了星体运动的规律。彻底推翻了地球是宇宙的中心，是静止不动的，其他的星体都绕着地球(A) **xuánzhuǎn** 这一维持了几千年的错误观点。

(b)伽利略为了验证重量不同的球体在下落时其速度变化的规律，通过无数次实验来进行观察。其实验结果证明了无论球体的重量如何，球的下落速度都是一样的，而且在下落的时候，离地面越近的时候速度会变得越快。在伽利略以前，还从来没有人发现过这个自然规律。由此可知，许许多多的用肉眼看不见的自然规律，并非一开始就写在某本书里等着我们去学习。我们必须通过数百次(B) **nǎizhì** 上千次的观测和实验，才有可能探索到其中的规律，得出正确的结论。

在能源日渐短缺的今天，不由得又让我们想起了老一代科学家们为我们总结出的能量守恒这一自然界中的普遍规律。(c)它告诉人们能量不仅可以从一个物体传递给另一个物体，而且能量的形式可以互相转换，即从一种形式的能量转换成另一种形式的能量，能量的总和却保持不变，且永远不会消失。如果人类能合理地利用太阳能，使其转换成为我所用的能源，(8)将会帮助人类解决世界能源日趋枯竭的燃眉之急。此外如果能将接连不断地给人们的生活带来灾难的火山爆发、地震、台风、龙卷风等自然灾害的巨大能量转换成人类的可用资源，那岂不是一举两得吗？　何乐而不为呢？　所以人类应该致力于这方面的研究。即便在能源危机席卷全球的那一天到来的时候，也能摆脱 (9) ，立于不败之地。

- (1) 空欄(1)を埋めるのに最も適当なものは、次のどれか。
  ①寸步难行　　②目不识丁　　③隔世之感　　④钻木取火

- (2) 下線部(2)の正しいピンイン表記は、次のどれか。
  ① qiěsàng　　② jǔsàng　　③ qǐsāng　　④ jùsāng

- (3) 下線部(3)の意味として適当なものは、次のどれか。
  ①坎坷　　②跌宕　　③折叠　　④沧桑

- (4) 空欄(4)を埋めるのに最も適当なものは、次のどれか。
  ①触目　　②目睹　　③过目　　④环顾

- (5) 下線部(5)の正しいピンイン表記は、次のどれか。
  ① bī xīng dài yuè　　② pī xīn dà yuè
  ③ bī xīn dà yuè　　④ pī xīng dài yuè

- (6) 下線部(6)の意味として適当なものは、次のどれか。
  ①福星高照　　②寥若晨星　　③布满星辰　　④众星捧月

- (7) 2か所の空欄(7)を埋めるのに適当なものは、次のどれか。
  ①揭开…内幕　　②拉开…序幕　　③打开…之窗　　④打破…沉寂

- (8) 下線部(8)から分かるのは、次のどれか。
  ①世界财源已进入日趋衰退的阶段。
  ②大自然的野生资源已陷入濒危状态。
  ③解决生态环境恶化的问题已迫在眉睫。
  ④大自然有限的各类资源正面临着日渐匮竭的威胁。

- (9) 空欄(9)を埋めるのに最も適当なものは、次のどれか。
  ①窘境　　②窘迫　　③繁琐　　④坐蜡

- (10) 本文の内容に合うものは、次のどれか。
  ①天文学家哥白尼把星体运动的规律全部准确地推导出来了。
  ②现在从小孩儿到老人无人不懂日心说的道理。
  ③成功和失败伴随着人类不断前进。
  ④人们已经能把地震时产生的能量为我所用了。

長文（6）

次の文章を読み、(1)～(10)の問いの答えとして最も適当なものを、それぞれ①～④の中から１つ選びなさい。また、ピンインで表記されている語句(A)(B)を漢字に改め、下線部(a)(b)(c)を日本語に訳しなさい。

《光棍节》

　　中国的传统节日已经够多的了，如果加上民族性、地方性、企业性、行业性节日的话，就更是多如牛毛了，而且人们还在不断地 (1) 新的节日。比如，近年来从大学校园里传出了一个充满幽默感的娱乐性节日——(2)光棍节。这个听起来让人感到 (3) 的节日，却意外地充满了活力。人们主要通过网络等媒介传播，逐渐在中国民间社会流行起来。"光棍"在汉语里本来是单身男性的意思。光棍节被定于(A) Ālābó 数字四个"1"这一天，也就是 11 月 11 日，这确实既形象、贴切，又富有创意。2011 年 11 月 11 日是 (4) 的超级光棍节，许多坚守在光棍第一线的年轻人通过网络等聚集在一起，庆祝自己仍然身为光棍，并以此为(5)自豪。现在光棍节已被大家搞得热热闹闹、有滋有味的， (6) 早餐要吃油条和包子啦， (6) 进餐以前首先要把连在一起的双棒油条分成两根啦， (6) 两根双棒油条加上一个包子就成了"11・11"啦，真是乐在其中。(a)还有人特意选择在这个特别的日子举办婚礼，一是为了给这个节日添彩，二是觉得从光棍节这一天起，结束自己的光棍生活更富有烂漫色彩。另外，还听说光棍节登记结婚比情人节还要火。商家和快递行业也(7)瞄准了这个备受瞩目的商机，为广开财路，大力开展促销活动。这几年光棍节那天的网上商店的销售额直线上升，(8)赚了个盘满钵满。

　　随着生活水平的提高和科学技术的发展，世界各国的结婚年龄都在不断上升，打光棍儿的人不断增加，世界正在向单身时代迈进，光棍的队伍也在不断壮大。据报道，在经济发达国家里结婚年龄不断推迟，未婚率居高不下，英国结婚人数已(B) diēzhì 150 年来最低水平，法国差不多三分之一户是单身，德国柏林的独身人口达到了 50%以上，日本 30-40 岁的未婚率达到了 30%以上。(b)全球的晚婚率和未婚率之高由此可略见一斑，这些数字令人震惊。光棍节当初只是男性的专利，现在连女性也开始加入到了这个行列，她们 (9) "男女平等，一视同仁"的 (9) ，与男性共同欢度节日。光棍节之所以能得到人们的呼应，有其社会背景。一些年轻人整天忙于工作和学习，有一天，忽然发现过去的同学朋友已陆续结婚，自己已经脱离了这个群体，未免有些孤独感。这就迫使他们去寻找和自己的处境相同的伙伴和群体，于是就产生了光棍族这样一个新的社会圈，他们聚在一起有共同的话题，共同的追求和爱好。正所谓人以群分，物以类聚。

　　(c)另外，近年来和 3・8 妇女节的日期正好颠倒过来的 8・3 男人节也通过网络开始流传，并逐渐升温。还有人做了个颇有想像力的计算，奇迹般地发现因为妇

节是 3・8，男人节是 8・3，所以两者相加正好是 11・11，世界上竟然会有这样的巧合。

- (1) 空欄(1)を埋めるのに最も適当なものは、次のどれか。
  ①创办　　　②创造　　　③创汇　　　④营造

- (2) 下線部(2)の正しいピンイン表記は、次のどれか。
  ① guānggēnjié　② guāngēnjué　③ gāngkùnjué　④ guānggùnjié

- (3) 空欄(3)を埋めるのに最も適当なものは、次のどれか。
  ①半新不旧　②前途无量　③普天同庆　④寂寞凄凉

- (4) 空欄(4)を埋めるのに最も適当なものは、次のどれか。
  ①百年一遇　②千载难逢　③驴年马月　④百年不遇

- (5) 下線部(5)の意味として適当なものは、次のどれか。
  ①自负　　　②夸耀　　　③骄傲　　　④逞能

- (6) 3か所の空欄(6)を埋めるのに適当なものは、次のどれか。
  ①或许　　　②什么　　　③要么　　　④横竖

- (7) 下線部(7)の意味として適当なものは、次のどれか。
  ①吃准　　　②看准　　　③瞅空　　　④盯梢

- (8) 下線部(8)の意味として適当なものは、次のどれか。
  ①利润好得不得了，肥得流油。
  ②竞争过于激烈，已经进入了白热化的阶段。
  ③卖得好极了，库存被扫了个一干二净。
  ④经营者们只顾赚钱，已经走火入魔了。

- (9) 2か所の空欄(9)を埋めるのに適当なものは、次のどれか。
  ①挂着…牌子　②喊着…口号　③打着…招牌　④打着…幌子

- (10) 本文の内容と合わないものは、次のどれか。
  ①听说光棍节那天办理结婚手续的人高于情人节。
  ②光棍族已经形成了一个新的社会群体。
  ③物以类聚是自然产生的现象。
  ④当今世界无论哪个国家，结婚年龄和未婚率都在直线上升。

解答と解説

長文（1）

解答・解説

(1) **正解は❶**　"眼馋 yǎnchán"は「(1) 食べたくてしようがない　(2) 羨ましがる、人の物を見てほしがる」。1文字の"馋 chán"は「食べたがる」、"嘴馋"は「食いしん坊だ」、"馋鬼""馋猫儿"は「食いしん坊な人」。

(2) **正解は❹**　"桩 zhuāng"は「(事柄を数える量詞) 件」、例えば"一桩心事"（1つの心配事）、"一桩心愿"（1つの願い）、"一桩买卖"（1口の商売）。"幢"は「(建物を数える量詞) 棟」、例えば"一幢房子"（家ひと棟）、"一幢楼"（1棟の建物）。"起"は「(発生した事柄を数える量詞) 件、回」、よく事故や案件に用いる、例えば"一起交通事故"（1件の交通事故）、"一起案子"（1つの事件）。"堵"は「垣や塀を数える量詞」、例えば"一堵墙"（1つの塀）。

(3) **正解は❸**　"…不就…吗？"は「もし〜ならばそれでもう〜ではないか」、反語文の表現であり、"…不就［结／成／行／可以／完／得 dé］吗？"のように用い、"对"は使えない。

(4) **正解は❹**　"合不拢 hébulǒng"は「(口などが) 合わせられない、閉じられない」、"合不上"とも言う。"合不来"は「そりが合わない、気が合わない」。"磨不开 mòbukāi"は「面目がない、恥ずかしい」。"张不开"は「開けられない」、例えば"张不开口"（（恥ずかしくてまたは遠慮して）口を開けない、物が言えない、口に出せない）、"张不开伞"（傘が広げられない）、"嘴张不开了"（口を開くことができなくなる）。

(5) **正解は❷**　"顺水推舟 shùn shuǐ tuī zhōu"は「成り行きに従って事を進める」。"顺风转舵 shùn fēng zhuǎn duò"は「風向きに従って舵を切る」、情勢に従って態度を変えることのたとえで、"随 suí 风转舵"とも言う。"半真半假"は「本当とも嘘ともつかない」。"半开玩笑"は「冗談半分である」。

(6) **正解は❶**　"已经说好的事情又变卦 biànguà了"は「約束したことがまた変わった」。"没有决定权"は「決定権がない」。"说话太简单了总是三言两语的"は

「話が簡単すぎていつも二言三言で終わる」。"每天说的都不一样总是出尔反尔 chū ěr fǎn ěr 的"は「毎日話すことが異なりいつも話がころころ変わる」。

(7) **正解は❷** "打圆场 yuánchǎng"は「仲裁する」、"打埋伏 máifu"は「待ち伏せをする」、"打算盘"は「そろばんをはじく、損得を考える」、"打小鼓"は「びくびくしているたとえ」。

(8) **正解は❶** "即便…也…"は「たとえ〜としても〜」。"一面…一面…"は「一方では〜しながら〜する」、2つ以上の動作を同時に行うことを表す。"与其…不如…"は「〜よりも（むしろ）〜」、2つの行動を比較したのち、前節で述べたことを捨て後節で述べたことを選ぶことを表す。"既然…就…"は「〜したからには〜」、一般に複文の前半は既に実現したことや確定したことの場合に用いる。

(9) **正解は❸** "张罗 zhāngluo"は「計画する、用意する、切り盛りする、もてなす」。"罗列 luóliè"は「羅列する」。"张狂"は「軽率である、勝手放題である」。"张扬"は「（隠しておくべき事を）言いふらす」。

(10) **正解は❸** "家佳的态度还是比较倾向于外祖母的"は「家佳さんの態度はやはり比較的祖母の考え方寄りである」。"妻子为外孙女结婚的事总在老伴儿面前叨叨咕咕的"は「妻は孫娘の結婚のことでいつも連れ合いの前でくどくど言う」。"张达老人比老伴儿严妍要小两岁"は「張達さんは奥さんの厳妍より2歳年下だ」。"接到邀请信的亲戚朋友全都来参加他们的婚礼了"は「招待状をもらった親戚や友達は全員彼らの結婚式に参加した」。

(A) 怜悯 liánmǐn（同情する、気の毒に思う）

(B) 一贯 yíguàn（一貫している）

(a)(b)(c) は日本語訳を参照

日本語訳

『60年遅れの結婚式』

　張達さんは今年88歳になり、奥さんの厳妍さんは彼より2歳年下である。(a)<u>老

<u>夫婦は、知り合い、愛し合い、そして結婚をしてから今や3世代が揃って1つ屋根の下で暮らすようになるまで、60年間力を合わせてさまざまな困難を切り抜け、今は幸せで円満な生活を送っている。</u>奥さんが唯一残念に思っているのは当時の状況から仕方なく（当時の厳しい状況により）結婚式を挙げることができなかったことだ。

　特に若い新婦さんがウェディングドレス姿で結婚式場に現れる様子を目にするたびに、奥さんは羨ましくてどうしようもなくなり、どうしてもこの生涯の心残りをなんとかしたいと（このままにしておきたくない、遅れても結婚式を挙げたいと）いつも考えていた。だからチャンスがあれば奥さんはすぐに張達さんの前でぶつぶつ文句を言うのだ。ある日テレビドラマにちょうど結婚式のシーンがあったので、彼女はまた我慢できずにくどくど言った。「彼女はなんと幸せなの、綺麗なウェディングドレスを着て結婚式を挙げられて。ああ、私にはこんな幸せなかったのよねえ」。そう言いながら涙までこぼした。張達さんはそれを聞いて思わず可哀そうに思い、彼女の話に相槌を打つように「それはそんな難しいことじゃないさ、今からでも結婚式を挙げればそれでいいじゃないか」と言った。(b)<u>その時、言った方は何も考えず、ただ相手に合わせただけだったが、聞いた方は旦那の今からでも結婚式を挙げるという言葉をしっかりと覚えていた。</u>

　時の経つのは速く、あっという間にこの老夫婦の孫娘家佳が結婚する年ごろとなった。日ごろおばあちゃんのほうがお母さんよりも家佳を可愛がっているので、家佳は何かあるとお母さんに言う前にいつもまずおばあちゃんに相談することにしている。その日彼女は興奮して（いそいそと）おばあちゃんにいい知らせを伝えた。（彼女が）大学時代からずっと付き合っている（身近にいた）彼ともうすぐ結婚することを。おばあちゃんはそれを聞くとうれしくて口をつぐんでいることができなくなった。彼女は喜びの気持ちを抑え切れず「家佳が結婚する機会を利用して、私たちの遅れた結婚式も挙げましょうよ、二重の喜びでしょ（二重のおめでたよ。喜びの上にさらに喜びが重なるのよ）」と夫に言った。それを聞くやいなや張達さんは驚いて呆然とした。自分の成り行きで言った言葉を妻が真に受けていたとは（思っていなかった）。彼は慌てて阻止しようと「(c)<u>こんな年まで生きてきたが、孫娘と一緒に結婚式を挙げるなんて聞いたこともない。前代未聞のばかげた話じゃないか、世間から大笑いされたいのか</u>」と言った。自分のあふれるばかりの気持ちがまさか旦那から冷水を浴びせられることになるとは思ってもいなかった（よもや思わなかった）。厳妍さんは、怒りがむらむらとこみ上げてきて、大声で「ちゃんと約束したのになぜ言ったことを守らないの？」と叫んだ。老夫婦2人はどちらも譲ろうとせず、次第に声が大きくなっていった。この時そばにいた家佳は祖父母の間をまるく収めようと「おじいちゃん、おばあちゃん、もし

私と一緒に結婚式を挙げられれば、それは本当に重ね重ねのおめでたで、願ってもないことよ。それに今は後から結婚式を挙げる人もたくさんいるのよ。おじいちゃん、おばあちゃんの願いを聞いてあげてね」と言った。張達さんは孫娘の話を聞いて、なるほどと思わないわけではなかったが、ただちょっとメンツが立たないので、怒ったふりをして「結局悪いのはすべて私だ。俺は頭が固いんだ。保守的な石頭で時代遅れの人間なんだ。これでいいだろう？」と言った。そばで涙を拭いていた厳妍さんは夫の性格（性質）をよく知っており、彼はたとえ内心では同意していても口では強がりばかり言う（頭を下げない、口では負けを認めない）ので、助け舟（退く機会、何かの口実、何かの降りる方法）を出してあげなければ収まらないと思った。そこで、慌てて「あなたは考え方が一貫して合理的よ。全然石頭じゃないわよ。必ず賛成してくれると最初から思っていたわ。さっきは私が悪かったの。焦って先走りすぎたから」と言った。その時家佳も追い風に乗って「おばあちゃんとおじいちゃんの結婚式は私に任せてね。安心して」と付け加えた。

　間もなくしてこのおめでたい日を迎えた。張達さんたちは多くの親戚や友人を結婚式に招いた。2組の新郎新婦が結婚式場に現れると、席についていた人たちはみな興奮して（喜んで）、熱烈な拍手が長い間鳴りやまなかった。皆心から彼らを祝福し、幸せを祈った。

長文（2）

解答・解説

(1) **正解は❷**　"密密麻麻 mìmimámá"は「びっしりと並んでいるさま」。"一星半点 yī xīng bàn diǎn"は「ちょっぴり」。"匆匆忙忙 cōngcong mángmáng"は「せかせか、急いで」。"密密丛丛 mìmicóngcóng"は「（草木が）生い茂っているさま」。

(2) **正解は❹**　"纹丝不动 wén sī bú dòng"は「少しも動かない、微動だにしない」、人にも物体にも用いられる。"一动不动"は「少しも動かない」、多く人に用いる。"原封不动 yuán fēng bú dòng"は「元のままで手を触れない」。"兴师动众 xīng shī dòng zhòng"は「多くの人を集めて大げさにする」。"风吹草动 fēng chuī cǎo dòng"は「風が吹くと草が動く、ちょっとした変わった様子のたとえ」。

(3) **正解は❶** "殷勤 yīnqín"は「(態度や接待などが)親切である、心がこもっている」、例えば"殷勤招待"(心からもてなす)、"献殷勤"(人の機嫌をとる、歓心を買う、こびへつらう)。"殷切 yīnqiè"は「(願い、希望、期待が)切である、切実である」、例えば"殷切的希望"(切なる願い)、"殷切地期待"(切に期待する)。"勤恳 qínkěn"は「(仕事や勉強振りが)勤勉でまじめである」。"勤快 qínkuai"は「(手足や仕事振りが)まめである、仕事好きである」、反対の意味の言葉は"懒惰 lǎnduò"(怠惰である)。

(4) **正解は❷** "心如明镜 xīn rú míng jìng"は「心は鏡のように澄んでいる、心の中でははっきり分かっている」。"心明眼亮 xīn míng yǎn liàng"は「心も目もはっきりして是非を正しく判断できる、洞察力がすぐれている」。"心照不宣"は「心と心で分かり合うが互いに口には出さない」。"心口如一"は「心と口が一致している、誠実で嘘がない」、反対の意味の言葉は"心口不一"。

(5) **正解は❷** "无非(是)…罢了／只是…而已／只不过(是)…罢了"は「〜にすぎない」、"只要…而已"とは言わない。

(6) **正解は❸** "纠正"は「(行動や方法などの欠点や過ちなどを)改める、是正する」。"变通"は「臨機応変にする」。"修正"は「(文章などの誤りや観点などを)修正する」。"纠缠 jiūchán"は「(1) もつれる (2) 邪魔をする」。

(7) **正解は❷** "指望老公配合我买东西很不现实"は「買い物では旦那の協力を期待するのは無理だ」。"不能再要求老公给我买东西了"は「もう旦那に何かを買ってもらってはいけない」。"委托老公替我买东西太奢侈了"は「旦那に頼んで私の代わりに買い物をするのは贅沢だ」。"不能再陪同老公去买东西了"は「もう旦那に付き合って買い物に行くことはできない」。

(8) **正解は❶** "旮旯儿 gālár"は「隅、隅っこ」、"嘎拉儿"とも書く。"牛角尖儿 niújiǎojiānr"は「牛の角の先」で、"钻 zuàn 牛角尖儿"は「くだらない問題で頭を悩ますたとえ」。"拐弯抹角 guǎi wān mò jiǎo"は「(1) くねくね曲がる、遠回りする (2) 話が回りくどい、遠回しに言う」。"老地方"は「例の所」。

(9) **正解は❶** "乐意 lèyì"は「喜んで〜する、満足である」。"取乐"は「楽しむ、からかう」。"喜悦"は「うれしい、楽しい」。"心愿"は「願い」。

⑽ **正解は❸** "老公一看见挤来挤去的人群，头就像要爆炸似的"は「夫は押し合いへし合いしている人混みを見ると頭が爆発しそうになる」。"我家的对面是条河，百货店就坐落其间"は「自宅の向かい側は川で、百貨店はその間にある」。"我要坐扶梯只是为了找个借口逛商店"は「私がエスカレーターに乗りたいのはただそれを口実にしてウィンドーショッピングをするためだ」。"老公每次都急急忙忙地帮我挑选东西，是因为他想快点儿去吃饭"は「夫が毎回急いで私が商品を選ぶのを手伝うのは、早く食事に行きたいからだ」。

(A) 拽 zhuài（引っ張る）

(B) 提溜 dīliu（手で提げる）

(a)（b）（c）は日本語訳を参照

日本語訳

『エレベーターに乗る』

　週末に私は時々夫と家から川を挟んだ向こう側に見える百貨店の最上階にあるレストランへ食事をしに行く。私が入口に面したエスカレーターの方向へ向かおうとするたび、夫は何も言わずすぐに私の手を引いて90度回転させ、素早く真っ直ぐにエレベーターへ向かう。週末は上の階と下の階を直行運行するエレベーターの前にいつも人が大勢いて、おまけにベビーカーを押す人もいるので、いっそう混み合っている。せっかくエレベーターが来ても、往々にして中には人がびっしりと詰まっていて、仕方なく次に来るエレベーターを待つこともあり、酷い時は何回も乗るチャンスを逃し続けることもある。こんな時私は夫に「やはりエスカレーターで行きましょう、エレベーターはやめましょう」と促す。しかし夫はまるで私の言ったことが聞こえなかったように、人形のように立ったままちっとも動かない。時には無理やり彼を引っぱってきてエスカレーターに乗せようとするが、彼は実に嫌そうに浮かない顔をする。最初は私も夫の考えが分からず、逆にちょっとほうっとしていて、どんな時でも直行するエレベーターのほうがエスカレーターより速いと思い込んでいるのだと思っていた。

　このようなことがしばしば起こる。ある時、また長く待ってもエレベーターに乗れず、私は我慢できずに彼に「(a)ほら、こんなに多くのベビーカーなんだから、次も相変わらず乗れないよ。どうしてわざわざここで馬鹿みたいに待たなければならないの。エスカレーターで行けばついでに各フロアの商品も見られるし、目

の保養にもなるのよ」と言った。彼はついに口を開き、「お前があれもこれも見たがるから、直行のエレベーターに乗りたいんだよ」と言った。なるほどそういうことだったのか。私は初めて気づいた（それでようやくはっと悟った）。夫はウィンドーショッピングをするのが嫌いで、引っ張られて無理に付き合わされるのはなおさら嫌なので、それでこのような有効策をとっていたのだ。結局のところ私が馬鹿だったのだ。それを聞き、ただ腹が立つやらおかしいやら、彼をどうすることもできなかった。以前から夫がウィンドーショッピングに興味がないことを知っていたが、まさか彼がこのような方法で私のウィンドーショッピングを阻止しているとは思わなかった。これは本当に意外な発見だった。私は「どうしてウィンドーショッピングをするのがそんなに嫌なの？」と彼に聞いた。彼は「にぎやかに行ったり来たりしている人たちの群れを見ると、頭が爆発しそうになるんだ」と答えた。

　私たち現代人にとって、買い物はとっくに生活の中の欠かせない一部になっていて、買い物をする以上、選ぶことは必要である。こんなに簡単な道理を、彼の行動を見ると分かっていないようだ。(b)私は毎回商品を選ぶ時、いつも彼に傍からひたすら急かされ、商品を3軒分比較するどころか、試着という基本的なプロセスすら簡略化されてしまう。時にはどれにしようかと迷って、彼に意見を求めると、答えは一貫して簡単明瞭、「はいはいはい、いい、いい、とてもいい、それだ、それにしなさい」である。こんな少しも参考価値のない答えが、彼の商品を評価する時の口癖になっているようだ。時には彼（の態度）はとても親切で、自ら山ほどある服の中から1、2着引っぱり出して薦めてくれる。とはいえ私にははっきり分かっているのだが、それはただ私の買い物の速度を上げようとしているだけなのだ。でも夫のおかげで、私は今や買い物の面では既に速戦即決の能力（技）を身につけている。

　時には出かける前に私の提案で簡単な計画を立てることもある。例えば、その日の主な目的はこれとこれ…いくつかの物を買うことなどとするのだ。(c)しかし店に入るいなや、彼はもう習慣的に私を引っ張って行って、商品棚から一定の距離をおく広い通路を歩く。彼の目は前方にしか向けられず、通路の両側に並んでいるさまざまな素晴らしい商品には当然興味もなく目もくれない。もし私が思わずルートから外れたり、あるいはわざと寄り道しようとしたりすると、すぐに戻されてしまう。私たちはこのように脇目も振らずに上へ下へと一直線に行ったり来たり何回か往復した後、彼はもどかしそうに「もう食事の時間だよ」と言い出す。「計画はまだ実行できていないよ」と私が言うと、「やれやれ、また今度にしよう」という彼の一言でこの買い物計画の実行日は延期されてしまう。計画が変化に及ばないのは確かね、と私はため息をつくしかない。私たちの買い物計画は

おそらく永遠にまた今度ということになるのだろう。

　もう夫に買い物を付き合わせることは期待できないと、私は徹底的に悟った。この結論を明確に出した後、私は新しい協力方法を試みた。例えば、1軒の同じ店に入ったとしても別々の行動を取り、彼には好きな本や雑誌を読みに行ってもらい、私はゆっくり買いたい商品を選ぶ。時にはいっそのこと店内の静かな場所を探して彼を「一時預かり」にして、携帯電話でテレビを見ながら私を待ってもらうのだ。意外にも夫はこの方法を喜んで受け入れているのである。

長文（3）

解答・解説

(1) **正解は❹**　"扫眼 sǎo//yǎn"は「眼を走らす」、例えば"扫了一眼"（さっと見回した）。"瞪眼 dèng//yǎn"は「(1) 目を見張る　(2) 目をむいて怒る」、例えば"瞪了一眼"（ぐっと睨んだ）。"眨眼 zhǎ//yǎn"は「(1) まばたきする　(2) またたく間」、例えば"眨了眨眼"（目をつぶってみた）、"一眨眼"（またたく間に）。"白眼"は「白い目」。

(2) **正解は❹**　"直腰"は「腰を伸ばす」。"哈腰 hā//yāo""猫腰"、"弯腰"は「腰を曲げる、腰をかがめる」。

(3) **正解は❹**　"捉 zhuō"は「捕る」。

(4) **正解は❸**　"评价"は「評価する、評価」。"衡量 héngliang"は「(1) 評価する、価値をはかる　(2) 考えをめぐらす」、ここでは(1)の意味で合致。"议论"は「(1) 議論、意見　(2) 話題にする、あれこれ言う」、日本語の「議論」は中国語"讨论"に近い。"评分"は「採点する」。"评判"は「(勝敗や優劣を)判定する、審査する」、日本語の「評判がよい」は中国語で"评价好／评价高／名声好／声誉不错／口碑 kǒubēi 不错"と言う。

(5) **正解は❶**　"是否已被历史所淘汰了呢？"は「既に歴史に淘汰されただろうか」。"是否已被人们所唾弃 tuòqì 了呢？"は「既に人々から唾棄されているだろうか」。"是否已受到了人们的怀疑呢？"は「既に人々から疑われているだろうか」。"是否已受到历史的惩罚了呢？"は「既に歴史の罰を受けているだろうか」。

(6) 正解は❶ "义不容辞 yì bù róng cí"は「道義上断われず辞退できない」。"依法惩办 yī fǎ chéng bàn"は「法律に照らして懲罰する」。"专心致志 zhuān xīn zhì zhì"は「専念している、一心不乱である」。"虎头虎脑 hǔ tóu hǔ nǎo"は「(男の子が)元気で丈夫そうなさま」。

(7) 正解は❷ "转筋 zhuàn//jīn"は「(筋肉が)痙攣する、(漢方)こむら返りになる」。"抽筋 chōu//jīn"は「痙攣する、(筋肉が)痙攣する」。"抽风 chōu//fēng"は「(1)(器具で)風を吸い込む (2)痙攣を起こす (3)常軌を逸するたとえ」。"伤筋动骨 shāng jīn dòng gǔ"は「筋骨を傷める」。"蒙头转向 mēng tóu zhuàn xiàng"は「頭がぼうっとして方向が分からなくなる」。

(8) 正解は❶ "已经荡然无存 dàng rán wú cún 了"は「跡形もなくすっかり消えてしまった」、つまり "已经消失得无影无踪了"「跡形もなく消えてしまった」。"它们从来都形影不离 xíng yǐng bù lí"は「彼らはいつもいっしょにいて離れない」。"早已变成梦幻泡影 mèng huàn pào yǐng 了"は「とっくに水の泡になってしまった」。"采取了消极的态度"は「消極的な態度をとった」。

(9) 正解は❸ "吃力"は「(1)骨が折れる (2)疲れている」。"艰苦 jiānkǔ"は「(生活、仕事、環境などが)苦しい、つらい」。"劳神 láo//shén"は「心を労する、気を遣う、頭を悩ませる」。"吃紧 chījǐn"は「(軍事や金融などの情勢が)緊迫している、切迫している」。

(10) 正解は❶ "我偶然决定整理一下书籍，以免被人打扰就把自己反锁在家里了"は「私は偶然に書籍を整理することにしたので、人に邪魔されないように自分を家に閉じ込めた」。"猫抓耗子本来是理所当然的事"は「猫がネズミを捕るのは本来当たり前のことである」。"过去邻居家养的猫个个都是抓老鼠的能手"は「昔隣人が飼った猫はみなネズミを捕る達人だった」。"那时候猫被人们作为驱除老鼠的工具来饲养的"は「そのころ猫は人々にネズミを駆除する道具として飼育されたのだった」。

(A) 耍 shuǎ（遊ぶ）

(B) 萎靡 wěimǐ（しょげる）

(a) (b) (c) は日本語訳を参照

日本語訳

『猫』

　(a)計画を周到にしていなかったために、ゴールデンウィークの旅行計画がすべてふいになり、おまけに人で溢れ返るお店をぶらつくのも億劫なのでいっそのこと、自分の部屋に閉じ込もっていることにした。暇でやることがないので、何気なく埃がいっぱい積もった本棚をちらと見た（さっと見回した）ところ、今のうちに本を整理したらいいのではないか？と突然ひらめいた。無造作に（適当に）辞書を１冊手に取って１頁めくって読もうとしたところ、うっかりして辞書が私の手から床に滑り落ちてしまった。腰をかがめて辞書を拾った時、ちょうど開いたページの「猫」についての説明のところに無意識のうちに目がとまった。

　辞書には、猫は肉食動物でネズミを捕る、と明確に記載してあった。思わず小さい時に見た、猫がネズミを捕る時の敏捷で勇猛無敵な光景を思い出した。その能力には本当に感心したものだ。あのころ猫を飼うのは猫の力を借りてネズミを駆除するためだった。隣近所が飼っていた猫は１匹残らずみんなネズミを捕る英雄だった。「黒猫でも白猫でもネズミさえ捕れれば良い猫だ」。これが長い年月にわたって中国人の猫を評価する基準だった。ところが人々が暖衣飽食となった今では、この諺はもう時代後れになってしまったのだろうか。疑いを抱かざるを得ない。

　猫がネズミを捕るのは本来当たり前のことで、過去においては猫も自分の尽くすべき義務を果たしていた。猫はネズミを見ると当然の義務として捕獲にあたり、ネズミは猫に出会うと、全身が震えて四肢の力が抜け、恐怖のあまり足の筋が痙攣して、座して死を待つしかなかった。しかしいつからか分からないが、状況は変わり、ネズミを捕らない猫をあちこちで見かけるようになった。(b)ネズミを見れども見えず、聞けども聞こえずどころか、ネズミがいかに走り回っても相変わらず我関せずというような猫もおり、さらには猫がネズミを怖がるという現象も出現した。猫がネズミに会ってあちこち逃げ隠れして頭の向きを変えて逃げ出してしまうとは、昔の猫のネズミを捕る勇敢なスピリットは跡形もなくすっかり消えてしまったようだ。

　猫の本性から言うと、ネズミを捕るのはただ飢えをしのぐため、おなかを満たすために過ぎない。一旦おなかがいっぱいになると、後は気持ちよく眠ったり遊んだりするだけだ。機嫌のいい時は飼い主のそばに来て一緒にソファーに座ってテレビを見たりして、人間の幸せな生活を楽しみ、人類の文明世界に触れたりする。実は、中国人は早くから猫にぴったりなあだ名をつけていた。それは「ナマケ猫」という。昔の猫は自活していなければならなかった。ネズミを捕らないと、

死に直面しただろう。環境が猫を鍛えた（育てた）のだ。(c)今の猫は姿を一変させ、人間の高級愛玩動物になった。彼らはご飯が来れば口を開け、働かずに物をもらい、無為徒食の日々を過ごす、という生活に慣れてしまった。人間のさまざまなおいしい食べ物でさえ彼らの食べ物になってしまったのだ。それだけでなく、飼い主たちが度を過して可愛がるので、栄養過剰になり、（それによって）軽やかでスマートだった体型が肥満して鈍重になり、さらには「成人病」を誘発させている。そして動作が鈍くなって、元気なく、1日中居眠りをし、機能が低下する等々ということにもなっている。このような猫は、ネズミを捕るどころか、動くだけでも骨が折れるのだから、どこにネズミを捕る気力などが残っているというのだろうか。

どうやら、人類のためにネズミを駆除するという重い任務を再び猫に担ってもらいたければ、人類が手助けするしかないようだ。

長文（4）

解答・解説

(1) **正解は❷** "呼唤"は「呼ぶ、呼びかける」。"呼声"は「叫び声、要望」。"传呼"は「（電話の）呼びしをする」。"欢呼"は「歓呼の声をあげる」。

(2) **正解は❶** "敲打"は「(1)（固い物や響く物を）叩く (2) 皮肉を言う」。"鞭打 biāndǎ"は「むち打つ」。"吹打"は「（吹奏楽器などで）演奏する」、"打气"は「(1)（タイヤなどに）空気を入れる (2) 気合いを入れる」。

(3) **正解は❹** "万籁俱寂 wànlài jù jì"は「しんと静まり返っている」。"死灰复燃 sǐ huī fù rán"は「息を吹きかえす」。"掩人耳目 yǎn rén ěr mù"は「人の目耳を覆う、世間を欺くたとえ」。"无精打采"は「元気がないさま」。

(4) **正解は❷** "呐喊 nàhǎn"は「叫ぶ、大声をあげる」。

(5) **正解は❸** "总归"は「結局（のところ）」。"汇总"は「とりまとめる」。"归总"は「1つにまとめる」。"归拢"は「片づける」。

(6) **正解は❸** "妈妈看在眼里疼在心上"は「母はそれを見て心を痛める」。"妈妈看到这些感到心酸"は「母はそれを見て悲しい気持ちになる（胸が痛い）」。"妈

妈看到这些眼里冒金星，心如刀绞"は「母はそれを見てめまいがして胸を刺される思いである」。"妈妈觉得愧对孩子，心里不是滋味儿"は「母は子どもに顔向けできないと感じ、つらい気持ちになった」。"妈妈看到孩子落泪，感到对不起孩子"は「母は子どもの泣き顔を見て申し訳ないと思う」。

(7) **正解は❷** "战胜"は「打ち勝つ、克服する」。"消除"は「取り除く」。"克服"は「克服する」。"战胜自卑感／消除自卑感／克服自卑感"で「コンプレックスを克服する」。"斗争"は「闘争する」、"斗争自卑感"とは言わない。

(8) **正解は❶** "与…结下了缘"は「～と縁を結んだ」、例えば"与音乐结下了缘"（音楽と縁を結んだ）。"与…有关系"は「～と関係がある」、例えば"与他有关系"（彼と関係がある）。"在…打下了基础"は「～で基礎を築いた」、例えば"在这领域打下了基础"（この分野で基礎を築いた）。"在…扎下了根"は「～に根をおろした」、例えば"在农村扎下了根"（農村に根をおろした）。

(9) **正解は❸** "园丁 yuándīng"は「(1) 園芸職人 (2) 教師（多く小学校の先生を指す）」。"育苗 yù//miáo"は「苗を育てる」。"禾苗 hémiáo"は「穀物の苗」、"白丁"は「庶民、文化程度が低い人、学問のない人」。

(10) **正解は❷** "病魔虽然夺走了我的有声世界，可我依然对音乐眷恋 juànliàn 不舍"は「病魔によって私は音の世界を奪われたが、私は相変わらず音楽に愛着を持っていた」。"在我刚刚走进小学校门的第一个月，住了一次院"は「私が小学校に入ったばかりの1ヵ月目に一度入院した」。"妈妈为了给我治病，摔断了腿"は「母は私の病気を治療するために転んで脚の骨を折った」。"在北京残奥会的开幕式上我们学校的舞蹈队同学们都崭露了头角"は「北京パラリンピックの開会式で私たちの学校のダンスチームの学友達はすべて頭角を現した」。

(A) 翩翩 piānpiān（軽快に舞うさま）

(B) 殿堂 diàntáng（殿堂、広壮な建築物）

(a) (b) (c) は日本語訳を参照

日本語訳

『音のない世界に暮らしている人たち』

　私は耳の不自由な女の子です。小学校に入る1ヵ月前に、突然、重い病が私の身に降りかかり、私の人生を完全に変えました。(a)今なお鮮明に覚えています。あの日私が昏睡状態から目覚めると、パパママ、お医者さんや看護師さんが私のベッドを取り囲んでいるのが見えたことを。彼らのその規則的に変化する口の形から、彼らが私の名前を呼び続けているのが分かりました。でも私には何も聞こえませんでした。私は自分の耳がおかしくなったと気付き、思わず両手で必死に自分の耳をたたきました。ママは涙を流しながら私の頭を抱きしめてずっと泣いていました。

　それ以来、私は聴覚を失いました。かつては私のものでもあった音のある世界は、あの無情な病魔によって奪い去られてしまいました。楽しげな声や笑い声に包まれた音の世界から、突然静まり返った無音の世界に投げ出されたばかりのころ、私はどうしてもこの残酷な現実を受け入れることができませんでした。どんなに美しい音の世界に再び戻りたいと望んだことか。涙が川になるほど流れても、私の叫び声が周りのすべての人々の心を打っても、周りの人々みんなが同情のまなざしを向けて慰めてくれても、お医者さんがこの苦境から抜け出す手助けをしたくても、何もかも一切役には立たず、現実はやはり現実であり、誰にもそれを変えることはできませんでした。(b)好きな音楽や歌や踊りと自分は縁が切れてしまった、心を打つ音楽や歌声がすべて自分の耳から消えてしまったと思うと、深い苦しみに陥ってしまいます。近所の子どもたちが集まって一緒に話したり笑ったりして遊んでいるのを見るたびに、私はこっそりと涙を流しました。現実から逃げ出すために、よく1人で家にこもって自分を外部の世界から遮断しようとしました。母はそれを見て心を痛め、わずかの望みを抱いて私のために良い治療法を求め、脚が折れるほどあちこち走り回ってくれましたが、結局すべて失敗に終わりました。

　母はやむを得ず私を聾唖学校(注)へ入れました。その学校で私と同じ苦しみを背負いながら、でも非常にイキイキと快活な多くの子どもたちに出会い、先生たちからは行き届いた配慮や無償の愛を得ることができました。学校は家から遠いので、私は学校の寮に住むしかありませんでした。先生たちは両親と同じように面倒を見てくれるだけではなく、愛の心でコンプレックスを克服するよう励まし、私たちの勉強や生活への意欲を奮い立たせて、自立する能力を育ててくれました。

　私は歌とダンスが好きなので、聾唖学校に入るとすぐ学校のダンスチームに参加を申し込み、それ以来ダンスと固い絆ができました。皆さんは疑問に思うかも

しれません。音楽の聞こえない子どもたちが、どのように音楽に合わせて舞うのかと。確かに、私たちのような耳が聞こえない者にとって、音楽が聞こえず楽曲のメロディとリズムを感じ取れないことは、ダンスをする上での最大の難関です。先生たちは拍子とリズムを聴き分ける能力を育成するために、一種の振動方法を用いて私たちを指導しました。楽曲の音量を最大にすると、スピーカーにリズミカルな振動が発生し、さらにそれが床に伝わってきます。先生は私たちに両足でそのリズミカルな振動を感じさせ、そしてゆっくりと楽曲のメロディとリズムを感知させ、それからそのリズムに乗って踊るように仕向けるのです。正確に一つ一つの舞曲のメロディとリズムを覚え聴き分けるために、私はいつも床に腹這いになり、体全体で感じ、体得するようにしました。(c)努力は人を裏切りません。私はついにそれらの法則を身につけました。2008年北京パラリンピックの開会式であの世界の人々を驚かせた、白いドレスを着た300人余りの耳の不自由な女の子たちが演じた『星たちよ、こんにちは』というダンスショーを皆さんまだ覚えていますか。当時私もその中の一員だったのです。あのショー（公演）が、私たちのような耳の不自由な女の子を世界にはばたかせてくれたのです。歩んだ歳月を振り返ると、先生たちが一生懸命育てくれなかったら、今の私たちはないと深く感じます。尊敬すべき愛すべき先生たちが、私たち耳の不自由な女の子をダンス世界の殿堂へと導いてくれ、音楽の魅力が私たちの心の固く閉じていた窓を一枚一枚開いたのです。そして私たちに生きる希望を見せてくれたのです。

(注) 日本では「ろう（聾）学校」と言われている。

長文（5）

解答・解説

(1) **正解は❹** "钻木取火 zuān mù qǔ huǒ"は「木と木をこすり合わせて火を起こす」。"寸步难行"は「一歩も進めない、境遇が苦しい」。"目不识丁 mù bù shí dīng"は「一字も知らない」。"隔世 géshì 之感"は「隔世の感がある」。

(2) **正解は❷** "沮丧 jǔsàng"は「がっかりする」。

(3) **正解は❶** "曲折"は「(1) 曲がりくねる　(2) (事情などが) 複雑である　(3) 曲折、面倒な局面」。"坎坷 kǎnkě"は「(道や地面が) でこぼこである　(2) 事がうまく運ばない」。"跌宕 diēdàng"は「(性格が) 自由奔放である、(音楽

や文章などが）抑揚があり変化に富んだ」、"跌荡"とも書く。"折叠 zhédié"は「折り畳む」。"沧桑 cāngsāng"は「世の中の移り変わりが激しいことのたとえ」。

(4) **正解は❷**　"目睹 mùdǔ"は「目で見る、目撃する」。"触目 chùmù"は「目に触れる、目立っている」。"过目"は「（資料、文章などをチェックするために）目を通す」。"环顾 huángù"は「見回す」。

(5) **正解は❹**　"披星戴月 pī xīng dài yuè"は「朝から夜まで働きに働く」。

(6) **正解は❸**　"繁星密布 fánxīng mìbù"は「たくさんの星が広がっている」。"布满星辰 bùmǎn xīngchén"は「星が空いっぱいに散らばっている、空いっぱいの星」。"福星高照"は「幸運の星が高く照らす、幸運に恵まれる」。"寥若晨星 liáo ruò chén xīng"は「夜明けの星のように数が乏しい」。"众星捧月 zhòng xīng pěng yuè"は「多くの星が月を捧げるように多くの人が1人をあがめるたとえ」。

(7) **正解は❷**　"拉开…序幕 xùmù"は「～幕を開く」、例えば"拉开了改革开放的序幕"（改革開放の幕を開いた）。"揭开…内幕"は「～内情を明らかにする」、例えば"揭开了案件的内幕"（事件の内幕を明かした）。"打开…之窗"は「～の窓を開く」、例えば"打开了心灵之窗"（心の窓を開けた）。"打破…沉寂"は「～静寂を破る」、例えば"打破了夜空的沉寂"（夜空の静寂を破った）。

(8) **正解は❹**　"大自然有限的各类资源正面临着日渐匮竭的威胁"は「大自然の限りある各種の資源が日に日に枯渇していく脅威に直面している」。"世界财源已进入日趋衰退的阶段"は「世界の財源が日に日に衰退していく段階に入っている」。"大自然的野生资源已陷入濒危状态"は「自然界の野生資源が絶滅の危機に瀕している」。"解决生态环境恶化的问题已迫在眉睫"は「生態環境悪化問題の解決は既に目前に迫っている」。

(9) **正解は❶**　"窘境 jiǒngjìng"は「窮境、苦境」。"窘迫"は「非常に苦しい、困り果てている」。"繁琐 fánsuǒ"は「面倒である、煩わしい」。"坐蜡 zuò//là"は「困難な状態に陥る」。

(10) **正解は❸**　"成功和失败伴随着人类不断前进"は「成功と失敗は人類の絶え間

ない発展につき従う」。"天文学家哥白尼把星体运动的规律全部准确地推导出来了"は「天文学者コペルニクスは天体運動の規則をすべて正確に導き出した」。"现在从小孩儿到老人无人不懂日心说的道理"は「今子どもからお年寄りまで太陽中心説を分からない人はいない」。"人们已经能把地震时产生的能量为我所用了"は「人々は既に地震によるエネルギーを私たちの利用できるものに変換できた」。

(A) 旋转 xuánzhuǎn（回転する）

(B) 乃至 nǎizhì（ひいては）

(a)(b)(c)は日本語訳を参照

日本語訳

『自然界の法則』

(a)私たちが日常生活を送る世界の中には、一目瞭然の法則もあれば、肉眼ではなかなか観察できず、研究を通じて発見された法則や、あるいは実験を通してまとめられた法則もたくさんある。その点はとっくに証明済みである。木で火を起こしていた太古の時代から、科学技術が日進月歩、めざましく発展する今日まで、人類は目には見えない自然界の法則を探し求めて、絶えず思考や実験を行い、失敗の落胆や成功の喜びを体験しながら、曲がりくねった長い道のりを歩んできた。しかしいまだにそれを中断させたことはない。

今では小学生でさえよく理解しているし即座に答えることもできる、地球が太陽の周りを回り、月が地球の周りを回っているという自然界の法則は、権威のある誰かが肉眼で観測した結果ではなく、人類が長い歳月を経て観測研究を通じて推定して導き出した結論である。聞くところによれば400年以上前、天文学者コペルニクスが、長年昼夜兼行で働き、夜通したくさんの星が隙間なく広がっている夜の大空を朝まで観測することによって、天文学の一次資料（生データ）を得、さらに大量の計算を通じて地動説（太陽中心説）の幕を開け、天文学研究のための重要な基礎を打ち立てたのだそうだ。天文学の多くの後進たちが、この基礎の上に最終的に正確な天体運動の規則を導き出した。地球は宇宙の中心であり、静止不動であり、他の天体はすべて地球を巡って回転しているという数千年も続いていた間違った見方を徹底的に覆したのである。

(b)ガリレオは重量の異なる球体が落下する時の速度変化の法則を検証するため

に、何度も何度も実験を重ねて観測した。その実験結果によって、球体の重量がどうであっても、落下速度はすべて同じで、しかも落下時、地面に近づけば近づくほど落下速度が速くなることが証明された。ガリレオ以前には、この自然界の法則を発見した人はいなかった。これから分かるように、肉眼では見えない自然界のたくさんの法則は、その大多数が最初から何らかの本に書かれていて、私たちが勉強するのを待っているというわけでは決してないのだ。数百回、ひいては数千回の観測や実験を通じて、初めてその中の法則を探し当て、正しい結論を出すことが可能になるのである。

　エネルギー（資源）が日に日に不足しつつある今、思わず科学者の先輩たちがまとめてくれたエネルギー保存の法則という自然界の普遍の法則が思い起こされる。(c)それは人々に、エネルギーが１つの物体から他の１つの物体に伝達できるばかりではなく、しかもエネルギーの形態も互いに変換できる、つまりある形態のエネルギーから他の形態へ変換でき、エネルギーの総量は常に一定不変で、しかも永遠に消えない（消滅しない）ということを教えている。もし人間が合理的に太陽エネルギーを利用して、それを私たちの利用できるエネルギー（資源）に変換させることができれば、世界のエネルギーが日に日に枯渇していく焦眉の急を人類が解決できる助けとなるだろう。そのほかに、もし人々の生活に相次いで災難をもたらす火山の噴火、地震、台風、竜巻などの自然災害の巨大なエネルギーを、人間が利用できる資源に変換することができれば、それは一石二鳥ではないか。どうして進んでやらないのだろう。したがって人類はこの方面の研究に力を入れるべきである。たとえエネルギー危機が全世界を席巻するその日が来ても、苦境を乗り越え（窮地を脱出し）、不敗の地に立つことができる（危機に屈することはない）だろう。

長文（6）

解答・解説

(1) **正解は❷**　"创造"は「（理論、記録、歴史などを新しく）作り出す」。"创办"は「（会社、学校などの具体的な事業を）創設する」。"创汇"は「（貿易などによって）外貨収入を作り出す、上げる」。"营造"は「(1)（建築や鉄道などを）修築する　(2)（計画的に）造林する」。

(2) **正解は❹**　"光棍节 guānggùnjié"は「独身節」。

(3) **正解は❹** "寂寞凄凉 jìmò qīliáng"は「寂しい」。"半新不旧 bàn xīn bú jiù"は「中古の」。"前途无量 qián tú wú liàng"は「前途洋々である」。"普天同庆 pǔ tiān tóng qìng"は「国中（あるいは世界中）の人が共に喜び祝う」。

(4) **正解は❶** "百年一遇"は「百年に一度」。"千载难逢 qiān zǎi nán féng"は「千載一遇、めったにない機会」。"驴年马月 lǘ nián mǎ yuè"は「いつになるか分からない、いつのことやら」。"百年不遇"は「百年に一度もない、たいへん稀であることのたとえ」。

(5) **正解は❸** "自豪 zìháo"は「誇りに思う」。"骄傲 jiāo'ào"は「誇りに思う、傲慢である」。"自负"は「うぬぼれる、自ら責任を負う」。"夸耀 kuāyào"は「（主に言葉により自分の能力や功績などを）ひけらかす、自慢する」。"逞能 chěng//néng"は「（自分の能力や才能などを）自慢する、調子に乗る」。

(6) **正解は❷** "什么…，什么…"は「(列挙を表す)…とか…とか」。"或许"は「もしかしたら…かもしれない」。"要么…，要么…"は「…かそれとも…か」。"横竖 héngshù"は「いずれにしても」。

(7) **正解は❷** "瞄准 miáo//zhǔn"は「(1) 照準を合わせる (2) (ある事物などに) ねらいをつける、目標を置く」。"看准"は「(チャンスなどを) 見極める」。"吃准"は「確信する」。"瞅空 chǒukòng"は「機会を探す、隙を突く」。"盯梢 dīng//shāo"は「尾行する」。

(8) **正解は❶** "赚了个盘满钵 bō 满"は「皿も鉢もいっぱいになるほど儲かっている、たくさん儲かっている」。"利润好得不得了，肥得流油"は「利益が非常に高くて油があふれるほど肥えている」。"竞争过于激烈，已经进入了白热化的阶段"は「競争が激しすぎて既に最高潮に達した（白熱化している）」。"卖得好极了，库存被扫了个一干二净"は「とてもよく売れていて、在庫が一掃された」。"经营者们只顾赚钱，已经走火入魔了"は「経営者たちは金儲けのことばかり考え、正気でなくなってしまっている」、"走火入魔 rùmó"は「血がのぼる、はまり過ぎる、すっかり病みつきになる、あることに夢中になりすぎて理性を失う」。

(9) **正解は❷** "喊着…口号"は「～というスローガンを叫んでいる」。"挂着…牌子"は「～という掲示板、看板を掛けてある」、一般に具体的なものに用いる。

"打着…招牌"は「〜という看板を掲げている」、表面は立派な理由を掲げているが実際に陰で悪い事をすることに用いる。"打着…幌子 huǎngzi"は「〜という名義を借りて、〜を名目にして」。

⑽ **正解は❹** "当今世界无论哪个国家，结婚年龄和未婚率都在直线上升"は「今の世界はどの国でも結婚の年齢や未婚率が直線的に上昇している」。"听说光棍节那天办理结婚手续的人高于情人节"は「光棍節の日に入籍する人はバレンタインデーの日より多いそうだ」。"光棍族已经形成了一个新的社会群体"は「光棍族は既に新しい社会集団を作っている」。"物以类聚是自然产生的现象"は「類が友を呼ぶのは自然に生じる現象である」。
"直线上升 zhíxiàn shàngshēng"は「うなぎ上りに上昇する」。

(A) 阿拉伯 Ālābó（アラビア）

(B) 跌至 diēzhì（下落する、下がる）

(a) (b) (c) は日本語訳を参照

日本語訳

『独身節』
　中国の伝統的な祝日は既にたくさんあり、さらに民族性、地方性、企業性、業界性のある祝日を加えれば、星の数（牛の毛）ほどあって数えきれなくなる。にもかかわらず人々はまだ新しい祝日を生み出し続けている。例えば、近年大学のキャンパスからユーモアに満ちた娯楽性のある祝日が聞こえてきた。いわく光棍節である。寂しく聞こえるこの祝日は、意外にも活気に満ちている。人々は主にネットなどのメディアを通じて、（この祝日を）知り、次第に中国の民間社会に流行し始めた。「光棍」は中国語では本来未婚男性の意味である。光棍節は4つのアラビア数字「1」の日、つまり11月11日に決められている。これは確かに具象的でぴったりしていてまた創意に富んでいる。2011年11月11日は百年に一度のスーパー光棍節だったので、多くの独身最前線で頑張り続けている若者がネットなどを通じて集まり、自分が依然として独身であることを祝い、しかもそれを自分の誇りとした。今や光棍節は人々ににぎやかに行われ、満喫されている。朝食には揚げパンや肉まんを食べるとか、食べる前にまずつながっている2連の揚げパンを2本ずつに分けるとか、2本の二連の揚げパンに肉まんを1つ加えると「11・

11」になるとか、本当に楽しみ方はそれぞれだ。(a)また、わざわざこの特別な日を選んで結婚式を挙げる人もいる。それは1つにはこの祝日に彩りを添えるためであり、もう1つは光棍節というこの日に独身生活を終わらせるのがよりロマンチックだと思うためだ。また、光棍節の日に結婚届を出すのはバレンタインデーより人気が高いとも聞く。商業界や宅配業界もこの非常に注目されているビジネスチャンスに照準を合わせ、利益基盤を広げるために、積極的に販促キャンペーンを繰り広げている。ここ数年光棍節の日におけるオンラインショップの売上高がうなぎ上りに上昇し、大変な儲けを出している。

　生活水準の向上と科学技術の発展につれて、世界各国で結婚年齢が上昇し続け、独身生活者が増え続け、世界はまさに単身時代に向かって邁進し、独身族も増え続けている。報道によると、経済先進国では結婚年齢がどんどん上がり、未婚率も下がらず上がる一方で、イギリスでは結婚者数が150年来の最低レベルまで下がり、フランスではだいたい3分の1の世帯が単身世帯であり、ドイツベルリンでは独身人口が50％以上に達し、日本では30〜40歳の未婚率が30％以上に達したそうだ。(b)ここから世界中の晩婚率や未婚率が高いことが推測できるが、この数字には驚愕させられる。光棍節は当初男性の特権だったが、今は女性もこの隊列に参加し始めた。彼女たちは「男女平等、一視同仁（すべての人が平等である）」というスローガンを叫びながら、男性と一緒にこの祝日を楽しく過ごす。光棍節が人々の賛同を得たのは、それなりの社会的背景があるからだ。一部の若者はいつも仕事や勉強で忙しく、ある日突然、それまでの同級生や友達が既に相次いで結婚して、自分はもうその集団から離れていることに気付く、そうなるとどうしても少し孤独感を感じてしまう。そうして彼らはやむを得ず自分と同じ立場の仲間や集団を探すことになる。そこで光棍族という新しい社会的集団が生まれた。彼らは集まり、共通の話題があり、共通の目標や趣味を持っている。いわゆる類は友を呼ぶ（人は類をもって集まり、物は群をもって分ける）である。

　(c)そのほかに、近年3・8（3月8日）婦人デーの日付をちょうど逆さにした8・3（8月3日）男性デーもネットを通じて広まり始め、だんだんとブームになっている。またある人がすこぶる想像力に富んだ計算をして、婦人デーが3・8、男性節が8・3なので、両者を足すとちょうど11・11であることを奇跡的に発見した。世界にはなんとこんな偶然の一致があるのだ。

STEP 5
模擬試験

模擬試験を1回分用意しました。チャレンジしてください。

(解答 P.226)

1

次の文章を読み、(1)～(10)の問いの答えとして最も適当なものを、それぞれ①～④の中から1つ選びなさい。　　　　　　　　　　　　　　　　（20点）

《清扫机器人》

　　我从电视广告中发现了能帮助人们打扫房间的机器人。这可以减轻女同胞们的　(1)　。由于(2)广告做得很吊人胃口，不觉心里有几分痒痒，很想搬一个回家。可是真让我花钱去买的话，还确实有点儿舍不得。因为第一代清扫机器人太贵了，当时还受用不起这么昂贵的消费品。我(3)琢磨来琢磨去，突然想起家里的信用卡(4)积累下的积分还一直睡在卡里无人问津。与其让它们无声无息地睡在那里，还不如让它们发挥发挥作用给家里做点儿贡献。于是我就用它们换来了一个活泼可爱的清扫机器人。

　　当我们把清扫机器人迎进家门时，我立刻让它表演了一下自己的特技。发现它很认真也很勤快，遇到障碍物时能改变方向绕开走。只要地上不故意设置障碍物刁难它，或者没有让它进不去的角落，它就会把走廊以及各个房间的　(5)　都打扫得干干净净，直到把全部的能量都消耗完为止，而且几乎是在能量耗尽的最后一刻它才肯回家边休息边补充能量。总的来说我们对它的尽职尽责的工作态度和能力很满意。不过可能是因为它的记忆力不够好的原因，有的时候它会做些无用功，多次重复地打扫同一个地方，白白浪费时间，白白消耗自己的能量。偶尔还会干出点儿蠢事来。比如，有一次它去别的房间打扫门后的灰尘后，不留神把门给关上了，结果　(6)　房间里出不来回不了家了，一直等到家里人发现才把它解救出来。另外它比较注重自身的清洁，你要注意每次先给它洗洗澡才行。要不然它就会学着熊瞎子(7)掰苞米的样子，毫不客气地边扫边扔，以此来表达它的不满和抗议。

　　这样它和我们朝夕相处两年来，因为它为我们服务从不　(8)　，任劳任怨，所以就把清扫房间的重要工作委托给它了。每当看到它忙忙碌碌地为我们打扫房间的样子，就更觉得它可爱了。有一天我还是跟往常一样让它帮助清扫房间，这回它却一反常态，竟然把工作时间擅自缩短到了平时的数分之一以下，草草地扫了几下就回去休息了。我从未见过它这样敷衍了事的工作态度，开始我以为这只是偶然现象，觉得偶尔偷偷懒也不碍事，就原谅了它。可是后来接连几次，它越来越不像话了。每次只是　(9)　，根本不好好儿干活儿了，我气不打一处来。一个星期天的上午，我下决心今天要奉陪到底了，这回看你还罢工不了，所以就一次又一次地叫它出来打扫，可不管我多么生气它就是不予以理睬，每次出来后几乎只在原地打几个转转，根本不去吸尘，没几分钟就转身回家休息了，好像特别想家似的。我终于意识到它的电池出问题了，给它换上了新电池后，它又能欢快地工作了。

- (1) 空欄(1)を埋めるのに最も適当なものは、次のどれか。
  ①家务负担　　②家庭负担　　③家庭作业　　④家庭护理

- (2) 下線部(2)で作者の言おうとしているのは、次のどれか。
  ①为了避免顾客望文生义，广告做得很下工夫。
  ②广告做得很吸引人，富有诱惑力。
  ③为了让顾客换换口味，故意把广告做得云山雾罩。
  ④广告做得很有创意，像别开生面的艺术品。

- (3) 下線部(3)の正しいピンイン表記は、次のどれか。
  ① zhūmò　　② cuōmó　　③ zhuómó　　④ zuómo

- (4) 下線部(4)の意味として適当なものは、次のどれか。
  ①积德　　②积尘　　③积攒　　④积压

- (5) 空欄(5)を埋めるのに最も適当なものは、次のどれか。
  ①边角余料　　②边边角角　　③哩哩啦啦　　④铺天盖地

- (6) 空欄(6)を埋めるのに最も適当なものは、次のどれか。
  ①憋在　　②躲在　　③猫在　　④闷在

- (7) 下線部(7)の意味として適当なものは、次のどれか。
  ①啃苞米　　②种苞米　　③捡苞米　　④劈苞米

- (8) 空欄(8)を埋めるのに最も適当なものは、次のどれか。
  ①叫苦不迭　　②叫苦叫累　　③坐享其成　　④无病呻吟

- (9) 空欄(9)を埋めるのに最も適当なものは、次のどれか。
  ①摆摆尾巴　　②摆龙门阵　　③摆摆样子　　④摆老资格

- (10) 本文の内容に合うものは、次のどれか。
  ①清扫机器人迈着方步跨进了我家的门。
  ②清扫机器人对我们总是有一搭无一搭的。
  ③清扫机器人经常病歪歪的，没有精神头。
  ④清扫机器人不满意的时候，就会学着熊瞎子做无用功。

2

(1)～(10)の中国語の空欄を埋めるのに最も適当なものを、それぞれ①～④の中から１つ選びなさい。　　　　　　　　　　　　　　　　（20点）

(1) 现在还不是（　）合同的时候，对产品的性能还需要再测试一下。
①签订　　　　②签约　　　　③签单　　　　④签证

(2) 为了（　）学生时代的感觉，我们几个同学时常坐在一起喝喝酒，聊聊天儿什么的。
①归还　　　　②找回　　　　③扳回　　　　④返回

(3) 过于谦虚的话，未免会让人感到有些（　）。
①做东　　　　②作怪　　　　③作对　　　　④做作

(4) 改革总是面临着各种（　）和压力。
①阻挠　　　　②电阻　　　　③阻力　　　　④阻塞

(5) 吃这样的（　），我还是第一次，现在真是有理无处说有冤无处申。
①后悔药　　　②哑巴亏　　　③定心丸　　　④开心果

(6) 这个（　）把家里的财产挥霍一空。
①发神经　　　②飞毛腿　　　③夜游神　　　④败家子

(7) 这些无中生有的罪名，完全是那些别有用心的人（　）出来的。
①塑造　　　　②捏造　　　　③匿名　　　　④造谣

(8) 走路时缩紧小腹，可以锻炼腹部肌肉，让（　）的肌肉变得结实起来。
①松动　　　　②松弛　　　　③松散　　　　④松劲

(9) 刚搬完家，房间还没有（　）好。
①整顿　　　　②整理　　　　③整齐　　　　④收场

(10) 大尾巴会一个接一个地开，真不知何时才能从（　）中解脱出来。
①学无止境　　②长篇大论　　③文山会海　　④拖泥带水

3

(1)〜(8)の中国語の下線を付した語句の意味として最も適当なものを、それぞれ①〜④の中から１つ選びなさい。　　　　　　　　　　　　　　（16点）

☐ (1) 要是你现在拿不定主意的话，干脆先别办了吧。
　　　①索性　　　　②索赔　　　　③利索　　　　④拉倒

☐ (2) 这个公司用低价格来大量推销产品。
　　　①倾销　　　　②注销　　　　③展销　　　　④倒卖

☐ (3) 你的想法和做法已经脱节了，这样下去只能导致南辕北辙的结果。
　　　①就是南腔北调的意思。
　　　②就是背井离乡的意思。
　　　③就是行动和目的相反的意思。
　　　④就是重蹈覆辙的意思。

☐ (4) 在别人看来，你是一个鹏程万里的鸿鹄，你却把自己说成是个坐井观天之辈，这未免有些过于谦虚了吧。
　　　①井底之蛙　　②瓮中之鳖　　③鼠目寸光　　④缩头乌龟

☐ (5) 这几年，这种轿车的销售量一直是独占鳌头。
　　　①赫赫有名　　②众所周知　　③首屈一指　　④名列前茅

☐ (6) 一遇到问题就互相踢皮球，这样能解决问题吗？
　　　①推三阻四　　②推来推去　　③推波助澜　　④反复推敲

☐ (7) 他说话不谨慎，被人抓住了小辫子，所以只好任人摆布了。
　　　①把关　　　　②真谛　　　　③丑陋　　　　④把柄

☐ (8) 这次该投哪位候选人的票，我到现在还举棋不定。
　　　①犹豫不决　　②支支吾吾　　③无言以对　　④一筹莫展

4

次の文章を読み、ピンインで表記されている語句(A)・(B)を漢字に改め、下線部(a)～(c)を日本語に訳しなさい。　　　　　　　　　　　　(24点)

《匆匆》　　　　　　　　　　　　　　　根据朱自清的同名文改编

　　燕子去了，有再来的时候；杨柳枯了，有再青的时候；桃花谢了，有再开的时候。但是，聪明的，你告诉我，
　　我们的日子为什么一去不复返呢？——是有人偷了他们吧？
　　那是谁？ 又藏在何处呢？——是他们自己逃走了吧？
　　那现在又到了哪里呢？——……
　　(a)我不知道他们给了我多少日子，但我的手确乎是渐渐空虚了。我在心里默默地算着，八千多日子已经从我手中溜去。像针尖上的一滴水滴在大海里，我的日子滴在时间的流里，没有声音也没有影子。我不禁头涔涔而泪潸潸了。
　　去的尽管去，来的尽管来。去来的中间，又怎样地匆匆呢？ 早上我起来的时候，小屋里射进两三缕斜斜的太阳。太阳他有脚啊，轻轻悄悄地(A) nuóyí 了，我也茫茫然跟着旋转。于是——洗手的时候日子从水盆里过去，吃饭的时候日子从饭碗里过去，默默时，便从凝然的双眼前过去。(b)我觉察到他去得匆匆，伸出手遮挽时他又从遮挽着的手边过去，天黑时我躺在床上他便伶伶俐俐地从我身上跨过，从我脚边飞去了。等我睁开眼和太阳再见，这算又溜走了一日。我掩着面叹息。但是新来的日子的影儿又开始在叹息里闪过了。
　　在逃去如飞的日子里，在千门万户的世界里我能做些什么呢？ 只有徘徊罢了，只有匆匆罢了。在八千多日的匆匆里，除徘徊外，又剩些什么呢？ 过去的日子如轻烟被微风吹散了，如薄雾被初阳(B) zhēngróng 了，我留着些什么痕迹呢？ (c)我何曾留下像游丝一样的痕迹呢？ 我赤裸裸地来到了这世界，转眼间也将赤裸裸地回去吧？ 但不能碌碌无为，为什么偏要白白走这一遭啊？
　　聪明的你，快告诉我，我们的日子为什么一去不复返呢？

5

(1)～(3)の日本語を中国語に訳しなさい。　　　　　　　　　　　　(20点)

☐ (1) 私は通訳の仕事をしてもうすぐ2年になる。始めたころは本当に耐えがたかった。しかし私は「苦しみの中の苦しみを経てこそ初めて人の上に立てる」という諺で自分を励ましてきた。

☐ (2) この子はなかなか眠ろうとせず、毎日あやして眠らせるのに大変苦労している。昨日の夜中、私は眠りからふと目が覚めたら、この子がなんと目を大きく開けて天井を見ているのが見えた。

☐ (3) 扉の隙間から人を見ただけで、その人を見くびったりしないで。私は10年前に比べたらすっかり変わっているんだから。

解答と解説

1

解答・解説

(1) **正解は❶** "家务负担"は「家事の負担」、家事労働を指す。"家庭负担"は「家庭の負担」、経済の面を指す。"家庭作业"は「(家でする)宿題」。"家庭护理"は「家で病人を看護する」。

(2) **正解は❷** "广告做得很吊人胃口"は「広告がとても人の興味をかき立てるように作られていた」。"广告做得很吸引人，富有诱惑力"は「広告がとても人を引き付けるように作られていて魅力に富んでいる」。"为了避免顾客望文生义，广告做得很下工夫"は「お客様が字面だけから意味を判断することを避けるために広告が非常に工夫されている」。"为了让顾客换换口味，故意把广告做得云山雾罩"は「お客様の目先を変えるために(お客様に新鮮な感じを与えるために)、わざと広告を曖昧で分かりにくく作った」。"广告做得很有创意，像别开生面的艺术品"は「広告の発想がすばらしく、新しい形式を創り出した芸術品のようだ」。
"吊人胃口 diào rén wèikǒu"は「人を引き付ける」。

(3) **正解は❹** "琢磨 zuómo"は「よく考える」。"zhuómó"とも発音するが、その場合「(1)(玉などを)削ったり磨いたりする、彫刻する (2)(文章などに)磨きをかける」という意味であるため、ここでは"zuómo"が正解。

(4) **正解は❸** "积累 jīlěi"は「(時間をかけて知識、資金、経験などを)蓄積する、積み重ねる」。"积攒 jīzǎn"は「(金や抽象的な事物などを)少しずつ蓄える)」。"积德"は「善行を積む」。"积尘"は「埃がたまる、積もった埃」。"积压"は「(物資などが残って長期間手付かずに)貯めておく、寝かせておく」、過剰在庫品や滞貨を言うことが多い。

(5) **正解は❷** "边边角角"は「隅々」。"边角余料 biānjiǎoyúliào"は「切れ端、余り物、残り物」。"哩哩啦啦 līlilālā"は「ばらばら、たらたら、だらだら、ぽつぽつ」。"铺天盖地 pū tiān gài dì"は「天地を覆う勢いが盛んであるさま」。

(6) **正解は❶** "憋 biē 在"は「(1)（何物かに抑制されたり出入りを阻害されて）閉じ込められる　(2) 閉じ籠る」、ここでは (1) の意味。"躲 duǒ 在"は「避ける、隠れる」。"猫在"は「隠れる、引き籠る」。"闷在"は「閉じ籠る」。

(7) **正解は❹** "掰苞米 bāi bāomǐ"、"劈 pī 苞米"とも「トウモロコシをもぎとる」。"啃 kěn 苞米"は「トウモロコシをかじる」。"种 zhòng 苞米"は「トウモロコシを栽培する」。"捡 jiǎn 苞米"は「トウモロコシを拾う」。

(8) **正解は❷** "叫苦叫累"は「苦しみや疲れを訴える」。"叫苦不迭 dié"は「しきりに苦しみを訴える」。"坐享其成 zuò xiǎng qí chéng"は「何もせず他人の成果を享受する、うまい汁を吸う」。"无病呻吟 wú bìng shēn yín"は「病気でもないのにうめき声をあげる」。

(9) **正解は❸** "(摆) 摆样子 bǎi yàngzi"は「（ちょっと）見せかける」。"(摆) 摆尾巴 bǎi wěiba/yǐba"は「（ちょっと）尾をふる、おべっかを言うたとえ」、"摇 yáo 尾巴"とも言う。また"尾巴"は"尾儿"とも言う。"摆龙门阵 bǎi lóngménzhèn"は「よもやま話をする、世間話をする」。"摆老资格 bǎi lǎozīgé"は「先輩風を吹かす」。

(10) **正解は❹** "清扫机器人不满意的时候，就会学着熊瞎子做无用功"は「清掃ロボットが不満な時、熊の真似をして無駄なことをする」、"熊瞎子掰苞米 xióngxiāzi bāi bāomǐ"（熊がトウモロコシをもぎ取る、無駄なことをするたとえ）という熟語がある。"清扫机器人迈着方步跨进了我家的门"は「清掃ロボットはゆっくりと家の門を入った」、"迈方步 mài fāngbù"は「ゆっくりとした足取りで歩く、昔の役人や知識人などが上品な足取りでゆっくり歩くことを形容していうことが多い」。"清扫机器人对我们总是有一搭无一搭的"は「清掃ロボットは私たちにはいつも関心がないようだ」、"有一搭无一搭"は「あってもなくてもいい、特に用もないのに無理に話題を探して話をするさま」。"清扫机器人经常病歪歪的，没有精神头"は「清掃ロボットはいつも病弱なようすで、元気がない」、"病歪歪／病病歪歪 bìngbingwāiwāi"は「病気がちで元気がないさま」。

(日本語訳)

『掃除ロボット』

　私はテレビの CM で部屋の掃除を手伝うロボットを見つけた。それは女性の家

事労働を軽減してくれる。広告がとても興味をかき立てるように作られていたので、思わず心がむずむずして、1つ家に持ち帰りたくなった。しかし本当にお金を払って購入するには、まだ確かにちょっと（お金が）もったいない気がした。なぜなら初代のロボットは高すぎて、当時まだこんな高価な消費材を享受する余裕はなかったからだ。いろいろ考えていると、家のクレジットカードに貯まったポイントが依然としてカードに残ったまま誰も使っていなかったことをふと思い出した。そのポイントを静かにそこに寝かせておくよりも、むしろ役割を果たせ家に貢献してもらうほうがよい。そこで私はそのポイントを使って活発で可愛い1台の掃除ロボットに引き換えた。

　ロボットを家に迎え入れた時、私はすぐ彼に自分の特技を披露してもらった。彼はまじめだし仕事好きで、障害物にぶつかった時は方向を変え回り道できることが分かった。床に故意に障害物を設置して困らせたり、入りこめない隅があったりしない限り、彼は廊下や各部屋の隅々をきれいに掃除してくれる。エネルギーを全て使い終わるまでずっと働き、しかもエネルギーをほとんど消耗し尽くす最後の時になって、やっとホームに戻って休息しながらエネルギーを補充するのだ。総じて言えば、職責を果たそうとする彼の仕事に対する姿勢と能力に満足している。でも彼は記憶力があまりよくないせいかもしれないが、時には無用な仕事をして何回も同じ場所を繰り返し掃除し、時間や自分のエネルギーを無駄にしてしまう。それにたまにちょっと馬鹿なことをしてしまう。例えば、一度彼が別の部屋へ行って扉裏の埃を掃除したところ、うっかりしてドアを閉めてしまい、結局部屋に閉じ込められてホームに戻れなくなり、人が気づいてようやく彼を助け出したことがある。それから彼は自身が清潔であることを重視するので、毎回先に彼をきれいにしてやらなければならない。さもなければ、彼は熊がトウモロコシをもぎ取る様子を真似て、掃除しながら遠慮なくゴミを放り投げ、それによって不満や抗議を表すのである。

　このようにして彼と私たちは朝から晩まで一緒に2年間過ごし、その間彼は私たちのために喜んで仕事をして疲れや苦しさを訴えたことは一度もなく、文句を言わないので、部屋の清掃という重要な仕事を彼に任せていた。彼が私たちのために忙しく部屋を掃除する様子を見るたびに、いっそう彼を可愛いと感じるようになった。ある日私はいつものように彼に部屋を掃除してもらっていた。この時彼は突然態度を変え、なんと彼は仕事の時間を勝手に普段の数分の1以下にまで短縮し、適当にちょっと掃除してすぐホームに戻って休んでしまった。彼のこんないい加減な態度をこれまで見たことがなく、最初それはただの偶然だと思い、たまには仕事をサボっても構わないと思ったので彼を許してやった。しかしその後も連続して何度か同じようなことをしてますますひどくなってきた。毎回ただ

掃除するふりをするだけでまったくちゃんと働かなくなったので、私は非常に腹が立ってきた。ある日曜日の午前、今日は最後まで付き合ってやろうと決心した。今度こそストライキは許さない、だから繰り返し彼を引き出して掃除をさせた。しかし私がどんなに怒っても彼は無視して、毎回出てきてはほとんどその場で何回かうろうろと歩き回るだけで、全く埃を吸おうとせず、何分も経たないうちに向きを変えてホームへ戻り休んでしまう。まるでひどいホームシックにかかっているようだった。私はようやく彼の電池に問題があることに気付いた。新しい電池に入れ替えてあげると、彼はまた楽しく仕事をしてくれるようになった。

2

(1) **正解は❶** "签订 qiāndìng"は「調印する」。"签约 qiān//yuē"は「契約書などに調印する」、離合詞なので目的語を取れない。"签单 qiān//dān"は「伝票にサインをする」。"签证 qiānzhèng"は「ビザ、ビザを出す」。

现在还不是**签订**合同的时候，对产品的性能还需要再测试一下。
（今はまだ契約を結ぶところまで来てはいず、製品の性能に対して再テストをする必要がある。）

(2) **正解は❷** "找回 zhǎohuí"は「取り戻す、取り返す、探し戻す」。"归还 guīhuán"は「返却する、返還する」。"扳回 bānhuí"は「挽回する」。"返回 fǎnhuí"は「帰る、戻る」。

为了**找回**学生时代的感觉，我们几个同学时常坐在一起喝喝酒，聊聊天儿什么的。
（学生時代の感覚を取り戻すために、私たち何人かの同級生はよく集まってお酒を飲んだり雑談をしたりする。）

(3) **正解は❹** "做作 zuòzuo"は「（表情や動作などが）わざとらしい、不自然である」。"做东 zuòdōng"は「ホスト役を務める、招待する」。"作怪 zuòguài"は「災いする、邪魔する」。"作对 zuò//duì"は「敵対する、対立する」。

过于谦虚的话，未免会让人感到有些**做作**。
（あまり謙遜しすぎると、なんとなくわざとらしさを感じさせる。）

(4) **正解は❸** "阻力 zǔlì"は「抵抗力、抵抗」。"阻挠 zǔnáo"は「邪魔する、妨害する、阻む」。"电阻 diànzǔ"は「電気抵抗」。"阻塞 zǔsè"は「塞がる、ふ

さぐ」。

改革总是面临着各种**阻力**和压力。
(改革は常にさまざまな抵抗と圧力に直面している。)

(5) **正解は❷** "哑巴亏 yǎbakuī"は「人に言えない損」、"吃哑巴亏"は「損をしても人に言えない」。"后悔药 hòuhuǐyào"は「後悔をいやす薬」、"吃后悔药"は「後悔する」。"定心丸 dìngxīnwán"は「精神を安定させる薬」、"吃了定心丸"は「安心した、落ち着いた」。"开心果 kāixīnguǒ"は「ピスタチオ」。"有冤无处申 yǒu yuān wú chù shēn"は「冤罪をきせられながら訴える所がない」。

吃这样的**哑巴亏**，我还是第一次，现在真是有理无处说有冤无处申。
(このような馬鹿な目を見るのはなんと初めてのことだ。今は本当に道理があっても訴える場がないよ。)

(6) **正解は❹** "败家子 bàijiāzǐ"は「どら息子」。"发神经 fā shénjīng"は「気が狂う、気が触れる」。"夜游神 yèyóushén"は「宵っ張り」。"飞毛腿 fēimáotuǐ"は「足の速い人」。

这个**败家子**把家里的财产挥霍一空。
(このどら息子は家の財産を浪費してすっからかんにしてしまった。)

(7) **正解は❷** "捏造 niēzào"は「捏造する、でっちあげる」。"塑造 sùzào"は「(1) 塑像を作る　(2) 文字により人物を描く」。"匿名 nìmíng"は「匿名、名を隠す」。"造谣 zào//yáo"は「デマを飛ばす」、離合詞なので"造谣出来的"とは言わず"造出来的谣"と言う。

这些无中生有的罪名，完全是那些别有用心的人**捏造**出来的。
(こんなでっちあげの罪名は、まったく何か別の目的を持ったあの人たちが捏造したものだ。)

(8) **正解は❷** "松弛 sōngchí"は「(1) (筋肉、神経などが) 緩んでいる、(筋肉に) 張りがない　(2) (規則が) 緩い」。"松动 sōngdong"は「(1) (歯、ネジなどが) 緩んでいる　(2) (態度や関係などの) 緊張がほぐれる」。"松散 sōngsǎn"は「(気持ち、精神などが) 散漫である、だらしない」。"松劲 sōng//jìn"は「気を抜く」。

走路时缩紧小腹，可以锻炼腹部肌肉，让**松弛**的肌肉变得结实起来。
(歩く時にお腹を締めると、お腹の筋肉を鍛えることができ、緩んでいた筋肉をしっかり強くできる。)

(9) **正解は❷** "整理 zhěnglǐ"は「(衣服、部屋、資料などを) 整理する、片付ける」、具体的な事物に用いることが多い。"整顿 zhěngdùn"は「(乱れた、不健全な組織、規律などを) 整頓する、正す」、組織や規律などのような比較的大きく抽象的な事物に用いることが多い。"整齐 zhěngqí"は「整然としている、整っている」。"收场 shōu//chǎng"は「ケリ(結末)をつける、結末」。

刚搬完家，房间还没有**整理**好。
(引っ越したばかりなので、部屋はまだちゃんと片付いていない。)

(10) **正解は❸** "文山会海 wén shān huì hǎi"は「文書の山と会議の海、文書や会議が多すぎること」。"学无止境 xué wú zhǐ jìng"は「学問に終わりはない」。"长篇大论 cháng piān dà lùn"は「長たらしい文章、長たらしい議論」。"拖泥带水 tuō ní dài shuǐ"は「(文章や話が)簡潔でない、(仕事振りが)だらだらしている」。
"大尾巴会"は「時間通り終了せず長く延びる会議、なかなか終わらない会議」。

大尾巴会一个接一个地开，真不知何时才能从**文山会海**中解脱出来。
(終わりの見えない会議が次々に開かれ、いつ文書の山と会議の海から抜け出す(脱出する)ことができるか、まったく分からない。)

3

(1) **正解は❶** "干脆 gāncuì"は「(1) (言葉、行動、仕事のやり方などが) きっぱりしている、てきぱきしている (2) 思い切って、いっそのこと (3) (否定文に用い) まったく〜でない」、ここでは(2)の意味。"索性 suǒxìng"は「思い切って、いっそのこと」。"索赔 suǒpéi"は「クレーム、クレームを出す、損害賠償を求める」。"利索 lìsuo"は「(1) (言葉、行動、仕事のやり方などが) きっぱりしている、てきぱきしている (2) きちんとしている」。"拉倒 lādǎo"は「やめにする、中止する」。

要是你现在拿不定主意的话，**干脆**先别办了吧。
(もし今あなたが考えを決められないなら、いっそのこと今のところはやめて

おこう。)

(2) **正解は❶**　"推销 tuīxiāo"は「販売する、販路を広める、売りさばく」。"倾销 qīngxiāo"は「投げ売りする、ダンピングする」。"注销 zhùxiāo"は「(戸籍、学籍、届けなどの登記内容を)抹消する、取り消す、無効にする」。"展销 zhǎnxiāo"は「展示即売する」。"倒卖 dǎomài"は「(商品を)不法に転売する、闇取引をする」。

这个公司用低价格来大量推销产品。
(この会社は低価格で製品を大量に売りさばく。)

(3) **正解は❸**　"南辕北辙 nán yuán běi zhé"は「南に行こうとして車を北に走らせる、行動が目的に反していることのたとえ」。"行动和目的相反"は「行動が目的に反している」。"南腔北调 nán qiāng běi diào"は「言葉のなまりが強い、南北各地の方言が入り交っている」。"背井离乡 bèi jǐng lí xiāng"は「故郷を離れる」。"重蹈覆辙 chóng dǎo fù zhé"は「同じ失敗を繰り返す、二の舞を演じる」。

你的想法和做法已经脱节了，这样下去只能导致南辕北辙的结果。
(あなたの考えとやっていることはすでに食い違っている、このようにやり続ければ、反対の結果を招くだけだ。)

(4) **正解は❶**　"坐井观天 zuò jǐng guān tiān"は「井戸の中から天を覗く、見識が狭いたとえ」、"坐井观天之辈"は「見識の狭い人、井の中の蛙」。"井底之蛙 jǐng dǐ zhī wā"は「井の中の蛙、見識の狭い人のとたえ」。"瓮中之鳖 wèng zhōng zhī biē"は「かめの中スッポン、逃げられないもののたとえ」。"鼠目寸光 shǔ mù cùn guāng"は「見識が狭い」。"缩头乌龟 suō tóu wūguī"は「卑怯者、役立たず」。
"鹏程万里 péng chéng wàn lǐ"は「前途洋々である」。

在别人看来，你是一个鹏程万里的鸿鹄，你却把自己说成是个坐井观天之辈，这未免有些过于谦虚了吧。
(他人から見ればあなたは前途洋々な鴻鵠（大人物）なのに、あなたが自分を見識の狭い人だと言うのは、謙遜しすぎだと言わざるを得ない。)

(5) **正解は❸**　"独占鳌头 dú zhàn áo tóu"は「(首席)で合格する、一番になるこ

と」。"首屈一指 shǒu qū yì zhǐ" は「真っ先に挙げられる、一番になる、トップである」。"赫赫有名 hè hè yǒu míng" は「よく知られて有名である」。"众所周知 zhòng suǒ zhōu zhī" は「みんなに知られている、周知である」。"名列前茅 míng liè qián máo" は「名前が上位にある、（試験や競技などで）優秀な成績を収める」。"独占鳌头"、"首屈一指" はトップであることを指すが、"名列前茅" は上位ではあるがトップとは限らない。

这几年，这种轿车的销售量一直是独占鳌头。
(この数年この型（タイプ）の乗用車の販売量はずっとトップだった。)

(6) **正解は❷** "踢皮球 tī píqiú" は「(1) ボールを蹴って遊ぶ (2) 責任逃れをする、たらい回しにする、互いに責任を押し付け合うたとえ」、ここでは (2) の意味。"推来推去 tuī lái tuī qù" は「たらい回しにする」。"推三阻四 tuī sān zǔ sì" は「なんだかんだと口実を設けて断る」。"推波助澜 tuī bō zhù lán" は「波を大きくする、あおりたてる」。"反复推敲 fǎnfù tuīqiāo" は「繰り返し推敲する」。

一遇到问题就互相踢皮球，这样能解决问题吗？
(問題が生じるとすぐに互いに責任を押し付け合う、このようなやり方で問題を解決できるのか。)

(7) **正解は❹** "抓小辫子 zhuā xiǎobiànzi" は「弱みを握る、しっぽ（弱点）を捕まえる」。"把柄 bǎbǐng" は「弱み、しっぽ、証拠」。"把关 bǎ//guān" は「(1) 関所を守る (2)（規準に照らして品質などの重要な個所を）検査する、チェックする」。"真谛 zhēndì" は「真理」。"丑陋 chǒulòu" は「(容貌や格好などが) 醜い、みっともない」。

他说话不谨慎，被人抓住了小辫子，所以只好任人摆布了。
(彼の話し方は軽率で、人に弱みを握られてしまったので、人の言うままになるしかなくなった。)

(8) **正解は❶** "举棋不定 jǔ qí bú dìng" は「手にした碁石をどこに打つかが分からない、なかなか決断がつかないたとえ」。"犹豫不决 yóu yù bù jué" は「どうしようかと迷って決められない」。"支支吾吾" は P.180 参照。"无言以对 wú yán yǐ duì" は「答えに詰まり返す言葉がない」。"一筹莫展 yì chóu mò zhǎn" は「なんの策も考え出せない」。

这次该投哪位候选人的票，我到现在还举棋不定。
（今回どの候補者に票を入れるか、今になっても決断できない。）

4

(A)　挪移 nuóyí（（場所や時を）移す）

(B)　蒸融 zhēngróng（蒸発して（空気に）溶け込む）

(a)　(b)　(c) 日本語訳を参照

日本語訳

『慌ただしく』　　　　　　　　　　　　　　　（朱自清著『匆匆』より改編）

　ツバメは去ってもまた戻ってくる（時があり）、ハコヤナギとヤナギ（柳）は枯れても再び青くなる（時があり）、桃の花は散ってもまた開く時がある。しかし聡明なあなたよ、教えて欲しい。私たちの過ぎ去った時間（日々）はひとたび去ってしまうとなぜもう永遠に戻ってこないのか？——誰かが（彼らを）盗んでしまったのか？　それは誰だろう？　どこに隠したのか？——（彼らは）自ら逃げていったのだろうか？　それなら今はどこにいるのか——……。

　(a)彼らがどれだけの日々を私に与えてくれたのか知らないが、しかし私の手がだんだんと（徐々に）空虚になっているのは確かだ。私は心の中で黙々と計算してみた。8000日以上の日々がすでに私の手の中からこぼれ落ちていた。針の先から落ちた一滴の水（しずく）が海に滴り落ちるように、私の日々は音も影もなく時間の流れに滴り落ちていった。思わず頭から汗が流れ落ち涙がはらはらとこぼれてしまった。

　去るものはどんどん去ってしまい、来るものは次から次へとやって来る。行ったり来たりの間にあってどれほど慌ただしいことか。朝起きる時、私の小さな部屋には日光（太陽の光線）が2、3筋少し斜めに差し込んでくる。太陽は、足があるように軽々と、そして密かに移動していき、私も茫然としながらそれに従って動き回る。そして……手を洗う時、時はたらいの中から過ぎ去りゆき、食事をする時、時はお碗の中から過ぎ去りゆき、黙想する（黙って考え込む）時、時はじっと見つめる両の目の前から去っていく。(b)彼（時）の去りゆく慌ただしさに気づいて、手を伸ばして引き留めようとすると（遮ろうとすると）、彼（時）はまた引き留める（遮る）手（の中）から去っていく。空が暗くなりベッドで寝ていると彼（時）は素早く（敏捷に）私の体をまたいで（越えて）、私の足元から飛び去っ

ていく。目が覚め再び太陽を目にすると、それでまた１日が去ってしまったことになる。私は顔を覆ってため息をつく。しかし新しくやって来た時は、またため息をついているうちにさっと過ぎ去ってしまう。

　飛ぶように過ぎ去っていく日々の中で、壮大なこの世界の中で生きる私に何ができるのか。ただ行きつ戻りつするだけであり、慌ただしく過ごしているだけだろう。8000 日以上のバタバタと過ごした日々の中で（8000 日以上の日々の慌ただしさの中で）、ためらっているほかに何が残ったのだろうか。過ぎ去った日々が軽い煙がそよ風に吹き散らされたように、薄い霧が朝日に照らされ蒸発し空気に溶け込んでしまったように、私がどんな痕跡（価値のあるもの）を残したというのだろうか。(c)私はこれまで、空中に漂うくもの糸のような痕跡を残したことがあっただろうか。私は丸裸でこの世に生まれて来て、あっという間に（瞬く間に）また丸裸のまま帰っていくのだろうか。しかし無為に過ごしてはいられない、なぜこの一度きりの人生（の旅）をわざわざ無駄にしようとするのか。

　聡明なあなたよ、早く教えてくれ、私たちの日々は一度去ったらなぜもう二度と戻ってこないのか。

5

(1) 私は通訳の仕事をしてもうすぐ２年になる。始めた頃は本当に耐えがたかった。しかし私は「苦しみの中の苦しみを経てこそ初めて人の上に立てる」という諺で自分を励ましてきた。

我当翻译快两年了。刚开始时真的吃不消。可我常用俗语，"吃得苦中苦，方为人上人"来鼓励自己。

「私は通訳の仕事をしてもうすぐ２年になる」は"我当翻译快（到）两年了"。「始めた頃は本当に耐えがたかった」は"刚开始时真的［吃不消／受不了］"。「しかし私は『苦しみの中の苦しみを経てこそ初めて人の上に立てる』という諺で自分を励ましてきた」は"可我常用俗语，"吃得苦中苦，方为人上人"来［鼓励／激励／勉励］自己"。"方为人上人"の"方"は「やっと、はじめて」の意味。

(2) この子はなかなか眠ろうとせず、毎日あやして眠らせるのに大変苦労している。昨日の夜中、私は眠りからふと目が覚めると、この子がなんと目を大きく開けて天井を見ているのが見えた。

这孩子不爱睡觉，每天哄她睡觉真费劲。昨天半夜我一觉醒来，只见她眼睛竟然睁得大大的，看着天花板呢。

「この子はなかなか眠ろうとしない」は"这孩子［不爱睡觉／觉少］"。「毎日あやして眠らせるのに大変苦労している」は"每天哄她睡觉真［费劲／不容易／累／要命／辛苦］"。「昨日の夜中、私は眠りからふと目が覚めると」は"昨天［半夜／夜里］我一觉醒来"。「この子がなんと目を大きく開けて天井を見ているのが見えた」は"［只见／看见］她［眼睛竟然睁得大大的／两只眼睛竟然睁得很大］，看着［天花板／天棚］呢"。

(3) 扉の隙間から人を見ただけで、その人を見くびったりしないで。私は10年前に比べたらすっかり変わっているんだから。

你不要从门缝看人，把人看扁了嘛。我现在和十年前已经完全不一样了。

「扉の隙間から人を見ただけで、その人を見くびらないで」は"你不要从门缝ménfèng看人，把人看扁biǎn了嘛"。「私は10年前に比べたらすっかり変わっているんだから」は"我［和十年前／现在和十年前］已经完全不一样了"または"和十年前相比，我已经［完全变了／彻底变了］"。

1 級

STEP 1
空欄補充問題
125問

難易度の高い熟語や四字成語の練習問題を多く用意しました。四字成語を使いこなせない限り、中国語の熟練者にはなれないと言われています。ぜひ諦めずに繰り返し練習しましょう。　　　　　　　　　（解答 P.251）

次の中国語の空欄を埋めるのに最も適当なものを、それぞれ①～④の中から1つ選びなさい。

(1) 她从大家（　　）的目光中，终于反应过来自己好像说错了什么。
　　①诧异　　　　　②可疑　　　　　③差异　　　　　④叱咤

(2) 他在比赛中（　　）得沉着冷静，胜不骄败不馁，观众们都为他竖起了拇指。
　　①表示　　　　　②显示　　　　　③表现　　　　　④表态

(3) 这场比赛进行得非常（　　），比分在交替上升。
　　①剧烈　　　　　②猛烈　　　　　③强烈　　　　　④激烈

(4) 学校决定利用暑假的时间，对基础比较（　　）的学生进行个别辅导。
　　①轻薄　　　　　②软弱　　　　　③薄弱　　　　　④浅薄

(5) 最近股票大起大落，牛市和熊市闪电般地交替出现，不少股民都采取了（　　）的态度。
　　①看望　　　　　②推移　　　　　③掂量　　　　　④观望

(6) 昨晚睡在下铺的人，头一碰枕头就开始（　　），鼾声如雷弄得我一夜没睡好。
　　①打呼噜　　　　②打嗝儿　　　　③打瞌睡　　　　④打喷嚏

(7) 这场洪灾给我们的菜园带来了毁灭性的（　　）。
　　①冲击　　　　　②抨击　　　　　③击中　　　　　④打击

(8) 这个网站在线公布了许多机密文件，轰动了美国（　　）全世界。
　　①乃是　　　　　②乃至　　　　　③至于　　　　　④或者

(9) 你平时总是朝气蓬勃的，今天怎么（　　）了，是不是有什么心事？
　　①打冷战　　　　②打哈欠　　　　③打哆嗦　　　　④打蔫儿

(10) 在这次钢琴比赛中夺冠的应募者，竟然是一个有着先天性（　　）的年轻人。
　　①残废　　　　　②缺点　　　　　③缺乏　　　　　④残疾

(11) 这次考试没（　　）好，主要是因为怯场造成的。
　　①发扬　　　　　②发挥　　　　　③发霉　　　　　④挥发

(12) 不管他怎么狡辩也逃脱不了（　　）。
　　①纠纷　　　　　②蹊跷　　　　　③线索　　　　　④干系

(13) 世上不可思议的事情太多了，像他那样一个一点官瘾都没有的人，却（　　）当上了大官儿。
①偏激　　　②偏要　　　③不巧　　　④偏偏

(14) 正因为她平时坚持不懈地（　　）生活中的琐事，所以才能写出这样生动的文章。
①观测　　　②推测　　　③观察　　　④测量

(15) 公司想把这个产品作为一块打入世界市场的（　　）。
①闭门羹　　②试金石　　③抢手货　　④敲门砖

(16) 他非常喜爱这条活蹦乱跳的小狗，每天都无微不至地（　　）着它。
①救护　　　②呵护　　　③袒护　　　④掩护

(17) 他（　　）了一套笨拙的（　　）来，想蒙骗警察，真是可笑之极。
①扯…闲篇　②说…废话　③说…闲话　④编…瞎话

(18) 你别来（　　）我了，我没那么傻，以为我会上你的当吗？
①上当　　　②忽悠　　　③晃悠　　　④坑人

(19) 这场自然灾害，使我的希望犹如肥皂泡一样（　　）了。
①破获　　　②破落　　　③破灭　　　④破烂

(20) 台风过后海面一片（　　），海浪很有节奏地轻轻地拍打着岸边的岩石。
①静寂　　　②安静　　　③安详　　　④文静

(21) 细嚼慢咽好处多，一则可以充分享受食物的美味，二则有助于减肥并可以防止体重（　　）。
①反馈　　　②反弹　　　③反应　　　④反动

(22) 在关于探索自然奥秘一书中，他以（　　）的思路，对世界未解之谜提出了新的见解。
①宽敞　　　②宽让　　　③宽阔　　　④辽阔

(23) 这么重要的事情，你怎么能（　　）给这么个愣头青呢？
①托付　　　②寄托　　　③托辞　　　④托运

(24) （　　）这个名字我听着这么（　　），原来是你告诉过我啊！
①难怪，详细　②要不然，耳鸣　③怪不得，悦耳　④我说呢，耳熟

(25) 你真幸运，遇上了伯乐，不然你的才能可能会被（　　）掉的。
①埋设　　　　②埋没　　　　③埋头　　　　④吞没

(26) 这张（　　）的广告很有创意，不仅（　　），而且还可以从中受到启发。
①搞定，幽默　②搞笑，滑稽　③搞错，诙谐　④搞鬼，滑头

(27) 她把虚构的内容和真实的故事巧妙地（　　）起来，编成了剧本。
①融洽　　　　②通融　　　　③融化　　　　④融合

(28) 正因为他有着（　　）的市场洞察力，才使得公司在金融风暴席卷全球的情况下，也能立于不败之地。
①敏慧　　　　②敏锐　　　　③尖锐　　　　④尖刻

(29) 他已经在东北生活了二十多年了，可仍然操着一口（　　）的山东口音。
①浓重　　　　②口重　　　　③稠密　　　　④浓密

(30) 她那优美动人的歌声一直（　　）在我的耳边。
①环绕　　　　②萦绕　　　　③围绕　　　　④绕远

(31) 红灯笼把城市的街道（　　）得无比灿烂。
①点缀　　　　②点着　　　　③装修　　　　④传递

(32) 孩子们常用（　　）的方式来表达对自己说的话负责。
①拉手　　　　②拉钩　　　　③拉拢　　　　④拉票

(33) 当初他被马蜂蜇得生命危在旦夕，可经过治疗以后，病情很有（　　），竟然奇迹般地活了下来。
①神色　　　　②出色　　　　③气色　　　　④起色

(34) 他们夫妇虽然没有可观的收入，可妻子（　　）有方，生活上显得很充裕。
①理赔　　　　②理顺　　　　③理财　　　　④理亏

(35) 他对家乡的建设给予了大力帮助，（　　）了大量心血。
①倾泻　　　　②贯注　　　　③倾注　　　　④倾心

(36) 他这个人特别（　　），认准一条道，就（　　）。
①死心眼，一条道跑到黑　　　　②死教条，一蟹不如一蟹
③死规矩，一锤子买卖　　　　　④死胡同，一竿子插到底

(37) 位于苏门答腊北部的一座沉睡了四百余年的火山,最近又（　　）过来了,喷发出了大量的浓烟和火山灰。
①清醒　　　②苏醒　　　③惊醒　　　④睡醒

(38) 他提出的论据很（　　),不能让人信服。
①不中意　　②不中用　　③不在行　　④不科学

(39) 手指（　　）、皮肤白嫩的女孩,配戴什么样的戒指都好看。
①细腻　　　②苗条　　　③纤细　　　④线条

(40) 他总是以专家（　　),到处（　　）的,引起了大家的反感。
①自信,手舞足蹈　　　　②自居,指手划脚
③相信,虚张声势　　　　④信心,抑扬顿挫

(41) 我对这本书真是（　　),因为它在我最困难的时候,给了我勇气。
①爱不释手　②爱莫能助　③爱屋及乌　④手不释卷

(42) 两位专家对这个问题提出了同样的建设性意见。真可谓（　　）。
①英雄无用武之地　　　　②英雄所见略同
③站得高看得远　　　　　④识时务者为俊杰

(43) 媒体对本人的说明,并没有全部报道,只是按照他们自己的需要,（　　）地摘取了一部分,歪曲了本人的意愿。
①偷梁换柱　②以毒攻毒　③说长道短　④断章取义

(44) 这篇报道纯属（　　),完全是捏造的。
①子虚乌有　②自圆其说　③化为乌有　④虚无缥缈

(45) 她们俩曾经是冤家般的竞争对手,现在却成了亲密无间的好朋友,真可谓（　　）啊!
①气不打一处来　　　　　②不识庐山真面目
③各打五十大板　　　　　④不打不成交

(46) 现在人情有冷淡化的趋势,各家自扫门前雪,（　　）的现象日益增多。
①井水不犯河水　　　　　②不管他人瓦上霜
③不食人间烟火　　　　　④雪上加霜

(47) 以两分之差大学统考名落孙山的经历,让我深刻领悟了（　　),谬以千里的涵义。
①千差万别　②一念之差　③阴差阳错　④差之毫厘

243

(48) 虽然看中了这套房子，可是连首付都付不起，真是（　　）啊！
①生米做成熟饭　　　　　　　②巧妇难为无米之炊
③无巧不成书　　　　　　　　④留得青山在，不怕没柴烧

(49) （　　），到时候自然会有办法的，现在急也没有用。
①大树底下好乘凉　　　　　　②计划没有变化快
③车到山前必有路　　　　　　④不见棺材不落泪

(50) 有钱人（　　），没钱人喝西北风，这样下去老百姓不造反才怪呢。
①吃香的喝辣的　　　　　　　②吃饱了撑的
③不费吹灰之力　　　　　　　④面包会有的

(51) （　　）他炒股抄成了富翁，做起了不动产生意。
①何去何从　　②曾几何时　　③度日如年　　④日月如梭

(52) 你对别人的事总是分析得很透彻，轮到自己的时候就糊涂了，真是（　　）啊！
①聪明反被聪明误　　　　　　②道高一尺，魔高一丈
③聪明一世，糊涂一时　　　　④当事者迷，旁观者清

(53) 他是被（　　）的，因为他已经别无选择了。
①愚公移山　　②从容不迫　　③铤而走险　　④逼上梁山

(54) 这么大的城市竟然连路标都没有，岂不是令人（　　）吗？
①冥思苦想　　②左右为难　　③深思熟虑　　④匪夷所思

(55) 同型号的照相机，价格却（　　）。
①参差不齐　　②整齐划一　　③化整为零　　④五音不全

(56) 两个人用（　　）的办法把钱平分了。
①十有八九　　②四舍五入　　③二一添作五　　④三下五除二

(57) 我的外语成绩虽然不好，但我打算寒假期间抓紧时间补习外语，也许（　　），犹未为晚，争取在考大学之前迎头赶上。
①亡羊补牢　　②错上加错　　③一错再错　　④有备无患

(58) 问题牛奶接二连三被曝光，真不知道喝什么牛奶，才能（　　）。
①高瞻远瞩　　②高高在上　　③高枕无忧　　④高不可攀

(59) 他听到莉莉被人（　　）了的消息后，很痛苦。
①捷足先登　　②姗姗来迟　　③遥遥领先　　④远走高飞

(60) 你管这些和自己无关的琐事干什么，真是（　　）。
①不知天高地厚　　②狗嘴里吐不出象牙来
③狗拿耗子多管闲事　　④狗咬吕洞宾

(61) 既然已经离开了这家公司，就不要想回去的事了，（　　）嘛。
①兔子不吃窝边草　　②好马不吃回头草
③兔子尾巴长不了　　④好了伤疤忘了疼

(62) 这两个家伙简直就像演戏一样（　　），专门诈骗老人的钱财。
①一唱一和　　②尔虞我诈　　③里应外合　　④无理取闹

(63) 这里又闹鬼了，几个孩子被吓得（　　），大哭起来了。
①魂不附体　　②惊弓之鸟　　③心有余悸　　④鬼鬼祟祟

(64) 人不要（　　），应该量力而行，脚踏实地求发展才行。
①故弄玄虚　　②好高骛远　　③心旷神怡　　④唯命是从

(65) 小王眉头一皱，（　　），这点小事儿怎么会难倒他呢？
①诡计多端　　②归心似箭　　③回心转意　　④计上心来

(66) 自从她扮演了这部电影的主角以后，人气（　　），一举成名。
①如火如荼　　②扶摇直上　　③急转直下　　④此起彼伏

(67) （　　）往往会从一个极端走向另一个极端。
①屡教不改　　②将功补过　　③矫枉过正　　④无休无止

(68) 凡事不能走极端，否则会走向反面，这就叫（　　）。
①物极必反　　②乐极生悲　　③苦尽甜来　　④翻来覆去

(69) 这些减税政策是不是一时的措施，会不会（　　）。
①风靡一时　　②顷刻之间　　③昙花一现　　④耳目一新

(70) 只要能悔过自新的话，以前的过失就（　　）。
①既往不咎　　②焕然一新　　③言归于好　　④平白无故

(71) 自从她生了个男孩儿以后，婆媳关系也好，夫妻关系也好，都（　　）了，全家上下都欢欣雀跃。
①天壤之别　　②情有可原　　③破镜重圆　　④今非昔比

245

(72) 他（　）冲上去，拦住了受惊的马。
①一拥而上　②一个箭步　③蜂拥而上　④慕名而来

(73) 一向不肯让步的老板，今天突然来了个一百八十度的大转弯，真（　）。
①不知葫芦里卖的是什么药　②公说公有理，婆说婆有理
③人急造反，狗急跳墙　④人不知鬼不觉

(74) 警察撒网追捕嫌疑犯，可这家伙用假证件使了个（　）之计，逃之夭夭了。
①脱胎换骨　②金蝉脱壳　③调虎离山　④放虎归山

(75) 现在"两小无猜，（　）"的爱情，似乎只能从剧中才能找到了。
①青梅竹马　②穿针引线　③光阴似箭　④一奶同胞

(76) 结婚以后受丈夫的影响，我也开始喜欢看相扑了，真是（　）。
①仁者见仁，智者见智　②内行看门道，外行看热闹
③远在天边，近在眼前　④近朱者赤，近墨者黑

(77) 这孩子两眼（　），显得很有朝气。
①炯炯有神　②容光焕发　③仪表堂堂　④六神无主

(78) 她在超市工作，到了晚上总可以买到半价的食品，这就叫（　）。
①天下没有不散的宴席　②背着抱着一样沉
③远水救不了近火　④近水楼台先得月

(79) 老父（　），在万般无奈的情况下，做出了向警察举报儿子吸毒之举。
①恨铁不成钢　②眼睛里揉不得沙子
③望子成龙　④皮笑肉不笑

(80) 妈妈对我说过，（　），书是人类的精神食粮，你要仔细地品味书中的内容并吸取书中的精华。
①约法三章　②耳闻目睹　③开卷有益　④百读不厌

(81) 他是一位（　），百问不厌，深受学生们爱戴的老师。
①诲人不倦　②不耻下问　③人尽其才　④不折不扣

(82) 他干什么事总是（　）的，从来也不留个安全系数。
①量体裁衣　②量入为出　③对号入座　④可丁可卯

(83) 剧场里美妙的旋律（　），让观众如痴如醉。
①脍炙人口　②扣人心弦　③锣鼓喧天　④载歌载舞

(84) 这场金融风暴使得一些企业的经营状况（　　），有的甚至落到了苟延残喘的地步。
①拾级而上　　②每况愈下　　③自生自灭　　④层出不穷

(85) 正是因为人们（　　），新车才有销路。
①弃旧图新　　②三心二意　　③喜新厌旧　　④令人神往

(86) 他虽然工资很高，但是生活上从来都（　　），绝不铺张浪费。
①精打细算　　②精益求精　　③神机妙算　　④细水长流

(87) 警察（　　），从犯人留下的（　　）中，破获了一起重大案件。
①明察秋毫，蛛丝马迹　　②神通广大，鸡犬不宁
③料事如神，旁征博引　　④当务之急，字里行间

(88) 他们兄弟俩的性格和价值观都（　　）。
①与人为善　　②知根知底　　③迥然不同　　④任劳任怨

(89) 人要学会（　　），在恋爱的问题上也不例外，有缘的时候要认真投入，无缘的时候要舍得放弃。
①人逢喜事精神爽　　②拿得起放得下
③习惯成自然　　　　④不见兔子不撒鹰

(90) 当年（　　）办起来的公司，大家拼搏了十几年之后居然上市了。
①七零八落　　②七拼八凑　　③七嘴八舌　　④横七竖八

(91) 苹果推出 iPad 平板电脑以后，谷歌、索尼、三星、戴尔、惠普等厂家奋起直追，开始了一场激烈的竞争战，未来会如何发展，且让我们（　　）吧。
①察言观色　　②等闲视之　　③看破红尘　　④拭目以待

(92) 我从小学到大学，一直都是（　　）的坏学生，总是在考试前废寝忘食地临阵磨枪。
①跑了和尚跑不了庙　　②临时抱佛脚
③隔行如隔山　　　　　④无事不登三宝殿

(93) 她说起话来，总是（　　），表情非常丰富，不当演员太可惜了。
①眉飞色舞　　②魂飞魄散　　③嫣然一笑　　④一笑了之

(94) 她（　　），礼轻情意重，让我感到无限温暖。
①雪中送炭　　②千里送鹅毛　　③轻于鸿毛　　④物以稀为贵

(95) 昔日美容对她这样的农村姑娘来说，都是些陌生的词汇，可如今她却成了一位（　　）的美容师了。
①手到病除　　②酌情处理　　③延年益寿　　④妙手回春

(96) 正因为有了这样的（　　），才使我们没有重蹈覆辙。
①倒行逆施　　②前车之鉴　　③周而复始　　④东施效颦

(97) 四川女子排球队用（　　）的战术，打败了强敌。
①声东击西　　②旁敲侧击　　③无声无息　　④指桑骂槐

(98) 虽然别人都说她长相一般，其貌并不扬，可在我的眼里她比倾国倾城的美女更有魅力，（　　）嘛。
①心有灵犀一点通　　②老王卖瓜，自卖自夸
③情人眼里出西施　　④人不可貌相，海水不可斗量

(99) 这位老板娘虽已年过六旬，可依旧（　　），身着艳丽的旗袍，魅力不减当年。
①风韵犹存　　②身强力壮　　③风华正茂　　④风烛残年

(100) 他的棋艺精湛，可以说已经达到了（　　）的地步。
①炉火纯青　　②才华出众　　③精明强干　　④木已成舟

(101) 司机为了将客人落在出租车里的衣服（　　），正在到处寻找失主。
①完美无缺　　②完璧归赵　　③防患未然　　④迎刃而解

(102) 不要（　　），要相信自己的判断力，有自己的主见。
①咄咄逼人　　②耸人听闻　　③人云亦云　　④不假思索

(103) 这篇文章把一个年轻人奋发向上却又不择手段、机关算尽的两面性，刻画得（　　），淋漓尽致。
①入木三分　　②心领神会　　③顺理成章　　④轻描淡写

(104) 这位考古学家说，这件青铜器（　　），是罕见的珍品。
①不拘一格　　②非同寻常　　③大材小用　　④举足轻重

(105) 他那（　　）的鼾声，犹如动人的乐曲，荡漾在寂静的夜空。
①一张一弛　　②忽明忽暗　　③时起时落　　④知冷知热

(106) 她说了半天，也没说出个（　　）来。
①之乎者也　　②子午卯酉　　③头头是道　　④不三不四

(107) 这两个（　）的老朋友，一聊起来就忘了时间。
①萍水相逢　　②邂逅相遇　　③素不相识　　④素昧平生

(108) （　），就是顺其自然处理问题的意思。
①顺水推舟　　②水涨船高　　③顺藤摸瓜　　④见风使舵

(109) 这本来不算什么事，却遭到了各种非议。真是（　）啊，都是因为她的名声太大了。
①出言不逊　　②做贼心虚　　③树大招风　　④锦上添花

(110) 本来这盘棋已经输定了，可竟然（　）地赢了对方。
①神出鬼没　　②弄巧成拙　　③神魂颠倒　　④神差鬼使

(111) 产品质量出了问题，厂家反倒用一些（　）的理由来搪塞，结果激怒了顾客。
①玩世不恭　　②似是而非　　③惹是生非　　④见好就收

(112) 孙悟空能（　），上天入地，一个筋斗便能行十万八千里。
①摇摇欲坠　　②风尘仆仆　　③腾云驾雾　　④烟消云散

(113) 这对夫妇同甘共苦，（　）六十载，走过了坎坷的人生路。
①相濡以沫　　②如饥似渴　　③相形见绌　　④敬而远之

(114) 减肥不能操之过急，应该（　），并且坚持不懈。
①循序渐进　　②循循善诱　　③承上启下　　④拖拖拉拉

(115) 这场特大泥石流灾害，将这座小城几乎（　）。
①沧海桑田　　②无家可归　　③夷为平地　　④风驰电掣

(116) 他这个人对工作一点儿也不上心，只会（　），整天巴结老板。
①阿谀奉承　　②刚直不阿　　③老马识途　　④出人头地

(117) （　），这不，正说着呢，他就来了。
①万事俱备，只欠东风　　②八仙过海，各显神通
③踏破铁鞋无觅处，得来全不费工夫　　④说曹操，曹操到

(118) 他们两个人（　），立刻便成了情投意合的朋友。
①一见钟情　　②虚情假意　　③一厢情愿　　④一见如故

(119) 别看他（　）为自己辩解，其实我看他心虚得很。
①自告奋勇　　②强词夺理　　③三令五申　　④风言风语

249

☐ (120) 登上塔顶，就可以（　　）地看到整个城市的夜景。
①一目十行　　②一叶障目　　③一览无余　　④显而易见

☐ (121) 我在这方面知识肤浅，决不可在专家面前（　　）。
①不识泰山　　②班门弄斧　　③螳臂挡车　　④徒有虚名

☐ (122) 那个出租车司机净（　　），只拉远客，结果反倒挣不到钱。
①百里挑一　　②一本万利　　③挑肥拣瘦　　④一劳永逸

☐ (123) 爸爸鼓励我说，失败乃成功之母，听了这句话，我从内心感到（　　）。
①轻装上阵　　②如释重负　　③一门心思　　④一笔勾销

☐ (124) 昨天展览会上展出的平板电脑和智能手机品种多样，令人（　　）。
①目不暇接　　②目不转睛　　③有目共睹　　④另眼相看

☐ (125) 她不仅干起活儿来（　　），而且口齿伶俐，所以在三姊妹中，她最受妈妈的宠爱。
①一推六二五　　　　　②一人做事一人当
③一个顶俩　　　　　　④一个赛一个

解答と解説

(1) **正解は❶** "诧异 chàyì"は「いぶかる、不思議に思う」。"可疑 kěyí"は「怪しい」。"差异 chāyì"は「相違」。"叱咤 chìzhà"は「叱咤する、怒鳴る」。

她从大家**诧异**的目光中，终于反应过来自己好像说错了什么。
（彼女はみんなのいぶかしげな視線から、やっと自分が何かを言い間違ったようだと気付いた。）

(2) **正解は❸** "表现 biǎoxiàn"は「(1)（多く人の思想、品性、精神、および事物の内在的な性質などを）示す、表す　(2) 態度、表れ　(3) 自己を顕示する」。日本語の「表現」は「(言葉、文章、音楽、絵画などで気持ち、考えなどを）表す」という意味で、中国語では"表达"、"表达方式"と訳すことが多いようである。"表示 biǎoshì"は「(言葉や行動によって感情、態度、意見などを）示す」。"显示 xiǎnshì"は「(多く力、才能、優越性などを）はっきり示す」。"表现得沉着冷静"とは言うが、"显示得沉着冷静"とは言わない。"表态 biǎo//tài"は「態度や考えを示す」。
"胜不骄，败不馁 shèng bù jiāo, bài bù něi"は「勝ってもおごらず、負けてもめげない」。

他在比赛中**表现**得沉着冷静，胜不骄败不馁，观众们都为他竖起了拇指。
（彼は試合中落ち着いていて、勝ってもおごらず負けてもめげないので、観客はみんな親指を立てて彼を称賛した。）

(3) **正解は❹** "激烈 jīliè"は「(競争、議論、戦いなどが）激烈である」。"剧烈 jùliè"は「(苦痛、運動、変化などが）激しい、強烈である」。"强烈 qiángliè"は「(光、感情、色彩、要求などが）強烈である」。"猛烈 měngliè"は「(攻撃などが）猛烈である」。

这场比赛进行得非常**激烈**，比分在交替上升。
（今回の試合は激しく繰り広げられて、得点が代わる代わるに入っていく。）

(4) **正解は❸** "薄弱 bóruò"は「(意志、基礎、技術力などが）弱い、薄弱である、手薄である」で、日本語のような「(根拠、理由が）不十分である、曖昧である」という用法はない。"轻薄 qīngbó"は「軽薄である」。"软弱 ruǎnruò"は「(性格や態度などが）弱い」。"浅薄 qiǎnbó"は「(内容が）浅い、(知識や経験が）不足して）薄っぺらである」。

学校决定利用暑假的时间，对基础比较**薄弱**的学生进行个别辅导。
(学校は夏休みを利用して、基礎が比較的弱い生徒に個別に補習を行うことを決めた。)

(5) **正解は❹** "观望"は「(1)（状況、形勢、様子などを）うかがう、傍観する、見る　(2) 眺める、見回す」。"看望"は「訪れる、見舞う」。"推移 tuīyí"は「推移する、移り変わる」。"掂量 diānliang"は「(1) 手で重さを量る　(2) 考える」。"牛市 niúshì"は「上がり相場、強気な相場」。"熊市 xióngshì"は「株式相場の全面安，弱気相場」。
"大起大落 dà qǐ dà luò"は「（市場価格、株価などが）大幅に上がったり下がったりする、（人の感情や地位などの）変化が大きい」。

最近股票大起大落，牛市和熊市闪电般地交替出现，不少股民都采取了**观望**的态度。
(最近は株価が激しく変動し、強気の相場と弱気の相場が稲妻のように急激に入れ替わるので、多くの個人投資家は模様眺めの態度を取っている。)

(6) **正解は❶** "打呼噜 dǎ hūlu"は「いびきをかく」。"打嗝儿 dǎgér"は「しゃっくりが出る」。"打瞌睡 dǎ kēshuì"は「居眠りをする」。"打喷嚏 dǎ pēntì"は「くしゃみをする」。

昨晚睡在下铺的人，头一碰枕头就开始**打呼噜**，鼾声如雷弄得我一夜没睡好。
(昨夜下段のベッドに寝た人は、頭を枕に着けるとすぐにいびきをかき始めた。雷のようないびきのせいで私は一晩よく眠れなかった。)

(7) **正解は❹** "打击 dǎjī"は「打撃、（人などに）打撃を与える、（敵などを）攻撃する」。"冲击 chōngjī"は「（急に加えられた強い力による）衝撃、ショック、（水、波などが）激しくぶつかる」。災害などによって破壊的な被害を受ける場合は"打击"を用いることが多く、物事の激しい変化や発展が他に影響を及ぼす場合にはよく"冲击"を用いる。例えば"进口家电的增加使国内的家电产业受到了严重的冲击。"（輸入家電製品の増加によって国内家電産業に大きな打撃を与えた）。"抨击 pēngjī"は「（言葉や文章で人の言動を）批判する、非難する、攻撃する」。"击中 jīzhòng"は「（目標に）的中する」。

这场洪灾给我们的菜园带来了毁灭性的**打击**。
(今回の洪水災害は私たちの野菜畑に壊滅的な打撃を与えた。)

(8) **正解は❷** "乃至 nǎizhì"は「ひいては、さらには」。"乃是 nǎishì"は「～こそ～である、～はすなわち～である」。"至于 zhìyú"は「(1)～については (2)～のようなことになる、～のような状態に至る」。"或者 huòzhě"は「または、あるいは」。日本語では「乃至」は「または、あるいは」という意味にとるのが一般的であり、例えば、「本人乃至代理人」は「本人あるいは代理人」と書き換えられるが、中国語の場合は「ひいては」の意味である。

这个网站在线公布了许多机密文件，轰动了美国**乃至**全世界。
（このウェブサイトは多くの機密文書をオンラインで公表して、アメリカ、ひいては全世界を驚かせた。）

(9) **正解は❹** "打蔫儿 dǎ//niānr"は「元気がない、しおれる」。"打冷战 dǎ lěngzhan"、"打哆嗦 dǎ duōsuo"は「ぶるぶる震える」。"打哈欠 dǎ hāqian"は「あくびをする」。
"朝气蓬勃 zhāo qì péng bó"は「元気はつらつとしている」。

你平时总是朝气蓬勃的，今天怎么**打蔫儿**了，是不是有什么心事？
（君はいつも表情が生き生きしているのに、今日はどうして元気がないの？何か心配事があるの？）

(10) **正解は❹** "残疾 cánjí"は「身体に障害があること」。"残废 cánfèi"は「身体（の一部）が不自由になる」。"他有残疾"とは言うが"他有残废"とは言わず、"他成了残废"、"他残废了"とは言うが"他成了残疾"、"他残疾了"とは言わない。"缺点 quēdiǎn"は「欠点、短所」。"缺乏 quēfá"は「(1)（経験、知識、常識、理解、勇気、自信、根拠などが）足りない、欠けている (2)（人材、材料、物質、資金、資源などが）欠けている、乏しい」。

在这次钢琴比赛中夺冠的应募者，竟然是一个有着先天性**残疾**的年轻人。
（今回のピアノコンクールで優勝した応募者は、なんと生まれつきハンディキャップを持っている若者だ。）

(11) **正解は❷** "发挥 fāhuī"は「（能力、才能、特長、想像力、役割などを）発揮する」。"发扬 fāyáng"は「（ある基礎にたって）一段と高める、（優れた点をより）伸ばす」、伝統や精神などに用いることが多い。"发霉 fā//méi"は「カビが生える」。"挥发 huīfā"は「揮発する、気化する」。

这次考试没**发挥**好，主要是因为怯场造成的。

(今回の試験で実力をよく発揮できなかったのは、主にあがってしまったからだ。)

(12) **正解は❹**　"干系 gānxì"は「(責任問題やトラブルなどの) かかわり、責任、関係」。"纠纷 jiūfēn"は「もめごと、トラブル、もめる」。"蹊跷 qīqiāo"は「うさんくさい、怪しい」。"线索 xiànsuǒ"は「手掛かり、糸口」。

不管他怎么狡辩也逃脱不了**干系**。
(彼がどんなにずるく言い訳をしても責任を逃れられない。)

(13) **正解は❹**　"偏偏 piānpiān"は「(1)(故意に相手の要求や客観的状況に逆らって) わざと、どうしても、あえて〜やる　(2)(願望や予想したことが事実にまさしく逆であり) あいにく、意外にも、思いのほか　(3) 単に、〜だけ (不満を表すことが多い)」。"偏激 piānjī"は「(主張や行為が) 過激である、偏る」。"偏要 piānyào"は「わざと、どうしても〜したい」。"不巧 bùqiǎo"は「タイミングが悪い」。
"官瘾 guānyǐn"は「役人になることへの執着やこだわり」。

世上不可思议的事情太多了，像他那样一个一点官瘾都没有的人，却**偏偏**当上了大官儿。
(世の中不思議なことが多すぎる。彼のような少しも役人になろうという野心のない人が思いのほか高官になったのだから。)

(14) **正解は❸**　"观察 guānchá"は「(多く肉眼で事物や現象などを) 観察する」、観察対象は人でも、具体的な事物や抽象的な事物でもよい。"观测 guāncè"は「(多く機械や何らかの方法によって気象、天文地理、自然現象の変化などを) 観測する、観察する」。"推测 tuīcè"は「推測する」。"测量 cèliáng"は「測定する、測る」。
"坚持不懈 jiān chí bú xiè"は「最後まで根気よくやり続ける」。

正因为她平时坚持不懈地**观察**生活中的琐事，所以才能写出这样生动的文章。
(彼女は普段からたゆまず生活上のこまごまとしたことを観察し続けていたからこそ、このような生き生きした文章を書けたのだ。)

(15) **正解は❹**　"敲门砖 qiāoménzhuān"は「門の扉をたたくためのれんが、(出世や金儲けのための) 足掛かり、手段、利用する道具のたとえ」。"闭门羹

bìménggēng"は「門前払い」。"试金石 shìjīnshí"は「貴金属の品位を定める時に用いる石、価値を見極める試しになる物事、真価を測るもののたとえ」。"抢手货 qiǎngshǒuhuò"は「人気商品」。

公司想把这个产品作为一块打入世界市场的**敲门砖**。
(会社はこの商品を世界市場に進出するための足掛かりにするつもりだ。)

(16) **正解は❷**　"呵护 hēhù"は「愛護する、保護する」。"救护 jiùhù"は「救護する」。"袒护 tǎnhù"は「かばう、肩を持つ」。"掩护 yǎnhù"は「ひそかに保護する、かくまう」。
"无微不至 wú wēi bú zhì"は「行き届いている」。

他非常喜爱这条活蹦乱跳的小狗，每天都无微不至地**呵护**着它。
(彼はこの元気よく飛び回る子犬がとても好きで、毎日至れり尽せりの世話をしている。)

(17) **正解は❹**　"编瞎话 biān xiāhuà"は「でたらめな話を作る、作り話をでっちあげる」。"扯闲篇 chě xiánpiān"は「世間話をする」。"说废话 shuō fèihuà"は「無駄話をする、くだらない話を言う」。"说闲话 shuō xiánhuà"は「世間話をする、つまらない事を言う、陰口をたたく」。

他**编**了一套笨拙的**瞎话**来，想蒙骗警察，真是可笑之极。
(彼は下手な嘘をついて、警察を騙そうとした。本当に笑止の至りだ。)

(18) **正解は❷**　"忽悠 hūyou"は「揺れる、揺らめく」という意味だが、発音がよく似た"胡诱 hú yòu（胡乱诱导）"から「(1)（人を）おだてる、やたらに誘導する、騙す、言葉でからかう　(2) ほらを吹く」という意味も持つようになった。"上当 shàng//dàng"は「騙される、ペテンにかかる」。"坑人 kēng//rén"は「人を陥れる、ペテンにかける」。"上当"、"坑人"ともに離合詞なので目的語を取れない。"晃悠 huàngyou"は「ゆらゆらする、振る」。

你别来**忽悠**我了，我没那么傻，以为我会上你的当吗？
(私を煽って騙そうとするな。私もそんな馬鹿じゃない、お前の罠にはまると思うのか。)

(19) **正解は❸**　"破灭 pòmiè"は「（希望などが）消える」。"破获 pòhuò"は「犯人を検挙する、逮捕する」。"破落 pòluò"は「没落する」。"破烂 pòlàn"は「ぼ

ろぼろになっている、くず、廃品」。

这场自然灾害，使我的希望犹如肥皂泡一样**破灭**了。
(今回の自然災害で、私の希望がシャボン玉のように消えてしまった。)

⑳ **正解は❶**　"静寂 jìngjì"は「(あたりが)静まり返っている、静かで物寂しいこと」。"安静 ānjìng"は「(1)(環境や場所などが)物音もなく静かである　(2)静かにする　(3)(気持ちが)落ち着いている」。"安静"は自然界の物音はあってもまったくうるさくないこと、騒がしい物音のないことを強調し、"静寂"はなんの物音もないことを強調する。なお、日本語の「安静」は「(体を動かず)安静にする」の意味であり、中国語に訳すと"静养 jìngyǎng"、"卧床休息 wòchuáng xiūxí"となる。"安详 ānxiáng"は「落ち着いている」。"文静 wénjìng"は「(性格、ふるまいが)しとやかである」。

台风过后海面一片**静寂**，海浪很有节奏地轻轻地拍打着岸边的岩石。
(台風が通り過ぎた後、海面はしんと静まり返り、波がリズムをとるようにそっと岸辺の岩をたたいている。)

㉑ **正解は❷**　"反弹 fǎntán"は「(1)跳ね返る　(2)(相場が)反騰する　(3)(ダイエット後)リバウンドする」。"反馈 fǎnkuì"は「フィードバックする」。"反应 fǎnyìng"は「反応する」。"反动 fǎndòng"は「反動的である」。
"细嚼慢咽"はP.157参照。

细嚼慢咽好处多，一则可以充分享受食物的美味，二则有助于减肥并可以防止体重**反弹**。
(よく噛んでゆっくり食べることにはいろいろメリットがある。第1には食べ物の美味しさを十分に楽しめること、第2にはダイエットの助けになり、かつリバウンドも防止できることである。)

㉒ **正解は❸**　"宽阔 kuānkuò"は「(1)(考え方が)開けている、(度量が)大きい、(視野が)広い　(2)(道路や場所などが)広々としている」。"宽敞 kuānchang"は「(建物などの空間が)広くてゆったりしている」。"宽让 kuānràng"は「譲る、度量が大きい」。"辽阔 liáokuò"は「果てしなく広い」。

在关于探索自然奥秘一书中，他以**宽阔**的思路，对世界未解之谜提出了新的见解。
(自然界の神秘の探索に関する著書の中で、彼は豊かな発想で世界の未解決の謎に対して新しい見解を示した。)

⑳ **正解は❶**　"托付 tuōfù"は「委託する、頼む、任せる」。"寄托 jìtuō"は「（希望などを）託する」。"托辞 tuōcí"は「口実、口実をつくる」、"托词"とも書く。"托运 tuōyùn"は「託送する」。
"愣头青 lèngtóuqīng"は「無鉄砲な人、そそっかしい人、結果を考えず行動する人」。

这么重要的事情，你怎么能**托付**给这么个**愣头青**呢？
（こんな大事なことをどうしてこんなそそっかしい人に任せるのだ。）

㉔ **正解は❹**　"我说呢 wǒshuōne"、"难怪 nánguài"、"怪不得 guàibude"は「道理で、なるほど」、"要不然 yàoburán"は「さもなければ」。"耳熟 ěrshú"は「聞き覚えがある」。"详细 xiángxì"は「詳しい」。"耳鸣 ěrmíng"は「耳鳴りがする」。"悦耳 yuè'ěr"は「耳に心地よい、耳を楽しませる」。

我说呢这个名字我听着这么**耳熟**，原来是你告诉过我啊！
（道理でこの名前は聞き覚えがあると思ったら、なんだあなたから聞いたのか。）

㉕ **正解は❷**　"埋没 máimò"は「（1）埋める　（2）（人材、才能、功績などが）埋もれる」。"埋设 máishè"は「（ケーブル、パイプなどを）埋設する」。"埋头 mái//tóu"は「没頭する、専念する」。"吞没 tūnmò"は「（1）横領する　（2）（洪水などが建物や土地などを）のみ込む、覆う」

你真幸运，遇上了伯乐，不然你的才能可能会被**埋没**掉的。
（君は本当に運が良いね、人材を発掘する目を持った人に恵まれて。でなければ君の才能は埋もれてしまっただろう。）

㉖ **正解は❷**　"搞笑 gǎoxiào"は「お笑い、人を笑わせる、からかう」、"滑稽 huájī"は「滑稽である、ひょうきんである」。"搞定 gǎodìng"は「問題を解決する、片付ける、終わらせる」、"幽默 yōumò"は「ユーモア」、"搞错 gǎocuò"は「間違える」、"诙谐 huīxié"は「ふざける、ユーモアがある」。"搞鬼 gǎo//guǐ"は「悪巧みをする、インチキをする」、"滑头 huátóu"は「（1）ずる賢い人　（2）ずる賢い」。

这张**搞笑**的广告很有创意，不仅**滑稽**，而且还可以从中受到启发。
（このおもしろおかしい広告は、発想がとてもユニークで、コミカルなだけではなく、その上、そこからヒントを得ることもできる。）

⑵⑺ **正解は❹** "融合 rónghé"は「融合する」。"融洽 róngqià"は「(1)(関係、雰囲気などが)打ち解ける (2)(関係、雰囲気などを)和やかにする」。"通融 tōngróng"は「融通を利かせる」。"融化 rónghuà"は「融解する、解ける」。

她把虚构的内容和真实的故事巧妙地**融合**起来，编成了剧本。
(彼女はフィクションとノンフィクションを上手に融合して脚本を作った。)

⑵⑻ **正解は❷** "敏锐 mǐnruì"は「(感覚、目、嗅覚、観察力などが)鋭い、鋭敏である」。"敏慧 mǐnhuì"は「知恵がある」。"尖锐 jiānruì"は「(1)(物が)尖っている (2)(闘争や言論などが)激しい (3)(感覚、判断が)鋭い」。"尖锐的批评"（厳しい批判、鋭い批判）、"看问题很尖锐"（ものの見方が鋭い）とは言うが、"尖锐的洞察力"とは言わない。"尖刻 jiānkè"は「(話ぶりが)とげとげしい」。

正因为他有着**敏锐**的市场洞察力，才使得公司在金融风暴席卷全球的情况下，也能立于不败之地。
(彼は鋭敏な市場洞察力を持っていたからこそ、金融危機（リーマンショック）が全世界を席巻する中、会社を不敗の地に立たせることができたのだ。)

⑵⑼ **正解は❶** "浓重 nóngzhòng"は「(色彩、霧、感情、訛りなどが)濃い、強い」。"口重 kǒuzhòng"は「(料理の味が)塩辛い、塩辛い味が好きである」。"稠密 chóumì"は「(人口、交通網などが)密集している」。"浓密 nóngmì"は「(枝葉、ひげなどが)濃密である」。

他已经在东北生活了二十多年了，可仍然操着一口**浓重**的山东口音。
(彼はすでに東北で20年以上暮らしているのに、相変わらず強い山東訛りを話す。)

⑶⑩ **正解は❷** "萦绕 yíngrào"は「(考え、声、音、情景などが)ぐるぐる巡る、まとわりつく」。"环绕 huánrào"は「取り巻く」で、風景の描写や自然界の事物に用いることが多い。"围绕 wéirào"も「取り巻く」だが、使う範囲が広く自然界の事物にも具体的な事柄にも用いられる。"绕远 ràoyuǎn"は「迂回する、遠回りする」。
最近はインターネット上で"歌声环绕在我的耳边""歌声围绕在我的耳边"といった言い方も見かけるが、本来は"歌声萦绕在我的耳边"が正しい。

她那优美动人的歌声一直**萦绕**在我的耳边。

(彼女の美しい、感動的な歌声がずっと私の耳に残って離れない。)

⑶1 **正解は❶** "点缀 diǎnzhuì"は「引き立たせる、飾り付ける、装飾する」。"点着 diǎnzháo"は「点火する、火がつく」。"装修 zhuāngxiū"は「改装する、内装する」で、改装を行う人や会社が主語として用いられる。例えば、"建筑公司把城市的街道装修得无比灿烂。"とは言えるが、問題文の"红灯笼"は動作ができないものなので、"红灯笼把城市的街道装修得无比灿烂。"とは言えない。"传递 chuándì"は「次から次へと送り伝える、順に手渡す」。

红灯笼把城市的街道**点缀**得无比灿烂。
(赤い提灯が都会の大通りを比類がないほどキラキラ輝かせた。)

⑶2 **正解は❷** "拉钩 lā//gōu"は「(約束を誓って)指きりする」。"拉手 lā//shǒu"は「手をつなぐ」。"拉拢 lālǒng"は「仲間に引き入れる、人と関係をつける」。"拉票 lā//piào"は「(選挙などの)票を集める」。

孩子们常用**拉钩**的方式来表达对自己说的话负责。
(子どもたちはよく指きりという方法で自分の言ったことに責任を持つことを示す。)

⑶3 **正解は❹** "起色 qǐsè"は「(仕事や病気が悪い状況から良い状況に)好転する、回復する、進展する」。"神色 shénsè"は「様子、表情」。"出色 chūsè"は「とても優れている」。"气色 qìsè"は「顔色、血色」。
"危在旦夕 wēi zài dàn xī"は「危険が目前に迫っている」。

当初他被马蜂蜇得生命危在旦夕，可经过治疗以后，病情很有**起色**，竟然奇迹般地活了下来。
(彼はスズメバチに刺され、当初瀕死状態になったが、治療を受けた後、病状が好転してきて、なんと奇跡のように命が助かった。)

⑶4 **正解は❸** "理财 lǐ//cái"は「財産を管理する、資産運用、財テク」。"理赔 lǐpéi"は「賠償金を支払う」。"理顺 lǐshùn"は「(関係などを)きちんと整える」。"理亏 lǐkuī"は「筋が通らない、非がある、理に欠ける」。

他们夫妇虽然没有可观的收入，可妻子**理财**有方，生活上显得很充裕。
(彼ら夫婦は大した収入がないが、妻が財産を上手に管理しているので、暮らしには十分に余裕があるように見える。)

(35) **正解は❸** "倾注 qīngzhù"は「(1)（水が高い所から）流れ注ぐ　(2)（気持ちや力を）打ち込む」。"倾泻 qīngxiè"は「(大量の水が高い所から勢いよく)流れ注ぐ、流れ落ちる」。"贯注 guànzhù"は「(1)（精力や精神を）集中する (2) 一貫している」。"倾心 qīngxīn"は「心を引かれる、好きになる」。

最近はインターネット上で"倾泻了大量心血""贯注了大量心血"といった言い方も見かけるが、本来は"倾注了大量心血"が正しい。

他对家乡的建设给予了大力帮助，**倾注**了大量心血。
（彼は郷里のインフラ建設に力いっぱいの援助を与え、多大な心血を注いだ。）

(36) **正解は❶** "死心眼 sǐxīnyǎn"は「融通がきかない、頑固である、馬鹿正直である」、"一条道跑到黑 yìtiáodào pǎodào hēi"は「とことんまでやる、馬鹿の一つ覚え」、"一条道走到黑"とも言う。"死教条 sǐjiàotiáo"は「融通性のない教条」、"一蟹不如一蟹 yí xiè bùrú yí xiè"は「だんだんと劣ってくる」。"死规矩 sǐguīju"は「融通の利かない決まり、杓子定規」、"一锤子买卖 yì chuízi mǎimai"は「1回限りの商売、その場限りで後のことを考えないやり方」。"死胡同 sǐhútòng"は「袋小路、行き詰まり」、"一竿子插到底 yìgānzi chā dàodǐ"は「事柄を末端まで徹底させる」。

他这个人特别**死心眼**，认准一条道，就**一条道跑到黑**。
（彼ときたら本当に特に融通がきかず、一つやり方を決めたら、決して変えようとせずに馬鹿の一つ覚えでやっていく。）

(37) **正解は❷** "苏醒 sūxǐng"は「息を吹き返す、蘇る」、意識を取り戻すことにも、活動を休止していた火山や大地などが活動を再開させることにも用いられる。"清醒 qīngxǐng"は「(意識が)回復する、(頭脳が)明晰である、はっきりしている、冷静である」。"惊醒 jīngxǐng"は「驚いて目を覚ます」。"睡醒 shuìxǐng"は「目覚める」。

位于苏门答腊北部的一座沉睡了四百余年的火山，最近又**苏醒**过来了，喷发出了大量的浓烟和火山灰。
（スマトラ北部にある 400 年あまり眠っていた火山が最近活動を再開させて、大量の噴煙や火山灰を噴出した。）

(38) **正解は❹** "不科学 bùkēxué"は「科学的でない、論理に合わない、データが正確でない、不合理である」。"不中意 bú zhòngyì"は「気に入らない」。"不

中用 bù zhōngyòng"は「役に立たない」、よく役に立たない道具や人のことを言う。"不在行 bú zàiháng"は「（業務について）熟練していない、不案内である、門外漢である」。

他提出的论据很**不科学**，不能让人信服。
（彼の出した論拠はまったく科学的ではないので、人々を納得させられない。）

(39) **正解は❸** "纤细 xiānxì"は「繊細である、極めて細い」。"细腻 xìnì"は「（1）きめが細かい　（2）（演技、描写、感情などが）細やかである、念入りである」。"苗条 miáotiao"は「（女性の体つきが）すらりとして美しい、スマートである」。"线条 xiàntiáo"は「（人体、工芸品などの）輪郭」。

手指**纤细**、皮肤白嫩的女孩，配戴什么样的戒指都好看。
（指が細く肌が白く柔らかい女の子は、どのような指輪を嵌めても綺麗だ。）

(40) **正解は❷** "自居 zìjū"は「～を自任する」で、悪い意味に用いる。"指手划脚 zhǐ shǒu huà jiǎo"は「あれこれ口出しする、上に立ってでたらめな命令を下す、手振り身振りを交えて話す」、"指手画脚"とも書く。"自信 zìxìn"は「（1）自信　（2）自信がある　（3）自負する」、"手舞足蹈 shǒu wǔ zú dǎo"は「踊り上がって喜ぶ」。"相信 xiāngxìn"は「信じる」、"虚张声势 xū zhāng shēng shì"は「虚勢を張る、空威張りする」。"信心 xìnxīn"は「自信、確信」、"抑扬顿挫 yì yáng dùn cuò"は「抑揚がありメリハリが利いている、節回しがよい」。

他总是以专家**自居**，到处**指手划脚**的，引起了大家的反感。
（彼はいつも専門家気取りで、至る所であれこれ口出ししたり命令したりして、みんなの反感を買った。）

(41) **正解は❶** "爱不释手 ài bú shì shǒu"は「（ある物に対して）手放したくないほど気に入っている」。"爱莫能助 ài mò néng zhù"は「同情はするが助ける力がない」。"爱屋及乌 ài wū jí wū"は「人を愛すればその人の何もかもを愛するようになる」。"手不释卷 shǒu bú shì juàn"は「手から本を離さない、勉学に励む」。

我对这本书真是**爱不释手**，因为它在我最困难的时候，给了我勇气。
（私は本当にこの本を手放したくないほど大切にしている。なぜなら私が一番困難な時、勇気付けてくれたからだ。）

(42) **正解は❷** "英雄所见略同 yīngxióng suǒ jiàn lüè tóng"は「優れた人の見解は大体一致する」。"英雄无用武之地 yīngxióng wú yòngwǔ zhī dì"は「英雄がその才能を発揮する場所や機会がない」。"站得高看得远 zhànde gāo kànde yuǎn"は「高い所に立てば遠い所が見える、識見のある人は目標が遠大である」。"识时务者为俊杰 shí shíwù zhě wéi jùnjié"は「当面の時勢を知る者こそ傑出した人物である」。

两位专家对这个问题提出了同样的建设性意见。真可谓**英雄所见略同**。
(2人の専門家はこの問題について同じ建設的な意見を出した。本当に優れた人の見解は大体同じものだと言える。)

(43) **正解は❹** "断章取义 duàn zhāng qǔ yì"は「文章や話を自分に都合の良い一部だけをとって解釈し利用する」。"偷梁换柱 tōu liáng huàn zhù"は「中身をこっそりとすり替える」。"以毒攻毒 yǐ dú gōng dú"は「毒をもって毒を制す」。"说长道短 shuō cháng dào duǎn"は「あれこれと批判する」。

媒体对本人的说明，并没有全部报道，只是按照他们自己的需要，**断章取义**地摘取了一部分，歪曲了本人的意愿。
(メディアは私の言ったことを全部報道したわけでなかった。ただ彼らの必要に応じて都合の良い部分を引用して解釈し、私の考えを歪曲しただけだ。)

(44) **正解は❶** "子虚乌有 zǐ xū wū yǒu"は「ありもしないこと、絵空事」。"自圆其说 zì yuán qí shuō"は「自分で自分の話のつじつまを合わせる」。"化为乌有 huà wéi wū yǒu"は「烏有に帰す、すっかりなくなる」。"虚无缥缈 xū wú piāo miǎo"は「つかみ所がない、茫漠としている」。

这篇报道纯属**子虚乌有**，完全是捏造的。
(この報道はまったくありえない作り話で、完全にねつ造されたものだった。)

(45) **正解は❹** "不打不成交 bù dǎ bù chéngjiāo"は「けんかをしなければ仲良しになれない、雨降って地固まる」、"不打不相识 bù dǎ bù xiāngshí"とも言う。"气不打一处来 qì bù dǎ yí chù lái"は「すごく腹を立てる」。"不识庐山真面目 bù shí Lúshān zhēn miànmù"は「事物の真相は分からない」、"不识庐山真面目，只缘身在此山中 zhǐ yuán shēn zài cǐ shān zhōng"で「廬山の真の姿が分からないのは、自分がこの山の中にいるからだ」。"各打五十大板 gè dǎ wǔshí dàbǎn"は「けんか両成敗」。

她们俩曾经是冤家般的竞争对手，现在却成了亲密无间的好朋友，真可谓**不打不成交**啊！
（彼女ら2人はかつて敵同士のようなライバルだったが、今では逆に無二の親友になった。雨降って地固まるとはまさにこのことだ。）

(46) **正解は❷** "各家自扫门前雪，不管他人瓦上霜 gèjiā zìsǎo ménqiánxuě, bù guǎn tārén wǎshang shuāng"は「各家が自分の門前の雪掻きはするが他人の瓦の上の霜はかまわない、自分の事だけちゃんとしておけばよいが他人の事はかまわないたとえ」。"井水不犯河水 jǐngshuǐ bú fàn héshuǐ"は「井戸の水は川の水を妨害しない、互いに他人の領分を侵さないたとえ」。"不食人间烟火 bù shí rénjiān yānhuǒ"は「俗世の煮焼きした食べ物を食べない、俗離れしていることや清高であり一般社会生活から離れていることのたとえ」。"雪上加霜 xuě shàng jiā shuāng"は「雪の上に霜を加える、災難が重なるたとえ」。

现在人情有冷淡化的趋势，各家自扫门前雪，**不管他人瓦上霜**的现象日益增多。
（今は人情が薄くなっていく傾向にあり、各家が自分の門前の雪掻きはするが他人の家の瓦の霜にはかかわらない、といった現象がますます増えている。）

(47) **正解は❹** "差之毫厘，谬以千里 chā zhī háo lí, miù yǐ qiān lǐ"は「初めはわずかな差でも終わりには非常に大きな差になる」、"差以毫厘，失之千里"とも言う。"千差万别 qiān chā wàn bié"は「千差万別」。"一念之差 yí niàn zhī chā"は「（重大な事態を招くもとになった）ちょっとした考えの違い」、"一念之差，谬以千里"とは言わない。"阴差阳错 yīn chā yáng cuò"は「偶然が重なって間違いが生じる」、"阴错阳差 yīn cuò yáng chā"とも言う。
"名落孙山 míng luò sūn shān"は「不合格となる、試験に落第する」。

以两分之差大学统考名落孙山的经历，让我深刻领悟了**差之毫厘**，谬以千里的涵义。
（2点の差で大学統一試験に不合格になった経験によって、最初はごくわずかの差でも最後には非常に大きな差になるということを悟った。）

(48) **正解は❷** "巧妇难为无米之炊 qiǎofù nán wéi wú mǐ zhī chuī"は「いかなる器用な主婦でも米なしではご飯を炊くことができない、無い袖は振れない」。"生米做成熟饭 shēngmǐ zuòchéng shúfàn"は「米が炊かれてご飯になってしまった、既成事実は変えようがないたとえ」。"无巧不成书 wú qiǎo bù chéng shū"は「偶然がなければ小説や物語にならない、事柄はしばしば偶然に恵

まれて成るたとえ」。"留得青山在，不怕没柴烧 liú dé qīngshān zài, bú pà méi chái shāo" は「緑の山を残しさえすれば薪の心配は要らない、もとになるものを残しておけば将来の望みは持てるたとえ」。

虽然看中了这套房子，可是连首付都付不起，真是**巧妇难为无米之炊**啊！
（この家を気に入ったのに、頭金すら払えないとは。本当に無い袖は振れないのだ。）

(49) **正解は❸** "车到山前必有路 chē dào shān qián bì yǒu lù" は「車の前に山が立ち塞がっても必ず道が開ける、行き詰まっても最後に解決する方法が必ずある」。"大树底下好乘凉 dàshù dǐxià hǎo chéngliáng" は「大きな樹の下だと涼しい、寄らば大樹の陰、頼るなら力のあるものがよいということのたとえ」。"计划没有变化快 jìhuà méiyǒu biànhuà kuài" は「計画は環境の変化の速度に追いつかない、計画は変化に追いつかない、変化が速いことのたとえ」。"不见棺材不落泪 bú jiàn guāncai bú luò lèi" は「棺桶を見ない限り涙を流さない、完全に失敗するまではやめないたとえ」。

车到山前必有路，到时候自然会有办法的，现在急也没有用。
（車の前に山が立ち塞がってもおのずから道が開けるように、今焦っても意味はない、その時になれば自然と解決方法が見つかるはずだから。）

(50) **正解は❶** "吃香的喝辣的" は「贅沢な暮らしをする」、昔から使われた言葉であり、"辣的"はお酒を指す。"吃饱了撑的 chībǎole chēng de" は「余計なことをする、必要のないことをする」。"不费吹灰之力 bú fèi chuī huī zhī lì" は「極めてたやすい、難なく」。"面包会有的" は「暮らしがきっと良くなってくるはずだ」。
"喝西北风 hē xīběifēng" は「ひもじい思いをする、すきっ腹を抱える」。

有钱人**吃香的喝辣的**，没钱人喝西北风，这样下去老百姓不造反才怪呢。
（金持ちの人は贅沢な生活をし、貧しい人はすきっ腹を抱える、というのが続けば、庶民は造反しない方がおかしいくらいだ。）

(51) **正解は❷** "曾几何时 céng jǐ hé shí" は「ほどなく」。"何去何从 hé qù hé cóng" は「どちらを捨てどちらをとるか、どうするか」。"度日如年 dù rì rú nián" は「1日の暮らしが1年のように長く感じる、生活が苦しいさま」。"日月如梭 rì yuè rú suō" は「歳月の経つのが早いたとえ」。

曾几何时他炒股抄成了富翁，做起了不动产生意。
(ほどなく彼は株の売買で金持ちになり、不動産ビジネスをやり始めた。)

(52) **正解は❹** "当事者迷，旁观者清 dāng shì zhě mí, páng guān zhě qīng"は「傍で見ている者のほうが当事者より物事の是非がよく分かる」。"聪明反被聪明误 cōngmíng fǎn bèi cōngmíng wù"は「聪明な者はかえってその聡明さによって身を誤る、策士策におぼれる」。"道高一尺，魔高一丈 dào gāo yì chǐ, mó gāo yí zhàng"は「正義（"道"）の力が強くなれば、それだけ邪悪（"魔"）の勢力も強くなる」という意味で、「(1) 正しいことをしようとすれば反対も大きくなること、新しいことを起こすとすぐ後からさらに新しいことが現れること　(2) 一定の成果を納めるとさらに大きな困難が来ること　(3) 正義の力は最後には必ず邪悪の勢力に勝つこと」をたとえる。"聪明一世，糊涂一时 cōngmíng yíshì, hútu yìshí"は「いかに聪明な人でも、時には愚かなこともする」。

你对别人的事总是分析得很透彻，轮到自己的时候就糊涂了，真是**当事者迷，旁观者清**啊！
(あなたは他人のことはいつも深く鋭く分析できるが、自分のことになると分からなくなってしまう。本当に当事者よりも傍観者のほうが是非を正確に判断できるというものだ。)

(53) **正解は❹** "逼上梁山 bī shàng liáng shān"は「追いつめられて梁山泊に逃げ込む、追いつめられてやむなくある行動をとるたとえ」。"愚公移山 yú gōng yí shān"は「愚公山を移す、いかなる困難も努力すれば必ず成功するたとえ」。"从容不迫 cóng róng bú pò"は「悠々迫らない様子、落ち着き払っている様子」。"铤而走险 tǐng ér zǒu xiǎn"は「やぶれかぶれで危険を冒す」。"他铤而走险"とは言うが"他被铤而走险"とは言わない。

他是被**逼上梁山**的，因为他已经别无选择了。
(彼は追い詰められてやむを得ずこの行動を取ったのだ。他に選択できる手段を失ってしまったからだ。)

(54) **正解は❹** "匪夷所思 fěi yí suǒ sī"は「言行が常軌を逸している、普通では考えられない」。"冥思苦想 míng sī kǔ xiǎng"は「知恵を絞る、構想を練る」。"左右为难 zuǒ yòu wéi nán"は「進退窮まる、板挟みになる、ジレンマに陥る」。"深思熟虑 shēn sī shú lǜ"は「深思熟慮する、深く十分に考えをめぐらす」。

这么大的城市竟然连路标都没有，岂不是令人**匪夷所思**吗？
(こんなに大きな都市になんと道路標識もないなんて、普通では考えられないではないか。)

(55) 正解は❶　"参差不齐 cēn cī bù qí"は「まちまちである、不揃いである」。"整齐划一 zhěng qí huà yī"は「一律に揃える」。"化整为零 huà zhěng wéi líng"は「まとまったものをバラバラにする、集中したものを分散させる」。"五音不全 wǔ yīn bù quán"は「音感がない」。

同型号的照相机，价格却**参差不齐**。
(同じ型のカメラだけれども、値段がまちまちだ。)

(56) 正解は❸　"二一添作五 èr yī tiān zuò wǔ"は「半分ずつ分ける、折半する」。"十有八九 shí yǒu bā jiǔ"は「十中八九」。"四舍五入 sì shě wǔ rù"は「四捨五入」。"三下五除二 sān xià wǔ chú èr"は「てきぱきと片付けることのたとえ」。

两个人用**二一添作五**的办法把钱平分了。
(2人はお金を半分ずつ分けた。)

(57) 正解は❶　"亡羊补牢，犹未为晚 wáng yáng bǔ láo, yóu wèi wéi wǎn"は「羊を失ってから檻を修繕する、同じような失敗を繰り返さないよう対策を講じるのに、遅すぎることはない」。"错上加错 cuòshang jiā cuò"は「誤りの上に誤りを重ねる」。"一错再错 yí cuò zài cuò"は「繰り返し間違う」。"有备无患 yǒu bèi wú huàn"は「備えあれば憂いなし」。
"迎头赶上"はP.135参照。

我的外语成绩虽然不好，但我打算寒假期间抓紧时间补习外语，也许**亡羊补牢，犹未为晚**，争取在考大学之前迎头赶上。
(私は外国語の成績が良くないけど、冬休み中時間を無駄にせずに外国語を補習しようと思う。遅すぎることはないかもしれない、大学入試前に先頭に追いつくよう頑張る。)

(58) 正解は❸　"高枕无忧 gāo zhěn wú yōu"は「枕を高くして寝る、心配事がないたとえ」。"高瞻远瞩 gāo zhān yuǎn zhǔ"は「高いところに立って遠くを見る、遠大な志を持つ」。"高高在上 gāo gāo zài shàng"は「お高くとまっている、

指導者が大衆から浮き上がること」。"高不可攀 gāo bù kě pān"は「高くて登れない、高嶺の花、高くて手が届かない」。
"接二连三 jiē èr lián sān"は「次から次へと」。

问题牛奶**接二连三**被曝光，真不知道喝什么牛奶，才能**高枕无忧**。
(問題のある牛乳が相次いで暴露され、どのような牛乳を飲めば安心なのか、本当に分からない。)

(59) **正解は❶** "捷足先登 jié zú xiān dēng"は「早い者勝ち、足の速い者が先に登る」。"姗姗来迟 shān shān lái chí"は「のんびりと遅れてやって来る」。"遥遥领先 yáo yáo lǐng xiān"は「断然リードする、はるかに先頭を切る」。"远走高飞 yuǎn zǒu gāo fēi"は「遠くへ逃れる、高飛びをする、親から遠く離れる」。

他听到莉莉被人**捷足先登**了的消息后，很痛苦。
(彼は莉莉が他の男のプロポーズを受けた（早いものに取られた）という知らせを聞いて、とてもつらかった。)

(60) **正解は❸** "狗拿耗子多管闲事 gǒu ná hàozi duō guǎn xiánshì"は「犬がネズミをとる、余計なことをするたとえ」。"不知天高地厚 bù zhī tiān gāo dì hòu"は「天がどれくらい高く地がどれくらい厚いか知らない、自分の能力を知らないのに思い上がっているたとえ」。"狗嘴里吐不出象牙来 gǒuzuǐlǐ tǔbuchū xiàngyá lái"は「犬の口から象牙は吐き出せない、下品な人の口から上品な言葉は出て来ないことのたとえ」。"狗咬吕洞宾 gǒu yǎo Lǚ Dòngbīn"は「犬が呂洞賓のような仙人に吠える、人の善悪の見分けがつかないたとえ」。

你管这些和自己无关的琐事干什么，真是**狗拿耗子多管闲事**。
(自分と無関係な些細なことに構ってどうするんだ、本当に余計なおせっかいだ。)

(61) **正解は❷** "好马不吃回头草 hǎomǎ bù chī huítóu cǎo"は「良い馬は後に戻って草を食べない、立派な人は過去のことに未練を持たない」。"兔子不吃窝边草 tùzi bù chī wōbiān cǎo"は「ウサギは巣のまわりの草を食べない、悪い人も隣の人に悪いことをしないたとえ」。"兔子尾巴长不了 tùzi wěiba chángbuliǎo"は「ウサギのしっぽは長くならない、長く続かないこと」。"好了伤疤忘了疼 hǎole shāngbā wàngle téng"は「傷跡が治ると痛さを忘れる、喉元過ぎれば熱さ忘れる、条件がよくなると過去の教訓や苦しみを忘れるた

とえ」。

既然已经离开了这家公司，就不要想回去的事了，**好马不吃回头草**嘛。
(既にこの会社を辞めた以上、もう戻ることを考えるな。立派な人は過去のことに未練を持たないものだ。)

⑫ **正解は❶** "一唱一和 yí chàng yí hè" は「一人が歌えば一人はそれに応じる、互いに同調し合う」。"尔虞我诈 ěr yú wǒ zhà" は「互いに騙し合う」、"尔诈我虞" とも言う。"里应外合 lǐ yìng wài hé" は「外からの攻撃に内部から協力する」。"无理取闹 wú lǐ qǔ nào" は「理由もなくわざと挑発する」。

这两个家伙简直就像演戏一样**一唱一和**，专门诈骗老人的钱财。
(この２人（連中）はまったくお芝居をしているみたいに口裏を合わせて、お年寄りばかりを狙って金や財産をだまし取っている。)

⑬ **正解は❶** "魂不附体 hún bú fù tǐ" は「胆をつぶす、びっくり仰天する」。"惊弓之鸟 jīng gōng zhī niǎo" は「弓の弦の上でおびえる鳥、一度恐ろしい目に遭うとちょっとしたことにもすぐ怯えること」。"心有余悸 xīn yǒu yú jì" は「（危険が去ってもまだ恐怖感が残っていて）思い出しただけでびくびくする」。"鬼鬼祟祟 guǐguǐsuìsuì" は「陰でこそこそしている」。

这里又闹鬼了，几个孩子被吓得**魂不附体**，大哭起来了。
(ここにまた幽霊が出て、何人かの子どもが肝がつぶれるほど驚いて大泣きしてしまった。)

⑭ **正解は❷** "好高骛远 hào gāo wù yuǎn" は「現実的でない高遠な目標を追い求める」、"好高务远" とも書く。"故弄玄虚 gù nòng xuán xū" は「簡単なことをわざと難しく見せる、人を煙にまく」。"心旷神怡 xīn kuàng shén yí" は「心が晴れ晴れとして楽しい」。"唯命是从 wéi mìng shì cóng" は「絶対服従する、言われたとおりにする」、"惟命是从" とも書く。
"量力而行 liànglì ér xíng" は「自分の力相応に事を行う」。"脚踏实地 jiǎo tà shí dì" は「足が地についている、着実であることのたとえ」。

人不要**好高骛远**，应该量力而行，脚踏实地求发展才行。
(人は現実離れした高望みをしてはいけない、力に応じて行動し、着実に力を伸ばしていくべきだ。)

⑹ **正解は❹** "计上心来 jì shàng xīn lái"は「いい考えが浮かぶ」、"眉头一皱 méitóu yí zhòu, 计上心来"で「眉間にしわを寄せて考えるとすぐにいいアイデアが出てくる」。"诡计多端 guǐjì duōduān"は「悪巧みにたけている」。"归心似箭 guī xīn sì jiàn"は「帰心矢のごとし」。"回心转意 huí xīn zhuǎn yì"は「考え直す」、よく仲直りをするときに用いる。

小王眉头一皱，**计上心来**，这点小事儿怎么会难倒他呢？
(王さんは眉間にしわを寄せてちょっと考えるとすぐに名案が浮かんでくるんだ。こんな小さなことで彼を窮地に追い込むことができるのか。)

⑹ **正解は❷** "扶摇直上 fú yáo zhí shàng"は「(人の地位、物価などが) とんとん拍子に上がる、うなぎ上りに上がる」。"如火如荼 rú huǒ rú tú"は「火のように赤い、勢いがすさまじいさま」。"急转直下 jí zhuǎn zhí xià"は「状況が急速に展開する、急転直下」。"此起彼伏 cǐ qǐ bǐ fú"は「次から次へと発生するさま」。

自从她扮演了这部电影的主角以后，人气**扶摇直上**，一举成名。
(彼女はこの映画の主役を演じてから、人気がうなぎ上りに上昇し、一気に有名になった。)

⑹ **正解は❸** "矫枉过正 jiǎo wǎng guò zhèng"は「誤りを正すのが行き過ぎる」。"屡教不改 lǚ jiào bù gǎi"は「いくら注意しても改めない」。"将功补过 jiāng gōng bǔ guò"は「功績で過ちや罪を償う」。"无休无止 wú xiū wú zhǐ"は「終わりがない」、反対の意味の言葉に"适可而止 shì kě ér zhǐ"（適当なところでやめる）がある。

矫枉过正往往会从一个极端走向另一个极端。
(是正が行き過ぎると、よく極端から極端に走ることになりがちだ。)

⑹ **正解は❶** "物极必反 wù jí bì fǎn"は「物事が極まれば必ず逆の方向へ転化する」。"乐极生悲 lè jí shēng bēi"は「楽しみが極まると悲しみが生じる」。"苦尽甜来 kǔ jìn tián lái"は「苦あれば楽あり」、"苦尽甘来"とも言う。"翻来覆去 fān lái fù qù"は「(1) 度々寝返りを打つ　(2) (同じ動作を) 何度も繰り返す」、"翻来复去"とも書く。

凡事不能走极端，否则会走向反面，这就叫**物极必反**。
(どんなことでも極端に走ってはいけない、さもなければ反対へ向かうだろ

う。これはつまり物事が極まれば必ず逆の方向へ転化するということだ。)

(69) **正解は❸** "昙花一现 tán huā yí xiàn"は「朝顔の花一時、物事や人物がぱっと現れてぱっと消えてしまうたとえ」。"风靡一时 fēngmǐ yìshí"は「一時的に流行する、一世を風靡する」。"顷刻之间 qǐngkè zhījiān"は「ちょっとの間に」。"耳目一新"は P.177 参照。

这些减税政策是不是一时的措施，会不会**昙花一现**。
(これらの減税政策は一時的な措置なのではないか、線香花火のようにならないだろうか。)

(70) **正解は❶** "既往不咎 jì wǎng bú jiù"は「過去のことは咎めない」。"焕然一新 huàn rán yì xīn"は「面目を一新する」。"言归于好 yán guī yú hǎo"は「仲直りをする」。"平白无故 píngbái wúgù"は「何の理由もなく」。

只要能悔过自新的话，以前的过失就**既往不咎**。
(非を悔い改め新しく出直しさえすれば、過去の過ちはもう追及されない。)

(71) **正解は❹** "今非昔比 jīn fēi xī bǐ"は「今は昔と比べものにならないほど変わっている」。"天壤之别 tiānrǎng zhī bié"は「天と地の差」。"情有可原 qíng yǒu kě yuán"は「許すべき事情がある」。"破镜重圆 pò jìng chóng yuán"は「(離散した、または別れた) 夫婦が再び一緒になる」。

自从她生了个男孩儿以后，婆媳关系也好，夫妻关系也好，都**今非昔比**了，全家上下都欢欣雀跃。
(彼女が男の子を出産してから、姑と嫁の仲といい、夫婦の仲といい、みなすっかり様子が変わって、家族の誰もが大喜びしている。)

(72) **正解は❷** "一个箭步 yí ge jiànbù"は「ぱっと、矢のように迅速なさま」。"一拥而上 yì yōng ér shàng"は「(大勢の人が) どっと押し寄せる」。"蜂拥而上 fēng yōng ér shàng"は「殺到する」。"慕名而来 mùmíng ér lái"は「名前を慕ってやって来る」。

他**一个箭步**冲上去，拦住了受惊的马。
(彼はすばやくぱっと跳びかかり、驚いた馬を押しとどめた。)

(73) **正解は❶** "不知葫芦里卖的是什么药 bù zhī húluli mài de shì shénme yào"は

「ひょうたんの中からどんな薬を売るか分からない、どういうつもりなのか分からないたとえ」。"公说公有理，婆说婆有理 gōng shuō gōng yǒu lǐ, pó shuō pó yǒu lǐ"は「それぞれ自分が正しいと主張する」。"人急造反，狗急跳墙 rén jí zàofǎn, gǒu jí tiào qiáng"は「人は追い詰められれば謀反し犬は追い詰められれば塀を飛び越える、窮鼠猫を噛む」。"人不知鬼不觉 rén bù zhī guǐ bù jué"は「誰にも気付かれず、こっそりと」。

一向不肯让步的老板，今天突然来了个一百八十度的大转弯，真**不知葫芦里卖的是什么药。**
(いつも譲歩しようとしないボスが、今日突然態度を180度転換した。本当にどういうつもりなのだろう。)

(74) **正解は❷** "金蝉脱壳 jīn chán tuō qiào"は「蝉が殻を脱ぐ、相手の目をくらまして逃走すること」。"脱胎换骨 tuō tāi huàn gǔ"は「身も心も完全に入れ替える、生まれ変わる」。"调虎离山 diào hǔ lí shān"は「虎を山からおびき出す、相手をおびき出して有利な場所を離れさせその機に乗じて行動を起こすたとえ」。"放虎归山 fàng hǔ guī shān"は「虎を山に帰す、敵を逃して禍根を残すことのたとえ」。
"逃之夭夭 táo zhī yāo yāo"は「さっさと逃げる」。

警察撒网追捕嫌疑犯，可这家伙用假证件使了个**金蝉脱壳**之计，逃之夭夭了。
(警察が網を広げて容疑者を追っていたが、そいつは偽の証明書で警察の目をくらまして逃げてしまった。)

(75) **正解は❶** "青梅竹马 qīng méi zhú mǎ"は「幼なじみ」。"穿针引线 chuān zhēn yǐn xiàn"は「仲介をする、よく仲を取り持つ」。"光阴似箭 guāngyīn sì jiàn"は「光陰矢のごとし」。"一奶同胞 yì nǎi tóngbāo"は「実の兄弟」。
"两小无猜 liǎng xiǎo wú cāi"は「幼い男女の付き合いは無邪気である」。

现在"两小无猜，**青梅竹马**"的爱情，似乎只能从剧中才能找到了。
(今は幼馴染同士の無邪気な恋愛は、ドラマの中でしか見つからないようだ。)

(76) **正解は❹** "近朱者赤，近墨者黑 jìn zhū zhě chì, jìn mò zhě hēi"は「朱に近づけば赤くなり墨に近づけば黒くなる、良い人に近づけば良くなり悪い人に近づけば悪くなる、良くなるのも悪くなるのもその環境によって変わる」、会話では"跟什么人学什么人"（良くなるのも悪くなるのも交友によって左右さ

れる）とも言う。"仁者见仁，智者见智 rén zhě jiàn rén, zhì zhě jiàn zhì"は「仁者は仁が目につき智者は智が目につく、人によって問題の見方が違うこと」。"内行看门道，外行看热闹 nèiháng kàn méndào, wàiháng kàn rènao"は「玄人は仕事の勘所を見、素人はうわべの派手なところに気をとられる」。"远在天边，近在眼前 yuǎn zài tiānbiān, jìn zài yǎnqián"は「遠いと言えば空の果てに、近いと言えば目の前にある、探している人や物はすぐ目の前にある、灯台下暗し」。

结婚以后受丈夫的影响，我也开始喜欢看相扑了，真是**近朱者赤，近墨者黑**。
（結婚後、夫の影響で、私も相撲の試合を観戦することが好きになってきた。本当に朱に交われば赤くなるものだ。）

(77) **正解は❶** "炯炯有神 jiǒngjiǒng yǒushén"は「目がキラキラ輝き生き生きとしている」。"容光焕发 róngguāng huànfā"は「顔の表情が元気に輝いている」。"仪表堂堂 yíbiǎo tángtáng"は「風采が堂々としている」。"六神无主 liù shén wú zhǔ"は「非常に驚き胆をつぶすさま」。

这孩子两眼**炯炯有神**，显得很有朝气。
（この子は目がキラキラと輝いていて、生気にあふれているように見える。）

(78) **正解は❹** "近水楼台先得月 jìn shuǐ lóu tái xiān dé yuè"は「水辺の楼台には先に月の光が差す、有利な立場にあるものは優先的にその利益を受けること」。"天下没有不散的宴席 tiānxià méiyǒu bú sàn de yànxí"は「世の中に終わらない宴会はない、終わらないものはない、人の世の出会いには必ず別れがある」、"天下没有不散的筵席 yánxí"とも言う。"背着抱着一样沉 bēizhe bàozhe yíyàng chén"は「背負っても抱えても重さに違いはない、どちらにしろ同じことのたとえ」、"背着抱着一般沉"とも言う。"远水救不了近火 yuǎn shuǐ jiùbuliǎo jìn huǒ"は「遠くの水は間近の火事を救えない、時間のかかるやり方は急場の役に立たないたとえ」、"远水解不了近渴 yuǎn shuǐ jiěbuliǎo jìn kě"（遠くの水は現在の渇きを癒すことができない）とも言う。

她在超市工作，到了晚上总可以买到半价的食品，这就叫**近水楼台先得月**。
（彼女はスーパーで仕事をしているので、夜になるといつも半額の食品が買える。それこそ水辺の楼台は先に月の光に照らされるというものだ。）

(79) **正解は❶** "恨铁不成钢 hèn tiě bù chéng gāng"は「鉄が鋼にならないことを

恨む、立派な人間にならないことを残念に思うたとえ」。"眼睛里揉不得沙子 yǎnjīnglǐ róubude shāzi"は「目の中で砂はこすれない、ごまかされはしないたとえ」。"望子成龙 wàng zǐ chéng lóng"は「子どもの出世を願う」。"皮笑肉不笑 pí xiào ròu bú xiào"は「気味の悪い笑いをする」。"万般无奈 wàn bān wú nài"は「やむを得ない、まったくどうしようもない」。

老父**恨铁不成钢**，在万般无奈的情况下，做出了向警察举报儿子吸毒之举。
（父親は子どもに立派な人間になって欲しかったが残念ながら期待外れで、やむを得ず自分の息子の薬物使用を警察に告発する行動をとった。）

(80) **正解は❸** "开卷有益 kāijuàn yǒuyì"は「本を読めば有益である」。"约法三章 yuē fǎ sān zhāng"は「基本的な法律を定め皆で守ること、簡単な約束事を定めそれを守ること」。"耳闻目睹 ěr wén mù dǔ"は「自分で直接に見聞きする」。"百读不厌 bǎi dú bú yàn"は「いくら読んでも飽きない」。

妈妈对我说过，**开卷有益**，书是人类的精神食粮，你要仔细地品味书中的内容并吸取书中的精华。
（読書は有益であり、本は人類の心の糧であるから、お前はじっくり本の内容を味わって、さらにその精髄を吸収しなければならない、と母は言ったことがある。）

(81) **正解は❶** "诲人不倦 huì rén bú juàn"は「人を教え導いて飽きない」。"不耻下问 bù chǐ xià wèn"は「自分より下の人に教えを請うのを恥としない」。"人尽其才 rén jìn qí cái"は「人がそれぞれの才能を十分に発揮する」。"不折不扣 bù zhé bú kòu"は「(1) 掛け値なしの (2) 正真正銘の」。

他是一位**诲人不倦**，百问不厌，深受学生们爱戴的老师。
（彼は人を教え導くことに飽きず、いくら質問されても嫌がらない、学生から敬愛されている教師です。）

(82) **正解は❹** "可丁可卯 kě dīng kě mǎo"は「(1) 過不足なくちょうどである (2) ルールを厳格に守り融通がきかない」。"量体裁衣 liàng tǐ cái yī"は「体の寸法を測って服を作る、客観状況に基づいて対応するたとえ」。"量入为出 liàng rù wéi chū"は「収入に合わせて支出する」。"对号入座 duì hào rù zuò"は「指定席に座る、チケットの番号に合わせて座席につく、あるものをほかのものに当てはめる」。

"不留安全系数 bù liú ānquán xìshù"は「余裕を残さずぎりぎりまでやる」。似た意味の言葉に"不留（有）余地 yúdì"「(1) 余地を残さない、軌道修正できる余裕を残さない　(2) ゆとりを残さず限界までやる」がある。この文のように (2) の意味で使う場合、"不留安全系数"と置き換え可能であるが、(1) の意味で使う場合は"不留安全系数"と置き換えできない。例えば"说话不留余地的话，就没有退路。"（話に余地を残さない（言い切ってしまう）と逃げ道はない）。

他干什么事总是**可丁可卯**的，从来也不留个安全系数。
（彼は何をするにもいつもかつかつで、余裕を残したことがない。）

(83) **正解は❷**　"扣人心弦 kòu rén xīn xián"は「（詩・文章や演技が）人の心を打ち感動させる」。"脍炙人口 kuài zhì rén kǒu"は「美味しい肉料理が人々に好まれる、良い作品や事柄が人々の口の端に上って称賛される」。"锣鼓喧天 luógǔ xuāntiān"は「銅鑼や太鼓の音が空まで響く」。"载歌载舞 zài gē zài wǔ"は「歌ったり踊ったりする、思う存分楽しむ」。
"如痴如醉 rú chī rú zuì"は「夢中になるさま」。

剧场里美妙的旋律**扣人心弦**，让观众如痴如醉。
（劇場に流れる美しいメロディーは人を感動させ、観衆は魅了されて、すっかり夢中になっている。）

(84) **正解は❷**　"每况愈下 měi kuàng yù xià"は「状況がしだいに悪くなる」。"拾级而上 shè jí ér shàng"は「一段一段と上がってゆく」。"自生自灭 zì shēng zì miè"は「自然に生まれ自然に消滅する」。"层出不穷 céng chū bù qióng"は「次々と現れて尽きることがない、続出する」。
"苟延残喘 gǒu yán cán chuǎn"は「かろうじて生命を保つ、瀕死の命を無理に引き伸ばす、無理に勢力を維持しようとする」。

这场金融风暴使得一些企业的经营状况**每况愈下**，有的甚至落到了苟延残喘的地步。
（今回の金融危機は一部の企業の経営状況をますます悪化させた。かろうじて存続を維持している事態にまで落ちた企業もある。）

(85) **正解は❸**　"喜新厌旧 xǐ xīn yàn jiù"は「新しいものを好み古いものを嫌う、（男女関係について）移り気である」。"弃旧图新 qì jiù tú xīn"は「古い物を

捨て新しく出直す、間違った道を改め正しい道を歩む、生まれ変わる」。"三心二意 sān xīn èr yì" は「あれこれ迷う、二の足を踏む」。"令人神往 lìng rén shénwǎng" は「憧れを抱かせる」。

正是因为人们**喜新厌旧**，新车才有销路。
(人々は新しいものが好きで古いものを嫌う、だからこそ新車は需要がある(売れ行きがよい)。)

(86) **正解は❶** "精打细算 jīng dǎ xì suàn" は「綿密に計画する、細かく計算しお金や物の使用を節制する」。"精益求精 jīng yì qiú jīng" は「優れている上にさらに磨きをかける」。"神机妙算 shén jī miào suàn" は「超人的な機知と絶妙な計画、予見力があり機略に優れている」。"细水长流 xì shuǐ cháng liú" は「細い水は長く流れる、お金などを節約して使うと長く使えること」。"花钱精打细算" とも "花钱细水长流" とも言えるが、"生活上精打细算"（節約して暮らす）とは言っても "生活上细水长流" とは言わない。
"铺张浪费 pū zhāng làng fèi" は「見栄を張りむだ遣いをする」。

他虽然工资很高，但是生活上从来都**精打细算**，绝不铺张浪费。
(彼は給料が高いけれど、いつもお金は計画的に使っていて、決して派手な無駄遣いをしない。)

(87) **正解は❶** "明察秋毫 míng chá qiū háo" は「眼力が鋭い、どんな小さなことも洞察する」、"蛛丝马迹 zhū sī mǎ jì" は「蜘蛛の糸と馬の足跡、(多く悪事の)かすかな手掛かりのたとえ」。"神通广大 shéntōng guǎngdà" は「腕前が大したものである、できないことはない」、"鸡犬不宁 jī quǎn bù níng" は「鶏や犬までも安らかでない、治安が乱れていることのたとえ」。"料事如神 liào shì rú shén" は「神のように先まで的確に見通す、推測が非常に的確である」、"旁征博引 páng zhēng bó yǐn" は「多くの資料から例を引く」、"博引旁证" とも言う。"当务之急 dāng wù zhī jí" は「当面の急務」、"字里行间 zì lǐ háng jiān" は「文章の行間、文章のここかしこ」。

警察**明察秋毫**，从犯人留下的**蛛丝马迹**中，破获了一起重大案件。
(警察は洞察力が鋭く、犯人の残したかすかな手掛かりから、重大事件の犯人を検挙した。)

(88) **正解は❸** "迥然不同 jiǒngrán bùtóng" は「まったく異なる」。"与人为善 yǔ

rén wéi shàn"は「善意をもって人を助ける」。"知根知底 zhī gēn zhī dǐ"は「素性をよく知っている」。"任劳任怨 rèn láo rèn yuàn"は「苦労をいとわず他人からの恨みごとや非難にも耐える」。

他们兄弟俩的性格和价值观都**迥然不同**。
(彼ら兄弟２人の性格や価値観はまるきり違っている。)

(89) **正解は❷** "拿得起放得下 nádeqǐ fàngdexià"は「度量が大きく成敗損得に耐えられる、うまくいく時もいかない時も平常心を保つ」。"人逢喜事精神爽 rén féng xǐshì jīngshén shuǎng"は「人は喜びに合うと元気が出る」。"习惯成自然 xíguàn chéng zìrán"は「慣れれば当たり前のことになる」。"不见兔子不撒鹰 bú jiàn tùzi bù sā yīng"は「兔を見なければ鷹を放たない、確実でなければやらないたとえ」。

人要学会**拿得起放得下**，在恋爱的问题上也不例外，有缘的时候要认真投入，无缘的时候要舍得放弃。
(うまくいく時、いかない時ともに気にしすぎないことを習得する必要がある。恋愛においても例外ではなく、縁のある時は真剣に愛情を注ぎ、縁のない時は未練を振り捨てなければならない。)

(90) **正解は❷** "七拼八凑 qī pīn bā còu"は「あちらこちらから寄せ集める」。"七零八落 qī líng bā luò"は「ばらばらである」。"七嘴八舌 qī zuǐ bā shé"は「大勢の人が口を出しあれこれ言う」。"横七竖八 héng qī shù bā"は「物がごちゃごちゃに入り乱れているさま」。

当年**七拼八凑**办起来的公司，大家拼搏了十几年之后居然上市了。
(当時あちこちから資金を寄せ集めて始めた会社は、皆が一生懸命努力し、十数年後なんと上場することになった。)

(91) **正解は❹** "拭目以待 shì mù yǐ dài"は「目をこすってよく見て待つ、期待を込めて見守る」。"察言观色 chá yán guān sè"は「表情や言葉から人の真意を探る、人の顔色をうかがう」。"等闲视之 děngxián shì zhī"は「等閑視する、軽く見る」。"看破红尘 kàn pò hóng chén"は「浮世を見限る、浮世が嫌になる」。

苹果推出 iPad 平板电脑以后，谷歌、索尼、三星、戴尔、惠普等厂家奋起直追，开始了一场激烈的竞争战，未来会如何发展，且让我们**拭目以待**吧。
(アップルがタブレット端末 iPad を世に出した後、グーグル、ソニー、サム

スン、デルコンピュータ、ヒューレット・パッカードなどのメーカーは奮い立ってまっしぐらに追いかけ、激しい競争が始まった。今後どう発展していくだろうか、ひとまず私たちは注意して見ていよう。)

⑼ **正解は❷** "临时抱佛脚 línshí bào fójiǎo"は「苦しい時の神頼み」、"平时不烧香，临时抱佛脚"（普段は寺参りをしないが、苦しくなった時仏の足にすがりつく）と言う。"跑了和尚跑不了庙 pǎole héshang pǎobuliǎo miào"は「坊主は逃げられても寺は逃げられない、どうしたって逃げられない」。"隔行如隔山 géháng rú géshān"は「職業が異なればまったく分からない、異なる職業のことは皆目分からない」。"无事不登三宝殿 wú shì bù dēng sānbǎodiàn"は「願い事があって初めて仏殿に上がる、用のある時しか訪ねて来ない」。"废寝忘食 fèi qǐn wàng shí"は「寝食を忘れる、専心努力する」。"临阵磨枪"はP.120参照。

我从小学到大学，一直都是**临时抱佛脚**的坏学生，总是在考试前废寝忘食地临阵磨枪。
（私は小学校から大学までずっと、いざという時になって仏の足にすがりつく悪い生徒で、いつも試験の直前に寝食を忘れるほど一夜漬けで勉強をした。）

⑼ **正解は❶** "眉飞色舞 méi fēi sè wǔ"は「喜色満面のさま、得意満面のさま」。"魂飞魄散 hún fēi pò sàn"は「魂がとび散る、非常に驚くたとえ」。"嫣然一笑 yān rán yí xiào"は「にっこりと微笑む」。"一笑了之 yí xiào liǎo zhī"は「一笑に付する」、"一笑置之"とも言う。

她说起话来，总是**眉飞色舞**，表情非常丰富，不当演员太可惜了。
（彼女は話をするといつも喜色満面で、表情がとても豊かなので、女優にならないのはもったいない。）

⑼ **正解は❷** "千里送鹅毛，礼轻情意重 qiānlǐ sòng émáo, lǐ qīng qíngyì zhòng"は「遠方からガチョウの羽根のようなわずかなものを送ってくれる、贈り物はささやかでもその気持ちはあたたかい」という意味の諺。"雪中送炭 xuě zhōng sòng tàn"は「雪中に炭を送る、困った人に援助の手を差し伸べる」、"雪里送炭"とも言う。"轻于鸿毛 qīng yú hóng máo"は「鴻毛より軽い、価値がないたとえ」。"物以稀为贵 wù yǐ xī wéi guì"は「物はまれであるほど貴重である」。

她**千里送鹅毛**，礼轻情意重，让我感到无限温暖。
（彼女は遠方からちょっとしたものを送ってくれた。ささやかでも心がこもっているので、この上ない温もりを感じた。）

(95) **正解は❹**　"妙手回春 miào shǒu huí chūn"は「優れた医術で健康を取り戻す、医術が優れていること、その他の腕前が優れていること」。"手到病除 shǒu dào bìng chú"は「手を下せば病気がたちまち治る、医術が優れていること」。"酌情处理 zhuóqíng chǔlǐ"は「事情を斟酌して処理する」。"延年益寿 yán nián yì shòu"は「寿命を延ばす、長生きをする」。

昔日美容对她这样的农村姑娘来说，都是些陌生的词汇，可如今她却成了一位**妙手回春**的美容师了。
（昔、美容は彼女のような田舎娘にとって聞き慣れない言葉だったが、今彼女は腕の良いエステティシャンになった。）

(96) **正解は❷**　"前车之鉴 qián chē zhī jiàn"は「前人の失敗は後人の教訓となる」。"倒行逆施 dào xíng nì shī"は「道理に背く行為をする、時代に逆行する」。"周而复始 zhōu ér fù shǐ"は「何度も繰り返す、循環する」。"东施效颦 dōng shī xiào pín"は「颦にならう」、醜女の"東施"は絶世の美女・西施を下手に真似ていっそう醜かったという故事から、むやみに人まねをするたとえ。
"重蹈覆辙"は P.232 参照。

正因为有了这样的**前车之鉴**，才使我们没有重蹈覆辙。
（このような前人の失敗の例があってこそ、我々は前人と同じ失敗を繰り返すことがなかったのだ。）

(97) **正解は❶**　"声东击西 shēng dōng jī xī"は「東を攻撃すると口で言いながら西を攻撃する、本当の目的を隠して人の目をあざむくこと」。"旁敲侧击 páng qiāo cè jī"は「（話をしたり文書を書いたりするとき）直接言わずそれとなくほのめかす、遠回しに言う」。"无声无息 wú shēng wú xī"は「音を立てない、人に知られていない」。"指桑骂槐 zhǐ sāng mà huái"は「クワを指してエンジュを罵る、遠回しに非難するたとえ」。

四川女子排球队用**声东击西**的战术，打败了强敌。
（四川女子バレーボールチームは相手の目をあざむく戦法で、強いライバルを打ち負かした。）

⑼⁸ **正解は❸** "情人眼里出西施 qíngrén yǎnlǐ chū Xīshī"は「惚れた目にはあばたもえくぼ、好きになった人なら、どんな人でも西施のように美しく見える」。"心有灵犀一点通 xīn yǒu líng xī yì diǎn tōng"は「以心伝心、人の意思が通じ合うたとえ」。"老王卖瓜，自卖自夸 lǎo Wáng mài guā, zì mài zì kuā"は「王さんは瓜を売りながら自分でほめる、自画自賛するたとえ」。"人不可貌相，海水不可斗量 rén bùkě màoxiàng, hǎishuǐ bùkě dǒuliáng"は「人は見かけによらず海水は升で量れない、人の才能は外見だけで分からないたとえ」。
"其貌不扬 qí mào bù yáng"は「風采が上がらない」。"倾城倾国 qīng chéng qīng guó"は「傾城の美人、絶世の美人」。

虽然别人都说她长相一般，其貌并不扬，可在我的眼里她比倾国倾城的美女更有魅力，**情人眼里出西施**嘛。
（彼女は顔立ちが普通で、ぱっとしないとみなに言われているが、私には絶世の美人よりも魅力的に見える。惚れた目にはあばたもえくぼということだ。）

⑼⁹ **正解は❶** "风韵犹存 fēng yùn yóu cún"は「（年は若くないが）色気はまだ残っている」。"身强力壮 shēn qiáng lì zhuàng"は「身体が頑丈で力が強い」。"风华正茂 fēng huá zhèng mào"は「風采も文才もまさに盛りである」。"风烛残年 fēng zhú cán nián"は「余命いくばくもない」。
"不减当年 bù jiǎn dāngnián"は「昔に比べて衰えていない」。

这位老板娘虽已年过六旬，可依旧**风韵犹存**，身着艳丽的旗袍，魅力不减当年。
（このおかみさんはもう60過ぎだが、相変わらず艶やかなさまは衰えず、鮮やかなチャイナドレスを着れば、魅力は若い時に比べても衰えていない。）

⑽⁰ **正解は❶** "炉火纯青 lú huǒ chún qīng"は「（学問や技術などの）最高のレベル」。"才华出众 cáihuá chūzhòng"は「才能が群を抜いている」。"精明强干 jīng míng qiáng gàn"は「頭が良くてやり手である」。"木已成舟 mù yǐ chéng zhōu"は「木は既に舟になっている、既成事実となり元に戻せないたとえ」。

他的棋艺精湛，可以说已经达到了**炉火纯青**的地步。
（彼の将棋の腕前はすばらしく、既に最高の域に達していると言える。）

⑽¹ **正解は❷** "完璧归赵 wán bì guī zhào"は「物をそのまま元の持ち主に返す」、意味の近い言葉に"物归原主 wù guī yuán zhǔ"もある。"完美无缺 wánměi wúquē"は「完璧である、完全無欠である」。"防患未然 fáng huàn wèi rán"

は「災いを未然に防止する」。"迎刃而解 yíng rèn ér jiě"は「主要な問題が片付けば他の問題は容易に解決できる」。

日本語の「完璧」は、語源が"完璧归赵"の故事に由来するが、意味は"完美无缺"の意味で使われている。

司机为了将客人落在出租车里的衣服**完璧归赵**，正在到处寻找失主。
(運転手は客がタクシー内に忘れた服をそのまま返すため、あちこち落とし主を探している。)

(102) **正解は❸** "人云亦云 rén yún yì yún"は「他人が言ったことに同調する」。"咄咄逼人 duō duō bī rén"は「激しい剣幕で人に迫るさま」。"耸人听闻 sǒng rén tīng wén"は「大げさなことを言って人をびっくりさせること」。"不假思索 bù jiǎ sī suǒ"は「即座に、考えもせずに（行動する）」。

不要**人云亦云**，要相信自己的判断力，有自己的主见。
(他人の言ったことに同調してはいけない、自分の判断力を信じて、自分の見解を持たなければならない。)

(103) **正解は❶** "入木三分 rù mù sān fēn"は「分析や観察が鋭いたとえ」。"心领神会 xīn lǐng shén huì"は「心の中で深く会得する」。"顺理成章 shùn lǐ chéng zhāng"は「文章を書くことも事を運ぶことも筋道に従ってやればうまくできる」。"轻描淡写 qīng miáo dàn xiě"は「重要な問題について簡単に触れるだけで済ませる、うわべだけを言って済ませる」。
"不择手段 bù zé shǒu duàn"は「手段を選ばない」。"机关算尽 jīguān suànjìn"は「あらゆる計略を使い尽くす」。"淋漓尽致 lín lí jìn zhì"は「（文章や言葉が）意を尽くしている、余すところなく表現されている、（暴露の仕方が）余すところなく徹底している」。

这篇文章把一个年轻人奋发向上却又不择手段、机关算尽的两面性，刻画得**入木三分，淋漓尽致**。
(この文章は、1人の若者が発奮して向上することと、手段を選ばず計略をめぐらす両面性を鋭く細やかに描いている。)

(104) **正解は❷** "非同寻常 fēi tóng xún cháng"は「普通とは異なる、格別である」。"不拘一格 bù jū yī gé"は「形式にこだわらない」、芸術の面や人材の選抜について言うことが多い。"这件青铜器非同寻常"（この青銅器そのものが尋常

ではない）とは言えるが、"这件青铜器不拘一格"は不適切であり、"这件青铜器在造型设计上不拘一格"（この青铜器は造形や設計上では形式にこだわらない）とは言える。"**大材小用** dà cái xiǎo yòng"は「優れた才能を持っている人をつまらないことに使うこと」。"**举足轻重** jǔ zú qīng zhòng"は「重要な地位にあって、一挙手一投足が重大な影響力や決定力を持っていること」、反対の意味の言葉は"**无足轻重** wú zú qīng zhòng"。

这位考古学家说，这件青铜器**非同寻常**，是罕见的珍品。
（この青铜器は尋常なものではなく、めったにない貴重な珍品だ、とこの考古学者は言った。）

(105) **正解は❸** "**时起时落** shí qǐ shí luò"は「高くなったり低くなったりする」。"**一张一弛** yì zhāng yì chí"は「引き締めたり緩めたり」。"**忽明忽暗** hū míng hū àn"は「急に明るくなったり暗くなったりする」。"**知冷知热** zhī lěng zhī rè"は「思いやりがある」。

他那**时起时落**的鼾声，犹如动人的乐曲，荡漾在寂静的夜空。
（彼の高くなったり低くなったりするいびきが、人を感動させる音楽のように、静かな夜空に響いている。）

(106) **正解は❷** "**子午卯酉** zǐ wǔ mǎo yǒu"は「（十二支の子、午、卯、酉から）全体にわたる筋の通った話、納得のできる結果」。"**之乎者也** zhī hū zhě yě"は「（文語文でよく使われる助詞であることから）古めかしい表現、もったいぶって文語を使うこと」。"**头头是道** tóu tóu shì dào"は「すべて道理がある、一つ一つ筋道が通っている」。"**不三不四** bù sān bú sì"は「まともでない」。

她说了半天，也没说出个**子午卯酉**来。
（彼女はしばらく説明したが、筋の通った話は何一つ出来なかった。）

(107) **正解は❷** "**邂逅相遇** xiè hòu xiāng yù"は「（長く会っていない親戚や友人に）偶然に出会う」。"**萍水相逢** píng shuǐ xiāng féng"は「赤の他人が偶然に知り合うことのたとえ」。"**素不相识** sù bù xiāng shí"、"**素昧平生** sù mèi píng shēng"は「普段から面識がない」。

这两个**邂逅相遇**的老朋友，一聊起来就忘了时间。
（偶然に出会ったこの２人の旧友は、話をし始めるとすぐに時間を忘れた。）

(108) **正解は❶** "顺水推舟"はP.198参照。"水涨船高 shuǐ zhǎng chuán gāo"は「水位が高くなれば舟も高くなる、周りの環境が良くなれば自分もそれにつれて向上する」。"顺藤摸瓜 shùn téng mō guā"は「手掛かりに沿ってその根源を探り出す」。"见风使舵 jiàn fēng shǐ duò"は「風向きを見て舵を取る、情勢を見比べて上手に立ち回る」。

顺水推舟，就是顺其自然处理问题的意思。
（"顺水推舟"は、つまり成り行きに従って問題を処理するという意味だ。）

(109) **正解は❸** "树大招风 shù dà zhāo fēng"は「木が大きいと風を招く、有名になれば攻撃の目標になりやすいたとえ」。"出言不逊 chū yán bú xùn"は「話し方が傲慢である、不遜な言を吐く」。"做贼心虚 zuò zéi xīn xū"は「悪いことをした後びくびくする」。"锦上添花 jǐn shàng tiān huā"は「錦上に花を添う、素晴らしいものの上にさらに素晴らしいものを加える」。

这本来不算什么事，却遭到了各种非议。真是**树大招风**啊，都是因为她的名声太大了。
（これは本来なら大したことじゃないのに、いろいろと非難された。本当に木が大きければ風当たりも強い。彼女があまりにも有名なせいだ。）

(110) **正解は❹** "神差鬼使 shén chāi guǐ shǐ"は「もののけに取り憑かれたかのようである、予想しなかったことが発生するたとえ」。"神出鬼没 shén chū guǐ mò"は「神出鬼没」。"弄巧成拙 nòng qiǎo chéng zhuō"は「うまくやろうとしてかえって悪い結果をもたらす」。"神魂颠倒 shénhún diāndǎo"は「意識が錯乱する、気が狂うほど夢中になる」。

本来这盘棋已经输定了，可竟然**神差鬼使**地赢了对方。
（この対局はもう負けに決まったはずなのに、なんと意外にも相手に勝った。）

(111) **正解は❷** "似是而非 sì shì ér fēi"は「似て非である、正しいようだが実は正しくない」。"玩世不恭 wán shì bù gōng"は「世間を軽んじ、不真面目な言行をする」。"惹是生非 rě shì shēng fēi"は「もめ事を引き起こす、災いを招く」。"见好就收 jiàn hǎo jiù shōu"は「ほどよいところでやめておく」。

产品质量出了问题，厂家反倒用一些**似是而非**的理由来搪塞，结果激怒了顾客。
（製品品質に問題が起こったが、メーカーは似て非なる理由で言い逃れようとしているので、結局顧客を激怒させた。）

(112) **正解は❸** "腾云驾雾 téng yún jià wù"は「雲や霧に乗って自由に空中を飛行する」。"摇摇欲坠 yáo yáo yù zhuì"は「(1)（人、物、地位、政権などが）ぐらぐらして今にも落ちそうなさま、崩壊寸前にあるさま (2)（建物が）倒れそうなさま、（物が）落ちそうなさま」。"风尘仆仆 fēng chén pú pú"は「長い旅に疲れ果てたさま」。"烟消云散 yān xiāo yún sàn"は「雲散霧消する、跡形もなく消え去るたとえ」。
"筋斗 jīndǒu"は宙返りをすることで、"跟头 gēntou"とも言う。

孙悟空能**腾云驾雾**，上天入地，一个筋斗便能行十万八千里。
(孫悟空は雲や霧に乗って自由に空中を飛行し、天に昇って地に入る（潜る）ことができ、1回とんぼ返りをすれば10万8千里も飛ぶことができる。)

(113) **正解は❶** "相濡以沫 xiāng rú yǐ mò"は「困難な状況の中で互いに助け合う」。"如饥似渴 rú jī sì kě"は「むさぼるようである、渇望するさま」。"相形见绌 xiāng xíng jiàn chù"は「他と比べると見劣りがする」。"敬而远之 jìng ér yuǎn zhī"は「敬遠する」。
"同甘共苦 tóng gān gòng kǔ"は「苦楽を共にする」。

这对夫妇同甘共苦，**相濡以沫**六十载，走过了坎坷的人生路。
(この夫婦は苦楽を共にし互いに助け合って60年が経つ、多難な人生を送ってきた。)

(114) **正解は❶** "循序渐进 xún xù jiàn jìn"は「順を追って一歩一歩着実に進める」。"循循善诱 xún xún shàn yòu"は「順を追って上手に教え導く」。"承上启下 chéng shàng qǐ xià"は「(1)（主に文章で）上文を受けて下文を引き出す (2)上級機関の主旨を受けそれを下級機関へ伝達する、上から下へ意思を疎通させる」。"拖拖拉拉 tuōtuōlālā"は「ぐずぐずする、もたもたする」。
"操之过急 cāo zhī guò jí"は「事を急ぎすぎる、あまりにもせっかちである」。
"坚持不懈"はP.254参照。

减肥不能操之过急，应该**循序渐进**，并且坚持不懈。
(ダイエットは焦ってはいけない、順序を追って一歩一歩そして怠らずに行っていくべきだ。)

(115) **正解は❸** "夷为平地 yí wéi píng dì"は「一面廃墟になる、廃墟にする」。"沧海桑田 cāng hǎi sāng tián"は「海が農地になり農地が海になる、世の移り変

わりが激しいこと」。"无家可归 wú jiā kě guī"は「帰る家がない」。"风驰电掣 fēng chí diàn chè"は「電光石火のように速い」。

这场特大泥石流灾害，将这座小城几乎**夷为平地**。
(今回のまれに見る土石流災害で、この小さい都市がほとんど廃墟になった。)

(116) **正解は❶** "阿谀奉承 ēyú fèngcheng"は「阿諛追従する、おべっかを使う」。"刚直不阿 gāngzhí bù'ē"は「一本気で人にへつらわない」"刚正不阿"とも言う。"老马识途 lǎo mǎ shí tú"は「老馬は道を知っている、経験を積んだ人の判断は正しいことのたとえ」。"出人头地 chū rén tóu dì"は「人の上に出る」。

他这个人对工作一点儿也不上心，只会**阿谀奉承**，整天巴结老板。
(彼ときたら仕事を全然真面目にやらずに、こびへつらうことだけが得意で、いつも社長のご機嫌をとるばかりだ。)

(117) **正解は❹** "说曹操，曹操到 shuō Cáo Cāo, Cáo Cāo dào"は「噂をすれば影」。"万事俱备，只欠东风 wàn shì jù bèi, zhǐ qiàn dōng fēng"は「すべての準備は完了したが、重要な条件が1つだけ欠けている」。"八仙过海，各显神通 bā xiān guò hǎi, gè xiǎn shén tōng"は「各自がそれぞれの特技を発揮し競いあう」、"八仙过海，各显其能 gè xiǎn qí néng"とも言う。"踏破铁鞋无觅处，得来全不费工夫 tà pò tiě xié wú mì chù, délái quán bú fèi gōngfu"は「鉄のわらじを履きつぶしても捜し出せなかったのに捜し求めていたものが目の前に現れる、あまねく求めていたものを捜しても見つからなかったが偶然にそれが目の前に現れるたとえ」。

说曹操，曹操到，这不，正说着呢，他就来了。
(噂をすれば影だ。ほら、ちょうどいま話をしていたところに彼が来たよ。)

(118) **正解は❹** "一见如故 yí jiàn rú gù"は「初対面から古くからの知り合いのように気が合う」。"一见钟情 yí jiàn zhōng qíng"は「一目ぼれをする」。"虚情假意 xū qíng jiǎ yì"は「口先だけでの好意」。"一厢情愿 yì xiāng qíng yuàn"は「独りよがりの考え、一方的な願望」、"一相情愿"とも書く。
"情投意合"はP.430参照。

他们两个人**一见如故**，立刻便成了情投意合的朋友。
(彼ら2人は初対面だが古くからの友人のようにすぐ意気投合した。)

(119) **正解は❷** "强词夺理 qiǎng cí duó lǐ"は「屁理屈をこねる、道理に合わないことを言って強弁する」。"自告奋勇 zì gào fèn yǒng"は「自ら困難な仕事や危険な任務を買って出る」。"三令五申 sān lìng wǔ shēn"は「再三命令や警告を出す」。"风言风语 fēng yán fēng yǔ"は「根も葉もないうわさ」。

别看他**强词夺理**为自己辩解，其实我看他心虚得很。
(彼は屁理屈をこねて自己弁護しているけれども、実は彼は自信がなさそうに見える。)

(120) **正解は❸** "一览无余 yì lǎn wú yú"は「一目ですべてのものを見渡せる」。"一目十行 yí mù shí háng"は「一目で10行読み取る、読書の速度が非常に速いたとえ」。"一叶障目，不见泰山 yí yè zhàng mù, bú jiàn Tàishān"は「1枚の葉が目を遮って泰山が見えない、局部的な現象に目を奪われて全体が見えないたとえ」。"显而易见 xiǎn ér yì jiàn"は「（事情や道理が）はっきりしてすぐわかる、誰の目にも明らかである、見えすいている」。

登上塔顶，就可以**一览无余**地看到整个城市的夜景。
(タワーのてっぺんに登ると、街全体の夜景を一目で見渡すことができる。)

(121) **正解は❷** "班门弄斧 bān mén nòng fǔ"は「大工の名人である魯班の前で斧を振るう、専門家の前で腕前をひけらかす、身の程を知らないたとえ」。"不识泰山 bù shí Tàishān"は「大人物を見分けられない」、"有眼不识泰山 yǒu yǎn bù shí Tàishān"（偉大な人を見損なう）とも言う。"螳臂挡车 táng bì dǎng chē"は「カマキリがその腕を振るって車の前進を阻む、自分の力を知らず無謀な抵抗をすることのたとえ」、"螳臂当车 táng bì dāng chē"とも言う。"徒有虚名 tú yǒu xū míng"は「有名無実」。

我在这方面知识肤浅，决不可在专家面前**班门弄斧**。(私はこの分野では知識が浅いので、決して専門家の前で知識をひけらかすようなまねはできない。)

(122) **正解は❸** "挑肥拣瘦 tiāo féi jiǎn shòu"は「選り好みをする」。"百里挑一 bǎi lǐ tiāo yī"は「百の中に一つしかないすぐれた物や人」。"一本万利 yì běn wàn lì"は「わずかな投資で莫大な利益を得る」。"一劳永逸 yì láo yǒng yì"は「一度苦労した後は楽になる」。

那个出租车司机净**挑肥拣瘦**，只拉远客，结果反倒挣不到钱。
(あのタクシーの運転手さんは選り好みばかりして、遠い所に行く客だけを乗

せるが、結局かえってお金を稼げない。)

(123) **正解は❷** "如释重负 rú shì zhòng fù"は「重荷を下ろしたような気がする、責任を果たしたり心配事を取り除いたりしてほっとするたとえ」。"轻装上阵 qīng zhuāng shàng zhèn"は「軽装備で出陣する、精神的ストレスから解放され仕事に打ち込むたとえ」。"一门心思 yì mén xīn si"は「一心不乱に」。"一笔勾销 yì bǐ gōu xiāo"は「(過去の債務や問題などを)一切を帳消しにする、棒引きにする」。

爸爸鼓励我说，失败乃成功之母，听了这句话，我从内心感到**如释重负**。
(失敗は成功の母だ、とお父さんが励ましてくれた。この言葉を聞いて、私は心の重荷を下ろしたような気持ちになった。)

(124) **正解は❶** "目不暇接 mù bù xiá jiē"は「多くて見きれない」、"目不暇给 mù bù xiá jǐ"とも言う。"目不转睛 mù bù zhuǎn jīng"は「じっと見つめる」。"有目共睹 yǒu mù gòng dǔ"は「誰の目にも明らかである」。"另眼相看 lìng yǎn xiāng kàn"は「特別の目で見る、特別に待遇する」。"另眼相待 lìng yǎn xiāng dài"とも言う。

昨天展览会上展出的平板电脑和智能手机品种多样，令人**目不暇接**。
(昨日展示会に展示されたタブレットパソコンとスマートフォンは種類が豊富であり、多くてすべてに目を通すことができなかった。)

(125) **正解は❸** "一个顶俩 yí gè dǐng liǎ"は「1人で2人に匹敵する」。"一推六二五 yì tuī liù'èr wǔ"は「責任逃れをする」。"一人做事一人当 yì rén zuò shì yì rén dāng"は「自分でやったことは自分で責任を持つ」。"一个赛一个 yí ge sài yí ge"は「どれもこれも優れている」。
"口齿伶俐 kǒuchǐ línglì"は「口が達者である、よどみなく話す」。

她不仅干起活儿来**一个顶俩**，而且口齿伶俐，所以在三姊妹中，她最受妈妈的宠爱。
(彼女は1人で2人分の仕事ができるばかりでなく、口も達者なので三姉妹の中では母親に一番可愛がられている。)

STEP 2
意味の近い語や説明の選択問題140問

　これまでの試験は、意味の近い類義語による選択問題が出題されました。ここでは試験問題の形式に沿って練習問題を作成する一方、より語彙の意味やニュアンスを理解するために、4つの選択肢の中に類義語、反義語とも含めた練習問題も加えました。　　　　　　　　（解答 P.300）

次の中国語の下線を付した語句の意味に最も近いものを、それぞれ①～④の中から1つ選びなさい。

- (1) 他的提案终于被公司采用了。
  ①采取　　　②采纳　　　③开采　　　④采样

- (2) 听他说话的口气，一定有人在背后给他撑腰。
  ①挡箭牌　　②当后盾　　③掏腰包　　④伸懒腰

- (3) 看到种类繁多，功能各异的智能手机，我好多天来一直踌躇不决到底买哪种好。
  ①惆怅　　　②顾虑　　　③犹豫　　　④伫立

- (4) 妈妈上上下下地打量着儿子带回来的这位姑娘，乐得嘴都闭不上了。
  ①端详　　　②张望　　　③凝视　　　④环视

- (5) 他不顾自己的身份，大骂出口，实在是太掉价了。
  ①不成比例　②大起大落　③价格大跌　④不成体统

- (6) 她不仅五官长得非常端正，气质也非常好。
  ①端庄　　　②标致　　　③正品　　　④端倪

- (7) 她们个个都是呱呱叫的排球选手。
  ①好端端　　②活生生　　③响当当　　④亮晶晶

- (8) 自从有了孩子以后，手头一直很拮据。
  ①干巴巴　　②紧巴巴　　③皱巴巴　　④眼巴巴

- (9) 要不是这位好心人来给我作证，这黑锅我就得一直背下去了。
  ①台词…背　②包袱…背　③冤枉…受　④惩罚…受

- (10) 这个看似温和安详的孩子，却时常冷不防地做些让人吃惊的事情。
  ①不慌不忙　②出生入死　③出其不意　④捉摸不透

- (11) 在这篇文章里，字里行间都流露出她对死去的男友的怀念。
  ①吐露　　　②揭露　　　③暴露　　　④露馅儿

- (12) 他以前行事总是很莽撞，可自从跟细心的妻子结婚以后，好像变成了另外一个人。
  ①冒尖　　　②冒泡　　　③冒失　　　④冒雨

288

(13) 他不仅冒犯了上司还得罪了同事，结果弄得里外不是人。
①违犯，恼火　　②触犯，惹恼　　③冒牌，生气　　④侵犯，过头

(14) 这莫须有的罪名，一背就是十年，真是令人发指。
①凭空捏造　　②以假乱真　　③添油加醋　　④弄虚作假

(15) 我们要感谢各位园丁的培育之恩，因为我们的成长是和他们的辛勤劳动分不开的。
①培训　　②栽赃　　③代培　　④栽培

(16) 牵就孩子和疼爱孩子根本不是一回事儿。
①牵挂　　②割爱　　③迁就　　④谦让

(17) 这起复杂的案件，竟然牵连了许多无辜的人。
①牵线　　②拉平　　③倒霉　　④连累

(18) 原来这种做法是这个行业的潜规则啊！
①公开的秘密　　②生存游戏　　③照章办事　　④潜意识地怀疑

(19) 他背着老婆打欠条，欠了一大笔债，老婆一气之下跟他离婚了。
①拉…山头　　②拉…饥荒　　③扯…后腿　　④拉…选票

(20) 他这样拍马屁，实在令人肉麻。
①作呕　　②棘手　　③麻利　　④痒痒

(21) 我嫂子给妈妈生了个胖孙子，妈妈乐得嘴都合不上了。
①妯娌　　②嫂嫂　　③弟媳　　④侄女

(22) 这个地区比较适宜种水稻。
①合适　　②适合　　③允许　　④适当

(23) 你可真会捉弄人，我不想要的你送上门来，想要的却连影子都见不到。
①耍手腕　　②嘲弄人　　③嘲笑人　　④操纵人

(24) 有的人说，耍贫嘴的人是左脑发达，有的人说，是右脑发达。
①油腔滑调　　②口是心非　　③赞不绝口　　④出口成章

(25) 我们的营业执照突然被吊销了，我们必须到区里讨个说法。
①要…解释　　②做…宣传　　③敲…警钟　　④打…官司

(26) 这个公司用直销手段来推销产品。
①倾销　　　②脱销　　　③代销　　　④促销

(27) 因为新市长上任后把通讯问题作为头等大事来抓，所以两年之后这里的通讯设施就相当完备了。
①完毕　　　②完善　　　③完蛋　　　④完整

(28) 随着经济的发展，越来越多的人告别了昔日的蜗居，搬进了明亮宽敞的新房。
①比喻很脏的住处　　　　　②比喻很窄小的住处
③比喻很破旧的住处　　　　④比喻很清静的住处

(29) 因为上司过于向着她，惹得周围的女孩儿既羡慕她又对她犯红眼病。
①酷爱，醋罐子　　　　　　②溺爱，灰溜溜的
③偏袒，酸溜溜的　　　　　④令爱，眼睁睁的

(30) 你真了不起啊，既会工作，又会消遣，什么都不耽误。
①消愁　　　②消耗　　　③清闲　　　④消闲

(31) 我长这么大还没离开过海南岛，很想去北方欣赏一下冬天的雪景。
①领会　　　②领教　　　③领先　　　④领略

(32) 女孩儿好像天生就比男孩儿善于掩盖自己的缺点。
①掩饰　　　②掩埋　　　③躲藏　　　④窝藏

(33) 在这个问题上不能一刀切，否则会影响大家的干劲儿。
①一定之规　②一刀两断　③一概而论　④一如既往

(34) 这个商品广告做得非常艺术，打破了以往的局限性。
①技术　　　②巧妙　　　③手艺　　　④卓越

(35) 我隐约记得这里曾经有个菜市场，可是绕来绕去也没找到。
①依然　　　②恍惚　　　③含糊　　　④含蓄

(36) 穿这套衣服出去太扎眼了，还是换一套吧。
①耀眼　　　②炫耀　　　③显眼　　　④显著

(37) 她长得小巧玲珑，当体操运动员挺占俏的。
①占理　　　②沾光　　　③捞油水　　④占便宜

(38) 他平时不努力，一到考试的时候就抓瞎。
①焦头烂额　　②绞尽脑汁　　③落花流水　　④一败涂地

(39) 面对记者尖锐的提问，她都非常自如地一一做出了答复。
①自由自在　　②不动声色　　③自作多情　　④口若悬河

(40) 这种茶叶走俏国内外，刚一上市就被一抢而空。
①畅销　　②紧俏　　③俊俏　　④滞销

(41) 我们当然希望公司能早点儿上市，但是我们绝不能拔苗助长，而要等到水到渠成。
①急中生智，时来运转　　②欲速不达，自然而然
③岌岌可危，听其自然　　④急于求成，瓜熟蒂落

(42) 虽然得到了首批善款，但对他来说，仍是杯水车薪，连手术费都不够。
①相差悬殊　　②无济于事　　③隔靴搔痒　　④相差无几

(43) 剪纸是中国别具一格的民间艺术之一，深受人们的喜爱。
①独树一帜　　②标新立异　　③无独有偶　　④独一无二

(44) 这起凶恶杀人案，令人感到不寒而栗。
①毛骨悚然　　②毛遂自荐　　③心慌意乱　　④牵肠挂肚

(45) 招工广告还没等登出来，消息却不胫而走。
①比翼齐飞　　②并驾齐驱　　③不翼而飞　　④劳燕分飞

(46) 尽管他不显山不露水，但大家都知道他胸怀大志。
①锋芒毕露　　②不露锋芒　　③慢条斯理　　④不露声色

(47) 对那些恶意攻击，最好的办法就是不屑一顾。
①嗤之以鼻　　②不卑不亢　　③来者不拒　　④丢下不管

(48) 你已经是职业妇女了，不能再像以前那样不修边幅了。
①有伤大雅　　②衣冠楚楚　　③无拘无束　　④不拘小节

(49) 他俩为黄鹂和喜鹊谁叫得好听而争得不亦乐乎，最后不欢而散。
①何乐不为　　②不可开交　　③自得其乐　　④其乐无穷

(50) 一个人的力量只是<u>沧海一粟</u>，之所以能取得今天的成果，都是大家共同努力的结果。
①比喻非常稀少　　　　　　②比喻十分渺小
③比喻一眼看不到边　　　　④比喻发展变化很快

(51) 那些<u>陈谷子烂芝麻</u>，你就别再没完没了地唠叨了，我已经听腻了。
①老掉牙的事　　　　　　　②不合逻辑的话
③不疼不痒的话　　　　　　④缺乏幽默感的话

(52) 他这种<u>乘人之危</u>的卑劣行为实在被人所不齿。
①趁热打铁　　②落井下石　　③背信弃义　　④过河拆桥

(53) 做什么事都要有<u>持之以恒</u>的精神才行。
①不遗余力　　②万无一失　　③陆陆续续　　④锲而不舍

(54) 培养孩子们<u>触类旁通</u>的能力，非常重要。
①触景生情　　②举一反三　　③可见一斑　　④见多识广

(55) 如果没做亏心事，又何必拼命地表白呢？这岂不是<u>此地无银三百两</u>吗？
①不打自招　　②自投罗网　　③屈打成招　　④挺身而出

(56) 我希望大家能<u>打开天窗说亮话</u>，把自己的意见和盘托出，不要藏藏躲躲的。
①言必有中　　②言归正传　　③开门见山　　④实话实说

(57) 他平时一向<u>道貌岸然</u>，堂堂正正，可是一喝起酒来，就撒酒疯。
①富丽堂皇　　②八面玲珑　　③一本正经　　④阴阳怪气

(58) 人总得知足，不能<u>得寸进尺</u>。
①供不应求　　②贪得无厌　　③得天独厚　　④三长两短

(59) 对低烧不能<u>掉以轻心</u>，以免耽误治疗。
①麻痹大意　　②麻木不仁　　③习以为常　　④敷衍了事

(60) 他多年来养成的<u>丁是丁，卯是卯</u>的工作习惯，退休以后也丝毫没有改变。
①一是一，二是二　　　　　②一环扣一环
③一个萝卜一个坑　　　　　④一不做，二不休

(61) 这里的天气<u>反复无常</u>，一会儿晴空万里，一会儿却又乌云翻滚而来。
①出尔反尔　　②翻云覆雨　　③变幻莫测　　④一成不变

- (62) 他有了外遇想离婚,却<u>反咬一口</u>,把离婚的责任推到了妻子身上。
  ①当头一棒　　②倒打一耙　　③矢口否认　　④一口咬定

- (63) 她把书<u>分门别类</u>地整理好了,想找什么书,一下子就能找到。
  ①就是按种类和内容分类的意思　　②就是隔三差五的意思
  ③就是杂乱无章的意思　　④就是按甲乙丙丁分类的意思

- (64) 眼看着辽宁队就要输给对方的时候,突然间却<u>峰回路转</u>,辽宁队竟然转败为胜取得了冠军。
  ①怪石嶙峋　　②时移俗易　　③绿树成阴　　④柳暗花明

- (65) 这篇文章里用了一些<u>风马牛不相及</u>的比喻,真是可笑之至。
  ①比喻弄错了事实　　②比喻事物之间毫不相干
  ③比喻文章的内容和题目不一致　　④比喻双方的意见完全对立

- (66) 就靠这样的<u>高谈阔论</u>,难道能解决问题吗?
  ①喋喋不休　　②怨天尤人　　③口口声声　　④夸夸其谈

- (67) 希望大家能<u>各抒己见</u>,对公司的经营方针提出宝贵的意见。
  ①畅所欲言　　②大言不惭　　③胡说八道　　④各持己见

- (68) 无论做什么事情都要有恒心,否则就会<u>功亏一篑</u>,难以奏效。
  ①事倍功半　　②在所不惜　　③前功尽弃　　④汗马功劳

- (69) 这次失败的原因,<u>归根结底</u>就是没能抓住时机。
  ①说一套做一套　　②说一千道一万
  ③说一不二　　④赶早不赶晚

- (70) 这次机会错过了的话,可就<u>过了这个村,没这个店</u>了。
  ①机不可失,时不再来　　②三天打鱼,两天晒网
  ③人过留名,雁过留声　　④今朝有酒今朝醉

- (71) 她的回答<u>含糊其辞</u>,肯定有难言之苦。
  ①模棱两可　　②冠冕堂皇　　③装腔作势　　④偷换概念

- (72) 我<u>好说歹说</u>,总算说动老婆在小区开了家小饭馆。
  ①肺腑之言　　②费尽口舌　　③口干舌燥　　④花言巧语

- (73) 我们不能<u>囫囵吞枣</u>地接受外国文化,要剔除糟粕,吸收精华。
  ①文不对题　　②生吞活剥　　③不伦不类　　④融会贯通

(74) 不要搞一些浪费人力物力、华而不实的研究。
①虚有其表　　②阳奉阴违　　③座无虚席　　④当之无愧

(75) 她最近挥金如土，被邻居告发了。原来她正是被通缉的诈骗嫌疑犯。
①挥汗如雨　　②挥霍无度　　③慷慨解囊　　④一掷千金

(76) 大家你捐一点儿，我捐一点儿，居然集腋成裘，把心脏移植手术的费用凑齐了。
①积少成多　　②自给自足　　③群策群力　　④齐心协力

(77) 我第一次见到的电脑是一台很笨重的机器，至今还记忆犹新。
①历历在目　　②立竿见影　　③饮水思源　　④温故知新

(78) 他们俩离婚的原因并非见异思迁所致。
①朝思暮想　　②朝夕相处　　③朝朝暮暮　　④朝三暮四

(79) 他故意将我一军，心里好不自在。
①揭我老底　　②让我当替罪羊　　③打我耳光　　④刁难我

(80) 有两名学生考试的时候交头接耳，结果被取消了考试资格。
①抓耳挠腮　　②窃窃私语　　③洗耳恭听　　④充耳不闻

(81) 她登峰造极的演技，令人感到可望不可即。
①居高临下　　②望尘莫及　　③望眼欲穿　　④望洋兴叹

(82) 因为货源一时不足，他们便用了劣质的地板来滥竽充数。
①浑然一体　　②节外生枝　　③鱼目混珠　　④混为一谈

(83) 几年工夫，这个依山傍水的小城，一幢幢高楼大厦拔地而起，鳞次栉比。
①琳琅满目　　②浩如烟海　　③一望无垠　　④星罗棋布

(84) 我们有信心一定会马到成功的。
①万事亨通　　②满载而归　　③旗开得胜　　④一锤定音

(85) 本来是件没什么了不起的小事，却被什么人弄得满城风雨。
①呼风唤雨　　②沸沸扬扬　　③风调雨顺　　④风雨无阻

(86) 做什么都应该有个轻重缓急，怎么能眉毛胡子一把抓呢？
①比喻千篇一律　　　　　　②比喻不求甚解
③比喻千头万绪　　　　　　④比喻主次不分

(87) 我们这个店从门可罗雀到顾客盈门，都是大家齐心努力的结果。
①门当户对　　②门庭冷落　　③门庭若市　　④若有若无

(88) 为了找到工作，曾给许多公司寄过自己的简历，可总是如同泥牛入海。
①销声匿迹　　②逍遥法外　　③石沉大海　　④漫无边际

(89) 你为什么要这样逆来顺受呢？难道你做了亏心事吗？
①甘拜下风　　②削足适履　　③忍辱负重　　④忍气吞声

(90) 不搞清这些盘根错节的关系，就无法从根本上解决问题。
①盘根问底　　②错综复杂　　③根深蒂固　　④有条不紊

(91) 去年公司破釜沉舟，走出这一步之后，竟然绝处逢生，又活了下来。
①背水一战　　②覆水难收　　③破财免灾　　④釜底抽薪

(92) 对破罐破摔的孩子，老师要善于引导他们。
①灰心丧气　　②无法无天　　③自强不息　　④自暴自弃

(93) 这几个厂家的实力旗鼓相当，今后的竞争会越发激烈了。
①棋高一着　　②不相上下　　③一技之长　　④棋逢对手

(94) 他好像喝醉了似的，说话前言不搭后语。
①张冠李戴　　②咬文嚼字　　③语无伦次　　④口齿不清

(95) 希望我的徒弟都能超过我这个老师，青出于蓝而胜于蓝嘛。
①后来居上　　②雨后春笋　　③后继有人　　④脱颖而出

(96) 听说这里要通地铁了，正是当地居民求之不得的。
①有求必应　　②梦寐以求　　③舍近求远　　④供过于求

(97) 中国乒坛人才济济，长江后浪推前浪。
①人才辈出　　②人浮于事　　③风云变幻　　④济济一堂

(98) 那时，我虽然脸上一副若无其事的样子，其实心里却忐忑不安。
①若有所思　　②萎靡不振　　③泰然自若　　④无关大局

(99) 如今已时过境迁，这里再也不是我记忆中的舟山了。真可谓三十年河东，三十年河西啊。
①三一三十一　　　　　　②三十六计，走为上计
③三句话不离本行　　　　④此一时，彼一时

(100) 这叫杀鸡给猴看，他想以此来威胁我们呢。
①小巫见大巫　②一物降一物　③软硬兼施　④惩一警百

(101) 我们应该设身处地地为农民想想，在即将收割之际，遭到了台风的袭击，会是一种什么样的心情？
①真心实意　②将心比心　③身临其境　④挖空心思

(102) 如果大家都身体力行地进行环保，我们的地球将会更加美好。
①亲身体验，努力实行
②什么事都非得自己亲自去做，因为对别人办事不放心
③不说大话，做自己能力范围之内的事
④只要身体好，就应该努力工作

(103) 在这样濒临危机的时刻，决不可事不关己，高高挂起。
①袖手旁观　②拔刀相助　③无关紧要　④无动于衷

(104) 对这样的谣传，大家已经熟视无睹了。
①少见多怪　②目不忍睹　③横眉冷对　④见怪不怪

(105) 她教了一辈子的书，当然是桃李满天下了。
①到处都有自己的作品　②自己的学生都超过了自己
③自己已经度过了桃李之年　④自己的学生遍及各地

(106) 对慢性皮炎也不应该忽视，因为天长日久往往会发生病变。
①来日方长　②夜长梦多　③一年半载　④久而久之

(107) 他决心要把这个看似天方夜谭般的计划，变成触手可及的现实。
①就是无稽之谈的意思　②就是天各一方的意思
③就是谢天谢地的意思　④就是夜郎自大的意思

(108) 这对才子佳人令人羡慕，朋友们都说他们是天生的一对儿。
①就是非常般配的意思　②就是非常要好的意思
③就是老搭档的意思　④就是富有浪漫色彩的意思

(109) 为了尽快找出问题的所在，大家只好通宵达旦地研究调查方案。
①长年累月　②夜以继日　③颠倒黑白　④辗转终宵

(110) 票贩子这次偷鸡不成蚀把米，不但没有赚钱反倒赔了本钱。
①弄假成真　②想占便宜却吃了亏
③塞翁失马　④本想耍巧妙的手段，反倒做了蠢事

- (111) 大家能够坐下来推心置腹的交换一下意见，确实是难得的。
  ①开诚布公　②意气相投　③直截了当　④郑重其事

- (112) 过去这里一到晚上就万籁俱寂，现在通宵灯火通明。
  ①四面楚歌　②万念俱灰　③悄然无声　④举止安详

- (113) 这幅画儿把孩子们天真活泼的神态描绘得惟妙惟肖。
  ①图文并茂　②栩栩如生　③光彩夺目　④神气活现

- (114) 我已经尽心尽力了，可以说问心无愧。
  ①无可奉告　②有口无心　③心安理得　④扪心自问

- (115) 由于这里天高皇帝远，所以使得一些我行我素的官员有了可乘之机。
  ①顺我者昌，逆我者亡　　②来者不善，善者不来
  ③日有所思，夜有所梦　　④随心所欲，独往独来

- (116) 她看见母亲痛苦的样子，只是暗自落泪，却无能为力。
  ①黔驴技穷　②束手无策　③鞭长莫及　④身不由己

- (117) 他的回答无懈可击，令人赞叹。
  ①破绽百出　②见缝插针　③天衣无缝　④无孔不入

- (118) LED灯具以其无与伦比的节能优势，已经成为世界瞩目的高新技术之一。
  ①无可非议　②无可比拟　③名不虚传　④空前绝后

- (119) 你的话弦外之音到底是什么，我简直是云里雾里，越听越糊涂。
  ①话里有话　②难言之隐　③一语双关　④言外之意

- (120) 让机器人来帮助人们做家务，这并非想入非非。
  ①浮想联翩　②异想天开　③枉费心机　④非分之想

- (121) 他们这样做其实是项庄舞剑，意在沛公。
  ①当面锣对面鼓　　②醉翁之意不在酒
  ③坐山观虎斗　　　④只许州官放火，不许百姓点灯

- (122) 不要以为这是小道消息，这是真的啊。
  ①捕风捉影　②道听途说　③无中生有　④空口无凭

- (123) 这些小小不言的事情，根本不值得一提。
  ①多此一举　②美中不足　③微不足道　④以卵击石

(124) 你只是心不在焉地随声附和着,听见我说什么了吗?
①漫不经心　②全神贯注　③心猿意马　④爱搭不理

(125) 她最近好像心事重重,不知被谁把她那副愁眉不展的样子拍了下来,挂在网上了。
①闷闷不乐　②忧心忡忡　③恋恋不舍　④心心相印

(126) 父母言传身教,培养孩子很重要。
①虚怀若谷　②现身说法　③摇身一变　④以身作则

(127) 这种掩耳盗铃之举,实在是太愚蠢了。
①就是自欺欺人的意思　　②就是隔墙有耳的意思
③就是自己骗自己的意思　④就是贼喊捉贼的意思

(128) 食品的安全问题一波未平,一波又起,难免使消费者产生谈虎色变、杯弓蛇影的恐惧心理。
①一块石头落地,含沙射影
②一回生,二回熟,打草惊蛇
③一发不可收拾,草木皆兵
④按下葫芦起了瓢,疑神疑鬼、恐慌不安

(129) 一个巴掌拍不响,没有大家的支持,光靠你一个人,恐怕很难实现。
①孤掌难鸣　②孑然一身　③一拍即合　④一臂之力

(130) 那些贪官和投机商纯粹是一个鼻孔出气。
①一丘之貉　②一鼓作气　③一语道破　④胡作非为

(131) 学校的条件虽然很有限,可他们因陋就简、因地制宜,用一个闲置的仓库办了一个小图书室。
①就着简陋的条件办事　　②就地取材
③因势利导　　　　　　　④根据当地的具体情况办事

(132) 金融机关在发放贷款时,总是因人而异。
①一视同仁　②看人下菜碟　③一问三不知　④小菜一盘

(133) 这种因循守旧的做法必将阻碍公司的发展。
①与世无争　②清规戒律　③推陈出新　④墨守成规

(134) 这几个游手好闲的家伙为了筹喝酒的钱,竟干上了抢劫的勾当。
①好吃懒做　②无忧无虑　③达官贵人　④爱财如命

☑ (135) 你说的理由根本站不住脚。
①不成立　　　②成不了　　　③不含糊　　　④驳不倒

☑ (136) 她刚从加纳来北京大学留学的时候，每天都照葫芦画瓢地练习写汉字。
①照猫画虎　　②照本宣科　　③如法炮制　　④学而不厌

☑ (137) 救援通道已打通，因矿山塌方被困在井下的矿工重返地面将指日可待。
①就是急不可待的意思　　　　②就是为时过早的意思
③就是为期不远的意思　　　　④就是迫不得已的意思

☑ (138) 我们必须只争朝夕，如果没有这种精神，将落后于时代。
①争先恐后　　②马不停蹄　　③一朝一夕　　④争分夺秒

☑ (139) 刚取得一点点成绩就自命不凡，这是不行的。
①招摇过市　　②骄傲自满　　③自作主张　　④自找苦吃

☑ (140) 马秘书已经成了经理的左膀右臂，经理完全离不开他。
①多面手　　　②左右手　　　③佼佼者　　　④前后脚

解答と解説

(1) **正解は❷** "采用 cǎiyòng" は「(技術、方法、提案などを) 採用する」。"采纳 cǎinà" は「(提案や意見などを) 受け入れる、採用する」。"采取 cǎiqǔ" は「(態度、手段などを) 取る」。"采用" は適切だと認めて取り入れることで、使う範囲が広く、具体的な事物 (例えば道具や材料) から抽象的な事物 (例えば技術、経験、方法など) まで用いられる。"采纳" は適切だと認め、下からの意見、要求、提案などを受け入れること。"采取" は必要だと判断して立場、態度、手段、方針などを取ること。"开采 kāicǎi" は「(石炭、石油、鉱物などを) 採掘する」。"采样 cǎi//yàng" は「サンプリング、見本を抽出する」。

他的提案终于被公司采用了。
(彼の提案はようやく会社に採用された。)

(2) **正解は❷** "撑腰 chēng//yāo" は「後ろ楯になる、後押しをする、支持する」。"当后盾 dāng hòudùn" は「後ろ盾にする」。"挡箭牌 dǎngjiànpái" は「(1) 矢を防ぐ盾 (2) 言い訳、責任逃れの口実」。"掏腰包 tāo yāobāo" は「お金を出す、自腹を切る」。"伸懒腰 shēn lǎnyāo" は「背伸びをする」。

听他说话的口气，一定有人在背后给他撑腰。
(彼の話しぶりを聞くと、きっと誰か後ろ楯がいるにちがいない。)

(3) **正解は❸** "踌躇 chóuchú" は「(1) ためらう、ぐずぐずする、躊躇する (2) 得意な様子」、ここでは (1) の意味。"犹豫 yóuyù" は「ためらう、躊躇する」で"踌躇"の (1) と置き換えできる。"惆怅 chóuchàng" は「元気がないさま、ふさぎ込むさま」。"顾虑 gùlǜ" は「心配、心配する」。"伫立 zhùlì" は「たたずむ、長時間立つ」。

看到种类繁多，功能各异的智能手机，我好多天来一直踌躇不决到底买哪种好。
(種類が多く性能も異なるスマートフォンを見ると、いったいどの機種を買えばいいのか、何日もずっとためらったまま決心がつかない。)

(4) **正解は❶** "打量 dǎliang" は「(人の外観などを) じろじろ見る、観察する」、知らない人や事物に用いることが多い。"端详 duānxiang" は「(多く人の外観を) 詳しく観察する」、知らない人にもよく知っている人にも用いられる。"张望 zhāngwàng" は「(1) (隙間などから) のぞく (2) 周りを見回す、遠くを眺める」。"凝视 níngshì" は「じっと見つめる」。"环视 huánshì" は「周りを

見回す」。

妈妈上上下下地打量着儿子带回来的这位姑娘，乐得嘴都闭不上了。
（お母さんは息子が連れてきたその女の子を頭のてっぺんから足の先までしげしげ見ながら、うれしくてニコニコしっぱなしだった。）

(5) **正解は❹** "掉价 diào//jià"は「(1) 値が下がる (2) 品位、体面、身分、地位が下がる、面目を失う」、ここでは (2) の意味。"不成体统 bù chéng tǐ tǒng"は「体裁が悪い」。"不成比例 bù chéng bǐlì"は「アンバランスである」。"大起大落"は P.252 参照。"价格大跌 jiàgé dàdiē"は「値段が暴落する」。

他不顾自己的身份，大骂出口，实在是太掉价了。
（彼は自分の身分を顧みずに、罵声を浴びせて、実に品位を下げてしまった。）

(6) **正解は❷** "端正 duānzhèng"は「(1) 端正である (2) 正しい (3) 正しくする」、"五官端正 wǔguān duānzhèng"で「目鼻立ちが整っている」。"标致 biāozhi"は「(多く女性の容姿が) 美しい」。"端庄 duānzhuāng"は「(多く女性の態度、表情、ふるまい、姿態、容姿が) 端正で重々しい」。一般に"五官端正"とは言うが、"五官端庄"とは言わない。"正品 zhèngpǐn"は「合格品」。"端倪 duānní"は「手がかり」。

她不仅五官长得非常端正，气质也非常好。
（彼女は目鼻立ちが整っているだけではなく、気質もとても良い。）

(7) **正解は❸** "呱呱叫 guāguājiào"は「(能力や腕前が) 素晴らしい」。"响当当 xiǎngdāngdāng"は「実力がある、立派である」。"好端端 hǎoduānduān"は「平穏無事である、何事もない」。"活生生 huóshēngshēng"は「生き生きしている」。"亮晶晶 liàngjīngjīng"は「ぴかぴか光るさま、きらきら輝くさま」。

她们个个都是呱呱叫的排球选手。
（彼女たちはみんなそれぞれ素晴らしいバレーボールの選手だ。）

(8) **正解は❷** "拮据 jiéjū"は「金がない」。"手头拮据"は「懐具合が良くない」で、"手头紧巴巴 shǒutóu jǐnbābā"とも言う。"干巴巴 gānbābā"は「(1) (乾燥して) からからである、かさかさしている (2) (文章などが) 無味乾燥である」。"皱巴巴 zhòubābā"は「しわしわである」、"眼巴巴 yǎnbābā"は「切に望んでいるさま」。

自从有了孩子以后，手头一直很拮据。
（子どもが生まれてからは、ずっと懐具合が良くない。）

(9) **正解は❸** "背黑锅 bēi hēiguō"は「無実の罪を着せられるたとえ」。"受冤枉 shòu yuānwang"は「冤罪を被る」。"背台词 bèi táicí"は「セリフを覚える」。"背包袱 bēi bāofu"は「多く精神的な重荷を背負うたとえ」。"受惩罚 shòu chéngfá"は「処罰を受ける」。

要不是这位好心人来给我作证，这黑锅我就得一直背下去了。
（もしこの親切な人が証言してくれなかったら、この無実の罪をずっと被っていかなければならなくなるところだった。）

(10) **正解は❸** "冷不防 lěngbufáng"は「(1) 不意に、思いもかけず、突然　(2) 不意打ち」、ここでは (1) の意味。"出其不意 chū qí bú yì"は「不意を突く、不意打ちを食わせる」。"不慌不忙 bù huāng bù máng"は「慌てず急がず落ち着いているさま」。"出生入死 chū shēng rù sǐ"は「生命の危険を冒す」。"捉摸不透 zhuōmōbutòu"は「はっきり見通しがつかない」。

这个看似温和安详的孩子，却时常冷不防地做些让人吃惊的事情。
（見た感じではやさしくて落ち着いている感じのこの子は、ところがどっこい、よく突然人をびっくりさせるようなことをする。）

(11) **正解は❶** "流露 liúlù"は「(1)（気持ち、考え、感情が言葉や表情などに）おのずから現れる　(2)（感情や考えなどをありのまま）表に現す」。"吐露 tǔlù"は「（実情、内心を）打ち明ける」。"揭露 jiēlù"は「（隠されたことを意識的に）暴き出す、摘発する、明るみに出す」。"暴露 bàolù"は「(1)（隠されたことが自然に）暴露される、明るみに出る　(2)（隠されたことをわざと）暴露する、明るみに出す」。"露馅儿 lòu//xiànr"は「ぼろが出る」。

在这篇文章里，字里行间都流露出她对死去的男友的怀念。
（この文章には、字句の中にも行間にも、亡くなった恋人を懐かしむ彼女の気持ちがにじみ出ている。）

(12) **正解は❸** "莽撞 mǎngzhuàng"は「無鉄砲である」。"冒失 màoshi"は「軽率である、そそっかしい、無鉄砲である」。"冒尖 mào//jiān"は「(1)（入れ物が）山盛りになる　(2) ずば抜けている、際立つ、目立つ」。"冒泡 màopàor"は「泡

が沸きあがる、泡がたち上る」。"冒雨"は「雨の中を～する、雨を冒す」。

他以前行事总是很莽撞，可自从跟细心的妻子结婚以后，好像变成了另外一个人。
(彼は以前いつも無鉄砲に事を運んでいたが、よく気がつく奥さんと結婚してから、まるで別人のようになった。)

(13) **正解は❷** "冒犯 màofàn"は「怒らせる、逆らう、失礼なことをする」、"得罪 dézuì"は「恨みを買う、感情を損なう、怒らせる」。"触犯 chùfàn"は「(法を) 犯す、気に障る、怒りを買う」、"惹恼 rěnǎo"は「怒らせる、怒りを買う」。"违犯 wéifàn"は「(法律、憲法、命令などに) 違反する」、"恼火 nǎohuǒ"は「怒る、腹を立てる」で、目的語を取れない。"冒牌 mào//pái"は「商標を盗用する」、"生气 shēng//qì"は「怒る」、離合詞なので後ろに目的語を取れない。"侵犯 qīnfàn"は「(人権、プライバシー、自由、著作権、主権、領土などを) 侵す」、"过头 guò//tóu"は「(1) 限度を超す (2) 行き過ぎる、～し過ぎる」。"里外不是人"は「双方から恨みを買って憎まれる、両方の板挟みになって苦しむ」。

他不仅冒犯了上司还得罪了同事，结果弄得里外不是人。
(彼は上司を怒らせたばかりではなく、同僚の恨みも買い、その結果内からも外からも嫌われてしまった。)

(14) **正解は❶** "莫须有 mòxūyǒu"は「(あるかもしれないが) 根拠に欠ける、でっち上げの、ありもしない」。"凭空捏造 píngkōng niēzào"は「ありもしないことをでっち上げる、事実無根の」。"以假乱真 yǐ jiǎ luàn zhēn"は「偽物を本物と言って人を騙す」。"添油加醋 tiān yóu jiā cù"は「誇張する、大げさに言う」。"弄虚作假 nòng xū zuò jiǎ"は「インチキをする、虚偽を弄する」。"令人发指 lìng rén fà zhǐ"は「髪の毛が逆立つほど怒らせる、激怒させる」

这莫须有的罪名，一背就是十年，真是令人发指。
(このでっち上げの罪を着せられてもう 10 年になる。本当に激しい憤りを感じる。)

(15) **正解は❹** "培育 péiyù"は「(1) (植物、生物を) 栽培する、育てる (2) (人を) 育成する、育てる」。"栽培 zāipéi"は「(1) (農作物、植物などを) 栽培する (2) (人材を) 育成する、養成する (3) (官界で人を) 抜擢する」。"培

训 péixùn"は「(技術者、幹部などを)養成訓練する、トレーニングする」。"栽赃 zāi//zāng"は「盗品などをこっそり他人の荷物などに入れて罪を着せる」。"代培 dàipéi"は「(教育機関が企業の委託を受けて)代わって人材を養成する」。

我们要感谢各位园丁的培育之恩，因为我们的成长是和他们的辛勤劳动分不开的。
(育ててくれた先生方の恩に感謝しなければならない。私たちが成長できたのは彼らの懸命な労働と切離すことができないからだ。)

(16) **正解は❸** "牵就 qiānjiù"、"迁就 qiānjiù" とも「妥協する、譲歩する、大目に見る」。"牵挂 qiānguà"は「気に掛ける、心配する」。"割爱 gē'ài"は「割愛する」。"谦让 qiānràng"は「謙虚に辞退する、遠慮して他人に譲る」。

牵就孩子和疼爱孩子根本不是一回事儿。
(子どもの言いなりになることと子どもを可愛がることとはまったく別の事だ。)

(17) **正解は❹** "牵连 qiānlián"は「(1) 巻き添えにする、累を及ぼす (2) つながりがある」、ここでは (1) の意味。"连累 liánlei"は「巻き添えにする、累を及ぼす」。"牵线 qiān//xiàn"は「(1) 陰で操る (2) 仲介する」。"拉平 lā//píng"は「(得点などを) 同じにする、(得点などが) 同じになる」。"倒霉 dǎo//méi"は「不運だ、ついていない」、離合詞なので、目的語を取れない。

这起复杂的案件，竟然牵连了许多无辜的人。
(今回の複雑な事件では、意外にも多くの罪のない人が巻き添えになった。)

(18) **正解は❶** "潜规则 qián guīzé"は「暗黙の了解、暗黙のうちに守られているルール」で、"公开的秘密 gōngkāi de mìmì"「公然の秘密」と置き換えできる。"生存游戏 shēngcún yóuxì"は「サバイバルゲーム」。"照章办事 zhàozhāng bànshì"は「ルールどおりにやる」。"潜意识地怀疑 qiányìshí de huáiyí"は「無意識的に疑う」、"潜意识"は"下意识"とも言う。

原来这种做法是这个行业的潜规则啊！
(なんだ、このようなやり方はこの業界の暗黙の了解だったのか。)

(19) **正解は❷** "欠债 qiàn//zhài"は「借金、債務を負う、借金をする」。"拉饥荒

lā jīhuang"は「借金をする」。"拉山头 lā shāntóu"は「セクトを結成する、派閥を作る」。"扯后腿 chě hòutuǐ"は「足を引っ張る、他人の行動を邪魔する」。"拉选票 lā xuǎnpiào"は「票を集める」。
"打欠条 dǎ qiàntiáo"は「借用証を書く」。

他背着老婆打欠条，欠了一大笔债，老婆一气之下跟他离婚了。
（彼が内緒で借用証を書いて、膨大な借金を作ったので、奥さんは怒って彼と離婚した。）

⑳ **正解は❶** "肉麻 ròumá"は「(軽薄なお世辞の言動によって) 不快な気持ちになる、歯が浮く、虫酸が走る」。"作呕 zuò'ǒu"は「むかつく、吐き気を催す、いやらしい」。"棘手 jíshǒu"は「手を焼く、厄介である」。"麻利 máli"は「(1)（動作が）敏捷である、すばしこい (2) 急いで」。"痒痒 yǎngyang"は「(1) 痒い、くすぐったい (2)（何かがしたくて）むずむずする」。

他这样拍马屁，实在令人肉麻。
（彼がこのようにおべっかを使うので本当に不愉快だ。）

㉑ **正解は❷** "嫂子 sǎozi"、"嫂嫂 sǎosao"とも「兄嫁」。"妯娌 zhóuli"は「兄嫁と弟嫁、兄の妻と弟の妻を合わせた言い方」。"弟媳 dìxí"は「弟の嫁」。"侄女 zhínǚ"は「兄弟の娘」。

我嫂子给妈妈生了个胖孙子，妈妈乐得嘴都合不上了。
（兄のお嫁さんが（母に）ころころ太った孫を産んでくれたので、母は喜んでニコニコしっぱなしだ。）

㉒ **正解は❷** "适宜 shìyí"は「適する」。"适合 shìhé"は「ちょうど合う、適合する」。"合适 héshì"は「(1) ちょうどよい、適切である (2) 割に合う」、ここでは後ろに目的語があり動詞であるので、"合适"ではなく"适合"が正解。"允许 yǔnxǔ"は「許可、許可する、許す」。"适当 shìdàng"は「適当である、ふさわしい」、形容詞なので目的語を取れない。

这个地区比较适宜种水稻。
（この地域は比較的稲を植えるのに適している。）

㉓ **正解は❷** "捉弄人 zhuōnòng rén"は「人を困らせる、人をからかう」。"嘲弄人 cháonòng rén"は「人をからかう、ばかにする」。"耍手腕 shuǎ shǒuwàn"

は「汚い手段を弄する」。"嘲笑人 cháoxiào rén"は「人を嘲笑する、嘲る」。"操縦人 cāozòng rén"は「（不正な手段で）人を操る、支配する」。

你可真会捉弄人，我不想要的你送上门来，想要的却连影子都见不到。
(君は本当に人をからかうのが上手だね。欲しくないものは送ってくれて、欲しいものは影すら見せてくれないんだから。)

(24) **正解は❶**　"耍贫嘴 shuǎ pínzuǐ"は「ペラペラしゃべる、減らず口をたたく」。"油腔滑调 yóu qiāng huá diào"は「口先ばかり調子がよい、軽薄で誠意のない話しぶり」。"口是心非 kǒu shì xīn fēi"は「言うことと考えていることが違う」。"赞不绝口"は P.117 参照。"出口成章 chū kǒu chéng zhāng"は「口に出す言葉がそのまま文章になる、文才があるたとえ」。

有的人说，耍贫嘴的人是左脑发达，有的人说，是右脑发达。
(ペラペラしゃべる人は左脳が発達しているんだと言う人もいれば、右脳が発達していると言う人もいる。)

(25) **正解は❶**　"讨个说法 tǎo ge shuōfǎ"は「公正な説明、返答、回答を要求する、求める」。"要个解释 jiěshì"は「説明を要求する、求める」。"做个宣传 xuānchuán"は「宣伝をする」。"敲个警钟 qiāo ge jǐngzhōng"は「警鐘を鳴らす」。"打个官司"は「訴訟を起こす、告訴する」。

我们的营业执照突然被吊销了，我们必须到区里讨个说法。
(私たちの営業許可が突然取り上げられてしまった、区の政府に説明を求めないといけない。)

(26) **正解は❹**　"推销 tuīxiāo"は「販売する、販路を広める、売りさばく」。"促销 cùxiāo"は「販売を促進する」。"倾销 qīngxiāo"は「ダンピングする、投げ売りする」。"脱销 tuō//xiāo"は「売り切れになる、品切れになる」。"代销 dàixiāo"は「代理販売する」。

这个公司用直销手段来推销产品。
(この会社は直接販売の方法で製品を販売している。)

(27) **正解は❷**　"完备 wánbèi"は「（設備、体系などが）完備している、揃っている」。"完善 wánshàn"は「(1)（計画、設備、制度などが）完備している、揃っている、完璧である　(2)（計画、制度などを）完全なものにする、完璧に仕

上げる」。"完毕 wánbì"は「完了する」。"完蛋 wán//dàn"は「だめになる」。"完整 wánzhěng"は「（文章、作品、設備などがそれらを構成する各部分が全体から見て欠けたところがなく）全部そろっている」。

因为新市长上任后把通讯问题作为头等大事来抓，所以两年之后这里的通讯设施就相当完备了。
（新任の市長は就任後、通信問題を最も重要な課題としてしっかり取り組んできたので、2年後ここの通信設備は相当整ってきた。）

⑵⁸ **正解は❷** "蜗居 wōjū"は「カタツムリの住まい、狭苦しい家のたとえ」。"比喻很窄小 zhǎixiǎo 的住处"は「狭い住まいのたとえ」。"比喻很脏 zāng 的住处"は「汚い住まいのたとえ」。"比喻很破旧 pòjiù 的住处"は「古くてぼろぼろの住まいのたとえ」。"比喻很清静的住处"は「環境が静かな住まいのたとえ」。

随着经济的发展，越来越多的人告别了昔日的蜗居，搬进了明亮宽敞的新房。
（経済の発展に伴い、昔の狭苦しい家と別れ、明るく広い新居に引っ越す人がますます多くなっている。）

⑵⁹ **正解は❸** "向着 xiàngzhe"は「(1)（片方の）肩を持つ、味方する、えこひいきする (2) 〜に向かう」、ここでは (1) の意味で、"偏袒 piāntǎn"「（片方の）肩を持つ、味方する、えこひいきする」と置き換えできる。"犯红眼病 fàn hóngyǎnbìng"は「（他人の成功、才能、財産などを見て羨んだり妬んだりする）妬み病にかかる」、"酸溜溜的 suānliūliū de"は「(1)（味が）酸っぱい (2)（肩、腰などの筋肉が）だるくて痛い (3) 妬みや切ない気持ちがあるさま」。"酷爱 kù'ài"は「熱愛する、とても好きである」、"醋罐子 cù guànzi"は「やきもち焼き」。"溺爱 nì'ài"は「（自分の子どもを）溺愛する、可愛がる」、"灰溜溜的 huīliūliū de"は「萎れている、しょんぼりしている」。"令爱 lìng'ài"は「お嬢様」、"眼睁睁的 yǎnzhēngzhēng de"は「（何らかのことが発生したときに）ただ見ているだけでどうすることもできないさま」。

因为上司过于向着她，惹得周围的女孩儿既羡慕她又对她犯红眼病。
（上司があまりにも彼女をえこひいきするので、周りの女子社員は彼女を羨み、焼もちを焼いた。）

⑶⁰ **正解は❹** "消遣 xiāoqiǎn"は「遊び、暇つぶしをする」。"消闲 xiāoxián"は「暇つぶしをする」。"消愁 xiāo//chóu"は「憂いを解く」。"消耗 xiāohào"は

「（精力や体力などを）消耗する、費やす、すり減らす、消耗させる」。"清闲 qīngxián"は「煩わしいことがなく暇である、のんびりとしている」。

你真了不起啊，既会工作，又会消遣，什么都不耽误。
(君は本当にすごいよ、仕事もよくできるし遊び方も知っていて、どちらもおろそかにしていない（どちらも上手にやっている）んだから。)

(31) **正解は❹** "欣赏 xīnshǎng"は「(1)（音楽、美術、景色、演劇などを）鑑賞する、楽しむ　(2)（作品、演劇、景色、人物、才能などを）素晴らしいと思う、高く評価する、気に入る」、ここでは(1)の意味。"领略 lǐnglüè"は「（景色、風味などを）味わう、感じ取る」。"领会 lǐnghuì"は「（意味、内容、意図などを）会得する、理解する」。"领教 lǐngjiào"は「(1)（人の教えを受けたりお手本を見せてもらったりするとき言う丁寧な言葉）お教えを受けた　(2) 教えを請う、教えていただく」。"领先 lǐng//xiān"は「(1) 先頭に立つ、先頭を切る、リードする」。

我长这么大还没离开过海南岛，很想去北方欣赏一下冬天的雪景。
(私はこんな年になってまだ海南島を離れたことがないので、北の方へ冬の雪景色の観賞をしに行きたいと思っている。)

(32) **正解は❶** "掩盖 yǎngài"は「（事実、真相、欠点などを）隠す」。"掩饰 yǎnshì"は「（欠点、過ち、気持ちなどを）隠す」。"掩埋 yǎnmái"は「埋める」。"躲藏 duǒcáng"は「身を隠す」。"窝藏 wōcáng"は「（犯人を）かくまう、（盗品を）隠す」。

女孩儿好像天生就比男孩儿善于掩盖自己的缺点。
(女の子は生まれつき男の子より自分の欠点を隠すのがうまいみたいだ。)

(33) **正解は❸** "一刀切 yìdāoqiē"は「（実際の個々の状況を無視し）一律に処理する」。"一概而论 yí gài ér lùn"は「一律に論じる、一概に論じる」。"一定之规 yí dìng zhī guī"は「(1) 一定の規則、一定の決まり　(2) 決まった考え、はっきりした見解」。"一刀两断 yì dāo liǎng duàn"は「きっぱりと関係を断つ」。"一如既往 yì rú jì wǎng"は「従来どおりである、これまでと少しも変わらない」。

在这个问题上不能一刀切，否则会影响大家的干劲儿。
(この問題については一律に処理してはいけない。さもないとみんなのやる気

に影響が出るだろう。)

(34) **正解は❷**　"艺术 yìshù"は「(1) 芸術、アート　(2) テクニック、技術　(3) 芸術的である、ユニークで素晴らしい」、ここでは (3) の意味。"巧妙 qiǎomiào"は「上手である、優れている、巧妙である」。"技术"は「技術」。"手艺 shǒuyì"は「腕前」。"卓越 zhuóyuè"は「(成果、貢献、見解、才能などが) 優れている、素晴らしい、卓越する」。

这个商品广告做得非常艺术，打破了以往的局限性。
(この商品広告はずいぶんユニークで素晴らしく、これまでの限界を打破している。)

(35) **正解は❷**　"隐约 yǐnyuē"は「(感覚的、視覚的、聴覚的に) かすかである、(記憶が) ぼんやりとしている、はっきりしない」。"恍惚 huǎnghū"は「(1) (意識などが) ぼんやりとしている、ぼうっとしている　(2) (見聞きしたことや記憶が) はっきりしない、定かでない、～のような気がする」、ここでは (2) の意味で、"恍忽"とも書く。そのほかに"依稀 yīxī"も「ぼんやりとしている」の意味を持つ。"依然 yīrán"は「相変わらず」。"含糊 hánhu"は「(言葉や文章の意味、および物事に対する態度などが) 曖昧である、あやふやである」。"含蓄 hánxù"は「(1) (話などに) 含みがある　(2) (言葉や文章などに) 深い意味がある　(3) (感情や考えを) 表に現さない」。

我隐约记得这里曾经有个菜市场，可是绕来绕去也没找到。
(ここに野菜市場があったのをぼんやり覚えているが、ぐるぐる歩き回っても見つけられなかった。)

(36) **正解は❸**　"扎眼 zhāyǎn"は「目立つ、派手である、目障りである」。"显眼 xiǎnyǎn"は「目立つ、人目を引く」。"耀眼 yàoyǎn"は「まぶしい」。"炫耀 xuànyào"は「(1) 輝く　(2) 誇示する、ひけらかす、見せびらかす」。"显著 xiǎnzhù"は「(成績、成果、効果、変化、発展などが) 顕著である、著しい」。

穿这套衣服出去太扎眼了，还是换一套吧。
(この格好で出かけるのはあまりにも派手過ぎるので、やはり着換えなさい。)

(37) **正解は❹**　"占俏 zhàn qiào"は「得である、有利である」。"占便宜 zhàn piányi"は「(1) うまい汁を吸う　(2) 得である、有利である」。"占理 zhàn//lǐ"は

「道理にかなう、理屈に合う」。"沾光 zhān//guāng" は「お蔭を被る、恩恵にあずかる、便宜を得る」。"捞油水 lāo yóushuǐ" は「うまい汁を吸う、(不当な)利益を得る」。

她长得小巧玲珑，当体操运动员挺占俏的。
(彼女は小柄で器用なので、体操選手として有利だ。)

(38) **正解は❶** "抓瞎 zhuā//xiā" は「(事前に準備をせず)慌てる、泡を食う、慌てふためく」。"焦头烂额" は P.161 参照。"绞尽脑汁 jiǎo jìn nǎo zhī" は「知恵袋を絞る、脳みそを絞る」。"落花流水 luò huā liú shuǐ" は「こてんぱんに打ちのめされる、惨敗したさま」。"一败涂地 yí bài tú dì" は「完全に失敗して再起不能の状態となる、一敗地にまみれる」。

他平时不努力，一到考试的时候就抓瞎。
(彼は普段努力しないので、試験になるたびに慌てふためくことになる。)

(39) **正解は❶** "自如 zìrú" は「自由自在である、思いのままにできる」。"自由自在 zì yóu zì zài" は「自由自在である」。"不动声色 bú dòng shēng sè" は「感情や考えを言葉や顔に現さない、沈着冷静なさま」。"自作多情 zì zuò duō qíng" は「相手はその気がないのに好かれていると勝手に思い込むこと」。"口若悬河 kǒu ruò xuán hé" は「口は滝のようである、立て板に水、弁舌の流暢なさま」。

面对记者尖锐的提问，她都非常自如地一一做出了答复。
(記者の鋭い質問に対し、彼女は非常に自由自在に逐一答えた。)

(40) **正解は❶** "走俏 zǒuqiào" は「よく売れる、好評で売れ行きがよい」。"畅销 chàngxiāo"「よく売れる、売れ行きがよい、販路が広い」と置き換えできる。"紧俏 jǐnqiào" は「(売れ行きがよくて)品薄である、供給が需要に追いつかない」。"俊俏 jùnqiào" は「器量がよい、容貌がきれいである」。"滞销 zhìxiāo" は「売れ行きが悪い、売れない」。

这种茶叶走俏国内外，刚一上市就被一抢而空。
(このお茶は国内外共に売れ行きがよく、市場に出るとすぐに売り切れになる。)

(41) **正解は❹** "拔苗助长 bá miáo zhù zhǎng" は「助長する、不要な助力をしてかえって損なうこと」、苗を早く生長させようと無理に引っ張ったところ、抜

けてしまったという故事から。"水到渠成 shuǐ dào qú chéng"は「水が来れば溝はできる、条件が備われば自然に成就するたとえ」。"急于求成 jí yú qiú chéng"は「成功を焦る」、"瓜熟蒂落 guā shú dì luò"は「ウリが熟すとヘタが自然に落ちる、時期が熟せば自然に成功するたとえ」。"急中生智 jí zhōng shēng zhì"は「とっさによい知恵が浮かぶ」、"时来运转 shí lái yùn zhuǎn"は「運が良くなる、運が向いてくる」。"欲速不达 yù sù bù dá"は「速さを求めると達することができない、急がば回れ」、"自然而然 zì rán ér rán"は「自然に、ひとりでに」。"岌岌可危 jí jí kě wēi"は「危険きわまりない」、"听其自然 tīng qí zì rán"は「成り行きに任せる」。

我们当然希望公司能早点儿上市，但是我们绝不能<u>拔苗助长</u>，而要等到<u>水到渠成</u>。
（私たちは当然会社が早く上場することを望んでいるが、しかし決して無理に成長を早めようとしてはいけない、条件が整って自然にできる時機を待たなければならないのだ。）

(42) **正解は❷** "杯水车薪 bēi shuǐ chē xīn"は「焼け石に水、力が小さすぎて何の役にも立たないことのたとえ」。"无济于事 wú jì yú shì"は「何の役にも立たない」。"相差悬殊 xiāng chà xuán shū"は「差が非常に大きい」。"隔靴搔痒 gé xuē sāo yǎng"は「靴の外部からかゆい所をかく、(話すことやすることが)急所をはずれてもどかしいこと、要点に触れないこと」、"相差无几 xiāng chà wú jǐ"は「大した差がない」。

虽然得到了首批善款，但对他来说，仍是<u>杯水车薪</u>，连手术费都不够。
（第1回目の慈善金をもらいはしたが、彼にとっては依然として焼け石に水で手術費にも足らない。）

(43) **正解は❶** "别具一格 bié jù yì gé"は「独特の風格がある」。"独树一帜 dú shù yí zhì"は「独自に一派をなす、独自の道を切り開く、独特の風格がある」。"标新立异 biāo xīn lì yì"は「新しい主張を出し人と異なった意見を表明する」。"无独有偶 wú dú yǒu ǒu"は「(多く悪人や悪事について) 単独ではなく同じものや事柄が他にもある」。"独一无二 dú yī wú èr"は「ただ1つである」。

剪纸是中国<u>别具一格</u>的民间艺术之一，深受人们的喜爱。
（切紙は中国の独特の風格を備える民間芸術の1つであり、大変人々に愛されている。）

(44) **正解は❶** "不寒而栗 bù hán ér lì"は「寒くないのに震える、非常に恐ろしいさま」。"毛骨悚然 máo gǔ sǒng rán"は「恐ろしくて身の毛がよだつ、非常な恐怖のさま」。"毛遂自荐 máo suì zì jiàn"は「自己推薦する、(仕事や任務の担当を)自ら引き受ける」、戦国時代、趙国の平原君の食客であった毛遂が平原君に自薦して楚国に行き、趙国の危機を救ったという故事から。"心慌意乱 xīn huāng yì luàn"は「慌てて取り乱す、心が落ち着かない」。"牵肠挂肚 qiān cháng guà dù"は「大変心配する」。

这起凶恶杀人案，令人感到<u>不寒而栗</u>。
(この凶悪な殺人事件には思わず身の毛がよだつ。)

(45) **正解は❸** "不胫而走 bú jìng ér zǒu"は「足がないのに歩ける、情報があっという間に広まるたとえ」。"不翼而飞 bú yì ér fēi"は「羽がないのに飛んでいく、情報があっという間に広まることや物がいつの間にかなくなることのたとえ」。"比翼齐飞 bǐ yì qí fēi"は「羽を並べて飛ぶ、夫婦が互いに助け合って共に進むたとえ」。"并驾齐驱 bìng jià qí qū"は「肩を並べて進む、互いに優劣がない」。"劳燕分飞 láo yàn fēn fēi"は「モズとツバメが別の方向に飛ぶ、夫婦や恋人が離れ離れになり互いに別々の方向へ進むたとえ」。

招工广告还没等登出来，消息却<u>不胫而走</u>。
(募集広告が掲載されるのを待たずに(掲載される前に)情報はすでに広まった。)

(46) **正解は❷** "不显山不露水 bù xiǎn shān bú lòu shuǐ"は「目立たない、目立つことをしない、露骨ではない」。"不露锋芒 bú lù fēng máng"は「才気があってもひけらかすことをしない」。"锋芒毕露 fēng máng bì lù"は「自己の才気をことさらにひけらかす」。"慢条斯理 màn tiáo sī lǐ"は「(1)(話し方や体の動きが)ゆったりとして落ち着いている (2)のろのろしている」。"不露声色 bú lù shēng sè"は「(感情や考えを)おくびにも出さない、言葉にも表情にも出さない」。

尽管他<u>不显山不露水</u>，但大家都知道他胸怀大志。
(彼は目立たないけれども、みんなは彼が大志を抱いていることを知っている。)

(47) **正解は❶** "不屑一顾 bú xiè yí gù"は「一顧に値しない、振り向いて見るに値しない、軽蔑して相手にしない」。"嗤之以鼻 chī zhī yǐ bí"は「鼻で笑う、軽蔑して相手にしない」。"不卑不亢 bù bēi bú kàng"は「傲慢でもなく卑屈で

もない」、"不亢不卑"とも言う。"来者不拒 lái zhě bú jù" は「来るもの拒まず」。"丢下不管 diūxià bù guǎn" は「ほったらかしにする」。

对那些恶意攻击，最好的办法就是<u>不屑一顾</u>。
(ああいった悪意の攻撃に対して一番良い方法は無視することだ。)

(48) **正解は❹**　"不修边幅 bù xiū biān fú" は「身なりに頓着しない、磊落で小事に拘泥しない」。"不拘小节 bù jū xiǎo jié" は「小さなことにこだわらない、小事に拘泥しない」。"有伤大雅 yǒushāng dàyǎ" は「(言行が) 下品になる」。"衣冠楚楚 yīguān chǔchǔ" は「きちんとした服装をしている、身なりがきちんとしている」。"无拘无束 wú jū wú shù" は「自由気ままに、何のこだわりもない、自分の思うままにのんびりする」。

你已经是职业妇女了，不能再像以前那样<u>不修边幅</u>了。
(君は既にキャリアウーマンになったのだから、もう以前のように身なりにかまわないままではいけない。)

(49) **正解は❷**　"不亦乐乎 bú yì lè hū" の原意は「『また楽しからずや』、はなはだ楽しい」、これが転じて「(程度が) はなはだしいさま」を意味するようになった。例えば "打了个不亦乐乎"（痛快に殴った）のようにダジャレのようにして使う。"不可开交 bù kě kāi jiāo" は「どうしようもない、どうにもならない」。"何乐不为 hé lè bù wéi" は「(反語の語気を示し) どうして好んでしないことがあろうか、喜んでやる」、"何乐而不为" とも言う。"自得其乐 zì dé qí lè" は「自分で楽しむ、自己満足する」。"其乐无穷 qí lè wú qióng" は「楽しいことこの上ない」。
"不欢而散 bù huān ér sàn" は「けんか別れになる、気まずい気持ちで別れる、不愉快な気持ちで別れる」。

他俩为黄鹂和喜鹊谁叫得好听而争得<u>不亦乐乎</u>，最后不欢而散。
(彼ら2人はウグイスとカササギのどちらの鳴き声が綺麗かということで激しく争い、しまいにはけんか別れになった。)

(50) **正解は❷**　"沧海一粟 cāng hǎi yī sù" は「大海の中の一粒の粟、広大なものの中のきわめて小さいもののたとえ」。"十分渺小 miǎoxiǎo"「とてもちっぽけである」。"非常稀少 xīshǎo" は「非常にまれである」。"一眼看不到边" は「見わたす限り果てしない」。"发展变化很快" は「発展や変化がとても速い」。

一个人的力量只是沧海一粟，之所以能取得今天的成果，都是大家共同努力的结果。
（1人の力はきわめて小さいものに過ぎないのだから、今日の成果が得られたのはみんな一緒に努力した結果だ。）

(51) **正解は❶** "陈谷子烂芝麻 chén gǔzi làn zhīma"は「古い穀物と腐ったゴマ、古臭くてつまらないことや話のたとえ」。"老掉牙的事 lǎodiàoyá de shì"は「古臭いこと、時代遅れなこと」、"老掉牙"は「古臭くて時代遅れである」。"不合逻辑的话 bùhé luóji de huà"は「論理的でない話」。"不疼不痒的话 bù téng bù yǎng de huà"は「痛くもかゆくもない話、急所に触れない話」。"缺乏幽默感的话 quēfá yōumò gǎn de huà"は「ユーモアのセンスがない話」。

那些陈谷子烂芝麻，你就别再没完没了地唠叨了，我已经听腻了。
（ああいった古臭くてつまらない話を、もうこれ以上きりもなくくどくど言わないでくれ、もう耳にタコができるほど聞いたよ。）

(52) **正解は❷** "乘人之危 chéng rén zhī wēi"は「人の窮地につけ込む、人の弱みにつけ込む」。"落井下石 luò jǐng xià shí"は「井戸に落ちた人を助けないばかりか石を投げ込む、人の窮地、災難につけこむたとえ」。"趁热打铁 chèn rè dǎ tiě"は「鉄は熱いうちに打て、好機を逸することなくことを運ぶ」。"背信弃义 bèi xìn qì yì"は「信義に背く、背信行為をする」。"过河拆桥 guò hé chāi qiáo"は「川を渡ってしまうと橋を取り壊す、目的を達したら自分自身を助けた人々を足蹴にする、恩を仇で返す」。
"不齿 bùchǐ"は「歯牙にもかけない、問題にしない、相手にしない」、"被人所不齿"で「人に軽蔑される、人に相手されない、歯牙にもかけられない」。

他这种乘人之危的卑劣行为实在被人所不齿。
（彼の火事場泥棒のような卑劣な行為は人に軽蔑されて当たり前だ。）

(53) **正解は❹** "持之以恒 chí zhī yǐ héng"は「根気よく続ける、粘り強くやり通す」。"锲而不舍 qiè ér bù shě"は「絶え間なく彫り続ける、粘り強く物事にあたるたとえ」。"不遗余力 bù yí yú lì"は「余力を残さず全力を出しきる」。"万无一失 wàn wú yì shī"は「万全を期する、万に一つの失敗もない」。"陆陆续续 lùlùxùxù"は「次から次へと、続々と」。

做什么事都要有持之以恒的精神才行。

(どんなことをするにしても根気よく頑張る精神がないとだめだ。)

(54) **正解は❷** "触类旁通 chù lèi páng tōng"は「1つの事柄から類推し他の知識を理解する」。"举一反三 jǔ yī fǎn sān"は「一を聞いて十を知る」。"触景生情 chù jǐng shēng qíng"は「眼前の情景に触れて感無量になる」。"管中窥豹，可见一斑 guǎn zhōng kuī bào, kě jiàn yì bān"は「竹管から豹を見ると模様の一部分は見える、観察したわずかの一部分からでも物事の全貌を推して知ることができるたとえ」。"见多识广 jiàn duō shí guǎng"は「経験が豊富で知識が広い」。

培养孩子们<u>触类旁通</u>的能力，非常重要。
(子どもたちの、1つの事から類推によって他の知識を理解する能力を養成することは非常に大事である。)

(55) **正解は❶** "此地无银三百两 cǐ dì wú yín sān bǎi liǎng"は「隠そうとしてかえって正体がばれてしまう」、銀を埋めた人がここには300両の銀なしという立札を立てた、隣の李四がそれを盗み、立札の裏に隣の李四は盗んでいないぞと書いた、という笑い話から。"不打自招 bù dǎ zì zhāo"は「拷問にかけられないうちに自分から白状する、何気なく話しているうちに自分の真意や意図を露出するたとえ」。"自投罗网 zì tóu luó wǎng"は「自ら網にかかる、自ら危険に飛び込む」。"屈打成招 qū dǎ chéng zhāo"は「拷問に耐えられず無実の罪を認めさせられる」。"挺身而出 tǐng shēn ér chū"は「困難に対して勇敢に立ち向かう」。

如果没做亏心事，又何必拼命地表白呢？ 这岂不是<u>此地无银三百两</u>吗?
(もし後ろめたい事がなければ、一生懸命に弁解する必要はないではないか。それでは自ら白状するようなものではないか。)

(56) **正解は❹** "打开天窗说亮话 dǎ kāi tiān chuāng shuō liàng huà"は「率直に話す、打ち明け話をする、オープンな態度で話し合う」。"实话实说 shí huà shí shuō"は「本当のことを正直に言う、率直に話す」。"言必有中 yán bì yǒu zhòng"は「話すことが必ず的を射ている」。"言归正传 yán guī zhèng zhuàn"は「話を本筋に戻す」。"开门见山 kāi mén jiàn shān"は「ずばり本題に入る、単刀直入に言う」で、"单刀直入 dān dāo zhí rù"も同じ意味。"和盘托出 hé pán tuō chū"は「お盆ごと差し出す、(考えや意見などを)残さず全部さらけ出すたとえ」。

我希望大家能打开天窗说亮话，把自己的意见和盘托出，不要藏藏躲躲的。
(みなさん率直に話をしてください。自分の意見をさらけ出して隠す必要はありません。)

(57) **正解は❸** "道貌岸然 dào mào àn rán"は「道学者の風貌でまじめくさっている、君子面をして収まり返っている」。"一本正经 yì běn zhèng jīng"は「まじめくさっている、くそまじめである」。"富丽堂皇 fù lì táng huáng"は「豪華で立派である」。"八面玲珑 bā miàn líng lóng"は「八方美人」。"阴阳怪气 yīn yáng guài qì"は「(言葉や態度などが)陰険である、ひねくれている」。"撒酒疯 sā jiǔfēng"は「酔って暴れる、酒乱になる、酒癖が悪い」。

他平时一向道貌岸然，堂堂正正，可是一喝起酒来，就撒酒疯。
(彼は普段、まじめそうな顔をして、正々堂々としているが、酒を飲むとすぐに酔ってしまって暴れる。)

(58) **正解は❷** "得寸进尺 dé cùn jìn chǐ"は「一寸をもらえばさらに一尺をもらおうとする、欲望にきりがない、調子に乗ってつけ上がるたとえ」。"贪得无厌 tān dé wú yàn"は「欲張って厭くことを知らない」。"供不应求 gōng bú yìng qiú"は「供給が需要に追いつかない」。"得天独厚 dé tiān dú hòu"は「(よい環境や条件に)恵まれている」。"三长两短 sān cháng liǎng duǎn"は「万一のこと、意外な事故や災害など」。

人总得知足，不能得寸进尺。
(人は足るを知るべきであって、一寸を得たらさらに一尺を求めるような欲張りであってはならない。)

(59) **正解は❶** "掉以轻心 diào yǐ qīng xīn"は「軽く考えて油断する」。"麻痹大意 má bì dà yi"は「油断する」。"麻木不仁 má mù bù rén"は「体が痺れて感覚がない、事に無関心、無反応、冷淡であるたとえ」。"习以为常 xí yǐ wéi cháng"は「繰り返ししているうちにすっかり慣れてしまう、慣れれば当たり前なことになる」。"敷衍了事 fū yǎn liǎo shì"は「いい加減に事を済ませる、適当にお茶を濁す」。

对低烧不能掉以轻心，以免耽误治疗。
(微熱には油断してはいけない、治療が手遅れにならないように。)

(60) **正解は❶** "丁是丁，卯是卯 dīng shì dīng, mǎo shì mǎo"、"一是一，二是二 yī shì yī, èr shì èr" とも「物のけじめをはっきりする、物事に几帳面である、ごまかさない」。"一环扣一环 yì huán kòu yì huán"は「一つ一つの段階がしっかり連結している」。"一个萝卜一个坑 yí ge luóbo yí ge kēng"は「1本の大根には1つの穴、それぞれ持ち場が決まっていて人手に余裕がないこと、各自がそれぞれ担当する仕事を持ち職務上の責任を果たすべきこと」。"一不做，二不休 yī bú zuò, èr bù xiū"は「始めた以上はとことんやる、やるならとことんやる」。

他多年来养成的丁是丁，卯是卯的工作习惯，退休以后也丝毫没有改变。
（彼が長年にわたって身に付けた几帳面な仕事の習慣は、定年退職した後でも少しも変わっていない。）

(61) **正解は❸** "反复无常 fǎn fù wú cháng"は「(多く人の態度、言動、気候などが) 常に変わって一定しない、気が変わりやすい」。"变幻莫测 biàn huàn mò cè"は「(多く為替相場、株式市場、気候、情勢、運命などの) 変化が激しく予測できない」。"出尔反尔 chū ěr fǎn ěr"は「(人の) 言うことがくるくる変わる、自分の言った言葉に背く、言行が一致しない」。"天气反复无常"は"天气变幻莫测"と置き換えでき、"这个人反复无常"は"这个人出尔反尔"と置き換えできる。"翻云覆雨 fān yún fù yǔ"は「(1) 手を翻せば雲となり、手を覆せば雨となる、手の裏を返すように言葉や態度ががらりと変わること (2) 巧みに手段を弄すること」、"翻手为云，覆手为雨 fān shǒu wéi yún, fù shǒu wéi yǔ"とも言う。"一成不变 yì chéng bú biàn"は「一旦出来上がれば永久に変わらない」。

这里的天气反复无常，一会儿晴空万里，一会儿却又乌云翻滚而来。
（ここの天気は変わりやすく、見渡す限り晴れた空になったと思えば黒い雲が沸き立ってきたりする。）

(62) **正解は❷** "反咬一口 fǎn yǎo yì kǒu"、"倒打一耙 dào dǎ yì pá" とも「自分の過失なのに逆に人に罪をなすりつける」の意味を持っている。"当头一棒 dāng tóu yí bàng"は「真っ向から棒で一撃を加える、突然ショックを与えるたとえ」、"当头棒喝 dāng tóu bàng hè" とも言う。"矢口否认 shǐ kǒu fǒu rèn"は「絶対に認めようとしない」。"一口咬定 yì kǒu yǎo dìng"は「一言で断言する、きっぱり言いきる」。

他有了外遇想离婚，却反咬一口，把离婚的责任推到了妻子身上。
（彼は、愛人ができて離婚を望んだのに、逆に、離婚の責任を奥さんになすりつけた。）

(63) **正解は❶** "分门别类 fēn mén bié lèi" は「部門別や種類別に分ける」、つまり"按种类和内容分类"「種類や内容により分類する」。"隔三差五 gé sān chà wǔ" は「数日ごとに、しばしば」。"杂乱无章 zá luàn wú zhāng" は「無秩序で乱れている」。"甲乙丙丁 jiǎ yǐ bǐng dīng" は十干の最初の4つで、「ABCD」や「1234」のような順番を表し、"按甲乙丙丁分类" は「甲乙丙丁の順で分類する」。

她把书分门别类地整理好了，想找什么书，一下子就能找到。
（彼女は本を種類別に分けて整理したので、探したい本があればすぐに見つけられる。）

(64) **正解は❹** "峰回路转 fēng huí lù zhuǎn" は「山道がうねうねしていること、挫折や失敗の後転機が訪れるたとえ」。"柳暗花明 liǔ àn huā míng" は「困難の中で転機が訪れる、希望が見えてくるたとえ」。"怪石嶙峋 guàishí línxún" は「形の変わった石が重なり合いそびえ立つさま」。"时移俗易 shí yí sú yì" は「時代とともに風俗も変わる」。"绿树成阴 lǜ shù chéng yīn" は「緑の木が木陰を作る」。
"转败为胜 zhuǎn bài wéi shèng" は「負けを勝ちに変える」。

眼看着辽宁队就要输给对方的时候，突然间却峰回路转，辽宁队竟然转败为胜取得了冠军。
（まさに負けようとしていた時、突然奇跡が起こり、遼寧チームはなんと逆転勝利して、優勝を勝ち取った。）

(65) **正解は❷** "风马牛不相及 fēng mǎ niú bù xiāng jí" は「互いにまったく関係のないたとえ」で、"比喻两者之间毫不相干 háo bù xiānggān"「両者が互いにまったく無関係であることをたとえている」と合致。"比喻弄错了事实" は「事実を間違えていることをたとえている」。"比喻文章的内容和题目不一致" は「文章の内容と題目が一致しないことをたとえている」。"比喻双方的意见完全对立" は「双方の意見が完全に対立することをたとえている」。

这篇文章里用了一些风马牛不相及的比喻，真是可笑之至。

(この文章は何も関係のない比喩を使っていて、本当に笑止千万だ。)

(66) **正解は❹** "高谈阔论 gāo tán kuò lùn"は「弁舌をふるう、放言する」。"夸夸其谈 kuā kuā qí tán"は「大げさに話す、大言壮語する」。"喋喋不休 dié dié bù xiū"は「ぺちゃくちゃしゃべる、くどくど言う」。"怨天尤人 yuàn tiān yóu rén"は「天を恨み人を咎める、うまくいかないことをすべて人や外部状況のせいにするたとえ」。"口口声声 kǒu kǒu shēng shēng"は「しきりに（言う）」。

就靠这样的<u>高谈阔论</u>，难道能解决问题吗？
(このような長口舌だけで（空論を弄ぶだけで）、まさか問題を解決できるというのだろうか。)

(67) **正解は❶** "各抒己见 gè shū jǐ jiàn"は「各自の見解、意見を述べる、発表する」。"畅所欲言 chàng suǒ yù yán"「言いたいことを自由に言う、思うことを遠慮なく言う」と置き換えできる。"大言不惭 dà yán bù cán"は「ずうずうしく大口をたたく」。"胡说八道 hú shuō bā dào"は「でたらめを言う」。"各持己见 gè chí jǐ jiàn"は「それぞれ自分の意見に固執し譲らない」、"各执 zhí 己见"とも言う。

希望大家能<u>各抒己见</u>，对公司的经营方针提出宝贵的意见。
(皆様の見解をお聞かせいただき、会社の経営方針に対する貴重なご意見を賜りますよう望んでおります。)

(68) **正解は❸** "功亏一篑 gōng kuī yí kuì"は「九仞（じん）の功を一簣（き）に欠く、これまでの努力が無駄になる」、最後のわずかな努力が足りないことで失敗しまうたとえ」、失敗の原因を強調する。"前功尽弃 qián gōng jìn qì"は「これまでの努力が無駄になる、これまでの苦労が水泡に帰する」、結果を強調する。ここでは、これまでの努力が無駄になり最後までやり遂げられないことを表すので置き換え可能。"事倍功半 shì bèi gōng bàn"は「倍の努力で半分の成果だけを得る」。"在所不惜 zài suǒ bù xī"は「少しも惜しまない」。"汗马功劳 hàn mǎ gōng láo"は「（仕事などでの）功績、貢献」。

无论做什么事情都要有恒心，否则就会<u>功亏一篑</u>，难以奏效。
(どんな事をやるにも根気が必要である、でなければ水の泡になってしまうだろう。)

(69) **正解は❷** "归根结底 guī gēn jié dǐ"は「結局、とどのつまり」。"说一千道一万 shuō yìqiān dào yíwàn"は「なんだかんだ言っても、結局」。"说一套做一套 shuō yítào zuò yítào"は「言動が一致しない」。"说一不二 shuō yī bú èr"は「(1) 言ったとおりのことをする、言ったことは守る　(2) なんでも言うとおりになる、言うことを聞かなくてはいけない」。"赶早不赶晚 gǎn zǎo bù gǎn wǎn"は「何をするにも早いほうが遅れるよりはよい」。

这次失败的原因，归根结底就是没能抓住时机。
(今回失敗した原因は、とどのつまりチャンスを掴むことができなかったことにある。)

(70) **正解は❶** "过了这个村，(就) 没这个店 guòle zhèige cūn, (jiù) méi zhèige diàn"は「この村を通り過ぎたらこんな宿はない、この機会を逃したら再び機会に出会わない、機会を逃してはならないたとえ」。"机不可失，时不再来 jī bù kě shī, shí bú zài lái"は「チャンスを逃してはいけない、逃したらもう二度と来ない」。"三天打鱼，两天晒网 sān tiān dǎ yú, liǎng tiān shài wǎng"は「三日坊主」、ただし一度やめても、気が向けばまた再開する可能性がある。"人过留名，雁过留声 rén guò liú míng, yàn guò liú shēng"は「人は去っても名を残し雁は飛び去っても声を残す、人は良いことをして名を残すたとえ」。"今朝有酒今朝醉 jīnzhāo yǒu jiǔ jīnzhāo zuì"は「今日酒があればそれを飲んで酔う、今のことだけを考え、明日以後のことは考えないたとえ」。

这次机会错过了的话，可就过了这个村，没这个店了。
(今回のチャンスを逃したら、もう二度とやってこない。)

(71) **正解は❶** "含糊其辞"は P.180 参照。"模棱两可 mó léng liǎng kě"は「曖昧ではっきりしない、どちらにも取れる」。"冠冕堂皇 guān miǎn táng huáng"は「(現在多く風刺的な意味をこめて) 見掛けだけは堂々として体裁がよい」。"装腔作势 zhuāng qiāng zuò shì"は「大げさなふるまいをする、もったいぶる」。"偷换概念 tōuhuàn gàiniàn"は「概念をこっそりすり替える」。

她的回答含糊其辞，肯定有难言之苦。
(彼女は言葉を濁しているから、きっと人に言えない苦衷があるのだろう。)

(72) **正解は❷** "好说歹说 hǎo shuō dǎi shuō"は「あれこれ言い聞かせる、あの手この手で説得する、言葉を尽くして頼む」。"费尽口舌 fèi jìn kǒu shé"は「言

葉を尽くして説得する」。"肺腑之言 fèifǔ zhī yán"は「心のこもった言葉」。"口干舌燥 kǒu gān shé zào"は「(話したり歌ったりし過ぎて)口がからからに乾くさま」、"我说得口干舌燥，总算说动老婆在小区开了家小饭馆"とは言える。"花言巧语 huā yán qiǎo yǔ"は「甘い言葉、口車に乗る(乗せる)、巧言を弄する」。

我好说歹说，总算说动老婆在小区开了家小饭馆。
(私があの手この手でいろいろと言い聞かせて、ようやく女房に団地内で店を開くことを決意させた。)

(73) **正解は❷**　"囫囵吞枣 hú lún tūn zǎo"は「ナツメを丸のみする、(勉強の内容や人の意見などを)分析も理解もしないまま鵜呑みにするたとえ」。"生吞活剥 shēng tūn huó bō"は「(他人の経験や理論などを)鵜呑みにする」。"文不对题 wén bú duì tí"は「(1) 文章の内容がテーマとずれている　(2) 話が題目から外れている、答えがとんちんかんである」。"不伦不类 bù lún bú lèi"は「似ても似つかない、どの類にも属さない」。"融会贯通 róng huì guàn tōng"は「あらゆる方面の知識や道理を勘案してしっかりと理解する」。

我们不能囫囵吞枣地接受外国文化，要剔除糟粕，吸收精华。
(私たちは外国の文化を鵜呑みにして受け入れるようなことをしてはならず、残滓を取り除いて精華を吸収しなければならない。)

(74) **正解は❶**　"华而不实 huá ér bù shí"は「花は咲くが実はならない、見かけは立派だが中身はない、見かけ倒しである」。"虚有其表 xū yǒu qí biǎo"は「うわべだけで中身がない、見かけ倒しである、名実相伴わない」、"徒有其表 tú yǒu qí biǎo"とも言う。"阳奉阴违 yáng fèng yīn wéi"は「面従腹背、表向きは服従するように見せかけて内心では従わないこと」。"座无虚席 zuò wú xū xí"は「空いている席がない、座席が塞がっている」。"当之无愧 dāng zhī wú kuì"は「その名に恥じない」。

不要搞一些浪费人力物力、华而不实的研究。
(人力と物資を浪費する、見かけ倒しの研究をしてはいけない。)

(75) **正解は❷**　"挥金如土 huī jīn rú tǔ"は「金を土のようにまき散らす、湯水のように金を使うたとえ」、金を大切にせず浪費することを強調する。"挥霍无度 huīhuò wúdù"は「金を湯水のように節度なく使う」。"挥汗如雨 huī hàn rú

yǔ"は「(雨が降るように)汗を流す」。"慷慨解囊 kāng kǎi jiě náng"は「気前よく金を出す」。"一掷千金 yí zhì qiān jīn"は「大金を浪費する」、一度に莫大な金を使うことを強調する。

她最近挥金如土，被邻居告发了。原来她正是被通缉的诈骗嫌疑犯。
(彼女は最近金使いが荒くて、隣人に告発された。なんと彼女はまさに指名手配されている詐欺の容疑者だったのだ。)

(76) **正解は❶** "集腋成裘 jí yè chéng qiú"は「キツネの腋の下の皮を集めれば皮衣が作れる、塵も積もれば山になる」。"积少成多 jī shǎo chéng duō"は「塵も積もれば山になる、少しずつでも集めれば多くなる」。"自给自足 zì jǐ zì zú"は「自給自足する」。"群策群力 qún cè qún lì"は「皆で知恵を出し力を合わせる」。"齐心协力 qí xīn xié lì"は「心を合わせて協力する」。

大家你捐一点儿，我捐一点儿，居然集腋成裘，把心脏移植手术的费用凑齐了。
(みんなそれぞれが少しずつ寄付すると、思いがけず大きな力になり、心臓移植の手術費を揃えることができた。)

(77) **正解は❶** "记忆犹新 jì yì yóu xīn"は「今なお記憶に新しい」。"历历在目 lì lì zài mù"は「1つ1つはっきりと目に浮かぶ、印象が深いこと」。"立竿见影 lì gān jiàn yǐng"は「(太陽光の当たるとことで)竿を立てれば直ちに影ができる、効果が直ちに現れるたとえ」。"饮水思源 yǐn shuǐ sī yuán"は「水を飲むときには水源を思う、幸福の源、人の恩、感謝の気持ちを忘れてはいけないこと」。"温故知新 wēn gù zhī xīn"は「古きをたずね新しきを知る、古い知識を確認し新しい見解や知識を得ること」。

我第一次见到的电脑是一台很笨重的机器，至今还记忆犹新。
(初めて見たパソコンはばかでかい機械で、いまでも記憶に新しい。)

(78) **正解は❹** "见异思迁 jiàn yì sī qiān"は「ほかのものを見て気移りがする、気が変わりやすい」。"朝三暮四 zhāo sān mù sì"は「(考えや言動が)くるくる変わる、移り気である」、なお、日本語の「朝三暮四」には、「人を騙すこと、表面的な利害にとらわれて結果が同じなのに気づかないこと」という意味がある。"朝思暮想 zhāo sī mù xiǎng"は「朝も夜も思う、いつも心にかけている」。"朝夕相处"はP.174参照。"朝朝暮暮 zhāo zhāo mù mù"は「毎日毎晩」。

他们俩离婚的原因并非见异思迁所致。

（彼らが離婚したのは移り気によるものではなかった。）

(79) **正解は❹** "将一军 jiāng yì jūn"は「中国将棋で相手の王である"将"または"帅 shuài"を追い詰める、すなわち王手をかけること。難題をふっかけてわざと人を困らせるたとえ」。"刁难（我）diāonàn (wǒ)"は「わざと（私を）困らせる」。"揭（我）老底 jiē (wǒ) lǎodǐ"は「（私の）内情を暴く、弱みをばらす」。"（让我）当替罪羊（ràng wǒ）dāng tìzuìyáng"は「（私に）他人の罪を負わせる」、"替罪羊"は「贖罪の山羊、スケープゴート、他人の罪を負う者」。"打（我）耳光 dǎ (wǒ) ěrguāng"は「（私に）ビンタを食わせる」。
ここでの"心里好不自在"は「"好"+"不自在"」の形であり、"好"は「とても」の意味で、"心里很不自在"と言い換えできる。また"你整天游游逛逛的，好不自在啊！"（君はいつもぶらぶらしてとても気楽だよね）は「"好不"+"自在"」の形で、"好不"は副詞で「とても」の意味であり、"你整天游游逛逛的，好自在啊！"と言い換えできる。

他故意<u>将</u>我<u>一军</u>，心里好不自在。
（彼が故意に僕を困らせるなんて、つらい気持ちになった。）

(80) **正解は❷** "交头接耳 jiāo tóu jiē ěr"は「耳打ちする、ひそひそ話をする」。"窃窃私语 qiè qiè sī yǔ"は「ひそひそと話をする」。"抓耳挠腮 zhuā ěr náo sāi"は「耳を抓んだり頬をかいたりする、ひどく焦るさま」。"洗耳恭听 xǐ ěr gōng tīng"は「耳を傾けて謹んで拝聴する」。"充耳不闻 chōng ěr bù wén"は「耳を貸そうとしない、他人の意見を聞こうとしない」。

有两名学生考试的时候<u>交头接耳</u>，结果被取消了考试资格。
（2人の学生は試験中に耳打ちしたので、結局試験を受ける資格を取り消された。）

(81) **正解は❷** "可望不可即 kě wàng bù kě jí"は「高嶺の花、望んでも手が届かない」、"可望不可及"とも書く。"望尘莫及 wàng chén mò jí"は「先行者の立てた砂塵を見るだけで追いつけない、実力や才能がとても及ばないたとえ」。"居高临下 jū gāo lín xià"は「高い所に立って下を見る、有利な位置を占める」。"望眼欲穿 wàng yǎn yù chuān"は「ひたすら待ちわびる、待ち焦がれる、切望する」。"望洋兴叹 wàng yáng xīng tàn"は「海を眺めて嘆息する、自分の無力さを嘆くたとえ」。
"登峰造极 dēng fēng zào jí"は「（学問や技能が）最高峰を極める、（悪事が）

極点に達する」。

她登峰造极的演技，令人感到<u>可望不可即</u>。
（彼女の高みを極めた演技は、とうてい自分には手が届かないと感じさせる。）

(82) **正解は❸**　"滥竽充数 làn yú chōng shù" は「(1) 素人が専門家の中に紛れ込むこと　(2) 数を揃えるために品質の悪いものを品質の良いものに混ぜてごまかすこと」。"鱼目混珠 yú mù hùn zhū" は「魚の目玉を真珠に混ぜる、偽物を本物に混ぜてごまかす、または不良品を優良品に混ぜてごまかすたとえ」。"浑然一体 hún rán yì tǐ" は「渾然一体となる」。"节外生枝 jié wài shēng zhī" は「節でないところから枝が出る、余計な問題が起きる、または問題を故意に複雑にするたとえ」。"混为一谈 hùn wéi yī tán" は「異なる事柄を同一視する、ごちゃ混ぜに論ずる」。

因为货源一时不足，他们使用了劣质的地板来<u>滥竽充数</u>。
（商品の供給が一時的に不足したので、彼らは品質の悪いフローリング材を使ってごまかした。）

(83) **正解は❹**　"鳞次栉比 lín cì zhì bǐ" は「建物がずらりと並んでいるさま」、多く形の整った建物が整然と並ぶことに用いる。"星罗棋布 xīng luó qí bù" は「空の星や碁石のように多く広く分布している、たくさん並んでいる」、形の整った物にもそうでない物にも用いられる。"琳琅满目 lín láng mǎn mù" は「（美術品、工芸品、書籍などが）逸品揃いである、いろいろな素晴らしい物がたくさん集まっている」。"浩如烟海 hào rú yān hǎi" は「茫々たる大海原のように広大である、文献や資料などが極めて豊富であるさま」。"一望无垠 yí wàng wú yín" は「一望千里、見渡す限り果てしない」。
"依山傍水 yī shān bàng shuǐ" は「山に寄りそい川に臨んでいる」。"拔地而起 bá dì ér qǐ" は「（建物などが）地面からすっくと立つ、高くそびえ立つ」。

几年工夫，这个依山傍水的小城，一幢幢高楼大厦拔地而起，<u>鳞次栉比</u>。
（数年の間に、この山や水に囲まれた小さな町に、高い建物が次々に地面から立ち上がり、びっしりと並んだ。）

(84) **正解は❸**　"马到成功 mǎ dào chéng gōng" は「馬で戦場に駆けつければすぐに勝利する、着手すればすぐ成果をあげられるたとえ、一挙に成功するたとえ」。"旗开得胜 qí kāi dé shèng"「軍旗を振るとすぐに勝利を収める、着手す

ればすぐ成果をあげるたとえ、一挙に成功するたとえ」と置き換えできる。"万事亨通 wàn shì hēng tōng"は「万事順調である」。"满载而归 mǎn zài ér guī"は「荷物を車に満載して帰る、大きな収穫をあげて帰ってくることのたとえ」。"一锤定音 yì chuí dìng yīn"は「最後の一打ちで音の調子を決める、鶴の一声」、"一槌定音"とも書く。

我们有信心一定会马到成功的。
(私たちには、やれば必ず成功するという自信がある。)

(85) **正解は❷** "满城风雨 mǎn chéng fēng yǔ"は「至るところに噂が広まる、町中の噂になる」。"沸沸扬扬 fèi fèi yáng yáng"は「(お湯がたぎるように)騒がしい、諸説百出すること、わいわい大騒ぎすること」。"呼风唤雨 hū fēng huàn yǔ"は「風を呼び雨を呼ぶ、大自然を意のままに従えるたとえ」。"风调雨顺 fēng tiáo yǔ shùn"は「気候が順調である」。"风雨无阻"はP.176参照。

本来是件没什么了不起的小事，却被什么人弄得满城风雨。
(もともと別に大したことじゃなかったのに、何者かによって町中の噂になってしまった。)

(86) **正解は❹** "眉毛胡子一把抓 méimao húzi yì bǎ zhuā"は「眉毛と髭をいっぺんにつかむ、十把ひとからげ、仕事をする手順や軽重緩急をわきまえず何もかもいっぺんに片付けるたとえ」。"主次不分 zhǔ cì bù fēn"は「事の軽重をわきまえない、主要なものと副次的なものを分けず一緒に処理する」。"千篇一律 qiān piān yí lǜ"は「(多く文章や話が)皆同じ調子で作られていること、物事が一様であり変化に乏しい、千篇一律である」。"不求甚解 bù qiú shèn jiě"は「大意をつかむだけで満足して深く理解しようとはしない」。"千头万绪 qiān tóu wàn xù"は「複雑で錯綜している、雑然としている」。

做什么都应该有个轻重缓急，怎么能眉毛胡子一把抓呢?
(何をやるにも重要度や緊急度を考慮すべきであって、すべてをいっぺんに一緒くたに片づけることなどできるわけがない。)

(87) **正解は❷** "门可罗雀 mén kě luó què"は「門前に網を張れば雀が捕れる、訪れる人が非常に少なくてさびれていることのたとえ、門前雀羅を張る」。"门庭冷落 mén tíng lěng luò"は「訪れる人が非常に少なくてさびれていること」。"门当户对 mén dāng hù duì"は「(結婚する双方の)家柄、経済状況、身分が

釣り合っていること」。"门庭若市 mén tíng ruò shì"は「門前は市場のように訪れる人が多く賑やかであることのたとえ」。"若有若无 ruò yǒu ruò wú"は「あるかなきか、(事物や状況などが)あるかどうかはっきりしない」。"顾客盈门 gùkè yíng mén"は「客が絶えない、顧客が門前に満ちる」。

我们这个店从门可罗雀到顾客盈门，都是大家齐心努力的结果。
(私たちの店がお客さんが少なく寂れていた時期から繁盛している今の状態になったのは、すべて皆さんが心を合わせて努力した結果だ。)

(88) **正解は❸** "泥牛入海 ní niú rù hǎi"は「泥で作った牛が海に落ちる、(人や事物が)行ったきり戻らず何の消息もないたとえ」。"石沉大海 shí chén dà hǎi"は「石が海に沈む、何の消息もないたとえ」、他の類義語には"杳无音信 yǎo wú yīn xìn"(音沙汰がない、まるっきり便りがない)もある。"销声匿迹 xiāo shēng nì jì"は「声をひそめ姿を隠す、公の場所に顔を出さない」。"逍遥法外"はP.175参照。"漫无边际 màn wú biān jì"は「非常に広くて果てしがない」。

为了找到工作，曾给许多公司寄过自己的简历，可总是如同泥牛入海。
(仕事を見つけるために多くの会社に自分の履歴書を送ったことがあるが、しかしいつも梨のつぶてだった。)

(89) **正解は❹** "逆来顺受 nì lái shùn shòu"は「無理なことや理不尽なことをされてもじっと我慢する、逆境に甘んじる」。"忍气吞声 rěn qì tūn shēng"は「黙って怒りをこらえてじっと我慢する」。"甘拜下风 gān bài xià fēng"は「甘んじて風下を拝する、自分が他人の能力などに及ばないことを謙虚に認める」。"削足适履 xuē zú shì lǚ"は「足を削って靴に合わせる、無理に既成の条件に合わせる、客観条件を無視して機械的に適用するたとえ」。"忍辱负重 rěn rǔ fù zhòng"は「屈辱を忍んで重責を担う」。

你为什么要这样逆来顺受呢？ 难道你做了亏心事吗？
(こんな理不尽な要求をされてどうして我慢しようとするの？ まさか何かやましいことをしたとでも言うの？)

(90) **正解は❷** "盘根错节 pán gēn cuò jié"は「曲がりくねった根と入り組んだ節、事柄が複雑で解決しにくいたとえ」。"错综复杂 cuò zōng fù zá"は「複雑に入り組んでいる、錯綜している」。"盘根问底 pán gēn wèn dǐ"は「根掘り葉掘り聞く、とことん追求する、徹底的に問いただす」、類義語には"追根究底

zhuī gēn jiū dǐ"、"刨根问底 páo gēn wèn dǐ"、"寻根究底 xún gēn jiū dǐ"、"寻根问底 xún gēn wèn dǐ"がある。"根深蒂固 gēn shēn dì gù"は「根が深くへたが固い、土台が堅固で容易に動揺しない」、（多く良くない習慣、考え、偏見など）しっかり染み込んでいることや、（悪い勢力が）根深くて動揺しないことをたとえる。"有条不紊 yǒu tiáo bù wěn"は「きちんとしていて乱れない、整然と秩序立っている」。

不搞清这些盘根错节的关系，就无法从根本上解决问题。
（これらの複雑な関係をはっきりさせないと、根本的に問題を解決することはできない。）

(91) **正解は❶** "破釜沉舟 pò fǔ chén zhōu"は「鍋を壊し船を沈める」、"背水一战 bèi shuǐ yí zhàn"は「背水の陣を敷く」、ともに必死の覚悟で戦いに臨むこと、不退転の決意で取り組むことのたとえ。"破釜沉舟"は項羽が兵を率いて秦と戦った時、川を渡った後すぐに釜を壊し船を沈め、ただ3日分の食糧だけを残した。それによって戦いに勝たなければ絶対生還できないと兵士を激励し、完勝することができたという故事から。"背水一战"は漢の将軍韓信が兵を率いて趙の軍と戦った時、兵力では敵の趙軍が圧倒的に上であったが、韓信はあえて川を背に陣を敷き兵士達が退けば溺れるほかないという態勢にしたところ、自軍に決死の覚悟をさせて見事勝利したという故事から。"覆水难收 fù shuǐ nán shōu"は「覆水盆に返らず、一度失敗したら取り戻しがつかない、一度こじれた夫婦の仲を元に戻すのは困難である」。"破财免灾 pòcái miǎnzāi"は「散財すれば災いを免れる（お金を損したときに自分を慰める言葉）」。"釜底抽薪 fǔ dǐ chōu xīn"は「釜の下の薪を取り除く、問題を根本的に解決するたとえ」。

去年公司破釜沉舟，走出这一步之后，竟然绝处逢生，又活了下来。
（去年会社は背水の陣を強いられ、その1歩を踏み出した後、なんと九死に一生を得るようにしてまた持ち直すことができた。）

(92) **正解は❹** "破罐破摔 pò guàn pò shuāi"は「壊れたつぼをさらに粉々に壊す、やぶれかぶれになる、自暴自棄になる」、"破罐子破摔"とも言う。"自暴自弃 zì bào zì qì"「自暴自棄になる」と置き換えできる。"灰心丧气 huī xīn sàng qì"は「がっかりして気抜けする」。"无法无天 wú fǎ wú tiān"は「法も秩序もない、好き放題をするたとえ」。"自强不息 zì qiáng bù xī"は「自らたゆまず努力する」。

对破罐破摔的孩子，老师要善于引导他们。
(自暴自棄になる子どもに対し、先生は彼らを指導するのに長けていなければならない。)

(93) **正解は❷**　"旗鼓相当 qí gǔ xiāng dāng"は「軍旗と軍鼓の数が同じである、双方の実力には優劣がないたとえ」。"不相上下 bù xiāng shàng xià"は「差がない、優劣がない」。"棋高一着 qí gāo yì zhāo"は「(碁、将棋の腕前、他の事の腕前が) 一枚うわてである」。"一技之长 yí jì zhī cháng"は「一芸に秀でる、得意分野を持つこと」。"棋逢对手 qí féng duì shǒu"は「好敵手に出会う」。

这几个厂家的实力旗鼓相当，今后的竞争会越发激烈了。
(この数社は実力が伯仲しているので、今後の競争は一段と激しくなるだろう。)

(94) **正解は❸**　"前言不搭后语 qiányán bù dā hòuyǔ"は「前後の話がちぐはぐで合わない、話の筋道が合わない」。"语无伦次 yǔ wú lún cì"は「話の筋が通らない、話が支離滅裂である」。"张冠李戴 zhāng guān lǐ dài"は「張の帽子を李にかぶせる、対象を間違える、ちぐはぐなことをするたとえ」。"咬文嚼字 yǎo wén jiáo zì"は「文字面や文章にばかりこだわって本当の意味を理解しない」。"口齿不清 kǒuchǐ bù qīng"は「酔ってろれつが回らない、言うことがはっきりしない」。

他好像喝醉了似的，说话前言不搭后语。
(彼はお酒に酔ったみたいで、話がどうもとんちんかんだ。)

(95) **正解は❶**　"青出于蓝而胜于蓝"は「青は藍より出でて藍より青し」、多く弟子が師匠を追い越すことに用いる。"后来居上 hòu lái jū shàng"は「後のものが先輩を追い越す」。"雨后春笋 yǔ hòu chūn sǔn"は「雨後の筍、新しい事物が次々と大量に出現するたとえ」。"后继有人 hòujì yǒurén"は「後継者がいる」。"脱颖而出 tuō yǐng ér chū"は「頭角を現す、自ずと才能が現れる」。

希望我的徒弟都能超过我这个老师，青出于蓝而胜于蓝嘛。
(自分の弟子にはみんな師である私以上になるよう望んでいる。「青は藍より出でて藍より青し」だよ。)

(96) **正解は❷**　"求之不得 qiú zhī bù dé"は「願ってもない、求めても得られない、

思いがけない幸運に恵まれる」。"梦寐以求 mèng mèi yǐ qiú"は「夢にまで見る、切望するたとえ」。"有求必应 yǒu qiú bì yìng"は「求められれば必ず応じる」。"舍近求远 shě jìn qiú yuǎn"は「わざわざ遠回りをする」。"供过于求 gōng guò yú qiú"は「供給が需要より多い」。

听说这里要通地铁了，正是当地居民求之不得的。
（このあたりにもうすぐ地下鉄が開通すると聞いたが、それはまさに地元の人々にとって願ってもないことだ。）

⑼ **正解は❶** "人才济济 rén cái jǐ jǐ"は「人材が多い、優秀な人材がそろっている」。"人才辈出 rén cái bèi chū"は「人材を輩出する」。"人浮于事 rén fú yú shì"は「仕事に対して人が多すぎる、人員が過剰である」。"风云变幻 fēng yún biàn huàn"は「天気がめまぐるしく変化する、情勢の変化が複雑で激しいことのたとえ」。"济济一堂 jǐ jǐ yì táng"は「人材が一堂に会している」。"长江后浪推前浪"は「長江は後ろの波が前の波を押し進める、多く新しい世代が古い世代に取って代わるたとえ」。

中国乒坛人才济济，长江后浪推前浪。
（中国卓球界は人材豊富で、新しい人が次々と古い人に取って代わる。）

⑻ **正解は❸** "若无其事 ruò wú qí shì"は「平然としている、何事もなかったかのようである」。"泰然自若 tài rán zì ruò"は「泰然自若、ゆったりと落ち着いている、平然としている」。"若有所思 ruò yǒu suǒ sī"は「何かを考えているようである」。"萎靡不振 wěi mǐ bú zhèn"は「気持ちが落ち込んで意気消沈するさま」。"无关大局 wú guān dà jú"は「大局には影響がない、大したことではない」。
"忐忑不安 tǎntè bù'ān"は「びくびくして落ち着かない」。

那时，我虽然脸上一副若无其事的样子，其实心里却忐忑不安。
（あの時、私は何もなかったかのような平気な顔をしていたが、実は内心は不安でびくびくしていた。）

⑼ **正解は❹** "三十年河东，三十年河西"は「（昔、黄河の流れが不安定で、河の東にあった土地が数年後には河の西になっていたという故事から）世の中は変化が激しい、盛衰が移り変わるたとえ」。"此一时，彼一时 cǐ yì shí, bǐ yì shí"は「あの時はあの時、今は今、以前と今では状況が違う」。

"三一三十一 sān yī sān shi yī"は「三等分にする」。"三十六计，走为上计 sān shi liù jì, zǒu wéi shàng jì"は「三十六計逃げるにしかず、どうしようもなくなれば逃げるのが最善だ」。"三句话不离本行 sān jù huà bù lí běn háng"は「口をあけると自分の職業に関係する話になる」。
"时过境迁 shí guò jìng qiān"は「時が移り状況が変わる」

如今已时过境迁，这里再也不是我记忆中的舟山了。真可谓<u>三十年河东，三十年河西</u>啊。
(今はすでに時が移り状況が変わってしまって、ここはもう私の記憶の中の舟山ではない。真にいわゆる「河東と河西は三十年交代で盛衰する」という言葉のように移り変わりが激しいなあ。)

(100) **正解は❹** "杀鸡给猴看 shā jī gěi hóu kàn"は「鶏を殺して猿に見せる、1人を処罰して他の者の見せしめにするたとえ」、"杀鸡儆 jǐng 猴"とも言う。"惩一警百 chéng yī jǐng bǎi"は「1人を処罰して多くの人の戒めにする」、"惩一儆百"とも書く。"小巫见大巫 xiǎowū jiàn dàwū"は「未熟な巫女が老練な巫女の前に出る、他と比べると明らかに劣っている、能力の差がありすぎるたとえ」。"一物降一物 yí wù xiáng yí wù"は「どんな物でも必ずそれを抑えつけるものがある、上には上がある、どんな人でも上手がいる」。"软硬兼施 ruǎn yìng jiān shī"は「柔軟策と強硬策の両方を使う、脅したりすかしたりする」。

这叫<u>杀鸡给猴看</u>，他想以此来威胁我们呢。
(これは鶏を殺して猿に見せるということであって、彼はそうやって私たちを脅そうと考えているんだ。)

(101) **正解は❷** "设身处地 shè shēn chǔ dì"は「相手の身になって考える、他人の不利な状況を同情することに用いる」。"将心比心 jiāng xīn bǐ xīn"は「相手の身になって考える、他人の気持ちを思いやることに用いる」。"真心实意 zhēn xīn shí yì"は「誠心誠意」。"身临其境 shēn lín qí jìng"は「その場に身を置く」。"挖空心思 wā kōng xīn sī"は「あれこれと知恵を絞って考える、ない知恵を絞る」。

我们应该<u>设身处地</u>为农民想想，在即将收割之际，遭到了台风的袭击，会是一种什么样的心情？
(私たちは農民の立場に立って考えるべきだ。収穫の間際に台風に襲われたら

いったいどんな気持ちになるだろうか。）

(102) **正解は❶** "身体力行 shēn tǐ lì xíng"は「自ら体験し努力して実行する、身をもって行動に移す」、つまり"亲身体验，努力实行"「自ら体験し努力して実行する」。"什么事都非得自己亲自去做，因为对别人不放心"は「どんなことでも自らやらないと気が済まない、他人には心配で任せられないからだ」。"不说大话，做自己能力范围之内的事"は「大きなことを言わず自分の能力の及ぶ範囲の事をやる」。"只要身体好，就应该努力工作"は「身体さえ健康であれば頑張って仕事をしなければならない」。

如果大家都<u>身体力行</u>地进行环保，我们的地球将会更加美好。
（もしみんなが環境保護のために身をもって行動すれば、我々の地球はいっそう美しくなるだろう。）

(103) **正解は❶** "事不关己，高高挂起 shì bù guān jǐ, gāo gāo guà qǐ"は「事が自分とは関係ないので無関心である、他人事と思って無関心である」。"袖手旁观 xiù shǒu páng guān"は「手を袖に入れて傍観する、ある状態を眼前に見ながら何もせずにただ冷ややかに見る」、類義語には"隔岸观火"（対岸の火事）もある。"拔刀相助 bá dāo xiāng zhù"は「助太刀する、急場に力添する」。"无关紧要 wú guān jǐn yào"は「大したことはない」。"无动于衷 wú dòng yú zhōng"は「（他人の説得や憂慮すべき、感動すべきことに対して）少しも心を動かされない、まったく無頓着である」。

在这样濒临危机的时刻，决不可<u>事不关己，高高挂起</u>。
（このような危機に瀕しているときに、自分には関係ないと無関心な態度を取るのは絶対にいけない。）

(104) **正解は❹** "熟视无睹 shú shì wú dǔ"は「よく見ている物事や見慣れている物事には関心がなければ目に入らない、ある事や現象に関心がないので見ても見ないふりをする、無関心である」。"见怪不怪 jiàn guài bú guài"は「おかしなことを見ても驚かない、まったく動じない」。"少见多怪 shǎo jiàn duō guài"は「見聞の狭い人は何を見ても珍しい、おかしいと思う」。"目不忍睹 mù bù rěn dǔ"は「（ひどく悲惨で）見るに忍びない、見ていられない」。"横眉冷对 héng méi lěng duì"は「眉をつり上げ冷ややかに対応する」。

对这样的谣传，大家已经<u>熟视无睹</u>了。

(このようなデマ（噂）にみんなすっかり慣れてしまって無視するようになった。)

(105) **正解は❹** "桃李満天下 táo lǐ mǎn tiān xià" は「門下生が至る所にいる」、つまり"自己的学生遍及各地"「自分の教え子が至る所にいる」。"到处都有自己的作品"は「自分の作品が至る所にある」。"自己的学生都超过了自己"は「自分の教え子が皆自分を追い越している」。"自己已经度过了桃李之年"は「自分はすでに人生の華やかな年齢を過ごした」。

她教了一辈子的书，当然是<u>桃李满天下</u>了。
(彼女は一生涯教師をしていたので、当然門下生が至る所にいる。)

(106) **正解は❹** "天长日久 tiān cháng rì jiǔ" は「長い時間が経つうちに、長い年月が経つ」。"久而久之 jiǔ ér jiǔ zhī"「長い時間が経つうちに、長い時間が経つと、だんだんと、そのうちに」と置き換えできる。"来日方长 lái rì fāng cháng"（"未来的日子还很长"）は「先は長い」。"夜长梦多 yè cháng mèng duō"は「夜が長いと見る夢も多い、時間が長引くと好ましくない変化や問題が生じやすい」。"一年半载 yì nián bàn zǎi"は「1年そこそこ、せいぜい1年ほど、1年足らず」。

对慢性皮炎也不应该忽视，因为<u>天长日久</u>往往会发生病变。
(慢性皮膚炎も軽視すべきではない、日が経つにつれて病気によって細胞や組織に変化が起こることがよくあるからだ。)

(107) **正解は❶** "天方夜谭 Tiānfāng yètán"は『千夜一夜物語（《一千零一夜》）』のことで、「荒唐無稽、でたらめな話、できるはずもないことのたとえ」。"无稽之谈 wú jī zhī tán"は「でたらめな話」。"天各一方 tiān gè yì fāng"は「それぞれ遠く離れ離れになっていること」。"谢天谢地 xiè tiān xiè dì"は「感謝の至り、ありがたい極み」。"夜郎自大 yè láng zì dà"は「身の程知らず」。

他决心要把这个看似<u>天方夜谭</u>般的计划，变成触手可及的现实。
(彼はまるで荒唐無稽に見えるこの計画を、すぐに手が届く現実のものにしようと決心した。)

(108) **正解は❶** "天生的一对儿 tiānshēng de yíduìr"は「生まれつきのお似合いのカップル」。"非常般配 bānpèi"「非常に似合いのカップルだ、（カップルや夫

婦が）とても似合いである」と置き換えできる。"非常要好 yàohǎo" は「非常に仲が良い」。"老搭档 lǎodādàng" は「長年の相棒」。"富有浪漫色彩 fùyǒu làngmàn sècǎi" は「とてもロマンチックだ」。

这对才子佳人令人羡慕，朋友们都说他们是<u>天生的一对儿</u>。
（この才子佳人のカップルは羨望の的であって、生まれつきの似合いのカップルだと友人たちは言う。）

(109) **正解は❷** "通宵达旦 tōng xiāo dá dàn" は「徹夜する」。"夜以继日 yè yǐ jì rì" は「夜を日に継いで、昼夜兼行で（働く）」。"长年累月 cháng nián lěi yuè" は「長い年月」。"颠倒黑白 diān dǎo hēibái" は「白黒を転倒する、是非善悪をあべこべにするたとえ」。"辗转终宵 zhǎnzhuǎn zhōngxiāo" は「ひと晩中寝返りばかり打つ」。

为了尽快找出问题的所在，大家只好<u>通宵达旦</u>地研究调查方案。
（できるだけ早く問題の所在を突き止めるためには、みんなが徹夜で調査案を検討するしかない。）

(110) **正解は❷** "偷鸡不成蚀把米 tōu jī bù chéng shí bǎ mǐ" は「鶏を盗めず逆に米を一握り損してしまう、利益を得ようとしたがかえって損をするたとえ」、つまり "想占便宜却吃了亏"「得をしようとしたがかえって損をした」。"弄假成真 nòng jiǎ chéng zhēn" は「うそがまことになる、冗談が事実となる」。"塞翁失马 sài wēng shī mǎ" は「人間万事塞翁が馬、幸か不幸かは簡単に決められることではなくいろいろ変わるものである、災い転じて福となる」。"本想耍巧妙的手段，反倒做了蠢事 chǔnshì" は「巧妙な手段を取ってうまくやろうとしてかえって馬鹿な真似をしてしまう」。

票贩子这次<u>偷鸡不成蚀把米</u>，不但没有赚钱反倒赔了本钱。
（ダフ屋は今回鶏を盗めなかったうえ米を一握り損してしまったということで、お金を儲けるどころか元金まで損した。）

(111) **正解は❶** "推心置腹 tuī xīn zhì fù" は「腹を割って意見を交わす、誠意をもって意見を交わす」。"开诚布公 kāi chéng bù gōng" は「誠意をもって人に接し、私心なく自分の意見や見解を話す」。"意气相投 yì qì xiāng tóu" は「意気投合する」。"直截了当 zhí jié liǎo dàng" は「単刀直入である」。"郑重其事 zhèng zhòng qí shì" は「（態度が）慎重である、まじめである、厳かである」。

大家能够坐下来推心置腹的交换一下意见，确实是难得的。
（みんなが座って誠意をもって意見を交わすことができたのは、確かにめったにないことだ。）

(112) **正解は❸**　"万籁俱寂"は P.208 参照、自然環境に用いる。"悄然无声 qiǎorán wú shēng" は「物音1つせずしんと静まり返っている」、ほかに意味の近い言葉に "鸦雀无声"（P.156 参照）もある。"四面楚歌 sì miàn chǔ gē" は「四面楚歌、敵に囲まれて孤立状態になるたとえ」。"万念俱灰 wàn niàn jù huī" は「すべての望みが水泡に帰する、打撃を受けて失望落胆するさま」。"举止安详 jǔzhǐ ānxiáng" は「物腰が落ち着いている」。

过去这里一到晚上就万籁俱寂，现在通宵灯火通明。
（ここは昔、夜になると静かで何の音も聞こえない所だったが、今は夜通し灯火が輝いている。）

(113) **正解は❷**　"惟妙惟肖 wéi miào wéi xiào" は「真に迫っている、巧妙に模倣し本物そっくりであることを強調する」、"维妙维肖" とも書く。"栩栩如生 xǔ xǔ rú shēng" は「真に迫っている、まるで生きているかのようであることを強調する」。"图文并茂 tú wén bìng mào" は「（多く書籍や雑誌について）挿絵も文章も豊富で優れている」。"光彩夺目 guāng cǎi duó mù" は「まばゆいほど光り輝いている」。"神气活现 shén qì huó xiàn" は「得意満面なさま、生意気なさま」。

这幅画儿把孩子们天真活泼的神态描绘得惟妙惟肖。
（この絵は子どもたちの無邪気で元気な様子を生き生きと描いている。）

(114) **正解は❸**　"问心无愧 wèn xīn wú kuì" は「心にやましいことがない、良心に問うて恥じない」。"心安理得 xīn ān lǐ dé" は「やましいことがなく心が安らかである」。"无可奉告 wú kě fèng gào" は「ノーコメント」。"有口无心 yǒu kǒu wú xīn" は「口は悪いが悪意はない」。"扪心自问 mén xīn zì wèn" は「胸に手を当てて反省する」。

我已经尽心尽力了，可以说问心无愧。
（私はもう心も力も尽くしたので、良心に問うて恥じることがないと言える。）

(115) **正解は❹**　"我行我素 wǒ xíng wǒ sù" は「他人が何と言おうと自分流のやり

方でやる、我が道を行く」。"随心所欲 suí xīn suǒ yù"は「思うままにする」、"独往独来 dú wǎng dú lái"は「(1) 思うままにする (2) 他人と付き合わない」。"顺我者昌，逆我者亡 shùn wǒ zhě chāng, nì wǒ zhě wáng"は「私に従う者が栄え私に逆らう者が滅ぶ」。"来者不善，善者不来 lái zhě bú shàn, shàn zhě bù lái"は「来る者はみな悪意を持ったしたたかなやつばかりだ」。"日有所思，夜有所梦 rì yǒu suǒ sī, yè yǒu suǒ mèng"は「夜夢を見るのは昼考えたからである」。

"天高皇帝远 tiān gāo huángdì yuǎn"は「中央政府の権力も及ばない辺鄙な所、上部の束縛を受けず独断で動くたとえ」。

由于这里天高皇帝远，所以使得一些我行我素的官员有了可乘之机。
(ここは行政の力が及ばない遠方に位置するから、思うままに振る舞う一部の役人が乗ずる機会を持つようになった。)

(116) **正解は❷** "无能为力 wú néng wéi lì"は「無力でどうすることもできない」。"束手无策 shù shǒu wú cè"は「手を束ねて施す策がない、お手上げである、なすすべを知らない」。"黔驴技穷 qián lǘ jì qióng"は「限られた能力を使い果たし手の内を出し尽くして窮地に陥る」、"黔驴之技"とも言う。"鞭长莫及 biān cháng mò jí"は「思うに任せない、離れすぎて力が及ばないたとえ」。"身不由己 shēn bù yóu jǐ"は「体が自分の思うようにならない、無意識に」。

她看见母亲痛苦的样子，只是暗自落泪，却无能为力。
(彼女はお母さんのつらい様子を見てもひそかに涙を流すだけで、どうすることもできない。)

(117) **正解は❸** "无懈可击 wú xiè kě jī"は「一分の隙間もない」。"天衣无缝 tiān yī wú fèng"は「天女の衣服には縫い目がない、少しの欠陥もなく完璧であることのたとえ」。"破绽百出 pò zhàn bǎi chū"は「次々とほろが出る、到るところでほろが出る」。"见缝插针 jiàn fèng chā zhēn"は「上手に時間や空間を利用する、あらゆる機会や可能性を利用する」。"无孔不入 wú kǒng bú rù"は「穴さえあれば必ず入る、（多く悪いことをする場合）隙さえあればすぐそれに乗じるたとえ」。

他的回答无懈可击，令人赞叹。
(彼の答えは完璧で、感心させられる。)

(118) **正解は❷** "无与伦比 wú yǔ lún bǐ"、"无可比拟 wú kě bǐ nǐ"とも「比べるものがない、肩を並べるものがいない」。"无可非议 wú kě fēi yì"は「非難すべき点がない」。"名不虚传 míng bù xū chuán"は「名に恥じない」。"空前绝后 kōng qián jué hòu"は「空前絶後、以前にもなく将来にもない」。

LED 灯具以其无与伦比的节能优势，已经成为世界瞩目的高新技术之一。
(LED 照明器具は、他と比較にならないほどの省エネ性能により、世界が注目する先端技術の1つになった。)

(119) **正解は❹** "弦外之音 xián wài zhī yīn"は「弦外の音、言外の意味や含み」。"言外之意 yán wài zhī yì"「暗示的な言葉、言外の意味や含み」。"话里有话 huà lǐ yǒu huà"は「言葉に含みがある」。"弦外之音"、"言外之意"、"话里有话"は類義語だが、"你的话弦外之音是什么""你的话言外之意是什么"とは言うが、"你的话话里有话是什么"とは言わず、"你话里有话"とは言う。"难言之隐 nán yán zhī yǐn"は「人に言えない心にある隠し事」。"一语双关 yì yǔ shuāng guān"は「1つの言葉に2つの意味がある」。

你的话弦外之音到底是什么，我简直是云里雾里，越听越糊涂。
(あなたの話の言外の意味はいったい何なのか、私にはまったく雲や霧の中にいるかのように、聞けば聞くほどわけが分からなくなった。)

(120) **正解は❷** "想入非非 xiǎng rù fēi fēi"は「現実離れした事を考える、とりとめもないことを考える」。"异想天开 yì xiǎng tiān kāi"は「奇想天外、現実的ではない考え」。"浮想联翩 fú xiǎng lián piān"は「さまざまな思いが次から次と思い浮かぶ」。"枉费心机 wǎng fèi xīn jī"は「無駄に心を砕く、無駄な思案をする」。"非分之想 fēi fèn zhī xiǎng"は「分不相応な考え」。

让机器人来帮助人们做家务，这并非想入非非。
(ロボットに家事を手伝ってもらうことは、決して現実離れした空想ではない。)

(121) **正解は❷** "项庄舞剑，意在沛公 xiàng zhuāng wǔ jiàn, yì zài pèi gōng"は「本来のねらいは別にある」、「鴻門の宴」の故事からの言葉で、多く人を害する意味として使われる。"醉翁之意不在酒 zuìwēng zhī yì bú zài jiǔ"は「酔翁の意は酒にあらず、本来のねらいは別にある」、人を害する意味に限らず中性的な言葉である。"当面锣对面鼓 dāngmiàn luó duìmiàn gǔ"は「面と向かって直

接に話をする」。"坐山观虎斗 zuò shān guān hǔ dòu" は「山に座って虎が闘うのを見る、他人の争いを傍観して利益を横取りしようとする」。"只许州官放火，不许百姓点灯 zhǐ xǔ zhōuguān fàng huǒ, bù xǔ bǎixìng diǎn dēng" は「役人の放火は許されるのに、庶民は明かりをつけることさえ許されない」、役人の不正や横暴を言う。

他们这样做其实是项庄舞剑，意在沛公。
(彼らがこのようにするのは、実は真の狙いは別のところにある。)

(122) **正解は❷** "小道消息 xiǎodào xiāoxī" は「街の噂、口コミ」。"道听途说 dào tīng tú shuō" は「根拠のない噂、街の噂」。"捕风捉影 bǔ fēng zhuō yǐng" は「(言動が) 雲をつかむようである、何の根拠もない」。"无中生有 wú zhōng shēng yǒu" は「でっち上げる」。"空口无凭 kōng kǒu wú píng" は「口約束だけで証拠がない」。

不要以为这是小道消息，这是真的啊。
(これを街の噂と思わないほうがいいよ。本当のことだよ。)

(123) **正解は❸** "小小不言 xiǎoxiǎo bù yán" は「大したことがない、きわめて些細である、取るに足らない」。"微不足道 wēi bù zú dào" は「ほんのわずかである」。"多此一举 duō cǐ yì jǔ" は「余計なことをする」。"美中不足 měi zhōng bù zú" は「玉に瑕、立派であるが少し足りないところがある」。"以卵击石 yǐ luǎn jī shí" は「卵で石を打つ、身の程知らずで自滅する」。

这些小小不言的事情，根本不值得一提。
(これらの些細なことはまったく言及するに値しない。)

(124) **正解は❶** "心不在焉 xīn bú zài yān" は「うわの空である、心ここにあらず」。"漫不经心 màn bù jīng xīn" は「まったく気にしない、無頓着である、うわの空である」。"全神贯注 quán shén guàn zhù" は「全神経を集中する、全神経を傾ける」。"心猿意马 xīn yuán yì mǎ" は「意馬心猿、考えがころころ変わって落ち着かない、煩悩や色欲で心が乱れる、気持ちが落ち着かず仕事に専念できないこと」。"爱搭不理 ài dā bù lǐ" は「(人に対して) 冷淡である」、"爱理不理" とも言う。
"随声附和 suí shēng fù hè" は「付和雷同する、人の言うことに調子を合わせる」

你只是心不在焉地随声附和着，听见我说什么了吗？
(あなたはただ上の空で相槌を打つだけで、ちゃんと私の話を聞いてるの？)

(125) **正解は❷** "心事重重 xīn shì chóng chóng"は「心配事がたくさん重なる」。"忧心忡忡 yōu xīn chōng chōng"は「心配でたまらない」。"闷闷不乐 mèn mèn bú lè"は「機嫌が悪い、元気がない、憂鬱である」。"恋恋不舍 liàn liàn bù shě"は「後ろ髪を引かれる思い」。"心心相印 xīn xīn xiāng yìn"は「気持ちが通じ合う」。
"愁眉不展 chóu méi bù zhǎn"は「眉をひそめて開かない、（心配事が重なった時に）憂い顔をする」。

她最近好像心事重重，不知被谁把她那副愁眉不展的样子拍了下来，挂在网上了。
(彼女は最近心配事がたくさんあるようね。誰かにその憂い顔を撮影されてネットにアップされてしまった。)

(126) **正解は❹** "言传身教 yán chuán shēn jiào"は「言葉で伝え身をもって教える、自ら手本を示す」。"以身作则 yǐ shēn zuò zé"は「自ら手本を示す」。"虚怀若谷 xū huái ruò gǔ"は「虚心坦懐で心が広い、謙虚で意見をよく聞き入れる」。"现身说法 xiànshēn shuōfǎ"は「自らの経験を例に挙げて説明する」。"摇身一变 yáo shēn yí biàn"は「体を一揺すりして姿を変える、ぱっと変身する」。

父母言传身教，培养孩子很重要。
(親が自ら手本を示して、子どもを教育することはとても重要です。)

(127) **正解は❸** "掩耳盗铃 yǎn ěr dào líng"は「耳を覆って鈴を盗む、自分で自分を欺くたとえ」、つまり"自己骗自己""自分で自分を欺く」。"自欺欺人 zì qī qī rén"は「自分を欺き人をも欺く」。"隔墙有耳 gé qiáng yǒu ěr"は「壁に耳あり、密談の漏れやすいたとえ」。"贼喊捉贼 zéi hǎn zhuō zéi"は「泥棒が泥棒を捕まえろと叫ぶ、人の目をそらそうとする」。

这种掩耳盗铃之举，实在是太愚蠢了。
(この耳を覆って鈴を盗むような行為は、実にばかげている。)

(128) **正解は❹** "一波未平，一波又起 yì bō wèi píng, yì bō yòu qǐ"は「一難去ってまた一難、1つの波が静まらないうちに次の波が立つ、1つの問題が解決さ

れていないうちにまた新しい問題が起きるたとえ」、"杯弓蛇影 bēi gōng shé yǐng"は「疑心暗鬼でびくびくするたとえ」。"按下葫芦起了瓢 ànxià húlu qǐle piáo"は「瓢箪を押さえつけても瓢が浮かんでくる、1つの問題を片付けたかと思えば新しい問題がまた起きるたとえ」、"疑神疑鬼、恐慌不安 yí shén yí guǐ、kǒnghuāng bù'ān"は「疑心暗鬼、怖くてしようがない」。"一块石头落地 yí kuài shítou luò dì"は「ほっとする、心のしこりが取れる、肩の荷がおりる」、"含沙射影 hán shā shè yǐng"は「はっきりと名指しをせずひそかに人を中傷、攻撃する」。"一回生，二回熟 yì huí shēng, èr huí shú"は「(1)初対面は見知らぬ同士であっても2回目は親しくなる (2)1回目は不案内でも2回目は慣れるようになる、回を重ねると次第に熟練する」、"打草惊蛇 dǎ cǎo jīng shé"は「やぶへび、軽率な行動で相手に警戒心を抱かせるたとえ」。"一发不可收拾 yì fā bù kě shōushi"は「ますます解決ができなくなる」、"草木皆兵 cǎo mù jiē bīng"は「草も木もみな敵兵に見える、恐怖のあまり疑心暗鬼でびくびくするさま」。

"谈虎色变 tán hǔ sè biàn"は「虎の話をしただけで顔色が変わる、非常に恐れるたとえ」。

食品的安全问题<u>一波未平，一波又起</u>，难免使消费者产生谈虎色变，<u>杯弓蛇影</u>的恐惧心理。
（食品の安全問題が次から次へと起きているので、消費者を怖がらせ疑心暗鬼を生じさせることになるのは避けられない。）

(129) **正解は❶** "一个巴掌拍不响 yí ge bāzhang pāibuxiǎng"は「片手だけでは拍手ができない、1人の力だけでは成功は難しい、または争いは双方に責任があるたとえ」。"孤掌难鸣 gū zhǎng nán míng"は「片手だけでは拍手ができない、1人だけでは何事もできないたとえ」。"孑然一身 jié rán yì shēn"は「独りぼっちである」。"一拍即合 yì pāi jí hé"は「すぐに同調する、すぐに調子を合わせる」。"一臂之力 yí bì zhī lì"は「少しばかりの力、一臂の力」。

<u>一个巴掌拍不响</u>，没有大家的支持，光靠你一个人，恐怕很难实现。
（片方の手だけでは拍手できないよ。みんなの支持もなく、あなた1人の力だけでは恐らく実現は難しいだろう。）

(130) **正解は❶** "一个鼻孔出气 yí ge bíkǒng chūqì"は「ぐるになっている、気脈を通じる、同じ穴のむじな」。"一丘之貉 yì qiū zhī hé"は「同じ穴のむじな、同類の悪者」、類義語に"一路货色 yí lù huò sè"、"串通一气 chuàn tōng yí qì"

もある。"一鼓作气 yì gǔ zuò qì"は「一気に成し遂げる、一気に」。"一语道破 yì yǔ dào pò"は「(物事の本質などを) 一言で言い当てる、図星を指す」。"**胡作非为 hú zuò fēi wéi**"は「でたらめな行動や非道な行為をする、悪事を働く」。

那些贪官和投机商纯粹是<u>一个鼻孔出气</u>。
(あの汚職役人と投機商人たちはまったくのぐるだ。)

(131) **正解は❶**　"因陋就简 yīn lòu jiù jiǎn"は「節約するため粗末な条件でも間に合わせて事を行う」。"就着简陋 jiǎnlòu 的条件办事"は「粗末な条件を利用し事を行う」。"就地取材 jiù dì qǔ cái"は「現地で資材や原料を調達する」。"因势利导 yīn shì lì dǎo"は「情勢や具体的な状況に応じて有利に導く」。"根据当地的具体情况办事"は「その土地の具体的な状況に合わせて事を行う」。"因地制宜 yīn dì zhì yí"は「その土地の具体的な状況に応じて適切な措置を講じる」。

学校的条件虽然很有限，可他们<u>因陋就简</u>、因地制宜，用一个闲置的仓库办了一个小图书室。
(学校の条件は限られていたが、彼らは粗末なものでも利用できるものは利用し、状況に合った措置を講じて、空き倉庫を小さい図書室にした。)

(132) **正解は❷**　"因人而异 yīn rén ér yì"は「相手によって対応が違う」。"看人下菜碟 kàn rén xià càidié"は「相手を見て対応する方法やもてなし方を変える」。"一视同仁 yí shì tóng rén"は「一視同仁、すべてのものを平等に扱う」。"一问三不知 yí wèn sān bù zhī"は「知らぬ存ぜぬの一点張り、何を尋ねてもわからないと言う」。"小菜一盘 xiǎo cài yì pán"は「簡単な事」。

金融机关在发放贷款时，总是<u>因人而异</u>。
(金融機関は貸付をするときに、いつも人によって対応を変える。)

(133) **正解は❹**　"因循守旧 yīn xún shǒu jiù"は「古い習慣を固く守って改めない」。"墨守成规 mò shǒu chéng guī"は「古いやり方や既成のきまりを固く守って変えようとしない」。"与世无争 yǔ shì wú zhēng"は「世事に超然としている、世の人と争わない、現実から逃避して消極的に生きる」。"清规戒律 qīng guī jiè lǜ"は「(1) 宗教上の戒律　(2) 杓子定規な規則、制度、戒律」。"推陈出新 tuī chén chū xīn"は「古いものの良さを活かして新しく発展させる」。

这种<u>因循守旧</u>的做法必将阻碍公司的发展。

(この古い習慣を踏襲するやり方は、必ずや会社の発展を妨げることになるだろう。)

(134) **正解は❶**　"游手好闲 yóu shǒu hào xián"は「ぶらぶらしてまともに働かない、のらくらして日を送る」。"好吃懒做 hào chī lǎn zuò"は「食べることが好きで仕事が嫌い、食いしん坊のなまけ者」。"无忧无虑 wú yōu wú lǜ"は「憂いも心配もない、何の心配事もない」。"达官贵人 dáguān guìrén"は「高位高官」。"爱财如命 ài cái rú mìng"は「命のように金銭を大切にする、金に執着する」。

这几个<u>游手好闲</u>的家伙为了筹喝酒的钱，竟干上了抢劫的勾当。
(この何人かの怠け者が酒の金を作るために、強盗という悪事をしでかした。)

(135) **正解は❶**　"站不住脚 zhànbuzhù jiǎo"は「（理屈が）通らない、（理由などが）成り立たない」。"不成立 bù chénglì"は「（理由、説などが）成り立たない」。"成不了 chéngbuliǎo"は「〜になれない」。"不含糊 bù hánhu"は「(1) はっきりしている　(2) 立派である、大したものである」。"驳不倒 bóbudǎo"は「反駁できない」。

你说的理由根本<u>站不住脚</u>。
(あなたの言っている理由はまったく筋が通っていない。)

(136) **正解は❶**　"照葫芦画瓢 zhào húlu huà piáo"は「瓢箪を見て瓢を描く、手本通りに模倣するたとえ」。"照猫画虎 zhào māo huà hǔ"は「猫を見て虎を描く、物まねをする、模倣するたとえ」。"照本宣科 zhào běn xuān kē"は「書いたとおりに読み上げる、型通りにするだけで応用がきかない」。"如法炮制 rú fǎ páo zhì"は「手本どおりに作る、型通りに処理する」。"学而不厌 xué ér bù yàn"は「学んで飽きない」。

她刚从加纳来北京大学留学的时候，每天都<u>照葫芦画瓢</u>地练习写汉字。
(彼女は、留学でガーナから北京大学に来たばかりの時、毎日見よう見まねで漢字の書き取りを練習した。)

(137) **正解は❸**　"指日可待 zhǐ rì kě dài"は「実現が間近に迫っている」。"为期不远 wéi qī bù yuǎn"は「その日は遠くない、期日が近い」。"急不可待 jí bù kě dài"は「一刻も猶予できない」。"为时过早 wéi shí guò zǎo"は「時期尚早である」。"迫不得已 pò bù dé yǐ"は「やむを得ず」。

2010年8月5日、チリ・コピアポ鉱山で落盤事故が発生。33名が69日間にわたり坑道に閉じ込められたが、10月13日に全員救助された。

救援通道已打通，因矿山塌方被困在井下的矿工重返地面将指日可待。
(救出用トンネルはもう貫通し、鉱山落盤事故で地下に閉じ込められたままの作業員が地上に帰ってくるのは目前です。)

(138) **正解は❹**　"只争朝夕 zhǐ zhēng zhāo xī" は「片時も無駄にしない、わずかな時間を惜しんで努力するたとえ」。"争分夺秒 zhēng fēn duó miǎo" は「分秒を争う、一刻を惜しむ」。"争先恐后 zhēng xiān kǒng hòu" は「先を争う」。"马不停蹄 mǎ bù tíng tí" は「馬が一刻も止まらずに前進する、少しも休まずに進む」。"一朝一夕 yì zhāo yì xī" は「一朝一夕、わずかな時間」。

我们必须只争朝夕，如果没有这种精神，将落后于时代。
(私たちは一朝一夕を争って努力しなければならない。このような精神がなければ、時代に取り残されるだろう。)

(139) **正解は❷**　"自命不凡 zì mìng bù fán" は「思い上がる、自惚れる」。"骄傲自满 jiāo ào zì mǎn" は「自惚れる」。"招摇过市 zhāo yáo guò shì" は「わざと人目を引くように街を練り歩く、わざと気勢を上げて人の注目を集めるたとえ」。"自作主张 zì zuò zhǔ zhāng" は「相談せずに自分の考えにより決める、独断で行う」。"自找苦吃 zì zhǎo kǔ chī" は「自ら苦労を求める」。

刚取得一点点成绩就自命不凡，这是不行的。
(ほんの少しの実績を出しただけでもう思い上がるなんて、それはいけないよ。)

(140) **正解は❷**　"左膀右臂 zuǒ bǎng yòu bì" は「最も頼りになる部下、片腕」。"左右手 zuǒyòushǒu" は「頼みとする部下、片腕、信頼できる補佐役」。"多面手 duōmiànshǒu" は「万能な人、多芸多才の人」。"佼佼者 jiǎojiāo zhě" は「きわめて立派な人、きわめて優れた人」。"前后脚 qiánhòujiǎo" は「ほぼ同時に、相前後して」。

马秘书已经成了经理的左膀右臂，经理完全离不开他。
(馬秘書はすでに社長の片腕になっているので、社長は彼を手放せない。)

STEP 3
作文（日文中訳）問題
80問

　日本語から中国語に翻訳する作文問題です。同じ意味の文章でも、使う語句一つで、ニュアンスや文の格調が異なります。そのため、できる限り解説に多様な表現方法を取り入れました。成語や慣用句等を適切に使いこなして、1級に相応しい、美しく格調高い文を作れるようになりましょう。

(解答 P.358)

解説文中の記号
■ A／B：A または B の語句を用いる
　① "A／B"："A" または "B" の語句を用いる。
　② "……[A／B]……"：
　　　文の中の [ ] で区切られた部分内で、A または B の語句を用いる。
■ (　　)：(　) 内の文字は省略可能

次の日本語を中国語に訳しなさい。（標点符号も忘れないように。）

☐ (1) 世界が急速に発展する今日において、伝統文化は個性重視などの現代文化によって絶えず脅威にさらされている。一部の人の目から見ると「伝統」は「保守的」であり「時代遅れ」であることを意味するが、実は決してそうではない。伝統文化の中には糟粕もあれば精華もある。さらには精華が遥かに糟粕を超えていると言える。したがって我々は伝統文化の中からその精華を吸収し、その糟粕を捨てさるべきである。

☐ (2) 飲酒運転は危険である、この点については圧倒的多数の人がはっきり理解している。しかし風邪を引いた時に運転するのも危険であるというのは予想外かもしれない。イギリスの最新の研究結果から、運転手がひどい風邪やインフルエンザにかかった時には、反応速度や注意力が大きく低下し、この時に車を運転し道路を走り事故を起こす確率は飲酒後の運転とあまり変わらない、ということが明らかになった。

☐ (3) 航空券を予約したらそれで安心してしまい、確認もせずに放っておいた。当日、ただ自分の記憶を頼りに家を出た結果、なんと着陸時刻を出発時刻だと勘違いしていたのだ。自分の不注意によって大きな失敗を招くとは思ってもいず、空港に着いた時には飛行機はとっくに空へ飛び立っていた。本当に悔やんでも悔やみきれない、世の中に後悔につける薬は売っていないのだ。二度と同じ失敗は犯さないぞ、と私は今回の教訓をしっかりと胸に刻んだ。

☐ (4) 日本語で日本人とコミュニケーションをとり始めた時、聞いた日本語をいつもまず頭の中で中国語に訳し、相手の言っていることを理解した後、自分が言いたいことを中国語で考えてからまたそれを日本語に訳し、そうして初めて口から日本語を出すことができた。つまり最初は母語でしか思考することができなかったということだ。

☐ (5) 部屋が足りないので、今日はこの部屋の一角を仕切って臨時の作業に使っている。そのため皆は気配を消して、音を立てないようにひっそりと仕事をしているところだ。

☐ (6) 飲んでいるのはノンアルコールビールなのにもかかわらず、美味しい本物のビールを味わっていると思いさえすればもうほろ酔い気分になれる、という人がいるそうだ。ではここから類推してみよう。例えば、口にしているのは粗末な食事であっても、大層なご馳走を食べていると思いさ

えすれば、もともと口当たりのよいわけではない粗末な食べ物も、山海の珍味になったように思えるのだ。本当になんと素晴らしいことだろう。

(7) 左のルートは土砂崩れで通行止めになってしまっていて、右のルートはとても狭く、自動車1台がやっと通れる程度だった。しかも道の両脇は草が生い茂っていて端がどこなのか見えず、Uターンや対向など到底不可能だ。もし車道を外れれば深い谷にどこまで落ちていくか分からない。このことは今思い出しても身の毛がよだつ思いがする。

(8) 大地に再び春が訪れ、万物がよみがえる季節が到来するとともに、旅行業界も「春麗らかに花開く」季節になった。「五一」の短い連休まであと2週間という時、私はようやく旅行の計画を立てるべきだと思い立ち、ある旅行会社に行った。ところが旅行会社でちょっと聞いてみた途端、驚いてぽかんとしてしまった。長距離ツアーも短距離ツアーもいずれも既にほとんど満員で、申し込み受付は締め切られていたのだ。どうも今回は旅行に行くのは難しいようだ。

(9) 青い空に白い雲が一ひら一ひら漂っているのを目にするたびに、私たちのために大自然がこんなに美しい景色を作り出してくれていることに思わず感謝したくなる。

(10) その会社が操業停止を余儀なくされるような危機に直面していた時、突然人を奮い立たせるような朗報が飛び込んできた。その会社のエコ製品が高い評価を得たのだ。そしてあっという間に人気が回復し、お客さんが次々と来るようになってビジネスが再びうまくいき始めた。

(11) 明代に薬学研究に従事した有名な漢方医の李時珍という人がいた。彼は歴代の医学関係書籍を研究した上で、さらに自らの実践経験と結び付け、27年をかけて『本草綱目』という大著を編纂し、国内外から高い評価を得た。

(12) 報道によれば、80年代生まれの一人っ子は離婚率の高い世代であって、中には猛スピードで結婚し猛スピードで離婚する人もいるそうだ。すなわち稲妻が走るように早く結婚し、早く離婚するということである。彼らは知り合ってから結婚するまでの時間がかなり短く、極端な場合知り合ってたった1日でもう結婚する人もいるのだそうだ。しかし互いによく知らないので、結婚後1ヵ月も経たずに離婚し、おのおの自分の道を歩むことになるという若者もいるそうだ。

(13) 嘘をつくのは悪いことだ、と幼い時にはずっと心に深く刻んでいた。それは幼稚園の先生も両親もみんなそう言っていたからだ。大きくなってから、いつからかは覚えていないが、嘘をついたことのない人間など世の中に存在しないということに、ある日突然気が付いた。それと同時に、嘘をつくことが全部悪いというわけではなく、やむを得ない事情からついて、しかもみんなに許されるような嘘もあれば、まったくの善意から、相手を傷つけたり心配させたりしないためについた嘘もあるということも理解するようになった。

(14) ついてない、良い時代に生まれあわせていない、成功するチャンスがないなどと、いつも文句を言っている人がいる。言うに事欠いて『紅楼夢』もすでに他の人が書いてしまったなどと言うのだ。まるで自分が成功できないのはすべて周囲のせいであるかのように。実際のところは、多くのチャンスは空から降ってくるのではなく、自分で作り出すものだ。我々はたゆまぬ努力を通じて自分を発展させるチャンスを作り、身近なところにあるチャンスの種をしっかりつかまなければならない。でなければ、せっかく手に入れたチャンスも、指の隙間から音も立てずにこぼれ落ちてしまうだろう。

(15) 人生には希望が欠かせない。もし希望が見えなくなったら、人は元気がなくなり、暮らしも光を失って暗くなってしまう。希望を持っているからこそ、人は元気はつらつとしていられ、暮らしも彩り豊かになりうるのだ。

(16) 中国のテレビショッピング市場にはまだ測り知れないほど大きな成長余地が埋もれており、その市場は猛スピードで拡大する勢いを見せるだろう。このことがテレビ局が小売業に参戦する速度をさらに加速させることになる。

(17) 言葉と思考の関係はずっと昔から論争され続けてきた問題である。一般的に、人類は思考が先にあって後に言葉を獲得したのであって、思考が発展したからこそ言葉が生まれたと考えられている。したがって思考が言葉を決定し、言葉は一定の範囲で思考を反映しているに過ぎないのである。

(18) 月が皓々と輝き渡るある夜、私は幼い時のことを、かつて先生泣かせの悪童だった頃のことを思い出していた。しばらくの間私はまるで子どもの頃に回帰していたようだった。

☐ ⑲ 私は飛行機の窓から海面を行き交う船を見下ろした。船尾にあがる波しぶきの一筋一筋がまるで白い尾のように見えて、船はそれぞれが白い尾を引く爬虫類のようにゆっくりと這って進んでいるのが目に入った。そして目を空に転じると、遠くの一面の雲が高さのまちまちな建物が並ぶ一つの小さな町のようで、飛行機がその雲の中を通り抜ける時には、雪山が目の前に現れるかのようだった。絵のように綺麗なこの空の世界には本当にうっとりしてしまうなあ。

☐ ⑳ ことわざにもあるように、舌が歯にぶつからないことなどあり得ない。夫婦なら尚更のこと。互いの間で言い争いが起こるのはごく普通のことであり、避け難いことでもある。

☐ ㉑ 電話のベルの音にせかされ、手にしたペンを置いてあわてて電話に出た。しかし電話から聞こえてきたのはノイズだけで、私はむっとして電話を切った。

☐ ㉒ ある人が言った。「王」という字の、上の横棒は天を表し、一番下の横棒は地を表し、真ん中の横棒は庶民を表す、最も重要なのは１本の縦棒で、これは天を背負って地にすっくと立つという意味であると。この解説を聞いて私は本当にぱっと明るくなり悟ったような気持ちになった。

☐ ㉓ 紙幣からカード払いへ、さらにおサイフ携帯への移行、これらのすべてによって人々の消費形態が変わってきている。のみならず、次第に人々は昔ながらの膨らんだ財布にさよならし始めている。今は手軽さが求められているのだ。

☐ ㉔ 思い込みの激しい人は往々にして融通がきかない、くそまじめ、人付き合いがよくない、こまごました事にこだわりがちだなどと人から思われてしまうが、しかし良い面もある。例えば、どんな事をするにも真摯に取り組み、しかも負けず嫌いであり、粘り強いことなどである。

☐ ㉕ 自分は生まれつき優柔不断な性格のような気がして、悩んでいる。例えば、服を買う時、これは良い、あれも試着してみると悪くないと、よく長い時間迷ってばかりいて決められないのだ。

☐ ㉖ 当社が主催したモーターショーは、昨日市の体育センターで幕を下ろした。統計によると、２日間のモーターショーで、参観者数は延べ１万人を超えたそうだ。今回のモーターショーは本年度のモーターショーのス

タートを飾り、車両販売にも期待どおりの効果が得られた。5つの新型車種が初めてモーターショーでお披露目され、その中で価格が10万元前後のコンパクトカーが最も参観者の支持を得ていた。

(27) 彼は村長に当選するため、かつて村長を1期務めたことのある人物を懸命に真似た。服装から言葉遣い、立ち居振る舞いまで本物そっくりに真似した。しかし彼の妻は、ひたすら他人の真似をするばかりで自分ならではの特徴を出さないのであれば失敗は避けられない、と彼に注意した。案の定彼女の言った通り、彼は落選した。

(28) この世界に時間より公平なものはない。時間はどんな人にも平等で、偏りなくすべての人に1日24時間ずつ与えられている。時間は、決定的な力を持っている重要人物だからといって1秒多く与えられたり、普通の庶民だからと1秒少なく与えられたりするものではない。財産や地位がどうであろうとも、一人一人が与えられている時間は全く同じなのである。

(29) 不動産市場の見通しがまだ不透明で、多くの購入予定者がためらっている状況で、販売業者側はマンションの購入者を引き付けるため、あの手この手の優遇策を打ち出し、値引きの上にさらに値引きをしたり、優遇期限をなくしたりするなど、まさにあらゆる方法を尽くしているというべきである。

(30) 今年はまた4年に一度のオリンピックの年である。それは世界で最大規模かつ最も注目されるスポーツの祭典でもあり、世界中の企業が競争する大舞台でもある。世界各国のスポーツファンにとっては、この4年に一度のスポーツの祭典で繰り広げられる1つ1つの名シーンを見るチャンスを絶対に逃したくないはずである。とはいうものの、誰もが競技場に行って観戦できるわけではなく、より多くの人はテレビの前で観戦するだけである。彼らが求めるのはもちろん臨場感であり、緊張感である。テレビメーカーはこの絶好の商機に狙いを定めて、早くも商戦の幕を開けている。オリンピックの開会式が近づくにつれて商戦はさらに白熱化してくるだろう。

(31) 彼女は小さい時からすでに酔痴れるほど文学に夢中だった。彼女が書いた文章は簡潔で意味が深い。この作品は彼女が一気に書き上げたもので、

雲が行き水が流れるように自然でのびのび書かれており、読むと爽快で心地よい。

(32) 台風がもうすぐ来るとテレビで言っていたので、各社は退社時刻を繰り上げて社員を帰宅させることになり、大勢が一斉に駅に駆けつけた。その結果ホームは人で溢れ、私はやっとのことで人混みをかき分けて電車を待つ人の列に入ることができた。

(33) 世界経済が不安定なため、多くの中小企業は融資の面で未曾有の困難に直面している。中小企業を援助するために、政府は次々に一連の政策や措置を打ち出したが、中小企業の状況は依然として厳しく、中小企業の経営に大きく影響するカギとなる課題がまだ根本的に解決されたわけではない。

(34) このタイプのインクジェット複合機は、印刷、コピー、スキャンの各方面において他の機種の追随を許さない。すべての機能が揃っていて、さらにドキュメントや写真の優れた印刷品質に加え、小型で精巧なつくりで省スペース効果も高いといった優位性があることにより、間違いなく家庭用機種におけるベストチョイスに挙げられるだろう。

(35)「夕日はことのほか美しいけれど、黄昏ももう間近い」とよく言うが、これは幾分人を悲しい気分にさせると言わざるを得ないだろう。しかし私は「夕日はことのほか美しく、黄昏はいっそう輝いている」と思う。10年前に定年退職してから、脱力感や孤独感の苦境から抜け出すために地元の老人大学書画講座に参加し、そこで書道と絵画を学んだ。数年後優秀な成績で卒業し、さらにその学校の副校長になり、何回か自分の作品を作品展に出品して高い評価も得た。これによって私の晩年はいっそう輝いている。

(36) 以前は知らない単語があっても辞書を調べようともしなかったが、今は完全に変わった。自分の覚えた単語が間違っていないかどうかを確認するためによく辞書を引くのだ。こうなった主な理由は携帯電話にある。携帯電話の中に電子辞書があり、どんな時でも私とともにあるからだ。

(37) 消費者代表の歯に衣着せぬ指弾を受けて、私は会社の責任者としてまことに針のむしろに座っている思いである。製品の品質改善はすでに焦眉の急になっていると強く感じる。

(38) あなたの病気はしばらく療養しないと良くならない、とお医者さんは言ったよね。だから今は仕事をしてはいけないのに、どうしてまたペンを手にして文章を書き始めたの。ああ、あなたには呆れてしまうよ。

(39) 彼女たち2人は先日タクシーに相乗りした時、ちょっとしたことで誤解が生じ、さらに言い争いになって結局けんか別れしてしまった。その後2人とも、こんな些細な、まったく取るに足らないことで仲違いすべきではないと思ったので、お互いに何とか仲直りのきっかけを見つけて、できるだけ早くわだかまりを解きたいと願っている。

(40) 今でもまだ覚えているが、小さい頃、隣の家に私より2歳年上の双子がいた。彼らが引越してきたばかりの時、私はどちらが兄でどちらが弟か確かには区別がつかず、どう見ても2人は同じ顔をしているように見えた。しかし何日も経たないうちに、もう私は正確に見分けられるようになった。しかも容貌の違いだけではなく、彼らの話し声からもはっきり区別できるようになった。世界に1人として同じ顔をした人はいないとは、まさに当を得た言葉だなあ。

(41) 彼は積もり積もって100回あまりも就職活動に失敗し、やっとのことである会社に入ったが、周りの人の顔をまだ覚えもしないうちにまた転職した。こんな会社では自分の夢を実現出来そうもないと言って。彼のお母さんは気持ちを込めて丁寧に、「あなたは高望みしすぎなのよ、実る夢もあれば、枯れてしまうだけの夢もあるということを知らないと」と彼に言った。

(42) ここは有名な玉の産地である。かつてここの玉は貨車1台いくらで売るしかないほど価格が低かったが、のちに人々の購買力が向上するにつれてキログラム単位で売られるようになり、ここ数年さらに状況が一変してグラム単位で売られるようになった。たった10年間で玉の価格が数千倍にもなったのだ。最近は不動産市場の不景気や株価の低迷で、ますます多くの民間資金が玉市場に流れ込む状況になっている。今のところ、ここの玉の価格はまだ安値水準にあり、依然として上昇する余地がある、とある専門家は指摘している。

(43) 戦争中、私の両親がこの世を去った後、隣に住んでいた老夫婦が私を引き取って育ててくれた。私を育てるためにこの老夫婦は世の中のあらゆ

る辛酸をなめ尽くしてくれたのであるから、私も彼らを自分の実の親同然に思っている。

(44) 彼はクラスで成績が一番良い。私は彼と力比べをしてみようとひそかに決心した。私としては今回の試験前の準備は十分だったし、試験もまあできたと言える。でも点数は相変わらず彼に及ばなかった。どうやらまだまだ努力を重ねないとだめなようだ。

(45) もし彼が今回の試合で優勝すれば、チェス界初のディフェンディングチャンピオンとなる。今回の試合でもし彼が王座を守ることができれば、彼個人の栄誉であるのみならず、チェスの中国における普及と発展を促進する大いなる力となるだろう。

(46) どんな人でも外国語を学習する過程では、あれこれと間違ってしまうのは避けられない。外国語のレベルを向上させていく過程は、つまり間違いを繰り返す過程でもある。外国語を学習するのにもし口を開かなければ間違いを起こさなくて済むのは明らかであるが、しかしそれではなかなか上達できない。上達の速い人は言うまでもなく多くの間違いを犯してきた人である。「誤りを恐れるのは進歩を破壊することである」という名言はなかなか奥深い真理が含まれている。

(47) 薬を服用する場合、医師の指示に従わなければならない。決して勝手に薬を減らしたり止めたりしてはいけない。多くの慢性病はその薬の効果が出るまで長い時間がかかるので、焦りは禁物であるし、三日坊主でもいけない。なぜなら、途切れ途切れに薬を服用するのは健康を害し、場合によっては服用しないほうがまし、ということもあるからだ。であるから患者は医師の指示に従い、間違った服用方法を改めなければならない。さもなければ治療を滞らせてしまうことになる。

(48) 彼女は歯ぎしりをして怒り、大きな声で言った。「罪をみな私になすりつけるなんて絶対に許せない、私は真実を白日の下に晒して身の潔白を必ず証明してみせる。」

(49) 君は普段笑顔がいつもとっても可愛いのに、鏡で今の自分を見てごらん、憂いに沈んだ顔という形容以上に適切な言葉がないほどだよ。

(50) ——結婚は大きな事よ、子どものままごと遊びではないのだから、一時の感情で彼と結婚したら将来後悔するわよ。

——姉さん、何が言いたいの、はっきり言えばいいでしょう。遠回しに言わなくてもいいじゃないの。

☐ (51) いたずら電話や迷惑メールは敬遠したいが、これらは頼んでもいないのにいつも勝手にやってくる。こうした招かれざる客がどこから来るのか私にも分からない。いくら防ごうとしても防ぎきれなかったので、やむを得ず電子メールのアドレスを変更するはめになった。

☐ (52) 私はすぐ「ありがとう」と言う癖があり、必要以上にくどくど言いすぎてしまうらしい。時々友人から注意されるが、ある時１人の友人が率直に言ってくれた。「あなたはどうしていつも『ありがとう』と口癖のように言うの。わざとらしくて、不自然よ。私たちの仲じゃないの」。

☐ (53) 紀元前36年、16歳の王昭君はその美しさのため漢王朝の後宮に入ることを強いられた。彼女は人の心を動かすほど美しいばかりではなく、さらに琴棋書画にも精通していた。数年後、彼女は自ら進んで北の辺境の地に赴き、友好親善を保つため匈奴と姻戚関係を結んだ。その後、漢王朝と匈奴は和を結び、国境ののろしが50年間上がることはなく、漢民族と匈奴族の民族間の団結が強まった。この「昭君出塞」の物語は永遠に後世へと伝わっていくことだろう。

☐ (54) 3年前、新社長は、皆と一緒に必死に頑張って3年後には必ず赤字から黒字に転換させると誓った。ところがその3年が過ぎ、皆頑張りに頑張ったが結局会社の売上高増加率は年々下がり続けている。このままいけば、黒字転換どころか、倒産しないだけでも神様に感謝しなければならない。社長がしきりに言っていた黒字転換は、絵に描いた餅になってしまったのではないだろうか。

☐ (55) 容貌は生まれつきのものであるが、品性はあとから育て上げるものである。生まれながらの美貌は持ちあわせていなくても、根気よく自分を磨いていくことによって人を惹き付ける輝きが備わり、魅力的になることが可能である。よく言うように、上品さが容貌の不足を補うことができるのだ。

☐ (56) 現実生活の中では、心を悩ます多くの心配事につきまとわれて、時にはこの目に見えない重荷を捨てたいのに捨てることができないと感じるものだ。しかし我々は自分の気持ちを上手にコントロールする方法を学ばなければならない。物事を悪いほうにばかり考えてはならない。問題の

多くは悪い答えだけが用意されているのではなく、良い結果もあるはずなのだ。物事を良いほうに考えよう、なぜならそれによって私たちの心は軽くなるのだから。

(57) 彼女は結婚してまだ半年もたっていないのに、もう離婚だと騒いでいる。彼女はある時無意識に本音を漏らした。なるほど旦那の財産狙いだったのか。見事にそろばんをはじいたものだ。

(58) 彼女は小さい時からお絵かきが大好きで、いつもたった1本の短い鉛筆で、自然のありふれた、しかし美しいことこの上ない現象をせつせつと訴えかけ続けていた。彼女の純粋な筆使いから子どもの想像力を伺い知ることができる。

(59) 私は大自然を愛している。世の中がどんなに移り変わっても、人生がどんなに無常であっても、美しい大自然はずっと私の心にある。その無限の魅力をもった山や林、川や見渡す限りの青空などに思いを馳せるたびに、私の気持ちは言葉では表現できないほどのびのびとしてくる。

(60) 大学2年生の青青は結核を患い、やむを得ずキャンパスを去った。入院治療を経て、彼女はとうとうキャンパスへ久しぶりに戻ることができた。そして今日、青青は長く離れていた教室にうれしそうに入っていった。

(61) 彼女は幼い時から美術に強い興味を持っていたが、さまざまな原因からこれまで美術一筋の人生への第一歩を踏み出すことができなかった。大学を卒業した後、彼女は繰り返し考えた末に、待遇に恵まれた仕事を捨てて、美術に従事しそして美術作品の創作を自分の一生をかけて極めるべき目標にしようと決心した。それから彼女は絵画芸術の広大無辺な世界へと歩み出したのである。

(62) 最近メタボリックシンドロームに関する広告をよく目にする。広告は人々に腹囲が太すぎるとメタボリックシンドロームの原因になり、しかも糖尿病、心臓病、脳卒中、高血圧などにかかりやすくなると警告している。広告を見ると本当に身の毛のよだつ思いがするものだ。実際にはメタボリックシンドロームは、運動によって体の内側や内臓の脂肪を取り除くことと、食事療法とを通じて改善できるのである。

(63) 日曜日は早朝からすでに多くの住宅購入者が四方八方から続々と住宅交易会の会場に集まっていた。現場は空前の熱気で、住宅購入相談を待つ

大勢の人が長い列を作り、夕方まで住宅購入者の行き来が絶えなかった。住宅購入者は係員の指示の下でいろいろな手続きをするなど、現場はとても混み合っていたが、秩序に乱れはなかった。

(64) 異なる2世代の人間では、接触する環境が違うことにより、物事に対する見方及び価値観に隔たりが生じている。このまま、こうした隔たりが改善されずに拡大し続けていけば、2世代の間に無形の、肉眼では見えない大きな溝が生ずるだろう。これこそがいわゆる「ジェネレーションギャップ」である。このようなジェネレーションギャップは2世代の関係や家族の絆に影響するに違いない。

(65) 昨夜どかんという大きな雷の音が夜の静寂を破り、村内の1軒の民家の屋根が落雷によって一瞬で崩れ落ちた。80歳の家主が驚いて飛び起きたが、ただあんぐりと口をあけて目の前で起きることのすべてを見ているしかなかった。

(66) 先生の哲理に富んだお話を聞いて、私は大いに啓発されました。特に、人を正す前に自分を正せ、事を成す前に正しい人間になれ、という細やかで丁寧な教えから、まず人としての本分を尽くしてこそ、事をきちんと成すことができるという単純でかつ深い道理を理解することができました。本当に大変勉強になりました。

(67) 学術面でまったく功績のない人が、この分野の専門家をあれこれと批評するなんて、まったくでたらめ極まりない。専門家が受け入れるはずなんてあるものか。

(68) 彼はとてもひょうきんな人だ。子どもたちと一緒にいる時にはよくおどけた顔をして子どもたちを笑わせるし、友達と一緒にいる時にはいつも話を盛り上げて雰囲気をなごやかにし、さらには同僚や部下と打ち解けあうこともうまい。

(69) あのショッキングな交通事故はすでに20年前の事となり、人々の事故に対する記憶はすっかり薄れてしまった。しかしこの事故の被害者たちは相変わらず苦しみの中にいる。

(70) 誰にでもそれぞれ取柄がある。肝心なのは長所をもって短所を補うことである。自分の長所を上手に発見し伸ばし育ててこそ、自分の人生の価値が上がりすばらしい成果をたくさん挙げることができる。もちろんそ

れは短期間の蓄積ですぐ実現できるわけではない、長い間の努力を通じて初めて理想の境地に到達できるようになるのである。

(71) 調査によれば、毎年6月中下旬から7月初めまで、大学や中等専門学校の卒業シーズンの到来に伴い、またそれに加えて、その1年前に卒業した学生も一般的に部屋の賃貸期間延長や借り換えの時期に入るため、全国各地の賃貸住宅市場は卒業生を中心とした需要の最盛期を迎える。一等地の賃貸住宅は市場で人気が高まり、それにつれて家賃もどんどん高くなる。

(72) 養蜂は非常に大変な仕事であり、しかも収入もたいして高くない。いま私たちの村ではこの職業に従事する人がますます少なくなっている。多くの若者は大都市でアルバイトはしてもこの仕事はしたくないと考えている。養蜂従事者の高齢化問題は深刻化しており、近年村の養蜂産業は衰退しつつある。村長は記者に対し、最大の頭痛の種は、養蜂業が後継者途絶の危機に直面していることだ、と語った。

(73) 2009年7月の長江流域の皆既日食、2010年1月の金環日食のいずれも、私は残念なことに見逃してしまった。二度と後悔しないですむよう、私はアモイへ行き、天空でまもなく演じられる金環日食の天体ショーを観賞することにした。そこで多くの天文マニアとともに、2012年5月21日の早朝に間に合うようにアモイに駆けつけた。6時過ぎ、みんなが長く待ち望んでいた、めったに見ることのできない金環日食の奇観がついに現れた。天空にあっていつもは真ん丸な太陽が少しずつ欠け始めて、弓なりの三日月に変わり、さらに、三日月状だった太陽がだんだんとリングの形になった時、あたり一面歓声と拍手の音に包まれた。

(74) 毎年、年1度の大学受験のラストスパートの時期に入ると、受験生たちはさらに成績を上げようと復習に没頭する。保護者たちは子どもにいい成績をとらせようと、子どものために受験を乗り切るための心のこもった献立を考えるのに必死になるだけでなく、さらにあちこち歩き回っていろいろな（受験を乗り切るための）栄養食品をよりすぐって買おうとする。そこで、売り手側は皆あらゆる方法を講じて保護者たちにさまざまな受験対策用栄養食品を推薦する。その結果、それらが市場で異常に売れるようになった。パッケージに受験対策用栄養食品といった文字が踊るサプリメントは品揃えが豊富で、その種類の多さに目がくらむほどである。

(75) 統計データから次のようなことが分かりました。5月に入って以降、エアコン、冷蔵庫、洗濯機を含む大型家電製品が、販売低迷期から好調期に徐々に入りつつあります。大型家電に引っ張られて市場は明らかに回復傾向を示し、小売の売上高も著しく回復し、家電業界全体がすでに低迷期から脱却し始めています。今年の夏には、家電市場の反転が到来する見込みです。

(76) 友達が集まると酒を飲み、新年や祝祭日など祝い事がある時にも酒を飲む。いずれにしても人はうれしいと杯を手に思う存分酒を飲み、友達と喜びを分かち合いたくなる。反対に憂い悲しい時にも思わず杯を手にして酒を飲み、憂さを晴らすものだ。酒を口にすると、悩みも憂愁も何もかもすっかり忘れてしまうだろう。この意味では酒はいいものだ。しかし人は酒を飲み始めるとしばしば癖になり、自力では抜け出せないほどになる。酒を飲みすぎると理性を失うばかりか、さらに酷くなると健康を害し、さまざまな慢性病が知らない間に忍び寄ってきて、具合を悪くさせる。この意味では酒は悪いものでもある。

(77) 現代社会において生活や仕事のリズムが加速し続けていることが、知らず知らずのうちに人々に非常に大きなストレスをもたらしている。このままいくと、それがいろいろな病気を引き起こし、人々の心身の健康が損なわれてしまうだろう。従って働く時間と休む時間のバランスを適切にとることが無視できない課題になっている。例えば、忙しい仕事の合間にレクリエーションにより多く参加すれば、間違いなくストレスを発散することができる。そのほかにも、心ゆくまで笑うことや大声を出して笑うことも、ストレスを解消する最もよい方法の1つである。「笑えば10年若返り憂えば髪白くなる」、「いつも朗らかでニコニコしていればいつも青春」、これらはすべて中国人が長い歳月をかけてまとめあげた知恵である。

(78) 『孫子兵法』に「敵を知り己を知れば百戦して危うからず」とある。この兵法のバイブルは投資家にとってもバイブルになり得るものだ。己を知るとは、すなわち自分の能力および長所と短所を正しく知ることであり、自分を過剰に評価しても過小に評価してもいけない。敵を知るとは、すなわち市場の変化を絶えず把握しそれに適応しなければならないということである。投資家は市場の激しい変化の中でチャンスを確実につかん

でこそ、はじめて勝ちを制することができ、さらには投資の常勝将軍になれる可能性も出てくるのだ。

☐ ⑺⁹ 紙の中に火はとうてい包みきれず、事の真相は隠しきれない。これは誰にでも分かる道理である。事の真相を隠せば一時的な平穏は得られるかもしれないが、遅かれ早かれ真相が白日の下に晒される日がくるはずだ。まさに「人に知られたくなかったなら、己がやらないことだ」ということである。

☐ ⑻⁰ 素晴らしい商品の数々を目の前にすると、多くの人が無利息分割払いという魅力的な購入方式を選択するかもしれない。しかし実際には世の中にただで食べられる昼飯などはないのだ。完全無利息の分割払いのように見せてはいるが、実は分割払いの手数料がとっくに秘密裡に消費者に転嫁されているのだ。元をただせば自分の身から出たものという道理は誰もがよく理解していると信じる。とはいえ分割払いは、懐の寂しい学生や仕事を始めたばかりの若者にとっては、間違いなく非常に便利な買い物の方法なのである。

解答例と解説

(1) 世界が急速に発展する今日において、伝統文化は個性重視などの現代文化によって絶えず脅威にさらされている。一部の人の目から見ると「伝統」は「保守的」であり「時代遅れ」であることを意味するが、実は決してそうではない。伝統文化の中には糟粕もあれば精華もある。さらには精華が遥かに糟粕を超えていると言える。したがって我々は伝統文化の中からその精華を吸収し、その糟粕を捨てさるべきである。

在世界飞速发展的今天，传统文化正在不断地受到重视个性等现代文化的冲击。在一些人的眼里"传统"就意味着"保守和落后"，其实并非如此。传统文化中既有糟粕也有精华。甚至可以说精华远远超过糟粕。所以我们应该吸取传统文化中的精华，去其糟粕。

「世界が急速に発展する今日において」は"在世界［飞速／迅速］发展的今天"。「～に（よって）絶えず脅威にさらされている／絶えず～の（による）脅威にさらされている」は"正在不断地被…冲击着／正在不断地受到…的冲击"。「一部の人の目から見ると」は"在一些人的眼里／在一些人看来"。「AはBを意味している」は"A就意味着B"。「決してそうではない」は"并非如此／并不是这样／决非如此／决不是这样"。「AもあればBもある」は"既有A也有B"。「遥かに～を超えている」は"远远超过…"。「～の精華を吸収し、その糟粕を捨てさる」は"吸取…的精华，去其糟粕zāopò"。

(2) 飲酒運転は危険である、この点については圧倒的多数の人がはっきり理解している。しかし風邪を引いた時に運転するのも危険であるというのは予想外かもしれない。イギリスの最新の研究結果から、運転手がひどい風邪やインフルエンザにかかった時には、反応速度や注意力が大きく低下し、この時に車を運転し道路を走り事故を起こす確率は飲酒後の運転とあまり変わらない、ということが明らかになった。

酒后驾车很危险，这一点绝大多数人都很清楚。然而，出乎人们意料的大概是感冒的时候开车也很危险吧？ 据英国一项最新研究结果表明，司机患重感冒或流行性感冒的时候，反应速度和注意力会大大下降，这时开车上路发生事故的概率同酒后驾车不相上下。

「飲酒運転」は"酒后驾车／酒后开车"。「この点について」は"（关于）这一点／（关于）这方面"。「しかし」は"然而／但是／可是"。「風邪を引いた時

に運転するのも危険であるというのは（人々の）予想外かもしれない」は"出乎人们意料的［大概／恐怕］是［感冒的时候／感冒时］［驾车／开车］也很危险吧？"または"感冒时［驾车／开车］也很危险，这一点大概［出乎人们的意料／是人们没有想到的／是人们想像不到的／是人们意料之外的］吧？"。「AからBが明らかになった」は"（据）A显示B／（据）A表明B"。「～の最新研究結果」は"…（一项）最新研究结果"。「運転手がひどい風邪やインフルエンザにかかった時」は"［驾驶员／司机］［患／得］重感冒［或／或者］流行性感冒［的时候／时］"。「反応速度や注意力が大きく低下する」は"反应速度和注意力会［大大／严重］下降"。「この時に車を運転し道路を走り事故を起こす確率」は"（如果）［这时／这个时候］开车上路（的话）［发生／出］事故的［概率／几率］"、「飲酒後の運転とあまり変わらない」は"同酒后驾车不相上下／等同于酒后驾车／几乎和酒后驾车一样／与酒后驾车相差无几"。

(3) 航空券を予約したらそれで安心してしまい、確認もせずに放っておいた。当日、ただ自分の記憶を頼りに家を出た結果、なんと着陸時刻を出発時刻だと勘違いしていたのだ。自分の不注意によって大きな失敗を招くとは思ってもいず、空港に着いた時には飛行機はとっくに空へ飛び立っていた。本当に悔やんでも悔やみきれない、世の中に後悔につける薬は売っていないのだ。二度と同じ失敗は犯さないぞ、と私は今回の教訓をしっかりと胸に刻んだ。

机票订好了以后，就放心了，连看都没看，就丢到一边了。当天只是凭着自己的记忆离开了家门，结果竟然把到达时间当成了出发时间。没想到因为自己的疏忽误了大事，到机场时，飞机早已飞上了蓝天。我真是后悔莫及，世界上没有卖后悔药的。我要牢牢地记住这次教训，下不为例。

「航空券を予約したらそれで安心してしまい」は"机票订好了以后，就放心了"。「確認もせずに放っておいた」は"［连看都没看／连确认都没确认］，就［放在／放到／扔到／扔在／搁在／搁到／丢在／丢到］一边了"。「当日、ただ自分の記憶を頼りに家を出た結果、なんと着陸時刻を出発時刻だと勘違いしていたのだ」は"［当天／出发那天］只是凭（着）自己的记忆［离开了家门／走出了家门／出了门］，结果［竟然／竟］把［着陆／到达］时间当成了［起飞／出发］时间"。「自分の不注意によって大きな失敗を招くとは思ってもいず」は"没想到因为自己的［疏忽／不注意／粗心］［坏了／误了／耽误了］大事"。「空港に着いた時には飛行機はとっくに空へ飛び立っていた」は"到机场时，飞机［早就／早已］［起飞了／飞上了蓝天］"。「本当に悔やんでも悔やみきれない」は"我真是［后悔莫及／后悔也来不及了／后悔无及］"。「世の中に後悔

につける薬は売っていない」は"世界上［没有卖后悔药的／买不到后悔药］"。「私は今回の教訓を（必ず）しっかりと胸に刻み」は"我（一定）要［牢牢／好好］地记住这次教训"。「二度と同じ失敗は犯さないぞ」は"下不为例／再也不能犯同样的错误了／绝不再犯／绝不能发生第二次了／这是第一次也是最后一次"。"下不为力 xià bù wéi lì"は「今回に限り認める、これを最後とする」。

(4) 日本語で日本人とコミュニケーションをとり始めた時、聞いた日本語をいつもまず頭の中で中国語に訳し、相手の言っていることを理解した後、自分が言いたいことを中国語で考えてからまたそれを日本語に訳し、そうして初めて口から日本語を出すことができた。つまり最初は母語でしか思考することができなかったということだ。

刚开始用日语与日本人交流时，总是把听到的日语先在脑子里翻译成汉语，理解了对方的意思后，再用汉语考虑好自己想说的话，再把它译成日语，这才能从嘴里说出来日语。也就是说，开始的时候只能用母语去思考。

「日本語で日本人とコミュニケーションをとり始めた時」は"［刚开始／最初］用日语［与／和／跟］日本人交流［时／的时候］"。「聞いた日本語をいつもまず頭の中で中国語に訳し」は"总是把听到的日语先在脑子里［翻译成／译成／翻成］汉语"。「相手の言っていることを理解した後」は"［理解／明白］了对方［的意思／说的意思／所说的意思］［后／以后／之后］"。「自分が言いたいことを中国語で考えてからまたそれを日本語に訳し」は"［再／然后再／然后］用汉语［考虑好／想好］自己［想说的话／要说的话／想表达的意思］，再把它译成日语"。「そうして初めて口から日本語を出すことができた」は"这才能［从嘴里说出来日语／把日语从嘴里说出来］"。「つまり最初は母語でしか思考することができなかったということだ」は"也就是说，［开始的时候／一开始／开始］只能用母语（去）思考"。

(5) 部屋が足りないので、今日はこの部屋の一角を仕切って臨時の作業に使っている。そのため皆は気配を消して、音を立てないようにひっそりと仕事をしているところだ。

因为房间不够用，今天把这个房间的一部分隔出来，用于临时作业。所以大家都不出动静，为了避免出声音，都在悄悄地工作。

「部屋が足りないので」は"因为房间不够用"。「この部屋の一角を仕切って」は"把这个房间的［一部分／一角］隔出来"。「臨時の作業に使っている」は

"用于临时作业"。「そのため、それで」は"所以／因此"。「気配を消す」は"不出动静"。「音を立てないようにひっそりと仕事をしているところだ」は"为了［避免／不弄］出声音，都在［悄悄／一声不响］地工作"。

(6) 飲んでいるのはノンアルコールビールなのにもかかわらず、美味しい本物のビールを味わっていると思いさえすればもうほろ酔い気分になれる、という人がいるそうだ。ではここから類推してみよう。例えば、口にしているのは粗末な食事であっても、大層なご馳走を食べていると思いさえすれば、もともと口当たりのよいわけではない粗末な食べ物も、山海の珍味になったように思えるのだ。本当になんと素晴らしいことだろう。

听说有这样的人，尽管自己喝到嘴里的是无醇啤酒，可是只要觉得自己正在享用着美味的真啤酒，就已经有了几分醉意。那让我们以此类推，比如，即使嘴里嚼的是粗茶淡饭，可只要觉得自己正在品味着美味佳肴，那么嘴里本来并不爽口的饭菜，也似乎已经变成了山珍海味，真是妙哉！

「(自分が) 飲んでいるのはノンアルコールビールなのにもかかわらず」は"［尽管／虽然］自己［喝到嘴里／嘴里喝］的是［不含酒精的／不含酒精成分的／无醇 chún］啤酒"。「美味しい本物のビールを味わっていると思いさえすれば」は"只要觉得自己正在［享用着／喝着／品味着］美味的真啤酒"または"只要觉得自己现在［喝的／享用的／品味的］是美味的真啤酒"。「もうほろ酔い気分になれる」は"就已经［有／产生］了几分醉意"または"就已经有点儿醉了"。「こんな人がいるそうだ」は"听说有这样的人"。「ではここから類推してみよう」は"那让我们以此类推／那我们可以类推一下"。「口にしているのは粗末な食事であっても」は"［即使／即便／就是］嘴里［嚼／吃］的是粗茶淡饭"。「大層なご馳走を食べていると思いさえすれば」は"只要觉得自己正在品味着［美味佳肴 jiāyáo／香喷喷 xiāngpēnpēn 的饭菜］"。「もともと口当たりのよいわけではない粗末な食べ物も、(もう) 山海の珍味になったように思えるのだ」は"嘴里［原本／本来］并不［爽口／可口／好吃］的饭菜，也［似乎／好像］已经变成了山珍海味"。「本当になんと素晴らしいことだろう」は"真是［妙哉／妙极了］"。

(7) 左のルートは土砂崩れで通行止めになってしまっていて、右のルートはとても狭く、自動車1台がやっと通れる程度だった。しかも道の両脇は草が生い茂っていて端がどこなのか見えず、Uターンや対向など到底不可能だ。もし車道を外れれば深い谷にどこまで落ちていくか分からない。このことは今思

い出しても身の毛がよだつ思いがする。

左边的路因塌方而禁止通行了，右边的路特别窄，也就是一辆车勉强能通过的宽度。而且路的两边杂草茂盛一眼望不到边，半路返回或者错车是绝对不行的，要是偏离了车道，就不知道会掉到深谷的何处去。这件事就是现在想起来，也会感到毛骨悚然。

「左のルートは」は"左边的路／左边的道路／左边的路线"。「土砂崩れで通行止めになってしまっていて」は"因塌方而禁止通行了"。「とても狭く自動車1台がやっと通れる程度（の幅）だ」は"特别窄，也就是一辆车［勉强／将将 jiāngjiāng／刚刚 gānggāng］能［通过／过去］的宽度"。「道の両脇は草が生い茂っていて端がどこなのか見えず」は"路的两边［杂草茂盛／杂草丛生］［一眼望不到边／漫无边际／看不到边际］"。「Uターンや対向（すれ違いのため、一方の車が待避したり傍へよけたりして他方をやり過ごす）など到底不可能」は"［半路返回／半路上折回］或者错车［是绝对不行的／绝对是不行的／绝对是不可能的／无论如何都是不允许的］"。「もし車道を外れれば」は"要是［偏离了／出了］［路线／车道］"。「深い谷にどこまで落ちていくか分からない」は"（就）不知道会［落到／掉到］深谷的［何处去／什么地方］"。「（たとえ）今思い出しても身の毛がよだつ思いがする」は"［就是／即使／即便］现在想起来，也会感到毛骨悚然"。

(8) 大地に再び春が訪れ、万物がよみがえる季節が到来するととともに、旅行業界も「春麗らかに花開く」季節になった。「五一」の短い連休まであと2週間という時、私はようやく旅行の計画を立てるべきだと思い立ち、ある旅行会社に行った。ところが旅行会社でちょっと聞いてみた途端、驚いてぽかんとしてしまった。長距離ツアーも短距離ツアーもいずれも既にほとんど満員で、申し込み受付は締め切られていたのだ。どうも今回は旅行に行くのは難しいようだ。

随着春回大地、万物复苏的季节的到来，旅游业也"春暖花开"了。离"五一"小长假还有两个星期的时候，我才想起来应该做一下旅游计划了，于是就去了一家旅行社。可是到了旅行社一问我一下子愣住了。无论是长线游还是短线游的旅游团都已经基本满员，报名截止了。看来这次几乎难以成行了。

「大地に再び春が訪れ、万物がよみがえる季節が到来するとととともに」は"随着［春回大地／大地回春］，万物复苏的季节的［到来／来临］"。「旅行業界も『春麗らかに花開く』季節になった」は"［旅游业／旅游行业］也"春暖花开"

了"または"[旅游业/旅游行业]（的景气）也开始[好转了/复苏了/回升了/回暖了]"。「『五一』の短い連休まであと 2 週間という時」は"离"五一"[小长假/小连休]还有两个星期的时候"。「私はようやく旅行の計画を立てるべきだと思い立ち」は"我[才/终于]想起来应该[做一下旅游计划了/做一下旅游的安排了/安排一下旅游的事了/计划一下旅游的事了/把旅游的事安排一下了]"。「(そこで) ある旅行会社に行った」は"于是就去了一家旅行社"。「ところが旅行会社でちょっと聞いてみた途端、驚いてぽかんとしてしまった」は"可是到了旅行社一问我[顿时/立刻/一下子][愣住了/惊呆了/吃了一惊]"。「長距離ツアーも短距離ツアーもいずれも既にほとんど満員で、申し込み受付は締め切られていたのだ」は"[无论/不管]是长线游还是短线游的旅游团都（已经）[基本（上）/几乎/差不多][满员/名额已满]，报名截止 jiézhǐ 了"。「どうも今回は旅行に行くのは難しいようだ」は"[看来/好像]这次（旅游）几乎[难以成行 chéngxíng 了/没有希望了/没有可能了/去不上了]"または"[看来/好像]这次的旅游计划[要变成泡影了/实现不了了/不可能实现了]"。

(9) 青い空に白い雲が一ひら一ひら漂っているのを目にするたびに、私たちのために大自然がこんなに美しい景色を作り出してくれていることに思わず感謝したくなる。

每当我看到蔚蓝的天空上飘荡着朵朵白云的时候，总是不由得感激起大自然为我们设计出这样美好的景观。

「〜するたび（に）」は"每当…（的时候）"。「青い空に白い雲が一ひら一ひら漂っている」は"[蔚蓝/湛蓝/蓝蓝]的天空（上）[飘着/飘荡着/漂浮着]朵朵白云"。「目にする」は"看到"。「思わず」は"不由得"。「私たちのために大自然がこんなに美しい景色を作り出してくれていることに感謝したくなる」は"[感激起/想感谢]大自然[为/给]我们[设计了/设计出][这般/这么/这样/如此][美好的/优美的/漂亮的][景观/景色/景致]"。

(10) その会社が操業停止を余儀なくされるような危機に直面していた時、突然人を奮い立たせるような朗報が飛び込んできた。その会社のエコ製品が高い評価を得たのだ。そしてあっという間に人気が回復し、お客さんが次々と来るようになってビジネスが再びうまくいき始めた。

在那家公司面临着不得不停业的危机之时，突然传来了令人振奋的喜讯。该公

司的环保产品得到了高度评价，于是一下子人气回升，顾客盈门，生意又红火起来了。

「その会社が操業停止を余儀なくされるような危機に直面していた時」は"（就）在那公司［面临着／处于］不得不停业的危机［时刻／之时］"。「突然人を奮い立たせるような朗報が飛び込んできた」は"突然传来了［令人振奋的／鼓舞人心的／振奋人心的／令人精神振奋的］［喜讯／好消息］"。「その会社のエコ製品（環境保護関連製品）が高い評価を得た」は"［该／那家］公司的环保产品［得到／受到］了高度评价"。「そしてあっという間に人気が回復し、お客さんが次々と来るようになってビジネスが再びうまくいき始めた」は"于是一下子人气回升，［顾客盈门／主动上门的顾客接连不断］，生意又红火起来了"。

(11) 明代に薬学研究に従事した有名な漢方医の李時珍という人がいた。彼は歴代の医学関係書籍を研究した上で、さらに自らの実践経験と結び付け、27年をかけて『本草綱目』という大著を編纂し、国内外から高い評価を得た。

明代有个从事药物学研究的著名中医学家叫李时珍，他在研究了历代有关医学书籍的基础上，并进一步结合自己的实践经验，历时二十七年编写了《本草纲目》这部巨著，在国内外均有很高的评价。

「明代に薬学研究に従事した有名な漢方医の李時珍という人がいた」は"明代有个从事药物学研究的著名中医学家叫李时珍"と兼語文を使って表現するか、または"明代有个从事药物学研究的著名中医学家，他叫李时珍"と複文で表現する。「彼は歴代の医学関係書籍を研究した上で」は"他在研究了历代有关医学书籍［的基础上／的基础之上／之后］"。「さらに自らの実践経験と結び付け」は"［并且／并／并进一步］结合自己的实践经验"。「27年をかけて」は"［历时／经过］二十七年"。「『本草綱目』という大著を編纂した」は"［编写／完成／写出／撰写 zhuànxiě］了《本草纲目》这部［巨著／杰出的著作／杰作］"。「国内外から高い評価を得た」は"在国内外均有很高的评价／受到了国内外的好评"。

(12) 報道によれば、80年代生まれの一人っ子は離婚率の高い世代であって、中には猛スピードで結婚し猛スピードで離婚する人もいるそうだ。すなわち稲妻が走るように早く結婚し、早く離婚するということである。彼らは知り合ってから結婚するまでの時間がかなり短く、極端な場合知り合ってたった1日

でもう結婚する人もいるのだそうだ。しかし互いによく知らないので、結婚後1ヵ月も経たずに離婚し、おのおの自分の道を歩むことになるという若者もいるそうだ。

据报道，80后独生子女成为离婚高发人群，其中有一部分人闪婚后闪离。也就是，闪电式结婚和闪电式离婚。他们从认识到结婚时间相当短，甚至有的才认识一天就结婚了。但由于彼此了解不够，有些年轻人结婚还不到一个月又离了婚，分道扬镳了。

「報道によれば～だそうだ」は"据报道／根据报道"。「80年代生まれの一人っ子は離婚率の高い世代である」は［80后／80年代出生的］独生子女［成为／是］［离婚高发／离婚率高的］人群"。「中には猛スピードで結婚し猛スピードで離婚する人もいる」は"其中［有（一）部分人／有（一）些人］［闪婚后闪离／快速结婚后快速离婚］"。「すなわち稲妻が走るように早く結婚し、早く離婚するということである」は"［也就是／就是／即］，闪电式结婚和闪电式离婚"。「彼らは知り合ってから結婚するまでの時間がかなり短く」は"他们从认识到结婚（的）时间［相当／非常］短"。「極端な場合知り合ってたった1日でもう結婚する人もいる」は"［甚至／在极端的情况下］有的（人）［只／才／刚］认识一天就结婚了"。「互いによく知らないので」は"由于［彼此（之间）了解不够／互相（之间）不太了解／互相（之间）不够了解］"。「結婚後1ヵ月も経たずに離婚し、おのおの自分の道を歩むことになるという若者もいる」は"有些年轻人结婚还不到一个月又离了婚，［分道扬镳了／各走各的路了］"。

「80年代生まれ」は"80后"とも"八零后"とも書くことができるが、現在は"80后"と書くことが多い。また、「80年代」は"80年代"とも"八十年代"とも書くことができる。漢数字とアラビア数字のどちらを使うかは、1つの文章の中でどちらかに統一すればよい。

(13) 嘘をつくのは悪いことだ、と幼い時にはずっと心に深く刻んでいた。それは幼稚園の先生も両親もみんなそう言っていたからだ。大きくなってから、いつからかは覚えていないが、嘘をついたことのない人間など世の中に存在しないということに、ある日突然気が付いた。それと同時に、嘘をつくことが全部悪いというわけではなく、やむを得ない事情からついて、しかもみんなに許されるような嘘もあれば、まったくの善意から、相手を傷つけたり心配させたりしないためについた嘘もあるということも理解するようになった。

撒谎是坏事，小的时候一直铭记在心里。这是因为幼儿园的老师也好父母也好都这样说。长大以后，记不得从什么时候开始，有一天，我突然明白了世界上没有没说过谎的人。与此同时我也懂得了说谎并非都是坏事，有些是在不得已的情况下说出来的，并且可以得到大家谅解的谎话，有些完全是出于善意，为了不伤害对方或者不让对方担心而说出来的谎话。

「嘘をつくのは悪いことだ」は"[撒谎／说谎／说谎话][是坏事／不是好事／不好]"。「幼い時」は"小的时候／小时候／孩提的时候"。「ずっと心に深く刻んでいた」は"一直[铭记在心里／铭记在心／牢记在心／记在心里／牢牢记在心中]"。「それは幼稚園の先生も両親もみんなそう言っていたからだ」は"这是因为[幼儿园的老师也好父母也好／幼儿园的老师和父母]都这样说"。「大きくなってから」は"长大以后"。「いつからかは覚えていない」は"记不得从[什么时候／从哪一天]开始"。「嘘をついたことのない人間など世の中に存在しないということに、ある日突然気が付いた」は"有一天，我突然明白了世界上没有没说过谎的人"。「それと同時に〜ことも理解するようになった」は"与此同时我也懂得了…"。「嘘をつくことが全部悪いというわけではなく」は"[说谎／撒谎][并非／并不]都是坏事"。「〜もあれば、〜もある」は"有些／有的…，有些／有的…"。「やむを得ない事情からついて、しかもみんなに許されるような嘘」は"是在[不得已／万般无奈／没有办法]的情况下说出来的，[并且／而且]可以得到大家（的）谅解的谎话"。「まったくの善意から、相手を傷つけたり心配させたりしないためについた嘘」は"完全（是）出于[善意／好意]，为了不伤害对方或者不让对方担心而说出来的谎话"。

(14) ついてない、良い時代に生まれあわせていない、成功するチャンスがないなどと、いつも文句を言っている人がいる。言うに事欠いて『紅楼夢』もすでに他の人が書いてしまったなどと言うのだ。まるで自分が成功できないのはすべて周囲のせいであるかのように。実際のところは、多くのチャンスは空から降ってくるのではなく、自分で作り出すものだ。我々はたゆまぬ努力を通じて自分を発展させるチャンスを作り、身近なところにあるチャンスの種をしっかりつかまなければならない。でなければ、せっかく手に入れたチャンスも、指の隙間から音も立てずにこぼれ落ちてしまうだろう。

有的人总是抱怨自己运气不好，生不逢时，得不到发展的机会等等。说什么，《红楼梦》已经被人写完了等等。好像自己没有得到发展都是客观环境造成的似的。其实，很多机会并非从天而降，而是自己创造出来的。我们应该通过不懈的努力来创造发展自己的机会，把握好来到你身边的各种机会。否则，即便是好不

容易到了手的机会，也会从你的手指缝间悄悄地溜走的。

「いつも文句を言っている人がいる」は"有的人总是抱怨"。「(自分が)ついてない」は"自己[运气不好／不走运]"。「良い時代に生まれあわせていない」は"生不逢时／生不逢辰 chén／生的不是时候"。「成功するチャンスがないなど」は"[得不到／没有]发展的机会等等"。「言うに事欠いて～などと言う」は"[说什么／甚至说]…等等"。「『紅楼夢』もすでに他の人が書いてしまった」は"《红楼梦》已经被人写完了"。「まるで自分が成功できない（できなかった）のはすべて周囲のせい（客観的な原因によるもの）であるかのように」は"[好像／仿佛]自己没(有)[得到发展／能够发展／能发展／成功][都是／全部是][客观环境／外部世界](所)造成的似的"。「実際のところは、多くのチャンスは空から降ってくるの（わけ）ではなく、自分で作り出す（出した）ものだ」は"其实，[很多／许多]机会[并非从天而降／并不是从天上掉下来的]，而是自己创造出来的"。「我々はたゆまぬ努力を通じて自分を発展させるチャンスを作り、身近なところにある（に来た）チャンスの種をしっかりつかまなければならない」は"我们[应该通过／要通过][不懈／不屈不挠／不断]的努力来创造发展自己的机会，[把握好／抓住]来到你身边的各种机会"。「でなければ」は"否则／不然／要不然／要不然的话"。「(たとえ)せっかく手に入れたチャンスも、（あなたの）指の隙間から音も立てずにこぼれ落ちてしまうだろう」は"[即便是／即使是／就是][好不容易／好容易][到了手的机会／得到的机会]，也会从你的手指缝间悄悄地溜走的"。

⑮ 人生には希望が欠かせない。もし希望が見えなくなったら、人は元気がなくなり、暮らしも光を失って暗くなってしまう。希望を持っているからこそ、人は元気はつらつとしていられ、暮らしも彩り豊かになりうるのだ。

人生不能没有希望。如果看不到希望的话，人就会萎靡不振，生活也会变得暗淡无光。有了希望，人才能朝气蓬勃，生活才能丰富多彩。

「人生には希望が欠かせない」は"人生离不开希望／人生不能没有希望"。「もし希望が見えなくなったら人は元気がなくなり、暮らしも光を失って暗くなってしまう」は"如果看不到希望的话，人就会[萎靡不振 wěi mǐ bú zhèn／垂头丧气 chuí tóu sàng qì／心灰意懒]，生活也会变得暗淡无光 àn dàn wú guāng"。「希望を持っているからこそ、人は元気はつらつとしていられ、暮らしも彩り豊かになりうる」は"[有了／看到了]希望，人才能[精神饱满 jīng shén bǎo mǎn／精力充沛 jīng lì chōng pèi／精力旺盛 wàngshèng／朝气蓬勃]，

生活才能丰富多彩 fēng fù duō cǎi"。

(16) 中国のテレビショッピング市場にはまだ測り知れないほど大きな成長余地が埋もれており、その市場は猛スピードで拡大する勢いを見せるだろう。このことがテレビ局が小売業に参戦する速度をさらに加速させることになる。

中国蕴藏着巨大的电视购物市场空间，电视购物将呈现出迅猛发展的势头，这就进一步加速了电视台进军现代零售业的步伐。

「中国のテレビショッピング市場にはまだ測り知れないほど大きな成長余地が埋もれており」は"中国蕴藏着［无限大／无穷无尽／巨大］的电视购物市场空间"。「その市場（テレビショッピング）は猛スピードで拡大する勢い（傾向）を見せるだろう」は"电视购物将［呈现出／出现］［迅猛／迅速］发展的［势头／趋势］"、「このことが（これによって）テレビ局が小売業に参戦する速度をさらに加速させることになる」は"这就［进一步／更］［加速了／加快了］［电视台进军现代零售业／电视台进入现代零售业］的步伐"。

(17) 言葉と思考の関係はずっと昔から論争され続けてきた問題である。一般的に、人類は思考が先にあって後に言葉を獲得したのであって、思考が発展したからこそ言葉が生まれたと考えられている。したがって思考が言葉を決定し、言葉は一定の範囲で思考を反映しているに過ぎないのである。

语言与思维的关系是一个争论了已久的问题了。一般认为，人类是先有思维后有语言的，正是由于思维的发展才创造出来了语言。因此思维可以决定语言，语言只是在一定程度上反映思维。

「言葉と思考の関係」は"语言与［思维／思考］的关系"。「ずっと昔から論争され続けてきた問題である」は"是一个［争论了已久的问题了／长期以来一直在争论的问题］"。「一般的に～と考えられている」は"一般（被）认为"。「人類は思考が先にあって後に言葉を獲得したのである」は"人类是先有思维后有语言的／人类的思维是在语言被创造出来之前就有的"。「思考が発展したからこそ言葉が生まれた」は"正（是）［由于／因为］思维的发展才［创造出来／创造出／产生／出现／有］了语言"。「したがって思考は言葉を決定し、言葉は一定の範囲で思考を反映しているに過ぎない」は"［因此／所以］思维（可以）［决定／支配］语言，语言只是在一定程度上反映思维"。

(18) 月が皓々と輝き渡るある夜、私は幼い時のことを、かつて先生泣かせの悪童

だった頃のことを思い出していた。しばらくの間私はまるで子どもの頃に回帰していたようだった。

在一个月光皎洁的夜晚，我回想起童年时代的往事，自己曾经是一个让老师头痛的淘气包。一时间我仿佛回到了孩提时代。

「月が皓々と輝き渡るある夜」は"在一个［明月／月光］皎洁 jiǎojié 的夜晚"。「私は幼い時のことを思い出していた」は"我回想起［童年／孩提］时代的往事 wǎngshì"。「(私は) かつて先生泣かせの悪童だった」は"［自己／我］曾经是一个［让／叫］老师头痛的［淘气包 táoqìbāo ／淘气鬼／调皮鬼 tiáopí guǐ ／捣蛋鬼 dǎodànguǐ］"。「しばらくの間私はまるで子どもの頃に回帰していたようだった」は"一时间我［仿佛／好像］回到了［孩提／童年］时代"。

(19) 私は飛行機の窓から海面を行き交う船を見下ろした。船尾にあがる波しぶきの一筋一筋がまるで白い尾のように見えて、船はそれぞれが白い尾を引く爬虫類のようにゆっくりと這って進んでいるのが目に入った。そして目を空に転じると、遠くの一面の雲が高さのまちまちな建物が並ぶ一つの小さな町のようで、飛行機がその雲の中を通り抜ける時には、雪山が目の前に現れるかのようだった。絵のように綺麗なこの空の世界には本当にうっとりしてしまうなあ。

我从机窗里俯视海面上来来往往的船只。只见船尾的浪花就像一条条白色的尾巴，每只船都像拖着一条白尾巴的爬虫在慢慢地爬行。再往空中望去，远处的一片云就像一座有着高高低低建筑的小城，当飞机穿过这片云层时，犹如雪山出现在我的面前。这风景如画的空中世界真是令人神往啊！

「飛行機の窓から海面を行き交う船を見下ろした」は"从［机窗里／飞机的窗户里］［俯视／鸟瞰］海面上来来往往的［船只／船舶］"。「～が目に入った」は"只见…／看见…"または"…进入了(我的)视线／…映入了(我的)眼帘／…进入了(我的)眼帘"。「船尾にあがる波しぶきの一筋一筋がまるで白い尾のようだ(船尾の波しぶきがまるで一筋一筋の白い尾のようだ、船尾の波しぶきがまるで一筋一筋の白い尾のように見える)」は"船尾的一道道浪花就像白色的尾巴／船尾的浪花就像一条条白色的尾巴"。「船はそれぞれが白い尾を引く爬虫類のようにゆっくりと這って進んでいる」は"［每只／一只只］船都像拖着一条白尾巴的爬虫在慢慢地［爬行／前进／行驶／开动］"。「そして目を空に転じると(空を眺めると)」は"再［往空中望去／眺望空中］"。「遠くの一面の雲」は"远处的一片云"。「高さのまちまちな建物が並ぶ一つの小

さな町のようだ」は"就像一座有着［高高低低／高低不同的］建筑的［小城／小镇／小城市］(一样)"。「飛行機がその（一面の）雲の中を通り抜ける時」は"当飞机［穿过／通过］这片云层时"。「雪山が目の前に現れるかのよう」は"［犹如／宛如／如同／仿佛／好像］雪山出现在我的［面前／眼前］"。「絵のように綺麗なこの空の世界」は"这风景如画的［空中世界／宇宙］"。「本当にうっとりする（させられる）なあ」は"真是令人神往啊"。

(20) ことわざにもあるように、舌が歯にぶつからないことなどあり得ない。夫婦なら尚更のこと。互いの間で言い争いが起こるのはごく普通のことであり、避け難いことでもある。

俗话说，哪有舌头不碰牙的，夫妻更是如此。互相之间发生口角是很平常的事，也是在所难免的。

「ことわざにもあるように」は"俗话说／俗话说得好"。「舌が歯にぶつからないことなどあり得ない」は"［没有／哪有］舌头不碰牙的"。「夫婦なら尚更のこと」は"夫妻更是如此／更不例外"。「互いの間で言い争いが起こるのはごく普通のことであり」は"［互相／两个人］之间发生［口角／冲突／争吵］是很［平常／一般／普通］的事"。「避け難いことでもある」は"也是［在所难免的／难免的／不可避免的］"。

中国に"哪有舌头不碰牙的"という俗語がある。舌と歯はいつもぶつかるという意味で、一緒にいる時間が長くなると必ず些細なことで摩擦や意見の違いなどが生じることをたとえる。"在所难免 zài suǒ nán miǎn"は「免れない、避けられない」。

(21) 電話のベルの音にせかされ、手にしたペンを置いてあわてて電話に出た。しかし電話から聞こえてきたのはノイズだけで、私はむっとして電話を切った。

被一阵电话铃声催促着，我放下手中的笔，急急忙忙接起了电话。可是电话里传来的却只是一片噪音，我一气之下，就把电话挂上了。

「電話のベルの音にせかされ」は"(我)被(一阵)电话铃声催促着"。「手にしたペンを置いて」は"我［放下／丢下／搁下 gēxià］［手中／手里／拿在手里］的笔"。「あわてて電話に出た」は"［急急忙忙／急忙／匆忙］［接起／拿起］了电话"。「しかし電話から聞こえてきたのはノイズだけで」は"可是（从）电话里［传来／听到］的却只是一片［噪音／噪声／嘈杂声］"。「私はむっとして電話を切った」は"我［一气之下／一生气］，就把电话（给）［挂上／撂

liào／掐断 qiāduàn]了"または"我气得把电话（给）挂上了"。

⑵ ある人が言った。「王」という字の、上の横棒は天を表し、一番下の横棒は地を表し、真ん中の横棒は庶民を表す、最も重要なのは 1 本の縦棒で、これは天を背負って地にすっくと立つという意味であると。この解説を聞いて私は本当にぱっと明るくなり悟ったような気持ちになった。

有人说，"王"这个字，上边的一横代表天，最下边的一横代表地，中间的一横代表百姓，最关键的就是一竖，是顶天立地的意思。听到这样的解释真是让我豁然开朗。

「ある人が言った」は"有人说／有的人说"。「上の横棒は天を表し」は"[上边／上面]的一横[代表／表示]天"、「一番下の横棒は地を表し」は"[最下边／最下面]的一横[代表／表示]地"、「真ん中の横棒は庶民を表す」は"中间的一横[代表／表示]百姓"。「最も重要なのは 1 本の縦棒で、これは天を背負って地にすっくと立つという意味である」は"[最关键的／最重要的]就是一竖，是顶天立地的意思"。「この解説を聞いて」は"听到这样的[解释／说明]"。「私は本当にぱっと明るくなり悟ったような気持ちになった」は"让我豁然开朗／我感到豁然开朗"。
"顶天立地"は「何も恐れず堂々として立派であるさま」。"豁然开朗 huò rán kāi lǎng"は「ぱっと目の前が開けるさま、はっと悟るさま」。

⑶ 紙幣からカード払いへ、さらにおサイフ携帯への移行、これらのすべてによって人々の消費形態が変わってきている。のみならず、次第に人々は昔ながらの膨らんだ財布にさよならし始めている。今は手軽さが求められているのだ。

从纸币到刷信用卡，又过渡到（了）手机钱夹，这一切不仅改变了人们的消费方式，而且使得人们逐渐地开始告别了传统式的、鼓鼓囊囊的钱包，现在轻快成了人们追求的目标。

「紙幣からカード払いへ」は"从纸币到[刷信用卡／刷卡／用信用卡支付]"。「さらにおサイフ携帯への移行」は"[又过渡／又发展]到（了）手机[钱夹／钱包]"。「A のみならず（しかも）B」は"不仅 A，[而且／也] B"。「これらのすべてによって人々の消費方式が変わってきている。のみならず、次第に人々は昔ながらの膨らんだ財布にさよならし始めている」は"这一切不仅改变了人们的消费方式，[而且／也][使得／使／让]人们逐渐地开始告别了传统式的，鼓鼓囊囊的钱包"、「あることがある結果を引き起こす／あること

によってある結果になる」は"使得／使／让"で表せる。「今は手軽さが求められているのだ」は"现在轻快［成了人们追求的目标／是人们追求的目标］"。

(24) 思い込みの激しい人は往々にして融通がきかない、くそまじめ、人付き合いがよくない、こまごました事にこだわりがちだなどと人から思われてしまうが、しかし良い面もある。例えば、どんな事をするにも真摯に取り組み、しかも負けず嫌いであり、粘り強いことなどである。

爱钻牛角尖的人，往往被认为性格古板、死认真、孤僻、容易拘泥于一些小事等等，可是也有好的一面，比如说，无论做什么事都很认真，而且不服输、有韧性等等。

「思い込みの激しい人」は"爱钻牛角尖（儿）的人"、"钻牛角尖（儿）zuān niújiǎojiān(r)"は「どうでもいいことや解決できないことにこだわる」という意味。「融通がきかない」は"古板／死板／不灵活／不圆滑"。「くそまじめ」は"死认真／过于认真／过分认真"。「人付き合いがよくない」は"孤僻 gūpì／乖僻 guāipì／不善于 shànyú 交往的人／不善于和人交往"。「こまごました事にこだわりがちである」は"容易拘泥于 jūnìyú 一些小事／爱计较小事"。「どんな事をするにも真摯に取り組み」は"［无论／不论／不管］做什么事都［很认真／很投入／一丝不苟／专心致志］"または"［无论／不论／不管］什么事都［认真／一丝不苟／专心致志］地去做"。「負けず嫌い」は"不服输／不甘落后 bùgān luòhòu"。「粘り強い」は"有韧性 rènxìng／有耐性 nàixìng／百折不挠"。
"一丝不苟 yì sī bù gǒu"は「少しもいい加減にしない」。

(25) 自分は生まれつき優柔不断な性格のような気がして、悩んでいる。例えば、服を買う時、これは良い、あれも試着してみると悪くないと、よく長い時間迷ってばかりいて決められないのだ。

我觉得自己天生优柔寡断，为此感到很苦恼。比如说，买衣服时，看看这件也觉得不错，再试试那件也觉得可以，往往徘徊很久，拿不定主意。

「自分は生まれつき優柔不断な性格のような気がする」は"我觉得自己［天生／天性／生来］［优柔寡断／不干脆］"。「(そのため) 悩んでいる」は"为此感到很［苦恼／烦闷］"。「例えば」は"比如说／比如"。「これは良い（これを見るとよいと思う）、あれも試着してみると悪くない（気がする）」は"看看这件也觉得［不错／很好］，再试试那件也觉得可以"。「よく長い時間迷う」は

"[往往／常常／经常／总是][徘徊／犹豫][很久／许久／很长时间]"。「決められない」は"下不了决心／拿不定主意／举棋不定"。

(26) 当社が主催したモーターショーは、昨日市の体育センターで幕を下ろした。統計によると、2日間のモーターショーで、参観者数は延べ1万人を超えたそうだ。今回のモーターショーは本年度のモーターショーのスタートを飾り、車両販売にも期待どおりの効果が得られた。5つの新型車種が初めてモーターショーでお披露目され、その中で価格が10万元前後のコンパクトカーが最も参観者の支持を得ていた。

由本公司主办的汽车展，昨天在市体育中心落下了帷幕。据统计，为期两天的车展，参观人数超过1万人次。本次车展为本年度的车展开了个好头，车辆销售也达到了预期效果。有5款新车型首次在汽车展览会上亮相，其中价位在10万元左右的经济型轿车倍受参观者的青睐。

「当社が主催したモーターショーは、昨日市の体育センターで幕を下ろした」は"(由)本公司主办的汽车展，昨天在市体育中心[落下了帷幕 wéimù／闭幕了／结束了]"。「統計によると〜だそうだ」は"据统计"。「2日間の（2日間を期間とする）モーターショー（で）」は"[为期两天／两天]的车展"。「参観者数は延べ1万人を超えた」は"参观人数超过1万人次"、「今回のモーターショーは本年度のモーターショーのスタートを飾り（モーターショーのためにいいスタートを切り）」は"[本次／这次]车展为本年度的车展[开了（一）个好头／打下了一个好的基础]"。「車両販売にも期待どおりの効果が得られた」は"车辆销售也[达到了／得到了]预期效果"。「5つの新型車種が初めてモーターショーでお披露目され」は"有5款新车型[首次／第一次][在汽车展览会上／在车展上]亮相"。「その中で価格が10万元前後のコンパクトカーが最も参観者の支持を得ていた」は"其中[价位／价格]在10万元左右的经济型轿车[最受参观者的欢迎／倍受参观者的青睐]"。

(27) 彼は村長に当選するため、かつて村長を1期務めたことのある人物を懸命に真似た。服装から言葉遣い、立ち居振る舞いまで本物そっくりに真似した。しかし彼の妻は、ひたすら他人の真似をするばかりで自分ならではの特徴を出さないのであれば失敗は避けられない、と彼に注意した。案の定彼女の言った通り、彼は落選した。

他为了能当上村长，拼命地模仿一位曾经当过一任村长的人。从衣着打扮到举

止言行都模仿得维妙维肖。可是他的妻子却警告他说，只顾模仿别人，不把自己的一技之长展现出来的话，必然失败。果然妻子没说错，他落选了。

「彼は村長に当選するため」は"他为了能［当选为村长／当上村长／被选为村长］"。「かつて村長を１期務めたことのある人物を懸命に真似た」は"［拼命地／努力地］［模仿／学］一位曾经当过一任村长的人"。「服装から言葉遣い、立ち居振る舞いまで本物そっくりに真似した」は"从［衣着 yīzhuó 打扮／穿衣戴帽］到［举止言谈／举止言行］都模仿得［维妙维肖 wéi miào wéi xiào／像极了／十分像／像本人一样］"。「しかし彼の妻は～と彼に注意した」は"可是他的妻子却［警告／提醒／劝告／忠告／告诫］他（说）"。「ひたすら他人の真似をするばかりで自分ならではの特徴を出さないのであれば」は"［只顾／光／只］［模仿／学］别人，不把自己的［一技之长／长处／特长／特点／独特见解］［展现／拿］出来的话"、「失敗は避けられない」は"［必然／肯定／免不了／难免］失败"。「案の定彼女（妻）の言った通り」は"果然［妻子没说错／像他妻子说的那样］"。「彼は落選した」は"他［落选了／没（被）选上／没当选］"。

(28) この世界に時間より公平なものはない。時間はどんな人にも平等で、偏りなくすべての人に１日24時間ずつ与えられている。時間は、決定的な力を持っている重要人物だからといって１秒多く与えられたり、普通の庶民だからと１秒少なく与えられたりするものではない。財産や地位がどうであろうとも、一人一人が与えられている時間は全く同じなのである。

在这个世界上最公平的莫过于时间了。它对任何人来说，都是平等的，它会不偏不倚地分给每个人每天二十四小时。它不会因为你是个举足轻重的大人物，就多给你一秒，也不会因为你是普通的平民百姓，就少给你一秒。不管财富、地位如何，每个人所得到的时间都是完全一样的。

「この世界に時間より公平なものはない」は"［在这个世界上／人世间］最公平的［莫过于／就是］时间了"、または"［在这个世界上／人世间］没有比时间更公平的了"。「時間はどんな人にも平等で、偏りなくすべての人に１日24時間ずつ与えられている」は"［它／时间］对［任何人／谁］来说，都是平等的，［它／时间］会［不偏不倚地 bù piān bù yǐ／公平］地分给每个人每天二十四小时"。「時間は（あなたが）決定的な力を持っている重要人物だからといって１秒多く与えられたり、（あなたが）普通の庶民だからと１秒少なく与えられたりするものではない」は"［它／时间］不会因为你是个［举足轻重的大人

物／有着决定权的重要人物］，就多给你一秒，也不会因为你是［普通的平民百姓／一般的老百姓／无足轻重的普通人］，就少给你一秒"。「財産や地位がどうであろうとも、一人一人が与えられる（得た）時間は全く同じなのである」は"［不管／无论］财富、地位［如何／怎么样］，每个人所得到的时间都是完全一样的"。

(29) 不動産市場の見通しがまだ不透明で、多くの購入予定者がためらっている状況で、販売業者側はマンションの購入者を引き付けるため、あの手この手の優遇策を打ち出し、値引きの上にさらに値引きをしたり、優遇期限をなくしたりするなど、まさにあらゆる方法を尽くしているというべきである。

在楼市前景尚不明朗，许多购房者犹豫不决的情况下，卖方为了吸引购房者，推出了名目繁多的优惠政策，什么折上加折、优惠无限期等等，真可谓使尽了浑身的解数。

「不動産市場の見通しがまだ不透明で、多くの購入予定（希望）者がためらっている状況で」は"在楼市前景［尚不明朗／还不可预测］，［许多／很多］购房者［犹豫不决／犹豫不定］的情况下"。「販売業者側はマンションの購入者を引き付けるため」は"卖方为了吸引购房者"、「あの手この手の（名目が雑多である）優遇策を打ち出し」は"推出了［名目繁多／各种各样／许许多多］的优惠政策"、「値引きの上にさらに値引きをしたり、優遇期限をなくしたりするなど」は"什么折上加折、优惠无限期等等"、"什么"はいくつかの並列要素の前に用いて「～とか～とか」の意味を表す。「まさにあらゆる方法を尽くしているというべきである」は"真可谓［使尽了浑身的解数 xièshù／使出了浑身的解数／想尽了所有的办法］"。

"浑身解数 húnshēn xièshù"は「あらゆる方法、技」。

(30) 今年はまた 4 年に一度のオリンピックの年である。それは世界で最大規模かつ最も注目されるスポーツの祭典でもあり、世界中の企業が競争する大舞台でもある。世界各国のスポーツファンにとっては、この 4 年に一度のスポーツの祭典で繰り広げられる 1 つ 1 つの名シーンを見るチャンスを絶対に逃したくないはずである。とはいうものの、誰もが競技場に行って観戦できるわけではなく、より多くの人はテレビの前で観戦するだけである。彼らが求めるのはもちろん臨場感であり、緊張感である。テレビメーカーはこの絶好の商機に狙いを定めて、早くも商戦の幕を開けている。オリンピックの開会式が近づくにつれて商戦はさらに白熱化してくるだろう。

今年又是四年一次的奥运之年。这既是全世界最大规模、最受关注的体育盛会，也是全世界企业竞争的大舞台。对于世界各国的体育迷来说，无论如何也不想错过观战在这四年一次的体育节中所出现的每一个精彩场面的机会。尽管如此，也并不是所有的体育迷都能亲临赛场观看，更多的人只能守着电视机观看比赛，他们所追求的自然是临场感、紧张感了。电视的商家们瞄准了这绝好的商机，早已拉开了商战的序幕，随着奥运开幕式的临近商战将进入白热化。

「今年はまた4年に一度のオリンピックの年である」は"[今年又是／今年又将迎来]四年[一次／一度／一届]的[奥运年／奥运之年]"。「それは世界で最大規模かつ最も注目されるスポーツの祭典でもあり」は"[这不仅是／这既是][全球／全世界]最大规模、最受关注的[体育盛会／体育盛事]"、「世界中の企業が競争する大舞台でもある」は"也是[全球／全世界][企业／商家]竞争的大舞台"。「既…也…」は「～でもあり～でもある」。「世界各国のスポーツファンにとっては」は"对于世界各国的体育迷来说"。「この4年に一度のスポーツの祭典で繰り広げられる1つ1つの名シーンを見る（観戦する）チャンスを絶対に逃したくないはずである」は"[绝／绝对／无论如何也／怎么也]不想[错过／丢掉／失去／失掉][观战／观摩]在这四年一次的体育（狂欢）节中（所）[出现的／展开的]每一个精彩[场面／镜头]的机会"。「とはいうものの」は"尽管如此／尽管（是）这样／即使（是）这样"。「誰もが競技場に行って観戦できるわけではない」は"[也并不是／也并非][每个／所有的]体育迷都能亲临[赛场／比赛现场][观看／观摩]"。「より多くの人はテレビの前で観戦するだけである（しかできない）」は"更多的人只能[守在电视机前／坐在电视机前／守着电视机]观看比赛"。「彼らが求めるのはもちろん臨場感であり、緊張感である」は"他们（所）追求的[自然是／当然是]临场感、紧张感了"。「テレビメーカーはこの絶好の商機に狙いを定めて」は"电视（机）的[商家们／厂家们][瞄准了／看准了][这绝好的／这难得的][商机／机会]"。「早くも商戦の幕を開けている」は"[早已／早就]拉开了商战的序幕"。「オリンピックの開会式が近づくにつれて商戦はさらに白熱化してくるだろう」は"随着奥运开幕式的临近商战将[进入白热化／达到高潮]"。

(31) 彼女は小さい時からすでに酔痴れるほど文学に夢中だった。彼女が書いた文章は簡潔で意味が深い。この作品は彼女が一気に書き上げたもので、雲が行き水が流れるように自然でのびのび書かれており、読むと爽快で心地よい。

她从小就如痴如狂地爱上了文学。她写的文章文笔简洁，意义深刻。这篇文章是她一气呵成写完的，写得如行云流水般自然流畅，读起来令人感到爽心悦目。

「彼女は小さい時からすでに酔痴れるほど文学に夢中だった」は"她从小就（已经）［如痴如狂 rú chī rú kuáng／如醉如痴 rú zuì rú chī］地［爱上／喜欢上／迷上］了文学"。「彼女が書いた文章は簡潔で意味が深い」は"她写的文章文笔简洁，意义深刻"。「この作品は彼女が一気に書き上げたもので」は"［这篇文章／这部作品］是她［一气呵成／一口气］写完的"。「雲が行き水が流れるように自然でのびのび書かれており」は"写得如行云流水般自然流畅"。「読むと爽快で心地よい」は"读起来令人感到爽心悦目 shuǎngxīn yuèmù"。"一气呵成 yí qì hē chéng"は「（文章を）一気に書き上げる、一気にやり遂げる」。"行云流水 xíng yún liú shuǐ"は「漂う雲や流れる水のように自然でのびのびしている」。

(32) 台風がもうすぐ来るとテレビで言っていたので、各社は退社時刻を繰り上げて社員を帰宅させることになり、大勢が一斉に駅に駆けつけた。その結果ホームは人で溢れ、私はやっとのことで人混みをかき分けて電車を待つ人の列に入ることができた。

因为电视说，台风要来了，各公司都让大家提前下班回家了，大家一窝蜂似的赶到车站。结果站台上的人多得要命，我总算分开人群挤到了等电车的行列中。

「台風がもうすぐ来るとテレビで言っていた」は"电视说，台风［要来了／就要来了／快要来了］"。「各社は退社時刻を繰り上げて社員を帰宅させることになり」は"(结果) 各公司都［让大家提前下班回家了／提前下班让大家回家了］"。「大勢が一斉に駅に駆けつけた」は"大家［一窝蜂似的／差不多同时］赶到了车站"。「その結果ホームは人で溢れ」は"结果［站台上的人多得要命／站台上挤满了人］"。「私はやっとのことで人混みをかき分けて電車を待つ人の列に入ることができた」は"我［可算／总算／好不容易才］［分开人群／拨开人群］［挤到了／挤进了］等电车的行列［中／里］"。

(33) 世界経済が不安定なため、多くの中小企業は融資の面で未曾有の困難に直面している。中小企業を援助するために、政府は次々に一連の政策や措置を打ち出したが、中小企業の状況は依然として厳しく、中小企業の経営に大きく影響するカギとなる課題がまだ根本的に解決されたわけではない。

由于世界经济动荡不安，许多中小企业在融资方面所面临的困难也是前所未有的。为了扶持中小企业，虽然政府相继出台了一系列的政策措施，但中小企业的情况依然很严峻，严重影响中小企业经营的关键问题尚未得到根本解决。

「世界経済が不安定なため」は"由于世界经济［动荡不安／不稳定／不安定］"。「多くの中小企業」は"许多中小企业"、「融資の面で未曾有の困難に直面している」は"在融资方面［所面临的困难也是前所未有的／遇到了前所未有的困难／面临着前所未有的困难］"または"陷入了前所未有的融资困境"。「中小企業を援助するために」は"为了［扶持／支援／援助］中小企业"または"为了［促进中小企业的发展／帮助中小企业摆脱困境］"。「政府は次々に一連の政策や措置を打ち出した」は"政府［相继／接二连三地／接连不断地］［出台了／发表了／制定了］一系列的政策措施"。「（しかし）中小企業の状況は依然として厳しい」は"但中小企业的［形势／情况］［依然／仍然］［很严峻／不乐观］"。「中小企業の経営に大きく影響するカギとなる課題がまだ根本的に解決されたわけではない」は"严重影响中小企业经营的［关键问题／突出问题］［尚未得到／还没有得到］根本解决"。

(34) このタイプのインクジェット複合機は、印刷、コピー、スキャンの各方面において他の機種の追随を許さない。すべての機能が揃っていて、さらにドキュメントや写真の優れた印刷品質に加え、小型で精巧なつくりで省スペース効果も高いといった優位性があることにより、間違いなく家庭用機種におけるベストチョイスに挙げられるだろう。

这种喷墨一体机在打印、复印、扫描各方面都是其他机型不可比拟的。一应俱全的功能，再加上它优质的文档、照片输出效果，此外，外形小巧精致，能有效地节省空间等优点，无疑会成为家庭用机的首选。

「このタイプのインクジェット複合機」は"这种喷墨一体机"。「印刷、コピー、スキャンの各方面において他の機種の追随を許さない」は"在［打印／印刷］、［复印／拷贝］、扫描各方面都是［其他／别的］［机型／机种］［不可比拟 bǐnǐ／无可比拟／比不上／比不了／无可匹敌 pǐdí］的"。「すべての機能が揃っていて」は"一应俱全的功能／应有尽有的功能／各种功能应有尽有"。「さらにドキュメントや写真の優れた印刷品質に加え」は"再加上它［优质的／高质量的］［文档／文章］、照片［输出／打印／印刷］效果"。「（そのほかに）小型で精巧なつくりで省スペース効果も高いといった優位性（メリット）がある」は"此外［外形小巧精致／外观小巧精致／外形又小又美观］，［能有效地节省空间／不占地方］等［优点／长处］"。「～ことにより」は"因此"、ここでは省略可。「間違いなく家庭用機種におけるベストチョイスに挙げられるだろう」は"［无疑／当然／毫无疑问 háowú yíwèn／一定］会成为家庭用机的首选"。"一应俱全 yì yīng jù quán"は「すべて揃っている」。

(35) 「夕日はことのほか美しいけれど、黄昏ももう間近い」とよく言うが、これは幾分人を悲しい気分にさせると言わざるを得ないだろう。しかし私は「夕日はことのほか美しく、黄昏はいっそう輝いている」と思う。１０年前に定年退職してから、脱力感や孤独感の苦境から抜け出すために地元の老人大学書画講座に参加し、そこで書道と絵画を学んだ。数年後優秀な成績で卒業し、さらにその学校の副校長になり、何回か自分の作品を作品展に出品して高い評価も得た。これによって私の晩年はいっそう輝いている。

人们常说："夕阳无限好，只是近黄昏"，这未免会让人们感到几分忧伤吧。而我觉得"夕阳无限好，黄昏更辉煌"。十年前退休后，我为了摆脱失落和孤独的苦境，报名参加了本地的老年大学书画班。在那里学习了书法和绘画。几年后以优异成绩毕业，并担任了该校的副校长，多次展出了自己的作品，还得到了高度的评价。这一切使我的夕阳之年更加灿烂辉煌。

「『夕日はことのほか美しいけれど、黄昏ももう間近い』とよく言う」は"人们常说：'夕阳 xīyáng 无限好，只是近黄昏'"。"夕阳无限好，只是近黄昏"は唐代の詩人、李商隠の詩で、才能はあるが既に晩年になり志などがまだ実現していないことをたとえる。「これは幾分人を悲しい気分にさせると言わざるを得ないだろう」は"这［未免／不能不说／难免］会让人们感到（有）［几分／些／点儿］忧伤吧"。「しかし私は『夕日はことのほか美しく、黄昏はいっそう輝いている』と思う」は"而我觉得，夕阳无限好，黄昏更辉煌"。「１０年前に定年退職してから」は"十年前退休后"、「脱力感や孤独感の苦境から抜け出すために」は"我为了［摆脱失落和孤独的苦境／从失落和孤独的苦境中解脱出来］"。「地元の老人大学書画講座に参加した」は"报名参加了本地的老年大学书画班"。「そこで書道と絵画を学んだ」は"在那里学习了书法和绘画"。「数年後優秀な成績で卒業し」は"［几年后／经过几年的学习］以优异成绩毕业"。「さらにその学校の副校長になり」は"并［担任了／成为］［该校／这个学校］的副校长"。「何回か自分の作品を作品展に出品して高い評価も得た」は"［多次／好几次］展出了自己的作品，还［获得／得到］了高度的评价"。「これによって私の晩はいっそう輝いている」は"［这一切／这些］使我的［夕阳之年／晚年］更加灿烂辉煌"。

(36) 以前は知らない単語があっても辞書を調べようともしなかったが、今は完全に変わった。自分の覚えた単語が間違っていないかどうかを確認するためによく辞書を引くのだ。こうなった主な理由は携帯電話にある。携帯電話の中に電子辞書があり、どんな時でも私とともにあるからだ。

以前遇到不知道的单词连辞典都懒得查，现在彻底变了。为了确认我是否记错了单词，经常查辞典。这主要是因为电子辞典就在我的手机里，无论什么时候都跟我在一起。

「以前は知らない単語があっても辞書を調べようともしなかった」は"［过去／以前］［有／遇到／见到／看到］不知道的单词［连辞典都不想查／都懒得查辞典／连辞典都懒得查］"。「今は完全に変わった」は"现在［彻底／完全］变了"。「自分の覚えた単語が間違っていないかを確認するためによく辞書を引く」は"为了确认［我／自己］［记的单词是否正确／是否记错了单词］，经常查辞典"。「こうなった主な理由は携帯電話にある。携帯電話の中に電子辞書があり、どんな時でも私とともにあるからだ」は"这主要是因为［电子辞典就在我的手机里／电子辞典已经装入我的手机里了／我的手机里有电子辞典］［无论什么时候／不管什么时候／任何时候］［都跟我在一起／都伴随着我／都陪伴着我］"。

(37) 消費者代表の歯に衣着せぬ指弾を受けて、私は会社の責任者としてまことに針のむしろに座っている思いである。製品の品質改善はすでに焦眉の急になっていると強く感じる。

听了消费者代表直言不讳的指责，我作为公司的负责人真有如坐针毡之感。我深感改进产品质量已经迫在眉睫。

「消費者代表の歯に衣着せぬ指弾を受けて」は"听了消费者代表［直言不讳 huì／一针见血／毫不留情／毫不客气／坦率］的［指责／批评］"。「私は会社の責任者として」は"我作为公司的负责人"。「まことに針のむしろに座っている思いである」は"真有如坐针毡之感／真感到坐立不安／真感到坐不住"。「製品の品質改善はすでに焦眉の急になっていると強く感じる」は"我［深感／深深感到］改进产品质量［已经迫在眉睫／是我们的当务之急］"。
"一针见血 yì zhēn jiàn xiě"は「急所を突く、ずばり指摘する」。"如坐针毡 rú zuò zhēn zhān"は「針のむしろ」。

(38) あなたの病気はしばらく療養しないと良くならない、とお医者さんは言ったよね。だから今は仕事をしてはいけないのに、どうしてまたペンを手にして文章を書き始めたの。ああ、あなたには呆れてしまうよ。

医生不是说过了吗？ 你的病需要疗养一段时间才能恢复健康。所以现在不能工作，可你怎么又拿起笔开始写文章了？ 嗐，真拿你没办法。

「あなたの病気はしばらく療養しないと良くならない（健康が回復しない）、とお医者さんは言ったよね」は"医生不是［说过了／说了］吗？ 你的病［需要疗养一段时间才能恢复健康／只有疗养一段时间才能恢复健康／不疗养一段时间的话，就不能恢复健康／必须休息一段时间才能好］"。「今は仕事をしてはいけない」は"现在不能工作／现在工作不行"。「（あなたは）どうしてまたペンを手にして文章を書き始めたの」は"可你怎么又［拿起笔／把笔拿起来／提笔］开始写文章了？"。「ああ、あなたには呆れてしまうよ」は"唉，［我真拿你没办法／我真对你没办法／你真让人头疼］"。

(39) 彼女たち2人は先日タクシーに相乗りした時、ちょっとしたことで誤解が生じ、さらに言い争いになって結局けんか別れしてしまった。その後2人とも、こんな些細な、まったく取るに足らないことで仲違いすべきではないと思ったので、お互いに何とか仲直りのきっかけを見つけて、できるだけ早くわだかまりを解きたいと願っている。

前几天她们俩拼车的时候，为一点小事产生了误会，还发生了口角，结果不欢而散。事后，两个人都觉得不应该为这点儿无关紧要，根本不值得一提的小事闹矛盾，所以双方都在想办法找个台阶下，希望尽快化解矛盾。

「彼女たち2人は先日」は"［前几天／前两天］［她们俩／她们两个人］"、「タクシーに相乗りした時」は"拼车的时候／拼车时／同坐一辆车的时候"。「ちょっとしたことで」は"［为／因为］一点（点）小事"。「誤解が生じた」は"［产生了／发生了］误会"。「さらに言い争いになって」は"还［发生了口角 kǒujué／争吵了起来／吵了起来］"。「結局けんか別れしてしまった」は"结果［闹了个不欢而散／是不欢而散／不欢而散］"。「その後（あの事が終わった後）」は"事后／那件事发生后／后来"。「こんな些細な、まったく取るに足らないことで仲違いすべきではない」は"［不应该／不该］为［这样／这点儿］［无关紧要／微不足道／鸡毛蒜皮］，［根本／完全］［不值得一提／不值一提／微不足道 wēi bù zú dào］的小事［闹矛盾／发生矛盾／闹别扭／发生纠纷］"。「お互い」は"互相／彼此／双方／两个人"、「何とか仲直りのきっかけを見つけて」は"［设法／想办法／想方设法／千方百计］［找个台阶下／找个下台阶］"。「できるだけ早く～ように（したい）と願っている」は"希望尽快…／希望尽可能早点儿…"。「わだかまりを解く」は"化解矛盾／和好／解开疙瘩 gēda／消除隔膜 gémó 和误会／消除隔阂 géhé"。

"鸡毛蒜皮 jīmáo suànpí"は「鶏の羽や大蒜の皮、取るに足らないささいなこと」。"不值一提 bú zhí yī tí"は「触れる必要がない、取るに足らない」。

(40) 今でもまだ覚えているが、小さい頃、隣の家に私より2歳年上の双子がいた。彼らが引越してきたばかりの時、私はどちらが兄でどちらが弟か確かには区別がつかず、どう見ても2人は同じ顔をしているように見えた。しかし何日も経たないうちに、もう私は正確に見分けられるようになった。しかも容貌の違いだけではなく、彼らの話し声からもはっきり区別できるようになった。世界に1人として同じ顔をした人はいないとは、まさに当を得た言葉だなあ。

我至今还记得，小时候，邻居家，有一对大我两岁的双胞胎。他们刚搬来时，我确实分不出来谁是哥哥，谁是弟弟，怎么看两个人好像都是一个模样。可是没过几天，我已经能准确地辨认出来了。而且不仅是从相貌上，就连他们的说话声音，我都可以分得一清二楚。普天下的人不同貌，这句话太贴切了啊。

「今でもまだ覚えているが、小さい頃、隣の家に私より2歳年上の双子がいた」は"[我至今／我到现在]还记得，小时候，邻居家，有一对[大我两岁／比我大两岁][的双胞胎／的双生子／双棒儿／孪生 luánshēng 兄弟]"。「彼らが引越してきたばかりの時、私はどちらが兄でどちらが弟か確かには区別がつかず」は"他们刚搬来时，我确实[分不出来／分不开／区分不开／看不出来]谁是哥哥，谁是弟弟"。「どう見ても2人は同じ顔をしているように見えた」は"（无论）怎么看两个人好像都[是一个模样／是一个人／长得一样]"。「しかし何日も経たないうちに、もう私は正確に見分けられるようになった」は"可是[没过几天／没过多久／不长时间／在很短的时间内]，我已经能准确地[辨认出来了／认出来了／分出来了]"。「しかも容貌の違いだけではなく、彼らの話し声からもはっきり区別できるようになった」は"而且[不仅／不但]是从[相貌上／脸上／长相上]，就连他们的说话声音，我都[可以／能][分得一清二楚／分得清清楚楚／分得准确无误]"。「世界に1人として同じ顔をした人はいない（世界中の人は顔がみんな違う）とは」は"普天下的人不同貌／世界上的人都长得不同／世界上的人长得都不一样"。「まさに当を得た言葉だなあ」は"这句话太[贴切／合适／正确／准确／对]了啊"。

(41) 彼は積もり積もって100回あまりも就職活動に失敗し、やっとのことである会社に入ったが、周りの人の顔をまだ覚えもしないうちにまた転職した。こんな会社では自分の夢を実現出来そうもないと言って。彼のお母さんは気持ちを込めて丁寧に、「あなたは高望みしすぎなのよ、実る夢もあれば、枯れてしまうだけの夢もあるということを知らないと」と彼に言った。

他累积求职失败百余次，可是好不容易进了一家公司，跟周围的人脸还没混熟

呢，就又跳了槽。说是在这样的公司里不可能实现自己的理想。他的妈妈语重心长地对他说，你要求过高，要知道一些理想是会开花结果的，一些理想最后只能枯萎。

「彼は積もり積もって100回あまりも就職活動に失敗し」は"他［累积求职失败百余次／累积求职失败一百次以上／求职失败累积一百次以上／求职失败一共一百次以上］"。「やっとのことである会社に入った」は"［好不容易／好容易］进了一家公司"。「周りの人の顔をまだ覚えもしないうちにまた転職した」は"［跟周围的人脸还没混熟呢／还没把周围的人的脸记住呢／周围的人还没有都认识呢］，［就又跳了槽／就又换了工作］"。「こんな会社では自分の夢を実現出来そうもないと言って」は"说是在这样的公司里（工作）［难以实现自己的理想／不可能实现自己的理想／自己的理想根本实现不了］"。「彼のお母さんは気持ちを込めて丁寧に、～と彼に言った」は"他妈妈语重心长地对他说…"、「あなたは高望みしすぎなのよ」は"你（的）要求［过高／太高］（了）"、「実る夢もあれば、枯れてしまうだけの夢もあるということを知らないと」は"［要／必须］［知道／懂得］一些理想是［会／能］［开花结果的／实现的］，一些理想最后［只能枯萎 kūwěi／是实现不了的］"。

"说是"は「～って、～と言って、～ということだ、～ということには」の意味で、例えば"说是因为有事不来了"（用があって来れなくなったということだ）、"说是马上回来"（すぐに戻るって）のように使う。

⑷ ここは有名な玉の産地である。かつてここの玉は貨車1台いくらで売るしかないほど価格が低かったが、のちに人々の購買力が向上するにつれてキログラム単位で売られるようになり、ここ数年さらに状況が一変してグラム単位で売られるようになった。たった10年間で玉の価格が数千倍にもなったのだ。最近は不動産市場の不景気や株価の低迷で、ますます多くの民間資金が玉市場に流れ込む状況になっている。今のところ、ここの玉の価格はまだ安値水準にあり、依然として上昇する余地がある、とある専門家は指摘している。

这里是著名的玉石产地。过去这里的玉便宜到了只能按车皮卖的程度，后来随着人们购买力的提高，变成了按公斤卖，这几年更是摇身一变变成了按克卖。短短10年，玉石的价格涨了数千倍。有位专家指出，最近楼市不景气、股市也下跌，造成了越来越多的民间资金流入到了玉石市场，目前这里的玉石还处价格洼地，仍有上涨空间。

「ここは有名な玉の産地である」は"这里是[著名/有名]的玉石产地"。「かつてここの玉は貨車1台いくらで売るしかないほど価格が低かった（貨物列車の車両単位で売るしかないほど安かった）」は"[过去/以前/从前/昔日]这里的玉便宜得只能[按/论]车皮[卖/出售]（的程度）"または"过去这里的玉[便宜得不按车皮卖就卖不出去/便宜到了不按车皮卖就卖不出去的程度]"。「のちに人々の購買力が向上するにつれて」は"后来随着人们购买力的[增强/提高]"。「キログラム単位で売られるようになり」は"变成了（可以）[按/论]公斤[卖/出售]"。「ここ数年さらに状況が一変してグラム単位で売られるようになった」は"（最近）这几年更是摇身一变变成了（可以）[按/论]克[卖/出售]"。「たった10年間」は"短短10年/短短10年间/在短短的10年之内"。「玉の価格が数千倍にもなった」は"[玉石的价格/玉价][翻了/增长了/增了/涨了]数千倍"。「ある専門家は指摘している」は"[有一位/一位]专家指出"。「最近は不動産市場の不景気や株価の低迷で」は"（由于）最近[楼市/房地产]不景气[股市/股票]（也）下跌"または"（由于）最近[楼市/房地产]不景气以及[股市/股票]下跌"。「ますます多くの民間資金が玉市場に流れ込む状況になっている」は"[造成了/使得]越来越多的民间资金[投入到/流入到/流进/涌yǒng进]了玉石市场"。「今のところ、ここの玉の価格はまだ安値水準にあり」は"[眼下/现在/目前]这里的玉石还[处价格洼地/处在低价阶段/很便宜]"。「依然として上昇する余地がある」は"[还有/仍有/仍然有]上涨（的）[空间/余地]"。

(43) 戦争中、私の両親がこの世を去った後、隣に住んでいた老夫婦が私を引き取って育ててくれた。私を育てるためにこの老夫婦は世の中のあらゆる辛酸をなめ尽くしてくれたのであるから、私も彼らを自分の実の親同然に思っている。

在战争年代，我的父母去世以后，住在隔壁的老夫妇收养了我。为了把我抚养成人，他们尝尽了人间的酸甜苦辣，我也把他们当作自己的亲生父母。

「私の両親がこの世を去った後」は"我的父母[去世/过世/死了]以后"。「隣に住んでいた老夫婦が私を引き取って育ててくれた」は"[住在旁边的/住在隔壁的/邻居]老夫妇[收养了我/领养了我/把我领回家抚养]"。「私を育てるために」は"为了把我[抚养成人/养大成人/培养成人]"。「この老夫婦は世の中のあらゆる辛酸をなめ尽くした」は"他们[吃尽了人间的辛酸/尝尽了人间的酸甜苦辣/饱尝了人世间的酸甜苦辣]"。「私も彼らを自分の実の親同然に思っている」は"我也把他们[当作/当成]自己的亲生父母"。
"把A当B"は「AをBと見なす」で、例えば"把人生当作漫长的旅途"（人

生を長い旅と見なす）のように使う。

(44) 彼はクラスで成績が一番良い。私は彼と力比べをしてみようとひそかに決心した。私としては今回の試験前の準備は十分だったし、試験もまあできたと言える。でも点数は相変わらず彼に及ばなかった。どうやらまだまだ努力を重ねないとだめなようだ。

在班里成绩数他最好。我暗下决心要和他比试比试。作为我来说，这次考试以前准备得已经很充分了，考得还算可以，不过分数还是没有超过他。看来不加倍努力不行啊。

「彼はクラスで成績が一番良い」は"在班里［成绩数他最好／（数）他成绩最好］"または"他在班里成绩最好"、"数"は「～に数えられる」という意味を持っている。「私は彼と力比べをしてみようとひそかに決心した」は"我［暗／暗暗地／偷偷地］下决心［要／想］［和他／跟他］［比试比试／较量较量／比个高低］"。「私としては今回の試験前の準備は十分だった」は"［作为／对（于）］我来说，这次考试以前准备得已经很充分了"または"这次考试以前我觉得准备得［很充分／不错］"、「試験もまあできたと言える」は"考得还算可以／考题做得还算可以／考卷答得还算可以"、"算…"は「～と言える」。「でも点数は相変わらず彼に及ばなかった」は"不过［分数／考试成绩］还是［没有超过他／赶不上他／比他差／不如他／没有他好／比他低］"。「どうやらまだまだ努力を重ねないとだめなようだ」は"［看来／好像］［不加倍努力／不拼命努力］不行啊"。

(45) もし彼が今回の試合で優勝すれば、チェス界初のディフェンディングチャンピオンとなる。今回の試合でもし彼が王座を守ることができれば、彼個人の栄誉であるのみならず、チェスの中国における普及と発展を促進する大いなる力となるだろう。

如果他在这次比赛中夺冠，将成为第一位卫冕成功的棋手。此次比赛如果他能够卫冕，不仅仅是其个人的荣誉，而且也将大大地推动国际象棋在中国的普及与发展。

「もし彼が今回の試合で優勝すれば」は"［如果／要是］他在这次比赛中［夺冠／取得冠军／获得第一名］"。「チェス界初のディフェンディングチャンピオンとなる」は"将成为第一位［卫冕成功／蝉联 chánlián 冠军／保住冠军地位］的棋手"。「今回の試合でもし彼が王座を守ることができれば」は"［此次／这

次]比赛如果他能够［卫冕／保住冠军／保住第一名］"。「彼個人の栄誉であるのみならず」は"［不仅仅是／不仅是／不但是／不光是］［其个人／他本人／他自己］的荣誉"。「(しかも)チェスの中国における普及と発展を促進する大いなる力となるだろう」は"而且也将成为国际象棋在中国的普及与发展的推动力"または"而且也将大大地［推动／推进／促进］国际象棋在中国的普及与发展"。

"卫冕 wèimiǎn"は「首位の座を守る」、"卫冕战"は「タイトル防衛戦、トップの座を守る戦い」、"卫冕成功"は「首位の座を守ることに成功する」。

(46) どんな人でも外国語を学習する過程では、あれこれと間違ってしまうのは避けられない。外国語のレベルを向上させていく過程は、つまり間違いを繰り返す過程でもある。外国語を学習するのにもし口を開かなければ間違いを起こさなくて済むのは明らかであるが、しかしそれではなかなか上達できない。上達の速い人は言うまでもなく多くの間違いを犯してきた人である。「誤りを恐れるのは進歩を破壊することである」という名言はなかなか奥深い真理が含まれている。

任何人在学习外语的过程中都难免会犯这样或那样的错误。外语水平提高的过程，也就是不断犯错误的过程。学习外语，如果不开口显然不会犯错误，但也很难进步。进步快的无疑是犯错误多的人。"畏惧错误就等于毁灭进步"这句名言颇有哲理性。

「どんな人でも外国語を学習する過程では、あれこれと間違ってしまうのは避けられない」は"［任何人／任何一个人／不管是谁／无论是谁］在学习外语的过程中都［难免／免不了］会犯［这样或(者)那样的／各种各样的］错误"。「外国語のレベルを向上させていく過程は、つまり間違いを繰り返す過程でもある」は"外语水平提高的过程，也就是不断犯错误的过程"または"外语水平是在不断犯错误的过程中得以提高的"。「外国語を学習するのにもし口を開かなければ間違いを起こさなくて済むのは明らかであるが、しかしそれではなかなか上達できない」は"学习外语(时／的时候)，［如果／要是］不开口显然［不会犯错误／不会出错／可以避免出错］，但也很难［进步／提高］"。「上達の速い人は言うまでもなく多くの間違いを犯してきた人である」は"［进步／提高］快的(人)［当然／不用说／无疑］是犯错误多的人"。「『誤りを恐れるのは進歩を破壊することである』という名言はなかなか奥深い真理が含まれている」は""［畏惧／害怕］错误就等于毁灭进步"这句名言［颇／很有］哲理性"。イギリスの技術者で魚雷の発明者、ロバート・ホワイトヘッド（中

国名"罗伯特・怀特黒德")の名言である。

(47) 薬を服用する場合、医師の指示に従わなければならない。決して勝手に薬を減らしたり止めたりしてはいけない。多くの慢性病はその薬の効果が出るまで長い時間がかかるので、焦りは禁物であるし、三日坊主でもいけない。なぜなら、途切れ途切れに薬を服用するのは健康を害し、場合によっては服用しないほうがまし、ということもあるからだ。であるから患者は医師の指示に従い、間違った服用方法を改めなければならない。さもなければ治療を滞らせてしまうことになる。

服药时，要按医嘱。决不能擅自减药或者停药。许多慢性病，到其药效起作用都需要一个漫长的过程，不能操之过急，切莫"三天打鱼，两天晒网"。因为断断续续的服药方法会危害身体健康，有时甚至还不如不用药。所以患者应该遵守医嘱，并改正不良的用药习惯，否则将耽误治疗。

「薬を服用する場合、医師の指示に従わなければならない」は"[服用药物时／服药时]，要[按医嘱／按照医生的嘱咐／听医生的话／按照医生说的（那样去）做]"。「決して勝手に薬を減らしたり止めたりしてはいけない」は"[切忌 qièjì／决不能／不得／千万不能][随意／擅自／自我判断]减药或者停药"。「多くの慢性病はその薬の効果が出るまで長い時間がかかるので」は"(因为)许多慢性病，到其药效起作用都需要一个[漫长／很长]的过程"または"(因为)许多慢性病，到其药效起作用都需要很长时间"。「焦りは禁物であるし、三日坊主でもいけない」は"不能[操之过急／急于求成]，[也不能／切莫]["三天打鱼，两天晒网"／想吃就吃，不想吃就不吃／一会儿吃，一会儿不吃／高兴了就吃，不高兴了就不吃]"。"三天打鱼，两天晒网"は P.320 参照。「途切れ途切れに薬を服用するのは健康を害する」は"[断断续续／不规律]的服药方法[对身体有（危）害／会给身体带来危害／会对身体造成危害／会危害身体健康]"。「場合によっては（薬）を服用しないほうがまし」は"有时[甚至还不如／莫不如]不用药"。「であるから患者は医師の指示に従い、（さらに）間違った服用方法を改めなければならない」は"所以患者应该[遵守医嘱／按医生说的做]，并要[对不良的用药习惯加以纠正／对不良的用药习惯加以改正／纠正不良的用药习惯／改掉不良的用药习惯]"。「さもなければ治療を滞らせてしまうことになる」は"[否则／要不／要不然／不然的话]将[贻误 yíwù／耽误／影响／耽搁]治疗"。

(48) 彼女は歯ぎしりをして怒り、大きな声で言った。「罪をみな私になすりつける

なんて絶対に許せない、私は真実を白日の下に晒して身の潔白を必ず証明してみせる。」

她气愤得咬牙切齿，大声说，绝不允许把罪过都归咎于我，我要让蓝天白云见证我的清白。

「彼女は歯ぎしりをして怒り」は"她气（愤）得咬牙切齿"。「大きな声で言った」は"大声说"。「罪をみな私になすりつけるなんて絶対に許せない」は"绝不允许把罪过都［归咎 guījiù 于我／归罪于我／强加在我的头上／推到我身上／嫁祸 jiàhuò 于我］"、「私は真実を白日の下に晒して身の潔白を証明してみせる（青空と白雲に証人に立ってもらい、私が無罪であることを証明する）」は"我要让蓝天白云［见证我的清白／证明我的无辜／给我作证］"。
"让蓝天白云见证我的清白"は、"蓝天白云"を嘘をつかない公正公明であるものにたとえた文学的な表現であり、文章として美しい。他にも"让蓝天白云见证我的爱""让蓝天白云见证我的真诚"などのように使える。

(49) 君は普段笑顔がいつもとっても可愛いのに、鏡で今の自分を見てごらん、憂いに沈んだ顔という形容以上に適切な言葉がないほどだよ。

你平时笑得总是那么甜甜的，可是你照照镜子看看你现在的形象，用愁眉苦脸来形容，简直是再贴切不过了。

「君は普段笑顔がいつもとっても可愛い」は"你平时［笑得总是那么／总是笑得那么］［甜甜的／甜／可爱］"、「（しかし）鏡で今の自分を見てごらん」は"可是你［照照镜子／对着镜子］［看看／看一下／瞧瞧］你现在的［形象／样子］"。「憂いに沈んだ顔という形容以上に適切な言葉がないほどだよ」は"用［愁眉苦脸／愁眉不展／满面愁容］来形容，（简直）是再［贴切／合适／恰当］不过了"または"用［愁眉苦脸／愁眉不展／满面愁容］来形容，（简直）没有比这更［贴切／合适／恰当］的了"。

(50) ——結婚は大きな事よ、子どものままごと遊びではないのだから、一時の感情で彼と結婚したら将来後悔するわよ。
——姉さん、何が言いたいの、はっきり言えばいいでしょう。遠回しに言わなくてもいいじゃないの。

——结婚是件大事，不是小孩子过家家，一时冲动和他结了婚，将来会后悔的。
——姐姐，你想说什么，直接说不就行了，何必绕来绕去的呢？

「結婚は大きな事よ」は"结婚是件大事"。「子どものままごと遊びではない」は"不是小孩子过家家"。「一時の感情で彼と結婚したら」は"一时［冲动／心血来潮／感情用事］和他结了婚"。「将来後悔するわよ」は"将来会后悔的"。「何が言いたいの」は"你［想／要］说什么"または"你的话是什么意思"。「はっきり言えば（それで）いいでしょう」は"直接说不就行了"、"不就行了"は「〜したらそれでいいでしょう、それでいいじゃないか」という意味。「遠回しに言わなくてもいいじゃない」は"何必［绕来绕去 rào lái rào qù／转弯抹角／兜圈子 dōu quānzi／绕圈子 rào quānzi／不直说］的呢？"。
"感情用事"は「感情に走る」。"转弯抹角 zhuǎn wān mò jiǎo"は「道が曲がりくねっている、遠回しに話す」。

(51) いたずら電話や迷惑メールは敬遠したいが、これらは頼んでもいないのにいつも勝手にやってくる。こうした招かれざる客がどこから来るのか私にも分からない。いくら防ごうとしても防ぎきれなかったので、やむを得ず電子メールのアドレスを変更するはめになった。

我虽然想对骚扰电话、垃圾短信敬而远之，可是它们总是不请自来。我也搞不清楚这些不速之客从何而来。怎么拦也拦不住，害得我不得不把电邮地址换成新的了。

「（私は）いたずら電話や迷惑メールは敬遠したい（遠ざけたい、来ないように願っている）」は"我虽然想对骚扰电话、垃圾［短信／邮件］敬而远之"または"我虽然想离骚扰电话、垃圾［短信／邮件］远一点儿"。「（しかし）これらは頼んでもいないのにいつも勝手にやってくる」は"可是它们总是［不请自来／擅自而来／自己找上门来］"。「こうした招かれざる客がどこから来るのか私にも分からない」は"我也［搞不清楚／弄不清楚／不知道］这些［不速之客／不受欢迎的客人］［从何而来／从哪儿来的］"。「いくら防ごうとしても防ぎきれない」は"怎么［拦也拦不住／挡也挡不住／防也防不过来］"。「（おかげで）やむを得ず電子メールのアドレスを変更するはめになった」は"害得我［不得不／只好］把电邮地址［换成新的了／改成新的了／改了／换了］"。

(52) 私はすぐ「ありがとう」と言う癖があり、必要以上にくどくど言いすぎてしまうらしい。時々友人から注意されるが、ある時1人の友人が率直に言ってくれた。「あなたはどうしていつも『ありがとう』と口癖のように言うの。わざとらしくて、不自然よ。私たちの仲じゃないの」。

因为我习惯说，"谢谢"，好像絮絮叨叨说得太多了。时常招来朋友的非议，有一次一个朋友直率地对我说，你怎么总是把"谢谢"挂在嘴上，太做作了，显得假惺惺的。咱俩谁跟谁啊？

「私はすぐ『ありがとう』と言う癖がある（ので）」は"[因为／由于][我习惯说"谢谢"／我有说"谢谢"的习惯]"。「必要以上にくどくど言いすぎてしまうらしい」は"[可能／大概／也许／好像][絮絮叨叨／反反复复][说得太多了／说得过多了]"。「時々友人から注意される」は"时常[招来／惹来／引起]朋友的[非议／埋怨]"または"时常[受到／遭到]朋友的[指责／责备]"。「ある時1人の友人が率直に言ってくれた」は"有一次一个朋友[直率／不客气／直言不讳]地对我说"。「あなたはどうしていつも『ありがとう』と口癖のように言うの」は"你怎么总是把"谢谢"[挂在嘴上／当成口头语]呢？"または"你怎么总是"谢谢"不离嘴呢？／你怎么总是张嘴"谢谢"闭嘴"谢谢"的呢？／你怎么总是一张嘴就是"谢谢"呢？"。「わざとらしくて、不自然よ」は"太做作了，显得假惺惺的"。「私たちの仲じゃないの（他人行儀にする必要なんてないじゃない）」は"咱俩谁跟谁啊／咱俩又不是外人／你怎么这么见外啊？／你怎么像客人般的客气／你怎么像客人一样的客气？"。

(53) 紀元前36年、16歳の王昭君はその美しさのため漢王朝の後宮に入ることを強いられた。彼女は人の心を動かすほど美しいばかりではなく、さらに琴棋書画にも精通していた。数年後、彼女は自ら進んで北の辺境の地に赴き、友好親善を保つため匈奴と姻戚関係を結んだ。その後、漢王朝と匈奴は和を結び、国境ののろしが50年間上がることはなく、漢民族と匈奴族の民族間の団結が強まった。この「昭君出塞」の物語は永遠に後世へと伝わっていくことだろう。

公元前36年，16岁的王昭君因为美丽被迫走进了汉朝的深宫。她不但美丽动人，还精通琴棋书画。几年后，她主动出塞与匈奴和亲。之后，汉朝与匈奴和好，边塞的烽烟熄灭了50年，增强了汉族与匈奴民族之间的民族团结。昭君出塞的故事将千古流传。

「紀元前36年、16歳の王昭君はその美しさのため漢王朝の後宮（宮殿）に入ることを強いられた」は"公元前36年，16岁的王昭君因为[美丽／漂亮]被迫走进了汉朝的[深宫／宫殿／后宫]"。「彼女は人の心を動かすほど美しいばかりではなく、さらに琴棋書画にも精通していた」は"她不但[美丽动人／妩媚 wǔmèi 动人]，还精通琴棋书画"。「数年後、彼女は自ら進んで北の辺

境の地に赴き、友好親善を保つため匈奴と姻戚関係を結んだ」は"几年后，她（为了使汉匈能和睦相处）[主动／自愿][出塞／到塞外]与匈奴和亲"。「その後、漢王朝と匈奴は和を結び、国境ののろしが50年間上がることはなく」は"之后，汉朝与匈奴[和好／和解／和睦相处]，边塞[的烽烟熄灭了50年／的战火停止了50年／50年没有发生战争]"。「漢民族と匈奴族の民族間の団結が強まった」は"[增强了／促进了]汉族与匈奴民族之间的民族团结"。「『昭君出塞』の物語は永遠に後世へと伝わっていく」は"昭君出塞的故事将千古流传"。

"塞外"は昔、万里の長城以北の地域を指した。

(54) 3年前、新社長は、皆と一緒に必死に頑張って3年後には必ず赤字から黒字に転換させると誓った。ところがその3年が過ぎ、皆頑張りに頑張ったが結局会社の売上高増加率は年々下がり続けている。このままいけば、黒字転換どころか、倒産しないだけでも神様に感謝しなければならない。社長がしきりに言っていた黒字転換は、絵に描いた餅になってしまったのではないだろうか。

三年前新来的经理立下了誓言，他要和大家一起拼搏，三年后一定实现扭亏为盈。可是三年已经过去了，大家拼来拼去，结果却拼得公司的销售额增长率年年下降。这样下去，别说扭亏为盈了，公司不倒闭就谢天谢地了。经理口口声声说的扭亏为盈岂不是成了空中画饼吗？

「3年前、新社長は～と誓った」は"三年前新来的经理[立下了誓言／向大家做出了承诺]"、「皆と一緒に必死に頑張って3年後には必ず赤字から黒字に転換させる」は"他要和大家一起[努力／拼搏]，三年后一定实现扭亏为盈 niǔ kuī wéi yíng"。「ところがその3年が過ぎ」は"可是三年已经过去了"。「皆が頑張りに頑張ったが結局会社の売上高増加率は年々下がり続けている」は"[大家拼来拼去／不管大家怎么拼／不管大家怎么努力]，结果（却拼得）公司的销售额增长率[年年下降／连年下降]"。「このままいけば、黒字転換どころか、倒産しないだけでも神様に感謝だ（感謝しなければならない）」は"这样（继续）下去（的话），[别说／不用说]扭亏为盈了，公司不[倒闭／破产][就谢天谢地了／就算幸运了]"。「社長がしきりに言っていた黒字転換は、絵に描いた餅になってしまったのではないだろうか」は"经理[口口声声说的／反反复复说的／反复强调的]扭亏为盈（这）岂不是成了[画中之饼／画的饼／空中画饼]吗？"。

⑸　容貌は生まれつきのものであるが、品性はあとから育て上げるものである。生まれながらの美貌は持ちあわせていなくても、根気よく自分を磨いていくことによって人を惹き付ける輝きが備わり、魅力的になることが可能である。よく言うように、上品さが容貌の不足を補うことができるのだ。

　　容貌是天生的，气质却是后天可以培养的。生来不是天生丽质但是可以通过不断磨练自己让自己光彩照人，充满魅力。人们常说，高雅的气质可以抵补长相的不足。

　　「容貌は生まれつきのものであるが、品性（品格）はあとから育て上げるものである」は"容貌是［天生的／天赋的］，气质却是后天可以［培养的／造就的／改造的］"。「生まれながらの美貌は持ちあわせていなくても」は"（即使／即便）生来［不是天生丽质／不够漂亮／自然条件不够好／自然条件不够理想］"、「根気よく自分を磨いていくことによって人を惹き付ける輝きが備わり、魅力的になることが可能である」は"可以［不断改造让自己／不断磨练自己使得自己／通过不断磨练自己使得自己］光彩照人，充满魅力"。「（人々が）よく言うように」は"人们常说"。「上品さ（高い品位、品のよさ）が容貌の不足を補うことができる」は"高雅的气质可以［抵补／弥补］［容貌上的缺陷／容貌上的缺点／长相的不足］"。
　　"光彩照人 guāng cǎi zhào rén"は「（人が）輝くほど美しく見える」。

⑹　現実生活の中では、心を悩ます多くの心配事につきまとわれて、時にはこの目に見えない重荷を捨てたいのに捨てることができないと感じるものだ。しかし我々は自分の気持ちを上手にコントロールする方法を学ばなければならない。物事を悪いほうにばかり考えてはならない。問題の多くは悪い答えだけが用意されているのではなく、良い結果もあるはずなのだ。物事を良いほうに考えよう、なぜならそれによって私たちの心は軽くなるのだから。

　　在现实生活中，虽然有很多烦心事缠着我们，有的时候甚至觉得这种看不见的包袱甩都甩不掉。但我们要学会调整自己的心态。不要净把事往坏里想，很多问题并非只有一个坏的答案，还会有一个好的结果。我们要把事往好里想，因为这样会使我们的心情得到放松。

　　「現実生活の中では」は"在现实生活中"。「心を悩ます多くの心配事につきまとわれ」は"虽然有很多［烦心事／烦恼／苦恼／伤脑筋的事］［伴随着／跟随着／缠着］我们"。「時にはこの目に見えない重荷を捨てたいのに捨てることができないと感じる」は"有的时候甚至［觉得／感到］这种看不见的包袱［想

甩都甩不掉／想摆脱都摆脱不掉]"。「しかし我々は自分の気持ちを上手にコントロールする方法を学ばなければならない」は"但我们要［学会／善于／习惯于］调整自己的［心态／心情］"または"但我们要［学会／善于／习惯于］控制自己的［心情／感情］"。「物事を悪いほうにばかり考えてはならない」は"不要净把事（情）［往坏里想／想得那么糟糕］"。「問題の多くは悪い答えだけが用意されているのではなく、良い結果もあるはずなのだ」は"［很多／许多］问题［不是／并非／并不是］只有一个坏的答案，还会有一个好的结果"。「物事を良いほうに考えよう」は"我们要［把事（情）往好里想／乐观地考虑问题／把事情想得乐观一些]"。「なぜならそれによって私たちの心は軽くなるのだから」は"因为这样会使我们的心情［得到放松／得以放松／放松下来]"。

(57) 彼女は結婚してまだ半年もたっていないのに、もう離婚だと騒いでいる。彼女はある時無意識に本音を漏らした。なるほど旦那の財産狙いだったのか。見事にそろばんをはじいたものだ。

她刚结婚还不到半年，就开始闹离婚了。她有一次说话时无意露出了真意。原来是想分丈夫的财产。如意算盘打得真不错啊。

「彼女は結婚してまだ半年もたっていない」は"她（刚）结婚［还不到半年／还没到半年]"。「もう離婚だと騒いでいる」は"就开始闹离婚了／就要打离婚了／就准备离婚了"。「彼女はある時無意識に本音を漏らした」は"她有一次说话时［无意／无意（之）中／不知不觉（地）／没注意／不注意／不小心］［露出了真意／说出了真话／吐露出了心里话／袒露了真言]"。「なるほど（なんだ）旦那の財産狙いだったのか」は"原来是想［分／分到／得到／要］丈夫的财产"または"原来是［瞄着／盯着］丈夫的财产呢"。「見事にそろばんをはじいたものだ」は"如意算盘打得真不错啊／想得（倒）真美啊"。

(58) 彼女は小さい時からお絵かきが大好きで、いつもたった1本の短い鉛筆で、自然のありふれた、しかし美しいことこの上ない現象をせつせつと訴えかけ続けていた。彼女の純粋な筆使いから子どもの想像力を伺い知ることができる。

她从小就喜爱绘画。常常只用一支小小的铅笔头，诉说着大自然平常不过却美妙绝伦的现象，她纯净的笔触透露着孩童的想象力。

「彼女は小さい時からお絵かきが大好きで」は"她从小就［喜爱／喜欢／倾心于］绘画"。「いつもたった1本の短い鉛筆で」は"常常只用一支小小的［铅

笔头／铅笔]"。「自然のありふれた、しかし美しいことこの上ない現象をせつせつと訴えかけ続けていた」は"诉说着大自然［平常不过／极其平常］却［美妙绝伦／美妙无比／美丽无比］的现象"。「彼女の純粹な筆使いから子どもの想像力を伺い知ることができる（子どもの想像力が現れている、見える）」は"她纯净的笔触［透露着／表现出／展现出／显示出］孩童的想象力"または"透过她纯净的笔触可以看出孩童的想象力"。

"美妙绝伦 měimiào juélún"は「この上なく美しい、この上なく素晴らしい」。

(59) 私は大自然を愛している。世の中がどんなに移り変わっても、人生がどんなに無常であっても、美しい大自然はずっと私の心にある。その無限の魅力をもった山や林、川や見渡す限りの青空などに思いを馳せるたびに、私の気持ちは言葉では表現できないほどのびのびとしてくる。

我爱大自然，无论世事如何转变，人生多么无常，美好的大自然都会始终存留在我的心中。每当想到那些魅力无穷的山林、河川以及一望无际的蓝天等等，我的心情就会变得有说不出的畅快。

「私は大自然を愛している」は"我［喜欢／爱／热爱］大自然"。「世の中がどんなに移り変わっても、人生がどんなに無常であっても、美しい大自然はずっと私の心にある」は"［无论／不管／不论］［世事／时代］［如何／怎么］［转变／变迁］，人生多么无常，美好的大自然都会［始终／一直／永远］［存留在／留在／在］我的心中"。「Aに思いを馳せるたびに」は"每当（我）想到／想起］A"または"每当我（的）［眼前／脑海里］浮现出A"あるいは"每当A浮现在我的［眼前时／脑海里时／脑海中时］"、「その無限の魅力をもった山や林、川や見渡す限りの青空など」は"［那些／那］［魅力无穷的／充满了无限魅力的］山林、河川以及［一望无际／无边无际／一望无垠／一眼望不到边］的蓝天等等"。「私の気持ちは言葉では表現できないほどのびのびしてくる」は"我的心情就会变得［有／有种］说不出的［畅快／舒畅／愉快／高兴]"。

"一望无际 yí wàng wú jì"は「見渡す限り果てしない」。"无边无际 wú biān wú jì"は「限りがない、果てしなく広大である」。"一望无垠"はP.324参照。

(60) 大学2年生の青青は結核を患い、やむを得ずキャンパスを去った。入院治療を経て、彼女はとうとうキャンパスへ久しぶりに戻ることができた。そして今日、青青は長く離れていた教室にうれしそうに入っていった。

大学二年级的青青因患结核病，被迫告别了校园。经过入院治疗后，她终于回

到了久违的校园，今天青青高兴地走进了阔别已久的教室。

「大学2年生の青青は結核を患い（患ったため）」は"大学二年级的青青［因患结核病／因得结核病／因为患了结核病／因为得了结核病］"、ただし文中では"了"がなくてもよい。「やむを得ずキャンパスを去った」は"［被迫／不得不／不得已／迫不得已／只好／只得 zhǐdé］［告别／离开］了校园"。「入院治療を経て」は"经过［入院／住院］治疗后"。「彼女はとうとう（長く離れていた）キャンパスへ久しぶりに戻ることができた」は"她终于［回到了／返回了］［久违／久别／离别已久］的校园"または"她终于又能［回到／返回］［久违／久别／离别已久］的校园了"。「今日、青青は長く離れていた教室にうれしそうに入っていった」は"今天青青［高兴地／欢喜地／快活地］［走进了／迈进了］［阔别已久的／离别已久的］教室"。

(61) 彼女は幼い時から美術に強い興味を持っていたが、さまざまな原因からこれまで美術一筋の人生への第一歩を踏み出すことができなかった。大学を卒業した後、彼女は繰り返し考えた末に、待遇に恵まれた仕事を捨てて、美術に従事しそして美術作品の創作を自分の一生をかけて極めるべき目標にしようと決心した。それから彼女は絵画芸術の広大無辺な世界へと歩み出したのである。

她虽然自幼就对美术有着浓厚的兴趣，但是由于各种原因一直没能迈出她美术生涯的第一步。大学毕业以后，她经过反复考虑放弃了待遇优厚的工作，下决心从事美术工作并把美术创作作为自己毕生的追求。从此她走进了绘画艺术的大千世界。

「彼女は幼い時から美術に強い興味を持っていたが」は"她虽然［从小／从小的时候开始／自幼］就对美术有着浓厚的兴趣"。「さまざまな原因からこれまで（ずっと）美術一筋の人生への第一歩を踏み出すことができなかった」は"［但是／可是］［由于／因为］各种原因一直没能［迈出她美术生涯的第一步／踏上她美术生涯之路／开始她的美术人生／开始她的美术生涯］"。「大学を卒業した後」は"大学毕业以后／大学毕业后"。「彼女は繰り返し考えた末に、待遇に恵まれた仕事を捨てて」は"她［经过反复考虑／经过再三考虑／反反复复地考虑之后／反反复复考虑以后］［放弃了／舍弃了］［待遇优厚的工作／优越的工作］"。「美術に従事しそして美術作品の創作を自分の一生をかけて極めるべき目標にしようと決心した」は"下决心［从事／搞］美术工作并把美术创作作为自己［毕生／一生／今生今世／永远］的追求（目标）"。「それから

彼女は絵画芸術の広大無辺な世界へと歩み出したのである」は"从此她［走进了／迈进了／踏入了］绘画艺术的大千世界"。

"大千世界 dà qiān shìjiè"は「広大無辺な世界」。

(62) 最近メタボリックシンドロームに関する広告をよく目にする。広告は人々に腹囲が太すぎるとメタボリックシンドロームの原因になり、しかも糖尿病、心臓病、脳卒中、高血圧などにかかりやすくなると警告している。広告を見ると本当に身の毛のよだつ思いがするものだ。実際にはメタボリックシンドロームは、運動によって体の内側や内臓の脂肪を取り除くことと、食事療法とを通じて改善できるのである。

最近经常看到有关代谢症候群的广告。广告告诫人们，腹围过胖将引起代谢症候群，并容易患糖尿病、心脏病、脑中风及高血压等。看了真让人感到毛骨悚然。其实代谢症候群，通过锻炼身体消除体内和内脏脂肪以及食物疗法可以得到改善。

「最近メタボリックシンドロームに関する広告をよく目にする」は"最近［经常／常常／常］［看到／见到］有关代谢症候群的广告"。「広告は人々に腹囲が太すぎるとメタボリックシンドロームの原因になり、しかも糖尿病、心臓病、脳卒中、高血圧などにかかりやすくなると警告している」は"广告［告诫／提醒／警告］［人们／大家］，腹围过胖［将（会）引起代谢症候群／是代谢症候群的原因］，并容易［患／得／诱发］糖尿病，心脏病，脑中风（以）及高血压等"。「広告を見ると本当に身の毛のよだつ思いがするものだ」は"看了（广告）真让人［感到毛骨悚然／感到恐惧／打寒战／打冷战／害怕］"。「実際にはメタボリックシンドロームは、運動によって体の内側や内臓の脂肪を取り除くことと、食事療法とを通じて改善できるのである」は"其实代谢症候群，通过［锻炼身体／运动］消除体内和内脏脂肪（以）及食物疗法可以得到改善"。

(63) 日曜日は早朝からすでに多くの住宅購入者が四方八方から続々と住宅交易会の会場に集まっていた。現場は空前の熱気で、住宅購入相談を待つ大勢の人が長い列を作り、夕方まで住宅購入者の行き来が絶えなかった。住宅購入者は係員の指示の下でいろいろな手続きをするなど、現場はとても混み合っていたが、秩序に乱れはなかった。

星期天一大早就已经有许多购房者从四面八方陆续来到了房屋交易会的会场。现场空前火爆，许多等待购房咨询的人排成了一条长龙，直到傍晚购房者都络绎不绝。购房者在工作人员的引导下办理各种手续等，现场虽然非常拥挤，却

井然有序。

「日曜日は早朝からすでに多くの住宅購入者が四方八方から続々と住宅交易会の会場に集まっていた」は"星期天［一大早／清晨］［就已经／就／已经］有许多购房者从［四面八方／各个地方］［陆续（地）／纷纷（地）／接二连三地／接连不断地］来到了房屋交易会的会场"。「現場は空前の熱気で」は"现场空前［火爆／未有的火爆／绝后的火爆］"。「住宅購入相談を待つ大勢の人が長い列を作り」は"［许多／很多］［等待／等待者／等着］购房咨询的人［排成了一条长龙／排着长队］"。「夕方まで住宅購入者の行き来が絶えなかった（ひっきりなしに行き来していた）」は"［直到／一直到］傍晚购房者都［络绎不绝／接连不断］"。「住宅購入者は係員の指示の下でいろいろな手続きをするなど」は"购房者在工作人员的引导下办理各种手续等"。「現場はとても混み合っていたが、秩序に乱れはなかった」は"现场虽然［非常拥挤／拥挤不堪／挤得满满的／挤满了人］，却［井然有序／秩序井然］"。

"空前未有"は"空前绝后"とも言う。"络绎不绝 luòyì bù jué"は「人、馬、車、船などの往来が頻繁で絶え間なく続く」。"井然有序 jǐng rán yǒu xù"は「順序が整然としている」、"秩序 zhìxù 井然"とも言う。

(64) 異なる2世代の人間では、接触する環境が違うことにより、物事に対する見方及び価値観に隔たりが生じている。このまま、こうした隔たりが改善されずに拡大し続けていけば、2世代の間に無形の、肉眼では見えない大きな溝が生ずるだろう。これこそがいわゆる「ジェネレーションギャップ」である。このようなジェネレーションギャップは2世代の関係や家族の絆に影響するに違いない。

由于两代人接触的环境不同，导致了对事物的看法以及价值观的差异。长此以往，如果这种差异不加以改善而让它不断扩大，在两代人之间便会产生一道无形的用肉眼看不见的鸿沟。这就是所谓的"代沟"。这种代沟无疑会影响两代人之间的关系、家庭和睦。

「異なる2世代の人間では、接触する環境が違うことにより」は"由于两代人［接触／所处］的环境［不同／不一样］"、「物事に対する見方及び価値観に隔たりが生じている」は"［导致了／造成了］［看问题的方法／对事物的看法］以及价值观的［不同／差异］"。「このまま（いけば）」は"长此以往 cháng cǐ yǐ wǎng"、ふつう悪い状態について言う。「こうした隔たりが改善されずに拡大し続けていけば」は"如果［这种／这样的］差异［不加以／得不到］改善

而［让它不断扩大／任其发展］"、「2世代の間に無形の、肉眼では見えない大きな溝が生ずるだろう」は"(在)两代人之间［便／就］会产生［一道／一条］无形的用肉眼看不见的鸿沟"。「これこそがいわゆる『ジェネレーションギャップ』である」は"这就是［所谓的／人们所说的／大家所说的／人们常说的］"代沟""。「このようなジェネレーションギャップは2世代の関係や家族の絆に影響するに違いない」は"这种代沟无疑会［影响两代人之间的关系、家庭和睦／给两代人之间的关系，家庭和睦带来不好的影响］"。

(65) 昨夜どかんという大きな雷の音が夜の静寂を破り、村内の1軒の民家の屋根が落雷によって一瞬で崩れ落ちた。80歳の家主が驚いて飛び起きたが、ただあんぐりと口をあけて目の前で起きることのすべてを見ているしかなかった。

昨天夜里轰隆一声响雷打破了夜里的宁静，村里的一家民房的房顶瞬间被雷电击塌。它把80岁的主人从睡梦中惊醒，他只是目瞪口呆地看着眼前发生的一切。

「昨夜どかんという大きな雷の音が夜の静寂を破り」は"昨天夜里［轰隆一声响雷／巨大的雷声／震天动地雷声／震撼天地的雷声／震耳欲聋的雷声］打破了［夜的／夜里的／夜间的／夜空的］［宁静／寂静／沉寂／沉静］"。「村内の1軒の民家の屋根が落雷によって一瞬で崩れ落ちた」は"村里的一家［民房的／民宅的］［房顶／屋顶］瞬间被［雷电／落雷］击塌"。「80歳の家主が驚いて飛び起きたが（雷に驚いて熟睡中から覚めた）」は"［它／雷电］把80岁的主人从睡梦中惊醒"または"80岁的主人被［它／雷电］从睡梦中惊醒"。「（彼は）ただあんぐりと口をあけて目の前で起きることのすべてを見ているしかなかった」は"他（只是／只能／只好）［目瞪口呆地／愣愣地／呆呆地／惊呆地］看着眼前发生的一切"。
"震耳欲聋 zhèn ěr yù lóng"は「耳をつんざくばかりの激しい音がする」。

(66) 先生の哲理に富んだお話を聞いて、私は大いに啓発されました。特に、人を正す前に自分を正せ、事を成す前に正しい人間になれ、という細やかで丁寧な教えから、まず人としての本分を尽くしてこそ、事をきちんと成すことができるという単純でかつ深い道理を理解することができました。本当に大変勉強になりました。

听了老师富于哲理性的一番话，我受到了很大的启发。特别是关于正人先正己，做事先做人的谆谆教诲，使我懂得了，只有先本本分分地做人，才能把事情做

好这一简单而又深刻的道理。真是受益不浅。

「先生の哲理に富んだお話を聞いて」は"听了老师［富于哲理性的话语／富于哲理性的一番话／富有哲理性的一番话］"、「私は大いに啓発されました」は"我受到了很大的启发／我深受启发"。「特に、人を正す前に自分を正せ、事を成す前に正しい人間になれ、という細やかで丁寧な（懇ろな）教えから」は"特别是（从）关于正人先正己，做事先做人的谆谆 zhūnzhūn［教诲 jiàohuì／教导］"。「まず人としての本分を尽くしてこそ、事をきちんと成すことができるという単純でかつ深い道理を理解することができました」は"使我懂得了，只有先［本本分分地／老老实实地／认认真地］做人，才能把事情做好［这一简单而又深刻的道理／这个简单却又深刻的道理］"。「本当に大変勉強になりました」は"真是［获益匪浅／受益匪浅／受益不浅／学到了不少东西／长了不少见识／长了很多见识］"。

"受益匪浅 shòuyì fěiqiǎn"は「益するところ大である、大変ためになる」。

⑹⁷ 学術面でまったく功績のない人が、この分野の専門家をあれこれと批評するなんて、まったくでたらめ極まりない。専門家が受け入れるはずなんてあるものか。

一个在学术上毫无建树的人，竟然来对这方面的行家里手评头品足，这简直是荒谬至极。行家们怎么可能接受呢？

「学術面でまったく功績のない人」は"一个在学术上［毫无／完全没有／根本没有／没有任何］［建树／成就／功绩］的人"。「この分野の専門家をあれこれと批評するなんて」は"［竟然／却／反倒］（来）对这方面的［行家里手／行家／内行人／专家］［评头论足／评头品足／品头论足／说这说那／说长说短／说三道四］"。「まったくでたらめ極まりない」は"这简直是［荒谬至极／乱弹琴／毫无道理］"。「専門家が受け入れ（られ）るはずなんてあるものか」は"行家们［怎么可能接受呢？／当然不可能接受了］"。

⑹⁸ 彼はとてもひょうきんな人だ。子どもたちと一緒にいる時にはよくおどけた顔をして子どもたちを笑わせるし、友達と一緒にいる時にはいつも話を盛り上げて雰囲気をなごやかにし、さらには同僚や部下と打ち解けあうこともうまい。

他是个很诙谐的人。和孩子们在一起时常做鬼脸逗孩子们发笑，和朋友在一起时总是谈笑风生，使气氛变得融洽，还能和同事、部下打成一片。

「彼はとてもひょうきんな人だ」は"他是个很［滑稽／爱开玩笑／诙谐／幽默］的人"。「子どもたちと一緒にいる時にはよくおどけた顔をして子どもたちを笑わせる」は"和孩子们在一起时［常／常常］［做鬼脸／扮鬼脸／做怪相］逗孩子们［发笑／笑／乐］"。「友達と一緒にいる時にはいつも話を盛り上げて（楽しく談笑して）雰囲気をなごやかにする」は"和朋友在一起时总是谈笑风生，［会带来融洽的气氛／会调节气氛／使气氛变得融洽／使气氛变得和谐／使气氛变得轻松／使气氛变得活跃起来］"。「さらには同僚や部下と打ち解けあうこともうまい」は"还能［和／跟］同事、部下［打成一片／融洽地相处］"。
"打成一片 dǎ chéng yí piàn"は「一つに解け合う、打って一丸となる」。

(69) あのショッキングな交通事故はすでに20年前の事となり、人々の事故に対する記憶はすっかり薄れてしまった。しかしこの事故の被害者たちは相変わらず苦しみの中にいる。

那场骇人听闻的交通事故已经是二十年前的事了，人们对事故的记忆已经淡忘了。可是那场事故的受害者依然受着痛苦的煎熬。

「あのショッキングな交通事故はすでに20年前の事となり」は"那场［骇人听闻 hài rén tīng wén／使人震惊／令人震惊／令人毛骨悚然 máo gǔ sǒng rán］的交通事故已经［是二十年前的事了／过去二十年了］"。「人々の事故に対する記憶はすっかり薄れてしまった」は"人们［对／对于］（那场）事故的记忆已经淡忘了"または"人们已经渐渐把那场事故忘记了"。「しかしこの事故の被害者たちは相変わらず苦しみの中にいる」は"可是那场事故的受害者［依然／仍然／依旧］［在痛苦中挣扎着／在苦境中挣扎着／受着痛苦的煎熬／被痛苦折磨着／生活在痛苦之中／挣扎在痛苦之中］"。
"骇人听闻 hài rén tīng wén"は「聞く人を驚かす」。

(70) 誰にでもそれぞれ取柄がある。肝心なのは長所をもって短所を補うことである。自分の長所を上手に発見し伸ばし育ててこそ、自分の人生の価値が上がりすばらしい成果をたくさん挙げることができる。もちろんそれは短期間の蓄積ですぐ実現できるわけではない、長い間の努力を通じて初めて理想の境地に到達できるようになるのである。

任何人都有可取之处，关键是能以长补短。只有善于发现、发展和培养自己的长处，才能使自己的人生增值，硕果累累。当然，这并不是短时间内的积累就能实现的，要经过长时间的努力，才能到达理想的彼岸。

「誰にでもそれぞれ取柄がある」は"[任何（一个）人／每（一）个人／谁]都[各有所长／有自己的长处／有优点／有可取之处]"。「肝心なのは長所をもって短所を補うことである」は"[关键是能／关键在于要能够]以长补短"。"以长补短"は「（よく自分の）長所でもって短所を補う」、他に"取长补短"（P.431）と"扬长避短"（P.58）も意味が似ているが、"取长补短"は他者の長所に学んで自分の短所を補う、"扬长避短"は長所を前面に押し出して短所を隠すというニュアンスである。「自分の長所を上手に発見し伸ばし育ててこそ、自分の人生の価値が上がりすばらしい成果をたくさん挙げることができる」は"只有善于发现、发展和培养自己的长处，[才会／才可以／才能][使自己的人生增值／提高自己的人生价值]，[硕果累累／取得（辉煌的／卓越的／杰出的／了不起的）成就]"。「もちろんそれは短期間の蓄積ですぐ実現できるわけではない」は"当然，[这并不是／这并非][短时间内／短期内／几天之内]的积累就能实现的"。「長い間の努力を通じて初めて理想の境地に到達できるようになる」は"要经过[长时间／长期]的努力，才能到达理想的[彼岸／境地]"。

(71) 調査によれば、毎年6月中下旬から7月初めまで、大学や中等専門学校の卒業シーズンの到来に伴い、またそれに加えて、その1年前に卒業した学生も一般的に部屋の賃貸期間延長や借り換えの時期に入るため、全国各地の賃貸住宅市場は卒業生を中心とした需要の最盛期を迎える。一等地の賃貸住宅は市場で人気が高まり、それにつれて家賃もどんどん高くなる。

据调查，每年从6月中下旬到7月初，随着大中专院校学生毕业高峰的到来，再加上前一年毕业的学生也普遍开始进入到续租或换租的季节，全国各地的房屋租赁市场都将会迎来以毕业生为主力需求的旺季。黄金地段的出租房屋在市场上也会很抢手，租金也会随之"水涨船高"。

「調査によれば、毎年6月中下旬から7月初めまで」は"[据了解／据调查]，每年从6月中下旬到7月初"。「大学や中等専門学校の卒業シーズンの到来に伴い」は"随着大中专院校[学生毕业／毕业生离校][季节／高峰]的到来"、「またそれに加えて、その1年前に卒業した学生も一般的に部屋の賃貸期間延長や借り換えの時期に入るため」は"[以及／另外／再加上]（由于／因为）[前一年／一年（以）前]毕业的学生也普遍开始进入[到／了]续租或换租的[季节／时期]"。「全国各地の賃貸住宅市場は卒業生を中心とした需要の最盛期を迎える（ことになる）」は"全国各地的房屋租赁zūlìn[市场／行业]都将会[迎来／进入]以毕业生为主力需求的旺季"。「一等地の賃貸住宅は市場で人気が高まり」は"[黄金地段／一等地]的[出租／租赁]房屋在市场上也会[很抢

手／很有人气／很受欢迎／倍受欢迎／备受欢迎／成了香饽饽儿 xiāngbōbor]"。「それにつれて家賃もどんどん高くなる」は"[租金／房租／房钱]也会[随之／随着][水涨船高／不断高涨／不断上涨／不断涨价]"。

"水涨船高"は P.282 参照。

(72) 養蜂は非常に大変な仕事であり、しかも収入もたいして高くない。いま私たちの村ではこの職業に従事する人がますます少なくなっている。多くの若者は大都市でアルバイトはしてもこの仕事はしたくないと考えている。養蜂従事者の高齢化問題は深刻化しており、近年村の養蜂産業は衰退しつつある。村長は記者に対し、最大の頭痛の種は、養蜂業が後継者途絶の危機に直面していることだ、と語った。

养蜂是一个非常辛苦的工作，而且收入并不高。现在我们村里从事这个行业的人越来越少了。许多年轻人宁愿去大城市打工，也不想干这个行业。养蜂人老龄化现象日趋严重，近年来村里的蜂产业处于萎缩的状态。村长对记者说，最头疼的是养蜂产业正面临着后继无人的危机。

「養蜂は非常に大変な仕事であり」は"养蜂是[一个／一项]非常辛苦的工作"。「しかも収入もたいして高くない（たいした収入もない）」は"而且[并没有可观的收入／收入并不高]"。「いま私たちの村ではこの職業に従事する人がますます少なくなっている」は"现在我们村里[从事这个行业／干这个活儿／干这个工作]的人越来越少了"。「多くの若者は大都市でアルバイトはしてもこの仕事はしたくないと（考える）」は"[许多／很多／不少]年轻人[宁愿／宁可／宁肯]去大城市打工，也不想[干这个行业／做这项工作]"。「養蜂従事者の高齢化問題は深刻であり」は"养蜂人已经[呈现出了老龄化状态／出现了老龄化现象]"または"养蜂人老龄化[现象凸显／趋势日渐严重]"あるいは"养蜂队伍老龄化现象日趋严重"、"养蜂人老龄化的问题越来越严重"でもよい。「近年村の養蜂産業は衰退しつつある」は"近年来村里的[蜂产业／养蜂（产）业]处于[萎缩／衰退]的状态"または"近年来村里的蜂产业很不兴旺"、「村長は記者に対し、最大の頭痛の種は、養蜂業が後継者途絶の危機に直面していることだ、と語った」は"村长对记者说，最头疼的是养蜂产业正面临着后继无人的[难题／局面／困境／危机]"。

(73) 2009年7月の長江流域の皆既日食、2010年1月の金環日食のいずれも、私は残念なことに見逃してしまった。二度と後悔しないですむよう、私はアモイへ行き、天空でまもなく演じられる金環日食の天体ショーを観賞するこ

とにした。そこで多くの天文マニアとともに、2012年5月21日の早朝に間に合うようにアモイに駆けつけた。6時過ぎ、みんなが長く待ち望んでいた、めったに見ることのできない金環日食の奇観がついに現れた。天空にあっていつもは真ん丸な太陽が少しずつ欠け始めて、弓なりの三日月に変わり、さらに、三日月状だった太陽がだんだんとリングの形になった時、あたり一面歓声と拍手の音に包まれた。

2009年7月长江流域的日全食，2010年1月的日环食，我都遗憾地错过了。为了不再留下遗憾，我决定去厦门观赏天宇即将给我们上演的日食天象。于是就和许多发烧友在2012年5月21日清晨以前赶到了厦门。六点多大家期待已久的罕见的日环食天文奇观终于出现了。当天空中平时圆圆的太阳逐渐缺损，直至变成了弯弯的"月牙儿"，又从月牙般的太阳逐渐变成了环形时，顿时欢呼声、鼓掌声响成了一片。

「2009年7月の長江流域の皆既日食、2010年1月の金環日食のいずれも、私は残念なことに見逃してしまった」は"2009年7月长江流域的日全食，2010年1月的日环食，[我都遗憾地错过了（机会）／我都错过了观赏的机会，觉得很遗憾／我都没有赶上（机会），觉得很遗憾／两次观赏机会我都很遗憾地错过了]"。「二度と後悔しないで済むよう」は"为了[不再留下遗憾／以后不要感到后悔／将来不后悔]"。「私はアモイへ行き、天空でまもなく演じられる金環日食の天体ショー（天文現象）を観賞することにした」は"我决定去厦门[亲眼目睹／欣赏／观赏／享受一下]天宇即将给我们上演的[日食天象／特殊天象]"。「そこで多くの天文マニアとともに、2012年5月21日の早朝に間に合うようにアモイに駆けつけた」は"于是（我）就和许多[发烧友／天文迷]在2012年5月21日清晨以前[赶到了／来到了]厦门"。「6時過ぎ、みんなが長く待ち望んでいた、めったに見ることのできない金環日食の奇観がついに現れた」は"六点多[大家／人们][期待／等待]已久的[难得一见的／罕见的]日环食[天文奇观／天体奇观／壮观景象]终于出现了"または"六点多我们终于迎来了期待已久、罕见的天文奇观"。「天空にあっていつもは真ん丸な太陽が少しずつ欠け始めて」は"[天空中／天上][平常／平时]圆圆的太阳（开始）[逐渐／渐渐／慢慢]（地）缺损"。「（そのまま）弓なりの三日月に変わり」は"[直至／直到]变成了弯弯的"月牙儿""。「さらに、三日月状だった太陽がだんだんとリングの形になった」は"又[从／由][月牙般的太阳／像月牙一样的太阳][逐渐／渐渐／慢慢]（地）变成了[一个光环／一圈光环／一个"大火环"／环形／环状]"。「（すぐに）あたり一面歓声と拍手の音に包まれた」は"[顿时／立刻／一下子][欢呼声、鼓掌声响成了一片／出现了

一片欢呼声、鼓掌声]"。"当……时"は「〜の時」。

(74) 毎年、年1度の大学受験のラストスパートの時期に入ると、受験生たちはさらに成績を上げようと復習に没頭する。保護者たちは子どもにいい成績をとらせようと、子どものために受験を乗り切るための心のこもった献立を考えるのに必死になるだけでなく、さらにあちこち歩き回っていろいろな（受験を乗り切るための）栄養食品をよりすぐって買おうとする。そこで、売り手側は皆あらゆる方法を講じて保護者たちにさまざまな受験対策用栄養食品を推薦する。その結果、それらが市場で異常に売れるようになった。パッケージに受験対策用栄養食品といった文字が踊るサプリメントは品揃えが豊富で、その種類の多さに目がくらむほどである。

每年到了一年一度的高考最后的冲刺阶段，高考生们为了更上一层楼，都忙于紧张的复习。家长们为了让自己的孩子取得好成绩，不仅忙着为孩子精心打造考试食谱，还要东奔西跑地为孩子选购各种高考营养品。商家们都使出浑身解数，向家长们推荐各种高考补品，结果，使得各类营养品在市场上异常热销。包装上标注着高考补品字样的保健品品种齐全，种类多得令人眼花缭乱。

「毎年、年1度の大学受験のラストスパートの時期に入ると」は"每年［到了／进入了／一到／一进入］一年一度的高考最后的冲刺阶段"または"每年随着一年一度的高考的临近"。「受験生たちはさらに成績を上げようと復習に没頭する」は"高考生们为了［更上一层楼／把成绩再提高一步］，都［忙于紧张的复习／在埋头复习／在潜心复习／在专心复习／在废寝忘食地复习]"、「保護者たちは子どもにいい成績をとらせようと」は"家长们为了让自己的孩子［取得／考出］好成绩"。「〜だけではなくさらに〜」は"不仅／不但…，还…"。「子どものために受験を乗り切るための心のこもった献立を考えるのに必死になる」は"［忙着／拼命（地）］为孩子精心［打造／设计］考试食谱"。「さらにあちこち歩き回っていろいろな受験を乗り切るための栄養食品をよりすぐって買おうとする」は"还要［东奔西跑地／东跑西颠地／东奔西走地］为孩子选购各种高考［营养品／补品]"。「売り手側は皆あらゆる方法を講じて保護者たちにさまざまな受験対策用栄養食品を推薦する」は"［商家们／商店］都［使出浑身解数／千方百计／想尽一切办法］，向家长们推荐各种高考［补品／营养品]"、「その結果、それらが市場で異常に売れるようになった」は"结果，使得［各类／各种／各种各样的］营养品在市场上［异常热销／卖得异常好]"。「パッケージに受験対策用栄養食品といったような文字が踊るサプリメントは品揃えが豊富で、その種類の多さに目がくらむほどである」は"包装上［标

注着／标着／写着／印有］高考补品字样的保健品［品种齐全／品牌林立］，种类多得令人眼花缭乱"。

"眼花缭乱 yǎn huā liáo luàn"は「目がくらむ」。

(75) 統計データから次のようなことが分かりました。5月に入って以降、エアコン、冷蔵庫、洗濯機を含む大型家電製品が、販売低迷期から好調期に徐々に入りつつあります。大型家電に引っ張られて市場は明らかに回復傾向を示し、小売の売上高も著しく回復し、家電業界全体がすでに低迷期から脱却し始めています。今年の夏には、家電市場の反転が到来する見込みです。

据统计数据显示，进入五月以来，包括空调、冰箱、洗衣机在内的大家电，已从销售淡季，逐渐进入了销售旺季。在大家电的拉动下，市场回暖趋势明显，零售额显著回升，整个家电行业已开始走出了低谷期。预计今年夏季将迎来家电市场的逆转。

「統計データから次のようなことが分かりました」は"据统计数据显示"。「5月に入って以降エアコン、冷蔵庫、洗濯機を含む大型家電製品が、(既に) 販売低迷期から好調期に徐々に入りつつあります」は"［进入五月以来／从五月开始］，包括空调、冰箱、洗衣机在内的大(型)家电，［已／已经］从销售淡季，逐渐进入了销售旺季"。「大型家電に引っ張られて」は"在大(型)家电的［拉动下／牵引下］"。「市場は明らかに回復傾向を示し」は"市场［回暖趋势明显／已明显出现了回转的趋势］"。「小売の売上高も著しく回復し」は"零售额［显著回升／明显增加］"。「家電業界全体がすでに低迷期から脱却し始めています」は"整个家电行业已开始［走出了低谷期／摆脱了低迷状态］"。「今年の夏には、家電市場の反転が到来する（落ち込んでいた家電市場がV字回復する）見込みです」は"预计今年夏季将［迎来／出现］家电市场的逆转"。

(76) 友達が集まると酒を飲み、新年や祝祭日など祝い事がある時にも酒を飲む。いずれにしても人はうれしいと杯を手に思う存分酒を飲み、友達と喜びを分かち合いたくなる。反対に憂い悲しい時にも思わず杯を手にして酒を飲み、憂さを晴らすものだ。酒を口にすると、悩みも憂愁も何もかもすっかり忘れてしまうだろう。この意味では酒はいいものだ。しかし人は酒を飲み始めるとしばしば癖になり、自力では抜け出せないほどになる。酒を飲みすぎると理性を失うばかりか、さらに酷くなると健康を害し、さまざまな慢性病が知らない間に忍び寄ってきて、具合を悪くさせる。この意味では酒は悪いものでもある。

朋友相聚要喝酒，逢年过节也要喝酒，总之人们在高兴的时候就想举杯痛饮，与朋友分享喜悦。反过来说，忧愁的时候也会不由自主地拿起酒杯，借酒消愁。只要酒一下肚，烦恼也好忧愁也好都会忘到九霄云外去。从这种意义上来说，酒是个好东西。可是，人们喝起酒来，往往会上瘾，以至于不能自拔。饮酒过量不但会丧失理智，更严重的是它会影响你的身体健康，各种慢性病都会悄悄地找上门来，让你不爽。从这种意义上来说，酒也是个坏东西。

「友達が集まると酒を飲み、新年や祝祭日など祝い事がある時にも酒を飲む（ことになる）」は"朋友相聚要喝酒，逢年过节也要喝酒／朋友相聚也好，逢年过节也好都要喝酒／无论是朋友相聚，还是逢年过节都要喝酒"。「いずれにしても人はうれしいと杯を手に思う存分酒を飲み、友達と喜びを分かち合いたくなる」は"［总之／总而言之］人们在高兴的时候就想［举杯痛饮／喝个痛快／一醉方休］，与朋友［分享／共享］［喜悦／快乐］"。「反対に憂い悲しい時にも思わず杯を手にして酒を飲み、（酒で）憂さを晴らすものだ」は"［反过来说／相反］，忧愁的时候也会［不由自主地／禁不住／情不自禁地］［拿／举］起酒杯，借酒［消愁／排忧］"。「酒を口にすると（口にしさえすれば）、悩みも憂愁も何もかもすっかり忘れてしまうだろう」は"只要［酒一下肚／一喝酒］，［烦恼也好忧愁也好／不管是烦恼还是忧愁］都会［忘到九霄云外去／彻底忘掉］"。「この意味では酒はいいものだ」は"从这种意义上来说，酒是个好东西"。「しかし人は酒を飲み始めるとしばしば癖になり、自力では抜け出せないほどになる」は"可是，人们（一）喝起酒来，往往会上瘾，［以至于／以至／以致／甚至］不能自拔"。「酒を飲みすぎると理性を失うばかりか、さらに酷くなると（あなたの）健康を害する」は"饮酒过量［不但／不仅］会［失去／丧失］理智，［更严重／更糟糕／更可怕］的是它会［影响你的身体健康／危害你的身体健康／给你的身体健康带来不好的影响／给你的身体健康带来危害］"。「さまざまな慢性病が知らない間に忍び寄ってきて」は"各种慢性病都会［悄悄地找上门来／悄然而来］"。「具合を悪くさせる」は"让你不爽／让你不舒服／让你生病"。「この意味では酒は悪いものでもある」は"从这种意义上来说，酒也是个坏东西"。

"一醉方休 yí zuì fāng xiū"は「酔ってしまうまでお酒を飲むのをやめない」という意味で、"方"は「やっと」、"休"は「やめる」を表す。"借酒消愁 jiè jiǔ xiāo chóu"は「杯を挙げて酒で憂さを晴らす」。

(77) 現代社会において生活や仕事のリズムが加速し続けていることが、知らず知らずのうちに人々に非常に大きなストレスをもたらしている。このままいく

と、それがいろいろな病気を引き起こし、人々の心身の健康が損なわれてしまうだろう。従って働く時間と休む時間のバランスを適切にとることが無視できない課題になっている。例えば、忙しい仕事の合間にレクリエーションにより多く参加すれば、間違いなくストレスを発散することができる。そのほかにも、心ゆくまで笑うことや大声を出して笑うことも、ストレスを解消する最もよい方法の1つである。「笑えば10年若返り憂えば髪白くなる」、「いつも朗らかでニコニコしていればいつも青春」、これらはすべて中国人が長い歳月をかけてまとめあげた知恵である。

由于现代社会的生活节奏、工作节奏不断加快，无形之中给人们带来了极大的精神压力。长此以往，会导致各种疾病，危害人们的身心健康。因此适当地调整作息时间是不可忽视的。比如，在紧张的工作之余，多参加一些娱乐活动，无疑可以缓解精神压力。另外，开怀大笑以及放声大笑也是减轻精神压力的最佳方法之一。"笑一笑十年少，愁一愁白了头"，"笑口常开，青春常在"，这些都是中国人在漫长的岁月中总结出来的经验。

「現代社会において生活や仕事のリズムが加速し続けていることが（ことにより）」は"由于现代社会的生活节奏、工作节奏［不断加快／越来越快］"。「知らず知らずのうちに人々に非常に大きなストレスをもたらしている」は"［无形中／无形之中／不知不觉］［给人们带来了／使人们产生了］［极大／巨大］的精神压力"。「このままいくと」は"长此以往／长久下去／继续下去／这样下去"、「いろいろな病気を引き起こし、人々の心身の健康が損なわれてしまうだろう」は"会导致各种疾病（的发生），［危害人们的身心健康／对人们的身心健康产生不良的影响］"。「従って働く時間と休む時間のバランスを適切にとることが無視できない課題になっている」は"因此适当地调整［工作与休息时间／作息时间］是［很重要／不可忽视／不容忽视／应该加以重视／必须给予重视］的（问题）"。「例えば、忙しい仕事の合間に」は"在紧张的工作之余"。「レクリエーションにより多く参加すれば」は"多参加一些娱乐活动（的话）"。「間違いなく」は"无疑／一定／毫无疑问"、「ストレスを発散することができる」は"［可以／会／能］［缓解／消除／舒缓／有效（地）释放／排除］精神（上的）压力"または"［可以／会／能］［化解精神的疲惫／减轻精神（上的）压力／放松绷紧的神经］"あるいは"［可以／会／能］使得［紧张的／绷紧］神经放松下来"。「そのほかにも、心ゆくまで笑うことや大声を出して笑うことも、ストレスを解消する最もよい方法の1つである」は"［另外／除此以外］［开怀大笑／畅怀大笑］以及放声大笑也是减轻精神压力的最佳方法之一"。「笑えば10年若返り憂えば髪白くなる」は"笑一笑十年少，愁一愁白

了头"、「いつも朗らかでニコニコしていればいつも青春」は"笑口常开，青春常在"、「これらはすべて中国人が長い歳月をかけてまとめあげた知恵である」は"这些都是中国人［在漫长的岁月中／经过漫长的岁月］［总结出来的经验／得到的经验］"。

(78) 『孫子兵法』に「敵を知り己を知れば百戦して危うからず」とある。この兵法のバイブルは投資家にとってもバイブルになり得るものだ。己を知るとは、すなわち自分の能力および長所と短所を正しく知ることであり、自分を過剰に評価しても過小に評価してもいけない。敵を知るとは、すなわち市場の変化を絶えず把握しそれに適応しなければならないということである。投資家は市場の激しい変化の中でチャンスを確実につかんでこそ、はじめて勝ちを制することができ、さらには投資の常勝将軍になれる可能性も出てくるのだ。

《孙子兵法》中说，知己知彼，百战不殆。这一兵学之经典，对于投资者来说，也同样适用。知己就是要正确了解自己的能力以及长短处，不要过高或者过低地评价自己。知彼就是要不断了解和适应市场变化。投资者只有在市场风云变幻中能把握好时机，投资方能制胜，甚至可能有幸成为投资的常胜将军。

「『孫子兵法』に「敵を知り己を知れば百戦して危うからず」とある」は"《孙子兵法》［中说／有云］，知己知彼，百战不殆 zhī jǐ zhī bǐ, bǎi zhàn bú dài"。「この兵法のバイブルは投資家にとってもバイブルになり得るものだ」は"这一兵学之经典，对于投资者来说，［也同样／也一样］适用"。「己を知るとは、すなわち自分の能力および長所と短所を正しく知ることであり」は"知己就是要正确［了解／认识］自己的能力以及［长短处／优缺点］"。「自分を過剰に評価しても過小に評価してもいけない」は"不要过高或者过低地评价自己（的能力）"。「敵を知るとは、すなわち市場の変化を絶えず把握しそれに適応しなければならないということである」は"知彼就是要不断［了解／认识／掌握］和适应市场变化"。「投資家は市場の激しい変化の中でチャンスを確実につかんでこそ、はじめて勝ちを制することができ」は"投资者只有在市场风云变幻中［能把握住时机／能把握好时机／能抓住机会］，投资［才能／方能］［制胜／取胜／立于不败之地］"。「さらには（幸運であれば）投資の常勝将軍になる可能性も出てくる」は"甚至可能有幸［成为投资的常胜将军／坐上投资常胜将军的宝座］"。

(79) 紙の中に火はとうてい包みきれず、事の真相は隠しきれない。これは誰にでも分かる道理である。事の真相を隠せば一時的な平穏は得られるかもしれな

いが、遅かれ早かれ真相が白日の下に晒される日がくるはずだ。まさに「人に知られたくなかったなら、己がやらないことだ」ということである。

纸里终究包不住火，事实真相是瞒不住的。这个道理谁都懂。隐瞒事实真相也许能换来一时的风平浪静，但总有一天会真相大白。正所谓"若要人不知，除非己莫为"。

「紙の中に火はとうてい包みきれず」は"纸里［终究／无论如何也／怎么也］包不住火"。「事の真相は隠しきれない」は"事实真相是［瞒不住／掩盖不住／盖不住／捂不住］的"。「これは誰にでも分かる道理である」は"这是谁都［知道／懂］的道理"または"这个道理谁都［懂／知道］"。「事の真相を隠せば一時的な平穏は得られるかもしれない」は"［隐瞒／掩盖］事实真相也许能［换来／得到］［一时的／暂时的］［风平浪静／平静］"。「（しかし）遅かれ早かれ真相が白日の下に晒される日がくるはずだ」は"［但／但是］［迟早／总有一天］［事情的真相会大白于天下／会真相大白］"。「まさに『人に知られたくなかったなら、己がやらないことだ』ということである」は"正所谓［"若要人不知，除非己莫为 ruò yào rén bù zhī, chúfēi jǐ mò wéi"／"要想人不知，除非己莫为"］"。

⑧ 素晴らしい商品の数々を目の前にすると、多くの人が無利息分割払いという魅力的な購入方式を選択するかもしれない。しかし実際には世の中にただで食べられる昼飯などはないのだ。完全無利息の分割払いのように見せてはいるが、実は分割払いの手数料がとっくに秘密裡に消費者に転嫁されているのだ。元をただせば自分の身から出たものという道理は誰もがよく理解していると信じる。とはいえ分割払いは、懐の寂しい学生や仕事を始めたばかりの若者にとっては、間違いなく非常に便利な買い物の方法なのである。

面对琳琅满目的商品，也许许多人都会选择诱人的免息分期付款的购物方式。但实际上，天下没有免费的午餐，看似完全免息的分期付款，其实分期付款的手续费早已悄悄地转嫁到了消费者的身上。相信"羊毛出在羊身上"的道理谁都心知肚明。不过，分期付款对囊中羞涩的学生和刚刚工作的年轻人而言，无疑是一个非常有效的购物途径。

「（目を奪うばかりの）素晴らしい商品の数々を目の前にすると（目の前にした時）」は"面对琳琅满目的商品／当琳琅满目的商品在你的眼前出现时／当你的眼前有许多琳琅满目的商品时"。「多くの人が無利息分割払いという魅力的な購入方式を選択するかもしれない（無利息分割支払いを使って買い物をす

る誘惑に駆られることだろう)」は"也许许多人都会选择［诱人的／吸引人的／有魅力的］［免息／无利息］（的）分期付款的购物［方法／方式］"。「しかし実際には世の中にただで食べられる昼飯などない」は"但实际上，天下没有［白吃／免费／不要钱］的午餐"。「完全無利息の分割払いのように見せている」は"［看似／看起来好像是／看起来似乎是］［完全免息／完全无利息］的分期付款"。「実は分割払いの手数料がとっくに秘密裡に消費者に転嫁されている（消費者自身の負担になっている）」は"其实分期付款的手续费［早已／早就］悄悄地转嫁［到了消费者的身上／给了消费者］"。「元をただせば自分の身から出たもの（羊毛はヒツジからしか取れない）という道理は誰もがよく理解していると信じる」は"相信"羊毛出在羊身上"的道理［谁都心知肚明／谁都一清二楚／谁都明白／谁都懂／无人不知／无人不懂］"。「とはいえ」は"不过／虽说如此／虽然如此／尽管如此／尽管那样／尽管这样说／虽然那么说／虽然这么说"。「分割払いは、懐の寂しい学生や仕事を始めたばかりの若者にとっては」は"分期付款［对手头拮据／对手头紧／对手头不宽裕／对囊中羞涩］的学生和刚刚工作的年轻人［而言／来说］"。「間違いなく非常に便利な買い物の方法なのである」は"［无疑／毫无疑问］［是一个非常有效的购物途径／是一种非常方便的购物办法］"。

"羊毛出在羊身上"は「羊毛はヒツジからしか取れない、元をただせば自分の懐から出たもの、表向きは得したようでも実は自分から出したもの」という諺。"心知肚明 xīn zhī dù míng"は「問題や事情をよくわかっている」。"囊中羞涩 náng zhōng xiū sè"は「ポケットにお金がなく恥ずかしい思いをする」。

STEP 4
長文読解・中文日訳問題
4問

　長文問題はこれまで毎回2題出題され、合わせて40点程度を占めています。ここでは長文を4篇用意しました。より多く練習するために1篇の長文につき選択問題を10問、中文日訳問題を3問設定しました。レベルアップのためにそれぞれの長文を全文日本語訳するようお薦めします。

(解答 P.422)

長文（1）

解答 P.422

次の文章を読み、(1)～(10)の問いの答えとして最も適当なものを、それぞれ①～④の中から１つ選び、下線部(a)(b)(c)を日本語に訳しなさい。

《我的家乡》

　　我的家乡在偏僻的山区，因为那里仅有的一点点平坦的土地要用来种(1)庄稼，所以大部分人家都把房子盖在半山腰上，我家也不例外。那里山峦起伏，(2)眼前是山，遥望数里之外还是山。那山连天天连山的秀丽景观，站在家门口便可一览无余。那里没有汽车　(3)　出的尾气所造成的空气污染，也没有嘈杂的喧闹声，只有家禽和鸟儿的啼声。每天清晨伴随着骄傲的小公鸡们的"(4)一唱雄鸡天下白"，村民们就开始了一天平凡而快活的生活。

　　(a)这里的冬天宛如电视剧《林海雪原》中的景致一般白雪茫茫，连树枝都会被积雪压弯腰。每当人们听到春天的脚步声时，冬眠已久的大地就会从香甜的睡梦中醒来。梨花、桃花、山里红花，还有各种无名花大家互不谦让，你争我抢地竞相开放，各种无名草也不甘落后，匆匆忙忙地从山坡上田野里露出头来，五颜六色的蝴蝶在绿茵茵的草木和万紫千红的花卉的(5)衬托下，显得分外美丽。从南方归来的小黄莺也会　(6)　地从树上探出头来表演它的拿手歌曲，还有布谷鸟、喜鹊们也不甘示弱，争先恐后地表演自己的名曲，山间里的各种鸟儿都不约而同地加入到了这个乐团里，它们的啼声在寂静的山间里汇成了一部和谐动听的交响乐，人们边忙着手中的杂活，边　(7)　着抑扬顿挫、让人百听不厌的乐曲，沉浸在快乐之中。啊，这美好的春天让人们感到生活在"离离原上草，一岁一枯荣。"这个生命不息的大自然里是多么多么幸福。(b)到了夏天，阳光普照大地和山峦，山林的积雪融化消失。孩子们最忙的季节到来了，他们喜欢成群结伙地到河里捕鱼摸虾上山采蘑，当他们满载而归时，全家人还可以分享用这些材料做出的美味佳肴。到了秋天，不仅漫山遍野果实累累，农田里也是一片耀眼的金色。一到摘苹果的季节，孩子们也会跟在大人后面凑热闹。一次我和几个差不多大的孩子到苹果园想摘苹果吃，我们几个爬上树梯，都去摘又大又红，而且看起来很光滑的苹果。一位管理苹果园的叔叔把一个被鸟啄过，还留下了一块黑色的(8)疤痕的苹果放到了我的手里说，"要是以为表面看起来光溜溜的苹果好吃，那可就错了，其实被鸟啄过的最甜。"我咬了一口果然像蜜一样甜。从此我学会了　(9)　苹果的　(9)　，并渐渐地成了　(9)　苹果的　(9)　。

　　"你吃饭了吗？"是那里的人们见面时的问候语，不管是什么时间什么地点什么场合。(c)那里的交通很不方便，只有砂石路和羊肠小道，连骑自行车都颠簸得很厉害，所以大家外出时基本上靠步行。孩子们上学要走两公里以上的山路，可是没有哪个孩子会因为路远或者路不好走而不去学校，他们走到哪里欢声笑语就会飞到哪里。

- (1) 下線部(1)の意味として適当なものは、次のどれか。
  ①粮食　　②农活　　③土地　　④耕田

- (2) 下線部(2)の意味として適当なものは、次のどれか。
  ①天涯海角　　②咫尺天涯　　③咫尺之外　　④学海无涯

- (3) 空欄(3)を埋めるのに最も適当なものは、次のどれか。
  ①泄露　　②泄气　　③排泄　　④排放

- (4) 下線部(4)の意味として適当なものは、次のどれか。
  ①不鸣则已，一鸣惊人　　②拿着鸡毛当令箭
  ③一人得道，鸡犬升天　　④公鸡啼鸣，东方破晓

- (5) 下線部(5)の意味として適当なものは、次のどれか。
  ①格式　　②陪衬　　③布局　　④格局

- (6) 空欄(6)を埋めるのに最も適当なものは、次のどれか。
  ①悄悄　　②稍稍　　③微微　　④暗暗

- (7) 空欄(7)を埋めるのに最も適当なものは、次のどれか。
  ①聆听　　②观赏　　③欣赏　　④观摩

- (8) 下線部(8)の正しいピンイン表記は、次のどれか。
  ① bāhén　　② bāhéng　　③ pāhěn　　④ pākěn

- (9) 4か所の空欄(9)を埋めるのに適当なものは、次のどれか。
  ①选择…技巧…选择…枪手　　②择优…门道…择优…就手
  ③挑拣…诀窍…挑拣…巧手　　④挑选…要领…挑选…高手

- (10) 本文の内容に合わないものは、次のどれか。
  ①电视剧《林海雪原》的外景地是我的家乡。
  ②当春天悄悄走来时，连各种无名草也要匆忙来报到。
  ③"一岁一枯荣"就是"每年都枯萎每年又新生"的意思。
  ④鸟儿看苹果很有眼力。

長文（2）

次の文章を読み、(1)～(10)の問いの答えとして最も適当なものを、それぞれ①～④の中から1つ選び、下線部(a)(b)(c)を日本語に訳しなさい。

《物尽其性》　　　　　　　　　　　　　　　　　根据徐志摩的《话》改编

　　大自然是一部绝妙的奇书，每一页里都　(1)　着无穷无尽的意义。我们只要学会了研究这部书的方法，就多少能够了解其内容的(2)奥义，我们的精神生活就不怕没有食粮，我们的知识就不怕没有基础。每天太阳从东方的地平线上冉冉升起，渐渐地放光，霎时间照射四方，光满大地，这是何等的景象！　夏夜的星空好像眨着无数光芒闪烁的神眼，衬出(3)浩渺无极的苍穹，大海的波涛在不住地呼啸起落，高山顶上的云彩在不断地变幻，这又是何等伟大奥妙的景象！　就连地上的一棵无名的花草在春风中(4)摇曳时，也自有一种庄严愉快的神情。难怪诗人见了，甚至内心会感到"(5)非涕泪所能抒发的情感"。这正是凡物各尽其性的现象。玫瑰是玫瑰，海棠是海棠，鱼是鱼，鸟是鸟，野草是野草，流水是流水，各有各的特性，各有各的效用，各有各的意义。(a)仔细观察与悉心体会的结果，你不由得会感受到万物造作之神奇，你不得不相信万物的内部有一定的规律流贯其间。宇宙是合理的组织，人生也无非是这大系统的一个环节。由此可见，所有的生命只是个性的表现。只要在有生之年将天赋的个性尽量地实现，就是造化旨意的完成。

　　我这几天在留心月季花，观察她们　(6)　、花蕾　(6)　，并逐渐地　(6)　，观察饱满娇嫩的花朵儿渐渐地　(6)　和　(6)　。(b)我最初感到她们很可悲，何以美的景象会这样地易灭，但转念却觉得不但不必为花而悲，反而感悟到自然生生不息的妙意。花的责任就在于她春来集中吸收阳光雨露，以便开成色香两绝的好花的奋斗精神，精力枯竭了便自然落地成泥，　(7)　明年再来。只有不自然地被(8)摧残了，不能实现她可以引以为自豪的花好色香的短暂时光，那才叫可惜，才叫违反天意。

　　我们青年人应该时时刻刻把这个原则牢记在心里。不能在生命里留下对不起自己的憾事。应该以大自然为师，充分发挥自身　(9)　的天赋，实现自己生命的价值。(c)懂了凡物各尽其性的意义再来观察宇宙的事物，实在没有一件东西不是美的。一花一叶是美的自然不必说了，就连一草一虫也是美的。

    (1)　空欄(1)を埋めるのに最も適当なものは、次のどれか。
　　　　①隐藏　　　　②蕴藏　　　　③披藏　　　　④暗藏

- (2) 下線部(2)の意味として適当なものは、次のどれか。
  ①精辟而深刻的道理。
  ②用短小精悍的语言所表达的道理。
  ③用犀利的言辞所表达的观点。
  ④在情文并茂的文章中所描述的奥秘。

- (3) 下線部(3)の意味として適当なものは、次のどれか。
  ①渺无人烟　　②五光十色　　③浩瀚无垠　　④天涯若比邻

- (4) 下線部(4)の正しいピンイン表記は、次のどれか。
  ① yáozhuài　　② yóuyè　　③ yóuyuè　　④ yáoyè

- (5) 下線部(5)の意味として適当なものは、次のどれか。
  ①不哭就难以表达出真实的情感。
  ②只有流眼泪才能表达出的感情。
  ③并不是用鼻涕眼泪所能表达的情感。
  ④不流眼泪就不足以表达出情感来。

- (6) 5か所の空欄(6)を埋めるのに適当なものは、次のどれか。
  ①初绽…结苞…盛开…惆怅…憔悴
  ②孕蕾…盛开…憔悴…初绽…惆怅
  ③绽开…盛开…结苞…零落…打蔫儿
  ④孕蕾…初绽…盛开…憔悴…凋谢

- (7) 空欄(7)を埋めるのに最も適当なものは、次のどれか。
  ①曲高和寡　　②功德圆满　　③自顾不暇　　④自我陶醉

- (8) 下線部(8)の意味として適当なものは、次のどれか。
  ①糟蹋　　②焚毁　　③吞噬　　④沦落

- (9) 空欄(9)を埋めるのに最も適当なものは、次のどれか。
  ①不可多得　　②任重道远　　③与生俱来　　④应有尽有

- (10) 本文の内容に合わないものは、次のどれか。
  ①除非读懂大自然这部书，否则我们就没有精神食粮。
  ②只要能在有限的生命里发挥出自己的价值，就没白来这世上一趟。
  ③自然界的各种花朵，虽然花期长短不一，色香也不同，但都在周而复始地完成着自己的使命。
  ④这里所说的造化旨意是指自然界的创造者的旨意。

長文（3）

解答 P.429

次の文章を読み、(1)～(10)の問いの答えとして最も適当なものを、それぞれ①～④の中から１つ選び、下線部(a)(b)(c)を日本語に訳しなさい。

《论老实话》　　　　　　　　　　　　　　　根据朱自清的同名文改编

　　古今中外"说实话""说真话"历来受到人们的推崇。大家要求真实，寻求真理。甚至有些人喜欢(1)打破沙锅问到底，什么事情不弄个水落石出就誓不罢休。常听人们说，"我们要弄清事实的真相"。在"事实"的后面还要特意加上个"真相"，用　(2)　的繁琐表现形式，来加以强调。"事实的真相"，就是"实话""真话""真实的话"的意思。

　　"实话"如此重要，那么人们为什么时而不愿意说出实话呢？归根结底，关键在于利害关系的冲突上。在当今这个竞争激烈的社会上，在这个喧嚣的尘世间，往往是有你没我。众多的(3)凡夫俗子在这种无形的压力之下，出于保护自己的本能，或者为了掩盖自己的短处，或者为了维持表面的和气，互相都得藏着点儿心眼儿。大家在不安中捉迷藏、猜疑着。试想，自己把实话全盘托出，让别人掌握了自己的虚实和底细，岂不容易被人抢先一步或被人制服吗？大概没有谁愿意把自己的缺陷赤裸裸地暴露在他人面前甘拜下风吧？(a)像"人心隔肚皮，知人知面不知心"，"逢人只说三分话，未可全抛一片心"这些古老的处世格言正是告诫人们，为了避免利害关系发生冲突，要少说"实话"。另外也有些人不愿意说实话是为了掩饰自己的才能，以　(4)　的态度换取更好的活动空间。因为他们深知锋芒毕露会遭人忌妒甚至陷害，而收敛锋芒则是一种自我保护的好方法。

　　(b)虽然人们在情感上希望听到"真话"，但在某些情况下，要保证绝无谎言是很难做到的。有时为了他人，不得不言不由衷地编造出一些谎话来隐瞒真情。倘若以为这是为了害人而编造出来的，那可真是大错特错。譬如，你心爱的人患了绝症，虽然你明知对方想了解事情的真相，不愿意被蒙在鼓里，然而你可能觉得这个时候难得糊涂。于是为了不让对方过于悲伤，你会用善意的谎话来　(5)　对方、隐瞒真相。你的谎言则将会给予对方莫大的　(6)　，成为对方的精神支柱，并借助你的谎言从绝望中看到光明。再如，当长相平平的女朋友问起你自己的长相如何时，尽管她有自知之明，可仍然希望听到几句赞美之词，至少你可以说，在我的眼里你是最漂亮的。如果这时你实话实说的话，就会伤害对方。谎言在这里是美丽、纯洁的。

　　　(7)　的人们坐在一起时，随便聊聊天儿　(7)　，　(7)　地说些　(7)　的客套话不相干的门面话，或者互相表扬表扬　(7)　，这也未必就是假的或虚伪的。至少互相之间眼中有对方，也有几分互相尊敬之意，会令人感到舒服，气氛也会变得融洽一些。所谓推心置腹、肺腑之言，总得是知己才成。有的人一见面冷冰冰、不理不睬的，真可算是实事求是地从心里说出了真实话，可是那份过了火的"真"，又

有几个人受得了呢？

即使是彼此深知、(8)唇齿相依的知音伴侣之间，也未必时时处处可以说真话。谁都会有不愿意被别人知道的秘密，若是不 (9) 这些，多么亲爱的也会碰钉子的。真话之难就在于此。听过这样一件趣事，一位妇人，她瞒着丈夫存了些私房钱。但是她却一文也没舍得用过，可在她的儿子要去外国留学，全家人都在为留学的费用发愁时，她却毫不犹豫地拿出了她积攒多年的私房钱，为此儿子的愿望才得以实现。她存私房钱的目的并不是为了自己享用，而是为了解决家里的燃眉之急。

(c)真话未必是悦耳之言，人们爱听赞扬自己的话，不喜欢被对方一针见血地指出自己的弊病。这就是所谓的"良药苦口，忠言逆耳"，如果说了实话，即便是一片好心，也往往会得罪人。这也是人们不愿意说实话的一个原因吧？

☑ (1) 下線部(1)の意味として適当なものは、次のどれか。
　　①就是不撞南墙不回头的意思。
　　②就是马尾儿拴豆腐，提不起来的意思。
　　③比喻对事情寻根问底。
　　④就是哪壶不开提哪壶的意思。

☑ (2) 空欄(2)を埋めるのに最も適当なものは、次のどれか。
　　①颠三倒四　　②泛滥成灾　　③删繁就简　　④叠床架屋

☑ (3) 下線部(3)の意味として適当なものは、次のどれか。
　　①乱世枭雄　　②二等公民　　③平庸之人　　④笑面虎儿

☑ (4) 空欄(4)を埋めるのに最も適当なものは、次のどれか。
　　①虚心　　　　②心虚　　　　③冒昧　　　　④谦虚

☑ (5) 空欄(5)を埋めるのに最も適当なものは、次のどれか。
　　①骗取　　　　②哄骗　　　　③冒充　　　　④装成

☑ (6) 空欄(6)を埋めるのに最も適当なものは、次のどれか。
　　①慰劳　　　　②安慰　　　　③抚恤　　　　④慰问

☑ (7) 5か所の空欄(7)を埋めるのに適当なものは、次のどれか。
　　①泛泛之交…敷衍敷衍…客客气气…无关紧要…恭维恭维
　　②情投意合…人之常情…战战兢兢…无碍大局…孤芳自赏
　　③不期而遇…直来直去…委曲求全…颠来倒去…自吹自擂
　　④貌合神离…马马虎虎…兢兢业业…无足轻重…侃侃而谈

(8) 下線部(8)の意味として適当なものは、次のどれか。
　　①取长补短　　　②相提并论　　　③水乳交融　　　④相辅相成

(9) 空欄(9)を埋めるのに最も適当なものは、次のどれか。
　　①忍让　　　　　②顾忌　　　　　③顾家　　　　　④顾得

(10) 本文の内容に合うものは、次のどれか。
　　①人们都懂得言多必失的道理，所以大家只好保持沉默。
　　②大多数的平凡之人为了明哲保身都收敛锋芒。
　　③大可不必直言不讳地批评人，因为这样往往会伤害人。
　　④不甚了解的人很难做到开诚相见。

長文（4）

次の文章を読み、(1)～(10)の問いの答えとして最も適当なものを、それぞれ①～④の中から１つ選び、下線部(a)(b)(c)を日本語に訳しなさい。

《荷塘月色》　　　　　　　　　　　　　　　根据朱自清的同名文改编

　(a)这几天心里颇不宁静。今晚在院子里坐着乘凉，忽然想起日日走过的荷塘，在这满月的光里，总该另有一番样子了吧？　月亮渐渐地升高，墙外马路上孩子们的欢笑已经听不见了，妻在屋里拍着闰儿迷迷糊糊地哼着眠歌。我悄悄地披上了外套，带上门出去了。

　沿着荷塘是一条曲折的小煤屑路。这是一条幽僻的路，连白天都少有人走，夜晚就更加寂寞了。荷塘四面长着许多树，蓊(1)蓊郁郁的。路的旁边是些杨柳和一些不知道名字的树。没有月光的晚上，这路上阴森森的，有些怕人。今晚却很好，虽然月光也还是淡淡的。

　路上只有我一个人，背着手踱着。这一片天地好像是属于我的，我也像超出了平常的自己，到了另一世界里。我爱热闹也爱冷清，爱群居也爱独处。(2)像今天晚上一个人在这苍茫的月下，什么都可以想，什么都可以不想，便觉是个自由的人。白天里一定要做的事，一定要说的话，现在都可不理。这是独处的妙处，我　(3)　受用这无边的荷香月色好了。

　曲曲折折的荷塘上面，弥望的是田田的叶子。叶子出水很高，像亭亭的舞女的裙子。层层的叶子中间，零星地点缀着些白花，有袅娜地开着的，有(4)羞涩地打着朵儿的。正如一粒粒的明珠，又如夜空的星星，又如刚出浴的美人。微风过处送来　(5)　清香，仿佛远处高楼上渺茫的歌声似的。(b)这时候叶子与花也有一丝的颤动，像闪电般，霎时传到荷塘的那边去了。叶子本是肩并肩密密地挨着，这便宛然有了一道凝碧的波痕。叶子底下是脉脉的流水，被遮住了，辨认不出颜色，而叶子却更见风致了。

　月光如流水一般，　(6)　地泻在叶子和花上。　(6)　的青雾浮起在荷塘里。叶子和花仿佛在牛乳中洗过一样，又像笼着轻纱的梦。虽然是满月，天上却有一层　(6)　的云，所以不能朗照。但我觉得这恰到好处——(7)酣眠固不可少，小睡也别有风味的。月光是隔了树照过来的，高处丛生的灌木落下(8)参差的斑驳的黑影，峭楞楞如鬼一般，弯弯的杨柳的稀疏的倩影，却又像是画在荷叶上。塘中的月色并不均匀，但光与影有着和谐的旋律，如小提琴奏着的名曲。

　(c)荷塘的四面远远近近高高低低都是树，而杨柳最多。这些树将一片荷塘重重围住，只在小路一旁，漏着几段空隙，像是特为月光留下的。树色一律是阴阴的，乍看像一团烟雾，但杨柳的丰姿，即便在烟雾里也辨得出。树梢上隐隐约约的是一带远山，只有些(9)大意罢了。树缝里也漏着一两点路灯光，没精打采的，像瞌睡人

的眼睛。这时候最热闹的要数树上的蝉声与水里的蛙声，但热闹是它们的，我什么也没有。

☐ (1) 下線部(1)の正しいピンイン表記は、次のどれか。
①wěnyù　　②wēngyǔ　　③wāngyī　　④wěngyù

☐ (2) 下線部(2)の意味として適当なものは、次のどれか。
①在宁静的月下，他白天和黑夜简直判若两人。
②在宁静的月下，他可以摆脱白天人世间的羁绊得到短暂的自由。
③在宁静的月下，他变得敢想敢说了。
④在宁静的月下，他坠入了情网。

☐ (3) 空欄(3)を埋めるのに最も適当なものは、次のどれか。
①况且　　②苟且　　③姑且　　④而且

☐ (4) 下線部(4)の"羞涩地打着朵儿"が指すのは、次のどれか。
①花朵儿含苞待放。　　②女子轻盈地跳起舞来。
③花朵儿点缀着荷叶。　　④花朵儿饱满盛开。

☐ (5) 空欄(5)を埋めるのに最も適当なものは、次のどれか。
①串串　　②喋喋　　③屡屡　　④缕缕

☐ (6) 3か所の空欄(6)を埋めるのに適当なものは、次のどれか。
①淡淡…弯弯…薄薄　　②薄薄…淡淡…静静
③静静…薄薄…淡淡　　④弯弯…轻轻…微微

☐ (7) 下線部(7)の"酣眠固不可少，小睡也别有风味的"中の"酣眠"と"小睡"がそれぞれ指すのは、次のどれか。
①圆月之夜与云雾。　　②满月与朗照。
③月光朗照与月光朦胧。　　④熟睡与打盹儿。

☐ (8) 下線部(8)の"参差的斑驳的黑影"が指すのは、次のどれか。
①黑影令人望而生畏。　　②稀稀拉拉影子。
③影子深浅不一。　　④黑影的分布不均匀。

☐ (9) 下線部(9)の意味として適当なものは、次のどれか。
①美好的自然景观。　　②不引人注意的景色。
③又开阔又有立体感。　　④大致的轮廓。

- (10) 本文の内容に合わないものは、次のどれか。
    - ①把荷叶比作舞女的裙子，荷叶给人以轻盈飘逸的感觉。
    - ②因微风吹动荷叶和荷花才宛然有了一道凝碧的波痕。
    - ③今天不能朗照，正好与作者的心境相吻合。
    - ④一位绘画高手挥毫泼墨，把杨柳的倩影描绘在荷叶上了。

解答と解説

長文（1）

解答・解説

(1) **正解は❶** "庄稼 zhuāngjia"は「農作物」、"粮食 liángshi"は「食糧」、"种庄稼／种粮食"は「農作物を作る」。"农活"は「農作業、野良仕事」。"土地"は「土地」。"耕田 gēngtián"は「田を耕す」。

(2) **正解は❸** "眼前"は「(1) 目の前、眼前　(2) 当面」。"咫尺 zhǐchǐ 之外"は「目の前」。"天涯海角 tiān yá hǎi jiǎo"は「天地の果て」。"咫尺天涯 zhǐ chǐ tiān yá"は「近くにいながら天の果てにいるようで会うことができない」。"学海无涯"は「学問には限りがない」、例えば"书山有路勤为径，学海无涯苦作舟。"（もし本の山に道があればそれは勤勉という道であり果てしない学問の海で苦労の舟を漕ぐしかない。学問の山には勤勉は唯一の近道であり学問の頂点に達したければ果てしない学問の海で努力に努力を重ねるしかない）。

(3) **正解は❹** "排放"は「（廃ガスや廃水などを）排出する」。"泄露 xièlòu"は「（秘密や情報などを）漏らす」。"泄气 xiè//qì"は「(1) やる気を失う、がっかりする、しょげる　(2) 気体が抜ける」。"排泄 páixiè"は「（老廃物を）排泄する、（雨水、汚水などを）排出する」、例えば"体内的毒素不能正常排泄出去的话，各种器官的功能就会遭到破坏。"（身体の中の毒素（有害物）が正常に排泄できなかったら、各器官の機能が損なわれるだろう）。

(4) **正解は❹** "一唱雄鸡天下白"は「雄鶏が歌えば空が白む」。"公鸡啼鸣，东方破晓"は「雄鶏が鳴くと空が白み始める」。"不鸣则已，一鸣惊人 bù míng zé yǐ, yì míng jīng rén"は「鳴かなければそれまでだが鳴けば人を驚かす、普段目立たないが一度やりだすと驚くような成果を挙げること、突然人を驚かすような成果が挙がること」、例えば"这种茶叶过去几乎无人问津，被证明它有预防癌症的效果后，一下子就供不应求了，真可谓不鸣则已，一鸣惊人。"（このお茶に以前関心を持つ人はほとんどいなかったが、がん予防の効果が証明されてからは、あっという間に供給が需要に追い付かなくなった、本当に鳴かなければそれまでだが、鳴けば人を驚かすといえる）。"拿着鸡毛当令箭 názhe jīmáo dàng lìngjiàn"は「鶏の羽を発令に用いる矢にして振り回す、上

司のなにげない言葉を重大な指示であるかのように見なして大騒ぎするたとえ」。"一人得道，鸡犬升天 yì rén dé dào, jī quǎn shēng tiān"は「1人が出世すると、その一族も恩恵を受ける」。

(5) **正解は❷** "衬托 chèntuō"は「（背景や対照物などによって）引き立てる、際立つ」。"陪衬 péichèn"は「(1) 添え物、飾り物、引き立て役 (2) （背景や対照物などによって）引き立てる」。"格式"は「書式、フォーマット」。"布局"は「（建物などの）レイアウト、配置、または（都市や工業などの）分布」。"格局 géjú"は「(1) （建物などの）構造、構え、間取り (2) （文章などの）構成や組み立て」、例えば"这所房子虽说是二手房，却是难得一遇的好格局。"（この家は中古住宅（物件）だけれども、めったに見つからない良い間取りだ）。

(6) **正解は❶** "悄悄 qiāoqiāo"は「ひっそり、ひそかに」。"稍稍 shāoshāo"は「ほんのわずか」。"微微 wēiwēi"は「微々たる」。"暗暗"は「人知れず、こっそり」。

(7) **正解は❸** "欣赏 xīnshǎng"は「（視覚や聴覚などを通して景色、音楽、絵画などを）楽しむ」。"聆听 língtīng"は「拝聴する」。"观赏 guānshǎng"は「（視覚を通して景色や美術作品などを）観賞する、見物する、楽しむ」、例えば"春天是观赏名花异草的好季节，所以每年到了这个时候，来这个植物园的游客总是络绎不绝。"（春は美しい花や珍しい草を観賞するいい季節なので、毎年この時期になると、この植物園に来る観光客が絶えない）。"观摩 guānmó"は「見学する、互いに経験を交流して見習う」。

(8) **正解は❶** "疤痕 bāhén"は「傷跡」。

(9) **正解は❹** "挑选 tiāoxuǎn"は「（多くの中から最も良い、満足できる物や人を）選ぶ、選び出す」、例えば"你不是挑花眼了吧？ 这老半天还没挑选出来一件吗？"（あなたは選び過ぎてどれがいいかもう分からなくなったんじゃないか（物が多くてくらくらしてるんじゃないか）。こんなに時間をかけて、まだ1着も選べないの？）。"选择 xuǎnzé"は「（たくさんの中から適当な、具体的なまたは抽象的なものを）選ぶ」、このとき選んだものは必ずしも最も良いとは限らない。"挑拣 tiāojiǎn"は「（物を）選び出す」、よく選り好みをすることに用いる。"择优 zéyōu"は「優れた人や物を選ぶ」、目的語を取れない。"要领"は「要領」。"高手"は「達人」。"技巧"は「テクニック」。"枪手"は「射

撃手、替え玉」。"门道"は「こつ」。"就手"は「ついでに」。"诀窍 juéqiào"は「秘訣」。"巧手"は「腕達者」。

(10) **正解は❶**　"电视剧《林海雪原》的外景地是我的家乡"は「テレビドラマ『林海雪原』の撮影ロケ地は私の故郷だ」。"当春天悄悄走来时，连各种无名草也要匆忙来报到"は「春がそっとやって来ると、各種の無名の草さえも慌てて顔を出す」。""一岁一枯荣"就是"每年都枯萎每年又新生"的意思"は「"一岁一枯荣"はつまり毎年枯れてもまた新しく芽吹くという意味である」。"鸟儿看苹果很有眼力"は「鳥はリンゴをみる目がある」。

(a) (b) (c) は日本語訳を参照

日本語訳

『私の故郷』

　私の故郷は辺鄙な山間地帯にあり、そこのわずかな平坦な土地は農作物を作るために使わなければならないので、ほとんどの人が家を山腹に建て、我が家も例外ではなかった。そこは山々が連なり、目の前も山、少し遠くを眺めても山だった。山が天に連なり天が山に連なるその秀麗な景観が、玄関先から一目で余すところなく見渡すことができた。そこには自動車の排気ガスによる空気汚染もなく、がやがやとした喧噪もなく、家禽や鳥のさえずる声だけが聞こえた。明け方になると、誇り高いおんどりたちが鳴けば夜が明ける――「雄鶏が歌えば空が白む」とともに、村の人たちの平凡かつ喜びに満ちた1日の生活が始まる。

　(a)ここの冬はまるでテレビドラマ『林海雪原』の中の景色のように一面の銀世界が広がり、木の枝も積もった雪で大きく腰を曲げている。人々が春の足音を聞くころになると、長く冬眠していた大地が心地よい夢の中から覚醒する。梨の花、桃の花、サンザシの花、他にもいろいろな無名の花がどれも互いに譲らず競いあって咲き乱れ、名もなき雑草も負けずに慌てて丘の上や野や畑から顔を出す。色とりどりの蝶が青々とした草木や千紫万紅の花々に引き立てられて、ことのほか美しく見える。南から帰ってきた鶯もひっそりと梢から顔を出して得意の歌を披露し、カッコウやカササギたちも負けずに先を争ってそれぞれの名曲を披露すると、山の中のさまざまな鳥たちも期せずしてこの楽団に加わり、彼らの鳴く声は静かな山間で調和のとれた感動的な交響曲になる。人々は手元の仕事をせわしなくこなしながら、抑揚に富みいくら聞いても飽きない楽曲を鑑賞し（楽しんで）悦楽に浸っている（包まれている）。ああ、このすばらしい春は、「生い茂る野原の草、

1年に1度枯れてはまた芽吹く」という命が永遠に続いていく大自然に生きていることがどんなに幸せであるかを人々に感じさせてくれる。(b)夏になると、太陽の光が大地と山々をあまねく照らし、山林の積雪が溶けてなくなる。子どもたちの一番忙しい季節の到来だ。彼らは喜び勇んで友達と三々五々川へ行ってエビや魚を捕ったり山でキノコを採集したりする。彼らが大収穫をあげて家へ帰ると、家族全員でこれらを材料にして作った美味しい料理を分かち合うこともできる。秋になると、至る所に果実がたわわに実るだけでなく、畑も一面の眩しい金色になる。リンゴの季節になると（リンゴをもぐ季節になると）、子どもたちも大人の後について仲間に加わる。一度私は同じくらいの年の子ども何人かとリンゴ園へ行きリンゴをとって食べようとした。私たちは木の梯子を登り、みんな赤くて大きい見たところつるつるしているリンゴをもいだ。リンゴ園を管理するおじさんが、鳥につつかれた痕のある、さらに黒い傷あとの残るリンゴを私の手に渡してくれながら、「見た目がつるつるしているリンゴが美味しいと思ったらそれは間違いだよ、本当は鳥につつかれたリンゴが一番甘いんだよ」と言った。ひと口かじってみたら本当に蜜のように甘かった。この時から私はリンゴの選び方を覚え、そしてだんだんとリンゴ選びのプロになったのだった。

　「ご飯を食べましたか？」は、そこの人々の顔を合わせた時の挨拶であり、どんな時間でもどんな場所でもどんな場面でも使われる。(c)そこは交通がとても不便で、あるのは砂利道と曲がりくねった小道だけ、自転車に乗ってもひどく揺れて大変なので、みんな外出する時は基本的に徒歩だ。子どもたちが学校に通うには2キロ以上の山道を歩かなければならないが、しかし遠いあるいは道が悪いという理由で学校に行かない子どもはいなかった。彼らの行くところ、どこでも楽しげな声や笑い声に包まれていた。

長文（2）

解答・解説

(1) **正解は❷**　"蘊藏 yùncáng" は「（多く "着" を伴って）(1)（資源などが）埋蔵されている、眠っている　(2)（創造性、気持ち、力、意味などが）秘められている、隠されている、潜んでいる」。"隐藏 yǐncáng" は「(1)（秘密、真相などのような抽象的な事や物、財産などのような具体的なものを）隠す　(2)（見えないところに）隠れる」。"掖藏 yēcáng" は「差し込んで（押し込んで）隠す、隠す」。"暗藏" は「ひそかに隠す、潜伏する」。

(2) **正解は❶** "奥义 àoyì"は「奥深い意味や道理」。"精辟 jīngpì 而深刻的道理"は「透徹した深い道理」。"用短小精悍 jīnghàn 的语言所表达的道理"は「簡潔で精練された言葉で表現した道理」。"用犀利 xīlì 的言辞所表达的观点"は「鋭い言葉で表現した観点」。"在情文并茂的文章中所描述的奥秘"は「内容も表現もすぐれている文章の中に描写された神秘」。

"短小精悍 duǎn xiǎo jīng hàn"は「小柄だが精悍だ、（文章などが）簡潔で精練されている」。"情文并茂 qíng wén bìng mào"は「文章の内容が豊富で、文章の表現や修辞も優れていること」。

(3) **正解は❸** "浩渺 hàomiǎo 无极"は「広々と果てしないさま」。"浩瀚无垠 hàohàn wúyín"は「広々として果てしがない」。"渺无人烟 miǎo wú rén yān"は「見渡す限り人家がない」。"五光十色 wǔ guāng shí sè"は「色とりどりで美しいさま」。"天涯若比邻 tiān yá ruò bǐ lín"は「遠く離れても（親しい）近隣のようである」、"海内存知己，天涯若比邻"（自分を理解してくれる友が世にいる限り、たとえ天地の果てにいても近隣のように近く感じる。本当の友なら遠く離れても心が通い合う。本当の友情なら空間の隔たりに影響されない）。

(4) **正解は❹** "摇曳 yáoyè"は「ゆらゆら揺れる」。

(5) **正解は❸** "非涕泪所能抒发的情感"は「涙で表すことができる気持ちではない」。"并不是用鼻涕眼泪所能表达的情感"「涙と鼻水で表せる気持ちではない」。"不哭就难以表达出真实的情感"は「泣かないと本当の気持ちを伝えにくい」。"只有流眼泪才能表达出的感情"は「涙を流して初めて伝えられる気持ちである」。"不流眼泪就不足以表达出情感来"は「涙を流さないと気持ちを十分に伝えることができない」。

(6) **正解は❹** "孕蕾 yùn lěi"は「花のつぼみができる」。"结苞 jié bāo"は「花のつぼみができる、つぼみがつく」。"初绽 chūzhàn"は「（つぼみが）ほころびる」。"绽开 zhànkāi"は「（つぼみが）ほころびる、裂ける」。"盛开"は「満開である」。"憔悴 qiáocuì"は「(1)やつれる (2)（植物が）しおれる」。"凋谢 diāoxiè"は「（花や葉が）しぼんで落ちる、枯れ落ちる」。"零落"は「(1)（植物が）枯れ落ちる (2)（事物が）衰退する」。"惆怅 chóuchàng"は「しょんぼりする、憂鬱である」。"打蔫儿 dǎ//niānr"は「(1)（植物が）しおれる、しぼむ (2)元気がないさま」。

(7) **正解は❷** "功德圆满 gōng dé yuán mǎn"は「ある事が円満に終わる、ある事を成し遂げる」。"曲高和寡 qǔ gāo hè guǎ"は「曲が難しすぎて一緒に歌える人が少ない、文学や芸術作品が難し過ぎて大衆に受け入れられない」。"自顾不暇 zì gù bù xiá"は「自分のことだけで精一杯」。"自我陶醉 zì wǒ táo zuì"は「自己陶酔する」、例えば"他只取得了一点点成绩，就沉醉于沾沾自喜，自我陶醉之中了。"（彼はわずかな成果があがっただけなのに、もう得意になって自己陶酔におぼれてしまった）。

(8) **正解は❶** "摧残 cuīcán"は「(1)（政治、経済、文化、芸術、身体、精神などに）損害を与える　(2)（生き物などを）損なう」。"糟蹋 zāota"は「(1)（物品、食料、金銭、植物、身体などを）無駄にする、損なう、台なしにする、大切にしない　(2) 侮辱する」。"焚毁 fénhuǐ"は「焼いて破壊する」。"吞噬 tūnshì"は「丸のみにする、飲み込む」。"沦落 lúnluò"は「(1) 落ちぶれる、流浪する　(2) 衰える」。

(9) **正解は❸** "与生俱来 yǔ shēng jù lái"は「生まれつきである」。"不可多得 bù kě duō dé"は「稀少である、得がたい」。"任重道远 rèn zhòng dào yuǎn"は「任務は重く道ははるか遠い、責任は重大でありかつ長期にわたること」。"应有尽有 yīng yǒu jìn yǒu"は「あるべきものはすべて揃っている」。

(10) **正解は❶** "除非读懂大自然这部书，否则我们就没有精神食粮"は「大自然という本を理解することができなければ、私たちには心の糧を失ってしまう」。"只要能在有限的生命里发挥出自己的价值，就没白来这世上一趟"は「限りある生命の中で自分の価値を発揮することさえできれば、この世に生まれたことは無駄ではない」。"自然界的各种花朵，虽然花期长短不一，色香也不同，但都在周而复始地完成着自己的使命"は「自然界のさまざまな花は、開花期の長さがまちまちであり、色も香りも違うが、しかしみな繰り返し再生して自分の使命を全うしている」。"这里所说的造化旨意是指自然界的创造者的旨意"は「ここで言う『造化旨意』はつまり『自然界創造者の意志』という意味である」。

(a)（b）（c）は日本語訳を参照

日本語訳

『物それぞれその役目を発揮し尽くす』　　　（徐志摩著『話』より抜粋・改編）

　大自然はこの上なく素晴らしい本であり、どのページにも尽きることのない意味が秘められている。この本を研究する方法さえ身につければ、私たちはその内容の奥深い意味を多少は知ることができるようになり、精神生活において心の糧を失ってしまうことや、知識が上滑りすることを恐れることもなくなる。毎日太陽が東の地平線からゆっくりと昇り、次第に光を放ち、あっという間に四方八方を照らして大地に光が満ちる。これはなんと素晴らしい景色だろう！　夏の夜空の星々がまるで数え切れないほどの神秘的な目のようにキラキラと瞬いて、果てしない大空を引き立てている。海では波濤がしきりに音を立ててうねり、高い山の頂きでは雲が絶えず目まぐるしく変わっていく。これもまたどんなに偉大で奥深い光景だろう！　地上の名もない草花でさえ春風に揺れている時、荘厳でかつ朗らかな表情を見せる。道理で詩人がそれを見て、心から「涙で表せる感情（気持ち）ではない」とまで感じるはずだ。これはまさに（これこそ）あらゆる物がそれぞれその最善を尽くすということの現れである。バラはバラ、カイドウはカイドウ、魚は魚、鳥は鳥、野草は野草、流れる水は流れる水、それぞれ独自の特性や用途、意義を持っている。(a)<u>よく観察し一心に体得すれば、思わず万物創造の神秘を感じるだろう。そして一定の法則が万物の内部を貫き流れていることを信じざるを得ないだろう。宇宙は合理的な組織体であり、人が生きるのもまぎれもなくこの大きなシステムの一環なのである。</u>従って、すべての生命はただ個性の表れであるといえる。生のあるうちに生まれ持った特性（個性）をできる限り発揮しさえすれば、造物主の意志が完成されるのである。

　私はここ数日コウシンバラを気にかけて観察している。つぼみができ、そのつぼみがほころび始め、満開になり、鮮やかに満開となったみずみずしい花が次第にしぼんで枯れ落ちていくのを。(b)<u>私は当初、コウシンバラに哀れみを感じていた。どうして美しい情景はこのように簡単に消えてしまうのかと。しかし考えてみると、花のために悲しむ必要などないばかりか、自然界に生命がめぐることの神秘を悟った気がしている。</u>花の責任はつまり、春が来ると一生懸命に日光と雨露を吸収し、そして色・香りともに絶好の花を咲かせようという奮闘の精神にある。精力が尽き果てたら自然に枯れ落ちて土になり、やるべきことをすべて成し遂げて、次の年に再生するのだ。人為的に破壊され、花として今を盛りと咲きほこるわずかな時間を持てないこと、それこそが残念なことであり、天意を無視するものだ。

　我々若者は常にこの原則を心に刻みつけておくべきである。生涯において自分

に申し訳が立たないと思う痛恨事を残してはいけない。大自然を師として、自身の生まれ持った才能を十分に発揮し、自分の生命の価値を果たすべきである。(c)あらゆる物がそれぞれその最善を尽くすという意味を理解したうえで宇宙の事物を観察すると、美しくないものは本当に一つもないのである。1輪の花、1枚の葉が美しいのは言うまでもなく、1本の草、1匹の虫さえも美しいのである。

長文（3）

解答・解説

(1) **正解は❸** "打破沙锅问到底 dǎpò shāguō wèn dàodǐ"は「とことんまで問いただす」。"比喻对事情寻根问底"は「事に対してとことんまで問いただすたとえ」。"不撞南墙不回头 bú zhuàng nán qiáng bù huítóu"は「壁にぶつからないと振り返らない、失敗や挫折をしない限り反省しないたとえ」。"马尾儿拴豆腐，提不起来 mǎwěir/mǎyǐr shuān dòufu tíbuqǐlái"は「馬の尾の毛で豆腐をくくっても持ち上げられない、どうしようもない」。"哪壶不开提哪壶 nǎ hú bù kāi tī nǎ hú"は「お湯の沸いていないやかんを出す、わざわざ人の短所を暴いたり人の嫌がる話をしたりすることを指す」、例えば"你明知道我这方面不行，却偏偏哪壶不开提哪壶，这不是成心让我难堪吗？"（君は私がこの方面ではからっきしなことを知っているくせに、わざわざ弱いところを指摘するなんて、それはわざと困らせているのではないか）。

(2) **正解は❹** "叠床架屋 dié chuáng jià wū"は「屋上屋を重ねる、無駄な重複をするたとえ」。"颠三倒四 diān sān dǎo sì"は「でたらめである」。"泛滥成灾 fànlàn chéngzāi"は「氾濫して災害になる」。"删繁就简 shān fán jiù jiǎn"は「繁雑部分を削って文章を簡潔にする」。

(3) **正解は❸** "凡夫俗子 fánfū súzǐ"は「凡人、普通の人」。"平庸 píngyōng 之人"は「凡人、平凡な人」。"乱世枭雄 luànshì xiāoxióng"は「乱世の梟雄、野心家」。"二等公民"は「二等市民」。"笑面虎儿"は「(1) 優しそうな顔をして実は虎のように恐ろしい人　(2) いつもにこにこしている人」。

(4) **正解は❹** "谦虚"は「(人柄が) 謙虚である、(能力があっても) 自惚れない」。"虚心"は「虚心である、人に何かを教えてもらうときまたは人の意見を聞くときに素直で謙虚な態度をとること」、例えば"我们不仅欢迎正面报道，同时

也应该从负面报道中，虚心地听取正确的意见。"（我々は肯定的な（プラス面の）報道を歓迎すると同時に、否定的な（マイナス面）報道の中にある正しい意見にも謙虚に耳を傾けるべきである）。"心虚"は「(1)（やましいことがあって）びくびくする　(2) 自信がない」。"冒昧 màomèi"は「(多く謙譲語として用いる) 失礼である」。

(5) **正解は❷**　"哄骗 hǒngpiàn"は「騙す」。"骗取 piànqǔ"は「騙し取る」。"冒充 màochōng"は「成りすます、騙る、偽る」、"装成 zhuāng chéng"も「成りすます」で、"冒充"と"装成"は置き換えできる。例えば"他本来是个外行，却要［冒充／装成］内行。"（彼は素人のはずなのに、玄人のふりをする）。

(6) **正解は❷**　"安慰 ānwèi"は「慰める、慰め」、例えば"在我最悲伤的时候，是她给了我最大的安慰。"（私が最も悲しかった時、彼女から最大の慰めをもらった）。"慰劳 wèiláo"は「(多く功績を上げた人に贈物をして) 慰労する、慰問する」。"抚恤 fǔxù"は「救済する、補償を与える」。"慰问 wèiwèn"は「慰問する、見舞う」。

(7) **正解は❶**　"泛泛 fànfàn 之交"は「上辺だけの付き合い」、"敷衍 fūyan"は「いいかげんにする、あしらう」、"客气"は「丁寧である、遠慮する」、"无关紧要"は P.331 参照、"恭维 gōngwéi"は「お世辞を言う、持ち上げる」。"情投意合 qíng tóu yì hé"は「意気投合する」、"人之常情"は「人情の常」、"战战兢兢 zhànzhànjīngjīng"は「びくびくするさま」、"无碍大局 wú'ài dàjú"は「大局に影響がない」、"孤芳自赏 gū fāng zì shǎng"は「自己陶酔に陥る、独りよがり」。"不期而遇 bù qī ér yù"は「期せずして出会う、偶然に出会う」、"直来直去 zhí lái zhí qù"は「(1) まっすぐ行ってまっすぐ帰る　(2) さっぱりする、率直にものを言う」、"委曲求全 wěi qū qiú quán"は「大局を配慮するため不満足ながら我慢する」、"颠来倒去 diān lái dǎo qù"は「同じことを何度も繰り返すこと」、"自吹自擂 zì chuī zì léi"は「自画自賛する」。"貌合神离 mào hé shén lí"は「表面は親しそうでも気持ちは離れている」、"马马虎虎"は「(1) いい加減である　(2) まあまあである」、"兢兢业业 jīngjīngyèyè"は「勤勉である、勤勉に努める」、"无足轻重 wú zú qīng zhòng"は「どうでもいい、取るに足らない」、"侃侃而谈 kǎnkǎn ér tán"は P.102 参照。

(8) **正解は❸**　"唇齿相依 chún chǐ xiāng yī"は「歯と唇のように互いに密接な依存関係にある」。"水乳交融 shuǐ rǔ jiāo róng"は「水と乳がしっくり溶け合う、

互いに意気投合するたとえ」。"取长补短" は「（他人の）長所を学び（自分の）短所を補う」。"相提并论 xiāng tí bìng lùn" は「同一視する」。"相辅相成 xiāng fǔ xiāng chéng" は「互いに補完する、持ちつ持たれつ」、似た意味の言葉に "缺一不可 quē yī bù kě"（いずれも欠かせない）があり、例えば "目前对人们来说，网络媒体和传统媒体是［相辅相成／缺一不可］的。"（今人々にとって、インターネットメディアと昔ながらのメディアは［互いに補完し合う／どちらも欠かせない］ものである）のように言う。

(9) **正解は❷** "顾忌 gù jì" は「遠慮する、はばかる」。"忍让 rěnràng" は「我慢して譲歩する」。"顾家" は「家庭の世話をする」。"顾得" は「～する暇がある、気をとられる」。

(10) **正解は❹** "不甚了解的人很难做到开诚相见" は「あまりよく知らない人と腹を割って意見を交わすのはなかなか難しい」。"人们都懂得言多必失的道理，所以大家只好保持沉默" は「人々はみな言葉数が多いと失言を免れないという道理を知っているので、みな沈黙を守り続けるしかない」。"大多数的平凡之人为了明哲保身都收敛锋芒" は「大多数の平凡の人たちは保身を図るために才気をひけらかさないようにする」。"大可不必直言不讳地批评人，因为这样往往会伤害人" は「ずばりと人を批判する必要はまったくない、こうするとよく人を傷つけてしまうからだ」。

"开诚相见 kāi chéng xiāng jiàn" は「腹を割って意見を交わす」。"言多必失 yán duō bì shī" は「言葉数が多いと失言を免れない」。"明哲保身 míng zhé bǎo shēn" は「こざかしく立ち回って保身を図る、身の安全のため事なかれ主義になる」。"直言不讳 zhí yán bú huì" は「遠慮せずずばりと言う」。

(a) (b) (c) は日本語訳を参照

> 日本語訳

『正直な話について』　　　　　　　　（朱自清著『論老実話』より抜粋・改編）

　古今東西、「正直に言う」「本当のことを言う」は従来人々から高く評価されている。人々は真実を求め、真理を追求する。さらにとことんまで問いただすのを好む人もいて、どんなことも真相を明らかにしないと決しておさまらないのだ。「私たちは事実の真相を明らかにしなければならない」と人々が言うのをよく耳にする。「事実」の後ろにわざわざ「真相」を加え、「屋上屋を架す（重複する）」く

どい表現形式によって強調するのだ。「事実の真相」はつまり「正直な話」「本当の話」「真実の話」という意味である。

「正直な話」がそんなに大事なら、それならなぜ人々は時に正直に話したがらないのだろうか。結局、肝心なのは利害関係の衝突にある。今のこの競争の激しい社会、この騒がしい世の中においては、どちらかが勝ち残りどちらかが淘汰されるという状態にある。多くの凡人はこの目に見えない圧力の下で、自分を守るという本能から、あるいは自分の短所を隠すために、またあるいは上辺の友情を維持するために、互いに心の内を少し隠しておかざるを得ないのだ。みんな不安の中でかくれんぼうをし、疑いの目を向け合っている。考えてもみなさい、自ら正直に全部さらけ出すと、人に自分の虚実と内情を知られてしまう。これは人に先手を打たれ、人に制圧されやすくなるということではないか。自分の欠点を喜んで人の前にむき出しにして、甘んじて人の風下に立つ人などおそらくどこにもいないだろう。(a)「人の心は腹の皮を隔てているから、人を知り顔は知っていても心を知ることはできない」、「人に会ったら事の三割だけを話すにとどめ、心を全て打ち明けてはいけない」といったような古くからの処世訓は、利害関係の衝突を避けるためには「正直な話」は少なくすべきだと我々に警告している。そのほか、自分の才能を隠し、謙虚な態度を見せることでさらに良い活動空間を得ようとして、正直な話をしたがらない人もいる。なぜなら才気をあますところなく表に出すと人から嫉妬され、酷い場合には人に陥れられることもあり、逆に才気をひけらかさず慎重であるのが自己防衛の良い方法であると彼らがよく分かっているからだ。

(b)人々は感情の上では「本当の話」を聞きたいと願うが、場合によっては、絶対に嘘がないということを保証するのはとても難しいことだ。時には誰かのためにやむを得ず心にもないことを言い、嘘の話をして真実を隠すしかないこともある。もしそれを人に害を与えるためにつく嘘だと考えたとしたら、それは大きな間違いだ。例えば、あなたの大切な人が不治の病にかかった場合、あなたはその人が事の真相を知りたい、蚊帳の外に置かれたくないと思っていることをはっきり知っていても、このような場合には、ごまかされたほうがありがたいのではないか、と思うかもしれない。そこで相手を悲しませすぎないように、あなたは善意の嘘でその人を騙し真相を隠してしまうだろう。あなたの嘘はその人にとって極めて大きな慰めになり心の支えになり、あなたの嘘の力を借りて絶望の中に光を見つけ出すだろう。また、平凡な容貌であるガールフレンドがあなたに、自分の容貌はどうかと聞いた時、たとえ彼女に己を知る賢さがあっても、やはり少しはほめ言葉を聞きたいはずだ。少なくともあなたは、僕の目には君は一番綺麗だと言うことができるはずだ。この時もしあなたが事実を率直に話したなら、彼女

を傷つけるに違いない。嘘はここでは美しく、純真なものなのだ。

　上辺だけの付き合いの人が同席して、気軽によもやま話をするとか、遠慮しながら（丁寧に）どうでもよい社交辞令や関係のない上辺だけの話をするとか、または互いにほめたり持ち上げ合ったりするとか、これらも必ずしも偽りや不誠実なものとは限らない。少なくとも互いの眼中に相手を認めていて、互いにいくらか尊敬の意もあるのであれば、人をいい気分にさせ、雰囲気も和やかなものになるだろう。いわゆる腹を割った話、心の底から出た言葉というのは、知己になってからでなければ成り立たないものだ。会うと無愛想な顔をし相手にもしてくれないような人は、ありのままに心から正直に話してくれたと言えるだろうけれども、しかしその行きすぎた「正直」には、どれくらいの人が耐えられる（受け入れられる）だろうか。

　たとえお互いによく知った密接な関係にある伴侶の間でも、いつでもどこでも正直に話してよいとは限らない（よいわけではない）。誰にでも人に知られたくない秘密があり、もしそれに配慮しなかった（それを無視した）なら、どんなに愛し合う間柄でも壁にぶちあたるはずだ。正直な話の難しいところはここにある。このようなおもしろい話を聞いたことがある。ある女性が夫に内緒でへそくりを貯めていた。でも彼女は1文でさえもったいなくて使ったことがなかった。だが、彼女の息子が外国へ留学しようとして家族の皆が留学の費用で困っていた時、彼女は迷わず長年貯めたへそくりを出し、それで息子の願いを実現させることができた。彼女がへそくりを貯めた目的は自分のために使うのではなく、家族の焦眉の急を解決するためだったのだ。

　(c)本当の話は耳に快い言葉とは限らない。人は自分をほめてくれる話が好きで、相手に自分の欠点をずばりと（鋭く）指摘されるのを嫌う。これはいわゆる「良薬は口に苦し、忠言は耳に逆らう」であり、もし正直に話したら、たとえ好意からであってもしばしば恨まれることになる（機嫌を損なう）だろう。これも人が正直な話をしたがらない1つの原因ではないだろうか。

長文（4）

解答・解説

(1) **正解は❹**　"蓊郁 wěngyù" は「草木が茂っている」。

(2) **正解は❷**　"像今天晚上一个人在这苍茫的月下，什么都可以想，什么都可以不想，便觉是个自由的人" は「今晩のように、1人この青くほの暗い月光の下

にいると、何を考えてもいいし、何も考えなくてもかまわない、ただ自由な1人の人間であると感じる」。"在宁静的月下，他可以摆脱白天人世间的羁绊 jībàn 得到短暂的自由"は「静かな月光のもとで、彼は昼間の世間の束縛から解放され、短時間の自由を得ることができる」。"在宁静的月下，他白天和黑夜简直判若两人"は「静かな月光のもとで、彼は昼と夜ではまったく別人のようだ」。"在宁静的月下，他变得敢想敢说了"は「静かな月光のもとで、彼は大胆に考え積極的に意見を言うようになった」。"在宁静的月下，他坠入了情网"は「静かな月光のもとで、ぬきさしならない恋に陥った」。

(3) **正解は❸** "姑且 gūqiě"は「ひとまず」。"况且 kuàngqiě"は「その上、まして」。"苟且 gǒuqiě"は「いい加減にする」。"而且"は「しかも、かつ」。

(4) **正解は❶** "羞涩地打着朵儿"は「恥ずかしそうに咲こうとしているつぼみをつけている」。"花朵儿含苞待放"は「花がつぼみをふくらませ咲こうとしている」。"女子轻盈地跳起舞来"は「女子がしなやかに踊り出している」。"花朵儿点缀着荷叶"は「花が蓮の葉を引き立たせている」。"花朵儿饱满盛开"は「花が旺盛に咲く」。
"含苞待放"は年頃の少女の美しい様子を形容する熟語でもある。

(5) **正解は❹** "缕缕 lǚlǚ"は「次から次と絶え間ないさま、繊細なさま」。"串"はつながっているものを数える量詞、例えば"一串串珍珠"（ひとつながりひとつながりの真珠）。"喋喋 diédié"は「ぺちゃくちゃ」、例えば"喋喋不休"（べらべら喋り続ける）のように、普通4文字の言葉に用いる。"屡屡 lǚlǚ"は「しばしば、たびたび」。

(6) **正解は❸** "静静 jìngjìng"は「静かな」、"薄薄 bóbó"は「薄い」、"淡淡 dàndàn"は「淡くかすかな」。"弯弯 wānwān"は「曲がっている」、"轻轻 qīngqīng"は「軽く、そっと」、"微微 wēiwēi"は「微々たる」。

(7) **正解は❸** "酣眠固不可少，小睡也别有风味的"は「熟睡はもちろん欠かせないが、浅い眠りも特別な趣（味わい）がある」で、"酣眠 hānmián"は「熟睡、熟睡する」、"小睡"は「短時間仮眠する」。"月光朗照与月光朦胧 ménglóng"は「月光が明るく照らすことと、おぼろであること」。"圆月之夜与云雾"は「満月の夜と雲霧」。"满月与朗照"は「満月と月明かりが強いこと」。"熟睡与打盹儿"は「熟睡と居眠り」。

(8) **正解は❸** "参差的斑驳的黑影"は「濃淡の違う黒い影」、"参差 cēncī"は「(長さや大きさなどが) 不揃いである」、"斑驳 bānbó"は「まだら模様の」。"影子深浅不一"は「影の濃淡が一様でない」。"黑影令人望而生畏"は「黒い影は見ただけで恐怖心を持たせる」。"稀稀拉拉影子"は「まばらな影」。"黑影的分布不均匀"は「黒い影の落ち方が均一ではない」。
"望而生畏 wàng ér shēng wèi"は「見ただけで恐ろしくなる」。

(9) **正解は❹** "大意 dàyì"は「大意、だいたいの意味、あらすじ」。"大致的轮廓"は「だいたいの輪郭」。"美好的自然景观"は「美しい自然の景観」。"不引人注意的景色"は「目立たない景色」。"又开阔又有立体感"は「広々として立体感もある」。

(10) **正解は❹** "一位绘画高手挥毫泼墨，把杨柳的倩影描绘在荷叶上了"は「1人の絵画の達人が筆をふるって柳の美しい姿を蓮の葉の上に描いた」。この中の"毫"は「毛」、毛筆（昔は筆をイタチの毛やヤギの毛で作った）を指し、"挥毫 huī háo"は「筆をふるう、筆を運ぶ」という意味。また、"泼墨 pō mò"は「(1) 山水画法の1つ、筆にたっぷり墨をつけて絵を描く画法　(2) 筆にたっぷり墨をつけて絵を描く」。"挥毫"と"泼墨"を合わせ"挥毫泼墨"で「筆をふるって絵を描く」という意味を表す。"把荷叶比作舞女的裙子，荷叶给人以轻盈飘逸的感觉"は「蓮の葉を踊り子のスカートに例えて、蓮の葉がしなやかで飄々とした感じを人に与えることを表す」。"因微风吹动荷叶和荷花才宛然有了一道凝碧的波痕"は「そよ風に蓮の葉と蓮の花が震えて、そのために濃い青色の波ができたかのようになった」。"今天不能朗照，正好与作者的心境相吻合"は「今日明るい光が差し込んでいないのはちょうど著者の心境と一致する」。

(a) (b) (c) は日本語訳を参照

日本語訳

『蓮池の月光』　　　　　　　　　　　　（朱自清著『荷塘月色』より抜粋・改編）
(a)このごろ心がすこぶる落ち着かない。今宵庭に座って夕涼みをしていると、ふと毎日通っている蓮池のことが思い浮かんだ。この満月の光の下では、きっといつもとは異なる独特な光景を見せてくれているだろう。月がゆっくりと上ってきて、塀越しの道から子どもたちの笑い声はもう聞こえてこない。妻は部屋で閏

児（注）を軽く叩きながらうとうとしている様子で子守唄を口ずさんでいる。私はそっと上着を羽織って、ドアを閉めて出て行った。

　蓮池に沿って歩いていくと、一筋の曲がりくねった、石炭殻で舗装された細い道がある。ひっそりとした寂しい道だ。昼間でさえこの道を通る人は少なく、夜になるとなおさら寂しく感じられる。蓮池の周りには数多くの木々が生い茂っている。道の傍らは柳や名も知れぬ木々だ。月光のない夜には、この道は薄暗く不気味で少し怖い感じがする。今晩は、月光は淡いけれども、それがかえっていい雰囲気を醸し出している。

　道には私1人だけがいて、手を後ろに組んでそぞろ歩きをしている。この世界（空間）がまるで私のものになったかのようで、普段の自分を超えて別の世界に入ったようにも思えた。私は賑やかなのも、静かなのも、みんなと集まるのも、1人でいるのも好きだ。今晩のように、1人この青くほの暗い月光の下にいると、何を考えてもいいし、何も考えなくてもかまわない、ただ自由な1人の人間であると感じる。昼間にはやらなければならない事や話さなければならない事があるが、今は気にしなくてもよい。これが1人でいる時の素晴らしさだ。ひとまず私はただこの蓮の香と月の光の広がりを楽しめばよいのだ。

　曲がりくねった蓮池の上に、見渡す限り蓮の葉が生い茂っているのが目に入った。葉は池の水面から高く伸びていて、まるで亭々とした踊り子のスカートのように見える。幾重にも重なった葉の間には、白い花が点々と咲いている。しなやかに咲いているものもあれば、恥ずかしそうに咲こうとしているつぼみもある。それらはまさに1粒1粒の真珠か、夜空にちりばめられた星か、または湯浴みしたばかりの美人のようだ。清々しい香りがそよ風に運ばれてきて、まるで遠くにある高殿から伝わってくるかすかな歌声のようだ。(b)その時、葉も花も小刻みに震え、それがまるで稲妻のように一瞬のうちに蓮池の向こうへ伝わっていった。葉はもともと肩を並べたかのようにびっしりとくっついていたため、それで一筋の濃い青色の波ができたかのようだった。葉の下では水が脈々と流れているが、葉に遮られて水の色は見えず、かえって葉をいっそう雅やかに見せていた。

　月明かりが流れる水のように、静かに蓮の葉と花によどみなく注がれている。薄い霧が蓮池から湧き上がっている。葉も花もミルクで洗われたようでもあり、また軽く柔らかな紗の夢（まぼろし）に包まれているかのようでもある。満月といっても、空には薄い雲がかかっているので、明るく照らしているわけではない。しかし私にはこれこそがちょうど良いと思われる。──熟睡はもちろん欠かせないが、浅い眠りにも特別な趣（味わい）があるように。月明かりが木々の隙間から差し込んできて、高いところに群生している灌木が落とす濃淡の異なる黒い影は（高いところに群生している灌木は不揃いなのでまだら模様の黒い影を落とす

それは)、ひっそりと声もなく立っている幽霊のようである。一方、曲がった柳のまばらに落とす美しい影は、蓮の葉の上に描かれた絵のようだ。池の中に差し込んでいる月明かりの明暗は一様ではないが、しかし光と影は調和のとれた旋律のようにバランスが取れていて、まるでバイオリンによって奏でられる名曲のようだ。

　(c)蓮池の周りは遠くも近くも、高いところにも低いところにも木が生えており、その中では楊柳が最も多い。これらの木々は蓮池を幾重にも取り囲んでいて、ただ小道のある部分だけに少し隙間がある。それはわざわざ月光のために残しておいたかのようだ。木の色は一様に暗く、一見すると煙の塊のようだが、柳の美しい姿はその煙霧の中でも見分けられる。梢の上にぼんやりと見えるのは遠の山々だが、ただその輪郭が見えるだけだ。木々の隙間から打ちしおれて元気のない街灯の灯りが少し漏れてきていて、まるで眠そうな人の目のようだ。この時、一番賑やかなのはやはり木の上の蝉の声と水の中の蛙の声だが、その賑やかさは彼らのものであり私のものではない。

(注)"闰儿 Rùnér"は子の名前

STEP 5
模擬試験

模擬試験を1回分用意しましたので、チャレンジしてください。

(解答 P.446)

1

次の文章を読み、⑴～⑽の問いの答えとして最も適当なものを、それぞれ①～④の中から１つ選びなさい。　　　　　　　　　　　　　　　　（24点）

《鸽子》

　　一个冬天的休息日我和往常一样到阳台上晒衣服，突然发现在阳台的一个角落里出现了一个 ⑴ 得不能再 ⑴ 的鸽子窝，与其说是个窝还不如说只是在那里堆了几根少得可怜的干草和干树枝更确切一些。只见一只鸽子安安静静地趴在巢窝里，另一只则默默地蹲在旁边。它们都高度警惕地注视着我，片刻两只鸽子不约而同地把头倾斜了一下，会意地点了点头。难道它们在互送秋波吗？ 不，这大概就叫⑵心有灵犀一点通吧？ 那样子可爱极了，我不想惊动它们，转身进了屋。又过了几天，我惊异地发现，不但它们的窝越筑越像样子了，而且还多了两个鸽子蛋。无疑这对鸽子是打算在我家的阳台上安家落户繁衍后代了。尽管鸽子无视法律随便侵占了我家的地盘，但是我们依然很高兴，祈祷着鸽子夫妇能快些孵化出新的生命来。

　　 ⑶ 时间一天天地过去了，只见鸽子夫妇 ⑶ 、齐心协力轮流用自己的体温孵卵。即使在 ⑶ 的夜晚，它们也 ⑶ 地坚守在那里。大约半个多月以后的一天，雄鸽回来与雌鸽交接班的时候见到自己日日夜夜 ⑷ 在身下的蛋不见了，而被取而代之的却是两只闭着眼睛还没长出羽毛，丑陋不堪的雏鸽。顿时好像心生疑忌，从它那纳闷儿和充满怒气的表情看得出，脑袋里一定划满了问号，心里积满了愤怒。它不断地发出咕咕咕的叫声，而且越叫声音越大，就好像在⑸歇斯底里地叫喊，我的蛋呢？ 被谁偷走了？ 这时雌鸽也咕咕咕地叫了起来，但是相比之下雌鸽的声音听起来比较温和，好像在以温柔的咕咕声来作答似的，我们的孩子已破蛋而出来到地球上了。初次升格为爸爸的雄鸽好像 ⑹ ，瞬间咕咕声也变得轻柔多了，它终于接受了眼前发生的事实，原来是这样啊！ 然后它也学着雌鸽的样子，嘴对着嘴地给雏鸽喂起食来了，看起来还算得上是个称职的爸爸。之后大约在一个多月的时间里，鸽子夫妇每天都辛勤地哺育着它们的孩子。一转眼两只雏鸽的羽翼已经丰满，脱离了 ⑺ 生活，开始自己 ⑺ 并很快就能跟着爸爸妈妈飞出去 ⑺ 了，自食其力的日子已经是指日可待了。在这期间，这几只鸽子就像我家的成员一样，给我们的生活增添了许多乐趣。我们每天回家后都要跟它们打个招呼，不然就像缺点儿什么似的。

　　春天到了，随着气温的回升，我家的阳台上 ⑻ 起粪便味来，而且越来越刺鼻了。打开窗户我们呼吸到的不是春天的花草芳香气息，而是扑鼻的臭气。我很担心这样下去这里恐怕会成为疾病的传染源。一天我抽空彻底清扫了阳台上的粪便，并把阳台上的布局改了个面目全非。到了傍晚，四只鸽子竟然准确无误地回到了这里，整整齐齐地排成一行站在阳台的墙上。八只眼睛同时隔着玻璃看着我，歪着头

咕咕咕地叫个不停。仿佛在说，不管这里变成什么模样，我们都认得出来似的。那一幕至今回想起来仍然历历在目。过去只是听说过鸽子有非凡的记忆力和超强的方向辨别能力，这次我真是(9)心服口服了。鸽子能这么准确地定位，这其中的奥妙究竟何在？　难道鸽子体内安装了人类目前最先进的全球定位系统吗？

☑ (1) 2か所の空欄(1)を埋めるのに適当なものは、次のどれか。
①朴素　　　　　②简陋　　　　　③简捷　　　　　④匮乏

☑ (2) 下線部(2)の意味として適当なものは、次のどれか。
①比喻配偶之间相敬如宾。
②比喻恋爱着的男女双方心心相印。
③比喻恋爱中的男女总是依依不舍，卿卿我我的。
④比喻双方胸中有数，却要明知故问。

☑ (3) 4か所の空欄(3)を埋めるのに適当なものは、次のどれか。
①不分昼夜…寸步不离…日出月落…风雪交加
②风雪交加…日出月落…寸步不离…不分昼夜
③日出月落…不分昼夜…风雪交加…寸步不离
④寸步不离…风雪交加…不分昼夜…日出月落

☑ (4) 空欄(4)を埋めるのに最も適当なものは、次のどれか。
①垫　　　　　　②搂　　　　　　③捧　　　　　　④摞

☑ (5) 下線部(5)の正しいピンイン表記は、次のどれか。
① xiēzīdǐlǐ　　② jiēsītǐlǐ　　③ xiēcītèlǐ　　④ xiēsīdǐlǐ

☑ (6) 空欄(6)を埋めるのに適当なものは、次のどれか。
①如梦方醒　　　②初出茅庐　　　③破涕为笑　　　④油然而生

☑ (7) 3か所の空欄(7)を埋めるのに適当なものは、次のどれか。
①啄食…喂食…觅食　　　　　②觅食…喂食…啄食
③喂食…啄食…觅食　　　　　④喂食…觅食…啄食

☑ (8) 空欄(8)を埋めるのに適当なものは、次のどれか。
①灌输　　　　　②漂浮　　　　　③激荡　　　　　④荡漾

- (9) 下線部(9)の意味として適当なものは、次のどれか。
  ① 心悦诚服　　　② 以理服人　　　③ 沁人心脾　　　④ 五体投地

- (10) 本文の内容に合うものは、次のどれか。
  ① 鸽子夫妇恩恩爱爱，不畏酷暑严寒为雏鸽寻揽食物。
  ② 刚当上爸爸的雄鸽，照顾起孩子来，还挺像模像样的。
  ③ 鸽子夫妇孵化雏鸽的整个过程，至今回想起来仍然历历在目。
  ④ 鸽子体内的导航仪远比人类的 GPS 还要先进。

2

(1)～(10)の中国語の空欄を埋めるのに最も適当なものを、それぞれ①～④の中から1つ選びなさい。　　　　　　　　　　　　　　　　　　（20点）

- (1) 公园的管理人员正在往草坪上（　　）粉末杀虫剂。
  ① 散布　　　　② 喷撒　　　　③ 散发　　　　④ 喷洒

- (2) 假如生活（　　）了你，你应该勇于面对现实。
  ① 欺骗　　　　② 欺负　　　　③ 诈骗　　　　④ 诬陷

- (3) 他平时看起来像个正经人似的，可是一喝酒就撒酒疯，经常当众（　　）。
  ① 出格　　　　② 出神　　　　③ 失真　　　　④ 出丑

- (4) 如果双方都不肯（　　）的话，那么价格战得打到何时呢？
  ① 不动窝　　　② 打头炮　　　③ 摊底牌　　　④ 较劲儿

- (5) 我们公司生产汽车备用轮胎的计划，绝不会因此（　　）的。
  ① 失算　　　　② 堵塞　　　　③ 僵局　　　　④ 搁浅

- (6) 智能手机既是我（　　）的工具，又是我爱不释手的玩具。
  ① 心灵手巧　　② 狡兔三窟　　③ 熟能生巧　　④ 得心应手

- (7) 今天我还要继续我的（　　），请大家耐心听下去。
  ① 陈词滥调　　② 老生常谈　　③ 生搬硬套　　④ 言简意赅

- (8) （　　）。我不经意说出的一句话，却刺痛了她。
  ① 只可意会，不可言传　　　　② 言者无意，听者有心
  ③ 言者谆谆，听者藐藐　　　　④ 言者无罪，闻者足戒

☐ (9) （　　），就等于荒废自己的人生。
　　①左也不是，右也不是　　　　②做一天和尚撞一天钟
　　③前怕狼后怕虎　　　　　　　④人怕出名，猪怕壮

☐ ⑽ 海外旅游实现不了的话，就看看地球仪来（　　）吧。
　　①望梅止渴　　②画龙点睛　　③画蛇添足　　④一枕黄粱

3

(1)～(8)の中国語の下線を付した語句の説明として最も適当なものを、それぞれ①～④の中から1つ選びなさい。　　　　　　　　　　　　　　（16点）

☐ (1) 你这当妈的怎么从来也不过问孩子的学习情况？
　　①追查　　　　②追究　　　　③追问　　　　④关心

☐ (2) 这种做法，纯粹是本末倒置。
　　①比喻把事物的主次、轻重弄颠倒了。
　　②把白的说成黑的，把黑的说成白的，比喻歪曲事实。
　　③形容说话、办事没有次序。
　　④比喻把上下关系弄错了。

☐ (3) 我有点儿丈二和尚摸不着头脑，到底出了什么事儿？
　　①没头没脑　　②一股脑儿　　③莫名其妙　　④缩头缩脑

☐ (4) 减肥不注意方法的话，效果就会适得其反。
　　①适可而止　　②逆反心理　　③事与愿违　　④事在人为

☐ (5) 君子一言，驷马难追，公司既然做出了承诺，就要说到做到。
　　①就是后悔莫及的意思。
　　②就是守口如瓶的意思。
　　③就是有凭有据的意思。
　　④就是绝不反悔的意思。

☐ (6) 他是一位尽职尽责的医生，为了能使更多的生命垂危的患者转危为安，他牺牲了很多自己的休息时间。
　　①化险为夷　　②安然无恙　　③绝处逢生　　④无病无灾

- (7) 政府对通货膨胀决不会置之不理。
  ①言听计从　　②置之度外　　③置若罔闻　　④草草了事

- (8) 酒后驾车被吊销了驾照，这不是自食其果吗？
  ①自食其力　　②自作自受　　③自找苦吃　　④自讨没趣

4

次の文章を読み、下線部(a)〜(c)を日本語に訳しなさい。　　（20点）

《汉字》

汉字是世界上历史最悠久、最古老的文字之一，是人类智慧的结晶。(a)从刻在龟甲与兽骨上的殷商时代的甲骨文一直演变到今天龙飞凤舞的草书、苍劲有力的行书、端庄秀丽的楷书。几千年来，许多文物都毁于无情的自然灾害和硝烟弥漫的战争之中，许多古文明也沉没于现代科学文化的汪洋大海之中，唯有汉字不仅从未被外来文化征服过，而且从未间断过其自由的发展。千百年来方块汉字显示出了它无穷的魅力，潜藏着巨大的潜力，也培养和丰富了五千年的古老文化。人们借助于方块汉字抒发自己喜怒哀乐的感情，保存珍贵的历史资料。在进入电脑时代的初期阶段，有人说，这回汉字完蛋了，方块字将成为现代科技发展的绊脚石。可事实证明，不是电脑改变了方块汉字，而是电脑接受了方块汉字，电脑向方块汉字乖乖地低下了头。在科学技术飞速发展，新的概念、新的知识层出不穷的今天，用既有的方块汉字就可以轻而易举地衍生出与时代脉搏相吻合的新词汇来，显示出了它的生命活力。方块汉字不仅没有变得老不中用，反而越活越年轻了，汉字的生命力之强令人翘指赞叹。另外，汉字还可以简洁地表达意思，据说在联合国的文件中，汉语的版本比其他任何一种语言的版本都薄。

汉字的造型与汉字的语意有着千丝万缕的联系，许多汉字一看就会让人产生许多遐想。比如说，"哭"这个字，好像从两只大眼睛里流出了眼泪，用它来描绘哭哭啼啼、痛哭流涕的样子真是活灵活现、栩栩如生。看了"哭"已经令人感到忧伤了，如果再和"痛"结合起来，"痛哭"这种声泪俱下的情景，会给人以身临其境之感。再来看看"日""月"的巧妙组合就变成"明"，简直是既形象又符合道理。"人""言"的结合衍生出了"信"字，它告诫人们要遵守自己的所言。(b)许多汉字有着深奥的道理，要想理解它的真意，还需要你去撩起它那神秘的面纱。"王"这个字，"天"和"地"分别由最上面的一横和最下面的一横来表示，中间的一横则代表百姓，再加上这顶天立地的一竖就成了天地之王。这种妙趣横生的解释让人眼界大开。

汉字造型美观具有独具一格的妩媚,画家笔下的山川河流在配上几笔字型优美的汉字就会锦上添花。著名诗人徐志摩赞叹道,有些汉字的结构纯属艺术家的匠心,是我们国粹之尤粹者之一。并以"愁"字为例,引出了诗人的无限感慨。(c)他赞扬"愁"字是文字史上有数的杰作,有石开湖晕,风扫松针的妙处。认为"愁"字点画的配置,简直就像出自艺术家手中的书画篆刻、雕塑品。

5

(1)~(3)の日本語を中国語に訳しなさい。　　　　　　　　　　(20点)

☐ (1) 春が来た。家近くの谷間では、至るところで鳥がさえずり花が香る。水がさらさら流れる谷川がことのほか優雅で静かだ。

☐ (2) 中学1年生の娘は何度もお母さんにねだって携帯を買ってもらった。最初お母さんは許そうとしなかったが、結局仕方なく認めた。しかしお母さんは、「嫌な話はあらかじめ言っておかないとね」と厳しく言った。それでお父さんも仲間に加わり、「三者協議をまとめよう、お母さんは甲、娘は乙、お父さんは証人として、約束に違反した者は罰せられることにしよう」と言った。お母さんはすぐにパソコンを起動し、お父さんと共に1字1句推敲に推敲を重ね、あれこれ言いながら協議の項目を増やしていった。例えば、勉強の成績が下がるのは許さないとか、放課後の帰り道にだけ電源を入れることを許す、等等である。

☐ (3) 「人間として大切なことは己をよく知ることである」、これは人として謙虚であれと戒める名言である。人は正しく自分を知ってはじめて自分の優れた点と欠点をはっきりと知ることができ、はじめて自分の欠点を直視することができる。そしてはじめて自分の長所を適切に生かして自分の短所を補うことができ、はじめて正しい方法を用いて、遭遇するさまざまな問題を処理することができるのである。

解答と解説

1

解答・解説

(1) **正解は❷**　"简陋 jiǎnlòu" は「(家屋、建物、設備などが) 粗末である、貧弱である」。"朴素 pǔsù" は「(1)(色、柄、身なりなどが) 地味である、派手でない　(2)(生活が) 質素である」。"简捷 jiǎnjié" は「簡単明瞭である」。"匮乏 kuìfá" は「(物資、資金、経験、知識、人材などが) 不足している、乏しい」。

(2) **正解は❷**　"心有灵犀一点通" は P.279 参照。"比喻恋爱着的男女双方心心相印" は「恋をしている男女双方の心と心が相通じるたとえ」。"比喻配偶之间相敬如宾" は「配偶者の間で互いに尊敬し合うことのたとえ」。"比喻恋爱中的男女总是依依不舍，卿 qīng 卿我我的" は「恋愛中の男女がいつも名残りを惜しむように親しいたとえ」。"比喻双方胸中有数，却要明知故问" は「互いに事情をよく知っていながらわざと尋ねるたとえ」。

(3) **正解は❸**　"日出月落" は「日が昇り月が落ちる」。"不分昼夜" は「夜昼の区別なく」。"风雪交加" は「風と雪が吹き荒れる」。"寸步不离" は「寸歩も離れない」。

(4) **正解は❷**　"搂 lǒu" は「抱きかかえる」。"垫 diàn" は「下に当てる、敷く」。"捧" は「(両手で) 持つ、ささげる」。"摞 luò" は「積み重ねる、積み上げる」。

(5) **正解は❹**　"歇斯底里 xiēsīdǐlǐ" は P.130 参照。

(6) **正解は❶**　"如梦方醒" は「夢から覚めたようである、過ちや愚かさから覚めるたとえ」、"如梦初醒" とも言う。"初出茅庐 chū chū máo lú" は「初めて世間に出たばかりで経験がない」。"破涕为笑 pò tì wéi xiào" は「泣き顔が笑顔に変わる」。"油然 yóurán 而生" は「自然に湧いてくる」。

(7) **正解は❸**　"喂食 wèi//shí" は「餌を与える」。"啄 zhuó 食" は「餌をついばむ」。"觅 mì 食" は「食物を搜す、餌をあさる」。

(8) **正解は❹** "荡漾 dàngyàng"は「(水、波、空気、歌声、笑い声などが)漂う、響く」。"灌输 guànshū"は「(1)(灌漑のため)水を引き入れる、注入する (2)(思想や知識などを)注ぎ込む、注入する、頭に入れる」。"漂浮 piāofú"は「(1)(水の上、空の上に)漂う、浮かぶ (2)(仕事振りが)頼りない、あやふやである」。"激荡 jīdàng"は「(水や波が)激しく揺れ動く」。

(9) **正解は❶** "心服口服 xīn fú kǒu fú"は「口先だけではなく心底から敬服する」。"心悦诚服 xīn yuè chéng fú"は「心から承服する、心から納得する」。"以理服人"はP.130参照。"沁人心脾 qìn rén xīn pí"は「(芳香、酒などが)体にしみわたる、(優れた文学作品、音楽、芸術などが)人の心に清新な感動を与える」。"五体投地 wǔ tǐ tóu dì"は「全身を地に投げ出して伏し拝む、心から感服するたとえ」。

(10) **正解は❷** "刚当上爸爸的雄鸽,照顾起孩子来,还挺像模像样的"は「父親になったばかりの雄鳩は、子どもを世話してみたらちゃんと父親らしくできる」。"鸽子夫妇恩恩爱爱,不畏酷暑严寒为雏鸽寻揽食物"は「鳩夫婦は仲がよく、酷暑厳寒を恐れず雛鳩のために餌を探す」。"鸽子夫妇孵化雏鸽的整个过程,至今回想起来仍然历历在目"は「鳩夫婦が雛を孵化させる全過程は今思い出してみても相変わらず目の前にあるようだ」。"鸽子体内的导航仪远比人类的GPS还要先进"は「鳩の体内のナビゲーションシステムは人類のGPSより遥かに進んでいる」。
"像模像样 xiàng mú xiàng yàng"は「それらしくちゃんとしている、まともである」。

(**日本語訳**)

『鳩』

　冬のある休日、私がいつもと同じようにベランダに洗濯物を干していたところ、突然ベランダの片隅にそれ以上粗末なものはないほど粗末な鳩の巣ができていることに気付いた。それは巣というよりもむしろ、ただ気の毒なほど少ない何本かの枯れ草と枯れ枝をそこに積み上げただけと言ったほうがもっと適切だった。1羽の鳩が静かに巣の中に腹這いになり、もう1羽が黙々と隣に蹲っている様子が見えた。2羽とも強く警戒しながらじっと私を見て、しばらくすると期せずして頭をかしげて合点しあうようにうなずいた。まさか彼らは互いに流し目を送り合っているのだろうか。いや、これこそ以心伝心だろう。その様子は最高に可愛

らしく、私は彼らを驚かしたくなくて、すぐに部屋に戻った。また数日経つと、驚くことになんと彼らの巣はますます立派に築かれていただけではなく、しかも卵が2つ増えているのを見つけた。間違いなくこの鳩夫婦は我が家のベランダに住み着き繁殖するつもりだろう。鳩が法律を無視して勝手にわが家の土地を自分のものにしたのだけれども、しかし私たちはやはり嬉しく、鳩夫婦が早く新しい命を孵化させることができるように祈った。

　日が昇り月が沈み1日1日時間はどんどん過ぎていき、鳩夫婦が昼も夜も力を合わせ交代で自分の体温で抱卵しているのを目にした。たとえ風と雪が吹き荒れる夜でも、彼らはそこをしっかりと守り寸歩も離れなかった。半月ほど後のある日、雄鳩は、戻ってきて雌鳩と仕事（勤務）を交替しようとした時に、昼も夜も身体の下に抱いていた卵が消えて、目が閉じたままの、まだ羽毛が生えてない、とても醜い2羽の雛に取って代わられていることに気付いた。にわかに心の中に疑いが起きたようで、その不思議そうに首をかしげ、非常に怒った表情から、頭の中はクエスチョンマークがいっぱいで心の中は怒りがいっぱいのように見えた。彼は絶え間なくクルクルと声を出し、その声がますます大きくなり、まるでヒステリックに、俺の卵はどこだ？　誰に盗まれたんだ？　と叫んでいるかのようだった。すると雌鳩もクルクルと声を出したが、どちらかといえば雌鳩の声は温かく柔らかに聞こえ、やさしいクルクルという鳴声で、私たちの子どもが卵の殻を破って地球に出て来たのよ、と答えているかのようだった。初めて父親に昇格した雄鳩は夢から覚めたように、またたく間にクルクルという声もなめらかになった。彼もついに目の前の出来事を受け入れたのだ。なるほどこういうことだったのか。そして彼も雌鳩の様子を真似て、自分の口を雛の口に合わせて餌を食べさせ始めた。見たところ父親として適任であるように見えた。それから約1ヵ月の間、鳩夫婦は毎日一生懸命に彼らの子どもを育てていた。あっという間に2羽の雛は羽もふっくらと生えそろい、親鳥から口移しで餌をもらう生活に頼ることがなくなり、自分で餌をついばみ始め、親に従って飛び立って餌を探すことができるようになり、自活する日ももう間近となった。この期間、この数羽の鳩は我が家の家族のように、私たちの生活に多くの楽しみを与えてくれた。毎日家に帰るといつも彼らと挨拶を交わす、そうしないと何か足りないように思えた。

　春が来て、気温が上昇するにつれて、我が家のベランダにフンの匂いが漂ってくるようになり、しかもますます鼻をつくようになってきた。窓を開けて吸い込むのは春の草花のよい香りではなく、むせるような臭気だった。私はこのままいくと、ここはおそらく病気の感染源になるのではないかととても心配した。ある日私は時間を作ってベランダのフンを徹底的に掃除し、さらにベランダの配置を一新した。夕方になると、4羽の鳩は意外にも正確にこの場所に戻ってきて、き

ちんと1列に並んでベランダの壁にとまっていた。8つの目が同時にガラス越しに私を見て、頭をかしげながらクルクルと鳴声を上げ続けていた。まるで「ここがどんな姿に変わってもぼくたちは見分けることができるよ（迷子にならないよ）」と言っているかのようだった。そのシーンが今思い出してみても目の前に見えるように思える。以前はただ、鳩が非凡な記憶力と尋常でない方向識別能力を持っていると聞いていただけだが、今度こそ私は本当に心から敬服の気持ちを抱いた。鳩がこんなに正確に位置を見定められるのは、その奥義はいったいどこにあるのか？ まさか鳩の体に現在人類最先端の全地球測位システム（GPS）が取り付けられているのだろうか。

2

(1) **正解は❷** "喷撒 pēnsǎ"は「（粉末を）散布する」。"散布 sànbù"は「（論調など を）広める」。"散发"は「(1)（ビラを）まく　(2) 発散する」。"喷洒 pēnsǎ"は「（液体を）散布する」。

公园的管理人员正在往草坪上**喷撒**粉末杀虫剂。
（公園の管理者は芝生に粉末の殺虫剤を散布している（撒いている）ところだ。）

(2) **正解は❶** "欺骗 qīpiàn"は「（虚偽の言葉や行動で）騙す、欺く、ごまかす、惑わす、かたる」、さらに抽象的な事物にも使え、例えば"被［阴谋／假象／爱情／社会／感情／政治］欺骗了"など。"欺负 qīfu"は「（多く強いものが弱いものを）いじめる」。"诈骗 zhàpiàn"は「詐欺を働く、騙し取る」。"诬陷 wūxiàn"は「誣告して人を陥れる」。

假如生活**欺骗**了你，你应该勇于面对现实。
（もしあなたが現実の生活に翻弄されているのなら、勇気を持って現実に立ち向かうべきだ。）

(3) **正解は❹** "出丑 chū//chǒu"は「恥をさらす、醜態を演じる」。"出格 chū//gé"は「（言動が）常軌を逸する、度を超す」。"出神 chū//shén"は「うっとりする、茫然とする」。"失真 shī//zhēn"は「(1)（音声、映像に）歪みが出る　(2)（事実と）食い違う」。

他平时看起来像个正经人似的，可是一喝酒就撒酒疯，经常当众**出丑**。
（彼は普段はまともな人間のように見えるが、酒を飲むとすぐ酔って暴れ、たびたび失態を演じる。）

(4) **正解は❸** "摊底牌 tān dǐpái"は「トランプの切札を相手に見せる、手の内をさらけ出す、内情を明かす」。"不动窝 bú dòngwō"は「(同じ場所から)動かない」、例えば"再不走就来不及了，你怎么还不动窝呢？"（もう出発しないと間に合わなくなるのに、どうしてまだ腰を上げないの？）。"打头炮 dǎ tóupào"は「1発目の大砲を打つ、最初に発言すること」。"较劲儿 jiàojìnr"は「対抗して互いに譲らない、力比べをする」。

如果双方都不肯**摊底牌**的话，那么价格战得打到何时呢？
（もし双方とも手の内を見せようとしなかったら、価格競争はいつまで続くことになるのだろうか。）

(5) **正解は❹** "搁浅 gē//qiǎn"は「(1)（船が）座礁する (2)（事物が）行き詰まる、中途で挫折するたとえ」。"失算"は「見込み違いをする」。"堵塞 dǔsè"は「（道などを）ふさぐ、渋滞する」。"僵局 jiāngjú"は「膠着状態」。

我们公司生产汽车备用轮胎的计划，绝不会因此**搁浅**的。
（わが社のスペアタイヤを製造する計画が、そのことによって行き詰まることなどは絶対にあるはずがない。）

(6) **正解は❹** "得心应手 dé xīn yìng shǒu"は「思うように手が自由自在に動く、思う通りにできるたとえ」。"心灵手巧 xīnlíng shǒuqiǎo"は「頭の回転が早く手先も器用である」。"狡兔三窟 jiǎo tù sān kū"は「ずるい兎は隠れ穴を3つ持つ、逃げ道をいくつも作り極めて用意周到であることのたとえ」。"熟能生巧 shú néng shēng qiǎo"は「慣れればコツがつかめる」。

智能手机既是我**得心应手**的工具，又是我爱不释手的玩具。
（スマートフォンは私が自由自在に使える道具でもあり、大好きで手放したくないおもちゃでもある。）

(7) **正解は❷** "老生常谈 lǎo shēng cháng tán"は「老書生の平凡な話、新鮮な内容のない話」。"陈词滥调 chén cí làn diào"は「古くさく決まりきった言葉、陳腐な決まり文句」。"老生常谈"は新鮮な内容はないが役に立つ可能性があり、謙遜の意味で用いられるが、"陈词滥调"は聞くに耐えない陳腐で中身のない言葉で、けなす意味を持つ。"生搬硬套 shēng bān yìng tào"は「（他人の方法や経験を）実際の状況を無視して機械的に当てはめる」。"言简意赅 yán jiǎn yì gāi"は「言葉は簡潔ながら意味は十分伝わっている」。

今天我还要继续我的**老生常谈**，请大家耐心听下去。
（今日はまた引き続き（私の）新鮮味のない話をしますが、みなさん辛抱強く聞いてください。）

(8) **正解は❷** "言者无意，听者有心 yán zhě wú yì, tīng zhě yǒu xīn" は「言うほうは何の気なしに言うのに、聞くほうは気になるものだ」。"只可意会，不可言传 zhǐ kě yì huì, bù kě yán chuán" は「心で理解できるだけで、言葉で伝えることはできない」。"言者谆谆，听者藐藐 yán zhě zhūn zhūn, tīng zhě miǎo miǎo" は「話すほうは熱心に説いているのに、聞くほうはうわの空である」。"言者无罪，闻者足戒 yán zhě wú zuì, wén zhě zú jiè" は「たとえ間違って批判しても批判者に罪はなく、聞くほうはその中から自分への戒めとすべきである」。

言者无意，听者有心。我不经意说出的一句话，却刺痛了她。
（何気なく言った言葉だが、聞く人はそれを心にとめた。うっかりして言った言葉が彼女を傷つけてしまった。）

(9) **正解は❷** "做一天和尚撞一天钟 zuò yìtiān héshang zhuàng yìtiān zhōng" は「和尚でいる日は鐘をつく、その日暮らしをする、無為に毎日を過ごすこと」。"左也不是，右也不是 zuǒ yě bú shì, yòu yě bú shì" は「こうやってもいけない、ああやってもいけない、どうやってもだめである」。"前怕狼后怕虎 qián pà láng hòu pà hǔ" は「前に進むにはオオカミが怖くて後にさがるにはトラが怖い、あれこれ考えすぎて事が進まないたとえ」。"人怕出名，猪怕壮 rén pà chū míng, zhū pà zhuàng" は「（いざこざを招くので）人は有名になるのを恐れ、（殺されるので）豚は太るのを恐れる、出る杭は打たれる」。ほかに「出る杭は打たれる」という意味の慣用句には "树大招风 shù dà zhāo fēng" "枪打出头鸟 qiāng dǎ chū tóu niǎo" などがある。

做一天和尚撞一天钟，就等于荒废自己的人生。
（無為に毎日を過ごすのは、自分の人生をおろそかにするのと同じだ。）

(10) **正解は❶** "望梅止渴 wàng méi zhǐ kě" は「梅を眺めて渇きをいやす、空想で自分を慰めるたとえ」。"**画龙点睛** huà lóng diǎn jīng" は「画竜点睛、最後にわずかに手を加えて完璧に仕上げるたとえ」、"**画蛇添足** huà shé tiān zú" は「蛇足、余計なことをして事をだめにしてしまうたとえ」、"一枕黄粱 yì zhěn huáng liáng" は「黄粱一炊の夢、邯鄲の夢、はかない夢に終わること、

人生の栄枯盛衰のはかないことのたとえ」。

海外旅游实现不了的话，就看看地球仪来**望梅止渴**吧。
(海外旅行が実現できなかったら、地球儀を見て自分を慰めよう。)

3

(1) **正解は❹**　"过问 guòwèn"は「(関心を持って事柄を)尋ねる、(事柄に)関与する、口を出す」。"关心 guān//xīn"は「(人や事物に)関心を持つ、関心を寄せる、気にかける」。"追查 zhuīchá"は「追跡調査する、追及する」。"追究 zhuījiū"は「(責任や原因などを)追及する、突き止める、明らかにする」。"追问 zhuīwèn"は「(原因、行方などを)問い詰める」。

你这当妈的怎么从来也不**过问**孩子的学习情况？
(あなたは母親なのにどうして子どもの勉強をほったらかしにしてしまったの。)

(2) **正解は❶**　"本末倒置 běn mò dào zhì"は「本末転倒」、つまり"比喻把事物的主次 zhǔcì、轻重弄颠倒 nòngdiāndǎo 了"「事物の本末、軽重を逆さにしたことをたとえる」。"把白的说成黑的，把黑的说成白的，比喻歪曲 wāiqū 事实"は「白を黒と言い黒を白と言う、事実を歪曲することをたとえる」。"形容说话、办事没有次序 cìxù"は「話、または事を運ぶのが無秩序であることを形容する」。"比喻把上下关系弄错了"は「上下関係を間違えることをたとえる」。

这种做法，纯粹是**本末倒置**。
(このやり方はまったく本末転倒だ。)

(3) **正解は❸**　"丈二和尚摸不着头脑 zhàng'èr héshang mōbuzháo tóunǎo"は「さっぱりわけが分からない」。"莫名其妙 mò míng qí miào"は「さっぱりわけが分からない、ちんぷんかんぷんだ」、述語、連体修飾語、連用修飾語に用いられる。"没头没脑 méi tóu méi nǎo"は「(1)手掛かりがない　(2)根拠や理由がない」、連用修飾語や連体修飾語に用いることが多い。"一股脑儿 yìgǔnǎor"は「全部、洗いざらい」。"缩头缩脑 suō tóu suō nǎo"は「首をすくめる、尻込みする」。

我有点儿**丈二和尚摸不着头脑**，到底出了什么事儿？
(私にはちょっとわけが分からない、一体何が起こったのか。)

(4) **正解は❸**　"适得其反 shì dé qí fǎn"は「裏目に出る、逆効果になる」。"事与

愿违 shì yǔ yuàn wéi"は「事の成り行きが希望どおりにならない、事の成り行きが期待に背くことになる」。"适可而止 shì kě ér zhǐ"は「適当なところでやめる」。"逆反心理 nì fǎn xīn lǐ"は「反抗心」。"事在人为 shì zài rén wéi"は「何事も人のやり方次第である」。

减肥不注意方法的话，效果就会适得其反。
(ダイエットはやり方に注意しなければ、逆効果になるだろう。)

(5) **正解は❹** "君子一言，驷马难追 jūnzǐ yì yán, sì mǎ nán zhuī"は「君子の一言は4頭立ての馬車でも取り戻せない、君子は必ず約束を果たす」。"绝不反悔 jué bù fǎn huǐ"は「前言を取り消すことは絶対にない、絶対約束を破らない」。"后悔莫及 hòu huǐ mò jí"は「後悔先に立たず、後悔しても追い付かない」。"守口如瓶 shǒu kǒu rú píng"は「(瓶に栓をしたように)口を閉じて何も言わない、口が固い、秘密を厳守する」。"有凭有据 yǒu píng yǒu jù"は「確たる根拠がある」。

君子一言，驷马难追，公司既然做出了承诺，就要说到做到。
(君子は一度口にしたことは取り消さない。会社は、承諾した以上、約束したことを守らなければならない。)

(6) **正解は❶** "转危为安 zhuǎn wēi wéi ān"は「(病状や情勢が)危険な状態から安全な状態に変わる、好転する」。"化险为夷 huà xiǎn wéi yí"は「険阻な場所を平坦な場所に変える、危険な状態から安全な状態に変える」。"安然无恙 ān rán wú yàng"は「つつがなく無事である」。"绝处逢生 jué chù féng shēng"は「九死に一生を得る」、"无病无灾 wú bìng wú zāi"は「無病息災」。

他是一位尽职尽责的医生，为了能使更多的生命垂危的患者转危为安，他牺牲了很多自己的休息时间。
(彼は非常に責任感の強い医者であり、死に瀕しているより多くの患者の生命を救うために自分の休息時間を多く犠牲にしている。)

(7) **正解は❸** "置之不理 zhì zhī bù lǐ"は「(問題、要求、意見などを)放置したまま取り合わない、ほったらかしにしておく」。"置若罔闻 zhì ruò wǎng wén"は「(批判、意見、問題などに対して)知らないふりをして取り合おうとしない、少しも耳を貸そうとしない」。"言听计从 yán tīng jì cóng"は「言いなりである、言うことはすべて受け入れる、人を十分信任すること」。"置之度外

zhì zhī dù wài"は「（個人の生死、利害などを）度外視する、気にかけない」。"草草了事 cǎocǎo liǎoshì"は「いい加減に事を済ます」。

政府对通货膨胀决不会置之不理。
（政府がインフレを黙って見過ごすはずはない。）

(8) **正解は❷** "自食其果 zì shí qí guǒ"は「自分から招いた悪い結果は自分で受ける、自業自得」。"自作自受 zì zuò zì shòu"は「自業自得」。"自食其力 zì shí qí lì"は「自力で生活する、自活する」。"自找苦吃"は P.342 参照。"自讨没趣 zì tǎo méi qù"は「自らつまらない結果や嫌な思いを招く」。

酒后驾车被吊销了驾照，这不是自食其果吗?
（飲酒運転で運転免許を取り上げられたのは、自業自得じゃないか。）

4
(a) (b) (c) 日本語訳を参照

日本語訳

『漢字』
　漢字は世界で最も長い歴史を持つ、最も古い文字の１つであり、人類の知恵の結晶である。(それは) (a)亀甲と獣骨に刻まれた殷時代の甲骨文から今日の竜が飛び鳳が舞うように生き生きとした草書、雄大で力強い行書、端正秀麗な楷書へと変化し発展し続けてきた。数千年来、多くの文化財が無情な自然災害や砲煙もうもうたる戦争によって破壊され、多くの古代文明も現代の科学文化の果てしない大海に沈んだが、ただ漢字だけが外来の文化に征服されることなく、しかもその自由な発展も途絶えることなく現在に至っている。永い年月、四角い漢字がその無限の魅力を示し、巨大な潜在力を秘めながら、五千年の古い文化を育て豊かにしてきた。（そして）人々は四角い漢字の助けを借りて自分の喜怒哀楽の気持ちを歌い上げ、貴重な歴史資料を保存してきた。コンピュータ時代の初期段階には、今度こそ漢字はおしまいだ、漢字が現代の科学技術発展の邪魔になると言う人もいた。しかしコンピュータは四角い漢字を変えることはなく、四角い漢字を受け入れ、コンピュータのほうが四角い漢字に素直に頭を下げたということを、事実が証明している。科学技術が急速に発展して新しい概念や知識が次々と現れる今日、既存の四角い漢字を使えば、時代の鼓動（時代の息吹、時代の雰囲気）にピッタリと合う新語を簡単に作り出すことができる、そのことがその生命力を示して

いる。四角い漢字は、古くて役に立たないものにならなかったばかりではなく、かえってますます若返ったのである。漢字の生命力の強さに人々は親指を立てて感心する。またさらに、漢字は簡潔に意味を表現することもできるので、国連の文書の中で中国語版は他のどの言語の文書よりも薄いそうである。

　漢字の形は漢字の意味と密接なつながりがあり、多くの漢字は一見する（見る）だけで人にたくさんのことを想像させる。例えば、「哭」という字は２つの大きな目から涙が流れ出ているようで、それによって、ひっきりなしに泣く、涙を流して泣き叫ぶ様子が本当に生き生きとして真に迫って描き出されている。「哭」を見るとそれだけで憂い悲しみを感じるが、さらに「痛」と結び付くと、「痛哭」という涙ながらに訴える光景が臨場感を持って感じられるだろう。そしてまた、「日」「月」が巧妙に組み合わされて「明」になっているのを見ると、それはまったくイメージが生き生きとして道理にも適っている。「人」と「言」の結合で生まれた「信」という字は、人々に約束は守らなければならないと戒めている。(b)多くの漢字は奥深い道理を持っており、その本当の意味を理解しようとするなら、その神秘のベールを巻き上げる必要がある。「王」という字は、「天」と「地」をそれぞれ一番上の横棒と一番下の横棒によって表し、真ん中の１本の横棒は庶民を表し、さらにこの天を背負って地にすっくと立つ１本の縦棒を加えると、天地の王になる。このすぐれた趣きに満ちた解釈は人々の視野を大きく開くものである。

　漢字の形の美しさは独自の魅力を備えおり、画家の描く山や川にさらに形が優美な漢字をちょっと飾り付けると錦上に花を添える（いっそう美しくなる）ことになる。著名な詩人徐志摩は、一部の漢字の構造はまさしく芸術家の巧みな意匠であり、我が国の伝統に根ざしたすぐれた文化の中の最もすばらしい物の一つであると賛嘆した。さらに彼は「愁」という字を例にして、詩人のはかり知れない深い思いを引き出して見せた。(c)彼は、「愁」という字は文字の歴史上有数の傑作であり、石が湖面に光の波紋を広げ、風が松の葉を吹き払っていくような趣がある、とほめたたえた。彼は、「愁」という字の点と線の配置がまるで芸術家の手で作られた書画篆刻や彫刻作品のようだと考えたのだ。

5

(1) 春が来た。家近くの谷間では、至るところで鳥がさえずり花が香る。水がさらさら流れる谷川がことのほか優雅で静かだ。

春天来了，我家附近的山谷里到处都是鸟语花香。潺潺的小溪显得格外幽雅恬静。

「春が来た」は"春天来了／春天到了"。「家近くの谷間では、至るところで鳥

がさえずり花が香る」は"我家附近的山谷里到处都是鸟语花香"。「水がさらさら流れる谷川がことのほか優雅で静かだ」は"[潺潺 chánchán／潺潺流淌 liútǎng] 的小溪，显得格外幽雅 yōuyǎ 恬静 tiánjìng"。

(2) 中学1年生の娘は何度もお母さんにねだって携帯を買ってもらった。最初お母さんは許そうとしなかったが、結局仕方なく認めた。しかしお母さんは、「嫌な話はあらかじめ言っておかないとね」と厳しく言った。それでお父さんも仲間に加わり、「三者協議をまとめよう、お母さんは甲、娘は乙、お父さんは証人として、約束に違反した者は罰せられることにしよう」と言った。お母さんはすぐにパソコンを起動し、お父さんと共に1字1句推敲に推敲を重ね、あれこれ言いながら協議の項目を増やしていった。例えば、勉強の成績が下がるのは許さないとか、放課後の帰り道にだけ電源を入れることを許す、等等である。

初一的女儿一再恳求妈妈，给她买部手机。开始妈妈始终不同意，最后无奈就答应了。不过妈妈严肃地说："我要把丑话说在前。"于是，爸爸也来凑趣说："咱们还是签个三方协议吧，妈妈是甲方，女儿是乙方，爸爸我作为见证方，谁违约就按约定处罚谁。"妈妈立刻打开了电脑，爸爸妈妈一起字斟句酌，你一言我一语地增加了协议条款。比如说，学习成绩不许下降啦，只准在放学回家的路上才能打开手机啦，等等。

「中学1年生の娘は何度もお母さんにねだって携帯を買ってもらった」は"[初一／初中一年级] 的女儿 [一再／再三／反复／多次][哀求／恳求] 妈妈，给她买部手机"。「最初お母さんは許そうとしなかったが、結局仕方なく認めた」は"开始妈妈 [始终／一直]（不肯）[不同意／不答应]，[结果／最后][无奈／没办法][就答应了／就同意了]"。「しかしお母さんは、『嫌な話はあらかじめ言っておかないとね』と厳しく言った」は"不过妈妈严肃地说，我要 [把丑话说在前／事先把不中听的话向你讲清楚／事先把你不爱听的话向你说清楚]"。「それでお父さんも仲間に加わり、～と言った」は"于是，爸爸也 [来／过来][凑趣说／凑热闹说]"、「(私たちは)『三者協議をまとめよう、お母さんは甲、娘は乙、お父さんは証人として、約束に違反した者は罰せられることとしよう』」は"咱们还是签个三方协议吧，妈妈是甲方，女儿是乙方，爸爸我作为 [见证方／见证人]，谁 [违约／违反规定] 就（要）按（协议）约定处罚谁"。「お母さんはすぐにパソコンを起動し」は"妈妈 [立刻／马上][打开了／起动了] 电脑"、「(お母さんは) お父さんと共に1字1句推敲に推敲を重ね、あれこれ言いながら協議の項目を増やしていった」は"爸爸妈妈一起

字斟句酌，[你一言我一语地／你一句我一句地] 增加了协议条款"。「例えば、勉強の成績が下がるのは許さないとか、放課後の帰り道にだけ電源を入れることを許す、等等である」は"[例如／比如说]，学习成绩 [不许／不能] 下降啦，[只准／只许／只能] 在放学回家的路上才能打开手机啦，等等"。

"字斟句酌 zì zhēn jù zhuó" は「1字1句推敲に推敲を重ねる、言葉を慎重に選ぶ」。

(3) 「人間として大切なことは己をよく知ることである」、これは人として謙虚であれと戒める名言である。人は正しく自分を知ってはじめて自分の優れた点と欠点をはっきりと知ることができ、はじめて自分の欠点を直視することができる。そしてはじめて自分の長所を適切に生かして自分の短所を補うことができ、はじめて正しい方法を用いて、遭遇するさまざまな問題を処理することができるのである。

"人贵有自知之明"，这是告诫人们做人要谦虚的一句名言。只有正确地认识自己，才能清楚自己的优缺点，才能正视自己的缺点，才能恰如其分地运用自己的所长避开自己的短处，才能运用正确的方法处理所遇到的各种问题。

「人間として大切なことは己をよく知ることである」は"人贵有自知之明"。「これは人々に人として謙虚であれと戒める名言である」は"这是[告诫／提醒]人们[要谦虚做人／做人要谦虚]的一句名言"。「～してこそはじめて～できる」は"只有…，才能…"、「人は正しく自分を知って（こそ）はじめて～」は"(一个人)只有正确地[认识／了解]自己，才…"。「自分の優れた点と欠点をはっきりと知り」は"[清楚／知道]自己的[优缺点／长短处]"。「自分の欠点を直視する」は"正视自己的[缺点／短处]"。「自分の長所を適切に生かし自分の短所を補い」は"[恰如其分地／恰当地／正确地][运用／发挥]自己的[所长／长处][避开／弥补]自己的[短处／缺点]"。「正しい方法を用いて、遭遇するさまざまな問題を処理する」は"[运用／使用]正确的方法处理所[遇到／碰到]的各种问题"。

付録1　熟語・四字成語索引

※数字は語釈のあるページ、（　）は語釈はないが作文の解答例や長文問題文中等で登場しているページ

A

爱不释手	261
爱财如命	341
爱搭不理	337
爱莫能助	261
爱屋及乌	261
碍手碍脚	72
安分守己	72
安然无恙	453
安于现状	72
按部就班	72
按下葫芦起了瓢	339

B

八面玲珑	316
八仙过海，各显神通	284
拔刀相助	331
拔地而起	324
拔苗助长	310
白手起家	57
白头偕老	59
百尺竿头，更进一步	127
百读不厌	273
百发百中	59
百感交集	59
百花齐放，万紫千红	71 （412）
百里挑一	285
百炼成钢	127
百年不遇	215
百年大计	62
百年一遇	215
百思不解	59
百无聊赖	129
百依百顺	59
百战百胜	127
百折不挠	127 （372）
班门弄斧	285
半半拉拉	64
半开玩笑	198
半路出家	127
半生不熟	64
半途而废	127
半推半就	128
半信半疑	128
半新不旧	215
半真半假	198
包办代替	128
包罗万象	128
饱食终日	128 （189）
暴殄天物	130
报喜不报忧	137
杯弓蛇影	339
杯水车薪	311
背道而驰	129
背井离乡	232
背水一战	327
背信弃义	314
背着抱着一样沉	272
本来面目	58
本末倒置	452
笨口拙舌	142
笨鸟先飞	66
逼上梁山	265
比上不足，比下有余	58
比翼齐飞	312
闭关自守	63
闭目遐想	63
避而不谈	62
鞭长莫及	335
变幻莫测	317

标新立异	311	不伦不类	321
表里如一	129	不鸣则已，一鸣惊人	422
别出心裁	129	不谋而合	131
别具一格	311	不怕一万，就怕万一	131
别有用心	129	不期而遇	430
彬彬有礼	129	不求甚解	325
冰冻三尺非一日之寒	61	不屈不挠	127 (367)
冰天雪地	61	不三不四	281
并驾齐驱	312	不声不响	60
病病歪歪	227	不胜枚举	131
勃然大怒	130	不识庐山真面目	262
博学多才	68	不识时务	132
捕风捉影	337	不识抬举	131
不白之冤	130 (175)	（有眼）不识泰山	285
不卑不亢	312	不食人间烟火	263
不耻下问	273	不速之客	59 (389)
不辞而别	67	不疼不痒	314
不打不成交	262	不务正业	72 (172)
不打自招	315	不显山不露水	312
不得要领	73	不相上下	328 (358)
不动声色	310	不屑一顾	312 (187)
不费吹灰之力	264	不幸中的万幸	179
不分昼夜	446	不修边幅	313
不寒而栗	312	不言而喻	131
不欢而散	313 (381)	不厌其烦	132
不慌不忙	302 (178)	不遗余力	314
不惑之年	59	不以为然	132
不假思索	280	不亦乐乎	313
不减当年	279	不翼而飞	312 (181)
不见棺材不落泪	264	不由分说	131
不见兔子不撒鹰	276	不由自主	143 (187, 406)
不经一事，不长一智	130	不约而同	131 (412, 440)
不胫而走	312	不在话下	60
不拘小节	313	不择手段	280
不拘一格	280	不折不扣	273
不可多得	427	不知好歹	131
不可救药	172	不知葫芦里卖的是什么药	270
不可开交	313 (161)	不知深浅	131 (133)
不了了之	132	不知天高地厚	267
不露锋芒	312	不值一提	381
不露声色	312	不撞南墙不回头	429

不自量力 ………………………… 65

C

才华出众 ………………………… 279
参差不齐 ………………………… 266
惨无人道 ………………………… 68
沧海桑田 ………………………… 283
沧海一粟 ………………………… 313
操之过急 ……………… 283（387）
草草了事 ………………………… 454
草木皆兵 ………………………… 339
层出不穷 ……………… 274（444）
曾几何时 ………………………… 264
察言观色 ………………………… 276
差之毫厘，谬以千里 …………… 263
长江后浪推前浪 ………………… 329
长年累月 ………………………… 333
长篇大论 ………………………… 231
畅所欲言 ………………………… 319
车到山前必有路 ………………… 264
车水马龙 ………………………… 133
彻头彻尾 ………………………… 138
沉不住气 ………………………… 132
沉默寡言 ………………………… 32
陈词滥调 ………………………… 450
陈谷子烂芝麻 …………………… 314
趁火打劫 ………………………… 143
趁热打铁 ………………………… 314
称心如意 ………………………… 72
成千上万 ………………………… 161
成群结队 ………………………… 132
成事不足，败事有余 …………… 131
诚惶诚恐 ………………………… 65
承上启下 ………………………… 283
乘人之危 ………………………… 314
乘虚而入 ………………………… 135
惩一警百 ………………………… 330
吃饱了撑的 ……………………… 264
吃香的喝辣的 …………………… 264
吃一堑，长一智 ………………… 130

嗤之以鼻 ………………………… 312
持之以恒 ………………………… 314
赤手空拳 ………………………… 57
充耳不闻 ………………………… 323
重蹈覆辙 ……………… 232（278）
重整旗鼓 ………………………… 135
愁眉不展 ……………… 338（388）
出尔反尔 ……………… 317（199）
出口成章 ………………………… 306
出类拔萃 ………………………… 68
出其不意 ………………………… 302
出人头地 ………………………… 284
出生入死 ………………………… 302
出水芙蓉 ………………………… 71
出头露面 ………………………… 142
出言不逊 ………………………… 282
初出茅庐 ………………………… 446
初来乍到 ………………………… 121
初生牛犊不怕虎 ………………… 133
触景生情 ………………………… 315
触类旁通 ………………………… 315
穿山越岭 ………………………… 135
穿新鞋走老路 …………………… 138
穿针引线 ………………………… 271
窗明几净 ………………………… 169
唇齿相依 ………………………… 430
绰绰有余 ………………………… 131
此地无银三百两 ………………… 315
此起彼伏 ………………………… 269
此一时，彼一时 ………………… 329
聪明反被聪明误 ………………… 265
聪明伶俐 ………………………… 60
聪明一世，糊涂一时 …………… 265
从容不迫 ………………………… 265
粗茶淡饭 ……………… 128（361）
粗枝大叶 ………………………… 132
寸步不离 ………………………… 446
寸步难行 ………………………… 211
蹉跎岁月 ………………………… 48
错上加错 ………………………… 266
错综复杂 ………………………… 326

D

词条	页码
达官贵人	341
打草惊蛇	339
打成一片	400
打开天窗说亮话	315
打破沙锅问到底	429
打退堂鼓	140
大材小用	281
大错特错	124 (416)
大发雷霆	130
大海捞针	65
大惑不解	135
大开眼界	62 (444)
大起大落	252 (301)
大千世界	396
大声疾呼	130
大失所望	61
大事化小，小事化了	70
大势已去	61
大手大脚	65
大树底下好乘凉	264
大庭广众	62
大言不惭	319
大鱼吃小鱼，小鱼吃虾米	133
大张旗鼓	61
大智若愚	60
戴着有色眼镜看人	133
单刀直入	315
胆大包天	145
当机立断	139
当面锣对面鼓	336
当事者迷，旁观者清	265
当头一棒	317
当务之急	275 (380)
当之无愧	321
荡然无存	206
道高一尺，魔高一丈	265
道貌岸然	316
道听途说	337
倒背如流	64
倒打一耙	317
倒行逆施	278
得不偿失	134
得寸进尺	316
得过且过	134
得天独厚	316
得心应手	450
登峰造极	323
等闲视之	276
等闲之辈	58
低三下四	68
颠倒黑白	333
颠来倒去	430
颠沛流离	68
颠三倒四	429
点头之交	134
吊人胃口	226
调虎离山	271
掉以轻心	316
喋喋不休	319 (434)
叠床架屋	429
丁是丁，卯是卯	317
顶天立地	371 (444)
丢了西瓜捡芝麻	134
丢三落四	134 (166)
丢下不管	313
东倒西歪	135
东拉西扯	135
东山再起	135
东施效颦	278
东张西望	135
独树一帜	311
独往独来	335
独一无二	311
独占鳌头	232
度日如年	264
短小精悍	426
断章取义	262
对号入座	273
对症下药	57
顿开茅塞	135

多此一举	337
多如牛毛	65（196）
多一事不如少一事	67
咄咄逼人	280

E

阿谀奉承	284
尔虞我诈	268
耳目一新	177（270）
耳濡目染	62
耳闻目睹	273
二一添作五	266

F

发号施令	164
发人深省	63
翻来覆去	269
翻天覆地	69
翻云覆雨	317
繁星密布	212
反复推敲	233（32）
反复无常	317
反咬一口	317
泛泛之交	430
泛滥成灾	429
防患未然	279
放虎归山	271
放马后炮	134
飞禽走兽	66
非分之想	336
非同寻常	280
匪夷所思	265
废话连篇	114
废寝忘食	277（404）
肺腑之言	321（416）
费尽口舌	320
沸沸扬扬	325
分道扬镳	72（365）
分门别类	318

纷纷扬扬	71
纷至沓来	71
忿忿不平	62
风尘仆仆	283
风驰电掣	284
风吹草动	201
风度翩翩	63
风华正茂	279
风马牛不相及	318
风靡一时	270
风调雨顺	325
风雪交加	446
风言风语	285
风雨无阻	176（325）
风云变幻	329（408）
风云人物	58
风韵犹存	279
风烛残年	279
峰回路转	318
锋芒毕露	312（416）
蜂拥而上	270
逢场作戏	145
凤毛麟角	58
敷衍了事	316（220）
扶摇直上	269
浮光掠影	137
浮想联翩	336
福星高照	212
釜底抽薪	327
富丽堂皇	316
覆水难收	327

G

改头换面	58
改邪归正	136
甘拜下风	326（416）
感情用事	389
赶早不赶晚	320
干打雷，不下雨	136
刚直不阿	284

纲举目张	131	顾客盈门	326（364）
高不成，低不就	127	顾名思义	137
高不可攀	267	顾全大局	63
高高在上	266	瓜熟蒂落	311
高谈阔论	319	挂羊头卖狗肉	139
高瞻远瞩	266	拐弯抹角	202
高枕无忧	266	怪石嶙峋	318
歌功颂德	60	冠冕堂皇	320
格格不入	67	光彩夺目	334
隔岸观火	331	光彩照人	392
隔行如隔山	277	光阴似箭	271
隔墙有耳	338	归根结底	320（416）
隔三差五	318	归心似箭	269
隔世之感	211	诡计多端	269
隔靴搔痒	311	鬼鬼祟祟	268
各持己见	319	滚瓜烂熟	64
各打五十大板	262	过河拆桥	314
各得其所	62	过了这个村，没这个店	320
各家自扫门前雪，不管他人瓦上霜	263		

各抒己见 …………………… 319
各有千秋 …………………… 62
根深蒂固 …………………… 327
公说公有理，婆说婆有理 …… 271
功到自然成 ………………… 137
功德圆满 …………………… 427
功夫不负有心人 …… 137（191）
功亏一篑 …………………… 319
供不应求 …………… 316（422）
供过于求 …………………… 329
苟延残喘 …………………… 274
狗拿耗子多管闲事 ………… 267
狗咬吕洞宾 ………………… 267
狗嘴里吐不出象牙来 ……… 267
孤芳自赏 …………………… 430
孤家寡人 …………………… 65
孤陋寡闻 …………………… 65
孤掌难鸣 …………………… 339
古稀之年 …………………… 59
故弄玄虚 …………………… 268
顾此失彼 …………………… 63

H

海内存知己，天涯若比邻 …… 426
海市蜃楼 …………………… 137
海誓山盟 …………………… 65
骇人听闻 …………………… 400
含苞待放 …………………… 434
含糊其辞 …………… 180（320）
含沙射影 …………………… 339
汗马功劳 …………………… 319
好吃懒做 …………………… 341
好大喜功 …………………… 60
好高骛远 …………………… 268
好借好还 …………………… 140
好了伤疤忘了疼 …………… 267
好马不吃回头草 …………… 267
好说歹说 …………………… 320
好逸恶劳 …………………… 60
浩瀚无垠 …………………… 426
浩如烟海 …………………… 324
喝西北风 …………………… 264
何乐（而）不为 …… 313（194）

何去何从	264	挥金如土	321
和蔼可亲	137	回头是岸	141
和盘托出	315	回心转意	269
和颜悦色	137	毁于一旦	69
赫赫有名	233	诲人不倦	273
恨铁不成钢	272	绘声绘色	63
横眉冷对	331	浑然一体	324
横眉立目	138	浑身解数	375（404）
横七竖八	276	混为一谈	324
横挑鼻子竖挑眼	138	魂不附体	268
后顾之忧	63	魂飞魄散	277
后悔莫及	453（359）	火上浇油	116
后继有人	328	货真价实	139
后来居上	328	豁然开朗	371
呼风唤雨	325		
忽明忽暗	281	**J**	
囫囵吞枣	321		
胡说八道	319	击中要害	120
胡作非为	340	机不可失，时不再来	320
虎背熊腰	144	机关算尽	280
虎视眈眈	138	鸡飞蛋打	69
虎头虎脑	206	鸡毛蒜皮	381
虎头蛇尾	138	鸡犬不宁	275
花花公子	59	积少成多	322
花甲之年	59	岌岌可危	311
花言巧语	321	急不可待	341（187）
华而不实	321	急于求成	311（387）
化为乌有	262	急中生智	311
化险为夷	453	急转直下	269
化整为零	266	集思广益	142
画龙点睛	451	集腋成裘	322
画蛇添足	451	计划没有变化快	264
话锋一转	62	记忆犹新	322（191）
话里有话	336	济济一堂	329
焕然一新	270	既往不咎	270
换汤不换药	138	继往开来	127
恍然大悟	135（186）	寄人篱下	64
灰心丧气	327	家家都有一本难念的经	44
挥汗如雨	321	假公济私	142
挥毫泼墨	435	假仁假义	68
挥霍无度	321	甲乙丙丁	318

价值连城	139	惊弓之鸟	268
坚持不懈	254 (283)	惊慌失措	174
见多识广	315	兢兢业业	430
见风使舵	282	精打细算	275
见缝插针	335	精明强干	279
见怪不怪	331	精卫填海	66
见好就收	282	精益求精	275
见机行事	139	井底之蛙	232
见异思迁	322	井然有序／秩序井然	397
将功补过	269	井水不犯河水	263
将计就计	128	敬而远之	283 (389)
将心比心	330	炯炯有神	272
将信将疑	128	迥然不同	275
交头接耳	323	九牛一毛	133
娇生惯养	64	九霄云外	123 (406)
骄傲自满	342	久而久之	332
焦头烂额	161 (310)	酒香不怕巷子深	54
狡兔三窟	450	就地取材	340
绞尽脑汁	310	居高临下	323
矫枉过正	269	鞠躬尽瘁	130
脚踏实地	268	举不胜举	131
叫苦不迭	227	举棋不定	233 (373)
叫苦叫累	227	举世无双	131
节外生枝	324	举手之劳	141
接二连三	267 (177, 378, 397)	举一反三	315 (61)
孑然一身	339	举足轻重	281 (374)
结下了不解之缘	140 (191)	绝不反悔	453
捷足先登	267	绝处逢生	453
解铃还须系铃人	61	君子一言，驷马难追	453
借酒消愁	406		
借题发挥	140	**K**	
斤斤计较	67		
今朝有酒今朝醉	320	开诚布公	333
今非昔比	270	开诚相见	431
金蝉脱壳	271	开卷有益	273
津津有味	67	开门见山	315
锦上添花	282 (445)	侃侃而谈	102 (430)
谨小慎微	65	看破红尘	276
进退两难	140	看人下菜碟	340
近水楼台先得月	272	慷慨解囊	322
近朱者赤，近墨者黑	271	科班出身	127

可丁可卯	273
可见一斑 / 管中窥豹，可见一斑	315
可怜天下父母心	169
可望不可即 / 可望不可及	323
刻舟求剑	145
空空洞洞	137
空空如也	137
空口无凭	337
空前绝后 / 空前未有	336 (397)
空中楼阁	137
口齿不清	328
口齿伶俐	286
口干舌燥	321
口口声声	319 (391)
口若悬河	310
口是心非	306
扣人心弦	274
枯燥无味	63
苦尽甜来	269
苦口婆心	141
夸夸其谈	319
脍炙人口	274

L

拉大旗作虎皮	139
来日方长	332
来者不拒	313
来者不善，善者不来	335
来之不易	62
滥竽充数	324
狼狈不堪	140
狼吞虎咽	157
浪子回头金不换	136
劳燕分飞	312
老马识途	284
老生常谈	450
老王卖瓜，自卖自夸	279
乐极生悲	269
雷声大，雨点小	136

冷血动物	144
离题万里	140
里外不是人	303
里应外合	268
理所当然	141 (206)
理直气壮	141
历历在目	322 (441, 447)
立竿见影	322
恋恋不舍	338
良师益友	141
良药苦口	141 (417)
两败俱伤	133
两小无猜	271
两袖清风	57
量力而行	268
量入为出	273
量体裁衣	273
寥寥无几	141
寥若晨星	212
了如指掌	72
料事如神	275
临阵磨枪	120 (277)
淋漓尽致	280
琳琅满目	324 (187, 409)
鳞次栉比	324
灵丹妙药	141
灵机一动	71
另眼相看	286
令人发指	303
令人神往	275 (369)
留得青山在，不怕没柴烧	264
流连忘返	69
柳暗花明	318
六神无主	272
笼中之鸟	66
炉火纯青	279
碌碌无为	65 (224)
陆陆续续	314
驴年马月	215
屡次三番	133
屡见不鲜	133

屡教不改	269	美中不足	337
绿树成阴	318	门当户对	325
乱世枭雄	429	门可罗雀	325
论资排辈	127	门庭冷落	325
锣鼓喧天	274	门庭若市	326
络绎不绝	397	扪心自问	334
落花流水	310	闷闷不乐	338
落井下石	314	蒙混过关	66
落落大方	67	蒙头转向	206
略知一二	68	蒙在鼓里	66 (416)
		梦幻泡影	206
		梦寐以求	329 (170)
		弥天大谎	66

M

麻痹大意	316	面包会有的	264
麻木不仁	316	面不改色	69
马不停蹄	342	面红耳赤	138
马到成功	324	面面俱到	62
马尾儿拴豆腐，提不起来	429	面面相觑	134
满不在乎	132	面目全非	58 (440)
满城风雨	325	渺无人烟	426
满载而归	325 (412)	妙趣横生	129 (444)
漫不经心	337	妙手回春	278
漫无边际	326 (362)	名不虚传	336
慢条斯理	312	名列前茅	233
毛骨悚然	312 (362, 396, 400)	名落孙山	263
毛手毛脚	65	名正言顺	136
毛遂自荐	312	明察秋毫	275
貌合神离	430	明哲保身	431
没脸没皮	131	冥思苦想	265
没事找事	138	模棱两可	320
没头没脑	452	莫名其妙	452 (171)
没完没了	171	莫逆之交	134
没心没肺	144	墨守成规	340
没有着落	68	默默无闻	59
眉飞色舞	277	默默无言	60 (32)
眉开眼笑	138	木已成舟	279
眉毛胡子一把抓	325	目不忍睹	331
眉头一皱，计上心来	269	目不识丁	211
每逢佳节倍思亲	61	目不暇接	286
每况愈下	274	目不转睛	286
美妙绝伦	394	目瞪口呆	138 (398)

慕名而来	270

N

拿得起放得下	276
拿着鸡毛当令箭	422
哪壶不开提哪壶	429
哪有舌头不碰牙的	370
南腔北调	232
南辕北辙	232
难舍难分	69
难言之隐	336（44）
囊中羞涩	410
内行看门道，外行看热闹	272
内外交困	141
能屈能伸	66
能说会道	142
能言善辩	142
泥牛入海	326
逆反心理	453
逆来顺受	326
逆水行舟，不进则退	66
鸟语花香	66（455）
蹑手蹑脚	65
扭亏为盈	139（391）
弄假成真	333
弄巧成拙	282
弄虚作假	303

O

藕断丝连	134

P

盘根错节	326
盘根问底	326
盘满钵满	215
判若两人	434
旁敲侧击	278
旁若无人	73
旁征博引	275
抛头露面	60
抛砖引玉	68
跑了和尚跑不了庙	277
鹏程万里	232
披星戴月	212
皮笑肉不笑	273
品头论足	62（399）
平白无故	270
平起平坐	132
平时不烧香，临时抱佛脚	277
平心静气	73
平易近人	73
凭空捏造	303
萍水相逢	281
迫不得已	341（395）
迫不及待	128
迫在眉睫	143（212，380）
破财免灾	327
破釜沉舟	327
破罐破摔	327
破镜重圆	270
破涕为笑	446
破绽百出	335
菩萨心肠	144
普天同庆	215
铺天盖地	226
铺张浪费	275

Q

七零八落	276
七拼八凑	276
七嘴八舌	276
齐心协力	322（440）
其乐无穷	313
其貌不扬	279
骑虎难下	141
骑驴找驴	66
棋逢对手	328
棋高一着	328

旗鼓相当	328	轻手轻脚	141
旗开得胜	324	轻于鸿毛	277
岂有此理	140	轻重缓急	65
气不打一处来	262（220）	轻装上阵	286
弃旧图新	274	倾城倾国	279
恰如其分	142（457）	倾家荡产	68
千差万别	263	清官难断家务事	61
千方百计	142（381，404）	清规戒律	340
千钧一发	140	情不自禁	143（406）
千里送鹅毛，礼轻情意重	277	情人眼里出西施	279（170）
千里迢迢	62	情投意合	430（284）
千里之行，始于足下	62	情文并茂	426
千篇一律	325	情绪波动	143
千山万水	71	情绪低落	143
千丝万缕	142（444）	情绪消沉	143
千头万绪	325	情有可原	270
千言万语	63	顷刻之间	270
千载难逢	215	求全责备	138
千真万确	65	求之不得	328（184）
牵肠挂肚	312	屈打成招	315
前车之鉴	278	曲高和寡	427
前功尽弃	319	取长补短	431（401）
前怕狼后怕虎	451	取之不尽，用之不竭	170
前所未闻	60	全力以赴	145
前所未有	142（377）	全神贯注	337
前途无量	215	缺一不可	431
前言不搭后语	328	群策群力	322
前仰后合	67		
前因后果	67	**R**	
黔驴技穷	335		
强词夺理	285	燃眉之急	143（194，417）
悄然无声	334	惹是生非	282
巧妇难为无米之炊	263	热锅上的蚂蚁	143
巧立名目	129	人不可貌相，海水不可斗量	279
窃窃私语	323	人不知鬼不觉	271
锲而不舍	314	人才辈出	329
沁人心脾	447	人才济济	329
青出于蓝而胜于蓝	328	人财两空	69
青梅竹马	271	人逢喜事精神爽	276
轻举妄动	141	人浮于事	329
轻描淡写	280	人贵有自知之明	457

付録1

469

人过留名，雁过留声	320	三长两短	316
人急造反，狗急跳墙	271	三个臭皮匠，顶个诸葛亮	64
人尽其才	273	三顾茅庐	134
人怕出名，猪怕壮	451	三句话不离本行	330
人无远虑，必有近忧	67	三令五申	285
人言可畏	60	三人行，必有我师	64
人云亦云	280	三十六计，走为上计	330
仁者见仁，智者见智	272	三十年河东，三十年河西	329
忍气吞声	326	三思而行	63
忍辱负重	326	三天打鱼，两天晒网	320 (387)
任劳任怨	276 (220)	三五成群	133
任重道远	427	三下五除二	266
日薄西山	135	三心二意	275
日有所思，夜有所梦	335	三一三十一	330
日月如梭	264	杀鸡给猴看	330
容光焕发	272	山雨欲来风满楼	136
融会贯通	321	删繁就简	429
如痴如醉	274	姗姗来迟	267
如法炮制	341	善解人意	67
如虎添翼	143	伤筋动骨	206
如火如荼	269	上不着天，下不着地	59
如获至宝	139	上梁不正，下梁歪	58
如饥似渴	283	上天无路，入地无门	58
如梦方醒 / 如梦初醒	446	少见多怪	331
如释重负	286	少言寡语	102
如意算盘	144 (393)	少壮不努力，老大徒伤悲	64
如鱼得水	143	舍近求远	329
如愿以偿	143	设身处地	330
如坐针毡	380	伸手不见五指	43
入木三分	280	身不由己	335
软硬兼施	330	身临其境	330 (444)
若无其事	329	身强力壮	279
若要人不知，除非己莫为	409	身体力行	331
若有若无	326	深入浅出	68
若有所思	329	深思熟虑	265
弱肉强食	133	神差鬼使	282
		神出鬼没	282
		神魂颠倒	282

S

塞翁失马	333	神机妙算	275
三百六十行，行行出状元	64	神气活现	334
		神通广大	275

生搬硬套	450	熟能生巧	450
生不逢时	367	熟视无睹	331
生米做成熟饭	263	鼠目寸光	232
生吞活剥	321	束手无策	335 (112)
声东击西	278	树大招风	282 (451)
声嘶力竭	60	水到渠成	311
胜不骄，败不馁	251	水火不相容／水火不容	56
十拿九稳	132	水落石出	66 (416)
十年寒窗	61	水乳交融	430
十有八九	266	水土不服	70
石沉大海	326	水泄不通	123
时过境迁	330	水涨船高	282 (402)
时来运转	311	顺风转舵／随风转舵	198
时起时落	281	顺理成章	280
时移俗易	318	顺手牵羊	144
识时务者为俊杰	262	顺水推舟	198 (282)
实话实说	315 (416)	顺藤摸瓜	282
拾级而上	274	顺我者昌，逆我者亡	335
拾金不昧	31	说曹操，曹操到	284
矢口否认	317	说长道短	262
事倍功半	319	说一不二	320
事不关己，高高挂起	331	说一千道一万	320
事出有因	67	说一套做一套	320
事后诸葛亮	134	司空见惯	139
事与愿违	452	死灰复燃	208
事在人为	453	四面楚歌	334
视而不见，听而不闻	70 (189)	四平八稳	132
拭目以待	276	四舍五入	266
适得其反	452 (96)	似懂非懂	128
适可而止	453 (269)	似是而非	282
手不释卷	261	耸人听闻	280
手到病除	278	素不相识	281
手疾眼快	72	素昧平生	281
手脚并用	57	随机应变	139
手忙脚乱	174 (178)	随声附和	337 (184)
手舞足蹈	261	随心所欲	335
守口如瓶	453	缩头缩脑	452
守株待兔	144	缩头乌龟	232
首屈一指	233		
受益匪浅	399		
书山有路勤为径，学海无涯苦作	422		

付録1

T

词条	页码
踏破铁鞋无觅处，得来全不费工夫	284
低头不见抬头见	61
泰然自若	329
贪得无厌	316
昙花一现	270
谈虎色变	339
谈笑风生	143（399）
忐忑不安	329
螳臂挡车	285
桃李满天下	332
桃李之年	332
逃之夭夭	271
腾云驾雾	283
提心吊胆	158
体贴入微	130
天长日久	332
天方夜谭	332
天高皇帝远	335
天各一方	332
天寒地冻	61
天经地义	141（189）
天伦之乐	72
天罗地网	128
天壤之别	270
天生的一对儿	332
天时地利人和	137
天下没有不散的宴席	272
天涯海角	422
天衣无缝	335
添油加醋	303
添枝加叶	71
挑肥拣瘦	285
铁板钉钉	64
铁板一块	64
铁面无私	68
铁石心肠	144
听风就是雨/听风是雨	136
听其自然	311
听天由命	69
听之任之	69
挺身而出	315
铤而走险	265
通情达理/知情达理	58, 67（184）
通宵达旦	333（194）
同病相怜	71（191）
同甘共苦	283
同归于尽	71
同流合污	71
同心协力	71
同舟共济	145
痛心疾首	136
偷换概念	320
偷鸡不成蚀把米	333
偷梁换柱	262
头痛医头，脚痛医脚	57
头头是道	281
徒有虚名	285
图文并茂	334
兔死狐悲	144
兔子不吃窝边草	267
兔子尾巴长不了	267
推波助澜	233
推陈出新	340
推来推去	233
推三阻四	233
推心置腹	333（416）
吞吞吐吐	180
拖泥带水	231
脱不开身	71
脱口而出	71（194）
脱胎换骨	271
脱颖而出	328（192）

W

词条	页码
挖空心思	330
歪门邪道	172
外强中干	68
纨绔子弟	59

完璧归赵	279	瓮中之鳖	232
完美无缺	279	我行我素	334
玩世不恭	282	无碍大局	430
万般无奈	273 (366)	无边无际	394
万变不离其宗	139	无病呻吟	227
万籁俱寂	208 (334)	无病无灾	453
万念俱灰	334	无动于衷	331
万事大吉	60	无独有偶	311
万事亨通	325	无法无天	327
万事俱备，只欠东风	284	无风不起浪	136
万事开头难	62	无关大局	329
万无一失	314	无关紧要	331 (381, 430)
亡羊补牢，犹未为晚	266	无济于事	311 (191)
枉费心机	336	无稽之谈	332
忘乎所以	70	无家可归	284
望尘莫及	323	无价之宝	139
望而生畏	435	无精打采	208
望梅止渴	451	无拘无束	313
望洋兴叹	323	无可比拟	336 (378)
望子成龙	273	无可非议	336
危在旦夕	259	无可奉告	334
微不足道	337 (381)	无可奈何	129
微乎其微	68	无孔不入	335
为期不远	341	无理取闹	268
为时过早	341	无能为力	335
为所欲为	73	无巧不成书	263 (126)
唯利是图 / 惟利是图	70	无穷无尽	142 (368, 414)
唯命是从 / 惟命是从	268	无声无息	278 (220)
唯唯诺诺	68	无事不登三宝殿	277
惟妙惟肖 / 维妙维肖	334	无所不包	128
萎靡不振	329 (367)	无所适从	69
委曲求全	430	无所事事	128
卫冕成功	386	无所作为	69
温故知新	322	无头苍蝇	43
温文尔雅	130	无微不至	255 (191)
文不对题	321	无懈可击	335
文山会海	231 (29)	无休无止	269
文质彬彬	130	无言以对	233
纹丝不动	201	无影无踪	58 (206)
稳不住神	132	无忧无虑	341
问心无愧	334	无与伦比	336

无缘无故	143	相辅相成	431
无中生有	337	相敬如宾	446
无足轻重	430 (281, 375)	相濡以沫	283
吴越同舟	145	相提并论	431
五彩缤纷	128	相形见绌	283
五光十色	426	想方设法	142 (381)
五花八门	124	想入非非	336
五十步笑百步	137	想一出，是一出	131
五体投地	447	项庄舞剑，意在沛公	336
五音不全	266	像模像样	447
物极必反	269	逍遥法外	175 (326)
物以稀为贵	277	消愁解闷	70
误人子弟	69	销声匿迹	326
误入歧途	69	小菜一盘	340
		小打小闹	64
X		小道消息	337
		小巧玲珑	64
夕阳无限好，只是近黄昏	379	小手小脚	65
息事宁人	70	小题大做	140
习惯成自然	276	小巫见大巫	330
习以为常	316	小小不言	337
洗耳恭听	323	笑口常开，青春常在	408
洗手不干	136	笑一笑十年少，愁一愁白了头	407
喜出望外	143	歇斯底里	130 (446)
喜新厌旧	274	谢天谢地	332 (391)
喜形于色	138	邂逅相遇	281
细嚼慢咽	157 (256)	心安理得	334
细水长流	275	心不在焉	337
下里巴人	59	心服口服	447
先发制人	133	心甘情愿	143
先见之明	58	心慌意乱	312
先来后到	134	心灰意懒	43 (367)
先入为主	133	心口如一	202
先天不足	134	心旷神怡	268
先斩后奏	134	心灵手巧	450
闲情逸致	143	心领神会	280 (194)
弦外之音	336	心明眼亮	202
显而易见	285	心如明镜	202
现身说法	338	心神不定	143
相差无几	311 (359)	心事重重	338
相差悬殊	311	心心相印	338 (446)

心血来潮	66 (389)		言多必失	431
心有灵犀一点通	279 (446)		言而无信	128
心有余悸	268		言归于好	270
心猿意马	337		言归正传	315
心悦诚服	447		言简意赅	450
心照不宣	202		言听计从	453
心知肚明	410		言外之意	336
兴师动众	201		言行一致	129
星罗棋布	324		言者无意，听者有心	451
行云流水	377		言者无罪，闻者足戒	451
形影不离	206		掩耳盗铃	338
胸有成竹	61		掩人耳目	208
熊瞎子掰苞米	227		眼不见心不烦	70
袖手旁观	331		眼高手低	72
虚度年华	48		眼观六路，耳听八方	70
虚怀若谷	338		眼花缭乱	405
虚情假意	284		眼见为实，耳听为虚	70
虚无缥缈	262 (137)		眼睛里揉不得沙子	273
虚有其表	321		扬长避短	58 (127, 401)
虚张声势	261		羊毛出在羊身上	410
栩栩如生	334 (444)		阳春白雪	59
喧宾夺主	60		阳奉阴违	321
悬崖峭壁	64		摇身一变	338 (189, 383)
削足适履	326		遥遥领先	267
学而不厌	341		摇摇欲坠	283
学无止境	231		杳无音信	326
雪上加霜	263		咬文嚼字	328
雪中送炭	277		夜长梦多	332
循序渐进	283		夜郎自大	332
循循善诱	283		夜以继日	333
			一败涂地	310
			一板一眼	64
Y			一本万利	285
			一本正经	316
鸦雀无声	156 (334)		一笔勾销	286
哑然失笑	143		一臂之力	339
烟消云散	283		一表人才	58
嫣然一笑	277		一波未平，一波又起	338
延年益寿	278		一不做，二不休	317
言必有中	315		一唱雄鸡天下白	422
言不由衷	129 (416)		一唱一和	268
言传身教	338			

一尘不染	73
一成不变	317
一筹莫展	233
一锤定音／一槌定音	325
一锤子买卖	260
一蹴而就	60
一错再错	266
一刀两断	308
一点就透	71
一定之规	308（163）
一发不可收拾	339
一反常态	108（220）
一分为二	63
一概而论	308
一竿子插到底	260
一个巴掌拍不响	339
一个鼻孔出气	339
一个顶俩	286
一个箭步	270
一个萝卜一个坑	317
一个赛一个	286
一股脑儿	452
一鼓作气	340
一环扣一环	317
一回生，二回熟	339
一技之长	328（374）
一见如故	284
一见钟情	284
一口咬定	317
一块石头落地	339
一览无余	285（412）
一劳永逸	285
一门心思	286
一面之词	134
一面之交	134
一目十行	285
一奶同胞	271
一年半载	332
一念之差	263
一诺千金	129
一拍即合	339
一贫如洗	70
一气呵成	377
一钱不值	139
一窍不通	60
一清二白	135
一丘之貉	339
一人得道，鸡犬升天	423
一人独吞	71
一人做事一人当	286
一如既往	308
一视同仁	340（196）
一是一，二是二	317
一手遮天	72
一丝不苟	372
一条道跑到黑	260
一推六二五	286
一望无际	394
一望无垠	324（394）
一问三不知	340
一无是处	70
一无所有	57
一物降一物	330
一厢情愿／一相情愿	284
一笑了之	277
一蟹不如一蟹	260
一星半点	201
一叶障目	285
一意孤行	68
一应俱全	378
一拥而上	270
一隅三反	60
一语道破	340
一语双关	336
一张一弛	281
一朝一夕	342
一针见血	380（417）
一枕黄粱	451
一掷千金	322
一醉方休	406
衣冠楚楚	313
依法惩办	206

依山傍水	324	有口难言	142
仪表堂堂	272	有口无心	334
夷为平地	283	有利有弊	63
疑神疑鬼	339	有名无实	69
以毒攻毒	262	有目共睹	286
以假乱真	303	有凭有据	453
以理服人	130 (447)	有气无力	70
以卵击石	337	有求必应	329
以身作则	338	有伤大雅	313
义不容辞	206	有条不紊	327
异口同声	131	有头无尾	138
异想天开	336	有头有脑	138
抑扬顿挫	261 (412)	有言在先	133
易如反掌	141	有一搭无一搭	227
意气相投	333	有缘千里来相会	140
因地制宜	340	鱼目混珠	324
因陋就简	340	渔翁得利	133
因人而异	340	愚公移山	265
因势利导	340	与人为善	275
因小失大	134	与生俱来	427
因循守旧	340	与世无争	340
因噎废食	127	与众不同	129
阴差阳错	263	雨后春笋	328
阴阳怪气	316	雨后送伞	134
饮水思源	322	语无伦次	328
应接不暇	71	欲速不达	311
应有尽有	427 (378)	原封不动	201
英雄所见略同	262	远水解不了近渴	272
英雄无用武之地	262	远水救不了近火	272
迎刃而解	280	远在天边，近在眼前	272
迎头赶上	135 (266)	远走高飞	267
优柔寡断	139 (372)	怨声载道	111
忧心忡忡	338	怨天尤人	319
犹豫不决	233 (375)	约法三章	273
油腔滑调	306	运筹帷幄	73
油然而生	446 (184)	运用自如	73
游手好闲	341		
有备无患	266	**Z**	
有的放矢	57	杂乱无章	318
有根有据	57	载歌载舞	274
有口皆碑	129		

再接再厉	127	直线上升	216（162，196）
在所不惜	319	直言不讳	431（380）
在所难免	370	只可意会，不可言传	451
赞不绝口	117（306）	只许州官放火，不许百姓点灯	337
责无旁贷	142	只争朝夕	342
贼喊捉贼	338	只知其一，不知其二	67
沾沾自喜	60（427）	指日可待	341（440）
瞻前顾后	63	指桑骂槐	278
辗转终宵	333	指手划脚/指手画脚	261
站不住脚	341	咫尺天涯	422
站得高看得远	262	智者千虑，必有一失	67
张冠李戴	328	置若罔闻	453
掌上明珠	72	置之不理	453
丈二和尚摸不着头脑	452	置之度外	453
招摇过市	342	忠言逆耳	141（417）
朝气蓬勃	253（367）	众口难调	73
朝三暮四	322	众口一词	73
朝思暮想	322	众目睽睽	73
朝夕相处	174（220，322）	众说纷纭	73
朝朝暮暮	322	众所周知	233
照本宣科	341	众星捧月	212
照葫芦画瓢	341	周而复始	278（427）
照猫画虎	341	蛛丝马迹	275
照章办事	304	竹篮打水（一场空）	69
针锋相对	57	主次不分	325
真相大白	130（409）	抓耳挠腮	323
震耳欲聋	398	抓紧时间	140
争分夺秒	342	专心致志	206（372）
争先恐后	342（412）	转败为胜	318
整齐划一	266	转弯抹角	389
郑重其事	333	转危为安	453
之乎者也	281	装腔作势	320
支离破碎	68	捉摸不透	302
支支吾吾	180（233）	捉拿归案	53
知根知底	276	酌情处理	278
知冷知热	281	子午卯酉	281
知难而进	66（120）	子虚乌有	262
知情达理/通情达理	58	自暴自弃	327
执迷不悟	135	自惭形秽	136
直截了当	333	自吹自擂	430
直来直去	430（187）	自得其乐	313

成语	页码
自告奋勇	285
自顾不暇	427
自给自足	322
自命不凡	342
自欺欺人	338
自强不息	327
自然而然	311
自生自灭	274
自食其果	454
自食其力	454（189，440）
自讨没趣	454
自投罗网	315
自我陶醉	427
自相残杀	133
自相矛盾	141
自由自在	310
自圆其说	262
自找苦吃	342（454）
自知之明	58（416，457）
自作多情	310
自作主张	342
字里行间	275（137）
字斟句酌	457
走火入魔	215
走马看花	126
钻木取火	211
醉翁之意不在酒	336
左膀右臂	342
左顾右盼	135
左思右想	70
左也不是，右也不是	451
左右逢源	135
左右开弓	60
左右为难	265
坐吃山空	144
坐井观天	232
坐山观虎斗	337
坐失良机	139
坐享其成	227
座无虚席	321
做一天和尚撞一天钟	451
做贼心虚	282

付録2　熟語・四字成語小辞典

A

挨家挨户	āijiā āihù	1軒1軒、家ごとに
安家落户	ān jiā luò hù	（異郷に）家を構えて定住する、住みつく
安居乐业	ān jū lè yè	落ち着いて暮らし楽しく仕事をする
暗淡无光	àn dàn wú guāng	暗くなって光がない

B

百听不厌	bǎi tīng bù yàn	いくら聞いても飽きない
半斤八两	bàn jīn bā liǎng	一方は半斤、一方は八両、ドングリの背くらべ
饱经风霜	bǎo jīng fēng shuāng	多くの艱難辛苦をなめ尽くす
比比皆是	bǐbǐ jiē shì	至るところ皆そうである
毕恭毕敬	bì gōng bì jìng	きわめて恭しい、"必恭必敬"とも言う
遍体鳞伤	biàntǐ línshāng	体中がうろこのように傷つくさま、傷が重い
别开生面	bié kāi shēng miàn	新しい局面を開く、新しい形式を創り出す
博大精深	bódà jīngshēn	思想や学識が広く豊かで、詳しく深いさま
不甘示弱	bù gān shì ruò	弱みを見せたくない
不计其数	bú jì qí shù	数え切れない、極めて多い
不堪入目	bùkān rùmù	見るに堪えない、見苦しい
不劳而获	bù láo ér huò	働かないで利益を得る、濡れ手に粟
不理不睬	bù lǐ bù cǎi	相手にしない
不毛之地	bù máo zhī dì	不毛の地、作物の育たないやせた土地
不能自拔	bù néng zì bá	自力で抜け出せない
不偏不倚	bù piān bù yǐ	えこひいきのない、公平で中立である
不学无术	bù xué wú shù	学もなければ能もない、無学無能
不知所措	bù zhī suǒ cuò	どうしたらよいか分からない、慌てて度を失う
不足为奇	bù zú wéi qí	怪しむに足りない、ありふれている

C

称王称霸	chēng wáng chēng bà	王を称し覇を唱える、権勢をほしいままにする
承前启后	chéng qián qǐ hòu	過去を受け継ぎ未来へつなげる
乘胜追击	chéngshèng zhuījī	勝利の勢いに乗って追撃する、追い風に乗って攻める
痴心妄想	chī xīn wàng xiǎng	不可能なことを空想する、全く実現不可能な企て
愁眉苦脸	chóu méi kǔ liǎn	憂いに沈んだ顔つきを形容する

川流不息	chuān liú bù xī	川の流れのように絶え間ない、人や車馬の往来が絶え間なく続く
吹毛求疵	chuī máo qiú cī	毛を吹き分けて小さな傷を探す、わざと欠点を探す、あら搜しをする
垂头丧气	chuí tóu sàng qì	頭を垂れてしょんぼりと元気がないさま、がっくり落ち込む
垂涎三尺	chuíxián sān chǐ	よだれが3尺垂れ下がっている、欲しくてたまらないさま
从门缝看人，把人看扁了	cóng ménfèng kàn rén, bǎ rén kàn biǎn le	扉の隙間から人を見て、人を見くびるようになる
粗心大意	cū xīn dà yì	やることがいい加減で不注意なさま、慎重さに欠ける
促膝谈心	cù xī tán xīn	膝を交えて話し合う
措手不及	cuò shǒu bù jí	対応が間に合わない、事の起こりが急である

D

答非所问	dá fēi suǒ wèn	質問に対して的外れな答えをする
打马虎眼	dǎ mǎhuyǎn	知らん顔をしてごまかす
大刀阔斧	dà dāo kuò fǔ	やることが力強く、決断力がある
大惊小怪	dà jīng xiǎo guài	ささいなことに大騒ぎする、大げさに騒ぐ
大名鼎鼎	dà míng dǐng dǐng	名声が鳴り響く、極めて有名である
大器晚成	dà qì wǎn chéng	大器晚成
大同小异	dà tóng xiǎo yì	大同小異、大体同じで少しだけ違っている
大显身手	dà xiǎn shēn shǒu	十分に腕前を見せる、大いに本領を発揮する
呆若木鸡	dāi ruò mù jī	木彫りの鶏のようにぽかんとしている、恐れや驚きであっけにとられている
单枪匹马	dān qiāng pǐ mǎ	単独で敵陣に切り込む、他人の助けなしに単独で行動する
得意忘形	dé yì wàng xíng	得意で有頂天になる
低声下气	dī shēng xià qì	卑下してへりくだって言う、下手に出る
滴水成冰	dī shuǐ chéng bīng	滴る水がたちまち氷となる、非常に寒いさま
动人心弦	dòng rén xīn xián	心を打つ、人を非常に感動させる
独具一格	dú jù yī gé	独自の風格をそなえる
对牛弹琴	duì niú tán qín	牛に向かって琴を弾く、道理の分からない者に道理を説く、馬の耳に念仏
多多益善	duō duō yì shàn	多ければ多いほどよい

E

二话不说	èr huà bù shuō	何も言わずに

F

繁衍后代	fányǎn hòudài	子孫を増やす
返老还童	fǎn lǎo huán tóng	若返る、老いても衰えず若者のように活力に満ちているさま
返璞归真	fǎn pú guī zhēn	もとの自然な状態に戻る
方兴未艾	fāng xīng wèi ài	発展しつつあって勢いがすぐには止まりそうにない
非同小可	fēi tóng xiǎo kě	事は重大である、状況は厳しい
分秒必争	fēn miǎo bì zhēng	一分一秒を争う、時間を惜しむ、寸時も無駄にしない
丰富多彩	fēng fù duō cǎi	豊富で多彩である
丰衣足食	fēng yī zú shí	生活が豊かである、衣食が満ち足りる
风雨同舟	fēng yǔ tóng zhōu	協力して困難を乗り切る

逢人只说三分话，未可全抛一片心
féngrén zhǐ shuō sānfēnhuà, wèikě quánpāo yípiànxīn
人に会ったら3割だけ話をするが、心をすべて打ち明かしてはいけない

奉陪到底	fèngpéi dàodǐ	とことん付き合う
负荆请罪	fù jīng qǐng zuì	イバラの杖を背負い処罰を求める、過ちを認め心から謝罪するたとえ

G

勾心斗角	gōu xīn dòu jiǎo	それぞれ思いを巡らし排斥し合って暗闘する、腹の探り合い
沽名钓誉	gūmíng diàoyù	売名的な行為で個人の名声を博する
孤注一掷	gū zhù yī zhì	危急のときにすべての力を出して勝負に出る
故步自封	gù bù zì fēng	いつもの足取りで道を歩き自己をある範囲内に制限する、現状に甘んじて進歩を求めない
刮目相看	guā mù xiāng kàn	目をこすって見る、新鮮な気持ちで相対する
光明正大	guāng míng zhèng dà	公明正大である
广开财路	guǎngkāi cáilù	広く財源を切り開く

H

毫无疑问	háo wú yí wèn	少しも疑問がない
浩瀚苍穹	hàohàn cāngqióng	広々とした大空
鹤立鸡群	hè lì jī qún	平凡な人たちの中で1人だけがすぐれていること

后起之秀	hòu qǐ zhī xiù	後から現れた優秀な人物、優秀な新人
狐假虎威	hú jiǎ hǔ wēi	他人の勢力を笠に着て威張る、虎の威を借る狐
哗众取宠	huá zhòng qǔ chǒng	派手な言動で大衆に迎合し人気を博そうとする
画饼充饥	huà bǐng chōng jī	絵に描いた餅で空腹を満たす、空想で自分を慰めるたとえ
欢声笑语	huān shēng xiào yǔ	賑やかな談笑の声
欢天喜地	huān tiān xǐ dì	大喜びする
挥霍一空	huīhuò yìkōng	金を使い果たす
悔过自新	huǐguò zìxīn	非を悔い改め新しく出直す
讳疾忌医	huì jí jì yī	病気を隠して治療を嫌う、欠点を隠して他人の批判を嫌う、改めようとしない
活灵活现	huó líng huó xiàn	（描写などが）真に迫っている、生き生きとしている
祸不单行	huò bù dān xíng	災いは次々に起こるもの、泣き面に蜂
祸起萧墙	huò qǐ xiāo qiáng	災いが内側から起こる

J

饥不择食	jī bù zé shí	飢えて食を選ばず、必要に迫られている時は選択する余裕がないたとえ
家喻户晓	jiā yú hù xiǎo	どこの家でも知っている、よく知られている
矫揉造作	jiǎo róu zào zuò	わざとらしく不自然である
叫苦连天	jiào kǔ lián tiān	しきりに悲鳴をあげる
接连不断	jiē lián bú duàn	絶え間なく続いて、ひっきりなしに、次々と
接踵而来	jiē zhǒng ér lái	次から次へと来る
截然不同	jié rán bù tóng	明らかに異なっている
尽职尽责	jìnzhí jìnzé	精一杯職務を果たし責任を尽くす
精力充沛	jīng lì chōng pèi	元気があふれている
精神饱满	jīng shén bǎo mǎn	元気いっぱいである
井井有条	jǐng jǐng yǒu tiáo	秩序立っている、整然としている
九牛二虎之力	jiǔ niú èr hǔ zhī lì	9頭の牛に2頭の虎の力、多大な努力
举世闻名	jǔ shì wén míng	世界的に名が通っている、世に名高い
聚精会神	jù jīng huì shén	精神を集中する
绝无仅有	jué wú jǐn yǒu	極めて少ない

K

宽宏大量	kuān hóng dà liàng	度量が大きい

L

来龙去脉	lái lóng qù mài	人や物事の来歴、いきさつ、因果関係
老不中用	lǎo bù zhōngyòng	古くてまたは老いて役に立たない
乐在其中	lè zài qí zhōng	楽しみはその中にある
冷嘲热讽	lěng cháo rè fěng	冷ややかな嘲笑や辛辣な風刺
礼尚往来	lǐ shàng wǎng lái	相手から礼を受けたらそれ相応に返礼しなければならない
力不从心	lì bù cóng xīn	力が心に従わない、やる気はあるが力不足でどうにもならない
龙飞凤舞	lóng fēi fèng wǔ	書道の筆勢がのびのび生き生きとしているさま
略见一斑	lüè jiàn yī bān	（物事の）一部分をうかがうことができる

M

满面春风	mǎn miàn chūn fēng	満面に笑みを浮かべる
猫哭老鼠假慈悲	māo kū lǎo shǔ jiǎ cíbēi	猫が鼠のために泣く、見せかけの涙
名副其实	míng fù qí shí	名実相伴う、その名に恥じない
明知故犯	míng zhī gù fàn	悪いと知っていながらわざとやる
明知故问	míng zhī gù wèn	知っているのにわざと尋ねる
漠不关心	mò bù guān xīn	全く関心をもたない、無関心である

N

耐人寻味	nài rén xún wèi	（文章や言葉に）味わいがある、味わえば味わうほどその良さが分かる

P

翩翩起舞	piān piān qǐ wǔ	軽やかに舞い始める

Q

七上八下	qī shàng bā xià	気持ちが不安でびくびくする、胸がどきどきして気持ちが落ち着かない
杞人忧天	qǐ rén yōu tiān	杞憂、無用の心配をする
恰到好处	qià dào hǎo chù	ちょうど適当である
潜移默化	qián yí mò huà	知らず知らずのうちに影響を受け感化される
枪打出头鸟	qiāng dǎ chū tóu niǎo	頭を出した鳥は撃たれやすい、出る杭は打たれる
轻而易举	qīng ér yì jǔ	容易にできる

卿卿我我	qīng qīng wǒ wǒ	男女がとても親密な様子
情有独钟	qíng yǒu dú zhōng	特定の人や物事に気持ちを傾け心を奪われる
求医问药	qiú yī wèn yào	診察や薬などあらゆる方法を尽くして病気を治そうとする
曲意逢迎	qū yì féng yíng	自分の本意を曲げて他人に迎合する
屈指可数	qū zhǐ kě shǔ	指折り数えるほど少ない、屈指の
取而代之	qǔ ér dài zhī	取って代わる

R

人山人海	rén shān rén hǎi	人の山、人の海
人心隔肚皮，知人知面不知心		
	rén xīn gé dù pí, zhī rén zhī miàn bù zhī xīn	
	人の心は腹の皮を隔てているから、人を知り顔は知っていても心を知ることはできない	
人心所向	rénxīn suǒxiàng	民心の向かうところ
人以类聚，物以群分	rén yǐ lèi jù, wù yǐ qún fēn	
		類は友を呼ぶ、"人以群分，物以类聚"とも言う
忍无可忍	rěn wú kě rěn	耐えるに耐えられない、これ以上我慢できない
日积月累	rì jī yuè lěi	長い間に積み重ねる、日に日に積み重ねる
日新月异	rì xīn yuè yì	日進月歩
弱不禁风	ruò bù jīn fēng	風に吹き飛ばされそうな弱々しいさま

S

身在福中不知福	shēn zài fú zhōng bù zhī fú	
		幸せな環境にいるのに、そのことに気付かない
声泪俱下	shēng lèi jù xià	涙ながらに訴える
盛气凌人	shèng qì líng rén	うぬぼれて人を見下す、横柄な態度で人に接する
失而复得	shī ér fù dé	失ったものを改めて入手する
实事求是	shí shì qiú shì	事実に基づいて（問題を）処理する
誓不罢休	shì bú bà xiū	絶対に手を引かない
首当其冲	shǒu dāng qí chōng	真っ先に災難や攻撃を受ける
受宠若惊	shòu chǒng ruò jīng	身に余る待遇を得て驚き喜ぶ
数不胜数	shǔ bú shèng shǔ	（非常に多くて）数えきれない
双喜临门	shuāngxǐ línmén	二重のおめでたが訪れる、重ね重ねのおめでた
速战速决	sù zhàn sù jué	速戦即決、速やかに物事の決着をつける

T

投机取巧	tóujī qǔqiǎo	機を見て巧妙な手段で私利を得る、苦労せずにこざかしく立ち回り功を得ようとする
突飞猛进	tū fēi měng jìn	飛躍的に発展進歩する
突如其来	tū rú qí lái	突然起こる、不意にやってくる

W

歪打正着	wāi dǎ zhèng zháo	まぐれ当たり、やり方が妥当でなかったのに結果がうまくいく
望文生义	wàng wén shēng yì	字面だけから勝手に解釈をする
危言耸听	wēi yán sǒng tīng	故意に大げさなことを言って世間を驚かす
闻名于世	wén míng yú shì	世に名を知られる
乌烟瘴气	wū yān zhàng qì	黒い煙と毒気、社会の秩序が混乱して暗黒の状態である
无一不是	wú yī bú shì	ひとつとして〜ないものはない、すべて〜である
无地自容	wú dì zì róng	（恥ずかしくて）穴があったら入りたい
无人问津	wú rén wèn jīn	誰もある事柄に手をつけようとしない、（事物に）関心を持つ人はいない
无所不知	wú suǒ bù zhī	知らないことはない
五颜六色	wǔ yán liù sè	色とりどり

X

熙熙攘攘	xī xī rǎng rǎng	人の往来が激しく、にぎわっている
下不为例	xià bù wéi lì	二度と繰り返さない
闲来无事	xián lái wú shì	暇でやることがなくて退屈である
贤妻良母	xián qī liáng mǔ	良妻賢母
相依为命	xiāng yī wéi mìng	互いに頼り合って生きる
笑掉大牙	xiàodiào dàyá	（顎が外れるほど）笑う、大笑いする
心机一转	xīn jī yì zhuǎn	心機一転、気持ちを入れ換える
心如刀绞	xīn rú dāo jiǎo	胸を刺される思いであるが、"心如刀割 xīn rú dāo gē" とも言う
心有余而力不足	xīn yǒu yú ér lì bù zú	ある事をしたい気持ちはあるが、実現する力がない
兴高采烈	xìng gāo cǎi liè	期待や喜びで気分が高揚しているさま

Y

哑口无言	yǎ kǒu wú yán	黙って何も言わない、反論できずに口をつぐむ

羊肠小道	yáng cháng xiǎo dào	曲りくねった細い道、羊腸の山道
一饱眼福	yì bǎo yǎn fú	目の保養をする
一触即发	yí chù jí fā	一触即発
一箭双雕	yí jiàn shuāng diāo	一石二鳥、"一举两得 yì jǔ liǎng dé" とも言う
一模一样	yì mú yí yàng	全く同じである、よく似ている
一目了然	yí mù liǎo rán	一目瞭然
一盘散沙	yì pán sǎn shā	ばらばらの砂、散漫で団結していない状態のたとえ
一知半解	yì zhī bàn jiě	生半可な知識
衣冠不整	yīguān bù zhěng	だらしない身なりをしている
依依不舍	yī yī bù shě	別れるのがつらいさま、恋々と別れ難い
云山雾罩	yún shān wù zhào	(1)雲や霧が立ち込めて山の本当の姿が見えない、曖昧でわかりにくい (2)(話などが)非現実的でとりとめがない

Z

崭露头角	zhǎn lù tóu jiǎo	群を抜いて頭角を現す
蒸蒸日上	zhēng zhēng rì shàng	(事業などが)日に日に発展する
知己知彼，百战不殆		
	zhī jǐ zhī bǐ, bǎi zhàn bú dài	
	自分の状況も相手の状況も知っていれば何回戦っても負けることはない	
直抒己见	zhí shū jǐ jiàn	自分の意見を率直に述べる
准确无误	zhǔnquè wúwù	ぴたりと、狂いなく正確である
左邻右舍	zuǒ lín yòu shè	隣近所
坐卧不宁	zuò wò bù níng	座っていても横になっていても不安である、落ち着かない
坐以待毙	zuò yǐ dài bì	座して死を待つ

◎本書および音声ダウンロードに関するお問合せは下記へどうぞ。
　本書に関するご意見、ご感想もぜひお寄せください。

〒162-8558　東京都新宿区下宮比町2-6　　TEL：03-3267-6500
アスクユーザーサポートセンター　　　　FAX：03-3267-6868
　　＊お電話でのお問合せ受付時間：土日祝日を除く平日 10：00 ～ 12：00、13：00 ～ 17：00

WEB から　アスク出版 書籍のお問合せフォーム
　　https://www.ask-books.com/inquiry_books/

アスク出版 読者アンケートフォーム
https://www.ask-books.com/questionnaire01/

著者紹介

戴　暁旬　（たい　ぎょうじゅん）
電気通信大学大学院　博士課程修了（工学博士）。電気通信大学助手、科学技術振興事業団特別研究員、会社員などを経て現在北京語言大学東京校、日中学院などで講師を務める。
戴暁旬中国語教室　http://daijiaoshi.sakura.ne.jp
Facebookページ　https://www.facebook.com/Daijiaoshi/

合格奪取！
中国語検定準1級・1級トレーニングブック
一次筆記問題編

2014年　2月　5日　初版　第1刷
2019年　7月25日　初版　第6刷

著者	戴　暁旬 ©2014 by Dai Xiaoxun
装丁・本文デザイン	株式会社アスクデザイン部
校正協力	岸　多恵
DTP・印刷・製本	萩原印刷株式会社
発行	株式会社アスク出版
	〒162-8558　東京都新宿区下宮比町2-6
	電話　03-3267-6866（編集）
	03-3267-6864（販売）
	FAX　03-3267-6867
	https://www.ask-books.com/
発行人	天谷　修身

価格はカバーに表示してあります。
許可なしに転載、複製することを禁じます。
落丁本、乱丁本はお取り替えいたします。
ISBN 978-4-87217-884-5　　Printed in Japan